中国社会科学院文库
经济研究系列
The Selected Works of CASS
Economics

中国社会科学院创新工程学术出版资助项目

中国社会科学院文库·经济研究系列
The Selected Works of CASS · Economics

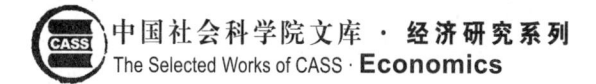

中国金融体系改革的总体构架和可选之策

THE OVERALL FRAMEWORK AND POLICY OPTIONS FOR THE REFORM OF CHINA'S FINANCIAL SYSTEM

王国刚 等著

中国社会科学出版社

图书在版编目（CIP）数据

中国金融体系改革的总体构架和可选之策/王国刚等著. —北京：中国社会科学出版社，2015.10
ISBN 978–7–5161–6845–5

Ⅰ.①中⋯　Ⅱ.①王⋯　Ⅲ.①金融体系—经济体制改革—研究—中国　Ⅳ.①F832.1

中国版本图书馆 CIP 数据核字（2015）第 203077 号

出 版 人	赵剑英
策划编辑	侯苗苗
责任编辑	侯苗苗
责任校对	周晓东
责任印制	王　超
出　　版	中国社会科学出版社
社　　址	北京鼓楼西大街甲 158 号
邮　　编	100720
网　　址	http://www.csspw.cn
发 行 部	010–84083685
门 市 部	010–84029450
经　　销	新华书店及其他书店
印　　刷	北京君升印刷有限公司
装　　订	廊坊市广阳区广增装订厂
版　　次	2015 年 10 月第 1 版
印　　次	2015 年 10 月第 1 次印刷
开　　本	710×1000　1/16
印　　张	32.5
插　　页	2
字　　数	560 千字
定　　价	116.00 元

凡购买中国社会科学出版社图书，如有质量问题请与本社营销中心联系调换
电话：010–84083683
版权所有　侵权必究

《中国社会科学院文库》出版说明

《中国社会科学院文库》（全称为《中国社会科学院重点研究课题成果文库》）是中国社会科学院组织出版的系列学术丛书。组织出版《中国社会科学院文库》，是我院进一步加强课题成果管理和学术成果出版的规范化、制度化建设的重要举措。

建院以来，我院广大科研人员坚持以马克思主义为指导，在中国特色社会主义理论和实践的双重探索中做出了重要贡献，在推进马克思主义理论创新、为建设中国特色社会主义提供智力支持和各学科基础建设方面，推出了大量的研究成果，其中每年完成的专著类成果就有三四百种之多。从现在起，我们经过一定的鉴定、结项、评审程序，逐年从中选出一批通过各类别课题研究工作而完成的具有较高学术水平和一定代表性的著作，编入《中国社会科学院文库》集中出版。我们希望这能够从一个侧面展示我院整体科研状况和学术成就，同时为优秀学术成果的面世创造更好的条件。

《中国社会科学院文库》分设马克思主义研究、文学语言研究、历史考古研究、哲学宗教研究、经济研究、法学社会学研究、国际问题研究七个系列，选收范围包括专著、研究报告集、学术资料、古籍整理、译著、工具书等。

中国社会科学院科研局

2006 年 11 月

序

2013年11月党的十八届三中全会通过了《中共中央关于全面深化改革若干重大问题的决定》（以下简称《决定》），将中国的改革开放推向了一个新的历史时期。《决定》中明确指出："经济体制改革是全面深化改革的重点，核心问题是处理好政府和市场的关系，使市场在资源配置中起决定性作用和更好发挥政府作用。"金融体制机制的改革是经济体制改革的重要组成部分，它的进展和走向既受到经济体制改革的进展制约，也同时严重影响着经济体制改革的进程。

《决定》中就深化金融体制机制改革提出了一系列重要且深远的任务。对中国金融发展来说，金融体系改革是一场艰巨复杂的深刻变革。《决定》中提出的金融改革任务的落实，不仅有赖于科学且符合实际地进一步细化各项改革措施以及明确改革路线图和时间表，也有赖于各项改革措施的相互配套，而且有赖于社会各界在金融体系改革的总体思路、总体改革取向和中国金融发展方向等问题上达成共识。

中国社会科学院金融研究所承担着进行金融基础理论研究、为中央提供金融政策研究报告和政策建议报告的职能，理应系统全面地理解和领会《决定》中有关深化金融改革的精神，为中国金融体系改革出谋献策。为此，我们对《决定》中相关精神和内容进行了系统深入的分析探讨，先后召开了10多次各类研讨会，就中国金融体系改革的各个方面内容进行符合学理规范且符合国情的细致深入的探讨，为推进相关各部门提出的各项金融改革实施方案的完善，积极贡献我们的努力。本书是这一研究的阶段性成果，体现了我们的阶段性认识。

本书的内容在集体研讨的基础上形成。全书提纲由王国刚提出，经相关人员研讨后形成。各章的初稿分别由以下人员提供：王国刚（第一章）、彭兴韵（第二章）、费兆奇（第三章）、周莉萍（第四章）、殷剑峰

（第五章）、杨涛（第六章）、曾刚（第七章和第十五章）、郑联盛（第八章）、张跃文（第九章）、尹中立（第十章）、王增武（第十一章）、李广子（第十二章）、尹振涛（第十三章）、郭金龙（第十四章）、林楠（第十六章）、程炼（第十七章）、全先银（第十八章）、董裕平（第十九章）和胡滨（第二十章）。王国刚在统稿中对全书的初稿进行了必要的修改和调整。

中国的金融体系改革是一篇大文章，历史上没有可直接借鉴的模式，需要我们在《决定》的指引下，"摸着石头过河"，根据中国经济社会发展的要求不断探索创新。由于我们的眼界有限，对《决定》精神的理解有限，对中国国情的认识深度有限，所以，提供给读者的这一阶段性研究成果可能存在这样或那样的不足之处，对此，我们诚心地请各位同仁提出批评意见，以更加推进这一研究的深化和完善。

王国刚
2014 年 10 月于北京

目 录

第一章 金融体系改革总体思路的内涵、目标和举措 … 1

第一节 金融体系改革的基本内涵 … 1
第二节 金融体系改革的主要目标 … 3
第三节 衡量金融体系改革成效的主要标准 … 9
第四节 金融体系改革的理论机理 … 11
第五节 中国金融体系的内在缺陷 … 17
第六节 金融体系改革的路径选择和破解之策 … 22

第二章 货币政策调控机制的改革 … 28

第一节 货币政策环境变化需要改革货币调控体系 … 28
第二节 货币政策调控思路的调整 … 32
第三节 货币政策调控工具改革 … 35
第四节 建设货币调控新机制 … 41

第三章 加快推进利率市场化改革 … 45

第一节 利率市场化内涵及改革必要性 … 45
第二节 中国利率市场化的改革目标 … 48
第三节 利率市场化国际比较及中国利率市场化进程 … 52
第四节 实现全面利率市场化的可行性路径 … 63
第五节 简要结论及展望 … 67

第四章 健全反映市场供求关系的国债收益率曲线 … 68

第一节 国债收益率曲线在金融市场中的功能 … 69

第二节　国债收益率曲线的形成条件 ·· 77
　　第三节　中国的国债收益率曲线编制实践和难点 ························ 82
　　第四节　健全国债收益率曲线的可行举措 ···································· 85

第五章　降低实体企业融资成本　缓解流动性压力 ·················· 88

　　第一节　实体经济部门的流动性紧缺 ·· 88
　　第二节　缓解流动性紧缺的政策选择 ·· 96

第六章　中国支付清算体系的发展和改革深化 ·························· 106

　　第一节　中国支付清算体系发展现状 ·· 106
　　第二节　推动支付清算体系健康发展的意义 ······························ 117
　　第三节　进一步深化支付清算体系的改革举措 ·························· 122

第七章　中国商业银行的转型改革 ·· 130

　　第一节　商业银行转型的含义 ·· 130
　　第二节　决定银行经营模式转变的关键因素 ······························ 132
　　第三节　中国银行业转型的条件 ·· 139
　　第四节　中国银行业业务模式存在的主要问题 ·························· 144
　　第五节　中国银行业转型的策略与建议 ······································ 149

第八章　建立多层次债券市场体系 ·· 159

　　第一节　中国债券市场的发展状况 ·· 159
　　第二节　内生性金融体系与债券市场 ·· 166
　　第三节　中国多层次债券市场的构建 ·· 173

第九章　建立多层次股票市场体系 ·· 184

　　第一节　中国多层次股票市场运行现状 ······································ 184
　　第二节　中国股票市场优势的根源——上市公司视角 ·············· 191
　　第三节　中国多层次股票市场的改革方向 ·································· 199
　　第四节　建立多层次股票市场的总体构想 ·································· 205

第十章　多渠道推动股权融资 ……… 209

第一节　借鉴海外经验　促进中国私募股权投资 ……… 210
第二节　用政府引导基金撬动民间投资 ……… 216
第三节　保险资金进行股权投资的国际经验 ……… 223
第四节　社保资金参与股权投资 ……… 232

第十一章　建设多元化财富管理体系 ……… 239

第一节　财富管理的内涵和特点 ……… 239
第二节　财富管理市场发展 ……… 244
第三节　财富管理的功能 ……… 255
第四节　财富管理的改革方向及政策建议 ……… 264

第十二章　推进中国普惠金融的发展 ……… 266

第一节　普惠金融的内涵和测度 ……… 266
第二节　中国普惠金融发展现状及国际比较 ……… 272
第三节　完善中国普惠金融体系的政策建议 ……… 283

第十三章　中国政策性金融发展与机构改革研究 ……… 291

第一节　政策性金融的特点与功能 ……… 291
第二节　政策性金融机构发展与改革的国际经验与启示 ……… 294
第三节　中国政策性金融体系的发展现状和问题 ……… 306
第四节　构建中国政策性金融体系的总体框架 ……… 319

第十四章　保险业改革的总体思路研究 ……… 325

第一节　保险业改革的意义、总体目标及主要标准 ……… 326
第二节　保险业的发展总体概况及改革的主要内容 ……… 328
第三节　完善经济补偿机制，发挥保险风险管理功能 ……… 334
第四节　推进保险费率市场化 ……… 343
第五节　完善保险资金运作机制 ……… 349
第六节　加快建立巨灾保险制度 ……… 356

第十五章　建立存款保险制度 ········· 363

第一节　存款保险制度的国际实践 ········· 364
第二节　美国金融危机以来的存款保险制度变化 ········· 370
第三节　建立适合中国国情的存款保险制度 ········· 373

第十六章　完善人民币汇率市场化形成机制 ········· 376

第一节　人民币汇率形成机制的历史演变 ········· 376
第二节　当前人民币汇率形成机制的内容与特点 ········· 383
第三节　当前人民币汇率形成机制的市场情况、问题和难点 ········· 387
第四节　完善人民币汇率市场化形成机制
　　　　改革含义与功能再诠释 ········· 394
第五节　完善人民币汇率市场化形成机制的对策建议 ········· 400

第十七章　加快人民币资本项目可兑换 ········· 404

第一节　资本项目可兑换的含义 ········· 404
第二节　人民币资本项目可兑换进程与现状评估 ········· 408
第三节　人民币资本项目可兑换的必要性 ········· 412
第四节　人民币资本项目可兑换与金融市场化改革的关系 ········· 416
第五节　人民币资本项目可兑换的政策配合 ········· 419

第十八章　建立金融监管的负面清单 ········· 426

第一节　金融监管负面清单的含义 ········· 427
第二节　金融监管负面清单的内容 ········· 431
第三节　中国金融监管权力的现状、特征及问题 ········· 433
第四节　中国金融监管负面清单的内容 ········· 437
第五节　建立金融监管负面清单制度的路径 ········· 441

第十九章　深化金融监管体制机制改革 ········· 443

第一节　监管的概念与理论发展 ········· 443
第二节　金融监管体制的含义 ········· 447

第三节　金融监管体制的比较选择与国际金融
　　　　　　危机以来的调整 …………………………………… 449
　　第四节　中国金融监管体制的现状与问题 …………………… 455
　　第五节　适应中国国情的金融监管体制选择 ………………… 461

第二十章　建立宏观审慎监管政策框架 …………………………… 471
　　第一节　宏观审慎的含义 ……………………………………… 471
　　第二节　宏观审慎工具体系 …………………………………… 474
　　第三节　宏观审慎监管的框架构建 …………………………… 479
　　第四节　宏观审慎监管的国际实践进展 ……………………… 482
　　第五节　构建中国宏观审慎政策框架体系 …………………… 485

参考文献 ……………………………………………………………… 491

第一章

金融体系改革总体思路的内涵、目标和举措

金融体系是以金融产品交易为基础的由金融制度、金融机制、金融市场、金融机构和金融监管等构成的有机系统。金融体系改革是指直接涉及金融体系内各个方面体制机制转变和金融发展方式转变的具有总体性质的改革。毫无疑问，金融体系改革的措施，不是指金融领域中的某个单项改革，而是指具有"牵一发动全身"的重大改革，它具有明显的方向性、战略性和全局性。

第一节 金融体系改革的基本内涵

党的十八届三中全会《中共中央关于全面深化改革若干重大问题的决定》（以下简称《决定》）强调，经济体制改革要紧紧围绕"使市场在资源配置中起决定性作用"这一实质性问题而展开。金融是现代经济的核心。马克思曾说过，资金是经济活动的第一推动力。金融资源不仅是各种经济资源的重要构成部分，更重要的是，在现代经济运行和发展中，金融资源配置的取向、格局和方式直接引导和制约着其他经济资源的流向、流速、布局和效率。从这个意义上说，金融体系改革不仅是整个经济体制改革中不可或缺的组成部分，而且对经济体制改革的方向、进程和成效等有着至关重要的机制作用。

金融体系改革与经济体制改革的内在关系决定了，一方面金融体系改

革应紧紧围绕经济体制改革的取向、重心和内在要求而展开；应紧紧围绕中国经济发展（尤其是经济发展方式转变）的客观需要而展开。因此，要始终坚持服务于实体经济运行和经济发展这一基本点。另一方面，金融体系改革又必须充分发挥经济改革中的先导作用，在充分发挥市场机制的基础上，通过调整和改变金融资源配置的取向、流速和格局，引导其他经济资源的配置状况调整和改变，提高资源配置的整体效率，由此，既充分反映金融在现代经济中的核心作用，又充分体现市场在配置资源方面的决定性作用。

在《决定》中，发挥市场在资源配置中的决定性作用，对应于"更好发挥政府作用"的是，要处理好政府与市场的关系这一经济体制中的核心问题。在金融改革中，这一核心问题也是存在的，同时，由于金融领域中盛行审批制，这一问题更加突出、更加严重。就此而言，金融体系改革需要正确处理好货币政策调控、金融监管与充分发挥金融市场在配置金融资源方面的决定性作用之间的关系，凡是市场机制能够发挥作用并且能够解决的问题，应交给金融市场去解决，不应由货币政策和金融监管代劳，以改变政府部门越位、缺位和错位等问题。

但在中国金融体系改革中也还存在另一个特殊且突出的问题——间接金融为主的体系。所谓间接金融为主的体系，是指金融运行和金融发展中的各种金融资源主要通过商业银行等金融机构运用存贷款机制进行配置的格局。到2014年9月，中国金融90%以上的资源通过商业银行等金融机构运用存贷款机制（或类似于存贷款机制，如信托、银信合作、银证合作、银保合作等）进行配置，由此，提出了金融体系改革中一个根本性问题：充分发挥市场在资源配置中的决定性作用，在金融体系改革的方向上，是走一条继续坚持间接金融为主从而依然由商业银行等金融机构发挥配置金融资源的决定性作用之路，还是走一条改革间接金融为主的体系从而发挥金融市场在配置金融资源方面的决定性作用之路？如果是前者，实际上，谈不上金融体系的改革，所涉及的主要是一些单项金融改革的内容；如果是后者，则金融体系改革的过程将是金融体系重新再造的过程，它将深刻影响到金融体系的方方面面。

有关金融体系是商业银行主导还是资本市场主导（或称为"是以银行为基础还是以市场为基础"）的讨论，始于20世纪70年代末的美国金融创新。此前，美国金融体系中，商业银行等金融机构配置的金融资源占主体地位；但在 80 年代金融脱媒的背景下，随着直接金融的快速发展，以银行信用为基本机制的存贷款在金融总资产中所占比重快速降低，美国金融业界（包括实务界和理论界）提出了金融体系向何处去的问题。一些人认为，商业银行等金融机构在吸收存款中处于硬约束状态、在发放贷款中处于软约束状态，这决定了它们将是 20 世纪的金融恐龙（即行将灭绝）；另一些人强调，商业银行等金融机构应加快业务转型以适应资本市场的发展。此后 30 多年，美国商业银行等金融机构贴近资本市场发展的内在要求，积极展开产品创新，有效实现了资产结构调整、业务转型和盈利模式的转变，构建了以资本市场为基础、以商业银行为主导的现代金融体系。

在欧洲大陆，进入 80 年代以后，以德国为代表的商业银行也在快速实现资产结构调整、业务转型和盈利模式转变。在存贷款占比快速降低的条件下，积极拓展非生息业务，充分运用各种金融机制，根据客户要求变化和资本市场发展要求，将业务重心转向了存贷款之外的各种金融产品运作，在专业化的基础上建立了全能银行业务模式。

中国尽管在 20 世纪 90 年代后期就提出了要大力发展债券，提高直接金融比重，但 15 年来，间接金融为主的金融格局并无根本改变，且有着越加严重的趋势。近年来，这种以银行信用为基础、以存贷款为主体的金融体系缺陷暴露得更加突出，不仅引致了经济和金融运行中的一系列矛盾和弊端，而且给经济社会的健康可持续发展留下了一系列严重的隐患，为此，间接金融为主的金融体系已到了非改不可的程度。

中国的金融体系改革，要发挥资本市场在配置金融资源方面的决定性作用，由此，必须改变以银行信用为基础、以存贷款为主体的间接金融架构，建立以"直接金融为主、间接金融为辅"的现代金融体系。

第二节　金融体系改革的主要目标

中国金融体系改革总体思路应具有理论性、前瞻性和可操作性。金融体系改革涉及众多方面的调整，相当复杂。从中国经济社会发展（尤其是经济发展方式转变）的要求来看，从与发达国家的金融体系对比差距来看，中国金融体系改革需要同时解决好五个相互关联的问题：

第一，货币政策调控机制从直接调控为主转变为间接调控为主，从"重需求管理"转向"需求管理与供给管理相协调"，建立宏观审慎政策体系。

长期以来，中国的货币政策主要实行的是建立在行政机制基础上的直接调控模式。这种调控模式有三个特点：其一，刚性调控。强制性是行政机制的一个主要特征。这决定了在货币政策调控中运用行政机制，相关的调控措施就具有明显的刚性。中国货币政策调控中的法定存款准备金率调整、存贷款基准利率调整、新增贷款规模的管控等均采取了行政机制予以贯彻实施。在这些调整中，中国人民银行的交易对手方均无选择的余地，只能执行，否则，在承受行政性处罚后，还要继续执行。近年来，所实行的一系列对各类存贷款金融机构的差别化调控措施，更是体现了行政调控的非一致性特点。其二，数量调控为主。中国每年的货币政策调控目标基本以货币投放数量界定。虽然近年来公开披露的中间目标大多为 M2 的增长率，但内部调控依然严格实行新增贷款数量的行政管制。2010 年以后，这种数量调控借助于电子技术有着更加细化的趋势，甚至落实到了每月每天的境地。这固然与利率体系不完善相关，但与人民银行缺乏进行价格调控所需的可调度资产也直接相关。其三，涉及范围不断扩大。货币政策属于总量政策，但中国的货币政策通过运用行政机制，直接扩展到了所谓的"结构性调控"范畴（其中包括房地产调控、债券发行方式和对象、具体的信贷政策等），使得货币政策调控范围扩展到总量关系之外。金融体系改革，要求建立发挥市场机制在配置金融资源方面的决定性作用，这在客观上就要求改变主要运用行政机制进行直接调控的货币政策操作方式，在充分尊重市场规则的基础上，运用符合市场机制要求的操作工具，更多地运用价格机制实现货币政策的调控目标，变直接调控为间接调控。

货币政策属于需求总量政策，其重心也在于调控需求总量，但经济运行和经济发展中，总需求受到总供给的严重制约。换句话说，离开了总供给来讨论总需求是没有意义的。如果货币政策仅仅停留在进行需求总量的调控，将给经济和金融运行带来一系列严重的后果。在宏观经济政策中，财政政策更偏重于供给总量的管理，为此，货币政策的调控应特别重视与财政政策的配合，实现需求总量与供给总量的协调。从这个意义上说，实现货币政策调控机制改革的一个重要内容是，强化货币政策调控与财政政策调控相协调，货币政策操作应从"重需求管理"转向"需求管理与供给管理相协调"。

第二，形成有效的市场价格基准。健全反映市场供求关系的国债收益率曲线，形成金融产品价格的市场基准；加快推进利率市场化，建立健全由市场供求决定利率的机制，建设完善的市场利率体系和有效的利率传导机制；完善人民币汇率市场化形成机制，增加外汇市场的参与者，减少人民银行对外汇市场的常态式干预，在这些条件基础上，形成人民银行运用价格机制调控金融运行走势的新格局。

市场在配置资源方面的决定性作用主要通过价格机制来实现，在金融体系内也不例外，由此，金融产品价格体系是否正常有效就成为能否充分发挥市场机制作用的关键。在金融产品价格体系中，反映市场供求关系的国债收益率曲线占据着市场基准的地位，它的完善程度直接决定了金融产品价格体系的完善程度。但迄今为止，中国的金融产品价格中，作为市场基准的依然是存款基准利率，国债的发行利率通常高于同期存款利率，国债交易市场中的收益率也受到存款基准利率调整的严重影响。要改变这种状况，一方面需要加快利率市场化改革步伐，给资金供给者（主要包括城乡居民和实体企业）更多的金融产品选择权，使他们拥有在存款市场上和贷款市场上与商业银行等金融机构竞争的能力，促使存贷款利率在市场竞争中形成；另一方面需要加强货币政策与财政政策的协调，推进短、中、长各种期限的国债发行（且数额能够满足金融交易的需要），加快国债交易机制的完善，由此，促使"反映市场供求关系的国债收益率曲线"健全和完善，形成完善的市场利率体系和有效的利率传导机制。

对一个开放型经济而言，货币政策的价格调控机制由利率政策和汇率政策所构成。其中，利率水平和汇率水平相互影响相互依存，并由此将国际金融市场的各种因素带入中国境内，影响着中国的经济和金融运行态势。要形成间接调控为主的货币政策调控机制，面对中国正步入开放型经济的发展要求，必须进一步完善人民币汇率市场化形成机制，改变中国人民银行在外汇市场中作为主要的购买者状况，通过外汇管理体制机制的改革，对内对外开放外汇交易市场，有效增加外汇市场中的境内外参与者（尤其是境内外的外汇买入者），弱化人民银行对外汇市场的常态式干预。

第三，在金融脱媒的条件下，有效推进商业银行的业务转型，明显降低生息业务比重，提高综合经营比重。切实降低实体企业的融资成本和提高城乡居民的金融财产收入水平，分散金融风险。

在历史发展过程中，金融信用由商业信用、银行信用和市场信用三种类型构成。但长期以来，中国的金融体系建立在银行信用的基础上，它借助于存贷款创造资金的功能,一方面支持了改革开放35年来经济快速发展中所需资金,使得中国没有陷入一些发展中国家在经济起飞时所面临的贫困陷阱,因此功不可没;另一方面又严重限制了实体企业和城乡居民的金融产品选择权,严重限制了商业信用和市场信用的发展,不仅使得金融产品价格体系长期处于不合理的扭曲状态,难以充分发挥市场在配置金融资源方面的决定性作用,而且使得国民经济各项活动建立在债务关系基础上,债务风险持续累积。三个突出的现象是:其一,债券在理论上和海外实践上都属直接金融范畴,但在中国它成为间接金融产品。2000年以来,中国债券余额数量增长了7倍左右,但商业银行等金融机构并未感觉到金融脱媒的任何影响(更不用说"挑战"、"威胁"了)。债券数额的增加,并没有引致存贷款利率市场化改革进程的加速和商业银行等金融机构业务转型的加速,更没有引致市场信用和商业信用的有效发展。其二,商业银行等金融机构成为嵌入在资金供给者和资金需求者之间的卖方垄断机构,一方面以最低廉的利率从城乡居民、实体企业和其他资金供给者手中获得资金,另一方面以最昂贵的利率将这些资金贷放给实体企业,从中获得高额的利息收入。2014年6月,"各项存款"余额达到113.6万亿元,按照存贷款基准利率的利差3个百分点计算,商业银行等金融机构可获得利息收入3.4万亿元,比2013年年底增加3千亿元左右,比2000年年底增加了3万亿元左右。2012年年底,中央再三强调要降低实体企业的融资成本,但20个月过去了,实体企业的融资成本非但没有降低,反而大幅提高。其三,在存贷款机制的作用下,中国的M2数额持续快速提高,货币乘数不断放大。到2014年6月,M2与M0的比值从1999年的8.74倍上升到21倍以上,M2与GDP的比值增长了2倍,由此,给宏观经济调控和货币政策选择造成了极大的困难。

要改变货币金融运行中的种种被动局面、走出经济和金融运行中的难局,必须使债券(尤其是公司债券)回归直接金融,利用金融脱媒的机制,迫使商业银行等金融机构业务转型,推进利率市场化进程,既切实降低实体企业的融资成本,又切实提高城乡居民等资金供给者的金融财产收入水平,同时,分散经济和金融运行中的债务风险。

第四,深化金融监管体制机制改革,改变机构监管为主的格局,形成功能监管为主的体制机制,以此为基础,建立统一协调的金融监管部门机制、中央与地方分层监管体系。

1992年10月，中国证监会的设立标志着以分业监管为特征的专业化金融监管体系建设迈出了第一步，此后，中国于1998年设立了中国保监会，2003年设立了中国银监会，形成了由中国人民银行、银监会、证监会和保监会（即"一行三会"）所构成的金融监管体系。二十多年来，这一金融监管体系在落实金融监管的各项要求，建立金融监管制度，推进金融机构和金融市场发展，防范和化解金融风险，保障经济和金融运行秩序的稳定，抵御国际金融危机对中国金融体系的冲击等方面，发挥着积极重要的作用。但同时也存在着一系列亟待解决的内生矛盾，突出表现在三个方面：

其一，在金融产品日益复杂的条件下，依然贯彻着机构监管为主的取向。金融监管以金融产品的交易为重心。在金融交易发展过程中，随着金融创新的不断发展，各种金融产品的内在机制已从单一型转向复合型，突破了分业经营的局限。在此背景下，继续贯彻原先的分业监管的取向，不仅严重限制了金融产品创新的有效展开，而且加剧了各金融监管部门之间监管职能落实中的矛盾。一个突出的实例是，证券投资基金中贯彻着信托机制，在英国等欧洲国家，将这种投资基金称为"信托型基金"。但由于中国信托监管归银监会监管、证券投资基金归证监会监管，两部门之间为了贯彻分业监管，在《基金法》中只得将"信托型基金"改名为"契约型基金"。与此对应，中国各种资产管理中也贯彻着信托原则，应由信托监管部门进行监管，但为了避免监管部门之间的监管不协调，这些资产管理大多选择了回避"信托"一词，使得资产管理中九路大军各自按照各自监管部门的要求展开经营运作，处于乱局状态。

其二，各金融监管部门为了支持管辖之下的金融机构，各自为政，画地为牢，出台了一系列相互矛盾或相互竞争的政策措施。例如，2001年《信托法》出台后，中国证监会与中国人民银行、中国银监会等在发展集合理财业务、资产证券化、房地产基金等方面出台了竞争性部门规章；在公司债券市场发展中，国家发改委、中国人民银行、中国银监会、中国证监会等各自审批管辖之下的机构发债，不仅名目繁多，而且规则不相同；在理财产品方面，银行在做、证券公司在做、信托公司在做、保险公司也在做。在这些方面出现了"你做我也做"的情形。

其三，各金融监管部门之间相互掣肘。金融创新和金融发展需要涉及各金融监管部门之间的相互配合，金融改革的各项措施落实也需要各金融监管部门之间通力合作，但长期以来，各金融监管部门从自身角度出发，在相当多的相关事务上相互推诿或相互扯皮，出现了一种"你不做我也不做，我不做也不让你做"的情形。

要改变这种状况，发挥金融市场在配置金融资源方面的决定性作用，必须按照金融市场的内在要求，打破机构监管为主的格局，贯彻功能监管为主的取向，实行按照业务条线重新整合金融监管部门。例如，中国银监会内部不再按照银行机构分类设立监管一部、监管二部等监管机构，而是按照功能监管要求，设置存贷款业务监管、同业业务监管等监管机构。在此基础上，重新整合金融监管部门的设置，设立全国性金融监管部门，完善监管协调机制。

另外，鉴于中国各地的经济和金融活动差别甚大，金融市场发展很不均衡的现实状况，需要根据各地的差异性，按照《决定》要求，积极发展地方金融体系，在此基础上，"界定中央和地方金融监管职责和风险处置责任"。

第五，推动资本市场双向开放，有序提高跨境资本和金融交易可兑换程度。

资本市场双向开放，是指资本市场对内开放和对外开放相联动的态势。资本市场对内开放是对外开放的基础性条件。所谓资本市场对内开放，关键是资本市场对境内居民个人和实体企业开放，其中最基本的是，债券发行向资金供给者的主体（即城乡居民和实体企业）开放和债券交易市场向这些资金供给者开放。只有资本市场对中国境内资金供给者开放了，才有可能使直接金融产品回归直接金融范畴，在发展市场信用的基础上，推进资本市场的健康快速发展，形成较为合理有效的金融产品价格体系。由此，为资本市场对外开放提供三方面的条件支持：其一，可交易的产品。资本市场对外开放以有可供境外非居民交易的金融产品为基本点，换句话说，如果没有可交易的金融产品，境外非居民如何进入中国境内的资本市场、进入又有何操作空间？如果中国境内的城乡居民和实体企业尚且没有可交易的金融产品，又如何保障境外非居民进入中国境内资本市场的交易？其二，金融产品价格的合理运行。资本市场（尤其是债券市场）的交易如果仅局限于金融机构介入，其价格形成机制是有缺陷的，由此，价格水平、价格波动和价格走势等也有着内生不足（甚至扭曲）。只有在可进入交易市场的各类主体均可自由进入市场从事交易活动的条件下，资本市场的各类产品价格才可能充分反映各类参与者的意愿、供求能力和投资运作预期等。在此条件下，随着合理均衡的价格体系形成，价格形成机制比较符合市场机制要求且规则透明、信息披露充分等，境外非居民才能够充分了解和把握中国境内资本市场的走势脉络，敢于投资这一新兴市场。其三，金融监管的规范化。在资本市场对内开放程度不足的条件下，金融监管部门可以继续实行机构监管为主的取向，要求金融机构按照监管部门的旨意从事资本市场的各项操作。但在资本市场向城乡居民和实体企业开放的条件下，这种情况将受到城乡居民和实体企业的身份、数量和投资意愿等的制约，由此，以贯彻行政意图为主的金融监管将改变为以尊重市场规则为主的金融监管。境外非居民长期在国际金融市场中投资运作，既有着比较强的市场意识，又熟悉市场规则，因此，比较容易接受尊重市场规则的金融监管机制。

随着资本市场对内开放程度的提高，城乡居民和实体企业充分进入资本市场，展开公司债券和其他金融产品的交易，资本市场在对外开放的条件下趋于成熟，由此，可以逐步启动资本市场的对外开放程序。在资本市场对外开放中，首先应启动的是债券市场（如国债市场、公司债券市场等），然后才是股票市场和金融衍生产品市场等。在这个过程中，根据可对外开放的金融产品交易次序，逐步开放金融交易的可兑换品种，深化金融交易可兑换程度。

金融体系改革应实现的上述五个方面目标是一个有机统一的整体，它们虽各有侧重，但也相互依赖相互制约，因此，在改革举措的选择中应从这种有机统一角度进行甄别考虑。另外，金融体系改革是一个复杂且具有全局性的工程，应避免对经济和金融的正常运行产生瞬间的严重冲击，因此，要考虑选择有着"滴水穿石"效应的举措，即在渐变中逐步形成巨变的效应。

第三节 衡量金融体系改革成效的主要标准

金融体系改革是否成功可以从不同角度进行衡量判别，从金融角度看，主要的衡量标准可以考虑以下 10 方面内容：

（1）货币政策调控方式是否有了明显改变？其中包括：运用存贷款基准利率和行政管控新增贷款的状况是否已经消解；人民银行是否已经主要依靠运用利率政策、汇率政策等符合市场机制要求的间接调控手段来实现货币政策目标；货币政策与财政政策的协调程度是否明显提高；宏观审慎监管政策体系是否形成，等等。

(2) 金融体系的运行是否有效降低实体企业的融资成本,同时也提高了各类资金供给者的金融资产收入水平？应当清醒地认识到,金融体系改革在提高效率方面的衡量标准,不能以商业银行等金融机构的营业收入水平、业绩水平（如利润水平）等经济指标是否提高为标准,而应以实体经济部门的经济效率为标准。具体来看：

第一,有效降低实体企业融资成本,不仅包括有效降低了大中型实体企业的融资成本,而且应当包括有效缓解了小微企业的融资难（包括融资渠道窄、融资数量少和融资成本高）问题,从而,使得实体企业的融资渠道明显拓宽。具体指标的判别是,在实体企业融资总量中贷款所占比重明显降低,小微企业的融资数量明显上升（例如,小微企业占贷款余额的比重明显提高）等。

第二,有效提高城乡居民的金融资产收入水平,以能否有效提高实体企业和城乡居民进入金融市场的程度为前提。例如,公司债券直接向实体企业和城乡居民发行的比重明显提高,从而,在公司债券等直接金融工具持有人结构中由实体企业和城乡居民持有的比重明显提高,在直接金融产品交易中由实体企业和城乡居民实现的交易额占比明显提高等。

第三,实体企业之间运用商业信用机制展开商业活动的禁令是否已经解除,与商业信用相关的金融产品是否得到了充分发展？

(3) 金融机构为自己服务的比重是否有效降低了？金融机构为自己服务的比重不变或上升意味着,实体经济部门为金融服务支付了更多的成本,商业银行等金融机构在金融资源配置中的卖方垄断格局没有打破,金融机构为自己服务的比重继续上升,这不是金融体系改革应有的结果。

(4) 存贷款余额的增长率是否有效降低了（与此对应,运用银行信用再创造货币的机制是否减弱了）？其中包括：商业银行等金融机构的业务收入结构是否有了明显变化,非生息收入比重是否明显提高；商业银行等金融机构介入金融市场服务的程度是否明显提高；金融产品创新是否明显增加,等等。

(5) 普惠金融是否得到了充分发展？其中包括：支持服务地方小型金融机构发展、大力发展小额信贷、鼓励金融创新、鼓励互联网金融发展、不断扩大金融服务的覆盖面和渗透率、优化小微企业金融服务生态环境、加强消费者保护等内容。

(6) 多层次债券市场体系是否已经形成？其中包括：公司债券发行的注册制是否已经实现,在此基础上,备案制是否已有明确的制度保障；债券交易的无形市场（包括利用互联网进行公司债券交易）是否已经建立。另外，国债发行的期限结构是否已包含短中长各期、规模是否已对金融产品的价格形成有市场基准的影响力？国债交易是否已形成无形市场，在此基础上，国债收益率曲线是否已经完善从而能够发挥市场基准的作用，等等。

（7）以交易规则不同来划分标准的多层次股票市场体系是否建立？其中包括：股票发行注册制是否已经实现，股票发行市场和股票交易市场是否已经分立（分立的标志是，它们按照不同的规则分别展开运作）；是否已经建立了以证券公司网络系统为平台、以经纪人为核心的新层次股票市场；是否健全了做市商机制，以维护股市投资者权益，证券公司的客户群是否已经形成，等等。

（8）人民币资本项目可兑换步伐是否加快？其中包括：转变跨境资本流动的管理方式是否已经实施，是否更加便利地落实了实体企业的"走出去"战略；资本市场双向开放，有序提高跨境资本和金融交易可兑换程度等是否已取得明显进展，宏观审慎管理框架下的外债和资本流动管理体系是否已经建立和完善等等。

（9）市场化的风险处置机制是否已经形成？其中包括：存款保险制度是否已经建立、商业性保险制度是否完善、金融机构退出机制是否形成，等等。

（10）金融监管体系和机制是否完善？其中包括：金融监管部门的权力清单（或金融监管的负面清单）是否已经形成；金融监管重心是否已转移到以功能监管为主；金融监管部门之间的监管举措是否协调从而监管合力是否形成；金融监管举措与货币政策调控机制要求之间是否协调；是否建立了防范和化解系统性风险、区域性风险和大而不能倒机制，等等。

需要强调的是，上述金融体系改革的衡量判别的标准只是基于现阶段提出的一些设想，因此，是初步的、粗浅的。随着相关研究探讨的深化和实践的深化，这些衡量判别标准不仅将更加具体化，而且将发生新的调整（甚至是重大调整）。

第四节 金融体系改革的理论机理

1. 金融内生于实体经济

打开任何一本《宏观经济学》都可看到如下表述：在两部门模型中，居民（或家庭，下同）部门是资金的盈余部门，实体企业（或厂商，下同）

部门是资金的赤字部门，为了支持实体企业创造财富、维持经济运行，资金就应从居民部门流向实体企业部门，由此，在经济运行中，居民部门是资金的供给者，实体企业部门是资金的需求者，金融活动原本就在它们之间进行。在此有三个需要细化的问题：第一，居民部门的资金是如何提供给实体企业部门的？或者说，实体企业部门是如何获得居民部门的资金的？首先，居民部门主要通过股权投资、资金借贷等方式将资金投入实体企业部门；其次，随着金融关系的发展，居民部门通过购买债券、股票等证券将资金提供给实体企业部门；最后，随着这些金融活动规模逐步扩大，商业银行等金融机构建立，在上述渠道继续发挥作用的条件下，居民部门又通过存款等路径将资金提供给实体企业部门。由此可见，居民部门和实体企业部门原本就拥有金融权。第二，实体企业部门之中是否存在资金供求关系？在实体企业之间存在着由商业信用支撑的商务往来关系。在货物与钱款的交付中，由于时间和空间分离，自然存在着先付款后发货或者先发货后付款的现象，由此，商业本票、商业期票和商业汇票等金融产品应运而生。由于实体企业购买的一部分大型设备并不日夜使用，有些实体企业临时性加工某些零部件又需要此类设备，所以，实体企业之间的设备租赁使用现象自然发生；此类现象进一步扩展，也就有了实体企业间的融资租赁业务。由于某些实体企业有着暂时的闲置资金，与其经营运作相关的另一些上下游实体企业却缺乏资金，因此，在商业信用和互利基础上的实体企业间产生了资金借贷关系。此外，实体企业之间的资本投资、债权并购、股权并购和项目融资等也在市场发展中逐步展开。由此可见，实体企业本来拥有充分的金融运作权利。第三，实体企业部门是否存在资金回流给居民部门？居民以股权方式投资于实体企业，实体企业以股利方式将与收益回报对应的资金支付给居民；居民以债权方式购买实体企业的债券，实体企业到期将与债券本息对应的资金支付给居民。这些现象说明，实体企业和居民作为实体经济部门的主要经济主体，彼此间是存在金融权利和金融活动的。这些金融权利和金融活动从实体经济运行中内在地生成，是实体经济部门运行和发展不可或缺的基本机制。另外，随着实体经济部门丰富多彩的发展，这些金融权利和金融活动在不断创新中扩展延伸，越来越趋于复杂化和细化。

金融建立在资产权益基础上是为了获得这些权益的未来收益而进行的

权益交易关系的总和。① 在经济运行中，资产权益及其收益在本源上指的就是实体经济部门的资产权益及其收益。实体企业向居民出售股票、债券等金融产品之前并不直接拥有与这些金融产品相对应的资金（或资产），通过出售这些金融产品，获得了对应资金，形成了对应的可经营运作的资产，因此，实体企业实际上出售的是这些资产的未来收益。在此类交易中，居民实际上购买的是获得实体企业经营运作中这些资金（资产）中未来收益的权利。与此对应，股票、债券等金融产品在二级市场中的交易也是为了获得资产未来收益的权利。由于居民投资和实体企业彼此间的投资获得的是资产未来收益，所以，不确定性（即风险）的存在也就在所难免。各家实体企业的经营运作状况不尽相同，有在经营运作中获得资产收益的，也有在经营运作中盈亏平衡从而没有获得资产收益的，还有经营运作亏损的。居民部门人数众多，在风险的喜恶程度上，偏好差别甚大，因此，尽管所有的居民在金融投资中都乐于追求高收益回报，但在投资亏损等风险发生时，也不乏有着坦然面对之人。就总体而言，居民部门在金融投资风险喜恶程度上的多层复杂结构与实体企业部门经营运作在风险程度上的多种多样性能够大致匹配，由此，保障了经济运行和经济发展的正常展开。

从实践角度看，在西方国家的经济发展过程中，实体经济部门的金融活动在交易规模、产品种类、交易方式等方面不断扩大，以至于单个实体企业已很难直接将其作为经营活动的一项业务纳入经营管理之中，因此，将金融业务独立出来设立专业化金融机构成为必然。这一过程中较为普遍的事件最初发生在19世纪的上半叶。在此后百年左右的时间内，金融产品、金融市场和金融机构快速发展，尽管经济危机和金融危机频频发生，但政府部门只是充当着守夜人的角色。20世纪30年代大危机给人们以深刻教训，这促使了金融监管登上历史舞台，由此，逐步形成了由金融制度、金融监管、金融产品、金融市场和金融机构等构成的金融体系。尤其值得注意的是，在金融体系形成过程中，实体经济部门（实体企业和居民）所拥有的金融权并不因此而被剥夺。对居民部门而言，消费剩余的资金在金融投资运作方面依然有着充分的金融产品选择权；对实体企业而言，在发行债券、获得贷款、发行股票以及获得融资租赁、信托资金、建立基金等方面也保留着充分的选择权。不仅如此，实体经济部门所拥有的金融权利还

---

① 参见拙文《简论货币、金融与资金的相互关系及政策内涵》，载《金融评论》2011年第2期。

是一个完整金融体系的基础性构成部分，也是金融体系能够成为国民经济构成部分的根基所在。

理论逻辑和实践逻辑都透明了一个基本原理：金融内生于实体经济部门，实体经济的发展是金融发展的根本所在。实体经济部门所拥有的金融权是金融体系的一个基础性构成部分。从这个意义上说，金融根植于实体经济部门。离开了实体经济部门，金融就将成为"无源之水、无本之木"。美国金融危机的一个教训是，金融运行脱离了实体经济部门，成为自我服务、自我循环的独立体系。一旦金融脱离了实体经济，金融泡沫的产生就在所难免。

2. 中国外植型金融体系

在30年的计划经济时期，中国没有金融活动，也谈不上金融体系。当时，行政机制和财政机制支配着国民经济中几乎所有的活动。企业的资金由财政拨付、供销由国家计划安排、生产按照计划任务展开、职工工薪由国家统一规定、利润全额上缴和国家财政统付盈亏等机制，切断了居民与实体企业之间资金融通的金融联系；在此条件下，银行只是作为财政的出纳机制而设立，并无证券公司、信托公司、基金公司和融资租赁公司等金融机构，也不存在金融监管部门。这些体制机制的安排，决定了中国不可能有产生和形成金融活动乃至金融体系的基础性条件。在这种经济格局中，一方面居民不是资金的主要供给者，政府财政部门成为实体企业经营运作资金的主要提供者，实体企业之间禁止展开股权投资、资金借贷等金融活动，它们的经营利润全额上缴财政部门，因此，不存在居民和实体企业之间的金融活动；另一方面，实体企业缺乏最基本的经济权益，也就谈不上金融权益，由此，金融机制也就难有存在和发展的基础性条件。

中国金融起步于20世纪70年代末的改革开放初期。当时有五个条件决定了中国选择的将是外部植入型（即外植型）金融体系：第一，在长期计划经济（即行政机制成为经济运行的支配机制）条件下，实体经济部门的企业和居民没有金融权，既不知道何为金融权，也没有金融意识（甚至没有"金融"一词的概念）。一个突出的实例是，80年代中期，负债经营作为具有创新意义的观念突破而大加宣传，"借鸡生蛋"、全负债经营广为推行。第二，受计划经济中审批体制影响，金融机构的设立、金融产品的问世和金融业务规模（甚至金融机构客户）等都需通过严格的行政审批，由此，在金融部门中普遍延续了各项活动均须经过行政审批的制度（在90年代后期之后,甚至有着细化审批制的倾向)。到 1984 年,虽然工、农、中、建等银行已经分立,但它们作为专业银行(并非商业银行)各自有着政府行政部门安排的特定业务。第三,面对发达国家的成熟的金融市场体系,我们期望能够尽快地缩小与它们的差距,仅仅将它们浮在表面上的金融机构格局借鉴过来学习,就无法深入地看到它们沉在水下的实体经济部门的金融权利。第四,在 90 年代中期之前,企业改革的组织制度、变固定工制度为合同工制度等尚在探讨之中,"自负盈亏、自我发展"的公司制刚刚起步,以资金平衡表为中心的企业财务制度正在向以资产负债表为中心的财务制度转变。在缺乏资产负债理念和制度的条件下,企业不能发行股票、债券等金融产品,也就难以有获得金融权利的内在根据。第五,1998 年之前,银行信贷依然按照国家计划安排,在信贷规模和信贷投放对象上都有明确的行政取向。虽然已有股票、债券发行,但由国家计划安排,并通过制度规定,这些金融产品只能由金融机构承销运作。实体企业和居民依然缺乏对各种金融产品的最基本的选择权。改革开放 30 多年来,中国努力从实体经济外部推进金融的发展,形成了一种外植型金融体系。

外植型金融的主要特点表现在八个方面:第一,在金融产品方面,实体经济部门(包括实体企业和家庭)几乎没有选择权。居民消费剩余资金除了存款几乎没有去向(存款意味着资金只能通过金融机构的媒介才能进入实体企业),实体企业除了贷款也很少有从金融市场获得资金的渠道。金融活动的各项权利成为金融机构的专有权。没有金融机构和金融监管部门的准许,实体企业几乎得不到来自居民的资金供给。第二,实体经济内部没有展开金融活动的制度空间。从最初的实体企业间不准借贷资金到实体企业难以发行商业票据进行短期融资,再到实体企业间不能进行融资租赁等都通过制度规定予以限制。一旦实体企业间进行了这些金融活动,就以违法或者非法予以处置。第三,各种证券发行都必须通过金融监管部门审批并由金融机构承销,使得实体企业丧失了自主发行各种证券的权利。这些承销证券的金融机构,不仅直接决定着实体企业能否发行证券,而且在证券发行的定价方面有着举足轻重的话语权。第四,直接金融工具成为间接金融工具。公司债券是实体企业向居民发行以获得居民资金的一种主要的直接金融工具。但在中国,它转变成了一种间接金融工具。内在机制是,实体企业发行的公司债券几乎完全由商业银行等金融机构购买,而商业银行等金融机构购买债券的资金则来源于城乡居民以存款等方式提供的消费剩余资金。第五,"存款立行"成为商业银行等金融机构的一项基本战略。"拉存款"、"存款竞争"长期是商业银行等金融机构维持经营运作和加快经营发展的一项具有决定意义的基本业务。商业银行等金融机构的金融运作主要取决于资金数量的多少和资金供给的可持续性。自20世纪90年代中期以后,城乡居民消费剩余资金成为商业银行等金融机构的主要资金来源,由此,想方设法获得这些资金就成为各家商业银行等金融机构的一个主要竞争方略。第六,金融市场(尤其是货币市场)在很大程度上成为金融机构彼此之间的交易活动,与实体经济部门没有多少直接关系。银行间市场是中国主要的货币市场,进入该市场操作的主体集中于金融机构,由此决定了这一市场的交易基本上是金融机构彼此间的游戏。第七,金融机构与金融监管部门成为一个相互依赖的体系,以各种理由限制实体经济部门的金融权要求。其中包括金融稳定、风险控制、专业性和公共性等。在各项金融制度形成过程中,金融监管部门通常需要征求金融机构的意见,但极少有征求实体企业意见的,由此,这些金融制度更多地反映了相关金融机构的利益取向,很难反映实体企业的诉求。第八,各种金融产品创新,与其说来源于实体经济部门的要求,不如说来自金融机构自身业务拓展和追求利润最大化的内在要求。

  从这些特点中不难看出,中国金融体系是一个运用行政机制嵌入实体经济部门中实体企业和城乡居民之间的架构。它一方面建立在以最低廉的价格充分通过储蓄存款方式吸收城乡居民消费剩余资金的基础上,另一方面,建立在以最贵的价格通过贷款机制从实体企业获得贷款利息基础上。这种切断居民与实体企业之间直接金融联系的金融体系,与内生型金融体系有着实质性差别。

  外植型金融在30多年的发展中有着积极意义:第一,它运用商业银行的资金再创造机制,通过发放贷款等金融活动,保障了中国经济发展中的资金供给和金融产品、金融市场的发展,使得中国经济在资金短缺中起步发展没有陷入贫困陷阱,对30多年来的中国经济发展有着积极贡献,功不可没。第二,它运用行政机制以维护金融运行秩序的稳定,使得中国金融在经济高速发展中没有出现大的风波和动荡,有效抵御了亚洲金融危机和美国金融危机的冲击,避免了因金融震荡给资金供给者(主要是居民家庭)和资金需求者(主要是实体企业)带来的利益损失。第三,它为探讨建立中国特色的金融体系提供了时间和空间,避免了我们重走发达国家用200多年走过的金融体系建立发展之路，避免了在市场混沌和竞争乱局中建立金融体系所付出的巨大代价。第四，通过各类金融机构之间的竞争，积极探讨了发挥市场机制在配置金融资源方面的基础性作用，为中国金融的进一步改革发展创造了条件。第五，它创造了发展中国家摆脱金融抑制、推进金融深化的一条新路径，突破西方国家建立金融体系的老路径，给世界各发展中国家和地区的金融发展提供了一个可资借鉴的新思路。

第五节 中国金融体系的内在缺陷

正如世间任何事物均有其长处和短处一样，在国民经济系统中，外植型金融也有其内在缺陷。在进一步深化改革，发挥市场机制在配置资源方面的决定性作用，以加快经济结构调整、增强经济的可持续发展能力、进一步提高综合国力的背景下，尤其是在实施开放型经济战略、加快中国经济介入全球经济步伐、提高中国金融体系开放度的背景下，外植型金融体系的内在缺陷愈加凸显出来。这些缺陷主要包括：

第一，将原本多维一体的有机经济活动分切为若干相互缺乏关联的部门活动，使得各种资源的整体关系碎片化。这种碎片化不仅降低了实体经济部门的运作效率和市场竞争力，而且给金融体系带来了本不应有的风险。

消费金融内生于商业购物活动。在由商业机构展开的过程中，集资金流、物流和客户信息流为一体，既给消费者带来了购物的商家优惠，又给商家带来了资金和客户信息，有利于提高商家的市场竞争力和调整商业结构。但在中国，消费金融统一采用银行卡消费方式。在这种方式中出现了银行管资金流、商业机构管物流、无人管客户信息流的格局。在这种格局中，商家扩展业务所需的资金需要向银行申请，银行贷款不但需要充足的抵押物，而且利率高企还延时甚多，给商家带来诸多不利。一方面，由于缺乏客户信息和难以向这些客户提供专门的服务，使得各个商家迄今难有自己稳定的客户群，也很难根据特定客户的特色需求，量身打造为其提供特色质量。另一方面，限制了商家之间的服务竞争。除了在价格上打折销售外，众多商家严重缺乏提供服务质量的竞争手段，形成了众家经营方略雷同的商家格局，给多层次商业市场的发展带来严重影响。

供应链金融内生于产业关联的各实体企业之间。它的原本含义是，在供应链中位于核心地位（或主干地位）的实体企业可以根据产业发展的需要向位于上下游的实体企业提供资金支持和其他金融支持。这种资金或其他金融支持得到货物供应、商业信用、信息共享、技术支持和市场开拓等一系列因素的共同支撑，因此，是现代金融的一个重要发展方向。但在中国，供应链金融成为商业银行向供应链中的各家实体企业分别发放贷款的金融，或者成为供应链中核心企业（或主干企业）将自己的资金委托商业银行贷款的金融。在这种贷款中，商业银行实际上关心的只是本息的安全性，并不直接关心（也无能力关心）供应链是否由此得到强化、供应链效率是否因此提高。另外，供应链中的核心企业失去了利用资金供给来增强货物供应、商业信用、信息共享、技术支持和市场开拓等方面的凝聚力，难以有效协调好供应链各环节的关系。由此，本属一条链式的金融关系转变成了由商业银行"点对点"式的金融服务。

第二，以存贷款为重心，引致了金融资源配置的种种矛盾和效率降低，给实体经济部门发展造成了诸多的金融障碍。

金融资源配置效率的高低并不直接以金融机构是否获得了较高的收入和利润为衡量标准，它的实际含义应当是实体企业获得资金的成本是否降低。但在外植型金融体系下，实体企业普遍遇到融资数量少、融资价格贵和融资渠道窄等"融资难"问题。其一，在缺乏金融产品选择权的条件下，大中型企业获得的贷款资金在利率上高于同期公司债券利率，表现出了"融资贵"。与此同时，在大量贷款向大中型企业集中的条件下，小微企业既遇到了融资数量少、融资渠道窄等困难，也遇到了融资贵的难题。这些难题意味着，受资金成本高的制约，在实体经济部门中许多本可展开的投资活动和经营活动都难以有效进行，由此，资源配置的效率受到制约。其二，商业银行等金融机构的收益大幅增加。近 10 年来，在加入世贸组织、"狼来了"的背景下，中国商业银行的税后利润呈快速增长的态势，与实体企业的利润走势形成了反差，以至于媒体有"银行业垄断暴利"一说。利润的快速增加固然与商业银行改制后的体制机制创新、银行职员的努力直接相关，但与实体企业缺乏金融选择权条件下商业银行可坐享存贷款利差也直接关联。这是引致商业银行等金融机构以吸收存款为"立行之本"战略难以消解、持续地展开存款大战的一个主要成因。其三，广大的城乡居民作为存款人只能获得低利率的存款收入。由于消费剩余资金难有去向，在存款利率降低的条件下，城乡居民存款却形成了大幅增加趋势，实难分享实体企业付给金融体系的巨大收益。

在继续以存贷款为主要金融活动的条件下,要改变间接金融为主的金融格局几乎不可能。内在机理是,要发展直接金融就必须赋予实体企业必要的金融权利,这不免与现存的金融机构和金融监管部门的权利相冲突。因此,大力发展直接金融、降低间接金融比重的政策主张已提出了15年,但它并没有落到实处,商业银行也无金融脱媒之忧。中国金融体系中的间接金融比重依然高企。实体企业通过直接金融获得的资金占社会融资规模的比重还处于相当低的水平。尽管如此,各种创办新商业银行的冲动还在持续增强。

第三,在实体经济部门和金融部门之间资金错配现象愈加严重。经济运行中不同的实体企业在经营运作和固定资产投资等方面对资金的性质、期限和流动性等有着不同的要求,从本源上讲,金融资产的结构应与这些要求相匹配。但在中国实践中,金融部门的资金和金融产品的结构相去甚远,从而,有了错配现象的严重发生。

在中国,资金错配包括五个方面的错配:一是主体错配,即本属城乡居民与实体企业之间配置的金融资源转变为城乡居民与商业银行之间、商业银行与实体企业之间金融资源配置;二是性质错配,即资本性资金和债务性资金错配;三是期限错配,即长短期资金的错配;四是产品错配,即债券等直接金融工具与存贷款等间接金融工具的错配;五是市场结构错配,即资本市场与货币市场的交易功能错配。

其一,主体错配。在经济金融的本源上,资金配置在城乡居民与实体企业之间展开。为数众多的城乡居民在风险喜恶程度上呈现出复杂多元的结构,它能够与众多实体企业经营运作中复杂多元的风险状况相匹配。这是一个通过金融市场的竞争机制复合选择的过程。但在中国金融体系中,资金配置主体转变为商业银行等金融机构。这些金融机构,一方面以最低廉的利率从存款人手中获得资金,另一方面又以最昂贵的利率(不论其中的金融链条有多长)将这些资金借贷给实体企业,从中获得卖方垄断性收益。由此,金融资源配置的市场功能为商业银行等金融机构所取代,它们成为嵌在资金供给者和资金需求者之间且不断膨胀的媒介主体,由此,资金配置主体严重错配现象持续发生。

其二,性质错配。在经济金融运行中,资金在性质大致可分为资本性资金和债务性资金两种。其中,资本性资金是承担债务性资金的基础条件,也是保障按期偿还债务从而维护市场信用和市场秩序的资金基础。但在中国经济金融运行中，资本性资金的形成极为困难。每年通过实体企业利润和折旧金、股市融资额、股权基金投资和外商投资等所形成的资本性资金数额远远低于每年固定资产投资数额按照资本金制度的规定比例所需要的资本性资金数额，这一方面使得实体企业的各种经营运作活动严重缺乏资本性资金的支持，长期处于寻求银行信贷等短期债务资金的困境中；另一方面使得中国经济金融运行长期在债务性资金扩张中展开，债务链条不断延长且复杂程度不断提高，各种运作风险日益累积。

其三，期限错配。银行信贷实质上属于短期债务性资金范畴（尽管在中国商业银行等金融机构放贷中也存在着"中长期贷款"科目，但这些资金依然按照投资项目的工程进度逐年投放）。由于在风险喜恶程度上，商业银行等金融机构属于风险厌恶范畴，放贷期限越长则风险越大，由此引致了短期信贷资金与长期投资项目之间的诸多矛盾现象发生。2013年6月20日银行间拆借市场中出现的"钱紧"现象、2013年11月20日之后的银行间拉存款大战、2014年1月10日之后的利率快速上行现象等，在深层成因上均由资金期限错配所引致。将表1-1数据带入来看，这种资金期限错配使得中国经济金融运行中呈现出一种不可思议的"宽货币、紧资金、高利率"的怪象。

表1-1　　　　　　中国债券持有人结构（2012—2013）　　　　单位：亿元

项目	2013年余额	2013年增加额	2012年余额
特殊结算成员	17005.67	-12.61	17018.27
商业银行	166818.11	9176.33	157641.78
其中：全国性商业银行	137781.97	5400.28	132381.69
信用社	5942.12	655.10	5287.02
非银行金融机构	752.08	-50.74	802.82
证券公司	1586.77	-3.03	1589.80
保险公司	23229.19	1131.94	22097.25
基金公司	26758.20	3114.38	23643.82
非金融机构	152.18	-126.96	279.14
个人投资者	4866.42	1830.29	3036.13
交易所	8855.82	4253.24	4602.59
其他	3141.93	1571.44	1570.50
合计	259108.49	21539.38	237569.11

资料来源：中央国债登记结算有限责任公司网站。

其四，产品错配。几何学上认为，两点之间直线距离最短。在金融学上，这表现为直接金融的交易成本最低，因此，就金融体系而言，应以"直接金融产品为主、间接金融产品为辅"。但在中国金融体系中，与商业银行等金融机构存贷款等间接金融产品相比，公司债券等直接金融产品的规模，非但不成比例，而且发生了严重变异。从表1-1中可见，在2013年年底的259108.49亿元债券余额中，由实体企业持有的数额仅为152.18亿元，由城乡居民持有的数额也仅4866.42亿元，金融机构持有的比例高达95%左右。在经济金融运行中，金融机构并非资金供给者，它们购买债券的资金来源于城乡居民和实体企业的"各类存款"等，由此，债券由直接金融工具转变成了间接金融工具，即由存贷款的替代品转变成了存贷款的补充品（这解释了近10年来，中国债券发行规模明显扩大，但商业银行等金融机构并未感到金融脱媒挑战的主要成因）。

其五，市场结构错配。金融市场可分为货币市场和资本市场。从交易量看，在国际金融市场中，资本市场的交易量远大于货币市场。在中国，金融市场分为银行间市场和证券交易所市场。银行间市场主要开展的是短期金融产品交易（相当于货币市场），它的每年交易量远大于证券交易所市场；同时，银行间市场的参与者只能是金融机构，由此，它成为金融机构彼此之间交易金融产品、进行短期资金融通的市场，远离实体企业和城乡居民。

在这些资金错配之下，各种累积的金融机制矛盾不断加重，受体制制约，又从商业银行等金融机构表内业务中衍生出了银信合作、银证合作、银保合作、银行理财产品等一系列变种类型，但不论金融链条如何延长、金融机构的业绩如何增加，结果都是实体企业的融资成本进一步提高，中国金融乃至实体经济愈益步入难局。

第四，货币市场成为金融机构间彼此交易的市场，与实体经济部门基本无关。银行间市场是中国货币市场的主体部分，可进入该市场的交易主体包括国有控股商业银行、其他商业银行、其他金融机构和外资商业银行等，并无实体企业，更无居民。因此，该市场是金融机构彼此间进行短期资金和短期金融产品交易的市场。

第五，各项金融改革举步维艰，或停留于做表面文章，或停留于口头。

货币政策调控机制的改革进展缓慢。近10年来，继续以运用行政机制直接调控存贷款基准利率和新增贷款规模为主要工具，在维护金融运行稳定的同时，维护着金融体系独立于实体经济部门的格局。

按照市场机制的要求形成存贷款利率，是利率市场化的核心内容。但至今这方面的改革基本停留在运用行政机制扩大存贷款利率波动幅度上，既没有引致商业银行等金融机构的资产结构调整、业务转型和盈利模式变化，也没有给城乡居民和实体企业更多的金融选择权。

商业银行业务转型的提出已有 10 年之久，但从它们的资产负债表看，负债结构中"各项存款"依然是最主要的资金来源，占据主体地位的程度非但没有降低而且继续提高；资产结构中"各项贷款"依然是最主要的资产运用方式，虽所占比重有所降低，但如加上商业银行间相互持有的债券数额，比重变化并不明显。负债结构和资产结构的变化不大，反映了商业银行业务转型基本停留在表面上，难有实质性进展。

外植型金融体系存在的一系列缺陷说明，它已到了非改不可的境地。但如何改革却绝非易事，一旦选择失误，就可能引致严重的金融震荡甚至金融危机，因此，需要慎之又慎。

第六节 金融体系改革的路径选择和破解之策

金融回归实体经济的含义，一方面并非推倒重来，即并非意味着中国金融体系的建设重蹈 19 世纪以来西方国家 200 多年的覆辙。不论从历史角度看还是从现实角度看，重走这一过程都是不可能的。另一方面也并不意味着"回归"已无事可做，中国金融体系应按照已有老路继续前行。"回归"的真实含义在于，扩大实体经济部门中实体企业和城乡居民的各自的金融选择权，即把本属于实体企业和城乡居民的金融权利归还给实体经济部门，推进内生性金融的发展。

金融内生于实体经济部门实际上有两条路径：一是金融机构的路径，即通过实体经济的发展，独立出了专门从事金融业务活动的金融机构；二是金融市场的路径，即实体经济中的实体企业和城乡居民可以直接进入金融市场，以自己的名义发行和交易各种金融产品。在目前中国的金融体制机制条件下，金融回归实体经济的含义，不在于继续鼓励实体企业投资创办多少家金融机构，而在于准许实体企业和城乡居民直接进入金融市场以它们各自的名义发行和交易相关金融产品。内在逻辑是，在各种金融产品的发行和交易基本由金融机构专营的条件下，即便实体企业投资创办了一些金融机构,这些金融机构只能延续原有金融机构的业务轨迹,不可能由此增加实体企业的金融选择权;同时,由于不可能所有的实体企业都各自创办金融机构(换句话说,能够投资创办金融机构的实体企业更是凤毛麟角),那么,那些无力创办金融机构的绝大多数实体企业依然处于缺乏金融选择权的境地。另外,不论实体企业如何创办金融机构,并不直接解决城乡居民的金融选择权扩大的问题,即并不解决资金供给者如何将消费剩余资金通过金融市场投入实体企业的资源配置过程中的问题。由此来看,问题的重心在于如何使得实体企业和城乡居民能够直接进入金融市场。

在完全竞争市场中,价格既不是由卖方决定,也不是由买方决定,而是由买卖双方的三向竞争决定的。一个值得认真思考的问题是,在金融体系中,真正与商业银行等金融机构竞争的主体是谁?是证券公司、信托公司、保险公司和资产管理公司等金融机构吗?不是,这些金融机构既需要从实体经济部门获得资金(如股权投资资金、信托计划资金、销售保单资金等),也需要从商业银行等金融机构中获得资金(如贷款、发债资金、影子银行资金等)。在存贷款市场乃至金融体系中,真正与商业银行等金融机构竞争的主体,实际上是实体经济部门中的实体企业和城乡居民。在消费剩余资金的金融运作权利有保障的条件下,居民部门的资金将通过每个居民的自由选择,或用于购买股票、债券、基金和其他金融产品,或用于存款,由此,在存款利率低廉的条件下,商业银行等金融机构将流失大量存款资金,这迫使它们按照金融市场的竞争性价格水平进行存款定价。另外,实体企业需要的资金可以通过自主地发行债券、股票和其他金融产品从金融市场中获得,也可通过银行贷款等方式获得,由此,商业银行等金融机构再以高于市场价格的贷款利率向实体企业放贷,这样将面临贷款难以放出的风险,这迫使它们按照金融市场的竞争性价格水平进行贷款定价。由此可见,在实体经济部门拥有金融权利的条件下,金融产品的价格体系将在竞争中趋于成熟完善。

要使实体经济部门回归到金融市场,需要深化对原生金融产品的市场风险特点认识。在金融运行中,原生金融产品主要有债券、股票和存贷款,其他金融产品大多以此为基础衍生。债券和股票是标准化金融产品,发行和交易处于公开市场之中,投资者根据公开披露信息监督和用脚投票制约着它们的价格走势,风险由投资者分别承担;存贷款是非标准化金融产品,通常难以进行连续性交易,对应资金的流量、流向和效应等信息并不公开,风险主要由相关商业银行等金融机构承担。由于持有债券、股票的投资者包括了实体企业、城乡居民和相关金融机构，对应的风险由众多的投资者分散性承担，由于商业银行等金融机构的数量是相当有限的，存贷款的金融风险它们基本集中承担，同时，分散风险又是金融运作的一个基本要义，所以，如果从金融风险承担角度看，合乎逻辑的制度安排是，大量发展债券、股票等金融产品，限制存贷款等金融产品的扩张。但外植型金融体系中的这些金融产品结构正好相反，其制度安排的内在机理是，在由众多实体企业和城乡居民持有债券、股票等金融产品的条件下，行政可控性就大大降低了；反之，通过存贷款机制将实体企业和城乡居民的资金集中于商业银行等金融机构之中，政府部门运用行政机制进行掌控就容易多了。以此来看，"金融回归实体经济"的实质是重新理顺政府和市场的关系，发挥市场机制在配置金融资源方面的决定性作用。因此，它是中国金融改革中需要解决的基本问题。

改革是制度体系和利益格局的重新调整，除了认识差异外，也还有各种各样的取向差别、路径依赖和习惯势力等方面的障碍。从金融改革角度看，扩展实体经济部门的金融选择权必然从根本上冲击现存的金融体系，给予商业银行为主体、以存贷款为基础的金融运作方式和金融监管方式严重冲击，从实质上推进外植型金融体系向内生型金融体系的根本转变，因此，是一个艰巨复杂的过程。这一改革的目的在于克服外植型金融体系的种种缺陷，建立中国金融体系的健康可持续发展的新模式。从这个意义上说，"金融回归实体经济"的过程是中国金融体系的重新构造过程。

从目标上看，金融改革可分为单向改革和金融体系整体改革等。进入21世纪以来，人民币存贷款利率市场化改革、建立存款保险制度、商业银行业务转型、资产证券化、加快资本市场发展、加大资本账户开放程度和人民币汇率改革等，均带有单项改革的特点，它并不直接涉及整个金融体系的体制机制变化。一个突出的实例是，人民币汇率改革并不直接引致货币政策调控机制、人民币利率、商业银行业务转型、金融市场格局和金融产品创新等方面的体制机制改革。另一个突出的实例是，人民币利率市场化改革尽管从1996年就已展开，2012年6月以后中国人民银行多次调整了人民币存贷款基准利率，扩大了存贷款利率的浮动区间，但货币政策的直接调控机制没有发生实质性变化，商业银行的业务转型也没有发生实质性改变，联动改革的效应并不明显。与单向改革相比，金融体系改革更加复杂困难，面对商业银行依然是中国金融体系的主体部分、存贷款在金融产品总量中所占比重远高于其他金融产品总和的状况，一旦举措不慎，将引致整个金融体系的大震荡（甚至可能引致某种程度上的危机），改革的推进更需要慎之又慎。

从各种金融产品对比看，在推进金融体系转变过程中，公司债券有着一系列独特的功能：

第一，存贷款的替代品。从性质上看，公司债券与存贷款一样都属于债权债务性金融产品。从利率上看，公司债券利率对资金供给者和资金需求者来说属于同一利率，有着克服存贷款利率差别的功能；在风险相同的条件下，公司债券利率水平低于贷款利率却高于存款利率；同时，由于各公司债券质量不尽相同，公司债券的利率复杂程度明显高于存贷款，这有利于满足不同的资金供给者和资金需求者的需要，也有利于为衍生性金融产品的开发创新提供条件。在充分发展公司债券的条件下，商业银行吸收的存款数额和发放的贷款都将随公司债券发行规模扩展而减少。这将引致三方面重要变化：其一，以存款计量的货币供应量的降低。到 2014 年 6 月，中国的广义货币（M2）的余额已达 120.96 万亿元（为 GDP 的 2 倍以上），其中，人民币各项存款余额达到 113.61 万亿元。如若以公司债券替代居民存款，则 48.37 万亿元居民存款中的一部分转化为买债资金，不仅有利于提高居民的金融资产收入水平，而且将弱化由存贷款机制引致的 M2 继续大幅增长的势头。其二，促使货币政策调控机制转型。在公司债券大量发展中，人民银行继续调控存贷款基准利率已无意义、控制新增贷款也失去了应有效应，由此，将促使货币政策的行政性调控机制向市场机制所要求的间接调控方式转变。其三，迫使商业银行业务转型。在存贷款数额下降的条件下，商业银行继续依赖存贷款业务来拓展经营的空间已大大压缩，由此，它们就不得不着力推进非存贷款业务的发展、提高金融服务质量，实现资产结构调整、商业模式转变。

第二，改善资金错配。大力发展公司债券，实体企业通过发债获得中长期资金（在发达国家中，它的位次远高于股票），则能够有效改善信贷资金的期限错配状况。

第三，推进债务率降低。实体企业的债务率主要表现为由银行贷款引致的负债。在以公司债券替代银行贷款的条件下，由于长期债券具有准资本的功能，所以，短期债务率将明显降低（由此引致的风险也将明显降低）。这有利于推进实体企业的运行稳定。

第四，推进资产证券化。资产证券化以债券市场的成熟为前提。如若公司债券的大量发行交易能够推动债券市场的成熟，则资产证券化的基础条件将日臻完善，否则，资产证券化难以充分开展。

第五，推进商业银行业务转型。公司债券的大量发行，减少了银行吸收存款的数量和发放贷款的数量，同时，既为银行业务转型提供了金融市场条件，又给这种转型以较为充分的时间。

第六，缓解小微企业的融资难的问题。在大中型企业普遍通过发债获得运作资金的条件下，银行只能将贷款资金集中向小微企业投放，由此，将缓解小微企业的融资量小、融资利率高等难题。

第七，熨平股市波动。在中国金融体系中，居民消费剩余资金的金融运作基本限于存款和股市投资。当这些资金涌入股市时，股市大涨，反之则股市大跌。在公司债券充分发展的条件下，居民资金分布于不同品质的债券品种，同时，债券市场利率对股市价格波动也有着制约功能，由此，股市运行中的大起大落就能够得到缓解。

在金融改革中，公司债券的功能举足轻重。第一，利率市场化改革。公司债券利率是银行存贷款利率的替代品。中国要实现存贷款利率市场化改革的目标，如果缺乏了公司债券利率的机制作用，是难以完成的。第二，存款保险制度。在存款依然是居民金融运作主要资产和银行经营主要对象的条件下，存款保险制度的实施存在着严重风险。在公司债券大量发展的背景下，银行存贷款在金融体系中的作用明显降低，由此，实施存款保险制度就不容易引致大的震荡。第三，资本账户中的交易项下开放。在资本账户开放中，大多数金融交易集中在公司债券及其衍生品方面，海外人民币的回流也主要通过这一渠道而展开。缺乏成熟的公司债券市场，就很难有效推进资本账户的充分开放。第四，推进亚洲债券形成。要发挥中国在亚洲金融市场中的引导作用，发展亚洲债券是一个可选择方案。但如果中国境内债券市场尚不成熟，就很难在这一领域中拥有充分的话语权（更不用说规则的制定权）。

公司债券作为直接金融工具，理应直接向实体企业和城乡居民销售，这既有利于使实体企业摆脱资金来源受限于银行贷款、暂时闲置的资金只能存入银行的格局，也有利于提高城乡居民的财产性收入和实体企业进行现金管理的水平。

公司债券直接面向实体企业和城乡居民发行,需要做好七个方面的工作:第一,切实将《公司法》和《证券法》的相关规定落到实处,有效维护实体企业在发行债券中法定权利。从 1994 年以后,发展公司债券市场就是中国证券市场建设的一项重要制度性工作。1994 年 7 月 1 日起实施的《公司法》第 5 章专门对发行公司债券做了规范,其中规定,股份有限公司 3000 万元净资产、有限责任公司 6000 万亿元净资产就可发行公司债券,公司债券余额可达净资产的 40%。2005 年,在修改《公司法》和《证券法》中,这些规定移入了《证券法》中。但近 20 年过去了,按照这一数额规定的公司债券鲜有发行。为此,需要依法行事,将这些法律规定进一步落实。第二,建立全国统一的公司债券发行和交易制度,改变"五龙治水"①的债券审批格局。第三,取消公司债券发行环节的审批制,实行发行注册制,同时,强化公司债券交易环节的监管。第四,积极推进按照公司债券性质和发行人条件决定公司债券利率的市场机制形成,在此基础上,逐步推进以公司债券利率为基础的收益率曲线形成,完善证券市场中各种证券的市场定价机制。第五,积极发挥资信评级在证券市场中的作用,为多层次多品种的公司债券发行和交易创造条件。第六,建立公司债券直接向实体企业和城乡居民个人销售的多层次市场机制,通过各类销售渠道(包括柜台、网络等)扩大公司债券发行中的购买者范围,改变仅由商业银行等金融机构购买和持有公司债券的单一格局,使公司债券回归直接金融工具。第七,推进债权收购机制的发育,改变单纯的股权收购格局,化解因未能履行到期偿付本息所引致的风险。与此同时,切实落实公司破产制度,以规范公司债券市场的发展,维护投资者权益。

在公司债券回归直接金融的条件下,择机出台"贷款人条例",以促进实体企业间的资金借贷市场发展;推进《票据法》修改,增加实体企业的融资性商业票据,提高货币市场对调节实体企业短期资金供求的能力;逐步推进金融租赁机制的发展,准许实体企业根据经营运作的发展要求,设立融资租赁公司或介入融资租赁市场。在这些条件下,中国的金融体系将切实回归实体经济。

---

① "五龙治水",指在公司债券发行审批中,国家发改委负责审批企业债券;中国人民银行负责短期融资券、中期票据和债务性融资工具;中国银监会负责审批金融债券和各种银行债券;中国证监会负责审批上市公司债券、可转换债券和证券公司债券;中国保监会负责审批保险公司债券,由此形成的公司债券发行市场依行政机制而分割的状况。

第二章

货币政策调控机制的改革

　　货币政策调控机制的改革，是金融体系改革的重要组成部分。改革开放35年来，受计划经济体制机制影响和经济金融运行中一系列因素制约，中国货币政策迄今依然以运用行政机制直接调控为主。在此背景下，金融体系改革的深化受到一系列影响，难以有效实施。要落实市场在配置金融资源方面的决定性作用，就必须实现货币政策从直接调控向间接调控的转变，更多地运用利率、汇率等价格机制调控经济金融运行中的货币流向、流量和流速，推进金融资源按照市场机制的要求配置。

第一节　货币政策环境变化需要改革货币调控体系

　　进入21世纪以来，中国货币政策是在如下环境中展开操作的：
　　首先，在操作环境上，从中央到地方，政府有强烈的经济增长偏好，以至于GDP成了官员政绩的唯一标尺。高增长是政府一直追求的目标。尤其是，当GDP增长率在地方官员晋升中具有特殊权重时，地区间竞争转化为地方官员的政绩竞争之后，片面追求统计上的高增长成了各级政府的普遍心态。一旦增长率有所下降，"保增长"就成了压倒一切的调控重任，迫使央行采取放松货币政策。在宏观上，这表现为货币、信贷余额与GDP之比持续大幅度地上升，以至于人们不断以"货币超发"来指责货币政策。
　　其次，加入WTO后，中国出现了贸易持续顺差和资本的流入，导致外汇储备与央行持有的国外资产大幅上升，国内货币供给因央行外汇占款而迅速上升。央行被迫穷于应付国际收支对国内货币供给、流动性以及对宏观经济的不利影响。这不仅降低了中国货币政策的自主性,而且扭曲了中国的货币政策操作体系,也拖累了中国金融市场化改革的进程。典型的是,央行为了"深度冻结"由国际收支双顺差而扩张的流动性,不得不持续而大幅度地提高法定存款准备金率;为了补偿准备金扭曲税给金融机构带来的机会损失,央行又不得不进行"利差管理",以人为管制的巨大存贷利差为商业银行提供补偿。再次,即便是这样,由于冲销不完全,货币供应与信贷增长率时常在其趋势值之上,房地产市场大发展与大繁荣以及中国快速工业化与城市化,导致了长期资产价格上升。最后,金融结构仍比较单一,长期被压抑的债券市场刚刚起步,其他各类金融工具创新比较有限;金融体制改革虽取得了积极进展,但政府管制或干预仍伸到了金融各个角落。

在这样的环境下,中国货币政策具有以下特点。首先,在操作手段上,货币政策是从过去直接信贷控制与利率管制中,逐步转向探索以公开市场、存款准备金和央行贷款为主的间接操作。货币政策操作实践先以大量发行央票、继之以持续大幅提高法定存款准备金率为主要工具,以达到"深度"冻结流动性的目的。至于央行再贷款与再贴现,由于其运用主要会增加流动性供给,与旧常态下冲销与冻结流动性背道而驰,因而它们在旧常态中基本无用武之地。其次,名义上以货币供应量为中介目标,银行信贷实则发挥了极为重要的作用。由于货币供给的内生性,央行对货币供给的可控性比较弱,因此,现实的货币供给增长率往往与央行年初宣布的调控目标值有较大的出入。在这种情况下,旧常态货币政策操作目标实际上是二元的:名义上的货币供给增长率(先是 M1 与 M2,后放弃了 M1 的增长率)、事实上的(银行)信贷总量。在货币政策具体实施中,信贷几乎取代了货币供应量而成为中介目标,乃至在实践中一度有"管住土地和信贷两个闸门"之说,这无疑是对银行信贷在货币调控中主导地位再清楚不过的经典表述了。最后,虽然货币政策是总量政策,但央行在具体实践中还通过差别性的政策工具的应用,以达到调节信贷结构的目的,例如央行实施的差别法定存款准备金比率、动态准备金调整机制、定向央行票据、对住房抵押贷款利率实施不同的利率下浮区间等。

但是,经过十多年的发展,中国货币政策操作环境发生了明显的变化。

首先,政府的宏观经济政策目标发生了重大变化。现在,由于潜在增长率发生了明显变化,政府所追求的增长目标在主动适应这一客观变化,坦然地接受了增长速度的换挡,不再把单纯追求 GDP 的增长率作为政绩的基本量化指标，而是在增长率足以实现"中国梦"的奋斗目标前提下，通过改革促进经济结构的全方位调整，实现基于创新、技术进步、制度改革的内生性增长。这意味着，即便经济增长率有所下滑，甚或增长率面临"较大的下行压力"，政府不会再以过度刺激的货币政策与信贷政策来实现经济"超预期"增长了。

其次，国际收支与外汇管理体制的变化。外汇管理体制改革与资本账户开放将持续深化，全球经济再平衡的过程以及自动化为主导的第三次工业革命的兴起，都将减弱国际收支对国内货币供给的影响，为货币政策调整提供了新的空间。央行正在积极推动人民币国际化，新的地区性金融稳定与危机应对机制所推动的国际货币治理机制的重建，会在一定程度上降低中国对外汇储备的需求；外汇管理体制改革与资本账户开放的深化，会弱化人民币供给与国际收支之间的脐带关系；全球经济的再平衡过程会改善中国的储蓄—投资关系，国际收支的基本平衡状态无疑会极大地弱化外部因素对国内货币供给的影响。因此，从这几个方面来看，新常态下，货币调控的灵活性、自主性都会有所增强；旧常态下因国际收支而被扭曲的货币政策操作体系，会谨慎有序地逐渐调整到较合理的状态（见图2-1）。

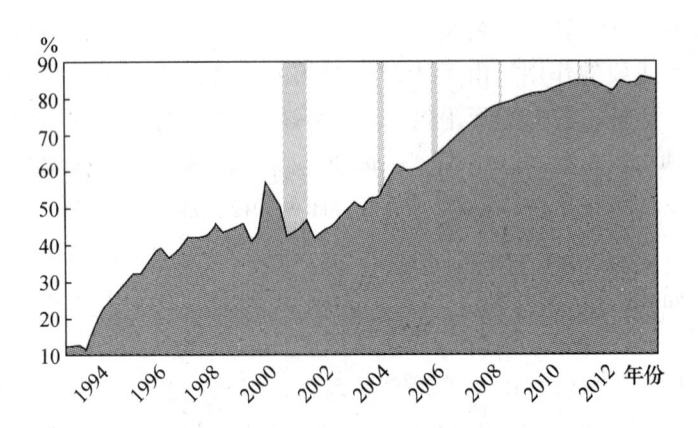

图2-1 国外资产占央行总资产的比重

资料来源：中国人民银行网站。

最后，金融创新及影子银行体系的发展。近几年来，中国金融创新蓬勃发展，所谓"影子银行"极为活跃。从积极意义上讲，影子银行体系发展促进了中国融资机制的多元化，能够更好地沟通资金盈余者与短缺者；而且，金融创新与影子银行体系也会冲击原有金融体制，倒逼政府顺应金融创新与影子银行体系的发展而推进金融体制的改革。但金融创新与影子银行体系的发展对货币政策产生了极大影响。(1) 金融创新改变了整个社会的流动性，并对原来的货币统计口径带来相当大的冲击。商业银行表外业务快速发展，创造了一些新的流通手段，这些表外业务并不在传统的货币统计范围内。例如，银行承兑汇票就极大地节约了流通手段，以资产负债统计的货币口径，难以将诸如此类的表外业务包括在货币之中，但它又实实在在地对物价水平和经济增长带来比较大的影响。并且，金融市场的易变性使得货币在金融市场与实体经济之间频繁地转换，导致货币供应与货币政策的最终目标之间的关系变得更加不可预测。(2) 融资结构多元化，使传统银行信贷在促进储蓄向投资转化中的地位和作用明显地下降了。根据央行统计，2002年，人民币贷款在社会融资总量中占比达91.9%，而到2013年，该占比已然下降到了51.4%；其他包括企业债券、信托、委托贷款等融资占到社会融资的半壁江山。金融创新与影子银行体系的发展，极大地丰富了中国的金融产品与结构，与之对应，中国金融市场便出现了具有不同期限与风险特征的复杂利率体系。由于不同金融资产的利率既随宏观经济形势而变化，也会随自身流动性与风险特征而变化，央行就必须寻求一种能够"牵一发而动全身"的利率作为货币政策的操作目标。(3) 信息技术的发展、清算和支付方式的变革，尤其是基于信息技术的互联网金融的兴起，使得大量支付和资金流通都游离于原来的金融监管规则、货币

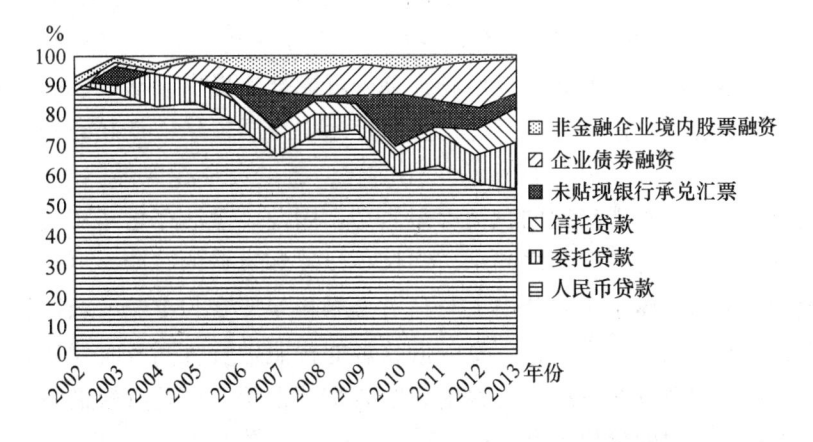

图 2-2 中国社会融资结构变化

资料来源：中国人民银行网站。

统计之外。它不仅会改造传统金融业，也会改变货币流通速度，影响商业银行对超额准备金的需求，使得货币供应与经济增长、物价水平之间的关系不再平稳和可预测（见图 2-2）。

第二节 货币政策调控思路的调整

针对货币政策环境的变化，货币政策思路已经做了一些调整。主要体现在以下相互密切联系的三方面："盘活存量、用好增量"、"总量稳定、结构优化"，以及更加注重"定向调控"。在严格控制总量的情况下，盘活存量能够提高资金使用效率，换言之，存量不"盘活"，总量是难以稳定的。结构优化是"用好增量"的必要途径和具体表现；定向调控已然担当起了"结构优化"的手段。

2013 年 6 月，国务院常务会议明确提出，在保持宏观经济稳定性、连续性的同时，有序推进改革，优化金融资源配置，用好增量，盘活存量，更好地服务于实体经济发展。这传达了新常态的货币政策总思路：政府抛弃了过去那种以超常货币信贷扩张来拉动经济增长的老办法，而代之以存量资金的盘活与使用效率的提高，来实现经济增长与发展的目的。

在这里，盘活存量是总量稳定的基础，或者说，在总量稳定的前提下，实现既定的合理增长目标，关键在于盘活货币信贷存量资金。具体地说，例如，在极端情况下，当大量存量信贷堕化为流动性低的资产时，原来借款者对流动性负债的需求会上升，金融机构基于风险考量而"惜贷"，结果造成信贷紧缩。为了解冻信贷市场，央行可能被迫提供流动性援助而放松货币与信贷总量。在这个意义上，盘活存量本身既依赖于良好的宏观经济环境，也依赖于经济社会优良的信用文化，通过资金在各部门间的正常、顺畅流转，才能实现良性的盘活存量资金。因此，盘活存量其实是一个系统工程，应当多管齐下。这既是宏观调控思路和策略的转变，也是寻求更有效的金融监管体系、划分中央与地方金融稳定职责、重塑金融监管与货币调控之间关系的过程；它既要以借款者能按照借贷合同及时偿还贷款本息为前提，也要以金融机构良好的风险管理为前提，更是重塑借贷双方之间社会信用文化的过程。

在任何时候，用好增量与结构优化都是健全金融体系的标志。当然，从不同的角度，"好"与"优化"的标准可能会有差异。从纯粹经济意义讲，"好"的标准就是把金融资源配置到效率最高的地区、行业和企业中去，让那些最善于使用金融资源的人去使用，以便最大限度地增加社会产出和供给能力，"优化"则是金融资源配置效率不断提高的过程。但从社会意义讲，"好"与"优化"可能会被认为是金融资源可得性的公平性。众所周知，公平与效率往往存在冲突，过度地以公平作为金融资源配置"好"、"坏"的标准，则可能损害经济效率，抑制合理的经济增长。从政府取向来看，实际上是从经济效率的标准来界定"好"与"优化"的标准。那就是金融"更好地支持经济转型升级、更好地服务于实体经济"、"支持实施创新驱动发展战略"。2013年7月初，国务院发布了《关于金融支持经济结构调整和转型升级指导意见》，明确提出了"用好增量"与"结构优化"的措施，包括引导、推动重点领域与行业转型和调整、支持小微企业发展、加大对"三农"的信贷支持力度、发展消费金融促进消费升级、支持企业走出去等。

  为了实现结构优化的目的，中国的货币政策操作也更多地采取了所谓"定向调控"的手法。所谓定向调控，广义地说，即政府针对国民经济的某一特定领域采取专门性宏观经济政策。在货币政策中，与"选择性货币政策"很相似。在实际货币政策实践中，具有定向调控特征的操作手法实际上早已存在。比如，在改革开放初期，中央银行就对不同的行业确定了不同的贷款利率，信贷额度也是根据政府经济计划而有差别地确定的；发达经济体的"选择性货币政策"——如证券保证金比率控制、房地产信用控制、窗口指导等都具有定向调控的特征；在次贷危机中，美联储为应对特定金融市场（如商业票据市场、资产证券化市场）的流动性紧张（枯竭），就专门针对其提供流动性援助；欧洲央行为应对欧债危机以来的信贷紧缩，特定为支持欧元区金融机构对非金融企业的信贷融资而提供贷款。总之，定向调控在特定的宏观经济与金融市场环境中，无论是中国还是发达经济体，都在不同程度和不同范围内加以使用。

  根据操作方向的不同，定向调控可分为定向刺激（扶持）、定向紧缩。所谓定向刺激（扶持）即对政府认为是国民经济薄弱的环节和民生工程项目，有针对性地采取特定货币政策操作，以提高融资可得性或降低其融资成本。比如，在20世纪末，为配合中国住房制度改革、促进房地产市场发展，央行一度要求商业银行新增房地产贷款增长率不得低于15%；2004年和2008年调整存贷款基准利率时，分别将住房抵押贷款利率向下浮动区间扩大至 15% 和 30%；2014 年以来的"定向降准"、"定向降息"、央行再贷款等，都已成为定向货币政策调控的工具组合。定向紧缩则是对政府认为国民经济中具有过热倾向，或产能过剩，或对环境污染较重的行业，采取控制性的货币信贷政策。例如，2013 年央行在放开贷款利率下限管理的时候，就保留了对住房抵押贷款利率 70% 的下限管理；之前还不断提高二套房的首付比率要求，这些都属于为抑制房地产市场的泡沫化倾向而采取的具有紧缩特点的定向货币政策操作。

不过，与之前只是间或采取定向操作不同，现在定向操作则具有常态化的倾向，政府也强调，要"更加注重定向调控"，从而使货币政策具有明显以点带面的特征。之所以在新常态下热衷于定向操作，主要有以下几个方面的原因：(1) 政府操作力度上，政府并没有打算执行过于宽松的货币政策，即便经济面临下行压力，也只需要采取"微刺激"；政府或许认为，过去的教训与现实经济状况都决定了没有"强刺激"的必要。(2) 定向调控具体化了此前央行一直强调的"有保有压"的政策取向，一些人也称之为"精准发力"、"射中靶心"，这样可以缩短货币政策传导的链条。(3) 金融机构在放贷过程中也具有"羊群效应"，基于短期（任期内）利润最大化目标的个体理性行为，很容易导致整个信贷市场的集体非理性结果，不仅信贷资源不会配置到政府所期望的部门中去，还容易导致某一行业或地区吸收过度的信贷资源，出现过热和过度的杠杆化，危及金融体系乃至宏观经济的稳定。(4) 定向调控可以引导资金流入到实体经济，减缓资金在金融体系"空转"而不能很好地为实体经济服务的弊病。

必须强调的是，虽然定向调控具有一定的现实基础和合理性，但要把握好使用的频率和度，避免过度定向化扭曲货币调控机制，尤其是要防止货币政策因"定向调控"而回到过去那种行政化的老轨道，防止以政府对经济活动（效率与风险）的全面判断来取代市场分散化的判断和决策。毕竟，市场有缺陷，政府决策也不是完美的，政府导向的金融资源分配可能会违背效率原则，损害金融体系的稳定，而且还容易滋生腐败。央行在 2014 年《第二季度货币政策执行报告》中也明确提到："货币政策主要还是总量政策，其结构引导作用是辅助性的，定向降准等结构性措施若长期实施也会存在一定问题。"

第三节 货币政策调控工具改革

近年来，中国货币政策调控机制的改革突出地表现在货币政策调控工具的运用方面，主要包括：

1. 法定存款准备金制度

新世纪以来，法定存款准备金政策被用作冲销外汇占款和"深度"冻结流动性的重要工具。由于外汇占款持续增加导致国内货币供给迅速扩张，为了保持币值"稳定"，央行被迫不断大幅提高法定存款准备金比率，乃至中国法定存款准备金比率在2011年被提高到21.5%的奇高水平。

但是，随着货币政策环境的变化，准备金政策也开始有所变化。为配合"用好增量"和"结构优化"的货币政策思路，定向准备金政策是一个突出的特点。定向降准主要是有针对性地加强对"三农"和小微企业的金融支持，对符合审慎经营要求且"三农"和小微企业贷款达到一定比例的商业银行，下调若干个百分点的存款准备金比率。央行之所以采取"定向降准"，是"稳定总量、盘活存量、优化结构"的政策原则决定的，也是与央行对当前总体流动性充裕的形势判断相呼应的。在2014年4月定向降准后，央行曾表示，定向降准"不意味着稳健货币政策取向的改变……不会影响银行体系的总体流动性"。在2014年6月的定向降准公告中，央行更明确地强调："当前流动性总体充裕"，"货币政策的基本取向没有改变。"因此，央行定向降准的行动，并不是基于增加市场流动性总体供给的考虑，这表明了在短期内不太会采取全面宽松政策的姿态和立场。

更进一步地分析，2011年以来央行对存款准备金政策应用的变化，反映了央行更加重视发挥存款准备金政策在总量均衡与结构调整、经济增长与金融稳定之间的平衡作用。梳理2004年以来准备金政策重要变化，可略见一斑。2004年央行就采取过差别法定存款准备金政策：金融机构适用的存款准备金率与其资本充足率、资产质量状况等指标挂钩。金融机构资本充足率越低、不良贷款比率越高，适用的存款准备金率就越高；反之亦然。其目的在于，在中国资本充足率监管尚未有效实施，监管当局缺乏对金融机构实施区别对待的正向激励机制时，通过差别存款准备金率，达到抑制资本充足率较低且资产质量较差的金融机构盲目扩张贷款的目的。在次贷危机之后，随着宏观审慎政策理念的出现，央行2011年引入了差别准备金动态调整机制，从而延续和完善2004年的差别准备金政策。所谓差别准备金动态调整机制，就是将信贷投放与宏观审慎要求的资本水平相联系，同时考虑金融机构的系统重要性和稳健性、经济周期的景气状况，通过差别准备金来引导和激励金融机构自我保持稳健和逆周期调节信贷。根据差别准备金动态调整机制，央行在2011年、2012年和2013年连续运用差别准备金动态调整机制加强宏观审慎管理，其调整的主要依据依然是金融机构的稳健性和信贷执行情况，目的在于引导信贷平稳适度增长，增强金融机构抗风险的能力；在具体的信贷投向上，即是鼓励金融机构增加小微企业、"三农"和欠发达地区的信贷投入。

这样看来，2014年的两次"定向"降准，是央行早已采取的差别存款准备金动态调整政策的一部分，它是在宏观和市场流动性总体平稳有序的情况下采取的一种结构调整政策。至此，可以说，中国的存款准备金政策不仅仅是传统的总需求管理政策，也是结构调整的工具。应当说，这是中国在货币调控实践中不拘一格的灵活应对措施。

尽管定向准备金政策已然成了中国存款准备金政策的重要"特色"，但真正具有重要意义的是，准备金政策应当随着货币政策环境的变化而有序地调整到货币的水平。质言之，继续实施高法定存款准备金比率的政策环境已得到极大的弱化。首先，外汇管理体制与人民币汇率市场化改革的持续深化，弱化了人民币供给的美元本位机制，国内货币供给与外汇储备之间的脐带关系减弱了。其次，危机后，全球经济再平衡过程，将难以使中国贸易顺差持续上升。再次，房地产市场经历十余年高速发展后步入调整期，经济扩张的综合后遗症逐渐暴露，使得通胀预期出现了转变。最后，法定存款准备金向来就有"准备金税"之说，高法定存款准备金比率具有扭曲性效应，不仅影响商业银行的经营行为，也妨碍了中国利率市场化改革，扭曲了央行的货币政策操作。

在体制、环境悄然发生变化的情况下，将法定存款准备金比率谨慎有序地下调到合理的水平，不仅是稳增长政策的需要，也是进一步深化金融体制市场化改革的需要。我们认为，在存款总量已非常庞大的情况下，存款准备金比率的调整应当避免对金融市场造成较大的流动性冲击，因此，可根据宏观经济环境的变化，以每次较小的幅度（例如一次0.2%或者0.25%）在较长时期逐步调整，将其调整到较合理的水平。另外，由于将法定存款准备金比率降到较合理的水平是漫长的过程，而利率市场化改革的需求又较为迫切，为此，一种可行的办法就是，在有序缓慢降低法定存款准备金比率的过程中，可考虑按照市场利率略低的水平，为法定存款准备金支付相应的利息，为深化中国存款利率市场化改革创造条件。

2. 中央银行再贷款

央行再贷款是货币政策的重要工具之一。现在，在那些高度市场化的国家，由于取消了法定存款准备金制度或者法定存款准备金比率处于极低水平，央行再贷款（或再贴现）与公开市场操作便成为其货币政策的主要工具，通过公开市场与央行贷款的配合、协调运用，不仅管理经济、金融体系中的流动性总体状况、引导市场利率总水平甚至利率结构发生变化，而且通过最后贷款人职责，对某一特定金融市场或某一特定金融机构提供流动性援助，防止局部流动性困境传导、恶化为全局性的流动性枯竭，给经济造成无法挽救的后果。无论是美联储应对次贷危机还是欧洲央行应对欧洲主权债务危机的过程中，央行贷款都有较多的应用。

各国央行再贷款的具体名称可能有所不同，具体执行方式也因央行而异。就中国而言，现有央行再贷款的方式主要包括：再贴现、再贷款、常备贷款、抵押补充贷款。从广义上说，常备贷款与抵押补充贷款均属于再贷款的特殊类型。

再贴现是央行对金融机构持有的未到期已贴现商业汇票予以贴现的行为。央行通过适时调整再贴现总量及其利率，选择再贴现合格票据，可以达到吞吐基础货币、实施货币调控和引导信贷结构调整的目的。再贷款则是央行对金融机构发放的贷款。在1984年中国人民银行行使央行职能后相当长一段时期，再贷款一直是中国最重要的货币政策工具。再贴现与再贷款，都可以调节货币与信用总量和结构。但应用这两种政策工具时，央行具有一定的被动性，当央行的再贷款和再贴现余额较低时，就不能用它们来实施紧缩性货币政策；即当中央银行需要紧缩和冻结过量的流动性时，再贴现与再贷款在货币政策的应用中就会受到牵制或几乎无用武之地。这正是新世纪以来十年左右中国货币政策的现实写照。

但是，在新的经济环境中，对冲销外汇占款和深度冻结流动性的货币政策操作需求下降，为央行资产方的货币政策操作提供了必要的空间。因此，再贴现与再贷款将改变其在旧常态中那种"花瓶"的形象，真正发挥其调节货币信贷总量及结构的政策功效。

例如，2014年上半年，央行主要利用再贷款来引导信贷结构的调整。3

月初，人民银行对部分省（区、市）增加支农再贷款额度共200亿元，以支持金融机构做好春耕备耕金融服务工作。年初央行继续调整再贷款分类、新设信贷政策支持再贷款，强化对小微企业融资的支持。3月20日，央行正式在信贷政策支持再贷款类别下创设支小再贷款，专门用于支持金融机构扩大小微企业信贷，确定全国支小再贷款500亿元的额度。支小再贷款发放对象是小型城市商业银行、农村商业银行、农村合作银行和村镇银行四类地方性法人金融机构；条件为金融机构须上季度末小微企业贷款增速不低于同期各项贷款平均增速、贷款增量不低于上年同期水平。期限为3个月、6个月、1年三个档次，可展期两次，期限最长可达3年；支小再贷款利率在人民银行公布的贷款基准利率基础上减点确定。

央行于2013年初创设了常备借贷便利（SLF）。它是央行正常的流动性供给渠道，对象主要为政策性银行和全国性商业银行，期限为1—3个月，以抵押方式发放，合格抵押品包括高信用评级的债券类资产及优质信贷资产等。2014年春节前，为保持货币市场流动性合理适度，人民银行总行通过常备借贷便利向符合条件的大型商业银行提供了短期流动性支持，由北京等10个试点地区的人民银行分支机构向符合条件的中小金融机构提供了短期流动性支持，稳定了市场预期，促进了货币市场平稳运行，1月末常备借贷便利余额为2900亿元。春节后，随着现金逐步回笼，以及外汇流入形势的变化，人民银行全额收回了春节期间通过常备借贷便利提供的流动性。第一季度累计开展常备借贷便利3400亿元，期末常备借贷便利余额为0。由于央行创设了该工具加强对货币市场的流动性管理，在2013年6月的"钱荒"事件之后，中国货币市场利率便逐步回落到了较为正常的水平，应当说，这有利于稳定实体经济的融资成本及对未来财务风险的可控性。

抵押补充贷款，即金融机构以一定的合格抵押品为担保从央行获得贷款的一种货币政策操作工具。相对于普通央行再贷款而言，抵押补充贷款是非信用贷款；相对于常备贷款而言，其贷款的期限更长。市场通常认为，鉴于抵押补充贷款的期限相对较长，它的应用可以让央行引导中期利率走势。这样，通过公开市场操作中的短期流动性调节工具、央行贷款中期限较短的常备贷款和期限较长的抵押补充贷款，可以形成多样化的引导利率期限结构的利率走廊机制。不过，虽然市场一度盛传央行对某行提供了抵押补充贷款若干，但央行至今并没有对抵押补充贷款进行任何公告，即便在2014年第二季度的货币政策执行报告中也没有提及这一新的操作，如此看来，抵押补充贷款要"明媒正娶"入室为货币政策的重要工具，央行可能还在创造条件。

3. 公开市场操作

公开市场操作是货币政策的微调工具，具有法定存款准备金政策无法比拟的灵活性。旧常态下的公开市场操作以发行央行票据和债券回购操作为主。发行央行票据是为冲销外汇占款应运而生的。但随着国际收支的变化、存款准备金在冻结流动性中地位的增强，央行票据在公开市场操作便日趋式微，乃至2013年6月之后，就再没有发行过央行票据。不可否认，央行票据在中国货币政策操作乃至金融市场发展中均发挥过积极的作用，它不仅是央行冲销外汇占款的手段，在中国金融市场缺乏短期债券的情况下，发行期限较短的央行票据完善了中国债券市场及利率的期限结构。除了央行票据外，债券正回购与逆回购操作也是央行公开市场操作的主要手段，无论是正回购操作还是逆回购操作，期限都非常短，其主要作用也只在于调节市场流动性的短期变化。另外，自2006年起，央行便接受财政部委托展开国库现金管理，由公开市场操作室通过利率招标将一定的国库资金转移到中标的商业银行。不过，国库现金管理只是单向的资金流动，它增加了基础货币的供给，对市场流动性具有扩张之效，因此，它不如通过央行票据的发行与赎回、债券正逆回购操作那些具有灵活调剂流动性的功效。

毫无疑问，未来公开市场操作仍将是货币政策微调的基本工具，但央行票据余额将进一步下降，甚至不再体现在央行资产负债表的负债方，因此，公开市场操作的对象应转向国债或金融机构债券。十八届三中全会关于全面深化改革的决定中指出，要完善国债收益率曲线，这意味着国债期限结构将会更加多样化，尤其是短期国债的经常性发行，不仅将完善政府债券市场结构，也为央行货币政策操作提供更多的工具。当然，公开市场操作发挥的主要作用仍将是调节市场流动性和引导市场利率走向。2013年6月的"钱荒"事件之后，货币政策开始关注短期市场利率的波动，随后，创设了短期流动性调节工具，以对货币市场流动性出人意料的变化进行干预。由于任何局部金融市场的意外剧烈波动都可能对整个金融市场造成不利影响，因此，针对特定金融市场波动而展开的"定向公开市场"操作，也应当成为货币政策的新尝试。鉴于中国利率市场化改革已逐渐进入收官阶段，公开市场操作不仅将引导市场利率总体水平的变化，还将通过不同期限债券的操作引导利率期限结构的变化，提高货币政策传导的效率。

4. 利率与汇率政策

周小川行长曾说过，中国货币政策注重数量型调控，轻价格型调控，而后者在货币政策调控中的效果往往会更好。市场往往将"价格型调控"，不恰当地简单解读为央行调整存贷款利率水平，除此之外，利率政策调控还包括整存贷款利率的浮动区间、利率市场化改革。在相当程度上，存贷款利率浮动区间的调整与利率市场化改革是紧密联系在一起的，前者本身就是渐进式利率市场化的必要步骤。2013年央行放开了对一般工商业贷款利率的下限管理，仍保留了住房抵押贷款利率和存款利率的上限管理。未来的利率政策应当推进存款利率的市场化，坚持"先长期、大额后短期、小额"的既定顺序安排，在这个总体策略安排下，更灵活有序地深化中国的利率市场化改革，直至完成利率市场化改革的基本目标。首先，利率市场化的方向是逐步降低基准利率的档次，并对不同期限的存款利率采取不同的市场化策略和日程安排。其次，同贷款的竞争性产品市场发展为政府评估贷款利率市场化的风险提供了有益的参照、加速了贷款利率的市场化改革一样，存款的竞争性产品可能同样会有助于中国存款利率的市场化改革。最后，放开存款利率上限管理，意味着存贷款利率再也不能成为央行货币政策的一个重要工具了。同时，中国许多公司债券发行定价时以央行设定的一年期存款利率作为定价的基准。这意味着，在存款利率市场化后，许多公司（企业）债券的发行必须寻求其他利率作为定价的基准。鉴此，央行应当在存贷款利率上下限管理完全放开后，就要建立新的货币调控机制，这至少包括：寻求更有效、更灵活、更自主的货币政策工具组合；建立更有效的基准利率，让货币政策的传导机制更顺通、有效。随着利率市场化改革的深入，央行直接调整存贷款基准利率作为政策手段的作用不断下降。

政府现在要解决"融资难、融资贵"的问题。根据央行的统计，2014年6月，一般贷款加权利率为7.26%，2011年以来，该利率一直在7%以上。在利率浮动方面，金融机构贷款利率上浮占比达70%左右，下浮占比不足10%。贷款利率总体处于较高水平，一方面是因为无风险利率上升，另一方面则是因为风险溢价上升了。由于过去高度刺激政策的不良后果正逐渐显现，金融风险逐渐暴露，风险溢价可能还会略有上升，因此，要降低总体利率水平，就要降低市场无风险利率。但是，现在政府所指的融资贵，似乎并不是泛指利率总体水平，更多是指小微企业和涉农贷款的利率较高。因此，央行在实际货币政策操作中，并没有像市场呼吁的那样降低存贷款基准利率，而是通过降低支农再贷款利率，以引导农村金融机构涉农贷款利率。这一操作表明，央行并无意通过"定向降低贷款基准利率"的办法来降低特定部门的融资成本。但是，这也表明，再贴现与再贷款的利率机制，丰富了央行引导贷款主体利率的功效，这应当会成为央行实施差别性货币政策、引导供给结构调整的重要工具。同时，由于资本存量已达到了比较高的水平，实际利率会随着资本存量的上升而下降，只要央行能够较好地控制物价总水平，名义利率也可能会保持在相对较低的水平。

进入新世纪后，人民币汇率既因中国经济的持续上升而升值，也因受到国外政治压力而被动地上升。因此，单边升值一度是一段时期人民币汇率的主导预期。在国内外利差与升值预期的双重作用下，资本持续流入给国内经济造成了极大冲击。2005年以来，中国按照"主动性、渐进性和可控性"原则，按照充分发挥市场供求作用的汇率改革基本取向，不断增强人民币汇率的灵活性。在2005年汇改以来人民币已较大升值的背景下，汇率机制改革使政府可以更加积极、主动应对人民币升值的国外压力。随着本次全球金融危机以来的全球经济再平衡进程加快，来自贸易顺差的人民币需求会减弱；汇率机制的更加市场化使得汇率更加灵活，这都会增加人民币汇率的双向波动性，这为进一步深化人民币汇率机制的市场化改革、理顺货币政策传导的汇率渠道、提高货币政策效率创造了有利条件。在这种有利的局面下，未来应当协调推进利率与汇率机制的市场化改革，进一步扩大人民币兑主要货币的浮动区间，从中国巨额外汇储备中，设立单独的外汇平准基准，加强对人民币汇率的日常市场干预。

第四节 建设货币调控新机制

前文已经分析了新常态下中国金融结构的变化趋势，尤其是传统银行信贷之外的融资渠道的拓展和深化、企业与居民金融资产配置的多元化等所谓影子银行体系的发展，给原来名义上以货币供应量、实际操作中则更加注重银行信贷的货币政策操作机制带来了根本性的挑战。因此，货币调控机制必然要为适应新的金融环境而及时地加以调整和改革。

首先，应从主要关注传统银行信贷转向更加关注广义信贷。在中国货币政策操作的实践中，银行信贷一直占有极其重要的地位和作用，在以信贷规模控制为主导的直接金融调控下就不必说了，即便在1998年中国改革货币调控机制确立了以公开市场操作、法定存款准备金比率和再贴现为主的间接货币调控机制后，银行信贷在中国货币政策操作中的作用也丝毫不亚于货币供应总量。在旧常态下的货币政策实践中，我们一直在每年年初同时公布货币供应量的增长率目标和当年的新增信贷额的目标值。在货币政策决策方面，央行也曾以实际的信贷增加额与年初央行制定的信贷目标增加额之间的偏离程度，来决定下一步的货币政策方向和制定相应的货币政策操作策略。如果实际的信贷增长持续快于年初的目标值，则可能会采取紧缩性的措施；反之，则会适当地放松货币政策。2006年，时任央行副行长的吴晓灵在金融专家年会上对此提供了一个经典注释，她指出，当商业银行投资选择余地增加和贷款意愿增强时，央行票据的发行将处于比较被动的局面，在保持货币政策稳定和中性的同时，人民银行将综合运用各项货币政策工具及其组合，将商业银行的头寸调控到适度的水平。在接下来的货币政策操作中，无论是提高利率还是法定存款准备金比率，都是针对银行信贷的快速增长而采取的紧缩性措施；更有甚者，央行还针对信贷增长过高的商业银行以惩罚性的利率定向发行央行票据。

当银行信贷成为经济中的唯一或主要融资来源时，控制银行信贷的闸门对货币政策可能起到立竿见影的作用。但是，近年来，传统银行信贷在中国社会融资总量中的比重已迅速地下降了。2002年，金融机构人民币贷款占社会融资总量的比重为91.9%，但到2013年年底，该比重已下降到了51.4%。这表明，仍以银行信贷作为货币政策的调控目标，其效果会明显地下降，甚至对宏观经济做出不恰当的判断。

在20世纪90年代以前，无论是关于货币政策传导的结构模型还是简化模型，对中央银行货币政策传导机制的视野都集中在非常宏观的层面。然而，近20年来，随着信息经济学的发展，兴起了货币政策传导的信用渠道理论，该理论让人们对货币政策传导机制的研究更加深入到微观层面，更强调借款者和商业银行之间的行为对信贷需求和供给的微观影响。斯蒂格利茨和格林沃尔德在他们的《货币经济学的新范式》一书中直截了当地指出，传统的货币理论让政府控制货币供给来影响利率，并进而影响投资，但在新范式下，影响经济活动水平的是私人部门获得信贷的条件以及信贷数量，而不是货币数量本身。他们还认为，货币政策不仅会影响信贷需求，而且还会通过信贷供给影响经济活动，尤其是当存在信贷配给时，货币政策对信贷供给的影响是相当重要的。信用渠道理论包括资产负债表渠道和银行贷款渠道，它实际上是信息经济学在货币政策传导机制理论中的运用，它强调了借款者和商业银行的微观行为对货币政策的影响，更加注重借款者异质性的影响。例如，即便是利率变动对借款需求有影响，也不仅仅在于资金的成本变化方面，而是因为名义利率的大幅上升会降低企业资产的价值，使企业的风险厌恶程度更高，投资意愿下降，从而减少了对资金的需求。瓦什甚至指出，对于利率受到管制的国家，货币政策的信用渠道更为适用。

其次，逐步确立以利率为操作目标的货币政策体系。周小川行长曾说，中国货币政策偏重于数量型调控，而轻视了价格型调控。价格型调控，并不是指提高或降低存贷款基准利率若干，而是指确立以某种货币市场利率为操作目标的货币政策体系，央行通过公开市场操作和央行再贷款（或再贴现）的配合，使该指标利率大体与央行设定的目标值一致。央行通过调整该操作目标利率，引导其他中长期利率联动，进而影响企业和家庭的借贷、影响投资与消费等实体经济活动。现在，全球主要国家均因应金融市场结构多元化、复杂化而实施了以市场利率为操作目标的货币政策体系。虽然在新世纪的发达经济体金融危机后，美联储等发达国家央行实施了量化宽松的货币政策，但这并不意味着它们已经放弃了利率在货币政策中的作用，回归到了以货币供应为操作目标的体系。

我们已经指出，在银行信贷占比已大幅下降的情况下，货币政策应转向更加关注广义信贷。那么，央行该如何调控广义信贷呢？由于现在的债券发行是高度市场化的，企业发行多少债券、什么时候发行，央行或监管当局并不能像过去那样确定其发行额度。在债券发行市场化的环境里，央行调控广义信贷的基本途径就是通过货币市场利率来影响借款者的债务融资成本，从而影响广义信贷总量。

但以利率为操作目标来影响广义信贷总量，其有效性要取决于两个基本因素：其一，利率的期限升水或风险溢价比较稳定。只有在这种情况下，其他不同期限或不同风险的债券利率才会随货币政策操作目标利率变动而同向成比例地变动。这就意味着，在以利率为操作目标的政策体系中，央行可能不仅需要调控作为操作目标的利率水平，而且还要有足够的工具配合来影响利率的期限结构。分析至此，党的十八届三中全会指出要建立和完善国债收益率曲线，其重要意义就不言自明了。其二，借款者对利率变化要有足够的敏感性，否则，即便其他中长期利率随货币政策操作目标利率而相应地联动，借款者的活动仍不会对货币政策做出积极反应，这就难以达到货币调控的效果。

第三章

加快推进利率市场化改革

利率市场化是社会主义市场经济体系的重要环节，是中国金融业改革发展的必然选择和必由之路。为更好地适应利率市场化发展趋势，提高国内银行业定价能力，应加快建立中国的市场化基准利率体系，改革商业银行微观定价机制，充分发挥大型银行的引领作用，建立合理有序的市场化定价秩序，增强银行业对实体经济的服务与促进作用。

2004年以后，人民银行都在积极地推进利率市场化改革，并且取得了很好的成效。利率市场化的进一步改革成为接下来金融改革的重点，而其条件业已成熟，其要点任务将是逐步解除利率管制，实现金融机构的自主定价。本章将从利率市场化的内涵及改革必要性、改革目标、参考标准、利率市场化国际比较、实现路径等方面研究未来利率市场化的改革，以期为未来改革指出方向并提出可行性建议。

第一节 利率市场化内涵及改革必要性

利率市场化是指金融机构在货币市场经营融资的利率水平由市场供求来决定，包括利率决定、利率传导、利率结构和利率管理的市场化。实际上，它就是将利率的决策权交给金融机构，由金融机构自己根据资金状况和对金融市场动向的判断来自主调节利率水平，最终形成以中央银行基准利率为基础，以货币市场利率为中介，由市场供求决定金融结构存贷款利率的市场利率体系和利率形成机制。显然，利率市场化的结果使银行的产品价格——存贷款利率逐渐放开，银行在经营过程中能够自主决定贷款的价格及存款的成本，极大地促进银行的市场化运作。

当然，利率市场化并不是利率的自由放任。中央银行仍然享有间接影响金融资产价格的权力，可以通过各种形式，例如确定基准利率、制定利率政策以及公开市场业务操作对市场化利率进行间接的、宏观的调控。当市场是完全竞争市场时，任何单一的市场主体都不可能成为利率的单方面制定者，只能是利率的接受者。

利率市场化应该具有以下特征：（1）城乡居民、实体企业和金融机构等金融交易主体享有利率决定权。金融活动是资金盈余部门和赤字部门等金融交易主体间的资金交易活动，在交易过程中，各类主体理应享有对资金交易规模、价格、期限、担保方式等内容的决定权，交易价格应在各方竞争中形成。（2）通过市场形成利率的数量结构、期限结构和风险结构。金融交易主体自主选择并有权决定就某一交易的数量、期限和风险及利率水平达成协议，通过合成形成一个具有代表性的利率结构。（3）中央银行享有间接影响金融资产利率的权力。利率市场化并非放弃金融调控，如同市场经济也需要宏观调控。市场条件下，中央银行可通过公开市场操作等方式间接影响利率水平或调整基准利率影响商业银行资金成本，从而影响利率水平，而非通过利率管制等直接手段干预利率水平。（4）定价权是市场化改革的核心。利率作为货币资金的价格，各类主体在资金和金融产品交易中的价格（利率）选择权和决定权自然是利率市场化的核心。如果定价权成为城乡居民、实体企业和金融机构等主体资金运作的外生变量，它们将对资金和金融产品失去实质上的选择权，由此，金融资源的配置也就失去了应有的效率。另外，利率市场化长远意义在于推进商业银行的业务转型，增强商业银行对间接调控的敏感度，改善宏观金融调控的效果。

利率市场化的实施有利于市场资源的合理配置。在管制利率下，由于价格机制被严重扭曲，信贷资源被"低价"配置给垄断企业和政府，因此，造成了信贷资源的浪费。利率市场化的实施，要求各市场实体面对自身实际的融资需求和成本来竞争金融机构的信贷资源，在市场充分竞争的条件下，市场资源也能被更有效率地配置，从而促进整个社会的经济发展。

从整个货币政策的角度考虑，利率市场化有利于货币政策的有效执行，在管制利率下，利率并不能反映经济的实际需求，因此，对利率政策的调整，其作用和效果也就存在很大的疑问。在利率市场化的条件下，货币管理当局不仅可以通过自身的政策调整来配置市场资源，更重要的是，市场也能够通过对政策的反应,来对货币当局的货币政策形成有效的反馈,如此一来,货币政策才能够被有效地执行,其政策效果也才能够被准确地评估。

从中国的现状来看,长期的利率非市场化已经造成了金融资源的配置向垄断企业和政府扶持项目倾斜,而中小型企业和民营企业却难以从金融机构获得足够的信贷资金。即使这些企业愿意提供更高的利率,但银行资金却因为各种原因无法流向这些企业。同时,由于存款利率被压制,存款者事实上也为贷款者提供着隐形的补贴,这样一种补贴的存在,也造成了一种变相的不公平。从货币政策执行的角度来考虑,发号施令式的利率调整不仅容易导致信息的不对称,也在很大程度上造成了银行主动寻找市场机会的动力不足。实施利率市场化后,银行则需要按照信贷供求和市场环境来决定自身的利率水平,这样一来,银行的竞争动力将提高,在市场竞争的条件下,金融体系的改革也将加速。

利率市场化作为市场经济体制的建设目标之一,是金融改革的一个重要环节,具有重要的意义。央行行长周小川在《关于推进利率市场化改革的若干思考》[1]中指出中国推进利率市场化改革的必要性,主要表现在:

第一,利率市场化是发挥市场配置资源作用的一个重要方面。在资源配置中,发挥市场的作用,优化资源配置。利率作为货币、资金的价格,在优化资源配置过程中起基础调节作用;同时利率作为多种金融产品的定价的参照基准,推动金融产品的价格实现市场化定价。

第二,利率市场化的要点是体现金融机构在竞争性市场中的自主定价权。定价权是企业自主经营的基本权力,商业银行等金融机构作为企业来运行,对其自身产品和服务的自主定价是其基本权力。利率作为货币资产的价格,理应由金融机构自主定价。

第三,利率市场化也反映客户有选择权。作为金融交易主体的另一方,金融机构的客户可以自由选择交易对手和金融产品、金融服务。

第四,利率市场化反映了差异性、多样性金融产品和服务的供求关系以及金融企业对风险的判断和定价。通过利率市场化,金融机构会提供各不相同的多样化的金融产品和服务。差异化在其金融产品的定价中会得到

---

[1] http://www.pbc.gov.cn/publish/goutongjiaoliu/524/2012/20120112160648353655534/20120112160648353655534_.html.

反映。

　　第五，利率市场化反映了宏观调控的需要。宏观调控，特别是在中国社会主义市场经济条件下以间接调控为基本特征的中央银行货币政策，需要有一个顺畅、有效的传导机制，并对市场价格的形成产生必要的影响。

　　中国的利率市场化改革一直在持续推进，决策层推动利率市场化的决心已经十分明确。在未来，放开存款利率的定价上限并最终实现自由竞争和自主定价，构成今后利率市场化改革的主要内容。利率市场化受多方因素的影响，不可能一步到位，渐进式的改革可以使金融机构有足够时间来适应改革。

　　随着利率市场化的深入，中国商业银行必然受到前所未有的冲击和挑战。巴曙松[1]认为在改革进程中，中小银行可能面临的负面影响更大，这不仅与银行自身的资产规模相关，还与中小银行业务的结构和盈利特征相关，风险管理能力较弱也是在改革进程中中小银行倒闭的重要原因之一。鲁政委[2]认为利率市场化中商业银行倒闭并不是必然现象，如果该国家的银行体系是综合性经营，其收入来源已实现多元化，利率市场化对它的银行体系并不会产生特别大的影响，所以利率市场化导致银行坏账率的上升和大量的银行倒闭并不是必然的，关键是必须要把利率市场化和商业银行的综合化经营发展协调、同步地推进。

　　党的十八届三中全会日前审议通过了《中共中央关于全面深化改革若干重大问题的决定》，提出完善人民币汇率市场化形成机制，加快推进利率市场化，健全反映市场供求关系的国债收益率曲线。推动资本市场双向开放，有序提高跨境资本和金融交易可兑换程度，建立健全宏观审慎管理框架下的外债和资本流动管理体系，加快实现人民币资本项目可兑换。"加快"二字，是向市场发出了强烈的信号：今后资金价格不再由中央银行主观制定，而是由市场这只"看不见的手"起决定性作用，这是利率自由化改革中的一个更加积极的步骤。

第二节　中国利率市场化的改革目标

　　利率市场化是利率体制改革目标的正确选择。所谓利率市场化是将利

---

[1]　http://news.ifeng.com/opinion/economics/detail_ 2012_ 03/23/13392856_ 0. shtml.
[2]　http://news.sohu.com/20120504/n342326362. shtml.

率的决策权交给金融机构，由金融机构自己根据资金状况和对金融市场动向的判断来自主调节利率水平，最终形成以中央银行基准利率为基础，以货币市场利率为中介，由市场供求决定金融结构存贷款利率的市场利率体系和利率形成机制。从总体上提高利率弹性，使利率充分反映金融市场资金供求，引导资金流动合理化、效益化，并以此完善宏观调控手段，实现金融市场化。

利率市场化是利率体制改革的目标进程，它用通过市场发挥作用的间接金融管理手段取代以靠行政力量确定利率的方式演变过程，需要经过较长时期艰巨、复杂的系统改革才能达到目的。应该指出利率市场化不等于利率自由化。利率市场化并不是说利率完全由市场决定，而是说在国家宏观调控下，通过包括利率改革在内的金融改革，改国家直接行政手段控制利率为国家间接经济调控利率，改计划控制利率为市场作用确定和引导利率，增大市场决定利率的比重，形成一个相对独立的，以基准利率为中心，多层次、多形式的充分体现和反映市场经济特点的金融产品价格体系。

现阶段中国利率市场化的改革目标是，通过形成由存款人与存款机构之间、借款人和贷款机构之间在存贷款市场上的充分竞争机制，建立反映人民币存贷款风险的市场利率体系；同时，实现货币政策调控机制从直接调控向间接调控的转变。

利率市场化改革的精髓并不是改变利率，而是转移利率的决策权，即从央行转交到金融机构。可以说，利率市场化实际上是对政府放权的倒逼，通过政府与市场的"金融分权"，资金价格（利率）的确定将发生两个重大变化：一是利率决定机制的市场化。即指利率的高低、利率的期限结构、利率的风险结构都由金融机构自主定价。在一个市场化的利率体系中，利率水平能够准确、有效、迅速地反映资金供求双方的力量的对比，从而能够实现资金的最优配置。二是利率干预机制的市场化。即央行不再通过行政命令来干预利率，而是运用再贴现率或公开市场操作等货币政策工具，改变金融市场资金的供求平衡，来引导市场利率。

利率市场化是一个过程，但更是一种状态。利率市场化是否实现没有确定的标准，但可以从利率市场化的特征上推断出利率市场化的参考标准，即实现如下几个标准便可判断一国或一地区是否实现了利率市场化。

第一，利率干预机制是否市场化。如前所述，利率市场化并非放弃货币政策调控，而是享有间接调控进入市场的权利，因此，利率的调控手段、干预机制是否市场化便成为利率市场化的一个标准。

间接调控一般为实行市场经济体制的国家所普遍采用，其运行的基础是具有较强内部制约机制的自由企业制度，市场价格体系和市场利率形成机制。在市场利率下，利率由资金供求关系决定，商业银行可以自主决定所有利率水平，中央银行通过间接调控的方式影响全社会各种利率水平。中央银行利用基准利率来调控全社会各种利率，并由此来决定社会基础货币量。

在市场利率制度下，中央银行不是直接管理商业银行的所有利率，而是实行间接调控政策，由商业银行自主决定本行的利率。但是为了防止比较大的商业银行利用垄断地位而破坏市场利率有序、均衡地运行，中央银行应保留对存款利率上限、基础贷款利率或最优惠贷款利率的窗口指导权。同时，中央银行通过再贷款、再贴现、公开市场操作等业务间接调控货币市场资金供求的方式，调控同业拆借利率，并由此影响商业银行的存贷款利率。

第二，利率形成机制是否市场化。利率市场化后，利率的决定最终是由资金盈余部门（如城乡居民）和赤字部门（如实体企业）共同讨价还价的结果，同样通过市场化手段，最终形成期限结构、风险结构。因此，利率形成和利率水平是否由资金供求双方通过市场竞争决定，是市场化的第二个标准。

在市场利率制度下，商业银行可根据资金供求状况、同业拆借利率、本行资金需求、资产负债的期限结构、成本结构和风险结构的匹配情况等因素，灵活调整本行利率政策，达到降低成本，减少风险，争取最大盈利的目的。就存款利率的确定而言，商业银行的存款利率应完全由银行在竞争中自主决定。通过密切盯住市场基准利率上下浮动的机制，商业银行结合本行在当地市场占有的位置和竞争优势，根据每天本行的资产负债期限结构的匹配情况、成本结构和风险结构，分析本行的资金需求，选择在同业拆借利率基础上的浮动幅度，调整制定本行存款各期限档次的具体利率水平。从贷款利率的确定方面来看，商业银行的各项贷款利率应根据各方面竞争态势，围绕市场利率浮动区间而选择。商业银行确定浮动幅度，一般根据同业拆借利率的变化趋势、贷款质量、期限、风险、所投行业的发展前景及与客户的信用关系因素确定。

第三，对资金供给者和资金需求者来说是否实现帕累托最优。在利率管制下，存贷款利率都受管制利率影响，对资金供给者和资金需求者来说都存在帕累托改进。利率市场化后，利率随市场资金供求状况而变化，资金供给者的收入水平是否明显提高，资金需求者的融资成本是否明显降低，即对资金供给者和资金需求者来说是否实现帕累托最优是第三个标准。

利率市场化后，政府解除对利率的管制，使利率能充分地反映资金供求，并通过价格机制以达到资金的最佳配置和有效利用。综观世界各国利率体制的改革趋势，均是由管制利率向市场利率转换，其特点是逐步放松乃至取消存贷款利率的最高限额，促使利率按市场资金供求状况而变化，即利率的高低主要由资金供求关系确定，当市场上资金供大于求时，利率下跌；当市场上资金求大于供时，利率上涨。利率市场化后，资金需求者和供给者建立直接联系，资金供给者可以获得更高的利息收入，资金需求者可以付出更低的利息支出，从而实现"最优"。

第四，金融脱媒是否加快。在利率市场化过程中，随着债券等直接金融产品的规模扩大，间接金融为主的金融体系将发生实质性改变，存贷款在商业银行等金融机构中的业务比重将明显降低，由此，金融脱媒就将以不可逆转的趋势展开。近年来，中国影子银行爆发式增长与存款利率上限管制高度相关。由于银行存款利率被压制在一个很低的水平上，中国居民存款利息率比起物价水平一直处于负利率状态，为了将手中的闲置资金盘活，居民选择了比市场利率高的银行个人理财产品以及信托产品。存款利率市场化后将提高中国城乡居民资产性收入的水平，资金将会更多地流向定价高的市场。在中国，强调提高直接融资比重，在政策面上已有15年之久，但在债券主要由商业银行等金融机构购买的条件下，这些直接金融产品转变成了间接金融产品。这种状况长期持续，不利于金融脱媒的效应扩展，也不利于利率市场化改革的推进。

第五，基准利率的市场价格体系是否形成。利率市场化后，金融市场价格体系将会重建，各个市场将会根据期限、风险、竞争等因素形成各自的基准利率。因此，基准利率的市场价格体系是否形成是利率市场化的第五个标准。目前中国的国债市场体量较小，成交还很不活跃。为了使国债收益率曲线能够更好地反映供求关系，需要解决好两个问题：其一，丰富国债发行的期限，从超短期到超长期都能覆盖；其二，完善国债期货的品种，带动各期限国债现货活跃度的提升。

第三节 利率市场化国际比较及中国利率市场化进程

从国际上发展中国家或者地区的成功的金融改革实践来看,利率市场化推动了经济稳定和高质量增长。因为从长期来看利率市场化有利于提高资金的利用效率,改进投资配置和效率。但不同的改革方式可能导致不同的结果,因此,有必要比较分析多个利率市场化的案例,以寻找其规律及成功经验。

从美国、日本、韩国、中国香港地区及台湾地区利率市场化的前后来看(见表3-1),利率市场化会使得利率水平波动频率和幅度加大,改革期间,利率水平会震荡上涨,利率整体水平略高于改革之前的整体水平。在利率市场化基本实现之后,利率水平会逐步地下降。总体而言,利率水平在短期内会上涨,长期内会下降。

从利差的变化来看,在改革前期,存贷利差普遍会缩小,尤其是在放开存款利率时,存款利率的上涨比较明显,利差会有明显下降;在改革后期,利差会有所恢复,但在整个改革期内,利差水平整体低于利率市场化之前利差水平。在实现利率市场化后,存款、贷款利率水平下降,利差扩大,这是由于存款利率下降幅度较大。如美国、日本、中国香港地区的存款利率水平一度维持在0.5%以下。总体而言,利差水平短期内收窄,长期内企稳甚至扩大。

表3-1 各国、地区利率市场化前后利率水平、利差比较分析

地区	改革前	改革期			市场化后
		改革前3年	改革后期	综合情况	
美国	平均存贷利差水平为0.5%	利差由0.47%下降到-1.26%,下降173个基点	利差恢复性上涨又回落,最高达到2.89%	利差先是下降,然后恢复性上涨,平均水平超过改革前平均利差水平	利率水平下降,利差在2.5%左右,较改革前上涨2%左右

续表

地区	改革前	改革期 改革前3年	改革期 改革后期	改革期 综合情况	市场化后
日本	平均利差水平为1.5%	利差由2.24%下降到0.25%，减小199个基点	利差震荡恢复，最高达到2.72%	利差水平先缩小后扩大，平均利差水平为1.8%	利率水平下降，利差由高点缓慢回落，平均为2%
韩国	平均利差水平为0.9%	利率水平变化不大，利差维持在零水平	最后两年利差扩大，在1%左右	前期利差为零，后期利差才扩大到1%左右	利率水平下行，利差在1%—2%之间震荡，平均为1.5%
中国香港地区	平均利差水平为3.5%	利差由4.9%下降到3.5%，减小140个基点	利率水平震荡上行，利差变化不大	利差整体水平低于改革前平均水平	利率水平下降，利差整体扩大，平均为4.7%
中国台湾地区	平均利差水平为3.6%	利差由3.3%下降到2.6%，减小70个基点	利差水平持续缩小	前期利率水平下降，后期上升。利差整体水平下降	利率水平持续下降，利差在2002年后持续下降，平均为2.5%
总结	利率市场化改革前期利率水平会上涨，但利差会缩小，改革后期，利差会恢复性上涨，一般会达到甚至超过改革前利差水平。在利率市场化实现之后，利率水平会继续下行，利差整体水平会趋于稳定，但一般会超过改革前的利差平均水平，中国台湾地区除外。				

另外还可发现，大多数国家采取的都是渐进式的改革，稳步推进，这有利于金融机构作出充分调整和适应新规则，避免金融动荡及对实体经济运行的影响。利率市场化改革在经济环境相对稳定的时期推出，将改革对金融体系的冲击尽量降低到最小是较为明智的选择。

比较不同国家、地区利率市场化对银行业的影响，可以发现一些共同的结论：

第一，利率市场化不可避免地会引起存款竞争，短期内会引起存款利率的上升；银行为了维持收入，会努力提高贷款收益率，将推高贷款利率水平。银行资金成本和收益率上涨，将传导至整个金融市场，导致市场利率水平短期内上涨。随着金融机构调整信贷结构，长期内利率水平会逐渐下降。

第二，虽然存贷利率水平在短期内会上升，但是短期内存款竞争激烈，"利率大战"不可避免，存款利率上涨幅度和速度快于贷款（韩国、中国台湾地区除外），将导致存贷利差收窄；长期中，竞争趋于相对缓和，存款利率下降幅度和速度快于贷款，利差趋于扩大，甚至高于利率市场化之前的水平（见表3-2）。

表3-2　　　　　　　　利率市场化的影响对比分析

	利率水平	利差、息差	业务结构	存款结构	资产质量	其他方面
美国	利率水平整体上升、波动增强	初期收窄，随后企稳回升	中间业务得以发展，中间业务收入占比提升	活期存款占比下降、定期、储蓄比例上涨	银行风险偏好上升，资产质量下降	信贷成本上升，盈利能力下降
日本	波动显著增强，短期急速上升，长期下降	初期收窄，后期回升		改革不平衡致使大额定期存款增加	贷款转向股市、房地产，催生泡沫，质量下降	改革力度在中小金融机构可承受范围
韩国	利率水平短期上升后回落，短期扰动明显	前期变化不大，后期扩大		活期存款占比持续下降		前期贷款增速高于存款，后期存款增速高于贷款
中国香港地区	利率水平短期内略微上升后回落	利差先缩小后扩大，净息差整体收窄	中间业务受重视，收入占比提升	存款结构变化不大	亚洲金融危机后，资产质量恶化，盈利能力下降	促进行业细分和市场整合，行业竞争力提升
中国台湾地区	前期下降，后期急速上升后回落	初期有所扩大，后期回落	贷款规模扩大，增速提高			部分机构经营困难，破产倒闭

续表

	利率水平	利差、息差	业务结构	存款结构	资产质量	其他方面
总结	1. 短期内可能出现"利率大战",利率水平上升;长期中利率水平会回落。中国香港地区、台湾地区除外。 2. 利差短期内或收窄,长期会企稳回升,中国台湾地区除外。 3. 中间业务得到重视,中间业务收入会有提升。 4. 存款结构中活期存款利率相对偏低,活期存款比率下降。 5. 为弥补短期内利差缩小带来的负面影响,银行采取"以量补价",风险偏好上升,随着信贷规模膨胀,信贷成本上升,资产质量下降。 6. 长期中,经过竞争,优胜劣汰,银行业摆脱对利差的依赖,发展中间业务,转变经营方式,提升了自身竞争力和风险定价能力,银行估值变化不大。					

第三,为应对利差变化带来的负面影响,银行会逐渐重视中间业务,中间业务收入在收入中的占比逐步提升。这意味着金融机构在适应改革带来的变化,避免对利差过分依赖,提高非利息收入占比。

第四,存款结构随着利率市场化改革推进而改变。利率市场化后,活期存款利率偏低,吸引力下降,或者活期存款利率没有完全放松管制(如美国、日本),导致活期存款占比下降。

第五,短期内银行风险偏好上升,贷款质量下降。一方面银行为应对利差收窄带来的负面影响,通过"以量补价"的方式维持收入增长。在信贷规模扩张的过程中,提高贷款的收益率和风险的容忍度,将导致信贷成本的上升和资产质量下降。另一方面融资成本过高可能导致逆向选择,低风险企业退出间接融资市场,高风险公司占领间接融资市场,商业银行贷款规模越大,整体信贷风险越大。

第六,竞争力和风险管理、风险定价能力得到提升。经过竞争,部分金融机构倒闭,如美国、中国台湾地区都出现了金融机构倒闭,日本实施改革充分考虑了中小金融机构的承受能力,避免了金融机构倒闭潮。存活下来的金融机构自身竞争力得以提升,风险管理能力和风险定价能力有所提高,经营方式得以转变,减少了对利差的依赖,提高了非利息收入占比。利率市场化推动了行业细分和行业整合,银行业整体竞争力提升。

中国的利率市场化始于1996年。利率市场化包括四个主要市场上的利率自由化:银行间同业拆借市场、债券市场、外币存贷款市场以及人民币存贷市场。目前中国已经基本实现了前三个市场的利率市场化,人民币存贷款市场的利率市场化仍在进行中。目前，国内债券、资金、票据、外币存贷款业务均已市场化定价，研究国内利率市场化产品的定价机制，借鉴其成功经验，有利于探索适合中国国情的存贷款利率定价机制。

1. 银行间同业拆借市场利率市场化

目前，银行间同业拆借市场利率已经基本实现市场化，未来在机制上和市场上都在不断地完善。2007年以后尤其是Shibor正式运行后，交易量增长迅速。

中国同业拆借业务定价模式的演变与利率政策调整紧密联系，1998年以前，贴现利率与金融机构信用贷款利率挂钩，实行下限管理；2005年以后，金融机构办理贴现业务的资金来源逐步转向自有资金或货币市场融入资金，贴现利率与再贴现利率逐渐脱钩；2007年1月4日上海银行间同业拆借利率（以下简称Shibor）正式对外发布，在人民银行的推动和倡导下，Shibor开始成为商业银行票据贴现、转贴现、买入返售业务的定价基准。

目前，国内银行间同业拆借业务主要采用了基准利率法和竞争定价法两种定价方法。基准利率法是指同业拆借产品流动性强，期限最长不超过1年，与Shibor的期限档次具有高度的重合性，通过合理划分期限结构，可以为同业拆借业务定价设定合理的Shibor基准。在Shibor基准之上，同业拆借业务定价时的加减点主要考虑风险溢价和经营管理溢价因素。竞争定价法主要适用于自身定价能力较弱、市场份额不高的中小金融机构，即选定票据市场上的少数几家具有较大影响力银行制定的票据利率作为"锚"，考虑自身的经营情况、客户竞争因素后，在"锚"的基础上适当加减点形成本机构的票据融资利率（见表3-3）。

表3-3　　　　　　中国银行间同业拆借市场利率市场化措施

时间	措施
1996年6月	取消按同档次再贷款利率加2.88个百分点的利率最高限制规定，放开银行间同业拆借利率，银行间市场利率实现市场化
1998年3月	改革再贴现率及贴现利率的生成机制，放开了贴现和转贴现利率
2005年3月	放开金融机构同业存款利率
2007年1月	上海银行间同业拆借利率（Shibor）正式运行，Shibor作为货币市场基准利率的地位确立

2. 债券市场利率市场化

人民币债券已经是一个市场化程度较高的金融产品。债券产品价格完全由市场供需状况决定。各家金融机构在进行债券交易时均会考虑影响债券价格的综合因素，对债券合理定价水平有一定的判断标准，但囿于缺乏基准收益率曲线等原因，各家机构主要还是通过抓取第三方提供的数据对债券估值。

由于债券定价考虑的因素很难进行严格的量化，在实际工作中，国内金融机构普遍未采用债券定价模型与定价系统，而是抓取中央国债登记结算公司的估值数据作为债券定价基准。国内商业银行尚未建立自己的收益率曲线对债券估值定价，主要与中国没有实现全面利率市场化有关，由于影响面最广、最重要的存贷款利率依然受到一定的管制，国债、央票、金融债等品种归属不同部门发行监管，各类债券具备不同的流动性和波动特征，业务品种和市场的分割增加了银行构建收益率曲线模型的困难（见表3-4）。

表3-4　　　　　　　　中国债券市场利率市场化措施

时间	措施
1997年6月	银行间债券市场正式启动。同时放开了债券市场债券回购和现券交易利率，实现交易利率市场化
1998年9月	放开政策性银行发行金融债券的利率，实现金融债发行利率市场化
1999年9月	成功实现国债在银行间债券市场利率招标发行，国债发行利率实现市场化

3. 境内外币存贷款市场利率市场化

境内外币存贷款市场由于市场基础比较好，步伐相对较快，历经4年就基本完成。在2007年以前，外币存款非常缓慢，外币贷款也是缓慢增长，在2007年以后，外币贷款增长较为迅速。这个过程与人民币升值以及外汇储备迅速增加重合在一起。这主要是因为，人民币升值，外币贬值，资金需求者借外币更合算，同时，外汇储备的增加也为其提供了资金来源。

根据外币利率市场化改革节奏和国际经验，国内银行的外币业务均采取了以Libor（Hibor）为基准的基准利率法。金融危机以后，人民币升值速度加快，外汇存贷款利率定价开始主要通过加点值来体现。大额外汇存款、外汇贷款利率的定价方法由逐笔定价过渡到整体定价，定价的中心目标是商业银行自身资金的协调平衡（见表3-5）。

表 3-5　　　　　　　　中国外币存贷款市场利率市场化措施

时间	措施
2000 年 9 月	放开外币贷款利率；300 万美元以上的大额外币存款利率由金融机构与客户协商确定
2002 年 3 月	将境内外资金融机构对中国居民的小额外币存款，纳入人民银行先行小额外币存款利率管理范围，实现中外资金融机构在外币利率政策上的公平待遇
2003 年 7 月	境内英镑、瑞士法郎、加拿大元的小额存款利率的外币币种由 7 种减少为 4 种，即美元、欧元、港元和日元
2004 年 11 月	放开 1 年期以上小额外币存款利率，外币存款利率实现市场化

4. 贷款利率的市场化

1996—2004 年，对贷款利率的管制逐步放开，随后有所停滞，从 2012 年开始，央行开始了第二轮的贷款利率的放松管制。2013 年 7 月 20 日，央行宣布全面放开金融机构贷款利率管制，取消金融机构贷款利率 0.7 倍的下限，由金融机构根据商业原则自主确定贷款利率水平；取消票据贴现利率管制，改变贴现利率在再贴现利率基础上加点确定的方式，由金融机构自主确定；对农村信用社贷款利率不再设立上限。这是一项具有实质意义的金融改革措施。央行全面放开贷款利率管制，使得利率市场化接近完成。中国进一步推进利率市场化改革的宏微观条件已基本具备。从宏观层面看，当前中国的经济运行总体平稳，价格形势基本稳定，是进一步推进改革的有利时机。从微观主体看，随着近年来中国金融改革的稳步推进，金融机构财务硬约束进一步强化，自主定价能力不断提高，企业和居民对市场化定价的金融环境也更为适应（见表 3-6）。

表 3-6　　　　　　　　中国贷款利率市场化措施

时间	措施
1996 年 5 月	流动资金贷款的贷款利率的上浮幅度缩小为 10%
1998 年 10 月	金融机构对小企业的贷款利率上浮幅度由 10% 扩大到 20%，农村信用社贷款利率上浮幅度由 40% 扩大到 50%，大中型企业贷款利率最高上浮幅度维持 10% 不变
1999 年	允许县以下金融机构贷款利率最高可上浮 30%，将对小企业贷款利率的最高可上浮 30% 的规定扩大到所有中型企业
2002 年	全国共 91 个县的农村信用社开展扩大存贷款利率浮动幅度试点，将贷款利率浮动幅度扩大到 100%，存款利率最高可上浮 50%；统一中外资外币利率管理政策

续表

时间	措施
2003年8月	农村信用社改革试点地区信用社的贷款利率浮动上限扩大到基准利率的2倍
2004年1月	在基准利率的基础上，商业银行、省市信用社贷款利率浮动区间扩大到［0.9，1.7］，农村信用社贷款利率浮动区间扩大到［0.9，2.0］
2004年10月	不再设定金融机构（不含城乡信用社）人民币贷款利率上限；仅对城乡信用社贷款利率实行上限管理，最高上浮系数为贷款利率的2.3倍。金融机构贷款利率的浮动区间下限保持贷款基准利率的0.9倍不变
2012年6月	将金融机构贷款利率浮动区间的下限调整为基准利率的0.8倍
2012年7月	将金融机构贷款利率浮动区间的下限调整为基准利率的0.7倍
2013年7月	放开贷款利率下限

5. 存款利率的市场化

存款利率的市场化是中国利率市场化的重头戏，也是压轴大戏。对于存款利率的市场化，央行显得比较谨慎，这主要是因为存款利率市场化涉及多方面的因素，如果市场化过程中出现不可控因素，可能会导致出现恶性竞争、挤兑，甚至引发银行业系统性风险。从国外经验来看，存款保险制度的设立是存款利率市场化顺利推行的重要保障。

央行改革没有进一步扩大金融机构存款利率浮动区间主要考虑存款利率市场化改革的影响更为深远，所要求的条件也相对更高。从国际上的成功经验看，放开存款利率管制是利率市场化改革进程中最为关键、风险最大的阶段，需要根据各项基础条件的成熟程度分步实施、有序推进。

针对存款利率市场化，预计下阶段，将会着力培育各项基础条件，健全市场利率定价自律机制，强化金融市场基准利率体系建设，为进一步推进利率市场化改革创造有利条件。从在银行间市场上发行同业存单入手，待条件成熟时发行面向企业及个人的大额存单，逐步扩大金融机构负债产品的市场化定价范围，稳妥、有序地推进存款利率市场化改革（见表3-7）。

从中外利率市场化改革的对比角度看，有两个问题值得特别关注：

第一，市场化定价机制的形成。20世纪六七十年代以来，全球主要发达国家均在推行利率市场化改革，目前多数发达国家和部分发展中国家已实现了利率市场化。在利率市场化过程中，各国逐步建立了市场化的利率

表 3-7　　　　　　　　　　中国存款利率市场化措施

时间	措施
1999 年 10 月	对保险公司大额定期存款实行协议利率，对保险公司 3000 万元以上、5 年以上大额定期存款，实行保险公司与商业银行双方协商利率的办法，扩大金融机构贷款利率浮动权，简化贷款年利率种类
2004 年 10 月	进一步放宽金融机构存款利率浮动区间，同时允许存款利率下浮
2012 年 6 月	将金融机构存款利率浮动区间的上限调整为基准利率的 1.1 倍

体系和存贷款市场化定价机制，这些国家的利率市场化定价经验，给国内银行市场化定价机制指明了发展方向。

通过分析美国、日本、中国香港地区、印度等利率市场化国家和地区的利率定价情况，可以得到以下启示：

（1）完备的基准利率体系及高效的传导机制是利率市场化运行的基础。比较发现，美国的联邦基准利率，日本的无担保隔夜拆息利率，中国香港的银行同业拆借利率，印度的回购、逆回购利率，均在本国利率体系中发挥了基础性重要作用，这些基准利率的变化，影响各种金融产品合理有序定价。

（2）最优惠贷款利率（Prime Rate）构成贷款市场化定价的重要基准。美国大多数消费信贷定价与最优惠贷款利率紧密挂钩，日本商业银行贷款的标准利率是短期优惠贷款利率和长期优惠贷款利率，中国香港银行贷款利率的主要参照利率是最优惠贷款利率，印度 2010 年引入 Base Rate 体系，最优惠贷款利率在各国银行贷款定价中发挥了重要作用。

（3）大型银行在市场化定价中发挥了重要的引领作用。美国的 WSJ 最优惠贷款利率主要参考美国资产排名前 10 位的商业银行报出的优惠贷款利率，中国香港的汇丰、渣打、中银香港三大发钞行发挥定价中枢的作用，各地的大型银行普遍在维护市场秩序方面发挥了中流砥柱的作用。

（4）同业间良好的协调与默契有利于维护市场竞争秩序，利率协调需要长期的实践和培育。美国的最优惠贷款利率发源于 1933 年，最初是防恶性竞争的君子协定，目前由中立机构发布。中国香港的同业公会成立于 20 世纪 60 年代利率混战的背景下，半个世纪里在银行业定价竞争和协调中发挥了重要作用，奠定了现在中国香港银行业良好的市场秩序。

（5）利率市场化并非一定全部利率均由各银行自主决定。在利率市场化进程中，为规范市场竞争、稳定利率体系，管理部门仍可对涉及公众利益的重要利率品种加以限制和指导。

第二，定价能力的差距。近年来国内银行十分重视定价能力培养，定价能力也稳步提高，但从定价管理的实际结果看，国内银行的定价能力仍无法适应存贷款利率完全放开的发展趋势。与国际银行相比，国内银行业的定价能力存在以下差距：

(1) 整体定价能力与国际先进银行存在较大差距

中国主要商业银行净利息收益率明显低于国际大型银行。当前业界普遍将净利息收益率（NIM）作为评价银行盈利能力的重要指标，该指标综合考虑了银行资产负债的规模、结构和价格因素，能衡量不同国家商业银行利差水平和定价能力。近年来，国内银行业的利润增长较快，但发展模式还是做大存贷款、赚取利差，银行的风险定价能力并没有显著提高。在后金融危机时代，虽然欧美国家名义利率较低，但国际大型银行平均净利息收益率长期保持在 2.90% 以上，远高于国内大型银行平均水平。

(2) 贷款风险定价能力需要进一步提高

国内银行贷款利率变化主要受货币政策调整影响，利率市场化要求国内银行具备更高的风险定价能力。利率市场化前，各家银行的存款都执行基准利率，贷款主要投向风险低的大客户、大项目，追求的是贷款低风险、资产高质量。利率市场化后存款利率上升、各行付息成本差异加大，各家银行必须根据自身特点和定位，有选择地拓展业务。利率市场化后银行的利率定价和成本控制看起来是存贷款定价问题，实质上是风险管理能力的问题。一般来说，高收益就意味着高风险，如果银行的资金运用要获得高收益，就必须要控制好高风险，做好风险的对冲、分散和转移，这样才能赚取高利润。

历史经验表明，利率市场化对中小商业银行冲击最大，很多中小银行在利率市场化过程中破产倒闭。从国内各类银行的发展模式和经营管理水平看，农村信用社、乡镇银行等地方性小型金融机构的定价能力亟待提高：一是中小商业银行的盈利与发展过度依赖存贷利差；二是中小商业银行的定价管理机制亟须健全；三是中小商业银行的定价管理技术相对落后，贷款定价主要参考人民银行基准利率上下浮动，对企业客户、个人客户一般执行系统内统一利率，定价水平无法体现和涵盖不同客户的风险溢价，普遍缺少符合自身特点的利率定价管理系统，利率管理手段简单，缺乏科学性。

(3) 存款定价能力尚不能适应利率市场化的要求，易受市场竞争和监管政策影响

虽然经过两次利率政策调整的适应和锻炼，国内银行人民币存款初步形成分层定价格局，但定价的精细化、科学化程度远远不够。多数中小银行仍在延续抢市场、做规模的传统经营思路，存款定价目标是稳定和增加存款，利率定价的财务约束意识不够，对利率市场化的发展趋势及影响认识不够深刻，一旦人民银行继续扩大或取消存款利率浮动上限，存款定价能力不足的影响将进一步体现。

在"金融脱媒"的大趋势下，商业银行面临着越来越大的存款压力，在资金紧张时期，存款市场竞争的激烈程度远远胜过贷款业务，各行为稳定存款、维护客户关系，存款定价往往屈服市场竞争的压力，出现不合理的定价。利率市场化后，中小商业银行关注存款利率上升对经营效益的影响，但它们更担心存款流失引发流动性风险，其存款利率定价受市场竞争影响更大。

在面临市场竞争的同时，银行监管政策对存款定价也产生较大影响。目前监管规定要求商业银行贷存比控制在75%以内，过高的贷存比不仅制约了银行贷款投放能力，而且一旦存款流失，贷存比例将很容易超标。因此，面对监管要求和资产业务增长需要，银行存款承担了效益、合规、流动性等多重职责，其利率定价很难用标准的定价方法和模型确定，银行存款定价能力的提高更加困难。

(4) 存贷款利率定价的基础性工作需要加强

基准市场收益率曲线不成熟影响银行定价能力。利率市场化的基础在于建立成熟的基准利率体系，借助完善的基准市场收益率曲线，通过市场参与主体使利率、汇率等市场因子有效联动，进而形成灵敏的价格传导机制。从中国的实际情况看，基准利率体系建设明显滞后，市场缺乏独立、权威的基准收益率曲线，存贷款基准利率仍是央行实施货币政策的重要手段，央行再贷款利率和再贴现利率所发挥的作用依然较为有限。由于金融市场难以形成有效的市场预期和联动，其价格发现功能不足，不利于银行提高风险管理和定价能力。

(5) 商业银行利率定价机制需要调整

利率市场化后，利率波动更加频繁，客户的利率定价需求更加多样化，

银行的定价政策需要进一步细分，原有的利率管理组织形式、利率工作重点，定价管理流程、利率操作系统功能都无法满足利率市场化要求。

目前，国内银行利率定价机制存在五方面问题：一是利率定价协调机制和应急处理机制不完善，无法应对利率市场化改革过程中的政策调整和市场变化；二是利率定价政策需细化，继续对所有客户执行统一的存款利率将越来越不适应市场需要；三是未建立各项业务定价联动机制，传统产品和创新产品之间、资产负债产品之间的联动性较弱，定价管理合力有待提高；四是利率定价流程管理有待完善，定价授权需要细化，各行尚未根据不同地区、不同管理人员的定价、议价能力实行差别授权；五是定价调整的前瞻性和灵活性不足。各行尚未建立一套利率变动的动因标准，在市场要素变化时，不能迅速制定应对措施。

第四节 实现全面利率市场化的可行性路径

加快推动利率市场化改革，实现全面的利率市场化，需要从监管机构、政策制度、市场环境、市场参与者等多方面努力，多管齐下，培育各项基础条件，健全市场利率定价自律机制，强化金融市场基准利率体系建设，为进一步推进利率市场化改革创造有利条件。改革的路径主要有：

1. 取消人民银行对存贷款基准利率的行政管制，加快建立中国的市场化基准利率体系，积极培育各金融产品市场化定价的基准利率

随着利率市场化改革的深入，存贷款基准利率对整个金融市场的产品定价的影响应逐步减弱，只有通过市场手段建立市场基准利率，构造合理的基准收益率曲线，各种金融产品才能真正实现以市场基准来定价。

从国外利率市场化经验看，Shibor有可能成为中国短期市场基准利率，国债收益率有可能成为长期市场的基准利率。目前，Shibor主要应用于资金交易、票据融资等业务，对普通存贷款的利率定价基本没有影响，建议加强金融产品创新，引导金融机构对现有存贷款替代产品（如理财产品、短期融资券、中期票据）的利率定价与Shibor挂钩，并且引入CD（大额可转让存单）和MMC（货币市场存单）等新的存款替代产品，提高Shibor的适用范围和影响力。在长期市场方面，建议引导金融机构在发行政策金融债、地方债和企业长期债券时，利率定价与国债收益率挂钩，提高国债收益率在长期资金市场的影响力。

基准利率的培育需要一个较长的过程，基准利率的确定应是市场选择的结果，过去票据贴现利率在再贴现利率基础上加点、外币存款围绕 Libor 定价的经历已经证明，我们不能强行规定一个市场定价基准，也不能寄希望从国外拿一个基准利率来解决问题。随着利率市场化改革的加快，基准利率培育工作更加重要和紧迫，人民银行、监管部门和金融机构应齐心协力抓好市场基准利率的培育，为提高银行业定价能力奠定基础。

2. 改善人民银行资产负债表结构，提高央行货币政策的灵活性和调控力[①]

一国的外汇资产除了政府部门手中的外汇资产，还有分散到企业部门持有的外汇资产和居民部门持有的外汇资产，可见政府部门持有的外汇资产仅是国家外汇资产的一部分。从国家的角度来看政府部门的外汇资产时，政府部门持有的外汇投资资产（是政府部门持有的外汇资产的一部分）却不一定是外汇储备资产。

在明确国家的外汇资产的范畴后，央行应分离出外汇储备资产，用于经常性支付。对于政府持有的外汇投资资产，应通过各种渠道（如设立外汇投资基金、外汇投资公司、出售给中央财政等）用于生产资本输出，提高此部分外汇资产的使用效率，服务于实体经济。此外，加快取消结售汇制度，"还汇于民"，鼓励企业部门和居民部门持有外汇资产，扩大其持有和使用外汇资产的自主权和经营权，鼓励通过资金借贷、财富管理等方式进行外汇投资交易，开拓企业部门和居民部门的外汇投资渠道。

通过对央行的资产负债表进行调整，其资产负债结构将得以优化。随着外汇资产的减少，央行将更多地运用利率等价格工具来调控市场，调控金融运行中资金数量的能力将得以提高，金融市场利率将在央行利率调控的路径中发挥作用。央行通过发行货币，主动负债，降低了政策调控的成本，提高了央行主动调控的能力，也提高了央行货币政策的灵活性。

3. 发挥大型银行引领作用，建立同业协调机制，实现金融机构自主定价

借鉴美国、中国香港地区等地经验，引导大型银行发挥市场化定价的引领作用，成为维护市场秩序的中流砥柱。目前，国内的大型商业银行已先后完成股改上市，公司治理结构健全，具有较强的财务约束意识，在定价管理的组织建设、制度建设、定价模型开发和系统支持等方面初步具备

---

① 王国刚：《利率市场化改革的三条路径》，《中国证券报》2014 年 7 月 11 日第 A04 版。

了适应利率市场化的软、硬件环境，随着利率定价能力的加强，通过建立全面定价管理体系，大型商业银行有望成为国内银行业市场化定价体系的引领者和稳定器。

目前，中小银行在利率定价的组织建设、制度建设、人才队伍建设、定价模型开发等方面，远远落后于大型商业银行和全国性股份制银行，短期内迅速提高风险定价能力的难度较大。但中小银行的业务相对简单，可以采用市场价格法定价，建立跟随市场主流银行报价的跟随定价机制，以大型银行利率报价为基础，参考同类业务领先银行利率加点确定本行定价基准。跟随定价机制能较快地为中小银行提供相对合理的定价基准，但区域性中小银行要充分考虑地域特点和业务集中度风险，提高全面风险意识，加强自律管理，实施稳健经营，才能更好地应对利率市场化改革。

4. 推进商业银行等金融机构的业务转型，降低存贷款比重，发展中间业务，提高竞争力

加大金融产品创新力度，为存贷款金融机构业务结构调整和商业模式转型创造可选择的条件，也为实体企业和城乡居民在变"存款"为"金融投资"过程中提供充分可选择的金融产品，由此，推进存贷款利率的市场化改革。

通过国际利率市场化改革比较来看，一般来说在利率市场化改革的初期，利率水平都会上升，利差水平会缩小，这一点在国内也可能会出现。首先，利率市场化会促使国内现有银行揽存吸储的动力加强，加剧存款竞争；其次，随着国内金融业的开放，更多国际大型银行也会进入国内，而国际大型银行具有规模效应，可承担的成本可能更高，有可能进一步加剧国内银行业的竞争，导致短期内利差水平收窄。因此对于商业银行，尤其是以传统存贷业务为主营业务的银行，必须尽早重视表外业务，增加中间业务收入比重。金融机构和金融市场要给企业和居民提供多层次多元化的金融服务，满足它们风险偏好多样化的金融投资需求，仅仅发展公司债券也是远为不够的，还必须为不同类型的金融投资者提供不同类型的金融产品（包括金融组合产品）。

利率市场化为商业银行提供了新的发展契机。首先是提高了自主经营权。利率市场化之后，商业银行可获得金融资产定价权，有利于推动其自主经营、自主创新、自主发展和进一步改革。其次是可促进商业银行转变经营模式，发展中间业务，降低传统信贷业务的比重，提高竞争力。为应

对挑战，商业银行须加大利率风险管理，提高风险管理、风险定价能力，积极创新，开拓中间业务。金融产品创新主要在三个方面展开：一是证券类衍生产品，如可转换公司债券、基金债证券、股权证和资产证券化证券等；二是与信托、租赁、担保和保险等金融机制相连接的新产品；三是存贷款衍生产品。金融创新的过程，是不断满足实体企业和城乡居民的金融投资需求，使这些资产逐步按照市场机制配置展开的过程。最后可进一步优化金融环境，推动制度改革。利率市场化将会增加市场竞争和市场摩擦。借助改革时机，可进一步推动市场竞争制度改革，建设更加公开、透明、有规则的竞争秩序，避免无序竞争。

此外，商业银行需优化服务质量，丰富金融产品，留住银行客户，争取开拓更多市场。认清形势，做好准备，化挑战为机遇，商业银行才能在利率市场化的大趋势下发展得更好、更平稳。

5. 加快发展公司债券市场，提高直接融资比例，倒逼金融机构转型[①]

随着利率市场化的推行，金融脱媒的趋势将日益显现。在利率市场化的过程中，通过金融创新，逐渐引入直接融资，降低间接融资的比重，倒逼银行等金融机构积极调整业务结构和商业模式，提高银行等金融机构的预算约束。

公司债券是直接融资的重要金融工具，也是存贷款产品的重要替代品。在利率市场化的关键阶段，加大公司债券的发行规模，利用公司债券直接连接资金供给者和资金需求者的"纽带"功能，提高直接融资的效率，避免间接融资因信贷政策频繁调整导致的资金供给数量波动与实体企业正常经营之间的不协调而产生的效率损失。公司债券的发行规模的扩大，将降低间接融资的比重，降低了实体企业对银行的依赖程度，倒逼银行等企业进行经营转型，向服务性金融机构转变。从直接融资效果来看，公司债券的利率处于存款利率和贷款利率之间，公司债券的成功发行既有利于资金供给者，也有利于资金需求者，实现了"帕累托最优"。

推进公司债券市场发展的关键在于，发挥公司债券市场直接融资的特性，改变主要向金融机构发行的模式，变为向资金供给者（实体企业和居民部门）直接发行融资，绕开金融机构，提高融资效率和资金使用效率。

---

① 王国刚：《利率市场化改革的三条路径》，《中国证券报》2014年7月11日第A04版。

第五节　简要结论及展望

推进利率市场化改革是建设社会主义市场经济体制、发挥市场配置资源作用的重要内容，是加强中国金融间接调控、促进金融支持实体经济的关键环节，也是完善金融机构自主经营机制、提高竞争力的必要条件。近年来，在决策层的正确领导和科学决策下，金融机构改革取得了明显成效，利率定价能力不断提高；货币市场基准利率得到有效培育；央行利率向金融市场各类产品传导的渠道逐步畅通；宏观经济运行平稳，价格形势基本稳定。当前已经具备了进一步推进利率市场化改革的基本条件。

实现利率市场化改革目标不仅要赋予市场主体更多的自主定价权，还需要通过培育多方面的基础条件，建立健全市场化的利率形成机制，使市场主体得以通过竞争性市场形成合理的均衡价格。就金融体系本身而言，提高金融机构自主定价能力和建设金融市场基准利率体系，具有十分重要的意义。未来应坚持以建立健全由市场供求决定的利率形成机制为改革方向，通过调整政策利率引导和调控各类市场利率，进而影响社会总需求、调控物价和促进经济增长，促进利率市场化改革目标的实现。

第四章

健全反映市场供求关系的国债收益率曲线

　　国债不仅仅是一国政府的一种债务，也是所有金融机构的流动性储备资产的主要组成部分、中央银行调控基础货币所要买卖的主要资产。因此，国债兼有财政和金融的双重功能。无论财政收支平衡状况如何，发行并保持一定规模的国债市场，为金融市场提供充裕的流动性，是维持一国金融市场健康运行的必要条件之一（李扬，2003）。

　　衡量国债市场的基本指标——国债收益率曲线也称国债收益率的期限结构，被誉为一国经济中的"水晶球"（economic crystal ball），昭示了其与实体经济之间的紧密联系，以及其在金融市场的强大预测功能、定价功能和风险管理功能等。若国债收益率曲线能准确反映市场资金供求关系，完美发挥其在金融体系的基本功能，则一国金融市场的利率体系得以理顺，资金错配现象也将大大减弱。

　　当前，中国的金融体系存在严重的资金错配现象：一方面，储蓄率常年持续在高位，大量资金通过各种财富管理产品等寻找增值出路；另一方面，中小企业融资难问题始终没有得到妥善解决，市场融资利率高企不下。表面来看是中国的金融中介运行效率低下，实则是金融体系缺乏能反映真实市场供求关系的基准利率或无风险利率，金融市场的定价体系没有被理顺。由此，党的十八届三中全会提出健全国债收益率曲线。

　　一个市场化的金融体系必须存在一种基准利率，而国债收益率尤其是短期国库券收益率是诸多基准利率中的一种。中国利率体系当前的情况是存在多重基准利率，大致包括：央行公布的存贷款基准利率（5年期以下）、银行间市场基准利率Shibor（1年期以下）和国债收益率（1—50年期）。

这三种利率是金融机构参照的主要基准利率，作用于金融机构不同的资金来源和运用过程中。

其中，存贷款基准利率既是中国央行的政策目标利率，又是商业银行开展业务活动的基准利率；商业银行贷款基准利率具有一定的市场影响。由于主要的承销商来自商业银行，国内的Shibor和国债收益率目前都是在金融市场特别是银行间市场以存贷款基准利率为参照形成的二级基准利率。此外，超额准备金利率和再贷款利率分别是银行间存款利率下限和上限。

从理论上来看，国债收益率作为无风险利率，应当是一国金融市场的基准利率。但目前国内的国债收益率曲线存在多种缺陷，尚无法成为公认的基准。国内强大的商业银行体制导致存款基准利率在某种程度上充当了无风险利率。从本质上来说，银行应当与所有资金需求方一起经受市场对其风险和信用等级的识别，但在普通居民看来，国家为避免系统性风险，最终会对存款损失进行担保。而当前国内尚未建立存款保险制度，国家对存款风险存在隐性担保。一旦银行由国家兜底，则银行吸收的存款近似于准国债。因此，可以将商业银行存款利率视为无风险利率。

一方面，国内多种基准利率并存的原因是利率尚未完全市场化，利率体系没有理顺。结果导致缺乏真正的、终极的基准。不同基准利率概念的混用，在实践中可能导致各种市场化利率定价的混乱，市场主体可能困惑于是以国债利率还是以存款基准利率或以LPR为基准来加点定价。银行在内部核算时须针对不同的资金来源和使用方向选择不同的基准利率作参照，结果是不同基准利率的错位引致金融资源配置的错位，并引致套利行为（金中夏，2014）。另一方面，国债市场不完善、不发达，也造成了国内的国债收益率曲线无法成为唯一的定价基准。因此，在推进利率市场化的同时，必须尽快完善国债市场，形成真实反映市场供求关系的国债收益率曲线。进一步发挥其在金融资源配置中的重要作用，既是利率市场化改革稳步推进的基础之一，也是资本市场未来快速发展的基础。

第一节 国债收益率曲线在金融市场中的功能

国债收益率曲线是由纵轴的国债收益率和横轴的国债到期期限组成的一条曲线。从统计学的视角来看，国债收益率曲线是经济指标体系中的先行指标或前瞻性指标，与货币供应量、股价指数等先行指标的作用类似。

国债收益率曲线的形状和走势（高峰、低谷）在宏观经济的周期性变化之前，对宏观经济的未来状况有较好的预测作用，Fama（1984）、Mankiw 和 Miron（1986）、Mishkin（1988）等学者的研究很好地证实了国债收益率曲线的上述功能。

在一个成熟的金融市场上，国债收益率曲线包含着丰富的宏观经济信息和市场信息，比如预期长期投资回报率和潜在经济增长率、预期通货膨胀率等。国债收益率曲线的上下移动，揭示了各个期限市场流动性和无风险利率总体水平的变化，而国债收益率曲线斜率的变化则反映市场对长短期资金供求关系的相对变化。

1. 国债收益率曲线的基本构成和内涵

金融市场中的长期利率、短期利率和无风险利率。长期利率包含长期无风险利率和风险溢价两部分。一般情况下，短期利率由各国央行在货币市场上直接控制，长期利率则主要受二级市场交易状况影响，间接受短期利率影响。

第一，国债收益率曲线的高度（Level）。国债收益率曲线的高度表示国债收益率变化。国债收益率高低与市场流动性、投资者预期以及无风险利率等因素有关。当市场流动性过剩，投资者预期货币当局要提高利率时，国债收益率上升，曲线向上移动（见图4-1）。

国债收益率曲线的高度是其他债券收益率的比较基准，其他债券收益率与同一期限国债收益率曲线高度的相对位置，表明其价格是贵了还是便宜了。如果某一种债券的收益率在同一期限国债收益率曲线之下，则表明该债券定价贵了。

第二，国债收益率曲线的斜度（Slope）。国债收益率曲线的倾斜程度，即长期利率和短期利率之间的差额，也可以称之为期限利差（the term spread）。诸多研究和特征化事实都已经证明，国债收益率曲线的曲度可以用来预测实体经济变化（Estrella & Hardouvelis，1991；Estrella & Mishkin，1997；Bernard & Gerlach，1998；Estrella，2005）。因此，国债收益率曲线的曲度可以简单地根据所选择的短期利率和长期利率来决定（见图4-2）。

在美国，通常用10年期国债和3个月期国债收益率之差来表示国债收益率曲线的坡度。考虑通货膨胀因素，国债收益率曲线的坡度主要受预期通货膨胀率和实际市场利率的影响。国内有学者根据市场供求状况使用9年期和3个月期国债收益率之差（宋福铁和陈浪南，2004）。

通常情况下，比较陡的并且是正向斜率的利率曲线体现了资金的时间价值，因此，正常情况下，长期债券的收益率往往高于短期债券。反之，如果利率曲线呈现反向的负斜率形态则表示短期债券收益率高于长期债券，说明投资者因为经济前景疲软或低通胀预期而预计未来利率将下降。

第三，国债收益率曲线的曲度（Curvature）。国债收益率曲线的曲度一般用凸性来衡量，即国债收益率变化1%所引起的国债久期的变化。从数理角度而言，凸性是债券价格对到期收益率二次微分，再除以债券价格，即二阶导数。

在某些债券久期与国债相同时，可以对比同期限国债凸性确定其风险。若债券凸性大，在收益率增加相同单位时，则其价格减少幅度较小；相反，在收益率减少相同单位时，其价格增加幅度较大。总之，在久期相同的情况下，凸性大的债券其风险较小。

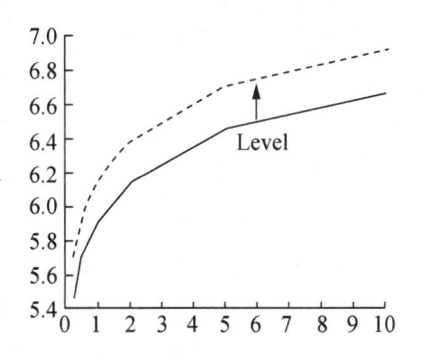

图 4-1 国债收益率曲线的高度变化

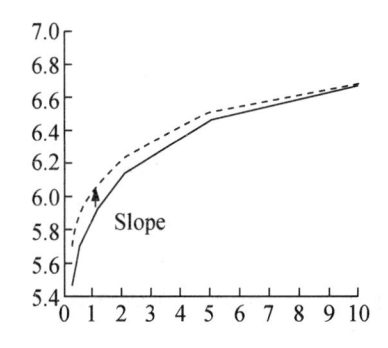

图 4-2 国债收益率曲线的斜度变化

第四，国债收益率曲线的四种形状。不同的高度和曲度形成了不同形状的国债收益率曲线。国债收益率曲线大致有四种基本的形状：向上倾斜的曲线、向下倾斜的曲线、水平的曲线、中间隆起的曲线。

其一，向上倾斜的国债收益率曲线（the upward curve）。向上倾斜的国债收益率曲线意味着长期国债的收益率高于短期国债收益率，到期期限越长，国债收益率越高。向上倾斜的国债收益率曲线可以如此解释：一是信用风险。投资者持有国债的到期期限越长，则不确定性越大，风险越大，则其要求的风险溢价越高。二是通货膨胀。当通货膨胀率过高或者市场流动性过剩，投资者预计货币当局会提高利率来降低通胀率或吸收流动性时，国债市场会形成向上倾斜的收益率曲线。

其二，向下倾斜的国债收益率曲线（the normal curve）。向下倾斜的国债收益率曲线意味着短期国债收益率高于长期国债收益率，期限利差为负。即随着期限的拉长，国债收益率不断降低。一些学者的观察和研究表明，向下倾斜的国债收益率曲线常常是经济衰退的先行指标。经济学的解释是：当经济萧条，投资者预期货币当局短期内要降低利率刺激经济时，其对长期国债没有更多的投资需求，也没有更高的收益率补偿需求。此时，投资者对短期国债的投资热情高于长期国债，短期国债收益率高于长期国债收益率，会出现向下倾斜的国债收益率曲线。

其三，水平的国债收益率曲线（the flat curve）。水平的国债收益率曲线则表示短期国债收益率等于长期国债收益率，国债收益率不随到期期限变化而改变。水平的国债收益率曲线通常出现在经济下行时。此时，中央银行大幅提高短期利率以抑制经济过热，使得短期国债收益率上升。同时，投资者预期通货膨胀下降，对持有的长期国债没有风险溢价需求，从而导致长期国债收益率下降。最终形成了水平的国债收益率曲线。除了上述经济状况之外，水平的国债收益率曲线也受市场供求状况影响。

其四，中间隆起的国债收益率曲线（the humped curve）。中间隆起的国债收益率曲线表示短期国债收益率和长期国债收益率几乎相等，但中期国债收益率较高。

四种不同形状的国债收益率曲线如图4-3所示。

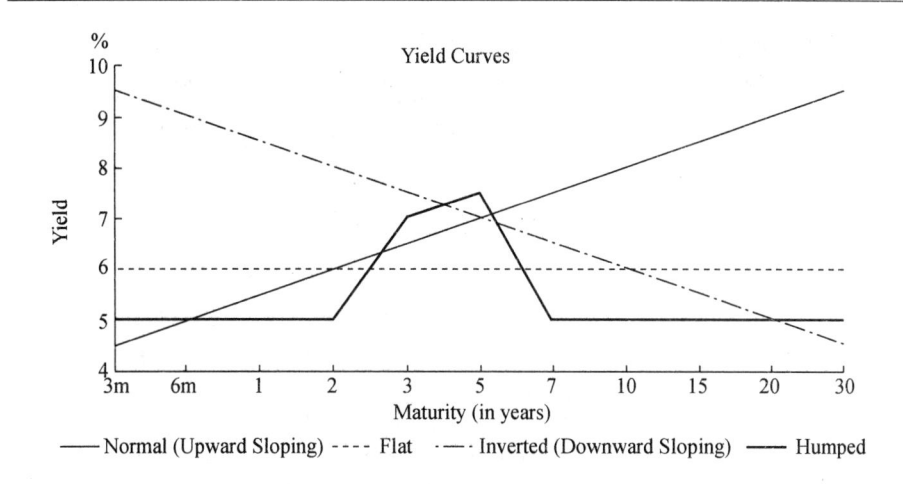

图 4-3 四种不同形状的国债收益率曲线

从数理的角度来看，源于多种因素影响，国债收益率曲线并不一定保持单一形状，往往是几种形状的组合，在不同时期的形状有所变化。从实用性角度而言，不同形状国债收益率曲线背后的经济内涵更为重要。

第五，国债收益率曲线的经济内涵。准确理解国债收益率曲线的基本构成，必须理解两种经济关系及其内涵：一是市场利率、国债收益率和国债价格三种因素之间的关系；二是短期利率和长期利率之间的关系。前者决定了国债收益率曲线的高度，后者决定了国债收益率曲线的斜度。

市场利率、国债收益率和国债价格三种因素之间的关系。当市场利率上升时，债券价格下降，已发行债券的收益率上升，新发行债券则会伴随较高的升水。

短期利率和长期利率之间的关系。作为一种金融投资品，短期国债的收益率、长期国债的收益率受市场短期收益率和市场长期收益率影响，而一般情况下，短期利率和长期利率分别由不同的主体控制。因此，不同形状的国债收益率曲线，反映了市场短期利率和长期利率之间的变化趋势和政策博弈，而不仅仅是国债市场本身的交易因素变化。

总之，国债收益率曲线平坦化意味着经济下行压力增大，陡峭化表示长期利率上行，是经济复苏的强烈信号。但也可能出现这种情况，即长期收益率并未改变，短期收益率不断下降。此时，短期收益率不断下降的原因则可能是中央银行执行宽松货币政策，也可能是市场投资主体偏好短期国债等资产所致。

第六，国债收益率曲线形成的理论支撑。如何从纯理论角度理解国债收益率曲线或国债收益率期限结构的形状？目前，学术界的理论解释大致有三种：纯粹预期理论（Pure Expectation Theory）、市场分割理论（Market Segmentation Theory）和流动性偏好理论（Liquidity Preference Theory）。

纯粹预期理论由 Fisher（1896）提出，认为不同期限国债的收益率差异完全取决于市场投资主体对未来短期利率的预期。该理论从无套利角度出发，假定物价不变，长期利率与短期利率之间的关系为：$(1+R_n)^n = (1+r_1)(1+r_2)(1+r_3)\cdots(1+r_n)$。即投资长期国债的收益等于滚动投资短期国债的累计收益，投资短期国债的累计收益又取决于短期国债当期收益率和预期收益率。根据纯粹预期理论，在当期短期国债收益率明确的情况下，如果市场预期短期利率走高，则收益率曲线向上倾斜；如果市场预期短期利率走低，则国债收益率曲线向下倾斜。

市场分割理论由 Culbertson（1957）提出，认为市场的不完美（某些法规、规章制度）和投资者的有限理性决定了不同期限债券的市场完全独立和相互分割，各自达到平衡。整个金融市场由相互分割的债券市场组成，包括长期债券市场和短期债券市场等，且不同期限的债券之间完全不能替代。也就是说，国债收益率曲线向上倾斜，表明短期国债相对于长期国债为供不应求，短期国债收益率相对偏低；若国债收益率曲线向下倾斜，则表明短期国债相对于长期国债为供过于求，短期国债收益率相对偏高。

市场分割理论提出了债券市场运行的低效率和局限性，认为不同市场之间的资金不易相互流动。该理论在一定程度上解释了债券市场的发展，但过于极端。在信息化时代，鲜有纯粹的短期国债投资者和长期国债投资者，拥有大量资金的机构投资者更是根据市场情况频繁转换投资不同期限的国债，因此，不同期限债券之间的投资状况和价格都具有相关性。随着市场不完美程度降低，其对债券市场发展现象的解释能力不断减弱。

流动性偏好理论由 Kynes（1936）和 Hicks（1937，1946）共同提出，总体认为除了预期之外，利率风险也是影响国债收益率曲线的重要因素。Kynes 在其《就业、利息和货币通论》中最初提出流动性偏好理论。Kynes 认为，利率不是由投资和储蓄决定的，而是由货币供求决定的。货币需求（即广义流动性偏好）由交易动机、谨慎动机和投机动机组成。其中，交易动机和谨慎动机主要和收入相关；投机动机（即狭义流动性偏好）主要和利率相关。利率是一种价格,它使得公众愿意持有的货币量恰恰等于现存的货币量。因此,在债券市场上,不同期限债券的风险程度与利率结构有关。Hicks (1937) 在他的"Mr. Keynes and the Classics: A Suggested Interpretation"一文中,提出了 IS – LM 模型的原型 SI – LL,来阐明有效需求理论和流动性偏好理论的关系。Hicks (1946) 进一步提出了流动性升水理论。该理论认为,金融市场充满风险,随着证券期限的延长,投资风险也随之增加,由此会出现流动性升水。具体而言,投资者持有长期证券将比持有短期证券更具风险,如果不向长期证券持有者进行补偿,则投资者将转向投资短期证券,以降低风险。由此可见,长期国债收益率不仅应该达到纯粹预期理论提出的当期短期利率和预期未来短期利率的几何平均数,还要超越上述水平,必须支付一定的流动性升水才能使投资者愿意持有长期证券。

根据流动性偏好理论,国债收益率曲线可能向上倾斜或向下倾斜,向上倾斜的可能性大一些。具体逻辑为:如果投资者预期未来短期利率上升,会出现流动性升水,长期利率会高于短期利率,收益率曲线向上倾斜。即使未来短期利率不变,流动性升水的存在也会使长期利率高于短期利率,国债收益率曲线依然向上倾斜。只有投资者预期短期利率在未来下降的程度大于流动性升水时,国债收益率曲线才会向下倾斜。

流动性偏好理论比纯粹预期理论和市场分割理论对国债收益率曲线的解释力更强。但是,在实践中,至今并未形成共识,学者依然不断尝试用新的理论解释各国国债收益率曲线的变化,以弥补上述三种理论的不足。

2. 国债收益率曲线的功能

国债收益率曲线有着一系列的经济和金融功能,主要表现在:

第一,宏观调控功能。国债收益率曲线是发达国家进行宏观调控的基础。国债收益率曲线的宏观调控功能建立在其预测功能基础上。

关于收益率曲线与实体经济指标(如 GDP)之间的变化关系,可以从理论上追溯到一批经济学家早期关于经济周期的研究。例如,Mitchell (1913) 关于利率和不同期限债券对经济周期的影响的研究;Kessel (1965) 关于期限利差与经济周期的关系的研究,他认为不同的期限利差往往在经济衰退时比较低,在经济繁荣时较高。而正式将收益率曲线作为经济状况预测指标的则是 Bulter (1978),他成功预测美国经济在 20 世纪 70 年代末期至 80 年代初期不会出现衰退。后来的学者包括 Laurent (1988, 1989)、

Harvey（1988）、Furlong（1989）、Estrella 和 Hardouvelis（1989，1990，1991）、Stock 和 Watson（1989）及 Chen（1991）等，则就收益率曲线对实体经济和金融市场走势的预测功能进行了实证研究，以确定其可靠性。从实践角度来看，诸多研究证明，美国和德国等发达国家早在 19 世纪就开始将收益率曲线作为宏观经济预测的工具。

在现代宏观经济体系中，中央银行可以通过公开市场操作和其他各种数量和价格的综合手段，在银行间市场决定某种短期利率，如美国的联邦基金利率。通过短期利率来影响国债收益率曲线，进而影响所有市场利率，最终影响经济增长、物价水平和就业等实体经济目标。由此可见，中央银行可以通过现代货币政策工具影响国债收益率曲线，进而调控宏观经济。

第二，金融产品定价功能。国债收益率即持有国债的回报率。一般情况下，债券主要包含三种风险：信用风险、利率风险和流动性风险（即供给和需求压力），以及通货膨胀风险、政治风险、经济风险等。国债由于有政府担保，因此一般信用风险几乎为零，主要包含利率风险和流动性风险。因此，国债收益率是债务资本市场的基准利率，也是所有债务工具的定价基准。作为无（信用）风险利率，各类期限国债的收益率为债券市场上对应期限的债务工具设定了定价基准。定价功能使国债收益率曲线具有较强的实用价值，也使相关研究汗牛充栋。

具体而言，从公司金融角度来看，债券当期价格只能用当期利率来计算，但可以利用当期国债收益率来估算国债未来价格走势。

$$p = \frac{C}{1+Y/m} + \frac{C}{(1+Y/m)^2} + \cdots + \frac{C+F}{(1+Y)^N} \tag{4.1}$$

式（4.1）表明，较高的预期收益率对应着较低的债券价格；反之亦然。因此，国债收益率曲线具备定价功能。

第三，风险管理功能。国债收益率曲线反映当期各类期限国债的回报率，昭示了未来的交易水平。投资者往往利用国债收益率曲线的形状和水平来决定未来的投资决策。因此，国债收益率曲线可以发挥风险管理功能。

学者的研究表明，国债收益率曲线比其他经济先行指标如利率和股票价格更具有预测功能（Dueker，1997；Dotsey，1998）。进一步，Estrella 和 Mishkin（1998）以及 Stock 和 Watson（2003）研究发现，国债收益率曲线的期限利差预测经济状况的优越性主要体现在经济衰退状况。

第二节 国债收益率曲线的形成条件

国债收益率曲线只有准确反映国债的市场供求关系，才能正确发挥其功能。因此，在金融体制改革中，如何形成能反映市场供求关系的国债收益率曲线至关重要。

1. 影响国债收益率曲线的因素

从国债的角度来讲，影响国债收益率曲线有许多因素，大致包括宏观和微观两方面因素。根据预期假说（expectations hypothesis），预期值是决定国债收益率曲线的主要因素，长期利率是未来短期利率的平均预期值，即持有一种长期国债的回报，将是一系列期限总和等于该期限的短期国债不断重复投资的预期收益。但是，实践证明并非如此。决定国债收益率曲线的因素还包括货币政策、风险溢价等其他因素。长期利率的高低并不容易用理论来解释，现代宏观经济学模型中的利率一般是短期利率，长期利率几乎没有得到任何讨论。这与宏观经济学鼻祖——凯恩斯的基本理念有关：在长期来看，我们都是要死的。因此，国债收益率曲线的影响因素可以归结如下：

宏观方面，由于国债收益率曲线受货币政策影响，而货币政策主要受宏观经济因素包括整个社会资金供求关系、经济风险、通货膨胀率、GDP增长速度等影响。由此，这些宏观因素是影响国债收益率曲线变化的绝对因素。根据理性预期动态理论模型，国债收益率曲线和宏观经济因素相互影响、相互作用（Stock & Watson，2003）。一般情况下，国债收益率等同于 GDP 增长率加上货币的时间价值即通货膨胀率。较高的 GDP 增长速度、较高的通货膨胀率意味着较高的利率，国债收益率也因此走高。

微观方面，例如国债发行制度、发行规模、发行时间、发行方式、国债二级市场结构（市场分割）、市场参与者类型、国债种类及其期限结构、二级市场供求、投资者偏好、债券溢价等，都会影响国债收益率曲线的变化。从国债管理角度来讲，其中的国债发行规模和期限结构两个因素，是影响收益率曲线最为重要的因素。

2. 编制国债收益率曲线的基本方法和逻辑

编制国债收益率曲线的基本步骤是：确定选用哪种类型的国债；确定每一种国债的收益率；将不同类型国债的收益率和期限组成的点连结起来。

第一，选用哪些债券作为样本？一般而言，编制国债收益率曲线会采用当前时点上，尚未到期、上市流通的国债。其优点在于可得性强，样本真实可靠，主要的缺陷是存在一定的息票效应，影响准确度。于是，为克服息票效应，不少国家直接选取零息国债作为国债收益率曲线的样本。零息债券的收益率是内含报酬率，而不是某一个时点上的报酬，比较容易计算，能克服息票效应。对于国债市场并不发达的国家，很难单纯选择零息国债作为样本，通常是附息国债、零息国债、保值国债等混合样本，通过分别推算票面到期收益率、内含报酬率和远期利率等，拟合国债收益率曲线。也有学者建议，无论选用哪种类型的国债，采用新发债券（on‐the‐run）作为样本更加合适，因为新发债券的流动性较好，没有息票效应。若新发行流动性不如老券，只须适当考虑流动性折价，也能部分克服息票效应。

第二，如何估计国债收益率。决定国债收益率的基本因素包括国债价格、息票支付、债务期限、市场利率。这些因素和国债收益率的基本关系如下：

$$P = \sum_{t=1}^{n} \frac{C}{(1+Y)^t} + \frac{F}{(1+Y)^n} \tag{4.2}$$

在式（4.2）中，P 为国债当期价格，C 为每期支付的国债利息，F 表示面值，Y 表示到期收益率或内涵报酬率，n 为到期年限。根据不同的国债种类（到期一次还本付息型国债、零息国债、附息国债、保值国债等），式（4.2）可以具体变形，国债收益率再由之推算而来。

$$Y = \left(\frac{C+F}{P}\right)^{\frac{1}{n-w}} - 1 \tag{4.3}$$

到期一次还本付息型国债收益率推算如下：

$$Y = \left(\frac{F}{P}\right)^{\frac{1}{n-w}} - 1 \tag{4.4}$$

式中，w 均为已经支付了利息的年限，$n-w$ 为剩余年限。

在上述国债收益率计算公式基础上，估算国债收益率曲线通常的方法是采用各类回归模型，归结如下：

其一，Nelson‐Siegel 三因素模型。

Nelson 和 Siegel（1987）提出了 Nelson‐Siegel 三因素模型，用于计算瞬时远期利率函数，见式（4.5）。

$$y_t(\tau) = \beta_1 t + \beta_2 t \left(\frac{1-e^{-\lambda_t \tau}}{\lambda_t \tau}\right) + \beta_3 t \left(\frac{1-e^{-\lambda_t \tau}}{\lambda_t \tau} - e^{-\lambda_t \tau}\right) \tag{4.5}$$

该模型需要根据不同期限国债收益率的经验值,设定目标函数,估算出三个参数 β_1、β_2 和 β_3。

其二,Hermite 插值模型。从数理角度来看,存在多种插值模型和方法,如 Lagrange 插值法、Newton 插值法、Hermite 插值法等。所谓 Hermite 插值,指的是插值多项式要求被插值函数在插值节点上的取值相等,而且要求在节点上的导数值甚至于高阶导数值都相等,满足上述条件的插值多项式称为 Hermite 插值多项式。实践中,较为常用的是三次 Hermite 插值多项式。

中债收益率曲线采用的构建模型为 Hermite 插值模型,具体的公式为:

设 $0 = x_1 < \cdots < x_n = 30$,已知 $(x_i, y_i)(x_{i+1}, y_{i+1})$,$i, j \in [1, n]$,求任意 $x_i \leq x \leq x_n$,对应的 $y(x)$,则用单调三次 Hermite 多项式插值模型,公式为:

$$y(x) = y_i H_1 + y_{i+1} H_2 + d_i H_3 + d_{i+1} H_4$$

式中:$H_1 = 3\left(\dfrac{x_{i+1} - x}{x_{i+1} - x_i}\right)^2 - 2\left(\dfrac{x_{i+1} - x}{x_{i+1} - x_i}\right)^3$;

$H_2 = 3\left(\dfrac{x - x_i}{x_{i+1} - x_i}\right)^2 - 2\left(\dfrac{x - x_i}{x_{i+1} - x_i}\right)^3$;

$H_3 = \dfrac{(x_{i+1} - x)^2}{x_{i+1} - x_i} - \dfrac{(x_{i+1} - x)^3}{(x_{i+1} - x_i)^2}$;

$H_4 = \dfrac{(x - x_i)^3}{(x_{i+1} - x_i)^2} - \dfrac{(x - x_i)^2}{x_{i+1} - x_i}$;

$d_j = y'(x_j)$,$j = i, i + 1$ 为斜率;

x_i:待偿期限;

y_i:收益率。

其三,加拿大的 Super – Bell 模型(Super – Bell model)。Super – Bell 模型由加拿大贝尔有限公司于 20 世纪 60 年代构建,非常简单直接。编制过程大致有以下几个步骤:

第一步,在一系列参数如到期期限和两种零息债券期限等参数基础上,利用 OLS 回归收益率,得到一条票面值收益率曲线,如下式(4.6)。

$$Y_{M,C} = \beta_0 + \beta_1(M) + \beta_2(M^2) + \beta_3(M^3) + \beta_4(M^{0.5}) + \beta_5(\log M) + \beta_6(C) + \beta_7(C \cdot M) + \varepsilon \tag{4.6}$$

经过不断调整和重新估计参数之后,上述收益率曲线变得更加平滑,最新的进展是式(4.7):

$$Y_M = \beta_0 + \beta_1(M) + \beta_2(M^2) + \beta_3(M^3) + \beta_4(M^{0.5}) + \beta_5(\log M) + \varepsilon \quad (4.7)$$

其中，β 为相关系数，M 为到期期限。

第二步，利用"bootstrapping"技术（即利用有限的样本资料经由多次重复抽样，重新建立起足以代表母体样本分布的新样本），从不同期限到期收益率曲线中提取零息债券利率作为新样本。

第三步，利用理论上的零息债券利率曲线计算同一期限债券的远期收益率。

虽然简单直接，参数也容易估计，但该模型也有不少缺陷。例如，远期利率曲线并不是该模型的直接结果，而是多重过程的附属品，不够精确；该模型重点关注到期收益率，忽略了基础性债券的实际现金流；零息债券曲线只能估计出时点值，由此必须在零息债券利率之间另作假设得出插入值（Bolder & Streliski，1999）。

任何一种估值方法都有自身的优点和缺点，都不能长期保证适合一国国债市场。因此，在运用某一种估值模型一段时间后，尤其是经济环境和状况发生了根本性改变时，应同时试用其他估值模型，及时检验其准确性，适当调整参数选取，更正假设条件等。

第三，需要考虑哪些外部效应？国债收益率曲线是一国国债市场的外在反映。或者说，一个成熟完善的国债市场是"本"，收益率曲线是"标"。若一国国债市场本身不够成熟完善，其国债收益率曲线也不可能完全反映市场资金真实供求状况。此时，在编制国债收益率曲线时，存在外部效应影响国债收益率曲线的准确性。若要提高国债收益率曲线的可信度，规避外部效应非常重要。

编制到期收益率曲线时，大致存在以下几种效应：息票效应、免税效应、CTD效应等。其中，息票效应即票面利率和当前收益率相差较大时对到期收益率的扭曲问题。免税效应即国债的利息免税因素导致其息票效应较其他券种更加明显。CTD债券即国债期货中的最便宜可交割券。转换因子在公布后固定不变，即使调整转换因子，各种债券的实际收益率也不可能完全相等。有些债券能相对贵些，另一些债券则会相对便宜，其随交割日的不同而变化，由此便出现了所谓最便宜交割债券的概念。债券的出售方一般总是选择能产生最大利润或最小损失的债券进行交割，这种债券称为CTD债券。CTD效应即国债在现货市场的定价出现了"期货效应"。

存在国债期货的情况下,如果是可交割债券,不同票面债券的转换因子各不相同,免税效应和 CTD 效应的交织影响会使息票效应更为复杂。因此,估算国债收益率曲线必须综合考虑各种外部效应。

3. 美国等主要国家的国债收益率曲线编制

在世界经济史中,18 世纪之前的国债数据非常稀少。因此,各类机构编制的各国国债收益率曲线最早也只能追溯至 19 世纪。国债收益率曲线研究源于美国,其他发达国家均效仿美国。

美国形成相对成熟的债券市场已有很长的历史。债券品种的存续期从 3 个月到 30 年,品种丰富,各期限债券分布相对较为合理。从数据可得性角度来看,美国国债利率从 20 世纪 50 年代至今的数据都可以用,形成了连续的数据系列。而且,该数据不受信贷风险升水影响。在具体的数据选择上,源于数据可得性等因素,主要选取零息债券收益率。也有学者将联邦基金利率加入数据系列。如在某些年代,美国的 10 年期国债收益率和联邦基金利率之间的利差已经成为准确预测美国经济衰退的指标。10 年期国债收益率和各类短期金融资产收益率如两年期国债收益率之间的利差最为常用,在预测中期经济状况如未来通货膨胀率方面也最为准确。总之,为了形成完整的国债收益率曲线,非国债类金融资产收益率也经常被纳入其中,如欧洲美元收益率、掉期率等。

美国政府直到 1994 年才开始高度重视国债收益率曲线,对其编制进行了深入讨论,将其纳入经济政策制定中。1990—1992 年期间,美联储不断降低短期利率应对经济疲软,1993 年间短期利率保持稳定。1994 年 2 月,美联储提高联邦基金利率,至 6 月,共提高 1.25 个百分点。各种短期利率随后迅速飙升,但长期债券利率几乎没有什么变化,如 30 年期国债的收益率仅为 6.5%。美联储并没有预料到国债市场的这种结构性特征。也就是说,长期国债市场几乎对美联储的政策没有反应,政策效果大大减弱。由此,美联储开始高度重视国债收益率曲线变化及其原因。

典型的美国国债收益率曲线是由到期时间从 1 个月到 30 年的点组成。美国的国债收益率曲线一个明显特征是,长期债券溢价不断降低,从而使得国债收益率曲线呈现扁平化特征。为了改变这一状况,美国财政部采取若干措施推高长期国债收益率,以稳定金融市场的资产交易价格。例如,美国财政部从 2001 年 10 月起,开始减少 30 年期国债的供给。

第三节　中国的国债收益率曲线编制实践和难点

1. 中国的国债收益率曲线编制历程

在国内，较早从事编制国债收益率曲线的公司是中央国债登记结算公司（以下简称"中债登"）。该公司于1996年12月成立，出资人为中国人民银行、财政部及九家金融机构。作为全国性非银行金融机构，中债登的主要职责是负责国债和其他债券的统一登记、托管和结算。

中债登从1999年开始编制国内的国债收益率曲线，并每日发布最新数据，迄今已经15年有余。中债登编制并发布的中债收益率曲线族系见图4－4。截至2014年10月，中债登已经编制了67条国债收益率曲线，包括中国国债收益率曲线、银行间国债收益率曲线和交易所国债收益率曲线三大系列。

```
                           ┌─ 远期收益率曲线 ─┬─ 远期的到期
                           │                  └─ 远期的即期
         ┌ 中国国债收益率曲线 ┼─ 即期收益率曲线
         │                 └─ 到期收益率曲线
         │
         │                 ┌─ 银行间国债收益率曲线 ──────────┐   ┌─ 固定利率 ─┬─ 到期收益率曲线
         │                 ├─ 银行间央行票据收益率曲线        │   │            ├─ 即期收益率曲线
         │                 ├─ 银行间地方政府债收益率曲线      │   │            └─ 远期收益率曲线
 中债收益  │                 ├─ 银行间政策性金融债收益率曲线    │   │
 率曲线族 ┼ 银行间收益率曲线族系├─ 铁道部收益率曲线                ├──┤
 系      │                 ├─ 银行间商业银行债收益率曲线      │   │            ┌─ 以1年定期为基准
         │                 │  (AAA—BBB+)                    │   └─ 浮动利率 ─┼─ 以R070为基准
         │                 ├─ 中债企业债收益率曲线            │                └─ 以Shibor为基准
         │                 │  (AAA—CC)                      │
         │                 ├─ 中债城投债收益率曲线            │
         │                 │  (AAA—AA-)                     │
         │                 ├─ 银行间中短期票据收益率曲线      │
         │                 │  (超AAA—A-)                    │
         │                 └─ 银行间资产支持证券收益率曲线    │
         │                    (AAA—BBB)                     │
         │
         └ 交易所收益率曲线族系 ─ 交易所固定利率国债收益率曲线
```

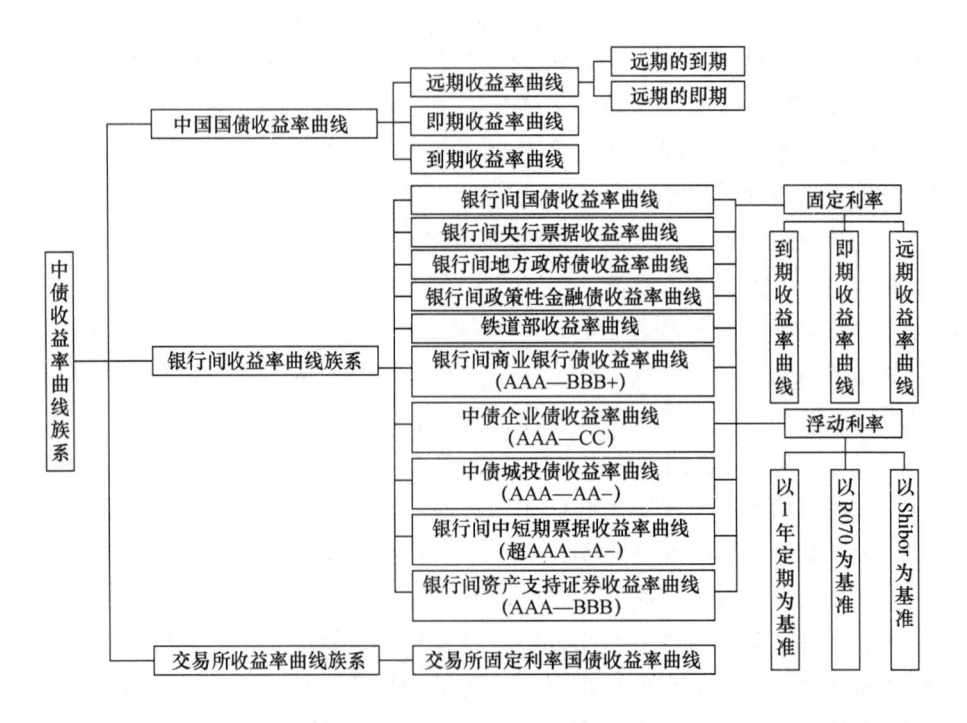

图4－4　中债登收益率曲线族系

资料来源：中国债券信息网（http：//www.chinabond.com.cn/Info/19004814）。

目前，中债—国债收益率曲线的编制要素大致如下：选取包括银行间债券市场结算数据、交易所债券成交数据、债券柜台的双边报价数据、银行间债券市场的双边报价数据等数据；在上述数据基础上，参考市场上 30 多家主要成员的估算收益率数据；选取整数年份作为关键期限，并根据当天市场收益率水平确定关键期限的收益率；再采用 Hermite 插值模型进行连线。经过较长时间的检验，中债登国债收益率曲线的编制方法能较好地反映市场情况，根据该方法估算的数据也被市场所认可，是银行、保险公司、券商、基金、理财产品等机构投资者对其持有的债券进行估值的重要参考依据。2009 年财政部发行地方债时，也运用了中债登的国债收益率曲线数据，以引导地方债券市场的发行定价，为其发行提供参考。

在中央国债登记结算公司发布国债收益率曲线以后，国内也有不少金融机构和商业性中介机构开始编制该曲线，如万得资讯（Wind）、彭博（Bloomberg）等。相比较而言，中债登收益率曲线优势较大：比较客观、中立，数据源丰富可靠、针对性强，模型较为适用，能最大限度反映不同期限国债合理的收益率水平。

2. 当前国债收益率曲线的主要特征

中国的国债收益率曲线具有如下主要特征：

第一，国债收益率曲线扁平化。国内国债收益率曲线一直呈现扁平化特征。一方面，国债期限主要集中在中期，决定国债收益率曲线坡度的短期和长期国债匮乏。从 1981 年中国恢复发行国债以来，国内已经连续发行国债 33 年。国内发行国债主要实行规模而非余额控制，而余额与期限紧密相关。因此，国债发行不容易在期限上保持平衡。当前，国债交易品种以中期（3—7 年）为主，其次是长期品种如 10 年期，10 年期以上的超长期如 20 年、30 年、50 年国债，以及 1 年期以下的短期国库券所占比例较小。这两种期限的国债对于货币政策和金融市场的发展都非常重要。短期国债是公开市场操作的主体，超长期国债是金融市场长期固定收益产品定价的基准。长期和短期国债的匮乏，使国债期限集中在中期，从而导致国债收益率曲线扁平化。另一方面，国内一级市场上最大的国债持有者——商业银行大多采取"购买并持有到期"的国债投资策略，加剧了二级市场不活跃程度，流动性升水一直较低，由此导致长期收益率相对较低，加剧了国债收益率曲线的扁平化程度。

第二，国债市场被人为分割。当前，国债市场被人为分割，形成了银行间国债交易市场,交易所国债市场(上海、深圳),银行柜台国债市场。三大市场有各自独立的运行机制,在行政管理上也是割裂的。虽然资金可以在三大市场间自由流动,但这种市场分割依然会造成国债交易信息的不同步,资金供求信息的不统一,难以形成反映完整市场供求关系的国债收益率曲线。

第三,国债定价机制不独立。由于国债交易的不发达,当前国债发行价格主要采取招标方式确定。国债票面利率主要参考银行存款利率以及交易所剩余期限相同的国债的收益率。与发达国家相比,国债收益率本身就是基准利率,其发行定价主要参考二级市场同期限流通国债的收益率,而且充分考虑通货膨胀率等因素。总之,国内国债定价发行尚未形成独立的定价机制;且国债定价尚未与通货膨胀率挂钩,国债投资者尚不能享受通货膨胀补偿。

3. 阻碍国债收益率曲线形成的主要因素

从上述特征来看,中国国债收益率曲线难以在金融市场和货币政策中担当大任。形成上述特征,从而影响国债收益率曲线准确形成的主要因素包括:

第一,一级市场的国债发行制度设计不合理,限制了市场参与者的广泛性。当前,国内储蓄国债的发行价是既定的。记账式国债在一级市场的发行及承销制基础上采用有范围限制的招标发行制度,发行对象限于承销团内成员,而进入承销团的门槛往往较高,国内的商业银行占据主体。由此,并非所有的机构和个人投资者都可以参与投标,限制了市场参与的广泛性。而大部分发达国家的国债发行一般都采用公开招标方式,例如美国,其采取的是公募招标和直接发售相结合的发行方式,所有机构和个人投资者都可以参与投标,通过市场竞争的方式保证了投标主体的高质量。

第二,国债二级市场参与者类型过于单一,市场买方缺乏竞争性。一直以来,在国债二级市场上,商业银行的国债持有量占据主导地位,约为国债总量的70%,其余几类国债持有机构的比重相对较低:中国人民银行等特殊结算成员(20.43%)、保险机构(4.02%)、交易所(2.55%)以及基金公司(1.37%)。由于进入门槛高,二级市场流通性较低,非金融机构还难以进入国债二级市场。从国际经验来看,在成熟的债券市场,商业银行一般不是主要的投资者,保险、投资银行等非银行金融机构、非金融机构的投资策略与商业银行有所区别,是国债市场活跃的投资主体。

第三，国债二级市场流动性低，交易不活跃。据中国债券信息网 2014 年 10 月的数据显示，国债市场中规模最大的是银行间债券市场，约占国债市场总规模的 92%，其次是场外柜台市场，其规模达到 6%，而交易所国债市场规模只占总规模的 2%。一方面，国债市场的长期分割降低了国债在市场之间的流动性，造成市场间国债交易价格出现差异，同券不同价、不同收益现象经常出现，大大影响了国债收益率曲线的形成。另一方面，国债市场由于规模小、标准化建设程度不高、进入门槛限制等因素，国外成熟的投资者难以顺利进入。仅仅国内一部分投资机构参与，且其投资策略继续保守，二级市场不活跃是意料之中的现象。

第四，债券市场的做市商制度发展滞后，加剧国债二级市场低流动性。证券场外交易几乎天然地跟做市商联系在一起。一是因为证券市场的组织形式一般较为松散，适合采用灵活性较高的做市商制，而不宜采用对规范化、集中化程度要求严格的竞价交易。二是因为在证券市场上尤其是债券市场上，一般都是机构投资者进行大宗交易，竞价撮合往往难以找到交易对手，而做市商的存在则可以使交易在短时间内迅速完成，从而保证交易的连贯性和平稳性，不至于引起价格的大幅波动。

目前，银行间债市已经设立了做市商制度，在证券承销和交易环节将大部分权力交给了做市商，但进展并不顺利，突出的问题定价机制不合理、承销商利益和义务不平衡。银行间市场由主管部门确定了 23 家做市商（大多数是商业银行），但拥有做市商资格的机构缺少实质利益，履行做市义务时还会承受市场风险。因此，激励不强、现有机构参与承销和做市的能力还不足、积极性不高，做市商的作用发挥有限；做市商资金来源类似、投资行为趋同，反而抑制了国债市场的流动性，不利于国债收益率曲线的形成。

第四节 健全国债收益率曲线的可行举措

健全国债收益率曲线是一项系统工程，涉及财政政策和货币政策相配合的一系列机制调整。从中国经济和金融发展来看，在深化改革过程中，可选择的举措包括：

第一，统一国内的国债市场。在国债市场整体不发达的情况下，首先要逐步统一国债市场，推动全国银行间债券市场、交易所市场、场外柜台市场一体化。既包括国债交易制度、国债行政管理的一体化,也包括国债发行和交易品种的统一。从而逐步统一国债交易信息,形成整体、准确的资金供求信息,最终推动市场融合,实现跨市场发行、跨市场交易。消除人为分割的现状,统一国债市场,是形成合理、准确国债收益率曲线的前提条件。

第二,丰富国债发行期限,完善国债收益率曲线的期限结构。增加发行短期和长期国债,丰富国债期限。一方面,在保证财政可持续性的基础上,较大规模地扩大国债发行规模,合理安排发行期限和频率。一是增加1年以内短期国库券的发行,为央行的公开市场操作积极创造条件。二是合理发展公共财政,适度减税并消化国库积累的大量现金,从而形成发债需求,重点增加长期国债的发行。当前,地方政府的城镇化融资需求很大,基础设施等长期融资压力大,中央财政可适当增发10年期以上的长期国债,如20年和30年期的长期国债,保证城镇化建设的连续性和后续基础设施改造、建设。上述两方面措施在一定程度上可及时充实国债收益率曲线的短期端和长期端,降低国债收益率曲线因期限集中而导致的扁平化程度。

第三,完善做市商制度,保证国债市场连续运行。国债品种不丰富、二级市场交易不活跃直接导致在某些期限上根本没有交易点,国债收益率曲线可能出现无趋势的断点,无法形成一条曲线。一方面可以继续尝试连续发行制度,扩大某类期限短缺国债的交易数量,使市场交易更加活跃;另一方面在同期限国债品种尚无法及时补充发行时,应大力支持做市商,为其创造利润空间,鼓励做市商活跃二级市场,保证市场交易的连续性,从而创造丰富的国债剩余期限,从剩余期限上保证国债期限的完整。

目前,做市商在银行间债券市场上的利益与义务不平衡:一方面,做市商收取承销费后并不必然承担所承销债券的二级市场做市义务;另一方面,做市商对国债发行定价不够谨慎。要改变这种不平衡局面,应适当完善当前的各项制度:

其一,继续完善融资融券制度,完善质押、回购的法律规范,拓展做市商融资制度。从根本上提高承销商的资产规模和实力。

其二,完善证券承销制度,为做市商提供一些激励措施,比如承销份额优先等正向激励,同时也制定相应的约束和惩罚机制。

其三,设立同业经纪制度,为做市商之间和其他有需要的参与者提供匿名成交乃至匿名结算的经纪服务,以提高证券发行效率并保护投资者利益。

其四，证券承销与做市商的一体化制度。为防止企业甄别和证券定价过程中的道德风险，有必要让主承销商承担二级市场一段时间内的做市义务，降低企业融资机制中的总体风险。

其五，应该降低门槛，引入更多的做市商，增加做市商之间的竞争性，以市场化的手段使其履行做市义务。

第四，完善国债市场的标准化建设，提高国债市场的开放程度。在不断改进国债一级市场和二级市场制度的同时，应该积极关注人民币国际化进程，提高国债作为重要的人民币资产的开放程度。随着人民币离岸市场的发展，人民币资产将成为全球战略投资者感兴趣的投资品种。国债作为人民币资产中的无风险产品，必然有强大的市场需求，应该能成为未来全球债券市场的重要成员。而要面向来自不同国家和地区的投资者开放，首先需要做的事情就是推动国债市场标准化建设。标准化的基本含义就是能准确反映市场供求关系，同时，标准化意味着在与投资相关的各项制度上应参考国际标准，包括国债期限的标准化、票面利率标准化、发行方式标准化等。目前，财政部已经完成了期限标准化和发行方式的标准化。

第 五 章

降低实体企业融资成本　缓解流动性压力

2008年美国金融危机给了世界各国和地区一个沉痛的教训，即金融应服务于实体经济。金融服务于实体经济，既包括金融部门的运行应有效满足实体企业的资金需求，也包括应有效降低实体企业的融资成本。但从近5年的实践情况看，中国经济运行中的这些问题并未得到有效缓解。在流动性紧张的背景下，不仅实体企业的杠杆率持续上行，资金更加捉襟见肘，而且实体企业的融资成本持续增高。中国金融体系的改革必须有效遏制这一趋势。

第一节　实体经济部门的流动性紧缺

2009年之后，中国杠杆率开始飙升。表5-1显示，以实体经济部门总负债与GDP之比作为杠杆率的指标，在2003—2008年期间，中国的杠杆率是不断下降的，但2009年之后杠杆率显著上升。[①] 2009年后的杠杆率飙升既是因为多种因素导致的金融约束弱化，也是因为2009年"出手要重、出手要狠"的"四万亿"政策。为了实施这样的政策，中央从主观上放松了对地方GDP锦标赛的约束。

1. 杠杆率上升背景下的债务结构恶化

"四万亿"政策之后，在杠杆率不断上升的同时，实体经济部门的负债

[①] 这里的杠杆率不包括金融部门的负债，因此低估了总体的杠杆率水平。金融部门负债见下文分析。

结构也在恶化，进而使得杠杆率上升与债务结构恶化之间形成恶性循环。观察表5-1可以看到，中国实体经济部门的负债包括信贷、债券和来自银行同业业务、非银行金融机构创造的信用四个组成部分。在"过山车"式的调控方式下（2009年和2010年上半年过度的信贷宽松政策和此后的信贷收紧），实体经济部门的债务结构发生了三个重要变化：

表5-1　　中国实体经济部门总负债、杠杆率以及分类负债占比

单位：万亿，%

年份	总负债	总负债/名义GDP	信贷占比	债券占比	银行同业占比	非银行金融机构占比
2001	131714.67	120.12	83.38	14.73	0.00	1.90
2002	162777.56	135.27	84.55	14.11	0.00	1.33
2003	198337.93	146.03	84.45	14.40	0.00	1.15
2004	220990.97	138.22	84.47	14.67	0.00	0.85
2005	252551.62	136.56	80.66	14.82	3.28	1.24
2006	289358.69	133.77	81.48	14.36	2.87	1.29
2007	352142.42	132.48	78.20	17.14	2.94	1.71
2008	405999.50	129.28	78.08	16.28	3.35	2.28
2009	535878.30	157.19	78.44	16.09	2.83	2.64
2010	664004.10	165.38	75.73	15.97	5.11	3.19
2011	764714.93	161.64	74.82	16.42	4.92	3.84
2012	914487.52	176.04	71.08	16.75	6.35	5.82
2013	1071388.36	188.34	67.84	16.88	6.70	8.57

注："实体经济部门"包括政府（含中央政府、地方政府）、企业和居民；"信贷"包括短期贷款、中长期贷款、票据融资、融资租赁和其他贷款，不包括信托贷款；"债券"包括国债、地方政府债、企业债、公司债、短期融资券和中期票据，不包括金融机构发行的债券品种；"银行同业"为存款性公司对其他存款性公司债权减去其对其他存款性公司负债、银行部门持有的政策性金融债和商业银行债，反映银行类机构通过同业业务为实体经济提供的净额信用；"非银行金融机构"包括信托公司为实体经济提供的信用、证券公司通道业务余额和保险公司债权与不动产投资计划余额，其中，信托占了80%以上。所有数据均来自相关监管调控部门的公开数据。

资料来源：中国社会科学院金融所财富管理研究中心。

第一，传统的债务融资占比在不断下降。实体经济部门传统的债务融

资方式包括银行信贷和发债两种。2009年以来,在债券比重大体维持不变的情况下,信贷的比重自2010年显著下降。至2013年,信贷在实体经济部门全部负债的比重由2009年的78%以上下降到不足67%。信贷占比的下降反映了在前期过度宽松的信贷政策之后,宏观当局为抑制投资过热和信贷膨胀采取的紧缩政策。由于政策当局的调控目标均以显性的信贷为目标,难以顾及层出不穷的创新,因此,信贷比重应声而落。

第二,非传统的债务融资占比大幅度上升。非传统的债务融资方式包括银行同业业务和以信托为主的非银行金融机构,这两者均为近些年的金融创新,其中,后者是中国版本的"影子银行":在银行资产负债表外的信用创造活动;前者则是国外所没有的"银行的影子":在银行资产负债表中没有被统计为信贷科目的信用创造活动,如银行同业代付、信托受益权转让等。到2013年,"银行的影子"和"影子银行"已经达到近16万亿元规模,占实体经济部门总负债的15%左右。

第三,中央政府负债比重持续下降。实体经济部门包括政府、居民和企业三大部门,政府部门又分为中央政府和地方政府。中央政府的债务融资主要就是国债。从图5-1可以看到,危机爆发后中国国债的规模在实体经济部门的负债比重持续下降,2013年为8%,比2008年低5个百分点。所以,"四万亿"以及其后的信用膨胀是以企业、居民和地方政府的债务持续扩张为基础的,而本来应该在危机后扩张的财政政策并未表现出来。进一步以国债与GDP比较看,财政政策也没有在危机后"挺身而出":2009年国债/GDP是17%,到2013年下降到15%。

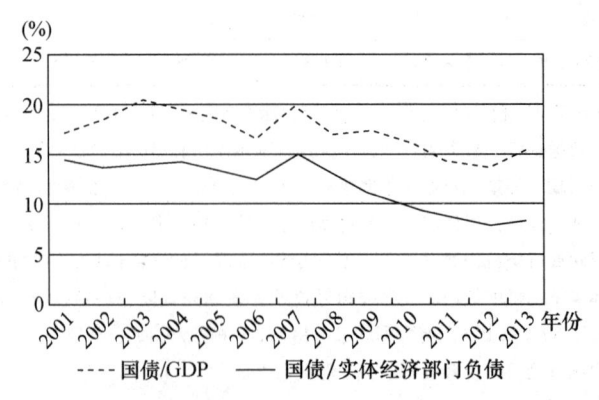

图5-1 中国国债存量相对于GDP和实体经济部门负债的比重

资料来源:CEIC,中国社会科学院金融所财富管理研究中心。

上述第一个和第二个变化是工具层面的变化，反映了近些年货币政策和金融监管方面存在的问题。就银行同业业务而言，它本来应该是银行同业之间为调剂流动性而发生的相互融资拆借业务，但是，在近些年，却变成了绕规模、绕约束的变相信贷投放；就信托业务而言，它应该是"受人之托、替人理财"，但是，如同20世纪80年代末90年代初的情形，信托变成了各地用于"拉项目、找资金"的变相融资活动。

上述第三个变化是部门层面的变化，它一方面是危机后对地方金融约束放松的结果，另一方面也说明中国财政政策的思路是存在重大瑕疵的。我们知道，从宏观经济政策与经济周期的关系看，在经济衰退或遇到重大负面冲击的时候，应该采取扩张性的财政政策，以弥补私人部门投资的不足；在经济繁荣时，财政政策应该收缩，以防止挤压私人部门投资。这就意味着国债/GDP以及国债在实体经济部门负债比重应该呈现出逆周期的变化，而不是图 5-1 中反映的两个比例的持续下降。

无论如何，上述债务结构的变化造成了三个恶果：实体经济部门债务和资产的期限错配问题严重、偿债压力上升、融资链条拉长。

2. 债务结构恶化与风险累积

上述债务结构的变化使得中国系统性金融风险在不断累积，其中第一个表现就是实体经济部门日益严重的期限错配。从工具层面的变化看，在四种债务融资方式中，银行同业业务和以信托为主的非银行金融机构提供的融资均属于短期融资工具，期限多为一年以下，而贷款和债券的平均期限在 2013 年分别为 1.86 年和 5.65 年，因此，实体经济部门债务结构在工具层面的两个变化就导致整体的债务期限缩短（见表 5-2）。另外，从部门

表 5-2　　　　　　实体经济部门债务融资工具的平均期限　　　　单位：年

年份	全部负债	信贷	债券	国债	企业债	公司债	中期票据	短期融资券
2008	2.68	1.78	7.56	8.06	9.01	6.67	3.48	0.53
2009	2.64	1.88	6.81	7.73	8.05	5.94	3.40	0.54
2010	2.63	1.97	6.61	8.05	7.57	5.69	3.18	0.49
2011	2.59	1.93	6.35	8.43	7.02	5.04	3.10	0.52
2012	2.46	1.86	6.03	8.50	6.70	4.64	3.15	0.50
2013	2.39	1.86	5.65	8.09	6.48	4.04	2.80	0.40

资料来源：中国社会科学院金融所财富管理研究中心。

层面的变化看，中央政府的负债——国债的期限最长，因此，实体经济部门负债向企业、居民和地方政府负债的转移也是造成债务期限缩短的重要原因。此外，扣除中央政府的国债之后，在剩余的债券品种中，由于债券发行管制，期限长的企业债和公司债的份额也在不断下降。在债务期限不断缩短的同时，近些年实体经济部门增加的资产均是长期的固定资产投资，资产和负债的期限错配问题由此越发严重。

系统性风险累积的第二个表现就是实体经济部门偿债压力显著上升。银行同业和非银行金融机构创造的债务融资具有成本高、期限短的特点。对2013年部分银行的调查显示，银行同业的年化利率平均在14%甚至17%，信托公司的信托融资成本也不下于此。高利率、期限短带来的本金偿还压力以及两种融资工具比重的上升使得实体经济的偿债压力显著上升。此外，从部门负债来看，国债的期限最长、成本最低，国债的减少也构成了整个实体经济部门偿债压力上升的重要因素。我们以实体经济部门的偿债率——每个季度债务本息偿付额与每个季度新增GDP之比来反映偿债压力，可以看出（见表5－3），到2013年，偿债率已经达到近124%，这意味着每个季度偿债额都超过了当季新增的收入，"借新还旧"成为维持债务规模的重要手段。进一步考察偿债压力的来源，我们发现，尽管信贷构成了债务的主体部分，但是，信贷本息偿付额占全部本息偿付额的比重是在下降的，而银行同业业务和信托为主的债务融资本息偿付的占比在不断上升。这说明，正是近些年的所谓创新构成了实体经济偿债压力上升的主要来源。

表5－3　实体经济部门的偿债率和各类融资工具本息偿付额比重　　单位:%

年份	偿债率	信贷本息偿付额/全部本息偿付额	债券本息偿付额/全部本息偿付额	其他本息偿付额/全部本息偿付额
2007	73.67	85.04	3.89	11.07
2008	82.13	85.84	3.46	10.70
2009	79.65	87.07	4.79	8.14
2010	79.86	74.60	4.61	20.79
2011	87.37	77.33	4.24	18.43
2012	103.95	74.27	4.26	21.47
2013	123.74	70.20	4.20	25.60

资料来源：中国社会科学院金融所财富管理研究中心。

系统性风险累积的第三个表现就是金融部门相互负债增加，融资链条拉长。由于银行同业业务和信托产品的主要目的就在于绕开各种形式的金融监管和管制（法定资本金比例、法定存款准备金比率、贷存比等），因此，这些产品和业务高度依赖于金融机构之间的相互融资行为，这就导致融资链条拉长。例如，原先一笔贷款仅仅涉及借款企业和放贷银行之间的债权债务关系，在银行同业和信托牵扯进来后，可能就涉及借款企业和若干家银行、信托之间的复杂债权债务关系。融资链条每拉长一节，融资成本就上升一截，金融体系的脆弱性就增加一成——2008 年美国雷曼兄弟公司倒闭之所以能够将本来规模不大的次贷危机转化为全球性的流动性危机，其原因就在于金融机构之间复杂的债权债务关系。

随着实体经济部门其他融资规模的上升，中国金融部门负债（主要是金融部门相互负债）的规模也在迅速累积，到 2013 年第四季度（见图 5 - 2），已经超过了 35 万亿元。进一步对两者的比例关系进行计算，可以发现两者之间日益密切的关系。在 2010 年前银行同业业务和信托尚未"蓬勃"发展之时，金融部门负债每增加 1 元，实体经济部门其他融资的规模增加不到 0.2 元，实体经济部门其他融资/金融部门负债的水平非常稳定。从 2010 年开始，这个比例迅速上升，到 2013 年第四季度，金融部门负债每增加 1 元，实体经济部门其他融资的规模增加 0.45 元。

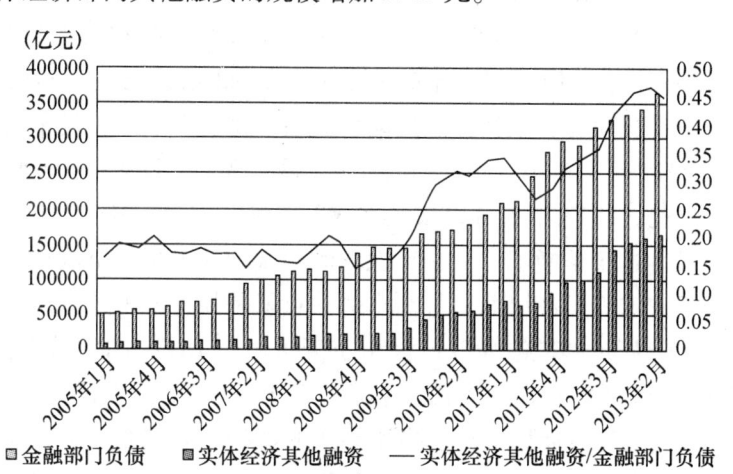

图 5 - 2　实体经济部门其他融资与金融部门负债（左轴）及两者之比（右轴）

注："实体经济部门其他融资"是指扣除信贷和债券之外的银行同业和非银行金融机构债务融资；"金融部门负债"是指银行和非银行金融机构通过相互融资（同业业务、发行债券等）方式取得的债务融资，不包括来自实体经济部门的存款。

资料来源：CEIC，中国社会科学院金融所财富管理研究中心。

3. 债务结构恶化与流动性短缺

随着实体经济部门债务结构的恶化，2011年初至今，中国宏观金融形势由此前的流动性泛滥逐步转向流动性收缩，目前已经处于流动性短缺的状态。不仅广义货币总量上升动力趋于疲软，而且，更为重要的是，货币的结构也呈现出流动性越来越弱的趋势。流动性短缺导致名义利率维持在高平台上，真实利率则是十年来最高的水平。

从2001年以来的经验看，广义货币总量M2的同比增速保持在年均15%—16%的水平，大体对应着宏观经济既无高通货膨胀，又无通货紧缩的潜在增长水平，高于16%就会出现经济过热——例如在信用极度膨胀的2009年、2010年以及在"流动性过剩"的2007年，低于15%则经济过冷。自2011年7月以来，除了2013年1—5月，M2同比增速均低于15%，并且，自2013年年底以来，M2增速下降明显，2014年3月已经低至12.1%。

在广义货币量增速下滑的同时，货币的结构也越发不具有流动性，表现在狭义货币量M1增速慢于M2增速，M2中M1的占比不断下降。同样从2001年以来的经验看，如果M1能够与M2同步保持在15%—16%的增速，则是最佳的。如果M1增速超过了M2增速，尤其是在M2增速已经较高的时候，就会出现流动性过剩（如2007年）甚至是流动性泛滥（如2009年和2010年），实体经济因而会发生高通货膨胀和资产价格膨胀；反之，如果M1增速慢于M2增速，特别是在M2增速已经相对较低的时候，就会出现流动性不足甚至是流动性短缺，物价会下跌，甚至出现通货紧缩。从2011年1月至今，M1增速一直慢于M2，反映了宏观政策趋紧的态势。但是，2013年6月以来，在M2降速的同时，M1变成以个位数增长，就显得过于缓慢了。从流动性泛滥到流动性不足乃至流动性短缺的过程，表现在宏观经济层面，最突出的一点就是物价水平的持续下跌。而且，从2012年3月以来，PPI已经由正变负。与1997年以后的通货紧缩时期相比，CPI还维持在正增长，但增速低于3%的经验基准值。

流动性短缺和通货膨胀率下降所导致的直接结果就是实体经济负债成本的上升。一方面，货币总量趋缓和货币结构流动性下降使得名义利率高企。以基准利率、银行间市场1天拆借利率（月度加权后）为例，自2011年迄今，1天拆借利率一直维持在4%—5%的高平台上，在2013年6月"钱荒"时期甚至飙升到近7%。另一方面，在名义利率较高的情况下，由于PPI由正变负，企业真实借贷成本进一步大幅度上升。以1天拆借利率减去 PPI 同比增速来计算基准的真实利率,则可以看到,自 2012 年 6 月以来,真实利率就保持在 5% 以上。在过去十年中,除了 2009 年受危机冲击的短暂时期,这种状况从未发生过(见图 5-3)。

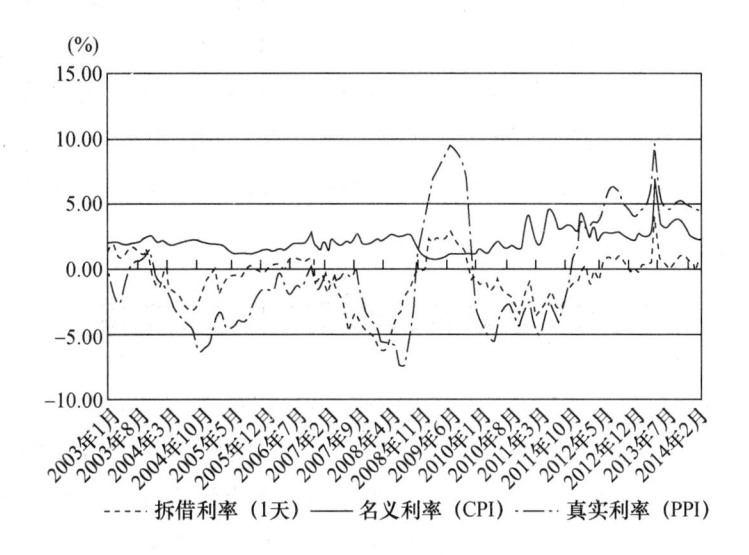

图 5-3　2003 年 1 月至 2014 年 3 月名义利率和真实利率

资料来源:CEIC.

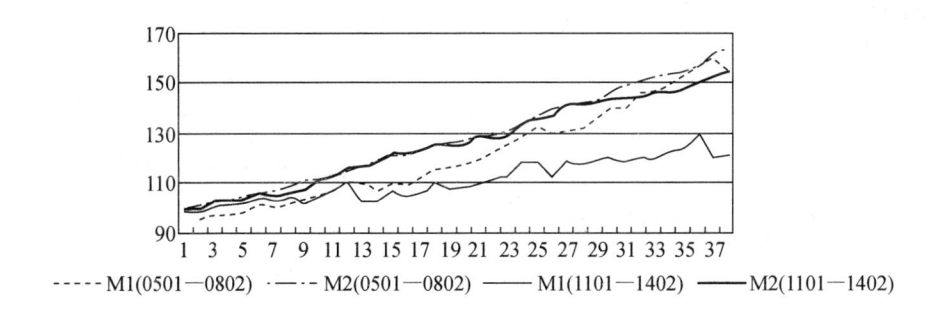

图 5-4　流动性过剩时期(2005 年 1 月至 2008 年 2 月)与流动性短缺
　　　　时期(2011 年 1 月至 2014 年 2 月)货币供应量比较

资料来源:根据 CEIC 数据计算。基期 = 100,基期分别为 2005 年 1 月和 2011 年 1 月。

流动性短缺的根本因素在于杠杆率上升和债务结构恶化导致的流动性需求显著上升。按照凯恩斯货币需求理论,货币需求源自经济当事人的交易动机、预防动机和投机动机。在中国，M2 主要取决于经济当事人（尤其是居民）的储蓄/消费行为，真正具有"流动性"意义的货币量是狭义货币量 M1——其主要构成是企业活期存款。随着债务期限的缩短和偿债压力的显著上升，用于偿还债务的流动性需求上升，预防未来偿债的货币窖藏需求上升。此外，随着融资链条的拉长，大量的流动性积压在机构和机构之间的"倒手"交易中。在流动性需求显著上升的同时，既定的货币供应体制又使得流动性的供给受到极大约束，这成为狭义货币供应量 M1 增速趋缓的关键因素，并与流动性需求上升一起导致名义利率和真实利率水平的上升。

第二节　缓解流动性紧缺的政策选择

体制改革是治本之策，但对于中国面临的系统性风险而言，尚有远水不解近渴之意。当前中国的宏观金融形势已经由 2009 年和 2010 年的流动性泛滥转向了流动性不足乃至流动性短缺。为了防止流动性短缺继续演变为长期经济低迷的流动性陷阱，在避免再次"放水"、"抱薪救火"以至于出现流动性过剩和泛滥的前提下，需要采取兼顾长期改革和短期风险处置的措施，改革目前的货币政策调控和融资机制，在加快推动中国金融改革的同时，保持流动性的合理水平。

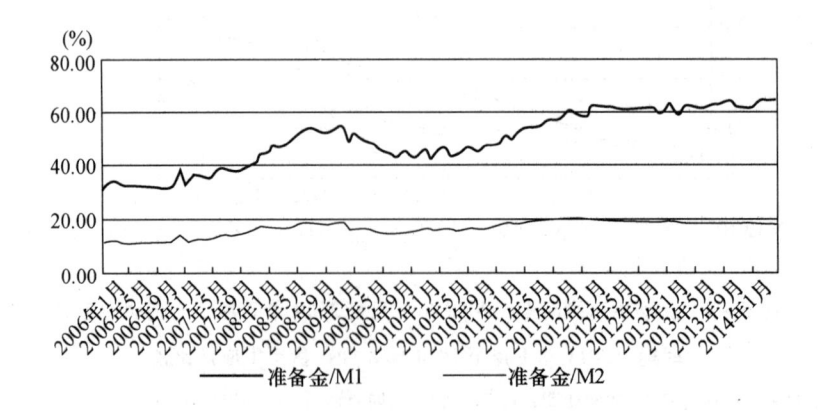

图 5-5　两种"法定存款准备金率"

资料来源：CEIC。

1. 改革准备金制度

在当前流动性短缺和各项宏观经济指标疲弱之际，市场对央行再次下调法定存款准备金率的期望和预期开始增强。确实，如果采取这样的手段，是可以改善当前流动性短缺的状况的。但是，采取这样的做法，一则会给市场造成"放水"的预期，从而延误经济结构的调整，二则更是延续了此项制度对中国宏观金融运行造成的深刻弊端，错失了改革的良好时机。

就当前面临的流动性短缺来看，其固然源自实体经济部门杠杆率上升和债务结构恶化，但从流动性供给来看，也的确与中国货币政策偏紧有关。图5-4中我们比较了2005年1月到2008年2月流动性越发过剩时期与2011年宏观政策开始越发收紧时期的狭义、广义货币供应量。由于绝对量的比较无意义，这里以两个时期开头为基期，比较相对变化的情况。可以看到，尽管后一时期的广义货币增幅与前一时期增幅相当，但是，狭义货币量的增幅大幅度小于前一时期。所以，前一时期感觉流动性过剩而后一时期感觉流动性短缺，就在于具有真正"流动性"意义的狭义货币供应量的差别。

广义和狭义货币供应量从2011年以后的分野同中国目前的货币供应制度有着密切的关系：在人民币尚未完全摆脱美元体制的情况下，外汇占款构成了中国货币发行的事实上的准备资产。外汇占款的多寡不仅影响到国内基础货币的投放，而且，由于外汇占款来自经常项目和资本项目下外汇的结汇，其对应的主要就是被统计为狭义货币的企业存款。因此，外汇占款增加一方面意味着基础货币投放的增加，另一方面也意味着狭义货币的增加。

为了调节外汇占款对国内的影响，法定准备金制度就扮演了极其重要的角色。在2006年到2008年上半年外汇占款增速加快、流动性日趋过剩的时期，以及2010年后控制信用过快膨胀的时期，上调法定存款准备金率都成了收缩流动性的主要手段；而在2008年9月美国次贷危机演化为全球金融危机的时候，随着外汇占款增速的下降，央行又通过下调法定存款准备金率来扩张流动性。进入2014年，在经济趋缓的态势日益明显的情况下，央行又屡次实施所谓的"定向降准"。然而，由于中国的法定存款准备金制度对不同"流动性"状况的存款采用相同的缴纳标准，活期存款和定期存款都需要按照同样的准备金率缴存法定准备金，因此，在外汇占款增速不同的时期，法定准备金率的调节具有一种非对称效应。当外汇占款增速加快的时候，由于外汇占款主要对应着企业存款也即狭义货币 M1 的增加，因此，提高所有类型存款的法定存款准备金率只能部分对冲境外输入的流动性；相反，当外汇占款增速放慢的时候，狭义货币的增速也趋缓，此时，尽管按照全部存款和广义货币的标准来看，法定存款准备金率没有变化或者因为"降准"而略有下降，但是，按照活期存款和狭义货币的标准看，法定存款准备金率就显得抬高了。从图 5-5 可以看到，目前恰恰就是这种情况：以 M1 来测算的"法定存款准备金率"自 2011 年以来已经上升到 60%，远高于以 M2 来统计的标准。

法定存款准备金制度于 1863 年正式诞生于美国，其初衷是为了维持银行的稳健经营，以保护存款人的利益。但是，随着金融监管体系的逐步健全，这项制度维护金融稳定的功能已经逐步被其他制度（如法定资本充足率要求）所取代，而在金融市场大发展和金融混业的背景下，其扭曲资源配置的负面效应越来越突出。因此，主要国家都于 20 世纪八九十年代逐步缩小法定准备金缴存的适用范围，降低直至取消法定准备金率要求。在全球主要经济体中，中国是唯一维持如此之高法定存款准备金率的国家，其主要背景是 2005 年以后外汇占款的快速增加。由于相较于其他工具（如央票），提高法定存款准备金率对冲外汇的成本低、效果快，遂使得这项制度延续迄今。但是，其弊端极大：

第一，扭曲了货币政策的目标，阻碍了人民币汇率形成机制的改革。大国经济体的货币政策应该以内部均衡为首要考虑，外部均衡次之。由于外汇占款和对冲外汇占款的法定准备金（以及央票）构成了央行资产和负债的主体，央行通过资产负债变动所实施的货币政策严重受制于外部影响，在内部均衡和外部均衡两个目标上必然左右摇摆、首尾难顾，而且，这也意味着人民币汇率形成机制难以真正市场化。

第二，扭曲了资源配置，阻碍了市场发挥资源配置的决定性作用。银行业存款的变动，无论是否来自外汇的增加，都需要将 20% 左右锁定在央行账户上。非市场化的运用意味着效率必然低下，且准备金缴存形成的高税负效应必然被转嫁，变成较低的存款利率和较高的贷款利率。由于如此大量的金融资源被锁定，它也构成了中国利率市场化和债券市场发展的一大障碍。

第三，这项制度本身设计混乱，且越发不透明。目前的法定存款准备金制度形成于 1998 年的改革（《关于改革存款准备金制度的通知》，中国人民银行，1998年3月24日），此后即无正式安排，具体做法都是在操作过程中形成，缺乏系统、透明的制度安排。首先，如前所述，没有按照期限长短、流动性强弱确定不同的准备金率，而是对所有的活期存款、定期和储蓄存款适用同样的准备金率，这与该项制度设立之初衷——保持银行适度流动性以应对存款的提取——相悖，也不符合中国利用此机制对冲外汇占款的要求，因为外汇占款形成后主要对应的是企业活期存款。其次，具有高度流动性特征的同业存款不用缴纳法定准备金，这构成了商业银行监管套利的漏洞。最后，对不同银行采纳差别准备金的做法不透明，潜藏着道德风险。

总之，从金融改革的长期方向看，改革法定存款准备金制度极其重要。而在这种改革的过程中，可以发挥市场自发的力量，增加流动性的供给。短期内可以立即采取的做法是，效仿其他国家和经济体（如美国和欧元区）首先降低甚至取消中长期定期存款法定准备金要求，按照非金融企业和居民存款的期限确定不同法定存款准备金率。可以在保持活期存款准备金率不变的情况下，降低企业和居民存款中定期存款部分的准备金率。例如，如果将企业定期存款和居民储蓄存款的法定存款准备金率下调1个百分点，大体能够使商业银行超额准备金率上升0.7—0.8个百分点，流动性短缺状况将能得到缓解。在中长期，配合外汇管理体制改革，在将外汇资产和其对应的负债剥离出央行资产负债表的过程中，逐步降低直至取消定期存款的法定存款准备金率。

2. 改革资本市场管理制度

近些年实体经济部门债务结构的恶化、"影子银行"和"银行的影子"的泛滥除了起因于地方政府GDP竞标赛和"过山车式"的调控之外，还反映了中国资本市场的落后，这导致融资需求只能转向期限短、成本高和不透明的银行同业业务和信托业务。

中国资本市场落后的根源在于行政主导、多头管理的体制，即"条条"架构。在这种架构下，各部委依据它们的权限分别对相应的机构、市场、产品等进行行政化的管理。除了少数产品和少数业务实行较为市场化的备案制之外，大多数的产品和业务都是由相应的管理部门实行事实上的行政审批制，对金融机构的准入也实行了严格的限制。同时，在混业经营、分业监管的背景下，相关法律、规章赋予了各部门诸多类似的权力，相关的法律、规章存在着有意无意的模糊空间，这一方面使得各部门的权限范围出现了诸多重叠区域，另一方面还存在诸多监管漏洞，很多新型产品和新的金融业态并不在监管体制的管辖范围之下。

行政主导、多头分散的格局尤其体现在需要得到大力发展的债券和衍生品市场中（见图5-6）。在债券和衍生品发行管理方面，财政部负责国债发行监管，人民银行负责金融债、非金融企业债务融资工具、信贷资产证券化产品以及利率和汇率衍生品等的发行管理，证监会负责公司债券（目前限于上市公司发行的公司债、可转债等）和在场内市场交易的衍生品发行管理，发改委负责企业债券的发行监管，银监会除会同人民银行参与商业银行金融债等债券的发行监管外，还负责商业银行资本混合债券的发行管理，以及银行参与利率、汇率、信用衍生品交易的管理。在债券二级市场监管方面，中国目前共有三个主要的债券交易市场：银行间市场、交易所市场和商业银行柜台交易市场，其中，中国人民银行主要负责银行间市场和商业银行柜台交易的监管，中国证监会负责交易所的监管。银行间市场和交易所市场在管理主体、托管结算、参与主体等各个方面还没有实现互联互通。

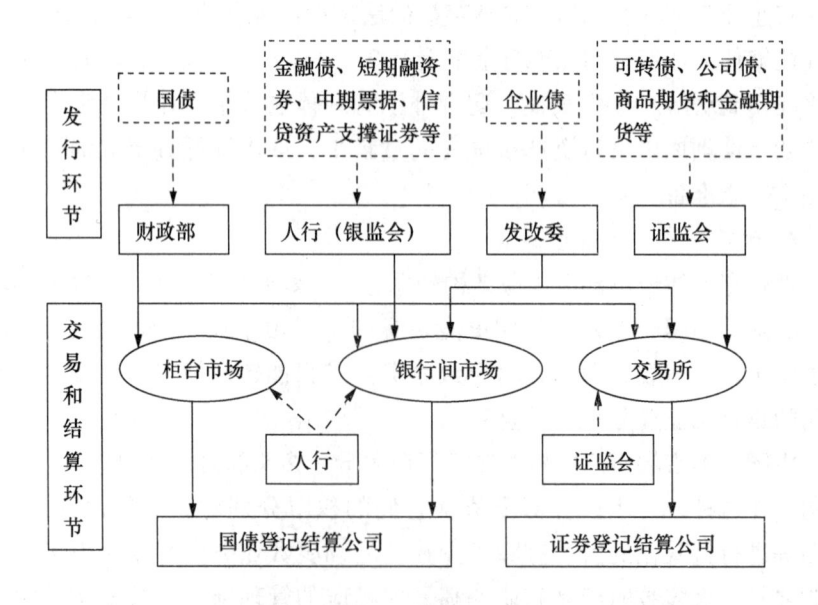

图5-6　行政主导、多头分散的债券和衍生品市场管理架构

行政主导、多头管理的体制导致的恶果至少有：第一，行政管制过强，金融机构、金融市场自发的创新动力不足；第二，各部门"跑马圈地"，有法不依，不利于建立统一的金融市场；第三，监管标准各不相同，不利于经营类似产品的不同机构开展竞争，不利于建立统一、有效的投资者保护制度，不利于建立统一、及时的信息搜集、处理平台，监控和防范系统性风险；第四，监管部门间的竞争便利了市场参与机构进行监管套利，可能会诱发市场参与机构的道德风险，不利于金融稳定；第五，在行政主导的背景下，各管理部门过于强调加强自身的监管，忽视了市场纪律，从而使市场反复出现"一放就乱、一收就死"。改革行政主导、多头管理的体制是加快中国资本市场发展、化解短期金融风险的根本手段之一。当前，应该顺应十八届三中全会通过的《中共中央关于全面深化改革若干重大问题的决定》（以下简称《决定》）对政府职能转变的要求，放松管制，从行政主导转向市场主导。其中，至关重要的是放松对金融业务和产品的管制，以透明、期限适当、成本适中的融资渠道取代不透明、期限错配、成本高昂的"影子银行"和"银行的影子"。为谨慎起见，可以区分常规金融业务、产品与复杂金融业务、产品，对不同的业务和产品实施不同的监管手段。针对常规金融业务、产品，如股票、债券、利率衍生品（如国债期货、利率互换）、汇率衍生品、信贷资产证券化产品、信用违约互换等，由审批制改为注册制，将业务和产品的开发、经营权力下放到金融机构、金融市场。对于复杂金融产品和业务，可以采取审慎态度逐步放开。

关于注册制，《决定》中只提及了股票注册制改革，我们认为应该在常规金融业务和产品领域，尤其是债券市场推动此项改革。因为增加实体经济债券的发行不仅符合发展债券市场、资本市场的改革方向，而且，优质、大型企业以发行债券替代银行的贷款之后，也可以降低商业银行贷存比压力，将释放出来的贷款额度用于满足其他企业特别是中小型企业的融资需求。相对于以散户为主的股票市场，在以机构投资者为主的银行间市场，基于信息充分披露的债券发行注册制度的全面推出，风险可控，效果好，改革宣示效应强烈。另外，对于小额债券发行（如一次发行 500 万元人民币以下）和私募发行，应该与其他国家（如美国）一样，采取更加宽松的管理，允许注册豁免。

除了注册制改革之外，还应该取消债券发行不得超过企业净资产 40%的限制。目前，除了部分城投债之外，对于非金融企业发债，依然延续了这个来自 20 世纪 90 年代《企业债条例》中的不合理规定。取消该项限制在当前毫无障碍，如果加之以督促大型央企用发行债券置换银行贷款的配套政策，更将能够收到缓解流动性短缺和推动资本市场发展的双重功效。

在改变行政主导、让市场发挥配置资源决定性作用的基础上，需要协调各监管部门，加强联系，构建基于宏观审慎的监管体系。为了防止出现"一放就乱、一收就死"的痼疾，为了建立统一的金融市场，需要协调包括"一行三会"以及财政部、发改委在内的金融管理部门，建立有组织的协调机制和统一、有效的信息搜集和监测平台。

此外，需要吸收其他国家金融自由化改革的教训，在放松管制的同时，建立市场纪律，完善监管体制。及时建立市场纪律可以填补管制放松后留下的监管真空。建立行业纪律的第一个方面是关于信息披露机制的建设。应该研究实施和推广有助于揭示金融机构经营状况、风险水平和金融产品、业务的收益、风险的信息披露机制，对于重要金融机构、复杂金融产品以及公开上市交易的金融产品应该实施强制性信息披露机制。建立市场纪律的第二个方面是关于评级制度的建设。评级制度是金融市场的基础性制度，评级既不可能由利益相关者提供，也不能由监管者提供，而是应该由独立第三方提供。不过，此次美国金融危机表明，以营利为目的的私营评级公司很难成为真正的独立第三方。应该在借鉴国际经验的基础上，探索建立基于"国家目标、公共信用、市场运作"的评级制度。建立市场纪律的第三个方面是关于行业自律。在这方面，放松对交易所、交易市场的行政管制、推动行业协会和自律监管的发展尤为重要。

3. 建立公开透明的地方政府举债融资机制

过去几年实体经济部门杠杆率上升、偿债压力加重的背后是地方政府举债融资、推动GDP的冲动，这需要从体制上尤其是财政体制上予以根本解决。不过，即使是在财政体制从增长型财政分权转向公共财政分权之后，地方政府也存在客观上的举债需求，以为执行公共服务职能过程中产生的收支缺口融资。尤其是中国依然处于城镇化进程中，地方市政建设、基础设施投资尚需大量资金投入，地方举债的需求更是有其合理性。建立一个公开透明的地方政府举债融资机制可以硬化地方政府预算约束，防止道德风险，这不仅是中国经济体制长期改革的需要，在短期内，也是化解金融风险的必要措施。从各国的经验看，建立这一机制涉及如下几个方面：

第一，合理划分中央和地方政府的事权和财权。地方政府举债融资机制是在中央和地方事权、财权合理、明晰划分的情况下，为地方政府收支缺口提供融资的手段。因此，建立这一机制的基本前提是要合理划分中央和地方政府的事权和财权。否则，这一机制就会进一步扭曲中央和地方的关系，扭曲政府和市场的关系。关于这一点，在先前的财政体制改革中已经有过分析。

第二，明确举债融资的资金使用范围。根据国际经验，多数国家要求地方政府在举债时遵守"黄金规则"，即除了为少量、短期的周期性赤字融资以外，地方政府举债只能用于基础性和公益性资本项目支出，不能用于弥补地方政府经常性预算缺口。中国地方政府举债融资也应该以服务于地方政府事权范围内的基础性和公益性资本项目为目的，不能用于弥补经常性预算赤字，也不能用于维持那些不符合地方政府事权改革方向的融资平台项目。对于地方政府参与的经营性融资平台项目，应该依照十八届三中全会《决定》的要求，放开民营资本准入，探索建立混合所有制，以公司债或者公司股票等方式融资。

以美国为例，美国地方政府举债原则上只能用于"资本类工程"，禁止为弥补财政赤字而进行债务融资。因此，美国地方政府举债融资的主要用途包括公共资本建设项目或大型设备采购；补贴私人活动，如学生贷款、个人住房抵押贷款等；为短期周转性支出或特种计划提供资金；偿还旧债；政府的养老金福利支出等。可以看出，资本性支出是地方政府债务融资最主要的用途，其次是补贴个人及私人公司，而后是用于平衡政府收支现金流以及弥补由于收入预测失误导致的预算短收。

第三，明确举债融资的方式。从其他国家的经验看，地方政府融资方式主要包括公开发行市政债、向金融机构借款和包括BOT（建设—经营—转让）在内的其他融资方式，但考虑到融资期限、融资的便利性和透明度，均以市政债为主要方式。

再以美国为例，美国的州和地方政府极少采用银行贷款等中介方式获取融资，联邦政府对州和地方政府也没有一般性的转移支付，只有具有附加条件的专项转移支付（也称联邦补助资金），因此，美国州和地方政府主要通过发行市政公债来筹集资金。市政公债是指联邦政府发行以外所有政府债券的统称，既包括短期市场债券如税收预期票据，也包括长期债务工具如一般责任债券、收益债券。美国州和地方政府举债融资通常以长期债务为主。美国短期市政债券发行限制较少，种类较多，例如税收预期票据，一般在一个年度内作为获取资金的依据。长期债务工具主要包括一般责任债券和收益债券,其中一般责任债券是由政府承诺偿付的"完全可靠与可信"的债券,募集资金用于提供公共产品和服务,并通过地方税收保证按期还本付息,这类债券担保来源稳定,安全性较高;收益债券则是为资本升值而发行的财政债券,需要依靠项目工程的收入来保证兑现利息,例如机场债券、医院债券等。从发展趋势来看,收益债券在市政债券中所占比例在不断提高。

第四,明确偿债资金来源。偿债资金来源包括地方税收担保、特点项目收益、地方偿债基金以及市场债券保险等。在当前,考虑法律、税制改革以及其他因素,应该避免使用地方税收担保的方式,而是使用特定资本项目的收益作为偿债资金,同时,要建立地方偿债基金,探索建立市政债券保险机制。

美国的市政债券根据不同类型,其偿债资金来源也有所差异。对于州和地方政府发行一般责任市政债券融资,通常以发行机构的声誉和信用为担保并以政府财政收入为支持;对于收益市政债券,一般是以特定项目的收益作为还本付息来源,例如停车场收益、租赁收益、产业开发、抵押收益等。州和地方政府还可以通过建立地方偿债基金来保证还本付息。在实际运作中,州和地方政府从市政债券发行溢价收入、地方税收、投资项目收益等收入中抽取一定比例,设立偿债基金,当州和地方政府不能偿还到期债务时,可以先行从偿债基金中支付。此外,市政债券保险也是美国地方政府维持偿债能力的重要手段。如果市政债券发行机构购买了市政债券保险,当其出现违约或拖欠等风险情形时,保险人便要承担债券发行机构的偿付义务。在美国市政债券市场,大多数新发行的市政债券都进行了保险。[1]

第五,建立地方政府债务风险管理体系和危机处置机制。主要包括:(1)硬化地方政府的预算约束,建立科学、透明的地方政府预算制度,建立基于权责发生制的综合财务报告制度。分类管理经常性预算和资本性预算,经常性预算必须保持收支平衡,资本性预算的赤字在符合地方政府事权范围内方可发债融资。(2)实施规模控制。应该建立有效的地方政府资产负债表,科学评估融资项目收益的现金流,对地方政府债务的总体规模

---

[1] 在2008年次贷危机后,美国市政债券保险公司大多破产,此后新发行市政债券中进行保险的比率有所降低。

实施上限控制。(3)建立地方政府债务监管机制。以地方政府债务公开募集的市场管理部门、审计机构、第三方评级机构为主体，建立有效的事前、事中监管体系。(4)建立危机处置机制。应该逐步做实地方政府偿债基金，探索建立债券保险资金，制定特定项目破产清算预案，防止单一项目风险向整个地方政府债务融资市场乃至整个金融体系的传染。

在当前全球金融危机尚未消弭、中国金融风险显著上升的背景下，建立地方政府债务危机处置机制尤为关键。美国是市政债券最发达的国家，也是地方政府债务危机频现的地方。在美国，对于一般责任债券的偿付危机，如果只是暂时性或技术性的，地方政府只需与债权人直接协商；而在收入来源不足以偿付的情况下，地方政府可以通过提高税率或收费比率来增加收入。但是如果自我补救没有效果，有些州就会通过设立专门管理机构（州紧急委员会）来帮助地方政府。专门管理机构与地方政府联合制订计划，以确保清偿必须履行的项目（如养老金），同时减少相对次要的预算项目。一旦帮助失败，则需依照联邦《破产法》，由发债政府提出和解协议并提出自愿破产请求。对于收益债券，债券还本付息只是以项目的收入来源作为抵押。若发生债务危机，损失将由投资者自行承担。

第六，建立地方政府债务融资、交易和风险定价的市场体系。主要包括：(1)建立有效的地方债务评级机制，为地方政府债务的定价、发行和交易提供市场化的评估标准；(2)建立一级发行市场和二级交易市场互联互通的市场体系，优化投资者结构和市场微观结构；(3)建立基础债务市场和衍生债务市场互联互通的市场体系，利用信用衍生品优化地方政府债务的定价机制和风险管理机制。

经过近两个世纪的发展，美国市政债券市场已经成为州和地方政府及其下属机构筹集公共事业资金的重要市场，与股票市场、国债和企业债市场并列成为美国四大资本市场。美国市政债券主要在场外市场进行交易，目前有超过1800家市政债券经销商从事市政债券交易。但是，交易却主要在少数几家机构之间展开，排名前十位的市政债券经销商的市政债券交易量占整体交易量的75%左右。在实践中，尽管投资者倾向于购买并持有到期，但是市政债券二级市场交易依然非常活跃。

第 六 章

中国支付清算体系的发展和改革深化

党的十八届三中全会通过的《中共中央关于全面深化改革若干重大问题的决定》指出，要"加强金融基础设施建设，保障金融市场安全高效运行和整体稳定"。我们看到，支付清算体系正是一国金融基础设施的核心部分。如同道路、桥梁作为经济运行的重要基础一样，不断完善升级的中国支付清算系统，将成为支撑金融现代化、国际化的"主动脉"。我们知道，现代金融的核心功能包括支付清算、资金配置、风险管理、信息管理等，其中支付清算是最为基础的功能，承载着其他功能的实现。随着中国中央银行推动的支付清算体系建设的不断推进，一套高效健全的机制逐渐建立起来，在经济金融运行中发挥着不可替代的重要作用。

根据支付清算体系的功能差异，通常可以分为中央银行支付清算体系、第三方支付（非银行支付）体系、证券支付清算体系等。与发达经济体相比，中国的整个支付清算体系基本上都是在进入21世纪后才逐渐发展起来的，但却已经成为服务经济发展和金融改革的基础支撑。

第一节 中国支付清算体系发展现状

1. 中央银行支付清算体系

中国的中央银行支付体系目前已经形成了多个子系统（见图6-1和表6-1），近年来业务规模发展非常迅速。但是，人民银行的支付清算体系建设工作在取得长足进步的同时，也在推动支付清算国际化、改善农村支付环境、完善相关法律法规等方面面临着某些问题和挑战。

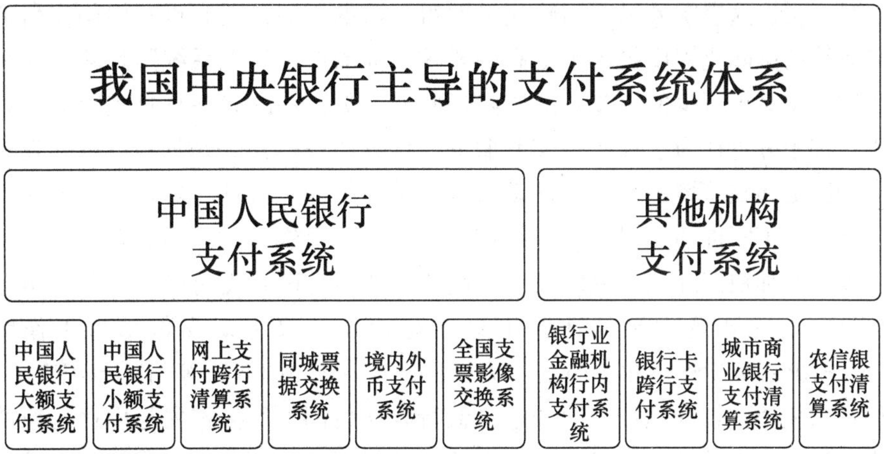

我国中央银行主导的支付系统体系

中国人民银行支付系统
- 中国人民银行大额支付系统
- 中国人民银行小额支付系统
- 网上支付跨行清算系统
- 同城票据交换系统
- 境内外币支付系统
- 全国支票影像交换系统

其他机构支付系统
- 银行业金融机构行内支付系统
- 银行卡跨行支付系统
- 城市商业银行支付清算系统
- 农信银支付清算系统

图6-1 中国中央银行支付清算体系

表6-1　　　　　　　2013年中国支付系统业务统计

单位：百万笔，千亿元，%

系统类别	业务量 笔数	业务量 金额	同比增长 笔数	同比增长 金额
中国人民银行大额支付系统	595	20607.60	26.33	16.30
中国人民银行小额支付系统	1040	203.20	37.78	9.52
网上支付跨行清算系统	476	64.50	79.02	81.30
同城票据交换系统	419	682.90	7.09	2.660
境内外币支付系统	1.39	31.14	25.57	-5.99
全国支票影像交换系统	11	4.02	-5.99	-2.16
银行业金融机构行内支付系统	10758	7452.30	20.13	19.32
银行卡跨行支付系统	9914	278.10	19.84	40.88
城市商业银行支付清算系统	0.84	2.81	85.16	21.82
农信银支付清算系统	120	23.40	38.10	16.33

注：境内外币支付系统金额由美元折算得；数据采用四舍五入原则录入。

数据来源：中国人民银行支付结算司：《2013年支付体系运行总体情况》，中国人民银行网站。

第一，支付清算体系的国际化程度不足。据环球银行金融电信协会（SWIFT）2014年数据，人民币已超过瑞士法郎，跃居全球最常用支付货币的第七位，这表明人民币国际化又取得可喜的进展，同时也对中国支付清算系统的国际化程度提出了更高的要求。推动支付清算系统国际化是人民币国际化必不可少的一步，从国际经验看，美元和欧元在自身国际化进程中，都十分重视为全球经济交易服务。世界的一体化日渐加强，亟须发展的中国更面临跨境经济金融活动日益繁荣的挑战。因此，要在防范风险的基础上，不断推动支付清算系统国际化。从人民银行的近年表现来看，也展现了其加快国际化进程的姿态和决心，如参与国际支付结算体系委员会（CPSS）、东亚及太平洋地区中央银行行长会议组织支付结算工作组（EMEAP – WGPSS）和东南亚中央银行组织（SEACEN）等国际组织工作，保持与相关金融管理局、欧洲中央银行合作机制，积极拓展与周边国家的支付清算合作基础。① 但这些努力还处于起步阶段，尚未达到中国在世界的特定经济地位的要求，人民银行还应尝试在国际支付清算发挥主导地位，参与更多规则的制定。

第二，普惠金融领域的支付环境有待改善。近年来，人民银行在支付清算体系建设方面取得了较大进展，但一方面支付清算系统的统一性和覆盖面还有待持续推进；另一方面，人民银行的相关宣传力度还有待加强，公众对支付清算体系及其子系统的认知度不够，制约了人民银行的支付清算体系的拓展和普惠金融的开展。上述问题在农村地区表现得尤为突出：农村地区金融机构依然未能有效接入支付系统，支付渠道也不够通畅，农民对非现金支付工具的了解也存在较多盲点。这不仅妨碍了支付系统发展和农村支付环境的改善，也制约了支付清算体系在"三农"和城镇化建设中的作用。对此，人民银行应该加快面向普惠金融领域的支付系统服务机制建设，同时还应该加快支付清算系统服务的外部宣传，尤其是积极通过商业银行和其他农村地区金融机构平台向社会大众宣传。

第三，相关法律法规亟待改善。中国支付清算体系近年来得到了快速的发展，然而很多相关规章制度和法律却没能及时发展与完善，缺少法律法规支撑的状况仍未得到有效解决。其中，有的规章制度已经过时，不再适合支付清算系统的发展需要，例如，相关的《票据法》及《支付结算办法》，不仅在实施中还存在一些漏洞，致使操作难度较大，而且距今多年没有修订，已经不适应新技术的挑战，如电子支付等。再如，新业务已经飞

---

① 中国人民银行支付结算司：《中国支付体系发展报告（2012）》，中国人民银行。

速开展，如互联网带来的支付体系变革，而规章制度却未能及时完善，带来了一系列的问题。同时，相关的一些行业规则，也停留在部门规章的层面上，难以成为市场健康发展的游戏规则。综观国外，有的国家是就支付行业进行专门立法，有些则针对电子支付等新兴模式来立法，这些都值得中国进行借鉴。

展望中国中央银行支付清算体系的发展方向，主要包括四个方面内容：

第一，一体化程度进一步提高。经过多年努力，中国人民银行的支付清算体系建设取得了长足改进，特别是2013年年底金融安全可信公共服务平台完成验收评审，奠定了移动支付可信服务平台一体化的基础，有效解决了相关领域资源浪费、管理效率的低下和难以统一监管的问题。但从目前情况看，进一步提高整体支付清算体系多重系统的一体化势在必行。从发达经济体的经验看，更深入的支付系统一体化是不可避免的趋势，中国支付清算系统有必要加快这一提升的进程，以适应实体经济发展和金融创新的需要。

第二，数字化程度不断提高。从"八五"计划时期的全国电子联行系统到现在的现代化支付系统，人民银行一直在努力提升其主导的支付清算系统的电子化程度，然而与美国、欧盟等发达经济体相比，仍有欠缺。可以预见，电子化程度不断提高仍是未来的一个发展趋势：一方面，这是经济发展的客观需要，随着国际化程度的提高和中国经济实力的增强，很多本国企业走出国门与外资竞争，也有很多外资企业走进来，对提高支付清算系统效率提出了更高的要求；另一方面，科技的进步也使得数字化程度进一步提高成为可能，从美国、欧盟等经济体看，脱离有形市场，走向数字化平台是支付清算体系的一个趋势。

第三，国际化程度不断加强。第二代的支付系统更好地支持了人民币跨境支付业务、外行交易市场结算等，是中国支付系统国际化的重要一步。人民币国际化，金融领域不断开放，这在客观上也要求中央银行主导的支付清算体系建设跟上国际化的步伐。推动支付标准国际化、支付清算系统统一化，这是中央银行不能回避的问题，不断推动支付清算体系国际化，提高交易效率，降低交易成本，仍应是人民银行今后的政策着力点之一。

第四，支付系统监管将日趋强化。支付系统容易产生链条效应，一旦发生危机后果就会很严重。从国际趋势看，各国对支付体统的监管存在三大趋势：一是发达国家均不断建立健全支付系统的定期评估机制和预警机制,并加强对重要支付系统进行全面风险评估,防患于未然。二是不断完善支付系统的应急机制和预案,一旦风险发生就可以启动应急机制或预案,将损失和负面影响降至最小。三是不断加强各个部门间的合作,积极推动建立支付清算系统的合作监督机制,提高监管水平。

2. 第三方支付体系

中国的第三方支付起源于1998年。北京市政府与中国人民银行、信息产业部、国家内贸局等中央部委共同发起首都电子商务工程,并确定首都电子商城为网上交易与支付中介的示范平台。1999年,北京"首信易"支付正式运行,成为中国首家实现跨银行、跨地域提供多种银行卡在线交易的网上支付服务平台。2003年后,伴随着中国电子商务的高速发展,为更好地解决网络购物、网络交易资金的支付问题,实现互联网与金融内网的对接,以"支付宝"为代表的第三方支付组织迅速发展起来。2005年,全球最大的非金融机构支付公司PayPal进入中国的支付市场,在上海建立了全球第14个本地化网站"贝宝",开始与支付宝争夺市场。与此同时,包括财付通、易宝等在内的、一批专门经营非金融机构支付的公司相继成立,打破了原来支付宝一家独大的市场格局,中国非金融机构支付市场进入高速发展阶段。2008年,经过几年翻番式的快速发展,网上支付交易规模首次突破千亿元大关,达到2356亿元。此时,网上支付业务的蓬勃发展,已经打破了传统支付结算方式,并逐渐成为中国金融支付结算市场重要的组成部分。

然而,随着交易规模和客户数量的不断攀升,非金融机构支付的缺点或不足暴露得越来越多。2010年9月,为规范非金融机构支付市场的运行,促进非金融机构支付行业的健康发展,加强对相关业务的监管,中国人民银行发布了《非金融机构支付服务管理办法》,明确将非金融机构支付以及包含资和信、家乐福等商家的各类礼品卡在内的预付卡,都列入监管范围之内。至此,中国非金融机构支付市场全面进入规范化发展的监管时代。

2011年,以金融机构和非金融机构支付公司为主要会员的中国支付清算协会成立,并颁布了一系列的行业自律规范和自律机制,为促进行业的健康发展、提高行业规范经营水平和加强风险管理及内控管理能力,提供了有力的制度保障。

截至目前,央行先后五次发放第三方支付机构的牌照,已经累计达269家。当前,第三方支付机构在经过了快速发展,取得了很好成绩的同时,也暴露出诸如资金安全性、信息安全性、内控机制等方面的问题。

第一，网络交易带来的支付安全问题。随着第三方支付市场竞争日趋激烈，为抢占市场份额和客户资源，第三方支付机构频频推出更为简单、便捷的支付工具。在简化用户操作界面和支付流程的同时，交易安全控制上的风险漏洞也逐步暴露。第三方支付并不需要通过银行支付网关，也没有银行卡密码验证环节，而是在首次签约时，客户在输入身份证件号、银行卡号和在银行预留的手机号码等信息后，第三方支付公司会向客户办卡时预留的手机号码发送随机验证码，然后客户填入验证码，就完成了第三方快捷支付账户与银行卡账户的绑定。在之后的交易中，客户只需输入第三方支付账户支付密码和手机验证码即可完成支付。在此种情况下，一旦不法分子掌握了客户的身份证号、银行卡号和预留手机号码信息，就可以通过第三方快捷支付平台窃取客户银行卡资金。除此之外，由于第三方机构掌握大量客户信息，如果内部控制不严，客户信息很容易被泄露、倒卖，甚至是核心的账户信息。

在移动互联网交易中，支付安全更令人关注。这一领域存在安全问题的根源之一，就是长期缺乏规范、统一的技术标准和安全标准。现在，这一障碍也开始得到缓解，如2014年5月1日，移动支付的国家标准就会正式实施。此外，手机病毒或木马的侵袭，或者支付软件自身存在的漏洞，很可能会造成支付隐患。同时，移动支付所追求的就是便捷的用户体验，甚至比互联网支付更加程序简易，这就降低了支付安全性，因为在支付环节中，便捷与安全往往是此消彼长的关系。还有，由于移动支付的门槛更低，因此也会带来对灰色交易的担心，例如行贿受贿等腐败行为。

第二，混业经营多重角色转换带来的管理问题。目前，第三方支付企业已经在朝多元化综合性经营的方向发展，除了支付结算职能，越来越多的支付机构开始拓展电子商务服务商、金融产品交易经纪人、信用评估、担保咨询等方面的职能，并逐步涉足基金、证券等传统金融领域。众多的商业角色容易产生道德风险、关联风险和监管套利风险。目前，很多支付机构都体现出重发展、轻管理的模式，风险防范意识薄弱，风险管控水平较低。客观上讲，除了少数行业领先的支付机构，大多数第三方支付机构无论是在人员配置、资源投入，还是在内控机制建设和风险管理能力上，都与传统的金融机构有着相当大的差距，这也是造成支付机构经常出现诸如套现、洗钱、欺诈等案件的主要原因。如果第三方支付机构通过掌握的信息操纵市场及单方改变服务条款来提高服务收费标准,或是企业内部人员勾结作案,都将会给整个第三方支付行业的有序竞争带来严重的负面影响,不利于整个行业的发展。

第三,分业监管带来的监管越位和缺失问题。近年来,监管机构颁发了数部关于第三方支付机构监管的法律法规,以此加强对整个行业的监督管理,并期望通过行业自律组织推动市场朝规范管理、健康创新的方向发展。可以说,中国目前已经初步形成政府监管、行业监督和企业自律的监督管理格局,监管框架体系的形成无疑对促进这一行业的健康可持续发展起到了重要作用。但是在现实中,现有分业监管模式容易出现监管越位和监管缺位并存的情况。由于第三方支付机构有着广阔的支付平台、大量的数据信息和先进的技术支持,致使其业务规模和服务范围扩张速度迅猛,不断向结算服务、证券基金、保险销售领域延伸,现有的分业监管模式很难跟上行业发展的步伐。如何通过现有的监管机制,建立起跨部门的第三方支付运营、风险等方面的信息共享、沟通和监管协调机制,是提高监管有效性的关键。

在经历了几年的飞速发展后,中国第三方支付行业逐步形成了自己的经营特点,摆脱了原有单纯为银行提供支付渠道的角色,成为中国多层次金融服务体系的重要组成部分。2013年,凭借与传统金融业的深度合作,第三方支付机构寻找到了众多新的业务增长点,这种合作必将会在未来爆发出更强的潜力。可见,无论是互联网金融还是金融互联网所带来的商业模式创新及金融链条的重构,都将会毫无疑问地推动第三方支付行业迈向新的高度。未来决定第三方支付行业竞争格局的因素,将不仅局限于技术的变革,而且取决于商业模式的创新。因此,如何抓住机遇,推动支付规则、组织、技术与产品的变革,决定着第三方支付行业的发展前景。

第一,网络金融产品开始新发展。虽然关于进入大财富管理时代的讨论不绝于耳,但是与国外相对成熟的金融理财市场比较,中国目前仍处于起步阶段,金融理财产品不仅种类较少,而且其销售主要依赖于传统渠道。以基金、保险类产品为例,由于传统渠道的成本较高,并且跨行支付也存在不顺畅性,这就使得第三方支付机构与传统理财产品的结合成为可能,因为后者可以充分利用前者的消费支付、资金集聚与信用中介功能。随着越来越多的消费者习惯于网络交易行为,可以预计,通过融合各类第三方金融理财服务,整个第三方支付行业将迎来增值服务创新模式的迅速增长。

证监会在 2011 年 10 月颁布实施了《证券投资基金销售管理办法》，允许除了银行、基金等金融机构之外的第三方企业开展基金销售支付结算业务，从而促进基金业的电子化、网络化发展，并且先后颁发了多张第三方基金销售支付牌照。其中，支付宝、汇付天下、银联电子、易宝支付、财付通、快钱等 12 家公司都获得网上基金支付业务资格。可以看出，这类业务的开展将带来基于互联网的财富管理模式的创新，也为第三方支付机构带来跨越式发展的新机遇。当然，在此过程中也会面临对金融风险是否积累的争议，也有新兴金融产品及模式对传统金融业带来的冲击与影响，但是总的趋势，应该是一方面尽快完善相应规则，合理控制潜在风险；另一方面对于这类适应大众需求的创新，给予一定的探索空间与容忍度。

第二，大数据时代开启新业务。第三方支付作为重要的交易支付通道，掌握大量交易数据，是天然的数据集中、整合、挖掘和共享的产业领域。可以看出，未来包括收单在内的各项业务将使得第三方支付机构成为数据信息的集中地，在此基础上的数据分析和增值服务，能够为第三方支付机构提供新的盈利点。第三方支付企业可以通过交易数据，对用户的交易行为、交易信用、融资及其他衍生服务需求的规律做出准确的分析和预测，从而提供更直接、更快捷的全方位服务，开展定向精准营销。如可以把收单业务与商户担保结合起来，在有效控制信用风险与保障技术安全性的前提下，提供信用支付和信用贷款等服务，并可结合消费积分、电子优惠券、支付折现等服务，实现业务营利点的多元化发展。

第三，终端争夺划分新格局。终端一直是支付领域创新的永恒话题，谁拥有了终端技术谁就占领了发展的主动权，在未来，必将会呈现"无终端不支付、强终端强支付"的格局。从长远来看，未来支付终端体系，将是以手机为主、电脑为辅的二元时代，电视、电话只是起到补充作用，而长远来看，ATM 机和 POS 机等传统终端，甚至可能会在支付领域被逐步边缘化，乃至被淘汰。诚然，目前人们在时间分配上的特点和日常生活上的习惯决定了各类终端并不是绝对替代的关系，但毫无疑问随着智能手机的普及、3G/4G 网络的应用，手机这种人们生活中最常用、最便利的个人移动终端将会改变整个终端体系的结构，成为未来最主要的支付工具。

当然，在移动支付发展过程中，由于涉及的产业链环节众多，如银行、支付企业、软件厂商、手机厂商、运营商等，还没有形成可持续的、各方共赢的行业发展格局，业务模式与定位尚不清晰，导致了行业主体之间缺乏明确的权责分担机制，也使得现有的业务拓展和竞争往往停留在低水平阶段，这是移动支付发展中面临的核心挑战。

第四，逐渐扮演金融服务提供商的新角色。当前，电子商务对于传统企业带来全方位的冲击，迫使其依托互联网渠道来改善产、供、销的总体效率。除了纯粹的支付技术问题之外，企业更为关心的还有中短期资金周转流动问题。目前，中国制造业和零售行业都已逐渐进入低利润时代，对此，企业财务管理的首要环节就是资金周转率，能否顺畅地回收应收账款成为小微企业的生存前提。在此背景趋势下，如何能让资金流转得更快，提高资金的使用效率，不仅是企业面临的挑战，也是第三方支付企业新的市场机遇。可以预见，依托以电脑为主的PC互联网渠道、依托手机为主的移动互联网渠道，将成为提供网络理财产品与服务的两大基本模式。从2013年第三方支付行业的发展状况来看，行业领先的第三方支付企业已逐渐把业务领域扩展到企业流动资金管理需求上，大幅提升了行业资金效率，如何更好地扮演金融支付服务提供商的角色，将是第三方支付机构未来发展的新方向。

第五，行业面临重新整合与提升。一则前面已经提到，在第三方支付行业发展过程中，也面临一些潜在的问题，使得整个行业的发展和创新同时伴随一定的风险积累，未来第三方支付企业能否真正在防风险与增效率之间实现平衡，努力提高业务创新的稳健性，决定着整个行业发展的前途。二则虽然第三方支付领域的工具与渠道创新不断出现，但是整体上看多数支付机构的创新能力还严重不足，市场同质化竞争严重。应该说，多达269家机构的数量已经在某种程度上超出了当前的市场需求，我们也很少见到发达经济体中有如此数量众多的、缺乏业务活跃性的第三方支付机构存在。因此，未来在经过多年的宽松准入之后，更可能迎来支付机构的重新整合、兼并甚至退出，从而更有效进行市场供求配置。三则新技术带来支付组织、工具的迅速创新，同时也影响到原有零售支付市场的利益格局，在此过程中，需要各类主体避免展开恶性竞争，而在共同做大零售支付"蛋糕"的同时，有效获得共赢。四则未来第三方支付行业的发展前景，同样在很大程度上将受到监管政策的影响。长期以来，监管部门对于第三方支付机构的监管思路一直相对宽松，但随着支付市场格局进一步多元化，以及"线上"、"线下"支付规则亟须协调融合的前提下，预计对于支付机构的监管态度将会变为"有松有紧"，防范风险将会提升为更重要的政策目标。

3. 证券支付清算体系

中国的证券支付清算体系主要由银行间债券市场支付清算体系和证券交易所市场支付清算体系构成。

第一，银行间债券市场的基本结构分为批发市场和零售市场。批发市场的参与者为大型金融机构，这些机构投资者经人民银行批准方可进入银行间债券市场网络，并必须通过全国银行间同业拆借中心交易系统达成网上交易。批发市场中的交易模式主要为自主询价、逐笔成交，其灵活多样的交易方式能够满足市场参与主体多元化、个性化的交易需求。零售市场的参与者包括中小金融机构、非金融机构和个人投资者，中小金融机构和大型非金融机构可根据人民银行政策，通过银行间债券市场网络的入网机构，不同程度地参与银行间债券市场业务；非金融机构和社会个人投资者则可在商业银行的柜台国债市场从事债券交易。商业银行柜台国债市场的交易方式为柜台业务承办银行在营业网点公开双边挂牌报价。

在清算与结算环节中，发挥重要作用的登记托管结算机构为两家：中债登与上清所。上清所的债券登记托管结算业务的主要对象是短期融资券和中期票据。中债登的账簿登记系统与银行间交易系统联结，同时与央行的大额实时支付清算系统相连，为债券结算提供全额、实时、逐笔双边结算，也提供见券付款、见款付券和纯券过户服务；上清所则主要是作为中央对手方（CCP）提供净额结算，上清所也与央行的大额实时支付清算系统相连，但由于采取净额结算方式，因此需要对参与者的头寸进行合理的冲抵轧差，并按照轧差得到的净额进行日终批次结算。中债登和上清所各自的结算清算方式各有利弊：中债登主要采用的券款对付、实时全额、央行货币、直通式处理（STP）使得债券结算具有很高的确定性，有效化解了参与者的本金风险，保证了机构资金的及时可用；其缺陷则主要在于资金占用量大，结算成本高，特别是对频繁交易的做市商而言，全额结算资金负担重的弊端更加明显。而上清所提供的净额结算机制则使得占用资金减少，适合交易特别频繁、对资金头寸管理要求严格的投资机构；同时对证券交易实行交收担保和责任更替，能极大地减小交易结算的信用和流动性风险；此外，对于监管机构来说，通过专业的清算所对场外交易的集中登记、集中净额清算，可实现场外市场的集中监测，有助于全面准确地掌握市场的风险，统一防范由个体风险引发的系统性风险。

第二，交易所证券市场的交易环节在上海和深圳两家证券交易所进行，交易形式主要以撮合交易为主,也有部分"一对一"交易形态,并通过上交所的固定收益平台和深交所的大宗交易系统提供询价交易。上交所和深交所能够对国内投资者的股票(包括A股和B股)交易提供直通式处理。

中证登负责对其集中登记托管的证券的交易提供清算和交割服务,受发行人的委托派发股票红利等。中证登既是中央对手方,又是证券结算系统,同时也是所有在上交所和深交所交易的金融工具的中央证券存管机构。交易所交易的资金通过第三方存管制度安排由商业银行账户进行结算,中证登作为代理结算人。所有结算参与人均需在中证登开立证券账户,以存放其自有的证券及其投资者的证券,证券可由投资者在中证登直接开户持有,并均由中证登开具的投资者账户登记和存管。结算参与人应当同时在中证登开立"结算备付金账户",并有最低备付要求,即在该账户中保持最低的资金水平,相当于上一个月日均购买额的一定比例,中证登对"结算备付金账户"的余额付息。上交所和深交所的证券结算安排建立在证券和资金的前端可获得性基础之上,否则交易无法发生。证券交收在交易当天进行,资金采取净额结算,资金交收在 T+1 日进行。资金结算采用二级模式完成:一级结算是中证登与其会员之间的结算,二级结算是证券公司与投资者之间的结算。对结算参与人的最低备付要求能够确保资金在封闭系统内划转,实际上模仿了更为规范的券款对付模式,从而降低了风险。

中国证券支付清算体系运行中存在的主要问题是,相关监管涉及多个部门,中债登受央行、财政部和银监会的管理,中证登由证监会主管,上清所则直接由央行主管。目前在这种分业监管制度安排之下,中国证券支付体系运行存在诸多体制机制方面的问题。以下三类问题显得尤为突出:

第一,银行间与交易所市场间存在一定程度的分割,甚至银行间市场本身又由于托管结算机构的不同,被进一步分割。投资者需要在不同的中央证券存管机构分别设立账户,同时资金在不同市场间的流动性也受到影响。这在无形中增加了交易的成本,带来效率上的损失。

第二,因为证券在不同市场间的流通存在一些障碍,又由于各自市场相应的规则有所不同,造成产品定价方面存在一些差异。以债券为例,同一品种在银行间市场和交易所市场往往呈现出两个不同的价格,有的品种甚至存在三种价格(还包括上清所价格)。除了价格外,同一发行人发行的债券在银行间市场和交易所市场有时也会得到不同等级的信用评级结果。这种差异一方面会影响到正常的国债收益率曲线和基准利率的形成,干扰利率市场化进程，另一方面也会阻碍中国证券市场整体的国际竞争力提升。

第三，结算方式有待完善。一方面，交易所证券结算系统尚未与央行的大额支付系统连接，资金结算与证券交割无法实现真正意义上的 DVP；另一方面，虽然通过成立上清所，在银行间债券市场引入了净额结算机制，但是目前通过中债登结算的绝大部分产品仍然只能进行全额结算。

第二节 推动支付清算体系健康发展的意义

完善中国支付清算体系及其监管的意义是多方面的。一方面，在维护金融稳定、影响货币政策等方面，我们面临着与发达国家相近的挑战；而另一方面，中国正处于转轨、发展和开放的历史进程之中，支付清算体系和经济增长与结构变迁、区域金融协调发展、金融开放与国际金融中心建设等问题亦有紧密联系，对中国而言同样具有重要意义。综合以上两个方面的情况，完善中国支付清算体系及其监管的意义概括起来就是建立高效、安全的支付体系，既要有利于密切经济系统中的各个节点的有机联系，改善金融服务，推动金融创新，促进经济增长，满足社会公众日益增长的支付服务需求，又要有利于防范金融风险，维护金融稳定，坚定社会公众对货币及其转移机制的信心。

中国人民银行支付结算司制定的《关于中国支付体系发展（2011—2015年）的指导意见》提出的六项任务也体现着上述基本目标。这六项任务是：（1）健全支付体系法律法规制度，夯实支付体系发展的法律基础；（2）扎实推进金融基础设施建设，构建安全高效的资金、证券结算系统网络；（3）鼓励非现金支付工具发展创新，推动非现金支付工具的普及应用；（4）优化账户服务和管理，增强社会诚信意识；（5）加强支付体系监督管理，维护支付体系安全稳定运行；（6）加强支付体系国际交流与合作。

为了进一步阐明问题，我们将从支付清算体系建设在经济社会发展中的地位方面对以上涉及的各项进行逐一剖析。

第一，对于金融稳定与金融风险控制的影响。国际清算银行在一份基础性文献——《关于重要支付系统的核心原则》中指出，支付系统应该清楚地定义信用风险和流动性风险的管理过程，说明系统操作者和参与者各自的责任，并提供适当的激励手段以管理和控制这些问题。此原则认为支付系统中可能出现一系列以下形式的风险：（1）流动性风险；（2）信用风险；（3）法律风险；（4）运行风险；（5）系统性风险（CPSS，2001）。因此，建设高效安全的支付清算体系对防范金融风险、维护金融稳定具有基础性作用。

以往的研究通常认为，由支付市场中的某个机构或子系统的风险而引发的系统性风险很低；即便是有这样的风险，也可以被中央银行控制。但是现实中，由支付清算引发的系统性风险却异常严重。这样的例子不胜枚举，例如，2001年"9·11"事件发生后，由于纽约银行等几家银行难以处理支付指令，由此积累的大量资金余额使得美国银行体系中的其他银行出现负的净余额，致使金融体系岌岌可危。

由此，我们要认识到，除了强调对经济运行效率的影响之外，应当格外关注支付清算体系对金融稳定和风险控制的影响。特别应当注意到，支付清算机构在风险扩散传导方面有两重的负外部性：一是对资金链的溢出效应，即单家机构的风险往往会感染整个系统甚至其他金融行业；二是对实体经济的溢出效应，即资金层面的问题很容易感染实体经济。由此看来，平衡好金融安全与效率改进之间的关系，通过制度设计和政策措施防范以上两重风险是支付清算体系健康发展的关键。

第二，对于宏观经济金融政策的影响。支付清算体系对宏观政策的影响集中表现在其对货币政策有效性的冲击上。金融的不断创新和支付市场的迅速进步，给那些想要估算货币需求的计量经济学家和希望根据某种武断定义的货币总量来实施货币政策的政策制定者带来了困难。具体来说，电子货币替代了人们对现金的需求，技术进步、竞争压力和金融创新降低了商业银行对准备金的需求，二者共同导致央行基本货币规模的下降。快速变化的支付体系使得以货币总量为依据的货币政策调控越来越困难。早在电子支付系统快速发展之前，Poole（1970）就曾经指出，在支付体系快速发展的背景下，流动性冲击变得非常难以预测，而这要求货币政策必须能够自动吸收金融的波动，而这也就是间接性利率调控的主要思想。因此，面临新挑战，发达国家货币政策操作的主要手段越来越多地倚重以"价格"——利率——为主要方式的间接货币政策。

网络金融和电子货币的发展进一步降低了以M1和M2为代表的数量型货币中介目标的有效性。这是因为，电子货币发行权的分散压缩了中央银行的资产负债表，有可能削弱央行公开市场操作的时效性和灵活性，而且电子货币以及竞争需要导致准备金率不断下降的趋势，从而影响法定准备金率这一政策工具的有效性。Heller 和 Lengwiler（2003）通过研究瑞士银行间清算系统发现，法定准备金要求降低了商业银行对流动性管理的投入，使备付金的周转速度下降，降低了银行资金的使用效率。可见，法定存款准备金率作为货币政策的调控工具，其有效性日益受到现代支付体系的发展的影响，部分国家取消法定存准率要求的做法部分地体现了这一点。

还有学者认为，现代支付清算体系的发展会使得未来社会中所有的清算都将通过电子账户间资金的实时转移来实现，此时提供结算服务的可能是专业的软件公司而不是传统的中央银行，对中央银行通货及储备的需求为零，使中央银行无法影响短期利率（King，1999）。著名货币经济学家弗里德曼还指出，中央银行之所以能够影响市场利率，依靠的是告示效应，但是随着电子支付的兴起，市场对央行控制货币的能力越来越不信任，这势必会减弱中央银行的告示效应（Friedman，1999）。

当然，这一观点也存在争议，许多学者认为，现代支付市场对货币政策的冲击并没有想象的那么大。其主要论据是，无论电子货币对中央银行负债的冲击有多大，中央银行都有为其负债确定利率的权力。同时，在现代支付体系下央行其实可以不用通过大规模的市场操作而去影响利率，央行作为各商业银行的最终清算行，可以设定一个合意的利率区间（或称为利率通道、利率走廊）——设定清算参与银行在央行的存贷款利率，就可以使银行间同业拆借利率达到预期目标值，进而影响市场上的其他利率（Woodford，2000；Steinsson et al.，2002）。

第三，对于经济增长与经济结构的影响。对发达经济体而言，支付清算体系对金融风险和货币政策的影响是首要的研究话题；但对于处于经济发展进程中的中国而言，支付清算体系建设对经济增长与结构变迁的影响显得尤为重要。我们之前的研究显示，2007 年，非现金支付工具规模与中国 GDP 比值为 24.04；到 2012 年这一比值升至 24.77。2007 年，支付业务金额与中国 GDP 比值为 36.06，到 2012 年这一比值升至 48.30（杨涛等，2013）。这一变化表明，随着中国经济的高速增长和产业结构的优化升级，市场之中的经济活动也日益复杂化、迂回化，产出同等数量的国内生产总值需要设计越来越多的交易过程，对支付清算业务的需求量也越来越大，对支付清算效率的要求也越来越高。因此，发展支付清算体系有助于国民经济运行顺利进行，降低交易成本，提高企业运营效率，从而有利于增加产出。简言之，支付清算体系的建设和完善有助于加快经济增长，也能够满足产业结构升级对提升支付清算效率的要求。

另外，这一变化也表明，相对于实体经济而言，金融体系有着相对的独立性，它自身的规模和交易会随着时间的推移而不断增长，这些金融体系内的交易量也会增加支付清算体系中的交易量。这一现象具有两面性：一方面，金融体系中支付交易量的扩张可能表明金融产业的快速发展，而金融业作为一种高端服务业，它的发展在某种意义上是中国经济发展方式转变和产业结构调整的努力方向，值得肯定。另一方面，如果金融业的发展脱离了实体经济，那就可能产生越来越多的没有基本支撑力量的泡沫，最终影响经济的持续健康发展。

第四，对于金融机构体系优化与效率的影响。现代支付市场的多元化格局对金融机构自身的效率改进有着积极的促进作用。例如，支付机构诞生之初，立足于银行服务相对缺位的网上小额、便民支付领域，担保交易模式开创性地促进了电子商务的发展。随着互联网支付机构业务范围不断向充值缴费、转账汇款、投资理财等领域拓展，银行与支付机构互联网支付服务开始出现同质化，银行传统中间业务被蚕食，互联网支付服务竞争日趋激烈。

我们要意识到，银行和非金融支付机构之间的关系并不是互斥的，而是互补的。现行金融环境下，支付机构不可能脱离银行独立提供互联网支付服务。银行受技术条件、成本效益等因素制约，也不可能摆脱支付机构，满足客户日益灵活的支付服务需求。支付机构快速发展壮大，对银行传统业务构成挑战的同时，又作为银行的客户为其带来更多的发展机遇。

面对这样的机遇与挑战，银行等传统金融机构的管理者迟早要适应互联网应用所带来的变革与创新，融入新技术革命带来的商业模式变革浪潮，更好地进行市场细分、客户细分和服务细分，从而满足更多客户的支付服务需要。不同规模的银行可以根据自身战略定位，提供更加差异化的支付服务和其他金融服务。从行业整体角度看，在激烈的竞争中，各类创新活动将推动银行业经营效率的提高和产品结构的优化。

第五，对于区域金融发展与协调的影响。作为重要的金融基础设施，支付清算体系的运行情况能够在很大程度上反映区域间金融发展水平和交易活跃程度的差异。我们之前的研究发现，中国经济较为发达的东部地区，不仅在非现金支付工具规模和银行数结算账户数量上占据了主要份额，而且其资金流动也更为活跃。从资金流动角度看，北京、上海、深圳发挥着金融枢纽的作用，而北京的地位格外突出。①

从这一角度分析，支付清算体系中的资金流量和支付规模等数据可以作为观察中国区域金融发展差距的重要参考指标，各地区支付清算体系的完备程度和发展规模与该地区金融发展水平高度相关。

第六，对于金融国际化与对外开放的影响。经济全球化和技术创新使得现代金融市场的范围不再局限于国内，机构和个人投资者在全球范围内配置资产导致了跨国金融交易急剧扩张。开放的金融环境对支付清算体系提出了新的要求。

当前，中国金融行业正处于加速对外开放的进程之中。对内，随着国内外币支付清算数量的增多，需要完善中国多种外币的支付清算平台、多种类型和层次的支付清算体系，从而提高交易效率，降低交易风险。对外，支付清算系统是跨境贸易人民币结算业务的基础性支撑，通过不断完善人民币跨境支付清算体系，我们可以推动跨境贸易人民币结算，从而推动人民币跨境使用逐步从边境贸易、跨境旅游等小范围走向国际贸易结算、贸易融资、跨境直接投资等更加广泛的领域。

从国际金融中心建设角度看，跨境人民币结算业务的开展，有利于推进开展跨境贸易金融服务、加强银行基础设施建设，给中国银行业的国际化带来机遇，同时也有助于推动国际金融中心的建设。一个国际金融中心，除了需要具备资本市场、货币市场、票据市场、期货市场、外汇市场、衍生金融工具市场等各种市场组织形式之外，还需要国内外金融机构大量聚集。要保证如此众多的金融机构能够正常运转，一方面需要健全的金融市场体系，从而具有足够的流动性并准确地发挥定价功能；另一方面也要拥有高效、安全且具有成本效益优势的金融基础服务设施，以不断完善的支付清算体系适应和承载国际金融中心各类交易工具和市场创新发展的巨大需求。

在对外开放过程中还应注意，中国支付行业同样面临着国际竞争，机遇与挑战并存。由于当前世界经济增长依旧乏力，各国在产业发展中的竞争将会越来越激烈；作为经济增长速度最快的发展中大国，中国的市场将是各国企业的必争之地。在零售支付清算领域中，以VISA和万事达为代表的国际银行卡组织在技术、资金、服务、标准等方面均拥有较强的竞争优

---

① 具体数据分析参见杨涛主编《中国支付清算发展报告（2013）》第4章。

势。中国监管部门要不断提高在全球化时代利用国际规则、参与国际竞争、维护国家利益的能力，并督促国内企业在推广标准化、提高服务质量、降低运营成本等方面不断努力，提高中国支付产业的国际竞争力。

第三节　进一步深化支付清算体系的改革举措

中国支付清算系统的改革，需要做好以下几方面工作：

1. 推动中央银行支付清算体系的发展与完善

为顺应经济金融发展不断提出的需求，应对对外开放和国际化深入的挑战，人民银行需要充分借鉴国际经验，在支付清算体系建设过程中，着力推进以下几方面工作：

第一，促进整个支付清算产业的发展与壮大。长期以来，支付清算体系都被看作是整个金融运行的后台部门，尚未提升到更高的层面来看待。我们看到，党的十八届三中全会决议指出要"加强金融基础设施建设，保障金融市场安全高效运行和整体稳定"，所谓金融基础设施，其核心正是指支付清算体系。应该说，中国的支付清算系统建设，需要作为一个产业来大力支持，以应对开放竞争的压力，以及多元化支付需求的挑战。因此，需要深入研究现代支付市场结构变化的规律，探讨不同类型支付市场参与主体在其中的作用和发展前景，以及政府和监管部门在其中的职能定位和政策引导等。最终目的都是为了促成一个高效的、服务于不同类型需求的、顺应互联网经济时代特点的支付清算体系。

第二，加强支付清算体系的政策"顶层设计"。监管部门应该充分利用现代化的科技创新，努力提高支付系统效率与安全；促进支付系统的多元化发展，构建多种功能互补的支付组织；达到支付便利与安全的协调与平衡，尤其体现在零售支付的创新方面。现有支付清算体系上的种种争议和冲突，根源在于"顶层设计"的缺位，在于缺乏有效的游戏规则和产业发展思路。当前，支付领域正面临对外与对内开放的同步挑战，支付产业的发展不仅是为了更好地服务于金融交易效率和消费者需求，而且也要服务于国家层面的战略意义。要通过整个支付产业的健康发展和壮大来应对外部挑战，同时更好地适应新技术的演变，就需要尽快从监管层面制定更加合理的市场游戏规则，构建政府监管与行业自律相结合的多层次监管机制，实现风险与效率的有效权衡，一方面，在构建合理的支付市场基本规则的前提下，要以坚持多元化发展来防止损害市场竞争效率；另一方面，应构建多层次支付清算产品与服务的市场化定价机制，既要避免行政性定价的偏颇，又要防止低水平的价格竞争影响消费者长期利益与产业健康发展。[①]

第三，以金融监管部际协调机制为抓手提高监管协作的能力。随着中国金融创新的快速发展，中央银行主导的支付清算体系已经广泛地涉及"大金融"的各个方面，对此，相关监管部门要积极把握支付清算领域的新变化，借鉴国际上的最新经验和成果，及时调整监督管理的重点与方向。2013 年，国务院批准建立金融监管部际协调制度，并将办公室设在人民银行。这对提升支付清算监管的部门协作提供了契机。建议人民银行以金融监管部际协调机制为抓手，推动监管部门间加强交流，积极完善支付清算体系监管的部门协作机制，建立信息共享平台机制，减少信息的不对称性，确保决策的科学性，风险处置的及时性。

第四，改善普惠金融领域的支付环境。深入研究支付系统在推动国家城镇化、助农等方面的作用，推动支付系统和非现金支付工具在农村地区的应用。积极推动农村金融机构接入现代支付系统；加大宣传培训，让农民熟悉支付系统和支付工具。要进一步提升中小金融机构、小微企业、农村和贫困地区、弱势产业和部门等对于支付清算体系服务的参与程度，改善其享受包容性金融幅度的基础环境。

第五，深化支付系统的国际合作。中国应积极参与国际支付清算体系的建设，加强研究国外支付清算体系监管等方面的成功经验，跟踪国际支付清算组织的动态发展，并积极在支付清算体系的国际交流与互动中发挥主导作用；派遣人员参加相关培训，学习前沿知识，提高支付清算体系人员从业素质；推动支付清算标准的国际化。

2. 协调第三方支付体系的创新与监管

我们认为，当前第三方支付的作用可归纳为：一是通过与电子商务充分结合，以及与居民日常生活关系密切的支出服务相配合，可以促进居民对商品和服务的消费。二是促进商业贸易活动的效率提高，并且通过供应链金融模式，对小微企业提供支持。三是促进支付清算体系功能的完善，如果说金融机构支付着重于满足大客户的"批发"服务，则非金融机构支付则偏重居民和小企业的"零售"需求，后者正是现代金融体系的发展方

---

① 杨涛：《支付革命：一场渗透到经济毛孔的变革》，《上海证券报》2013 年 9 月 17 日。

向。四是对于货币结构和流通速度产生复杂影响，如减少人们的现金偏好，增加对电子货币的需求，并且间接促进信用数据的积累和信用体系的建设。五是为金融资金配置、风险管理、信息管理等金融体系功能的实现，提供了支付的承载渠道。六是能够成为促进人民币国际化的重要支撑，尤其在金融机构支付清算体系跨境运作存在障碍的背景下，可以通过适度发展跨境非金融机构支付，为人民币境外市场的形成创造条件。

与此同时，从第三方支付行业自身来看，目前也到了行业转型与发展关键时期。此时制约行业健康发展的有几方面问题。

第一，交易的支付安全问题。在支付环节中，便捷与安全往往是此消彼长的关系。随着市场竞争的日趋激烈，为了对市场份额和客户资源"跑马圈地"，第三方支付工具的创新越来越简单便捷，这在提高支付效率的同时，也必然产生更多的交易安全风险漏洞。此外，在国内对于客户信息保护的法律保障不完善的情况下，也难以充分保障消费者利益。

第二，混业经营带来的挑战。目前，第三方支付的功能逐渐多样化，除了支付功能之外，逐渐涉足其他资金配置、风险管理等金融领域，这样的角色快速转换容易出现很多问题。不仅很多第三方支付机构重发展，不重视管理，而且没有形成相对健康的金融风险管理机制。除了少数行业领先的第三方支付机构，多数支付机构的内部控制、人员配置、风险应对等都比较薄弱，这也是现在第三方支付更容易出现洗钱、套现等行为的主要原因。

第三，能否理解金融文化、参与规则改良而非颠覆。无论是互联网企业还是互联网精神，"蔑视权威"是其文化生命力的重要源泉。但是与21世纪初的草根阶段已经不同的是，当前行业领先的互联网企业已经逐渐成为新"权威"的一部分，不管其是否承认或认识到这一点。传统金融文化是一种风险管理文化，也是一种利益分配文化，二者纠缠在一起。无论在中国还是欧美，实际上都难以区分开来。只要金融活动仍然存在，就会有"金融利益集团"，无非是利益分配能否相对公平一些，2008年全球危机之后美国华尔街的兴衰，已经让我们充分看到了这一点。

对于支付企业、互联网金融企业来说，既应该适应现有金融领域的风险管理文化，又应积极参与到利益分配规则制定中，通过各方把"蛋糕"做大，逐渐在增长中实现共赢，同时有效服务于金融、支付消费者。总的来看，无论从零售支付，还是整个互联网金融来看，现有支付企业和介入金融的 IT 企业，都无法真正对现有金融体系实现"颠覆"，而是对既有运行机制实施"改良"，在满足更多"屌丝"人群利益的同时，自己也在其中获得合理的"蛋糕"份额。现在很多人所强调的普惠金融，英文"inclusive financial system"的含义，更多是指"包容"、"多元化"，这就需要各方以非对抗性的姿态介入其中。普惠金融的实质不是利益倾斜，而是政治经济学意义上的利益再平衡，实现横向、纵向相对公平。

在互联网时代，信息的高速传递、交易技术的改良、市场效率的提升、金融资源配置的趋向"无缝对接"，都使得系统性风险产生了新的演变。在大众金融狂欢的时代，风险亦可能会突然爆发，同时严重损害监管者、行业机构、公众的共同利益，这是必须要警惕的。

由此来看，各类领先的新兴支付机构、准金融组织应该努力向行业"建设者"靠拢，增强自身适应和理解传统文化与规则的能力，在积极创新的同时，也充分重视创新风险的外部性，在此基础上发挥自己的建设与改良作用，实现市场经济、商业规则引领下的各方共赢。

我们的整体判断是，第三方支付领域近年来的监管有点宽松，创新走得有点快，积累了一些风险。需要适度慢一慢、严一严，把技术快速革新带给支付领域的风险看清楚，并且建立新的风险"防火墙"或舒缓机制。但是，监管政策不要走向另一个极端，即运用行政手段和模式干预。

第一，针对与电子商务相关、有真实交易支持的第三方支付机构业务创新，是大力支持的重点。同时，针对支付机构如何利用大数据优势，发挥金融信息功能的，也是亟须支持的创新业务重点。此外，针对与非真实交易支持的业务创新，应该采取谨慎性监管，监管部门要注意如何对支付机构实现外部约束。针对与金融资金配置、金融服务弥补等有关的业务，也就是所谓的各种"互联网金融"创新，央行应该加强与其他"三会"等监管部门的协调，促进其业务与线下同类业务的同等合规性，尽量不在支付环节增加新的风险积累。等到金融市场化改革的过渡期走过之后，这些环节的套利空间自然就会减少。

第二，应该首先在支付业务监管时间上将管理重心前移，尽可能地将问题消灭在萌芽状态。在做好事后监督的同时，要突出事前管理，强化事中监管，避免不良后果的出现，有效规避管理风险。其次，要积极引入社会监督。例如，当出现重大问题、处理重大案件、出台重大举措的时候，依靠新闻媒体进行广泛宣传，社会公众通过微博等新型媒体方式快速传播，可以有效传递监管方面的信息，加大对违法违规行为的曝光，增强监督的威慑力，争取社会公众对行业的支持和信赖。对于第三方支付机构的各类安全性问题，有时会存在不同看法，市场上也有众多真假难辨的信息。那么监管部门和行业协会就应该推动各类独立研究、官方研究等，形成权威的行业或业务的量化风险评价评估报告，或者具体事件的分析报告，并且对社会公开，这样既能够形成震慑力，也可使公众看清究竟有无问题、有多大问题。

第三，强化日常支付业务监管能力，加强支付监管部门的现场监管人员配置。尤其要加强动态监管，对静态监管形成有益补充，既要依据现有的法规对支付机构准入、业务范围、资本状况、内部控制、系统运行、风险管理等是否符合规定进行静态监管，又要从技术上完善监管手段，加大资金监测力度，建立动态、实时的风险监测和预警系统，及时评价和反映支付机构的业务与经营风险情况，便于监管部门采取有效措施防范和控制风险，保护有关各方正当权益。

第四，构建分类监管标准。第三方支付包括支付网关型、虚拟账户型、电子货币发行型等多种类型，不同第三方支付模式的差别较大，对监管的个性化要求较高，需要建立分类监管的监管体系，而不宜采用"一刀切"的监管做法。目前，中国对第三方支付的分类监管，主要体现在针对不同的地域范围要求不同的注册资本，未来，应针对不同的第三方支付业务模式，建立相应的监管模式。

第五，就行业层面来看，需要尽快推动第三方支付的市场退出机制建设，不能只进不出，从而降低支付牌照的"虚增"价值。同时，在整个金融消费者保护的大框架里，着重加强支付消费者保护，促进良好的支付消费文化的形成，对于整个市场的健康运行，形成倒逼力量。

从改革与制度建设角度来看，第三方支付的监管中需要处理好如下六个方面问题：

第一，推动支付清算体系中的重大制度改革。针对各类"线上"、"网络"支付交易的新特征，尽快推动成立新的网络支付跨行清算转接组织，由涉及清算环节的第三方支付机构、银行、非银行机构等作为股东或会员。我们看到，21世纪初中国银联的成立，是为了推动"金卡工程"的建设，解决商业银行支付体系"山头林立"的情况，提供支付效率。那么现在则需要再次推动"金网工程"建设，解决各类网络支付清算环节的混乱状况。

当然这一改革不是采取过去的行政推动模式，而应建立在市场规则基础上。应该说，现有银行卡跨行支付、网上支付跨行清算系统都难以支撑这些新兴支付模式的功能属性需要和增长规模。

第二，建立支付系统性重要机构的遴选、监测、约束和控制机制。充分借鉴国外支付体系的监管经验，面对各类监管对象支付机构，由不同监管部门协调建立支付系统重要性机构的选择和监管机制。对于银行、非银行金融机构、第三方支付机构，当其可能影响到支付系统安全稳定、风险有较大积累之时，就可以启动相关机制，抓住主要问题，没必要泛泛地对整个行业出台一般性政策，这也是宏观和微观审慎监管的国际趋势。

第三，推动支付创新业务的技术规则与标准制定。例如，我们看到，整个移动支付领域的规则标准制定都相对落后，当然2015年5月开始有国家标准，但是还需要完善各类具体业务的安全规则。例如，对于二维码支付，真正的风险不在于二维码本身，更重要的是二维码读取过程中的金融安全与金融技术标准缺失，以及客户身份的难以确定等。这里就需要支付监管者与信息技术监管者、行业企业等的密切联系与沟通，加快推动相关标准制定。

第四，加强政策事先解释与沟通，以及事后评价。一方面，政府要加强与公众的沟通。在信息化时代，监管者要强化应对公众、应对互联网时代、应对媒体的能力，尤其是在与老百姓密切相关的零售支付领域，应主动进行政策的事先、事中、事后论证与评估，而非被动进行。例如，我们相信在十八届三中全会确立的改革路径之下，行业保护性的政策已经不是主流，尤其是金融市场化的背景下，更多政策的出台还是为了切实防范风险。那么，从监管者的角度来看，特定支付业务究竟有哪些风险呢？这里就需要把一项政策的意图、制定依据、防范风险的内容、量化评估衡量的标准等，向公众表述清楚，否则就容易产生思路误读、概念扭曲以及观点误导。另一方面是政府应加强与被监管对象的沟通。这里有双方面的原因，对于互联网企业来说，在激烈的IT市场竞争中形成了"急脾气"，习惯于先做后说、"跑马圈地"，还没能充分接受良好的金融文化，这是其需要适度调整的。对于监管部门来说，也要注意促使被监管对象培养自己的监管交流文化，并且更主动地进行动态监管，及时发现问题，了解创新动态及交流意见。还应该尝试确立支付创新业务申请的程序原则、材料报送原则等。如果政策有重大的调整，尽量给予支付机构以足够长的缓冲期和适应转型期。最后，事后评价很重要。比如，银行卡收费定价政策改革之后，究竟对于中小商户产生什么影响，对于居民消费产生什么影响，我们认为就需要定量的调查分析，这样才能知道一项政策究竟作用如何，从而在未来的政策制定中吸取经验或教训。

第五，高度重视支付理论、实务与政策研究。国内总体上看，支付领域的研究相对落后，一方面对于国外支付清算体系的最新情况缺乏了解把握，另一方面国内很多的支付创新在全球都居于领先，没有先例，也缺乏理论分析与指导。正是由于整个支付清算尚未形成健全的理论学科体系、教育培训机制等，所以在实践中难以形成共识，尤其在各类与公众利益密切相关的热点讨论中，有大量非专业的观点，导致理解与认识的混乱，以及非理性的行为。

第六，以支付为着手点，推动跨部门的监管协调，加快推动更高层面的法律规则建设。十八届三中全会强调的金融基础设施，很大程度上就是指支付清算体系。因此，支付体系应该从过去的技术后台，逐渐走向金融体系的中前台，甚至放到与货币政策同等重要的地位。我们看到，很多国家的中央银行除了成立专门的支付体系管理部门，还有专门的支付结算委员会，用于进行监管协调，这是我们完全可以借鉴的。

3. 促进证券支付清算体系的改革与探索

我们认为，未来中国证券支付清算体系的发展方向，应力求统一立法，协调监管，将不同的市场主体纳入统一的监管框架中来，真正推动作为一个整体的证券支付清算体系的发展。具体到证券支付清算体系建设的机制设计方面，有如下几点建议：

第一，应全盘规划证券市场的支付体系建设。可考虑形成统一的中央证券存管制度，力图降低不同市场间分割所带来的成本。在合理控制风险的前提下，尽可能为投资者提供便利。使投资者的一个账户能够实现多种功能，必然是证券支付体系建设的发展方向，如同证券与货币基金账户增加消费支付功能[①]可以激发更多的创新业务一样，在托管结算方面打破不同市场之间的壁垒，也必然会有利于培育整个证券市场的国际竞争力。

---

① 2013 年，国泰君安获得央行批准进入大额支付系统，成为首家进入这一系统的非银行金融机构。2013 年 12 月 18 日，国泰君安超级账户"君弘一户通"的正式面世，可以实现券商客户资金账户和所有商业银行账户的直接打通。

第二，统一规划完善各类证券市场的结算机制，为客户提供更为多样化的选择空间。各主管部门应协调探索相应的改革方案，使得交易所市场能够实现真正意义上的 DVP 结算，而在银行间市场中，也不仅仅是针对部分产品建立净额结算机制，而应探索真正实现各个产品均可任意选择全额结算或净额结算的机制。

第三，应进一步明确针对证券清算结算市场结构的监管思路。作为证券市场的基础设施，证券清算结算的适度集中化有利于发挥规模效应，提高效率，降低风险。当然，在此种选择下，为了遏制垄断带来的负面效应，监管当局有必要考虑针对垄断企业定价的规制，同时还可以将不同的业务，例如托管、中央对手方等，交由不同的企业来运作。当然，也可选择在必要的环节引入竞争机制，但这些方面都应当以充分尊重市场主体的选择为前提，而不是以行政限制来强制实现。

第七章

中国商业银行的转型改革

随着中国银行业对外开放的进一步扩大和金融体制改革步伐的加快，商业银行之间的竞争日益激烈，如何加快经营模式和增长方式的转变，实现经营结构的战略性调整，提高经营效益，成为各家商业银行都面临的一个亟须解决的问题，而且，从更大的方面看，这也是优化中国金融体系结构，降低社会融资成本，加大对实体经济发展支持的关键所在。在银行业转型中，银行业务模式、收入结构的调整和改造是最为核心的内容。

第一节 商业银行转型的含义

从理论上看，所谓转型，是指事物的结构形态、运转模式和发展方式的根本性转变过程。不同转型主体的状态及其与客观环境的适应程度，决定了转型内容和方向的多样性。转型是主动求新求变的过程，是一个创新的过程。例如，一个企业的成功转型，就是决策层按照外部环境的变化，对企业的体制机制、运行模式和发展战略大范围地进行动态调整和创新，将旧的发展模式转变为符合当前时代要求的新模式。具体到商业银行的转型，其实质是在外部经营环境发生变化的情况下，商业银行依赖什么要素，借助何种手段，通过怎样的途径，对其发展方式、业务结构和管理模式进行调整和改变，以实现综合竞争能力的提升和银行价值的可持续增长。

从内容上来看，商业银行转型主要包括发展方式转型、业务模式转型和管理转型。发展方式主要从数量和质量关系的角度来理解，即驱动银行发展的数量和质量关系的不同组合方式。所以，发展方式有外延扩张型和内涵集约型之分。业务经营模式可以分为以存贷款业务为主的传统经营模式和大力发展零售业务、中间业务、提供综合化、国际化服务的现代经营模式。管理模式则泛指银行资产负债管理、授信管理、成本管理等内部管理的方式方法。上述三者相辅相成、紧密联系，发展方式转型是先导，起到战略引导作用，业务模式转型是核心，管理转型则是根本保障。

1. 转型与新业务的区别

在转型的主要内容中，业务模式转型与发展新业务容易混淆。事实上，尽管业务模式转型通常会包括对新兴业务领域的拓展，但二者并不等同，并有显著的区别。首先，业务模式转型并不一定要拓展新业务，而是重点反映在已有业务结构的变化上。比如，从以批发信贷业务为主向以零贷业务为主转变，主要表现在零贷业务占比的提升和对盈利贡献的扩大上，而零贷业务也不是新兴业务。其次，以拓展新业务为重点的业务模式转型，不仅要开展新业务，重点是要逐步提升新业务的占比和对盈利的贡献。比如，打造财富管理特色、形成以财富管理业务为主的业务模式，与简单的开展财富管理业务显然在业务发展目标、定位等方面都有明显不同。最后，开展新业务一般并不会要求银行内部的管理模式发生太大转变，但业务模式的变化则要求内部管理模式随之改变，并最终实现发展方式的转变。

2. 转型的长期性和艰巨性

商业银行转型是一项系统工程，其过程必然是逐步、渐进和漫长的。转型的艰巨性和长期性主要体现在以下三方面。一是转型意味着对现有模式和范式的大范围改动，是对自身系统的提升、完善、升华，绝非易事，惯性使得转型必然会面临较大阻力；二是中国经济发展方式转变、融资体制变化、利率市场化推进都是长期的过程，外部环境变化的长期性和复杂性也决定了商业银行转型不是短期内可以完成的；三是外部环境变化加之转型本身带有较大不确定性，转型有很大风险，转型失败的后果也比较严重，这也决定了商业银行转型应稳步审慎、逐步推进，不可操之过急。

3. 转型路径选择的多样性

在发展方式转变上，商业银行都将从之前过于追求速度和规模、高资本占用的外延扩张型向注重质量和效益、低资本占用的内涵集约型发展方式转型。在管理转型上，尽管具体内容、手段和侧重点会有所不同，但精细化、高效率、集约化的管理模式应是所有银行追求的一致目标。但在业务经营模式的转型上，商业银行转型发展的方向和路径并不是唯一的，各银行可以根据自身特点和优势选择适合自己的业务模式。在追求高效率、精细化管理和内涵式、集约化发展的道路上，大型商业银行和中小型商业银行的发展道路出现分化。比如，大型商业银行凭借已有优势，向综合化、特色化的现代商业银行迈进。与大型商业银行不同，中小银行的转型发展主要是走与自身经营特色、业务优势相匹配的专业化新型发展道路。

第二节 决定银行经营模式转变的关键因素

从根本上讲，银行业的经营模式高度依赖于其所处的政策环境和市场环境。从这个意义上讲，商业银行的转型（即经营模式的调整），通常都是适应外部环境发生变化而进行的调整。简要归纳起来，决定银行经营最重要的外部要素有三个方面，即监管环境、利率市场化程度以及市场需求环境。

1. 监管环境

分业和混业是当今世界银行业监管的两大主流模式，在两种不同的监管框架下，银行所能从事的业务范围存在较大的差异。在混业模式下，银行的经营范围不仅涵盖传统的商业银行业务，而且还从事信托业务、投资银行业务、共同基金业务和保险业务，既可以从事货币市场业务，也可以从事商业票据贴现和资本市场业务。而在较为严格的分业监管模式下，银行只能从事传统的银行业务。目前，在经历了20世纪后半期的金融自由化改革之后，主要的西方发达国家基本都已采取混业监管的模式（见表7-1），而中国目前仍采用相对严格的分业监管模式，由此造成了国内外银行在可从事的业务领域方面，存在较大的差异（见表7-2）。

表7-1　　　　　　　　主要国家银行业务范围变化情况

国家	过去的经营模式	现在的经营模式
美国	分业	混业（始于20世纪80年代，以1999年通过"金融服务现代化法案"为正式标志）
英国	分业	混业（始于1986年改革）
日本	分业	混业（始于1996年改革）
德国	混业	混业
加拿大	分业	混业（始于1987年金融改革）

表7-2　　　　　　　国内银行与混业国家银行业务范围的差异

业务范围	国外银行	中国商业银行
传统的商业银行业务	所有业务	绝大部分业务
信托业务	所有业务	以前从事过，目前基本取消
基金业务	所有业务	基金托管业务、代理销售开放式基金（目前已批准几家商业银行筹建基金管理公司）
保险业务	所有业务	代理销售保险、代理收取支付保费业务、银保通
投资银行业务	所有业务	部分业务
证券经纪业务	所有业务	代理发行证券、银证通、银证转账、银期通

相对较窄的业务领域，在很大程度上制约了中国银行业非利息收入占比的提升。通过几家有代表性的国内外银行的对比，我们可以更清楚地看到这一点，不过，同样也可以看到的是，在混业的监管模式下，国外商业银行同样根据自身实际情况，所选择的业务模式业务侧重点也不尽相同，其收入结构同样也存在着相当大的差异。

德意志银行堪称混业经营的典范，这与德国一直实行混业监管模式多少有一定的关系。2012年，在德意志银行16114亿美元的表内资产中，有50%左右被用于各种市场化金融工具的持有，贷款占其总资产的比重只有16%左右。单就业务模式看，德意志银行与传统意义上的银行已经相去甚远，而更接近于一家规模庞大的投资银行。在这一点上，另一家世界著名的金融控股集团——瑞士联合银行（UBS）与之有类似之处。独特的业务模式决定了其特有的收入结构，在德意志银行2012年度的营业收入中，非利息收入占比高达75.95%，而净利息收入占比只有24.05%。在非利息收入中，佣金及手续费收入和交易收入占了绝大部分（见图7-1）。而在佣金与手续费收入中，与资产管理及投资银行相关的服务收入又占到了70%左右（见图7-2）。不过，过多地倚重于与金融市场相关的服务使德意志银行总体收益的波动性明显要高于其他银行，而且，由于金融市场服务竞争的激烈程度远高于传统银行领域，其主要利润指标（ROA、ROE以及净利差水平）相对于其他世界主要银行而言，处于相对低的水平。

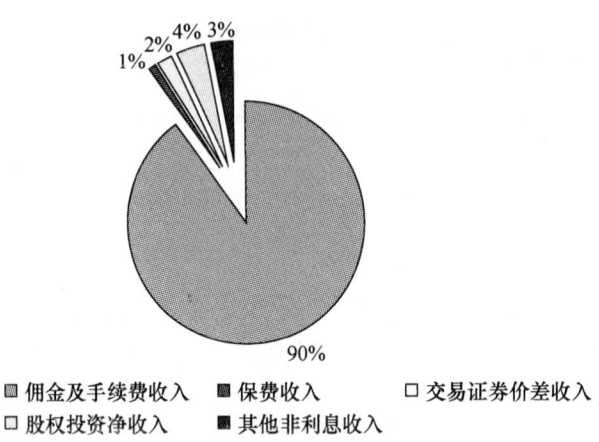

图 7-1 德意志银行非利息收入构成（不含交易收入）（2012）

资料来源：Deutsche Bank Annual Report (2012).

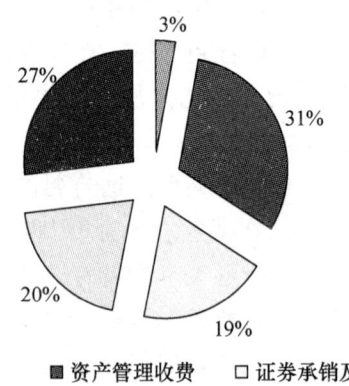

图 7-2 德意志银行佣金及手续费收入构成（2012）

资料来源：Deutsche Bank Annual Report (2012).

花旗集团同样是一家混业经营的全能性银行。早在美国 1999 年《金融服务现代化法案》正式废除分业监管模式之前，花旗集团就通过银行控股公司的模式实现了在金融领域的混业，1968 年，花旗银行就在特拉华州成立了一家单一银行控股公司（Citi Corp）以其作为花旗银行的母公司，开始进行金融控股公司模式下的混业经营。1998 年，花旗银行成功地与美国保险及投资银行领域的巨头旅行者集团进行了合并。合并之后的花旗集团的业务领域横跨银行、证券、保险、信托、基金、租赁等各个金融领域，而且在各个领域的金融服务能力都堪称世界一流。2013年年末，花旗集团净贷款额为5375.6亿美元，占表内资产总额的36%（其中，对个人贷款占总贷款的比重为79.30%），交易及投资性金融工具持有占比为33.25%。与德意志银行相比，花旗集团的业务模式更为多元化，发展也更为均衡，其业绩指标和收益的稳定性都要高出一截。

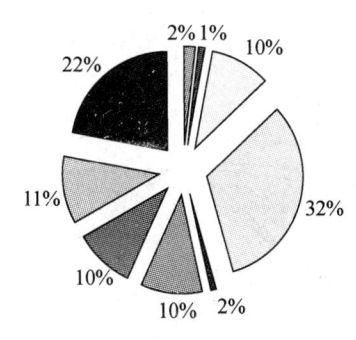

图7-3 花旗银行非利息收入结构（2013）

资料来源：FED，NIC。

2013年，花旗银行非利息净收入为415.67亿美元，占总收入比重为48.23%。而在非利息收入中，与投资银行业务相关的佣金和手续费收入占比为32%，保险业务收入占比为11%，交易收入、资产证券化收入和信用卡及按揭贷款维持费占比各为10%，而风险投资、账户服务收费以及资产托管等收费也构成了其非利息收入来源（见图7-3）。此外，还有22%左右其他种类繁多的不能准确进行种类划分的非利息收入来源。单从花旗集团非利息收入构成，便可以想见这家超级"金融百货公司"的确是名副其实。

总体来看，与国外同业相比，由于分业的限制，中国银行的非利息收入来源相对有限得多，不过，仍较国内其他银行有优势。2013年，中国银行（集团）的非利息净收入为1239.23亿元，占总收入的比重为30.41%，其中，佣金及手续费净收入为820.92亿元，占比为20.12%，其他非利息收入（含交易收入）为418.31亿元，占比为10.29%。在国内银行业中属最高水平。在佣金及手续费收入中，传统的结算收入占据主要地位。随着近年来理财和代客交易业务的迅速发展，代理类收入占比也持续上升。此外，几年来，企业金融方面，投资银行业务也有迅速提高，来自各种投资银行咨询类业务的收入占比也达到了10%左右（见图7-4）。

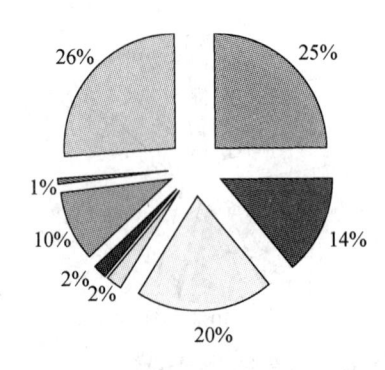

图7-4 中国银行佣金及手续费收入构成（2013）

资料来源：中国银行。

总的看来，国外银行业的非利息收入中，有相当一部分来自非传统银行业务，尤其是大型的银行集团，由于其所参与的领域较为广泛，非传统类业务开展要比中小银行多得多。资产管理收费、投资银行服务、证券经纪业务以及交易收入等，占大型银行非利息收入的比重大都在70%左右，甚至更高。与传统银行业务相关的各种收费，如账户收费、信用卡维持费以及结算收入等，占比相对较小，在30%左右。而业务模式的这种多元化，又与混业经营的环境不无关系。

2. 利率市场化程度

利率市场化程度，决定着银行所处的竞争环境，在很大程度上决定着银行业务转型的动力。一般来说，在利率市场化程度较低、银行业竞争环境宽松、生存相对容易的情况下，银行的业务模式越容易单一化，即集中于能带来最大收益的业务，从而忽视其他业务的拓展，进而造成整个银行业的业务结构高度趋同。而在利率市场化加速推进、竞争环境日趋激烈的背景下，传统业务的市场份额以及利润空间被逐渐摊薄，原有的生存模式面临着日益严峻的危机，而不得不另觅出路，通过转型来打造新的收入模式，这便是通常所言的危机转型。从西方各国银行业的经历来看，竞争环境的变化在银行的业务模式转型中，扮演着相当重要的角色。

利率市场化发展所带来的竞争环境变化主要来自两个方面，一类是行业内部的竞争，另一类则是来自行业以外的竞争。从行业内部的竞争来看，20 世纪后半期以来，主要西方国家开始逐步放松对银行体系的管制，一方面，对既有的银行体系进行了改革，放松了对不同类型银行所设定的业务限制，比如，英国和美国相继放宽了原来的一些专业性储蓄机构（如储贷协会和建屋互助会等）的业务限制，允许其全面从事商业银行业务。另一方面，则是逐步放开了对利率的管制。银行业内部的管制放松，直接导致了银行业内部竞争的加剧。

行业以外的竞争同样来自两个方面，一方面，混业监管在允许银行拓展非银行金融业务的同时，也开始允许非银行金融机构进入传统银行业务领域，保险公司、信用卡公司以及财务公司等非银行企业抢夺了银行贷款业务的相当一部分份额。另一方面，金融市场的迅速发展，对银行业产生了强大的"脱媒"压力。关于各国银行业竞争环境变化的具体情况在后文中有专门的介绍，在此不再赘述。除了"脱媒"的压力以外，资本市场的发展还给银行业造成了另一种生存危机，在发达国家中，有相当部分的银行都是上市银行，在一个高度发达的资本市场上，这些银行时时都有被并购的危险。为了避免被并购，银行所能采取的主要策略有两个，一是尽可能提高盈利能力，以保证银行股票有较高的市场估值；二是保持较高的股权资本规模，以此来提高潜在收购者的成本。也正因为此，资本市场越是发达的国家，其生存的压力越大，通过业务模式多元化来提高利润的动力要远强于其他国家。同时，在资本市场越发达的国家，银行业的资本规模也会越大。换句话说，其核心资本充足率也会越高。

3. 市场需求环境

客户对金融服务需求的多样化在很大程度上决定了银行所能够提供的服务和产品组合，由此也在很大程度上影响着银行的业务模式和收入结构。

从企业客户角度来看，一般来说，在仍处于发展过程的国家和地区中，企业的投资活动在经济发展中占有举足轻重的地位，因而，对企业的服务往往占据了发展中国家银行业务的绝大部分。这意味着，发展中国家的企业的负债率要远高于发达国家的水平。较高的负债率说明，发展中国家的企业从总体上仍处于成长过程中，融资需求相对旺盛，在直接融资市场相对不发达的情况下，企业的资金需求自然会集中在银行贷款上。

不过，需要指出的是，从西方国家的发展过程来看，随着经济的发展，企业部门对资金的需求将会逐渐减弱，对金融服务需求的重点将逐渐转变到与自身财务管理、资产管理以及与资本市场相关的种种服务上。而银行对客户所提供的产品组合也开始从最基础的贷款和结算业务，向现金管理、资产托管以及投资银行等方面拓展。产品和服务组合的多元化，使银行在贷款收入减少的同时，能获得更多的非利息收入来源。从中国目前的情况看，在过去的一段时期内，企业部门都还处于发展的初级阶段，因此对银行服务的需求相对单一，主要集中于信贷需求。单一的需求给银行非利息收入增长带来了相当大的制约。不过，从未来的变化情况看，这种情况可能会出现一定的改观。随着市场竞争的日益加剧，管理水平而不是规模将成为企业生存最为重要的因素，企业将普遍开始重视提高自身的财务管理职能。而且，在经历高速发展之后，企业市场必然会有一个重新整合的阶段，在这个过程中，企业之间的并购、重组可能会大规模地出现。此外，部分资金相对充裕的企业还会出现一些资产管理方面的服务需求。所有这些变化，都将为银行拓展新的业务领域带来机会。总的来看，现金管理、资产托管服务以及投资银行业务将是未来中国银行业公司业务发展中的热点。

从个人客户方面看，在经济发展程度不同的国家和地区，居民部门的金融需求模式同样存在着较大的差异。一般来说，在经济发展的初级阶段，居民收入水平偏低，对金融服务的需求以交易和预防性需求为主，在这个阶段，银行存款在居民部门金融资产中所占比重较高。随着收入的逐步增长，居民部门对金融资产的需求将进一步扩展到投资性服务方面，银行存款在个人金融资产中的占比逐渐降低，而保险、投资理财类产品的占比则逐步提高。在个人负债方面，随着收入的增长，居民部门将会出现消费结构升级的趋势，对大宗消费品会使居民部门出现融资需求。所有这些，意味着随着经济的发展，银行个人业务市场规模会逐渐扩大，同时个人客户对银行服务的需求也开始向多元化和多层次化方向发展，个人银行业务在银行中的重要性也会逐步提升。

从过去的情况看，由于受收入水平的制约，中国居民对金融服务的需求在总体上相对单一，而且主要集中在银行的负债业务，对资产业务方面的需求量相当少。由此也制约了银行个人业务的发展。但从近年来的发展趋势看，随着居民人均收入水平的提高，中国已经出现了数量不小的中、高收入阶层，这部分阶层对金融服务的需求已经不局限于银行存款，而开始拓展到个人贷款、财富管理等方面。从相关数据可以看到，从1996年开始，居民部门净融资额在每年的社会融资总量中所占比重迅速上升，到2013年已经超过20%左右。从未来看，随着居民收入水平的进一步增长，个人银行的市场机会将会越来越多。

第三节　中国银行业转型的条件

上一节归纳了影响银行业务模式的三个关键因素，应该说，在过去一段时期中，中国银行业所面临的这三个因素，发生了深刻的变化，导致原有相对传统、侧重规模扩张的发展模式已难以为继。其具体的变化概括如下。

1. 监管环境变化

监管环境的变化体现在两个方面：其一，监管放松，银行综合化经营取得了较大的进展。尽管从监管架构上讲，中国仍属于典型的分业监管，银行不能涉足投资银行、保险等非银行金融领域。但在过去十多年中，为适应客户需求的变化，银行的业务逐步拓展，开始涉足财务咨询、债券承销、保险（基金）销售以及财富管理（理财）等非传统领域，业务规模迅速扩展。以债券承销为例，截至目前，银行已占据了债券承销市场的绝对主导地位，2013年债券承销排名前十的机构中，仅中信证券一家券商（市场份额达3.95%），其余均为商业银行。其中，中国建设银行承销各类债券达3424.86亿元，市场份额达8.52%，债务融资工具承销额连续三年居同业排名第一位（见表7-3）。

除商业银行本身的业务拓展外，近年来，银行也通过股权投资的方式，积极向非银行金融领域发展，搭建综合化经营平台。截至目前，不仅是国有商业银行，部分股份制商业银行也都通过发起设立、收购或参股的方式，介入证券、信托、保险、汽车金融公司、消费金融公司以及金融租赁公司等，少数牌照齐全、跨行业的银行控股集团已初现轮廓（见表7-4）。

表7-3   部分上市银行债券承销状况（2013）

银行名称	债券承销量（亿）	同比增长（%）	市场份额（%）
中国工商银行	3094	-11.24	6.92
中国农业银行	2400	2.22	6.03
中国银行	2151.85	-17.03	5.41
中国建设银行	3424.86	-1.24	8.52
交通银行	3104.11	98	—
中信银行	2067.37	—	5.20
光大银行	1875.10	—	4.85
招商银行	1475.40	11.21	—
浦发银行	1450.26	42.40	3.59
兴业银行	2412.49	19.88	6.17
民生银行	1105.20	2.04	—

资料来源：各行年报。

表7-4   部分金融控股集团

集团名称	涉及的主要金融产业	其他（或备注）
中信集团	中信银行、中信证券、中信信托、信诚人寿保险、华夏基金、中信期货、中信资产管理	—
光大集团	中国光大银行、光大证券、光大永明人寿保险、光大金控资产管理公司、中国光大控股有限公司、光大保德信基金、光大期货、光大金融租赁	—
平安集团	平安人寿、平安财险、平安银行、平安证券、平安信托、平安大华基金、平安期货、平安养老险、平安健康险和平安资产管理等	以保险为核心的金融集团
中国工商银行	工银国际控股、工银瑞信基金、工银金融租赁、工银安盛人寿	以银行为核心发展多元化经营
中国农业银行	农银人寿、农银汇理基金、农银金融租赁、农银国际控股	以银行为核心发展多元化经营
中国银行	中银国际证券、中银国际控股、中银保险、中银基金、中银投资、中银航空租赁	以银行为核心发展多元化经营
中国建设银行	建信人寿、建信信托、建信基金、建信金融租赁、建信期货、建银国际	以银行为核心发展多元化经营

续表

集团名称	涉及的主要金融产业	其他（或备注）
交通银行	交银康联人寿、交银国际信托、交银施罗德基金、交银金融租赁、交银国际控股	以银行为核心发展多元化经营
招商集团	招商银行、招商证券、招商信诺、招商基金、招银租赁、招银国际	—

总的来说，银行在以上两个方面的综合化发展，在一定程度上体现了监管层面适应内外部环境变化，而对既有分业监管框架的调整和放松，给予了银行更大的发展空间。

其二，监管强化。在放松对银行业务领域限制的同时，对银行的监管也日趋系统性，且监管力度在不断加强。从2004年开始，中国银监会引入了巴塞尔协议监管框架，对银行实施最低资本充足率要求。2007年，根据巴塞尔协议的调整和修改，中国银监会对资本充足率监管进行了进一步完善。2010年10月，巴塞尔委员会根据次贷危机所暴露出的问题，对原有的监管体系进行了大范围的修改和完善，不仅强化了资本监管的要求，还对原有监管框架存在的顺周期问题进行了修正，此外，还新引入了流动性监管要求，等等。根据国际监管规则的变化，并结合中国银行业的实践，中国银监会在2012年6月颁布了《商业银行资本管理办法》，要求从2013年1月1日起，实施更严格的资本监管标准，并将适用范围扩展到了全部商业银行。2014年2月，中国银监会颁布了《商业银行流动性风险管理办法》，将流动性覆盖率指标纳入监管要求。除此之外，中国银监会还在积极探索对银行创新业务和表外业务（如理财业务、通道业务以及同业业务等）的并表监管，新的《商业银行并表管理与监管指引》也已在征求意见过程中。所有这些，都意味着银行监管的日益规范和强化，银行传统的表内业务，尤其是存贷款业务的成本，开始明显提高。在一定程度上，推动了银行向非传统业务，尤其是金融市场相关业务的发展。

2. 利率市场化加速

利率市场化加速体现在两个方面，一方面是政策调整，对存贷款利率的管制不断放松。截至2013年6月，人民币贷款的利率限制已完全取消，存款利率也允许上浮至10%，标志着中国的利率市场化改革已进入最后阶段。另一方面，各类存款替代类金融产品迅速发展，形成了对存款的分流。

具体而言，除人民银行层面循序推进的各类可转让存单外（目前，同业存单已于2013年下半年推出，目前参与试点的银行已接近30家，而面对企业和个人的大额可转让存单也在积极讨论之中），理财产品和货币市场基金的迅速发展，在过去一段时间里，已经对存款形成了较强的分流。截至2013年6月末，理财产品余额已超过13万亿元，与银行存款之比已超过11%。考虑到理财产品的期限险特征更接近于定期存款，其对存款的分流更加明显。此外，2013年以来借由余额宝而快速发展的货币市场基金，在短短一年中，增长近万亿元，2014年5月底余额达到19203亿元的历史高位，之后略有回落。尽管总体规模相对银行存款并不算大，但货币市场基金直接影响对象是活期存款，一直都是银行成本最低也是最稳定的资金来源，拉动存款成本上升的效应极为明显。

在上述几方面发展的影响下，利率市场化进程明显加快，对银行的净利差及业务模式都产生了直接的影响。从可获得数据的银行来看，中小银行净利差缩减比较明显，其中，降幅最大的银行（哈尔滨银行）为50个BP，民生银行和兴业银行下降约45个BP，光大银行为38个BP。大型商业银行净利差则相对稳定，交通银行和工商银行缩减幅度相对较大，分别为10个BP和9个BP，建行和农行均为2个BP左右，而中国银行集团的净利差有所扩大（见图7-5）。

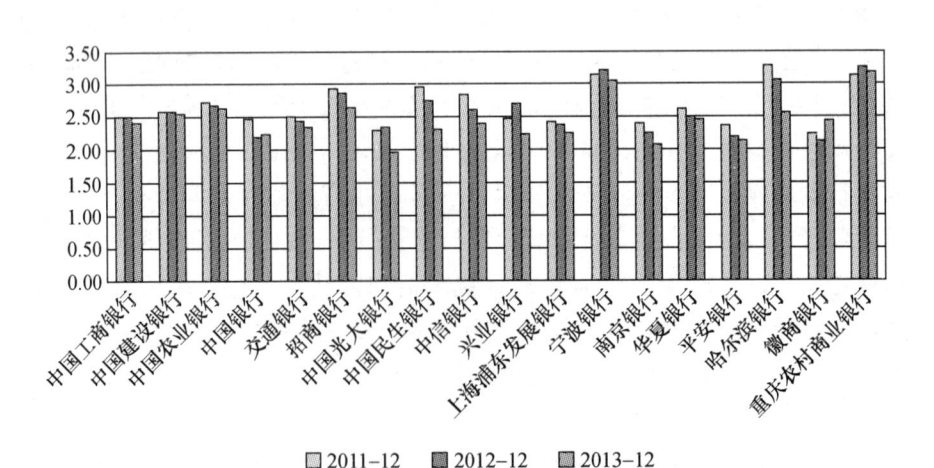

图7-5 部分上市银行净利差变化

资料来源：各行公告。

3. 客户需求变化

过去几年中，银行客户的需求特征也随内外部环境的发展，出现了明显的变化。企业客户方面，大型客户的融资渠道日渐多元化，对银行贷款的依赖度逐渐下降。与此同时，对融资以外的其他金融需求（如债券承销，现金、财富管理，供应链管理以及并购咨询等业务）的需求有所增强。对信贷需求的减弱，价值银行自身业务调整，银行信贷占社会融资总量的比重在过去十年中明显下降。2002 年年底，银行贷款（本外币）占社会融资总量的比重为 95.5%，其中人民币贷款占比 91.9%，外币贷款占比为 3.6%。直接融资方式中，债券融资占比仅为 1.8%，非金融企业股票融资占比为 3.1%。到 2014 年 7 月末，银行贷款占社会融资额的比重已下降到 60.78%，其中，人民币贷款占比为 56.65%，外币贷款占比为 4.13%，而债券融资则上升到 13.37%，有了较大增长。除此之外，银行委托贷款占比也增加到 13.63%，成为最近几年来比较重要的融资手段（见图 7-6）。

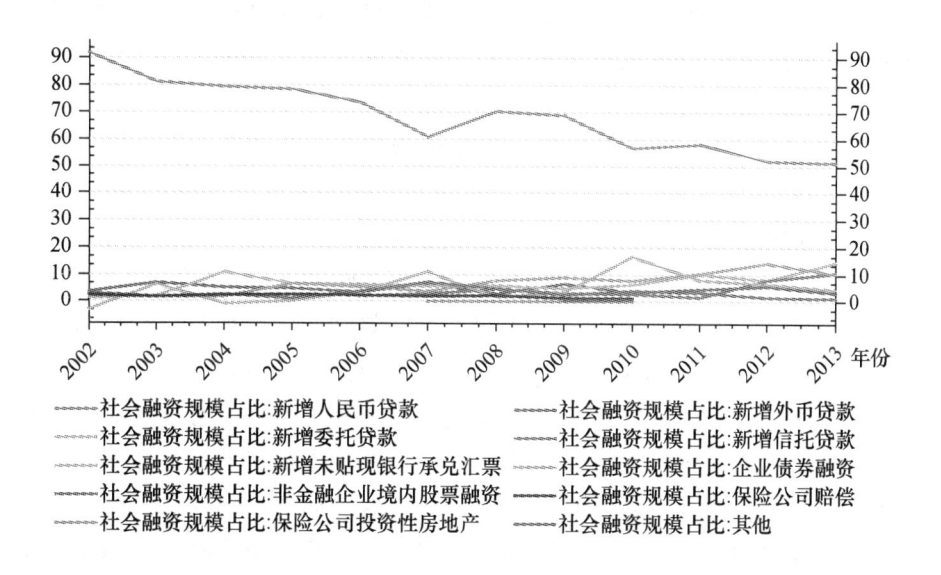

图 7-6 社会融资结构

数据来源：Wind 资讯。

而在零售客户方面，随着居民部门财富的不断增长，客户对金融资产配置的需求，也从原来单一的预防性动机（对利率敏感度不强），转向更为多元化的需求，其中，对收益、风险适中的产品需求尤为突出。

客户需求的变化，对银行服务提出了更广泛的需求，这也是促进银行业务创新和发展的一个重要动力。在零售端，以理财产品为代表的财富管理类产品增长快速。而在企业端，传统的贷款业务开始向更为广泛的投资银行业务转变。

第四节 中国银行业业务模式存在的主要问题

面对上述外部环境变化，转型发展已成为中国银行业的必然选择。但转型是一项复杂的系统工程，尽管在向内涵集约式发展方式的转型上并无异议，但具体业务经营模式向哪里转型、如何转型则需要深入分析和认真考量，大、中、小不同类型银行也应有所不同。

1. 银行业务模式同质化

近年来，中国银行业纷纷推进转型发展，并取得一定成果。但与国际一流银行相比，中国银行业的经营发展模式仍有较大差距。比如，发展方式仍未彻底摆脱过于追求速度和规模、高资本占用、以外延扩张为主的传统方式；在内部管理上，中国银行业在组织结构、业务流程等方面仍有较大改进空间。尤为值得关注的是，中国银行业业务经营模式的同质化现象较为严重。

中国银行业的业务模式同质化主要表现在四方面：

第一，发展战略同质化。观察各银行的发展战略，有颇多的相同之处，而没有充分考虑自身经营特点、市场竞争态势和业务发展前景。比如，在为客户提供综合化、国际化服务的旗号下，多数银行均以做大做强为目标，纷纷推进跨区域、跨境、跨业的发展战略，一时间不但大型银行加快了海外布局和跨业并购的步伐，中型银行的跨业并购也层出不穷，部分区域性的小型银行则热衷于在本区域外设立分行。这种规模扩张战略欠缺通盘考虑，因为对于规模不大的银行来说，诸如交叉销售、跨境服务等通过同业合作来实现成本会更低。再比如，近年来，受零售业务资本占用少和收益率高的"诱惑"，不但多数大型银行相继表露出批发业务和零售业务并重的转型路线，没有批发业务优势的中型银行更是将零售业务作为未来的战略支撑，部分银行还明确提出了未来零售业务占比提高到40%或翻番的目标，但鲜有银行对发展零售业务进行具体、认真的风险分析和成本测算，能充分结合自身经营特点来专注于发展小微贷款、信用卡等具体业务的银行更是凤毛麟角。趋同战略的结果是重点不突出，难以形成比较优势和核心竞争力，并造成增长方式粗放，发展模式落后。

第二，市场定位同质化。在行业客户定位上，中国银行业制定战略时仍旧把重点都局限在市场需求热点如电力、公路、邮电、石油石化、铁路、电子、城市基础设施等优质行业、优质客户、优质项目上。在区域布局上，不论全国性、区域性还是地方城商行都在向全国扩张网点，重点都瞄准了珠三角、长三角和环渤海等地区的中心城市和省会城市。这导致商业银行之间在局部地区、行业形成激烈的竞争，而相对欠发达地区银行服务薄弱，中小企业，农村地区需求得不到有效解决。

第三，业务结构同质化。当前中国银行仍以经营存贷款、支付和结算等传统业务获取存贷款利差作为利润主要来源。资产结构以贷款为主，非信贷资产占比偏低；负债结构则以存款为主，主动负债占比偏低，所有上市银行中存款占总计息负债的比重最低也有65%，最高则接近90%；从收入结构来看，目前除个别银行非利息收入在总收入中占比超过30%以外，多数银行的非利息收入占比在20%以下，与目前国际一流银行普遍40%左右的非利息收入占比尚有较大差距。业务结构同质化经营会导致过度竞争和无序竞争，引发金融供给过度与金融服务不足并存的问题。

第四，产品和服务同质化。客观地说，银行的产品是可以相互效仿的，是同质的。事实上，如果仅从所提供产品的种类与丰富性来看，目前中国银行之间甚至中国银行与外资银行之间都没有很大的差别，但是银行产品的竞争力不仅体现在能够为客户提供丰富多样的产品上，更体现在是否具有强大的为客户量身定制产品和服务的能力上。由于创新不足、手法趋同，在"你有什么，我也要有什么"的简单竞争策略下，中国的银行产品和服务也高度趋同。以"拼价格、拼费用、拼关系"为手段，营销活动中的创新含量、科技含量普遍不足。这不但导致了过度竞争，也不利于提升金融服务的专业化水平，不能满足客户的有效需求。

中国银行业的同质化经营状况是自身能力、历史沿革、利率管制和监管环境等因素共同作用而形成的结果（此部分主要参考了刘春航等的文章《银行业同质性的度量及其对金融稳定的影响》，和刘争艳等《从监管角度看中国商业银行同质性经营的原因》）。具体来看：

第一，银行自身的原因。一方面，对利润的追求驱动银行产生类似的投资偏好和风险偏好。在经济状况好时，基于对利润的追求和贪婪心理，银行往往选择从历史看表现较好的资产，造成了投资标的和行为的同质性，进而导致大量信贷资金集中投向于部分资产。另一方面，同质化的产生还源于银行的管理体制和创新能力有限，缺乏有效的激励机制，不注重效率和效益，限制了其创新精神和创新效率。

第二，银行业的历史沿革。改革开放后中国银行业经历了从"大一统"的银行体制到"二元"的银行体制再到当前多种金融机构并存的过程。其市场结构也从五大国有商业银行高度垄断市场向五大行资产占比不断下降、竞争性有所提高的情况逐渐转变。这在一定程度上造成了目前中小型金融机构盲目追随大型金融机构的现状。而大型国有商业银行上市之后虽然在公司治理等方面有所提升，但也很难在短期内彻底摆脱原有的文化、风险管理和绩效评价体系，难以主动高效地通过金融工具、金融服务方式的创新，确立自身独特的竞争优势。因此，经营的同质性状况很难在短期内改善。

第三，利率管制。在存贷款利率存在管制的环境下，中国银行业缺乏利率定价权，存贷利差是基本固定的，这导致银行业仅依靠存贷利差就可以生存，甚至比其他业务收益高，这种情况自然导致银行根本就没有动力去发展新的业务，而是主要依赖高利差的传统借贷业务，进而导致中国银行业的业务结构单一。

第四，缺乏差异化监管。在中国，对不同类型银行的差异化监管、对银行发展不同业务的监管差异化引导还有待提高。金融监管中风险度量模型及其参数选择的趋同、监管指标的一致性、信息披露要求的趋同等也在一定程度上加剧了银行的同质性。对综合经营的限制也在很大程度上限制了商业银行的业务范围，使其利润来源渠道主要限于存贷利差。银行业产品在短时间就可以被模仿，只有不断进行市场细分，推陈出新，银行才能留住客户，保持自己的竞争优势。但监管部门对创新产品过于谨慎、审批速度缓慢则限制了新产品的扩张速度。

2. 中间业务收入占比偏低

长期以来，存贷款利差收入在银行收入结构中都占据绝对主导。自2001年《商业银行中间业务暂行规定》颁布以来，得益于国内经济快速增长、金融市场不断完善以及居民理财观念变化，国内商业银行中间业务面临良好发展机遇，中间业务产品由单一的代理结算发展到投资银行、咨询顾问、保险、基金、理财、信托、租赁等综合业务领域，中间业务收入高速增长。近 5 年来，主要商业银行中间业务复合增长率保持在 20% 以上。2013 年度，工、建、中、农、交五行手续费及佣金净收入分别达到 1015.5 亿元、869.9 亿元、646.6 亿元、687.5 亿元和 195.4 亿元。国内商业银行业务转型，其主要表现之一就是中间业务战略地位凸显。经过十多年的发展，国内商业银行中间业务占比逐渐提高。根据各行年报披露信息，目前工、建、中行等主要先进商业银行中间业务收入占比在 20% 左右，中间业务收入成为各家银行利润的重要来源之一。

从国际先进银行来看，中介业务收入占比大致可以划分为三个梯队：国际市场领先银行，中间业务收入占比已达到 70%—80%；一般优质银行也达到 50% 左右；亚洲地区先进银行，一般也达到 40% 左右。如 2012 年汇丰银行、渣打银行和星展银行非利息收入占比分别为 48.20%、49.80% 和 32.53%。按照银监会的权威报告，目前国内商业银行大体也可以分为三个层次：大中型银行（国有商业银行和主要股份制商业银行），目前的中间业务收入占比为 20% 左右（少数银行超过 30%）；城市商业银行中间业务收入占比为 10% 以下；农村合作金融机构中间业务发展仍较落后，收入贡献度极低。

对比非利息收入的结构，目前国外银行非利息收入的主要来源是：存款账户服务占 16%、信托业务占 11%、资产证券化占 10%、交易业务占 11%、投行占 6%，资产管理业务、交易业务、投行业务合计占美国商业银行非利息收入的 40% 左右。除了利率、汇率产品外，在金融自由化、混业监管背景下，国外银行交易收入大部分来自股票、大宗商品和衍生品交易。中国分业监管使国内商业银行无法参与股票和商品交易，衍生品市场发展也受到一定制约。资产管理方面，国内银行主要提供基于信贷和以债券为基础资产的理财产品，难以提供跨市场套利的高收益产品。投行业务方面，国内银行主要从事债券承销业务，不能从事股票承销和分销，而国外银行投行业务收入主要来自股票承销、分销以及结构性产品融资服务。总体来看，分业监管限制还是制约国内银行业务结构的最重要的因素。

3. 资金业务迅速发展

中国的商业银行从 20 世纪八九十年代开始，逐渐在债券市场上开展一、二级市场的投资与交易业务，赚取投资收益和价差收益。进入 90 年代以后，随着商业银行纷纷开设海外分行，全球金融市场交易频繁，资金业务又从活跃交易阶段进入金融市场阶段，乃至全球金融市场阶段。近几年，国内商业银行的资金业务大多已经从传统的司库业务逐步过渡到金融市场业务，越来越多银行成立了金融市场部，集中处理自营交易、代客业务、承销发行、资产管理等业务，涵盖债券、人民币、外汇、大宗商品、衍生品等业务品种。国际化程度最高的中国银行，早就设立了全球金融市场部，兴业银行更是成立了独立牌照的资金运营中心。

从外部环境看，银行资金交易已具备了较为良好的条件。一是金融市场规模和活跃度保持稳定增长。金融市场规模总体保持稳定增长，其中债券托管量稳步增加；债券市场互联互通增强，债券市场交易保持较高的活跃度。二是金融市场的融资功能继续增强。2013年，融资性债券品种的发行总量较去年有较大幅度的增加，国债、政策性金融债、政府支持机构债、政府支持债券和公司信用类债券的发行总量同比增加了23.14%。三是金融市场的产品和交易方式创新继续稳步推进。比如，2011年推出的非公开定向发行非金融企业债务融资工具和中小企业集合票据，以及人民币外汇期权交易等品种；2013年重启的资产证券化产品试点；2013年年底开始的同业存单，等等。金融市场产品越发丰富。四是金融市场制度建设进一步完善。市场监管部门采取多项措施，创新和改进金融服务，满足不同主体合理资金需求，加强市场监管。

随着上述这些外部环境变化，资金业务在商业银行中的重要性正在日渐凸显：

一是金融市场业务的利润贡献责任加重。利率市场化改革的一个必然结果是商业银行存贷款利差受到挤压，这导致商业银行必须从原来主要依赖利差收益的经营模式向更加多元化的方向转型。但是转型需要时间，转型会阵痛，如何更好地度过这个转型期，减小转型对商业银行经营带来的负面影响，就需要商业银行更加迅速地在现有的体制机制和经营模式下，突出非信贷资产经营的利润贡献度，提高非信贷资金的运用比例。这又进一步要求银行在尽量短的时间内，通过金融市场业务转型来提升收益水平，提升市场占比。

二是改变原有的流动性结构。利率市场化的一个显著特征是商业银行自主定价权的扩大，尤其是存款利率放开后，各家商业银行不同的定价策略将会对存款市场的格局重塑产生重要的影响。而存款市场格局变化又会引发市场流动性格局的变化，不仅导致市场指标价格的变化，最终还可能影响整个利率体系价格的重构。因此，利率市场化后，商业银行不同定价行为影响的范围将会更广、程度也将更深，由此引起的对市场利率的影响也会更加深远。

三是推动金融衍生品市场快速发展。利率市场化改革的目标在于形成以中央银行基准利率为基础，以货币市场利率为中介，由市场供求决定金融机构存贷款利率的市场利率体系和利率形成机制。对商业银行来说，利率市场化会使其吸收存款的利率上升，发放贷款的利率下降，同时利率市场的波动幅度和频率会显著增加，银行的利率风险敞口也将扩大。在此情况下，利率衍生产品作为重要的利率风险管理工具和模式，必然会成为商业银行应对利率市场化的重要手段之一。同时，利率市场化也将改变目前一些基于非市场化利率所涉及的衍生产品，所出现的市场价格扭曲及估值偏离的问题，对于利率衍生产品市场的发展具有重要的意义。

四是为商业银行金融创新提供了新机遇。利率市场化后，一方面商业银行的金融产品定价权加大，商业银行获得了前所未有的定价自主权，这在客观上为商业银行进行金融创新提供了可能性。另一方面，商业银行对资产负债表的风险管理要求会加大，由此将提升对金融创新工具的需求。同时，利率市场化后企业、个人等客户对风险管理的需求也会提升，由此将要求商业银行提供更多的创新金融产品。因此，可以预见，随着利率市场化的逐步推进，金融创新市场将会快速地发展壮大。如何利用好利率市场化提供的成长机遇，在未来的金融创新和市场创新中占先机，是未来一段时间要认真思考的问题。

第五节 中国银行业转型的策略与建议

中国商业银行转型的目标是通过建立一套与利率市场化条件下经济金融发展和客户需求变化相适应、与自身经营发展特点相符合的发展方式、业务模式和管理架构，以实现经营效益最大化、市场竞争能力持续提升和自身平稳健康运行，最终实现银行可持续的价值增长。要实现成功转型，中国商业银行必须遵循适应性、差异性、协调性和渐进性四项原则。

第一，适应性原则。这是转型定义和目标所内在要求的，即转型要与外部经营环境变化相适应，与自身经营特点相适应，取长补短。中国商业银行转型发展必须既要适应经济增速放缓、客户需求变化、利率市场化、直接融资发展等宏观经济环境变化，又要满足资本约束、流动性监管、杠杆率监管等监管新规，同时还要紧密结合各个银行自身的经营特点。落后于外部环境变化的发展方式、业务模式和管理手段必然阻碍利润增长，但过于超前、脱离自身运行特点的发展、经营和管理模式也不可取。

第二，差异化原则。这是转型路径选择的多样化、市场差异化竞争和各银行不同经营特点所共同要求的，即不同类型的银行选择差异化的转型方向，避免"千军万马挤上一座独木桥"。首先，转型路径本身即可以有多种选择，各银行完全可以根据自身特点来选择是要走做大、做强的全能化经营之路，还是要走做专、做特色的专业化经营之路。其次，利率市场化条件下银行自主定价空间扩大以及伴随而来的创新空间拓展，也为银行选择不同的转型方向、形成差异化的竞争优势提供了广阔的空间。最后，各银行有各自不同的特点，比如，大型银行可以利用其规模优势和较强资本实力开展综合化、国际化经营，中小型银行则可以利用其经营灵活的特点开展特色化经营。

第三，协调性原则。这是转型的内容所要求的，即发展方式、业务模式、管理手段甚至包括经营理念都要同时转变，转型才算真正完成。经营理念是先导，没有经营理念的转变，转型无从谈起；业务模式转型是核心，没有业务结构调整、收入结构的优化，发展方式也就不能实现转变；管理架构调整、管理手段完善是基础保障，是业务模式转型的根本支撑，如果商业银行的资本、成本、风险、服务、流程、人力等方面的管理不能全面提升，业务模式和发展方式转型不可能成功。

第四，渐进性原则。这是转型的长期性和艰巨性所要求的，即转型要逐步渐进、审慎推进。正如前述，考虑到转型将面临较大的风险，转型必将是一个长期过程，不能一蹴而就。从国外银行业务发展转型来看，从启动转型开始到彻底实现转型少则五年、十年，多则数十年。因此，中国商业银行在推进转型的过程中一定要坚持渐进的原则，既要有大胆推进转型的魄力和决心，又要稳步审慎，合理规划路径，认真评估风险。

1. 中国商业银行业务转型的方向

充分借鉴国外商业银行转型发展的成功经验，紧密结合中国银行业自身特点，商业银行应从市场定位、商业模式、产品创新、金融服务等方面入手，落实适合自身特色的差异化发展策略，巩固和强化核心竞争力，在转型过程中赢得主动权，避免新一轮的"同质化经营"。

第一，大型银行：全面发展，综合经营。大型银行的优势是庞大的资产负债规模、广阔的网点布局、巨大的客户资源和全方位的渠道,并因此具备了规模经济优势;不足则是经营机制不够灵活,信贷结构、资产结构、收入结构失衡较为严重,经营特色不强。充分利用优势,克服自身不足,利率市场化条件下大型银行的转型方向应是全面协调发展各项业务,持续不断优化结构,努力打造经营特色,并向综合化经营的多元化银行迈进。从具体路径来看:

其一,调整优化业务结构。调整信贷结构,降低批发信贷占比,改变大型客户占主导地位的客户结构,通过大力拓展中小型客户、开展零贷业务来显著提升消费信贷、小微企业信贷的比重,争取用五年左右的时间将零贷占比从目前的不到30%提高到40%左右;调整资产结构,通过大力发展资金交易业务显著提升债券投资和同业资产在生息资产中的比重,争取用三年到五年的时间将二者从目前的20%和10%分别提升到约30%和20%,将信贷类资产占比降低到40%以下;调整收入结构,大力发展中间业务,努力提高非利息收入在总收入中比重,争取在五年左右的时间内将该比重从目前的25%提高到35%左右;调整负债结构,在强化产品和服务创新、保证稳定存款来源的同时,把握金融市场发展带来的机遇,加强主动负债拓展,积极促进负债结构多元化,争取用三年到五年的时间将非存款类负债占比从目前的15%左右提高到30%,一般性存款占比相应从目前的85%下降到70%。

其二,深入推进以商业银行业务为主业的综合化经营。致力于为客户提供集存贷款、资产管理、投资银行、结算清算、咨询顾问、保险等为一体的全方位金融服务,利率市场化条件下大型银行应在坚持以商业银行业务为主业的前提下,在现有综合经营布局的基础上进一步开展跨业经营,进一步提升非银行子公司对集团的利润贡献度,特别是注重进一步发挥综合经营的协同效应。从具体目标来看,若要在一定程度上实现以提升非银行业务的盈利来应对利率市场化对银行业务的挑战,大型银行应争取用5年左右的时间将非银行子公司的集团资产占比从目前的平均不足1%提高到3%左右,利润贡献度从目前的平均2%左右提升到5%;鉴于利率市场化推进过程中直接加快发展,证券行业发展前景较好,有条件的大型银行争取用两年左右的时间实现在证券领域的突破;同时持续不断加强管理,整合各类金融业务共享的后台支持系统,建立跨文化的管理模式和运营机制,以切实发挥协同效应。

其三，适度推进国际化发展。在合理定位、风险可控、认真评估的前提下，国际化基础较好、有一定跨境经营管理经验的大型银行可以选择开展国际化经营，通过适度的国际化发展、适度提高境外分行的盈利水平来应对利率市场化对境内业务的挑战。但考虑到国际化经营所蕴含的风险、需要付出较高的成本且短期内难有明显收益，国际化并非所有大型银行的必须转型方向。从国际上看，并非所有国际上优秀的大型商业银行都是国际化程度很高的银行，如富国银行就专注于本土发展。从具体目标看，若要在一定程度上实现通过国际化来应对利率市场化对境内业务的挑战，则争取在5年左右的时间内将境外分行的集团资产占比和利润贡献占比分别从目前的不足8%和4%提高到15%和10%左右（中国银行国际化程度较高，不在此列）。

其四，努力打造经营特色。在全面协调发展各类业务和推进综合化经营的框架下，大型银行同样可以依托特色业务、打造差异化的竞争优势。从国际上看，即使是美国银行、汇丰银行、渣打银行这样的国际大型银行也表现出明显的经营差异化，美国银行的本土零售业务是其强项，汇丰银行一直坚持多元化的发展战略，渣打银行则以新兴市场为重点业务发展区域。中国大型银行同样可以结合自身优势和特点，在某些行业、区域或业务领域形成独特的竞争优势。诸如财富管理、交叉销售、投资银行、托管结算等都可以成为不同大型银行的经营特色。

第二，中型银行：专业拓展，打造特色。中型银行的优势是，经营管理机制比较灵活，创新意识和能力较强，并拥有一定数量的网点资源、客户资源和较为稳定的渠道，目前部分中型银行已经在某些领域形成了独特的竞争优势；不足是与大型银行在规模、网点和渠道等方面有显著差距，尚难以形成较为明显的规模经济优势，尽管部分银行的业务结构改善取得一定进展，但总体上业务结构失衡仍较为严重。利率市场化条件下中型银行的转型方向是走与自身经营特色、业务优势相匹配的专业化发展道路，不求"做大、做全"，注重"做精、做细"。从具体路径来看：

其一，大幅调整业务结构。首先要大幅提高零贷占比。综合考虑利率市场化压力和自身具有一定优势，零贷业务将是中型银行的主攻方向，中型银行应努力用五年左右的时间将零贷业务在总贷款中的占比从目前的不到30%提高到50%以上，相应大幅度降低议价能力较弱的批发信贷占比。其次是大力拓展主动负债。鉴于利率市场化条件下中型银行存款增长面临更大压力,而金融脱媒加快、直接融资发展也为加大主动负债提供机遇,中型银行应积极拓展主动负债,大力提高非存款类负债占比,争取在3—5年的时间里将非存款类负债占比从目前的25%左右大幅提升至50%左右,相应一般性存款占比从目前的75%降低到50%。再次,显著提高非利息收入占比。较之大型银行,中间业务更是中型银行转型发展的重点,为应对利率市场化的挑战,中型银行应用五年左右的时间努力将非利息收入占比从目前的不到20%提升至40%左右。

其二,强力推进专业化经营。在细分的零贷业务里面,不同的中型银行可以综合考虑自身特点、优势和业务发展空间,选择侧重发展不同的业务领域。比如,消费金融、房地产金融、小微企业金融等,中型银行应力争用3—5年的时间在某些专业领域打造经营特色。在细分的中间业务里面,不同的中型银行也可以选择在某项业务上形成独特的竞争优势,争取在3—5年的时间里在诸如投资银行、结算托管、代客理财等业务领域形成专业化经营。部分具有较好基础的中型银行还可以选择重点发展资金业务,将更多的资源配置在债券投资和同业资产上。若要形成竞争优势,应力争在3—5年的时间里将债券投资和同业资产在生息资产中的比重从目前的约10%和20%大幅提高至30%和40%左右。

其三,审慎推进综合化、国际化经营。这不仅是因为中型银行资本实力相对较弱,还因为由于规模不大,中型银行在推进综合化、国际化上并不具备规模经济的优势,难以承担综合化、国际化的高昂成本,抵御相关风险的能力也不强。为实现为客户提供跨境、跨领域服务,较之成立非银行子公司和在海外设立分行,通过与非银行金融机构和境外银行开展合作的方式成本会相对较低,效率也相对较高。

第三,小型银行:聚焦小微,本地发展。与大、中型银行相比,小型银行在总体资产规模、网点资源、渠道等方面无疑处于明显劣势;小型银行的优势在于经营机制灵活,并在区域内具备一定的网点和客户资源优势。因此,小型银行的转型方向应是在找准自身定位的基础上,夯实客户基础、稳定核心负债,提供快捷灵活、特色化的金融服务。具体来看:

其一,明确区域和客户定位。小型银行应定位于为本区域内的客户提供金融服务,不建议小型银行开展跨区域经营。盲目地跨区域经营不仅给小企业带来资源配置和成本上的压力,还容易引发利率市场化条件下的行业恶性竞争,既对小型银行造成较大冲击,也不利于整体金融体系的稳定。

与此同时，小型银行应将小微企业和个人客户作为其核心客户，尽可能提高零贷占比，力争在3—5年的时间里将零贷占比提高到80%—90%。小型银行应形成特定的客户群，比如，定位于主要服务科技型小企业的科技银行，或是定位于主要为社区居民提供服务的社区银行，或是专为农村提供金融服务的村镇银行。

其二，精心培育业务经营特色。与中型银行相比，小型银行更应在业务经营特色上下功夫，并力求更专、更细。利率市场化条件下，小型银行可以结合自身经营特点和优势，选择那些发展前景较好、符合自身战略定位的业务领域精心打造特色，培育竞争优势，比如债券投资、票据业务等。在中间业务中，结算类业务多以存款客户为基础，担保类业务、承诺类业务则以贷款客户为基础，小型银行与大、中型银行相比没有竞争优势，而代理类、咨询类等业务则可以成为小型银行的业务发展重点。

其三，小型银行不宜推进综合化和国际化经营。鉴于小型银行资本实力和资产负债规模有限，综合化、国际化经营显然不应成为其转型方向。与中型银行类似，小型银行完全可以通过与非银行金融机构和境外银行开展合作的方式来实现对其客户的综合化、跨境服务。

2. 具体业务的转型策略

第一，中间业务发展。无论是大、中、小型银行，要实现中间业务转型发展，都应在中间业务发展上投入战略资源。一是明确中间业务战略地位。目前部分商业银行仍将中间业务作为维护客户的辅助手段，而不是把中间业务作为资产、负债业务之外的战略业务对待。二是进一步理顺中间业务发展机制。商业银行要克服部门文化，真正以客户为中心，在中间业务产品设计、营销、售后服务方面紧密合作，促进中间业务发展。三是加强中间业务人力资本投入。中间业务主要是利用商业银行的资源、技术、信息优势为客户提供服务。目前中国商业银行中间业务专业人员稀缺，大部分是客户经理和产品经理兼职从事中间业务工作。咨询、顾问、理财等中间业务技术性强，对从业人员的要求高。要适当加强人力资本投入，适应中间业务发展转型和专业化创新的现实要求。

第二，零售、小微业务转型。随着利率市场化的加速，调整信贷业务结构，加快向拥有较强风险定价权的零售、小微业务倾斜尤为重要。一是以打造专业、高效的业务流程为突破口，切实完善零售小微业务经营机制；二是进一步完善零贷业务尤其是小微企业的风险容忍度和尽职免责机制，切实提高贷款定价能力;三是继续强化产品创新和品牌建设,通过区域化、批量化的产品创新,形成商业银行特色化零贷融资产品,更好地贴近市场,满足客户需求。此外,还应积极呼吁政府建立小微企业贷款风险补偿基金和对商业银行小微企业金融业务实行税收优惠,并着力完善小微企业信用担保体系及保险体系和加快建立完善的小微企业信用评价体系。从而有效解决商业银行小微企业贷款风险与收益不匹配的问题,有效解决商业银行在发展小微企业业务中碰到的抵押难、担保难、信息不对称的问题,鼓励商业银行发展小微企业业务。

应该说,在过去几年中,银行客户向零售、小微方向展开的客户结构调整,取得了相当大的进展。2013年,商业银行的新增贷款更多流向了个人贷款领域,占比超过了30%。而传统信贷投放的重点(如批发零售行业和制造业)占新增贷款比则大幅下降。预计类似调整在未来仍将继续(见图7-7)。

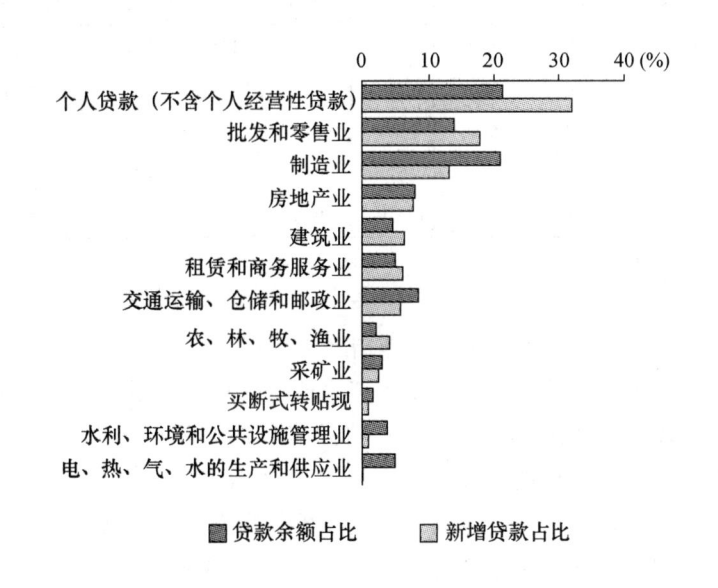

图7-7 2013年新增贷款投向结构

资料来源:中国银监会。

此外,小微企业贷款也保持了较快增速,占全部贷款的比重也明显上升。从上市银行的数据看,2013年,多数上市银行小微企业贷款增速都维持在20%以上,股份制银行则基本都维持在50%以上,反映中型银行更大的转型力度(见表7-5)。

表7-5　　　　　　　上市银行小微企业贷款统计（2013）

	贷款余额（亿元）	较年初增加（亿元）	贷款较年初增长	不良率	占全部贷款比例	客户数（万户）	较年初增加（万户）	统计口径
工商银行	43866	1554	4%		44%			中小微企业贷款
工商银行	18698	297	2%		19%			小微企业贷款
建设银行	9895	1357	16%		12%			小微企业贷款
中国银行	9186	961	12%		12%			小微企业贷款
农业银行	8133	1571	24%		11%			小微企业贷款
交通银行	12480	1352	12%		38%			中小微企业贷款
招商银行	6155	2379	63%		28%			"两小"贷款
招商银行	3000	996	50%	1.93%	14%			小企业贷款
招商银行	3155	1383	78%	0.60%	14%			小微企业贷款
浦发银行	9513	1328	16%		54%			中小企业贷款
中信银行	1172	406	53%		6%	2.8	0.8	小企业贷款
民生银行	4047	878	28%	0.48%	26%	190.5	91.3	小微企业贷款
兴业银行	837	337	67%		6%	22.1	3.8	小企业贷款
光大银行	1145	512	81%		10%	92.6	45.6	小微企业贷款
平安银行	871	313	56%	0.60%	10%			小微企业贷款

资料来源：各银行年报。

第三，资金业务转型发展。具体措施包括：

其一，借力资产管理业务，做大资金业务规模。在利率市场化进程中，随着利率浮动范围的逐步扩大，银行将逐步利用利率杠杆甄别不同信用水平的借款人，通过贷款的信用定价赚取更高的收益。这将会激励银行将资金更多地投入到贷款，相应地投入资金业务的自营资金很可能倾向于减少。因此，商业银行过去主要依赖自有资金扩张资金业务规模的发展模式将难以持续。随着"金融脱媒化"进一步深化，近年来商业银行代客理财等资产管理业务发展空间巨大。未来商业银行资金业务结构应当从以自营资金投资为主，向自营业务和资产管理类业务并重转变，借力资产管理业务，做大资金业务规模。

其二，调整成本收益结构，提高资金业务利润。首先，商业银行要发挥贴近市场、捕捉市场信息迅速的优势，做好货币市场的投融资操作，降低融资业务的成本率。其次，在利率市场化进程中，商业银行有必要抓住市场价格波动机会,加大市场交易力度,提高买卖差价收入在整个投资利润中的占比。最后,"十二五"期间国债市场将得到较大发展,尤其是信用债的发行规模进一步增长,商业银行可适度增加部分风险可控、收益较高的信用债规模,提升债券投资整体收益率。

其三,创新投资管理模式,提升风险管理水平。为了适应风险管理的要求,20世纪70年代以来产生了大量的新型债券融资技术和交易方式,例如互换业务、期权交易、期货交易等都是在这一背景下出现的金融创新。未来商业银行应当加快人民币利率衍生产品业务发展,积极拓展企业客户的代客衍生交易业务,积极创新市场交易模式,改变传统的持仓赚取买卖差价的交易方式,倡导组合投资管理理念,通过IRS、国债期货、CRM等工具综合运用套期保值组合,套利组合等风险管理技术,应对利率市场化带来的资金业务利率和信用等风险,提升资金业务风险管理水平。

第四,负债业务转型发展。具体的可选择举措包括:

其一,提高定价管理精细化水平,健全完善负债业务定价机制。首先是健全内外部定价常态调整机制。应结合战略定位、同业情况、资产负债结构等因素变化情况,不定期主动对存款挂牌利率进行研究分析和及时调整。在此基础上,FTP定价参考的利率曲线应更贴近挂牌利率和市场利率,FTP设置要考虑为重点客户/业务存款利率上浮预留适度空间,也要体现出对各个期限存款产品吸收力度的差异和导向。其次是健全定期监测机制。应密切关注同业人民币存款利率调整情况,密切监测分析存款总量、期限结构、业务结构等变化情况,密切监测分析存款利率浮动幅度情况,努力平衡好负债规模与成本之间的关系。

其二,加强存款日均和分类管理,全面提升负债业务稳定性。首先是加强日均存款管理。利率市场化下存款竞争加剧可能带来存款更大的波动,为此应进一步提高日均存款在考核和业务发展中的指导地位,通过加强过程管理,压缩存款水分,夯实存款基础,实现存款稳定增长。其次是加强存款分类管理。有必要根据稳定性、客户忠诚度、资金用途等标准进一步对存款作精细区分,通过改善存款内部结构来提升负债稳定性。比如,可将存款区分为核心稳定存款、短期临时性存款、逐利性存款,通过考核引导等方式积极鼓励核心稳定存款拓展,促进短期临时性存款转变为核心稳定存款,通过适度发展逐利性存款吸引更多资金成为核心稳定存款。

其三,明确市场定位和差异优势,持续推动负债产品服务创新。首先是加快确立市场定位和差异化特点。要使商业银行的"业务特色"标签替代"价格至上"标签，不论是"大而全"还是"小而精"的银行，都应明确自身的市场定位和业务特色，主动发挥差异化竞争优势，避免陷入产品服务同质化下的单纯价格竞争中。其次是加快推动负债产品服务创新。通过丰富产品服务内涵，满足新形势下客户多样化的工作生活和投资理财需求，在服务过程中帮助客户实现效用提升，提升客户的忠诚度。

第五，综合化发展。一是进一步完善综合化经营布局，大型商业银行应努力争取在境内证券业务领域实现突破。二是进一步优化综合经营的定位，在切实提升子公司核心竞争能力、把子公司打造为行业领先者的同时，突出子公司的产品线、事业部功能，持续提高子公司对集团的综合贡献度。三是做好综合经营过程中的跨市场风险管理，关注整体资本充足水平，关注关联交易，关注业务联动中的风险。四是切实提升综合经营的协同效应，打造统一的业务处理平台和管理平台。通过机构网点、销售渠道和客户信息的共享来实现银行、证券和保险的交叉销售；通过金融集团内部研发、人才、信息等多种资源的共享和合作促进联合创新。五是进一步完善与综合经营相适应的激励和考核制度，要考虑到不同业务的特点，采取与之相适应的激励与考核的制度和工具。

第八章

建立多层次债券市场体系

自从1981年恢复发行国债以来,经过30多年的发展,中国债券市场已经全面发展起来,形成了银行间市场、交易所市场和商业银行柜台市场三个基本子市场在内的综合分层的市场体系。十八届三中全会通过的《中共中央关于全面深化改革若干重大问题的决定》在完善金融体系改革的战略中强调,发展并规范债券市场,提高直接融资比重。债券市场作为资本市场最为重要和基础的组成部分,在十八届三中全会全面深化改革的战略推动下,未来一段时间内中国债券市场将进一步向纵深发展。

建立多层次债券市场体系,是发展多层次资本市场,完善金融市场体系,全面深化经济体制改革的基本要求。在债券市场发展过程中,强调发展与规范并重,强调市场与机制共建,强调统一化与多层次并举,强调金融与经济共融,是中国债券市场发展的内在要求和基本逻辑。中国债券市场获得了跨越式的发展,但是,中国经济处在转型深化期,金融在资源配置中的作用日益凸显,以债券市场为基础的直接金融是降低融资成本、提升市场效率和发展内生动力的基本途径,但是,目前市场发展和体制机制完善仍然存在诸多问题,多层次债券市场发展任重而道远。

第一节 中国债券市场的发展状况

新中国债券市场的发展最早可以追溯至新中国成立初期,其后至1959年经历了10年左右的初步发展期。1959年至改革开放前,债券市场陷入了"既无内债,又无外债"的发展空白期。改革开放之后,1981年开始恢复国库券发行，债券市场在计划经济向市场经济转型中逐步发展起来。在经历了场外柜台市场为主、场内市场为主两个阶段之后，发展至今大致形成了目前银行间市场、交易所市场和商业银行柜台市场并存、银行间市场为主的现代化债券市场格局。

1. 中国债券市场的发展历程

中国债券市场发展从新中国成立就开始，大致经历了10年的初步发展期，随后进入一个债券市场发展的空白期。1949年12月2日，中央人民政府就通过了发行人民胜利折实公债的决定，在1950年11月发行为期5年、总额3亿元的人民胜利折实公债。其后，随着国民经济复苏计划和经济建设任务的深入开展，国家经济建设公债等一并发行，债券发行市场初步建立。但是，1959年受到"左"倾主义的冲击，政府停止了债券发行，债券市场进入了长达20年的发展空白期，使得债券发行市场陷入停滞并重归"零点"。

1981年国债发行重新启动，意味着债券发行市场进入一个新的探索和发展阶段。1981年1月16日，国务院通过并颁发了《中华人民共和国国库券条例》并决定从1981年开始恢复发行国库券。当年7月1日，财政部通过行政分配的方式，发行了期限10年、偿还期6—9年、实际规模为48.66亿元的国库券，发行对象主要是以企业事业单位为主、居民为辅（何德旭等，2007）。国债重启发行的初期，主要是以行政手段进行摊派的方式进行，且国库券发行之后不能流通和转让，国库券市场实际上是一个发行市场，而且其发行机制并非市场化。其后，企业债、金融债等亦初步发展起来。

改革开放之后，国债市场重启，债券市场进入新的发展阶段，但是，当时国债市场只有一级发行市场，二级交易市场是空白的，且一级市场发行机制是行政化的。严格意义上当时的国债市场不是一个市场化的债券市场，这使得具有强大交易需求的债券市场最终形成一个地下交易流通市场，秩序一片混乱。1986年国家开始试点企业债的柜台转让业务、代理证券业务买卖。

1987—1991年是中国债券流通市场建立的重要发展阶段，以场外柜台交易为主。1987年1月5日，人民银行上海分行发布《证券柜台交易暂行规定》，明确经过认定的政府债券、金融债券、公司债券等可以在经批准的金融机构办理柜台交易。这个规定具有划时代的重大意义，标志着中国债券市场的流通环节正式建立起来，一级市场和二级市场融合发展，债券市场亦成为真正意义上的完整市场。

这个阶段的流通环节主要通过金融机构的柜台实现交易流通，是一个以场外柜台交易为主的流通市场。1987年年底，全国共有41个城市的相关金融机构开办企业债等有价债券的转让业务，债券市场的流通环节初步发展起来。1988年年初，国债流通转让试点在7个城市开展，同年6月，财政部批准54个城市开展国债流通交易试点，国债的流通交易环节开展顺畅化。1991年，国债流通转让市场在全国地级市以上城市全面开展，场外柜台交易市场获得了长足发展。

1992年开始，中国债券市场进入一个场内交易为主的阶段。债券流通市场建立之后，主要是以柜台交易为主，但是，由于全国没有一个统一的债券托管结算体系，交易双方根本无法获得对方头寸信息，出现了大量的卖空、买空、挪用、假回购等违法违规行为，市场更为混乱。1992年后，随着上海证券交易所等地方性交易中心的建立，国债现券、期货和回购等都可以在交易所进行，同时由于交易所具有统一的托管结算体系，债券流通市场开始快速地从柜台交易市场转为场内交易市场为主的格局。特别是武汉证券交易中心和北京STAQ系统场外债券交易出现重大卖空和欺诈行为之后，国家就在1994年下半年将国债交易逐步集中到上海及深圳证券交易所。1997年，为了防范商业银行通过债券回购进入股票市场而造成重大风险，人民银行禁止商业银行在证券交易所从事证券回购及现券交易，而将商业银行的证券回购和现券交易转至当年6月16日成立的银行间拆借中心，并逐步形成全国统一的银行间债券市场。

1997年中国就建立了银行间债券市场，但是，由于交易主体和品种较为单一，加上交易习惯、方式和技术手段的限制，银行间债券市场发展初期一直非常缓慢，在国债交易中的比重在20世纪末维持在个位数的水平。新世纪以来，银行间市场获得了较为实质的政策支持，迎来了跨越式发展的契机：一是所有金融机构能够自主成为银行间债券市场成员，非金融机构可以通过代理银行进入银行间债券市场；二是债券交易市场性净价交易，免除交易所得税；三是强化了债券市场融合，国债可以在交易所和银行间跨市场发行，上市后可以跨市场转托管。同时，由于交易所债券交易发生了诸如南方证券、华夏证券等国债回购、保证金挪用违规事件等重大风险，使得交易所债券市场的托管量和交易量大幅下降。2003—2004年之后，随着政策性金融债、金融机构债、短期融资券、中期票据、企业债等快速发展，银行间债券市场已经成为中国债券市场的核心组成部门。截至2013年，债券市场托管总量达到29.41万亿元，其中，银行间债券市场债券总托管量达到26.94万亿元，同比增长11.61%，占全部可交易债券托管总量的91.60%（PBC，2014）。

2. 中国债券市场结构

经过30多年的探索和发展，中国债券市场已经形成了银行间市场、交易所市场和商业银行柜台市场三个基本子市场在内的综合分层的市场体系，同时，又形成了以国债、金融债、企业债（包括公司债、中期票据、集合票据、可转债等）、短融及超短融等为主要品种的债券市场产品结构。

第一，国债。国债市场是改革开放之后，中国建立的最为重要的一个债券子市场，目前在债券市场体系中具有基础性支撑作用。经过30多年的发展，国债发行规模和余额不断扩大，国债发行和交易基本实现市场化，国债交易较为活跃，国债市场微观创新层出不穷，初步形成了反映供求关系的国债收益率曲线。2013年国债发行13374.40亿元，同比增加11.15%，占当期债券市场新发行总规模（含央票）的15.4%（中债登，2014）。

第二，金融债。金融债券是指由银行和非银行金融机构等发行的债券。金融债是具有中国特色的债券品种之一。一般而言，在国外金融债券发行主体是金融机构，其品种被归在公司债券之中。从分类上，金融债券分为政策性金融债券和一般性金融债券。同时，2003年中国人民银行发行的央行票据广义上也被纳入金融债券之中。

政策性金融债主要是由中国三大政策性银行所发行的债券。1994年，国家开发银行、中国进出口银行和中国农业发展银行成立，其年4月国家开发银行首次发行债券募集资金，政策性金融债开始出现。2008年国家开发银行商业化改革之后，名义上国开行已经不是政策性银行，但是，由于其债信仍然享受政策性银行的属性，为此其发行的债券一般仍然归在政策性金融债之中。2013年政策性银行债发行19960.3亿元，1997—2013年政策性金融债发行累积规模为14.34万亿元（中债登，2014）。政策性金融债为政策性金融机构募集了大量的资金，支持了政策性金融业务，有力促进了国民经济的发展，目前是中国债券市场中仅次于国债市场的又一重要的基础子市场。

一般性金融债券是商业银行和其他非银行金融机构（除政策性银行外）

发行的债券，主要由商业银行次级债、混合资本债券和普通金融债券等组成。2005年4月27日，人民银行颁布《全国银行间债券市场金融债券发行管理办法》在规范金融债券发行的同时，较大地拓展了金融债券发展主体，商业银行、财务公司以及具有相当资质的其他金融机构都可以发行普通金融债券。2004—2013年，商业银行发行的次级债和普通金融债券规模超过1.8万亿元，成为商业银行补充资本和主动负债的基础工具之一。

第三，企业债和公司债。在国际债券市场的发展中，公司债券与企业债券本质是相同的，只是称谓差异而言，是债券市场的基础品种之一，是公司资本结构调整和优化的基础融资工具。但是，在中国存在企业债和公司债等形式，而且这两种形式的差异性较大，是制约中国公司债券发展的体制机制弊端。企业债在中国是由国家发展和改革委员会负责发行及额度的审批核准，利率则是由人民银行监管，且更多向国有企业倾斜，是一种规模控制、集中管理、分级审批的发行管理模式。公司债在中国特指是由中国证监会负责审批的公司债券，是公司依照法定程序发行、约定在一年以上期限内还本付息的有价证券。

企业债券发展模式受到诸多体制机制的约束，发展较为缓慢，2007年企业债发行规模仅为1719亿元。2008年发改委等部门发布了关于推进企业债券市场发展的五项改革，使得企业债券发展放松了体制机制的束缚，2012年企业债发行规模达到6474亿元，2013年有所回落，但仍为4752亿元（中债登，2014）。

公司债券发展历程则更短，2007年8月中国证监会才正式颁发公司债券发行试点办法，夯实了公司债券发展的制度基础。公司债券采取核准制，由证监会审核，对总体发行规模没有限制，公司债采取无担保方式，资金用途亦根据公司需要而定，发行价格由市场询价而定，可以采取一次核准，多次发行的方式。

3. 中国债券市场存在的主要问题

从1981年国债重启发行以来，经过多个阶段的探索、改革和发展，中国债券市场已经形成了银行间市场、交易所市场和商业银行柜台市场三个基本子市场在内，以国债、金融债、企业债为主的综合分层市场体系，为金融市场体系发展、资源配置和国民经济建设等提供了有力的市场机制支持。但是，相当于全球第二大经济体的金融市场发展和资源配置需求，以债券市场为核心的直接融资机制在金融体系中仍然是少数派，多层次债市场的缺乏使得资金供求双方的直接金融机制较为缺乏，居民和企业的金融选择权和定价权缺失，严重制约了储蓄—投资转化机制的顺畅性，导致内生性金融市场体系完备性较差，金融市场在资源配置中的决定性作用有待大幅提升。

第一，债券市场监管体系存在多头管理、相对分割的弊端。由于历史发展和体制机制约束，国内债券市场监管体系存在多头管理问题，发展协同与监管协调难度较大。目前，财政部、人民银行、证监会、发改委、银监会等金融监督管理部门在债券市场发行和（或）交易环节都有一定的监管权，从而使得中国债券市场呈现一种"五龙治水"的紊乱监管格局。

具体而言，由中国财政部负责管理国债发行，并会同人民银行、证监会管理国债的交易流通机制；人民银行负责金融债券（包括央票）的发行审核，人民银行下辖的银行间市场交易商协会单独管理短期融资券、中期票据、超级短融券、私募债券等；证监会负责管理可转债、公司债的发行和交易；国家发改委管理企业债的发行和上市交易；银监会负责管理商业银行的次级债、混合资本债等资本工具的发行。

债券市场监管体系"五龙治水"的格局导致各类债券在审批、发行、交易、信息披露等环节存在差异性，最后导致各类债券发展各自为政，这使得中国债券市场的整体性和统一性受到较大的监管分割，影响了整个债券市场发展的协同性，阻碍债券市场制度的发展。同时，各自为政亦导致监管部门之间的协调难度较大，在实际操作中往往引致多重监管、重复监管、差别监管等问题。

第二，债券市场主要由政府和公有部门主导，存在重大的结构性问题。在30余年的债券市场发展中，目前的市场格局主要是银行间市场、交易所市场和商业银行柜台市场所组成，但是，这三类市场将一般企业和居民基本排除在外，主要以银行、非银行金融机构以及大型国有企业等为主体的市场。在目前的债券市场品种中，主要以国债、政策性金融债、普通金融债、企业债等为主，这些债券是国家、政策性金融机构、银行等金融机构以及国有大中型企业作为发起人的，其后发展起来的短期融资券以及中期票据等主要也是以大型国有企业为主。而私人部门的债券品种，诸如公司债券、集合票据、非公开定向债务融资工具、中小企业私募债等品种有限、规模较小。

可以看出，中国债券市场是一个以政府、金融机构和公有部门为主导的市场，而债券市场的本质除了国债市场的特殊性之外，更多是服务于实体经济主体的融资需求，特别是非金融私人部门企业的融资需求。这是中国债券市场的重大结构性问题。中国公司债券占债券余额的比重基本都是个位数，2013年公司债和中小企业私募债共计331只，发行量2717.3亿元，占债券市场发行总量的3.12%（中债登，2014）。这个水平不仅大大低于发达经济体，甚至低于马来西亚、泰国、阿根廷、墨西哥、印度尼西亚等新兴经济体。

第三，中国债券市场运行中主要是为金融体系自身服务，而不是为实体经济服务。在债券市场机构体系中，随着1997年以来银行间债券市场的快速发展，目前中国债券市场是一个以银行间市场为主的格局。在银行间市场中，投资者数量数千家，但是8类投资者主要是金融机构投资者：商业银行、信用社、非银行金融机构（如财务公司）、证券公司、保险公司、投资基金、特殊结算成员，只有一类占少数的非金融机构。联系上述市场产品结构可以发行，中国债券市场主要由政府、金融机构等作为发起人发行债券，主导的是国债、政策性金融债、普通金融债、企业债等，而在市场交易环节中，又主要是金融机构投资者作为最主要的买家。一定程度上，中国债券市场本质上是金融机构在"自娱自乐"，金融在为自己服务。而私人部门作为发起人发行的债券占少数，一般企业和居民无法进入债券市场，成为资金的供给者和产品的直接投资者，债券市场为私人部门特别是一般企业和居民的支撑作用较弱。债券市场成为中国"外植型"金融体系的典型表现之一。

第四，国内债券市场存在较为明显的分割性，市场收益率曲线和定价机制不合理。中国债券市场发展30多年，但是，市场分割一直存在，至今仍有较多的分割性，阻碍了债券市场的统一性和协调性，最后导致市场定价机制相互分割甚至存在套利，而市场收益率曲线不能充分反映供求关系。整体而言，国内债券市场分割性主要表现为：

其一，一级市场与二级市场的分割，发行环节和流通环节割裂，一级市场定价不得超过同期限银行存款利率的40%，而二级市场价格则基于产品、期限和风险结构而市场化定价，这导致两个市场的利率扭曲甚至背离。

其二，二级市场中交易所市场和银行间市场的割裂。虽然，银行间市场已经占据绝对主导性，但是交易所市场仍然是一个有益的重要组成部分，但是，两个市场分割性表现明显，市场主体、交易方式、结算制度等存在差异，使得投资者无法在两个市场中自如转化，同时，两个市场的托管、清算、结算体系较为独立，难以实现"T+0"及双向托管，从而造成一定的利差存在，引发投机行为并扭曲价格信号。

其三，债券市场微观结构存在分割性。比如，商业银行只能在银行间市场参与债券交易而不能进入交易所市场，从而使得市场化程度最高的交易所市场缺乏最主要的交易主体。还有，上市品种亦存在一定程度的分割性，比如金融债只能在银行间市场发行和交易。另外，债券市场中的信息披露机制存在分割性。最后，一般企业和居民难以进入债券市场。

第五，中国债券市场的基础设施建设仍然有待大幅改善。债券市场是一个市场化程度高的现代化市场，需要软件和硬件都极为完善的基础设施作为支撑。目前，国内债券市场的基础设施建设仍存在较大的问题：一是债券市场缺乏统一的法制框架，各个监管主体各自为政，分别出台发行流通监管的规章条例，但国家层面缺乏完善统一的债券市场法律框架。二是债券市场内在体系有待完善，比如缺乏真正的做市商机构、债券经纪机构、投机类机构投资者、独立性权威性评级机构、统一的发行交易制度等。三是债券市场的规模、品种、期限、风险结构较为单一。比如国债整体规模较小、期限结构不合理，流动性差，无法形成具有基准意义的国债收益率曲线，企业债和公司债的信用利差没有得到充分反映。四是风险对冲机制不完善，债券市场没有形成信用转换、期限转换和风险转换的有机融合，风险对冲及处置工具和机制缺乏。比如，由于国债自身的收益率曲线就存在重大问题，国债期货对利率风险的对冲功能将大大削弱。五是市场化的违约及处置机制。虽然，2014年"超日债"打破了"零违约"刚性兑付，但是，整体而言，目前债券市场仍然是以刚性兑付作为一个基本担保，缺乏市场化的违约机制和处置机制，使得不同债券品种及相关主体的信用利差无法在债券市场中得到有效反映，从而弱化了风险甄别功能和缓释功能，可能使得债券市场风险同质化累积为系统性风险。

第二节　内生性金融体系与债券市场

经历30多年的改革与发展，中国债券市场已经初步建立起综合分层的市场体系，但是，中国债券市场体制机制等弊端已经不适应中国经济发展模式转型、全面深化经济体制改革和发挥市场决定性作用的时代需求。但是，国内债券市场发展的诸多因素实际上与中国经济体系、金融体系的体制机制问题是紧密相关的，或者说，中国债券市场的诸多问题是中国外植型金融体系的必然结果。要解决中国债券市场的约束问题，需要从建立一个内生性金融体系着力。

1. 外植型金融体系

从金融发展的本质而言，金融是完成经济体内储蓄投资转化的内在机制，是内生于实体经济部门，实体经济的发展是金融发展的根本所在。实体经济部门所拥有的金融权是金融体系的一个最重要的基础性构成部分，金融的产生和发展来自实体经济部门并为实体经济部门服务，金融与实体相互融合与促进，从而形成现代金融市场体系和经济体系。在这个基础上产生的金融体系一般称为内生型金融体系。

但是，由于中国计划经济的历史溯源和经济体制改革的历史制约，使得中国金融体系在建立之初就成为一个外植型的发展模式（王国刚，2013）。一是金融权没有在实体经济部门打下基础。在长期计划经济条件下，实体经济部门的企业和居民没有金融权，既不知道何谓金融权，也没有金融意识。二是审批制度成为路径依赖。受计划经济中审批体制影响，金融机构的设立、金融产品的问世和金融业务规模等都需通过严格的行政审批，在金融部门中普遍延续了各项活动均需经过行政审批的制度，管理部门习惯于并乐于从事审批事宜。三是片面实践西方金融发展经验。在没有考虑中国经济制度和经济发展现实情况的基础上，过快且片面地引入西方发达经济体金融发展经验，而金融发展的内生基础则没有打牢。四是缺乏资产负债理念，间接金融成为第一选择。五是重大金融指标仍受控于政府。信贷、股票、债券市场发展等都在政府审批、规模设定以及发展速度等的约束之下进行，市场化程度较低。

上述制约内生性金融体系形成和发展的因素在改革开放之后就长期存在，甚至在新世纪以来，一些制约因素仍然存在甚至有所强化。这使得企业和居民缺乏金融权利的认识及运用、金融体系仍是政府主导、间接金融成为第一推动力并不断强化，外植型金融体系进入一个自我强化的循环之中。这是造成中国金融体系发展不健全，直接金融比重较低，多层次资本市场缺乏等的基础性根源。

2. 内生性金融体系与债券市场的关联分析

外植型金融体系的形成和发展具有重要的历史和体制根源，在过去一段较长时间内确实也是相对适应中国经济发展的一种模式。2008年全球金融危机的爆发意味着全球经济大周期拐点的到来，同时也意味着中国出口驱动、投资拉动的发展模式亦到了一个大拐点。这个外植型金融体系在2008年全球金融危机之后得到强化，到了一种无以复加的地步。在四万亿刺激计划的推动下，外植型金融体系的弊端加速呈现，金融体系与实体经济的分野更加严重，外植型金融体系将原本多维一体的有机经济活动分切为若干相互缺乏关联的部门活动，使得各种资源的整体关系碎片化；以存贷款为重心，引致了金融资源配置的种种矛盾和效率降低，给实体经济部门发展造成了诸多的金融障碍，而在实体经济部门和金融部门之间的资金错配现象愈加严重（王国刚，2013）。

外植型金融体系已经到了一个需要重大改革的大拐点。十八届三中全会出台了全面深化改革的重大战略，提出了发展并规范债券市场，建立多层次资本市场，完善金融市场体系。而这个金融市场体系则是相对于外植型金融市场体系而言的，中国金融改革的目标是建立一个适应产业组织结构差异化发展、适应微观主体多元化金融需求、适应宏观经济多层次转型需要，以市场机制为核心、以政府调控为指引的内生性金融体系。

根据相关的研究，内生性金融体系的发展核心是扩大实体经济部门中实体企业和城乡居民的各自的金融选择权，即把本属于实体企业和城乡居民的金融权利归还给实体经济部门，这样形成一个居民、企业和金融中介相得益彰，以居民和企业为基础而不是以银行等中介机构为核心的金融体系，从而实现金融体系的内生性发展。金融内生于实体经济部门实际上有两条路径：一是金融机构的路径，即通过实体经济的发展，独立出了专门从事金融业务活动的金融机构；二是金融市场的路径，即实体经济中的实体企业和城乡居民可以直接进入金融市场，以自己的名义发行和交易各种金融产品。从目前的情况下，第二种方式将是未来中国金融体系建设的一个基础机制，即通过金融市场改革与建设，使得实体企业和居民成为金融市场的微观主体，并据此建立相应的直接信用关系。

债券市场是市场信用体系发展最为直接的方式。债券与贷款都是属于债权债务性金融产品，但是，债券由于其直接金融本质、利率属性同一、期限错配改善、负债水平降低以及金融风险透明等领域的优势，是贷款的直接替代品。一定意义上，发展市场信用，就是要提高债券在资金配置中的相对比重，而银行中介的作用则要相对降低，从而使得金融体系的直接金融重要性提升，间接金融有所减弱，最后建立起一个以直接信用为基础的内生性金融体系（王国刚，2014）。为此，在通向内生性金融体系的全面深化改革之中，债券市场的发展大有可为。

3. 债券市场、市场信用与资金再配置

根据发达国家金融市场体系发展的经验，这种直接信用关系的建立最为直接和有效方式就是通过债券市场发展起来的。从整个信用体系出发，我们大致可以将其分为商业信用、市场信用和银行信用，商业信用更多是企业主体之间的信用关系，而银行信用则对应于目前以银行为主导的金融体系，市场信用则是储蓄—投资、居民—企业、私人部门与公共部门之间信用关系发展最为基础和重要的机制，市场信用也是资金融通、资产权益交易、金融体系与实体经济互动中最为本质的信用依托。

债券融资是市场信用的典型代表，亦是资金配置最为有效的方式之一。迈耶斯等（1984）的研究指出，在微观企业主体融资上存在一个"优先次序理论"以安排企业的资本结构。整个次序是内部提留、负债、股权融资，其中负债又分为以市场信用为基础的债券融资和以银行信用为基础的贷款融资，银行贷款的次序要落后于债券融资。

债券融资最为突出的优点是：一是直接建立居民和企业之间的市场信用关系，减少了委托—代理成本，相当于银行存贷款利差被债券发行过程中的信息透明所消化。二是债券融资多为中长期融资，筹集资金基本可以作为"准资本"，企业面临的资金期限管理压力较小，同时可以有效降低企业的负债水平。三是债券融资高度发达的市场中，金融体系内部的成本较低，使得整个经济运行效率将提高。

金融结构取决于金融工具、金融机构和金融市场的结合，不同的金融结构使得资金在工具、结构和市场中呈现不同的配置方式，直至影响到实体经济的资金需求满足程度与效率。在债券市场发展的过程中，特别是公司债券的大发展中，就深刻改变金融工具、机构和市场特征，并转变金融结构的本质特征，最后实现资金更加有效的再配置：

第一，如果债券融资工具大力发展起来，那么其替代品银行贷款的需求将会明显降低，基于贷款的相关金融工具的发展就面临新的约束。

第二，在债券融资蓬勃发展中，特别是公司债券的大量发行，减少了银行吸收存款的数量和发放贷款的数量，同时，既为银行业务转型提供了金融市场条件，债券融资发展相关的证券、保险、基金等非银行金融机构和评级、会计、审计等专业工商服务机构也将得到长足的发展。

第三，在债券市场拓展发展空间的过程中，直接融资体系随之膨胀，而间接金融市场则相对减弱，使得整个市场体系由间接金融为主导转向直接金融为主导。

第四，市场结构变化导致资金再配置，并形成宏观外溢效应。银行开始转向中小微企业的融资需求满足，走差异化道路，而不是一贯地吃"利差"；非银行部门提供更加优质、便捷和专业的服务为实体经济内部特别是居民与企业部门之间建立全面的市场信用基础，实现资金更加直接有效的配置，形成一个以直接金融为基础配置机制的多层次资本市场；由于市场信用对于风险收益匹配性更加敏感，使得资金配置方向更加追求收益性、稳定性和长期性，从而使得资金更多地配置在可持续发展部门，最后使得国民经济转型获得良好的资源配置基础。

4. 债券市场与金融选择权

在间接金融为主导的金融体系中，企业和居民的金融选择权受制于银行体系。以中国为例，由于银行体系在整个金融体系中占据绝对主导地位，截至 2014 年 6 月末，人民币存款余额 113.61 万亿元，贷款余额 77.63 万亿元，债券市场总托管余额为 32.2 万亿元（PBC，2014）。更为关键的是，债券市场中占比较大的政策性金融债、普通金融债主要是银行机构之间的头寸交互。

占据国内债券市场 90% 以上的银行间市场对于一般居民是不开放的，其中的相关债券品种一般居民是无法直接投资的，居民只能绕道证券投资基金等间接投资银行间债券品种，而投资基金存在手续费、管理费等交易成本，同时业绩较为不稳定，特别是一定比例资金投资股票后业绩波动更大甚至出现较大亏损。在缺乏投资工具的条件下，居民被迫将资金存入银行形成存款，而存款利率在国内目前仍然是管制的，为此利率水平很低，居民没有选择配置资金的主动性机会，只有被动接受管制存款利率。

对于企业而言，如果是大中型国有企业，由于存在资产抵押、相互担保或者国家隐性担保，其资金可能性是比较高的，方便以较低的价格获得贷款。这类企业对于发行债券而言，成本动机并不是特别强烈，反而对发行债券所必须进行的信息披露耿耿于怀。而对于一般企业，特别是民营企业，其信贷可得性较低或者信贷成本高。比如，一年期贷款加权平均成本为 7%，那么民营企业和中小微企业要比 7% 高很多。但是，由于缺乏相关市场安排,这些融资成本高、有动力降低成本的企业却无法通过市场信用机制获得直接的资金配置,他们没有更大的自主权力获得债券等直接融资。

一旦多层次债券市场建立起来,那么企业和居民的金融选择权将发生本质性改变。对于大型企业或国有企业,仍然可以在贷款和债券甚至股票融资之间进行选择,当诸如企业债等规模、利率及审批的体制机制约束松绑之后,大型企业和国有企业进行债券融资的需求将大大提高,相当于为其提供了更扎实的"准资本"基础。对于一般企业而言,如果可以通过债券市场发行公司债券,那其资金约束将不受制于银行部门,中国居民部门存余额超过113.6万亿元,只要通过债券市场盘活居民存量资金,就可以为企业部门提供较为充足的融资,企业部门有权通过规模、利率、期限和用途等的不同设计及安排来获得不同的债信融资。对于居民而言,将摆脱受制于银行存款的制度约束,在存款利率没有市场化的条件下,可以具有更多的投资选择权。2013年下半年的"余额宝"、2014年5月国家开发银行通过柜台向居民发售的金融债券等受到居民热捧,显示中国收益率较高的固定收益性投资产品和一般居民金融选择权是极度匮乏的。

5. 债券市场与内生性金融体系的关联:美国的经验

美国债券市场是美国经济发展、产业调整和微观主体成长的基础支撑力量。1792年纽约证券交易所建立之时,国债成为其主要的交易品种,金融机构代表以及个人都可以直接买到政府债券,而当时政府债券主要是为了美国建国之后的经济社会建设融资。随后,在美国产业发展和企业成长过程中,特别是19世纪50年代西部大开发之后,以铁路公司为主要发行人的铁路公司债券成为债券市场另一个基础品种。通过与债券市场相结合,"铁路经济"获得了长足的发展。

20世纪之后,虽然纽约证券交易所以及美国资本市场中的股票市场蓬勃发展起来,但是,至今债券市场仍是美国金融体系中最为基础的子市场,其重要性远超过股票市场。1980—2012年美国债券市场存量规模年均增速达到8.84%,远超同期GDP年均增速5.55%的水平。当前,美国债券市场已成为种类齐全、汇聚全球资金的最重要的资本市场,也是美国政府和企业最重要的融资场所之一。截至2012年年末,美国债券市场存量达到38.14万亿美元,约相当于美国股票市值的1.2倍,占美国GDP的比重为243%(荣艺华等,2013)。

国债市场是美国债券市场最为基础的组成部分。国债市场是美国政府实现债务管理政策目前的基础途径，一方面以最小的长期成本满足政府融资需求，另一方面又控制相对规模增速以兼顾风险，并实现债务管理政策与货币政策的统一性。在美国金融危机之前，国债几乎是美联储公开市场操作的唯一债券品种；同时，国债市场是为美国政府财政赤字和公共债务本息偿付的基础渠道之一；还有，国债市场是全球资本市场体系的中心，美国国债基本与无风险标的相等同，吸引了外围经济体大量的资本流入，为美国的经常项目逆差和财政赤字融资，以保障美国经济发展的可持续性。在这个过程中，国债市场成为连接政府支出、货币政策和内外经济互动的枢纽，债券市场的宏观政策功能充分体现，财政政策与货币政策的融合点就聚焦在国债市场。

公司债券市场是美国债券市场连接实体经济最为核心的部分。长期以来，美国债券市场最为基础的是国债市场，在2000年之前，国债是美国债券市场每年新发行债券最为重要的品种，但是，随着实体部门融资需求的扩张及其债券融资的优势凸显，2000年美国公司债券新发行3.36万亿美元，而国债新发行为2.95万亿美元，公司债券新发行规模首度超过国债新发行规模。同时，与公司部门极为相关的资产支持证券（ABS）成为比公司债券发展更为迅猛的领域，1985年资产支持证券新发行规模为3721亿美元，而2004年其新发行规模为1.83万亿美元。从1985年至2004年这个区间内，美国国债发行年均增长5.45%，公司债券年均增长10.04%，资产支持证券年均增长49.31%，抵押证券年均增长15.18%，整个债券市场新发行规模年均增长9.02%（Treasury, 2005）。

资产证券化是21世纪增长最为迅猛的领域，但危机之后明显下滑，国债和公司债再度成为基础品种。2007年金融危机爆发之前，美国国债存量规模仅为整个市场的15.7%，公司债券占比为18.6%，抵押贷款支持证券占比达25.3%。在美国金融危机之后，资产支持证券、抵押贷款支持证券比重大幅下滑，公司债券比重上升，目前占据约1/4的市场份额。2012年年末美国债券市场存量中，国债占比为28.64%，联邦机构债券占比为5.50%，市政债券占比为9.74%，公司债券占比为23.83%，抵押贷款证券占比为21.42%，资产支持证券占比为4.43%（荣艺华等，2013）。

在美国债券市场中，国债、机构债及市政债等公共部门债券存量目前占据美国债券市场约45%的比重，而中国债券市场中却是国债及金融债占比最大，2013年年末二者占比超过54%。2013年新发行债券中，国债及金融债的占比则高达 59.05%（中债登，2014）。如果考虑金融债、企业债等具有政府隐性担保，具有准政府债券的特征，那么政府和准政府债券的占比更高，截至 2012 年年末，占比达 69.3%（沈炳熙等，2014）。

内生性的债券市场是美国经济较快地从金融危机复苏的基础支撑。以私人部门债券发行融资为基础的美国债券市场，使得美国一般企业部门可以获得直接融资的机会，这使得美国金融体系与实体部门之间的关联更具有弹性。这在金融危机之后表现更为明显。在金融危机过程中，私人部门遭遇了被迫去杠杆的过程，公共部门成为债券市场最大的发行方，使得政府以历史性低点的价格从居民部门获得融资，支持政府公共购买扩张，扩大了总需求从而点燃经济复苏的导火索。然而，美国经济复苏最大的内在动力在于私人部门的重新杠杆化，2010 年年底之后，经过 2 年多去杠杆，私人部门开始重新杠杆化。在银行信贷仍然表现出顺周期效应继续保持惜贷的条件下，具有弹性的债券市场则呈现一定的逆周期性，私人部门开始在债券市场获得低成本的融资，实现产能利用率提升甚至是产能扩张，制造业振兴、服务业复苏以及以信息、智能化、新能源等为主导的"第三次工业革命"蓬勃发展起来，美国经济随后进入一个稳步的复苏过程。在 2013 年年底，私人部门的盈利水平、现金流和景气等已经基本复苏至金融危机爆发之前的 2007 年，美联储史无前例的量化宽松政策亦进入转折点，开始走向"正常化"。

第三节 中国多层次债券市场的构建

中国债券市场已经形成了银行间市场、交易所市场和商业银行柜台市场三个基本子市场在内，以国债、金融债、企业债等为主的综合分层市场体系，但是，相对于内生性多层次债券市场的经济弹性而言，中国债券市场仍然是一个较为初级的债券市场，是外植型金融体系的基础表现之一。十八届三中全会要求规范并发展债券市场，建设多层次资本市场体系，如果在总结中国债券市场探索、改革和实践经验基础上，剖析外植型金融体系的体制机制弊端和内生性金融体系的诸多优势，借鉴国外先进经验，发展多层次债券市场成为未来全面深化改革和完善金融市场体系的内在要求。

1. 多层次债券市场体系的构建思路

在全面深化经济体制改革和完善金融市场体系的过程中，最为基础和核心的任务是发挥市场在资源配置中的决定性作用。一个定价合理、交易顺畅、结构完整、运行有效的多层次资本市场是这个决定性作用发挥的基础支撑。多层次债券市场的构建必须服务于中国经济发展模式转型大局，服务于全面深化经济体制改革大局，服务于完善金融市场体系大局，充分发挥其在市场信用完善、资金配置重构、金融选择权发挥、经济效率提高以及经济结构优化等领域的基础性作用。

在多层次债券市场体系构建中，可以采用"矩阵式"的改革与发展模式：坚持横向发展债券市场子市场，扩大债券市场的广度；坚持纵向发展基础设施及软件配套，挖掘债券市场的深度。在横向上，发展以国债市场为核心，以公司债券为重点，以金融债、地方债、私募债等为重要支撑，以资产证券化创新发展和债券衍生品适度发展的市场格局。在纵向上，建立以市场化机制为基础，以统一互联共融市场为突破口，以完善市场组织体系、健全市场参与主体、拓展债券市场品种、发展债市交易工具以及加强市场监管体制为抓手，深化债券发行制度、市场监督机制建设、定价机制、登记托管机制、交易清算体系、破产偿债机制以及资信评价、社会监督及信息披露等制度的改革，以建立一个完善的债券市场基础设施和生态环境。

2. 构建多层次债券市场体系：市场的维度

正如上文所言，在横向发展的角度上，主要是构建一个以国债市场为核心，以公司债券为重点，以金融债、地方债、私募债等为重要支撑，以资产证券化创新发展和债券衍生品适度发展的市场格局。笔者认为，为了建立一个内生性金融市场体系，多层次的债券市场更多要服务于宏观政策的现实需要和内在融合，要服务于实体经济融资需求的满足并降低融资成本，要服务于整个财税体系改革发展和现实需求，并不断创新促进多层次债券市场的发展。在这个大的背景下，构建多层次债券市场体系未来3—5年最为重要的发展任务是：发展国债、公司债、地方债，大力推进资产证券化创新。

第一，国债。一直以来，国债市场是发达经济体资本市场特别是债券市场的基础市场和核心市场。一定意义上，国债市场发挥了核心金融市场的功能，这不仅在于债券市场发端于政府债券，更为重要的是，国债市场体现了政府信用，在一个经济体内部可以视为无风险资产市场。在市场化机制下，国债市场为整个金融体系提供基准利率和交易基准，其形成的国债收益率曲线在金融体系中发挥了基础性支撑作用。同时，从宏观角度出发，国债市场是连接财政政策与货币政策、实现公开市场操作以及判断经济金融发展趋势的基础市场。

1981年中国重启国债发行市场以来，中国的国债市场经历了30多年的探索与改革，目前国债和国债市场已经和财政预算体系、金融市场发展和国民经济发展等相互融合，但是，中国的国债市场目前仍然无法承担金融市场体系的基础市场的责任：一是国债市场规模整体有限，流动性较一般，无法形成合理的国债收益率曲线和基准利率；二是国债期限结构不合理，主要是以中期国债为主，既缺乏长期国债，又缺乏真正的短期国债，使得国债市场期限结构被扭曲；三是国债品种结构单一化，券种结构单调，关系明晰程度差，用途不明确；四是国债收益率定价市场化程度低，在发行市场定价受制于银行部门的绝对影响力，在流通市场则受制于交易机制市场化水平较低；五是国债市场的衍生品市场仍在初步发展阶段，风险对冲机制不健全。

发展多层次债券市场，国债市场是核心，应该强化以下几个方面的基础工作：其一，适度扩大国债发行规模，特别是要完善国债滚动发行机制，增加发行数量，特别是增加长期国债的发行规模和关键期国债的发行数量，以形成较为完整的基准收益率曲线；其二，完善国债市场结构，特别是品种结构、期限结构、利率结构等，拓展国债的法定用途，形成品种丰富、期限合理、利率定价清晰、用途较广的国债市场结构；其三，建立市场化运行机制，在发行和流通环节都强化市场化机制，实现定价和交易的完全市场化；其四，强化基础设施建设，如信息披露、交易托管结算、余额整合机制等的建设；其五，适度发展衍生品市场，特别是国债期货等。

第二，公司债。公司债在发达经济体企业部门融资中具有基础性作用，是公司资本结构优化、负债结构调整、偿付节奏安排等的基础手段，亦是内生性金融市场体系的重要支撑。在美国、日本、英国等发达经济体中，公司债券基本是仅次于国债的第二大债券品种。公司债券对于企业而言是对信贷、股票发行等融资手段的有效替代，利于满足融资需求；债券融资成本较低，利于降低实体经济的融资成本；信用利差差异性大，可以充分反映信用风险并进行定价，直至引导资金配置，发挥了市场的决定性作用；债券市场的发展还为投资者提供了选择空间较大的固收型金融产品。

由于公司组织方式、业务模式、产品结构、市场地位、资金需求以及信用水平等大相径庭，使得公司债券的产品、期限、利率等结构天壤之别，既有类似利率债信用的大型企业债券，亦有投机级的"垃圾"债券，这决定了公司债券市场是更为多元化的市场，能够满足不同企业的融资需求，更能满足不同层次投资者的投资需求。发展多层次债券市场，公司债券内部的分层具有更大的内涵。

与美、欧、日等发达经济体成熟的公司债券市场相比较，中国公司债券市场虽然取得了长足的进步，但是，整体仍然无法满足企业部门强大的融资需求，无法满足居民和其他投资者多样化的资金投资需求，无法满足资源配置及经济转型需求。目前公司债券市场存在诸多问题：

一是市场分割问题。既有发改委主导审批的企业债，又有证监会审批的公司债，还有人民银行及其业务指导的银行间市场交易商协会单独管理短期融资券、中期票据、超级短融券、私募债券等。

二是市场化程度有待改善。目前，发改委、证监会等主导的企业债和公司债都要经过严格的审批，人民银行体系下的公司债券发行依然具有审核制的本质特征，这是债券市场化需求受到了行政性抑制。在这个框架下，使得债券发行成为一种"特权"，从而债券发行市场的定价机制被进一步扭曲。

三是规模整体有限，流动性较差，如果扣除国有企业为主要发行人的企业债之外，私人部门作为发起人的公司债规模则更小，2013年交易所发行公司债和中小企业私募债发行量2717.3亿元，占债券市场发行总量的3.12%。

四是信用利差定价机制不合理，刚性兑付问题凸显，市场化退出机制有待完善。由于资信评级机构的恶性竞争、发起人信息处理以及多种形式的增信，使得公司债的评级较高，没有反映企业应有的信用风险。同时，由于考虑到融资的可得性和可持续性，绝大部分公司债并未按市场化机制来处置潜在的违约风险，持续存在刚性兑付，使得市场化退出机制无法实质建立起来。

第三，地方债。在许多发达经济体和发展中国家，地方政府是具有发行地方政府性债券以解决地方财政预算失衡，服务地方基础设施建设和经济社会发展职责。虽然，整体规模相当于国债而言要小很多，但是，地方债已经成为国外很多经济体地方政府较为普遍的融资方式。从理论上说，地方债券市场是一个经济体政府公债制度的有机组成部分，举债权是分级分税财政体制下各级政府应该具有的基本权利，是事权与财权匹配的一种基础制度性安排。从实际需要看，赋予地方政府举债权利，发展地方政府债券市场，将更好地促进地方政府公共服务职能发挥，有利于地方经济社会的发展。

国内债券市场中，地方债券市场发展缺乏法律基础。在 1994 年实行分税制改革之后，1995 年开始实施《预算法》，该法规定：除法律和国务院另有规定外，地方政府不得发行地方政府债券。[①] 从法律意义上，目前国内地方债市场基本是空白。

从实践角度出发，目前法律上不允许地方政府发行债券融资，但是，客观上已经形成了以平台债等迂回方式进行的地方政府发债模式，这个模式在金融危机之后迅速发展起来。21 世纪初期以来，中央政府代发地方债券、绕道外债发行、平台债券、通过信托模式等已经成为地方政府债券融资的重要渠道，特别是全球金融危机以来，四万亿经济刺激计划要求地方配套超过 2.8 万亿元，中央政府允许地方政府通过地方融资平台举债融资，平台债呈现爆发式增长态势。2013 年政府融资平台债券发行规模为 8286.3 亿元，2013 年年末存量政府融资平台债券规模为 2.37 万亿元（中债资信，2014）。

在分权分税财政体系下，地方政府为了匹配事权和财权，通过发行债券进行融资是一个较为基础的制度安排。目前，国内由于预算法的约束，使得地方债券市场法律意义上是处于空白状态，但是，实质性的地方债券市场已经初步发展起来。为了保障分税制的可持续发展和中央地方财权关系的厘清，允许地方政府通过举债来应对财政失衡和经济社会发展任务是未来改革的一个重点领域。一是修改《预算法》允许地方政府发行债券进行融资，以消除地方政府举债和地方政府债券市场发展的法律约束。二是在摸清地方政府债务规模、结构、风险等基本情况的基础上，深化地方政府债券发行的制度安排和顶层设计，建立规范化、市场化的地方政府发债机制，对发行规模、资金用途、偿付准备、发行主体、发行方式、利率及期限结构、交易结算、监管协调等做出整体规划和原则指引。三是完善地

---

① 在新中国成立之后一段较长时间内，地方政府发行债券并没有受到法律限制。1958 年 4 月，中央政府甚至发布了《关于发行地方公债的决定》，即从 1959 年起，全国性公债发行停止，地方政府在必要时可以发行地方建设公债。

方债务风险及地方债券风险的处置机制。建立地方政府债务风险监测预警指标体系,加强地方政府债券发行流通管理,重点防范定价、交易及偿付风险,建立健全市场化违约机制及投资者保护机制(见表8-1)。

表8-1　　　　　　近年来中国政府融资平台债券发行情况

年份	发行只数(只)					发行规模(亿元)				
	企业债券	中期票据	短期融资券	PPN及其他	合计	企业债券	中期票据	短期融资券	PPN及其他	合计
2008年之前	65	—	44	—	109	792.50	—	621.50	—	1,414.00
2008	24	1	24	0	49	404.00	30.00	306.00	0	740.00
2009	117	22	23	0	162	1734.00	751.00	336.00	0	2821.00
2010	119	40	34	0	193	1584.00	666.00	515.00	0	2765.00
2011	139	62	36	5	242	1776.00	942.00	416.10	130.00	3264.10
2012	394	130	65	73	662	4681.00	1750.10	780.20	1034.80	8246.10
2013	290	121	105	136	652	3583.80	1742.16	1433.80	1536.50	8286.26
合计	1148	376	331	214	2069	14555.30	5881.26	4408.60	2691.30	27536.46

资料来源:中债资信。

第四,资产证券化债券。资产证券化经历40多年的发展历程,已经成为发达经济体公共部门和企业部门融资的重要渠道之一。1970年美国政府国民抵押贷款协会(Government National Mortgage Association,吉利美)首次发行以抵押贷款组合为基础资产的抵押支持证券,开创了第一个资产证券化产品,其后资产证券化逐渐成为一种被广泛采用的金融创新工具而得到了迅猛发展。

资产证券化最为本质的特征是,资产证券化可以将具有共同特征的贷款、消费者分期付款合同、租赁合同、应收账款或其他不流动的资产,包装成可以在市场上交易的、具有投资特征的带息证券(法博齐,2011)。资产证券化可以突破融资主体信贷可得性、信用等级、企业规模等融资资格限制,通过信用增级等方式可以以较低的成本筹集资金,同时资产证券化可以有效地分散筹资风险,而且,资产证券化以直接融资的方式通过提高资产流动性可以为资产管理提供多样化的基础资产,使得融资人和投资人都受益。最后，通过资产证券化，可以将金融部门或特定部门如房地产部门的信用风险、利率风险以至系统性风险进行转移、分散及再配置。

在美国，如果将抵押贷款支持证券、资产支持证券等所有资产证券化产品加总，其占比甚至超过公司债券和国债，1998年美国抵押贷款支持证券和资产支持证券的规模分别为2.96万亿美元和0.73万亿美元，而国债余额为3.34万亿美元（何德旭等，2007），资产证券化产品余额在美国首度超过国债，成为美国债券市场上占比最大的债券品种。虽然各个发达经济体资产证券化发展差异性较大，资本市场主导型的美国和英国其规模占比较高，但是，银行主导型的资本市场体系的重要性也大大提升，目前，资产证券化产品已经是发达经济体债券市场中与国债、公司债并行的三大债券品种。

资产证券化在中国处于一个极其初步的发展阶段，目前主要是以信贷资产证券化为主导。2005年4月20日人民银行与银监会联合发布《信贷资产证券化管理办法》，以信贷资产证券化作为国内资产证券化发展的突破口。当年12月8日国家开发银行和中国建设银行在银行间市场试点发行总规模为71.94亿元的资产支持证券。2005—2008年信贷资产证券化作为国内资产证券化的突破口获得了多层次的政策支持，发展较为迅速，整体趋势良好，至2008年年底信贷资产证券化产品发行规模累计达到667.83亿元（安国俊，2013）。但是，由于美国金融危机的爆发，资产证券化被认为是美国金融体系杠杆率提升、脆弱性累积和系统性风险爆发的根源之一，2009年年底银监会警示信贷资产证券化风险之后，该业务基本处于停滞状态。直到2011年，国务院同意继续开展信贷资产证券化。截至2014年5月末，国内共计23家金融机构在银行间市场发行43单、规模累计1793亿元的信贷资产证券化产品，但是，目前信贷资产证券化市场甚小，占整个债券市场票面价值总额仍低于1%（邹晓梅等，2014）。

发展资产证券化产品和相关市场，是构建多层次债券市场体系的重要内容。一是建立健全资产证券化发展的法律及规范体系，将以信贷资产证券化为主导的法律框架逐步扩展至范围更广的抵押贷款和资产支持证券化等产品，缓解资产证券化发展的法律约束。二是强化资产证券化发行的专业性支撑体系，注重现金流管理与重组、基础资产构建、资产剥离与真实出售、破产隔离制度建立以及信用增级及信用评级等。三是健全资产证券化的运行机制建设，建立合格受托人制度，完善发行机制，建立统一的交易市场，健全相关会计处理制度以及相关的税收制度等。四是建立健全资产证券化的风险处置和监管制度。资产证券化是"盘活存量"最为有效的方式之一，将不可流动的资产变为可流动资产，将分散的资产集中为基础资产，将未来的现金流折现为当期支付，各种环节的创新同时蕴藏着诸多风险，需要强化信息透明、风险管控和有效监管等基本原则，防范出现美国资产证券化过程中出现的区域性和系统性风险。

3. 中国多层次债券市场的构建：基于制度的视角

中国债券市场发展暂时无法充分满足匹配经济发展模式转型需求，无法充分满足资金所有人与资金需求者之间的匹配性，无法有效降低实体经济资金配置成本并提高效率，除了上述市场结构不完善之外，更为基础的根源在于中国债券市场的体制机制存在诸多的约束（时文朝，2011），从制度视角出发，中国多层次债券市场构建更加任重道远。

第一，建立统一监管框架。对于中国债券市场而言，最为基础的体制机制制约在于债券市场是一个"五龙治水"的格局，存在多头管理的混乱局面。缺乏统一的监管体系，对于建立多层次资本市场的约束是极为明显的，最为主要的是缺乏统一的监管框架和最终责任主体，使得各个监管机构各自为政，无法构建多层次债券市场发展的整体战略、目标、规划以及具体的实践操作。这使得债券市场发展缺乏方向性的指引。

在完善金融市场体系中，基于分业和机构监管的模式已经无法适应混合化经营的发展趋势。特别是美国金融危机之后，地方政府融资平台债券、公司债券、非标准资产及其证券化等迅速发展起来，并形成了规模巨大的影子银行体系，甚至银行部门亦被关联进来，形成"银行的影子"，债券市场体系的综合化发展趋势表现更为明显，比如公司债、企业债、中票、短融及超短融，以及私募债等本质上都属于公司债券，但是，其内在的风险本质及其外溢效应则大相径庭。"五龙治水"的分割监管体系，将难以实现对跨界经营的风险管控，风险的内部关联性将日益强化，系统性风险将逐步累积。

政府应该强化债券市场监管主体的整合，构建统一的债券监管体系：一是彻底打破多头管理的混乱格局，成立国家层面的债券市场监管实体机构，整合目前相关监管主体的监督职能，并承担行业规范发展的相应职能，长远目标是建立一个统一、权威、高效的监管体系。二是如果无法成立超越数个监管主体的债券监管机构，那应该强化监管主体的内部协调机制，坚持统一化、整体化和标准化监管标准，建立全面、严格、清晰的监管制度和指标体系。三是中央政府应该尽快出台债券市场发展的相关规划、目标指引、监管基准以及相关监管机构的职能。

第二，场外市场体系。国内债券市场已经经历相对不规范的场外交易、交易所场内交易以及银行间场外市场三个阶段。从国外的经验看，场外市场是最为基础和核心的市场，从中国债券市场发展轨迹看，其最初建立债券市场主要也是借鉴国外的场外交易模式，但是，当时国内缺乏相关的基础设施配套特别是统一的托管结算体系，使得在国外普遍实行的场外交易模式在中国发展成为一个乱象丛生的"欺诈"市场，迫使政府不得不将场外交易转为交易所场内集中交易，并将商业银行"驱逐"出交易所市场。直到1997年银行间市场建立起来之后，统一的托管结算体系不断完善，银行间场外市场才日益发展起来，特别是2004年之后，债券市场发展获得更好的政策环境，随着短期融资券、中期票据、平台债等金融创新发展起来之后，银行间市场已经成为中国债券市场的核心市场，债券余额占整个市场的比重超过90%。

银行间债券市场的改革与完善是多层次债券市场体系构建的重大基础环节，如何与交易所市场相互联通和统一，如何完善非银行机构债券券款对付机制，如何建立中央对手方机制，如何建立完善做市商制度和经纪业务框架，如何培育发展多元化的机构投资者，如何将银行间市场建设成为一个多元而统一的场外市场，这些都是未来改革的重大任务。

第三，资信评价机制。在债券市场的发展中，债券作为一种标准化产品，其信用风险的衡量和评价遵循了一般性标准，其信用风险一般引入市场化评价及监督机制来进行，即采用信用评级来对债券产品进行信用风险相关的评价。债券信用评级是以一套标准化的指标体系作为基础，对债券发行人的偿付能力及意愿等进行全面、客观、公正且独立的评价（债券研究会，2007）。债券信用评级机制清晰明了限制债券发行人的信用风险，是发行人融资成本的基础，亦是发行人的信用约束；该机制有利于促进债券发行人、投资者及监管者的信息透明和沟通效率，能够有效地解决债券市场发行和交易中的信息不对称问题；债信评级有利于投资者进行信用风险评估以做出投资决策，亦有利于监管层进行分类管理和有效监管。债券信用评级机制已经成为发达资本市场重要的基础设施之一。

20世纪90年代，随着债券发行主体多元化和信用风险差异化发展，国内信用评级作为一种基础支持机制开始发展起来，1997年人民银行批准了9家评级机构的企业债券资信评级资格。2004年后，由于非政府信用债券迅猛发展起来，信用评级的重要性和迫切性日益提升，评级体系得到进一步的发展，目前已经初步建立了债券信用评级体系。

但是，作为初步发展起来的债券评级体系，目前仍然存在较多问题：一是外部信用评级对信用利差的反映仍然不充分，其对定价的基础支撑作用仍未发挥实质性作用。比如大类公司债券的评级多集中在AA—AAA级。二是信用评级整体仍然缺乏统一的规范及标准，缺乏国家层面的、适应中国国情的信用评级体系框架、原则指引及指标体系等。三是信用评级机构之间的竞争较为激烈，导致机构间的利益冲突，并明显影响评级结果独立性。四是发行人存在明显的等级招标现象。发行人对评级的招标不是根据评级机构的独立性和权威性，而是注重评级机构能够给予的信用评价等级。

为了健全国内信用评级机制，相关监管部门应该从国家层面出发建立健全信用评级准入条件、指标体系、评级方法、评级流程、评级人员以及数据处理等的基本规范，同时，应该健全监管机制，规范评级机构恪守独立、客观、公正的评级原则，甚至可以要求评级公司公开评级程序和方法，健全信息披露制度。最后应该对评级公司进行"再评级"，健全市场化退出机制，以提升评级机制的权威性和公信力。

第四，市场化违约机制。国内债券市场发展经过30多年的发展，已经成为资本市场的基础组成部分，但是，债券市场目前本质上还不是一个完全市场化运作的机制，除了政府主导、历史问题和发展路径等因素外，至今债券市场尚未建立一个市场化的违约机制，中国债券市场鲜有违约，而存在一个"刚性兑付"的怪圈。目前，债券市场缺乏一个债券本息无法按期偿付导致的违约处置机制。

在发达经济体成熟债券市场上，企业信用债券违约是常有的事情，2007—2011年美国企业债市场发生400多例违约。在信用风险市场化定价机制中，违约应该是必然的事件，同时违约也是信用风险市场化定价机制发挥作用的必要条件。"中国式"刚性兑付最大的问题就是使得信用风险的市场化定价机制无效或低效，市场在风险定价中并没有发挥决定性作用，从而使得部分投资者过度地承担风险，部分债券发行主体存在着道德风险，是扭曲市场机制、抑制市场效率的怪现象。

对于中国债券市场及金融体系发展与稳定来说，更重要的任务是建立健全市场化违约的长效机制。一是应该完善金融市场的风险定价机制，不同机构的信用风险利差应该在各种市场中得到充分反映，风险市场化定价是基础。二是建立健全市场化违约机制，让债券发行人、承销人以及投资者都承担相应的市场化收益及潜在的市场化违约风险，市场化违约是核心。三是构建市场化违约的善后处置机制。比如违约之后的清偿率、潜在的重组、第三方救助以及债券担保物处置及分配方案等。是否事前引入"破产遗嘱"并按此进行事后的市场化违约处置等，是否可以进行相应的债券收购，如何设计破产后的清偿顺序等都是极为重要的问题。四是完善市场化违约的信息披露机制，信息透明是润滑剂。五是市场化违约后相关利益主体的安排处置机制。

第九章

建立多层次股票市场体系

股票市场是中国直接融资体系的重要组成部分。鉴于经济发展水平的多层次性、各家企业经营运作状况的多层次性、众多投资者的多层次性等，同时，鉴于企业和投资者的股市选择权、股市运作的风险管理和市场效率的多层次性等要求，发达国家股票市场一般体现出多层次性特征，即特定市场仅为特定发行人和投资者服务，各市场既独立运作又相互联系，共同履行股票市场功能。2000年以来，在政府、监管机构和各市场主体的共同努力下，中国初步形成了由主板、中小板、创业板、全国中小企业股份转让系统和地方股权（产权）交易场所构成的股票市场体系。这一股票市场体系为不同类型的企业发行股票和投资者开展投资活动提供了便利，但它距离中国经济发展的需要仍然有不小的距离。具体表现为服务企业数量偏少，股市基本属于单一层次，部分市场交易不活跃等。建立多层次股票市场，需要调整原有的"政府办市场"思路，逐步放开建立股票交易场所管制，积极利用网络交易平台活跃股票投融资活动，增强证券经营机构实力，强化证券经纪功能。

第一节 中国多层次股票市场运行现状

中国股票市场是伴随着国家改革开放进程逐步发展起来的。1980年1月，辽宁省抚顺市红砖厂面向企业发行280万股股票，这是改革开放后最早的一次股票发行。此后，1984—1986年间国家对少数集体企业和国营小企业进行股份制改革试点，"天桥百货"、"延中实业"等作为试点企业，改制成为股份公司。股份公司发行股票数量的增加,产生了股票交易需求。1986年6月,沈阳市信托投资公司开办代客买卖股票业务。同年工行上海信托公司静安营业部对"飞乐音响"、"延中实业"等公司股票提供柜台挂牌交易,此后一些地方和金融机构又陆续创办了地方性股票柜台交易市场,这是中国股票市场发展史上OTC市场的最早尝试。在地方股票市场试点的基础上,1990年和1993年,国家有关部门主办的全国性证券市场——证券交易自动报价系统(STAQ系统)和全国电子交易系统(NET系统)正式投入运行。随着四川成都"红庙子"市场的兴起,以及深圳"8·10"事件发生,股票市场无序发展和监管缺失问题日益突出。1992年10月国务院设立证券委员会和中国证监会,专门负责证券市场发展与监管,股票市场规范发展阶段正式启动。1990年就已设立的沪深交易所成为主体市场,各地股票市场被陆续清理取缔,1999年STAQ系统和NET系统停止运行。

  1998年12月,新中国首部《证券法》颁布施行,这部法律对于证券发行和证券交易都做出了原则性规定,成为促进中国股票市场健康发展的根本大法。2000年以后,随着信息技术和生物工程等新兴科技企业的兴起,创业企业融资需求日益增多,设立创业板的呼声渐高。但由于创业板在各国的实践结果参差不齐,其对主板市场的负面效应也难以估计,因此当时的管理层没有直接做出决定,而是在2001年3月,由监管机构主持设立了全国性代办股份转让系统(即三板市场),由各证券公司负责代办针对非上市公司的股票交易。2004年又在深圳交易所设立了中小企业板,强调其为中小企业服务的功能,但是中小板的上市标准和交易规则同主板市场并没有明显区别。2005年以后,随着主板市场股权分置改革的完成,以及股票市场活跃度的提升,设立创业板的时机逐步成熟。2009年6月,深圳证券交易所正式开办创业板,其股票上市标准同主板市场有所区别,但交易仍然同主板和中小板股票一样采用电脑自动撮合交易系统完成。2012年9月,在原代办股份转让系统的基础上,监管机构主持设立了全国中小企业股份转让系统(即"新三板"市场),该系统为非上市中小企业提供股份转让服务,对挂牌企业没有明确的财务性要求,提供协议转让、做市商做市和集合竞价等多种交易机制。除此之外,近年来陆续新成立和改制的区域性股票交易中心数量众多,挂牌企业不断增加,但总体上区域市场在市场规模、交易活跃度和定价影响力等方面,同交易所市场仍有比较大的差距。

  中国股票市场基本是在监管机构的有序组织和监管下进行的,沪深交易所是股票市场主体，绝大多数股票交易通过电脑自动撮合系统成交，实行统一结算。自两个交易所成立以来，股票市场规模逐步扩大。上市公司从最初的8家，增加到2013年的2489家。流通股数量从5000万股增加到3万亿股，流通市值从9.8亿元增加到20万亿元，股票账户突破1.3亿户。市场交易量同期持续放大，2013年沪深市场股票成交超过24亿笔，交易量4.8万亿股，交易额46万亿元。2005年4月，国家决定启动股权分置改革，通过上市公司股东自主决策方式，将历史遗留的大量非流通股转为流通股，从根本上解决困扰中国股市多年的股权分置问题。在监管机构周密部署以及各市场主体特别是广大投资者的积极配合下，股权分置改革顺利推进。截至2013年年末，改革已累计解禁非流通股4500亿股，而且没有引发大规模减持股份的现象，通过二级市场被减持的股份有600亿股，仅占13.3%。股权分置改革以后，中国股票一、二级市场迅速回暖，加之外部经济环境的配合，市场活跃度明显提高，新上市公司数量、流通股总量和交易量明显增加（见图9-1和图9-2）。

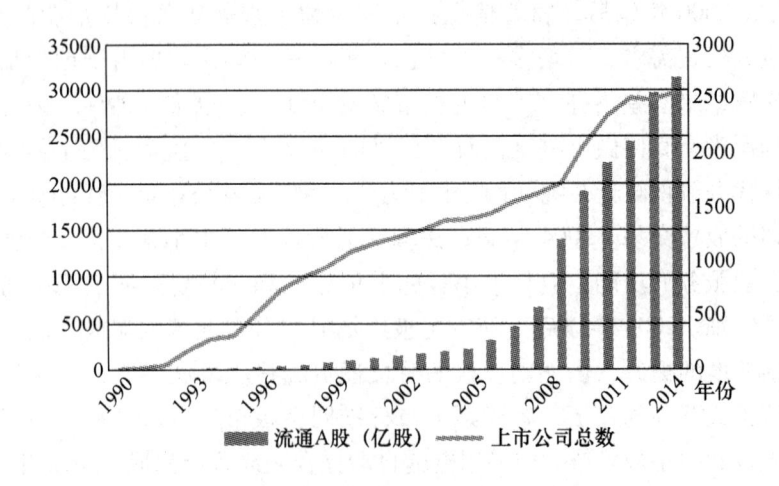

图9-1 中国股票市场规模历史趋势

数据来源：Wind资讯数据库。

在沪深交易所市场，A股上市公司分布在主板、中小板与创业板三个板块。其中主板市场是股票市场的主体部分，拥有上市公司1400余家，流通股2.7万亿股；中小板上市公司700家，流通股2000亿股；创业板上市公司350余家，流通股430亿股。从板块规模来看，尽管主板市场的流通股数量

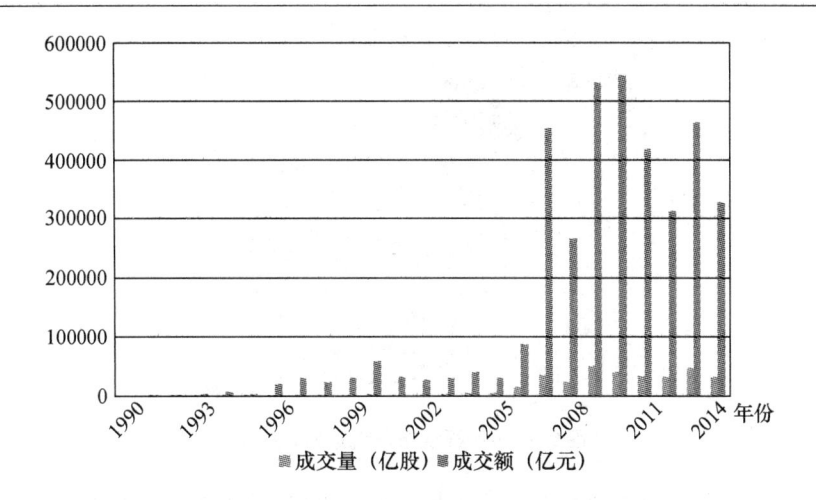

图 9-2 中国股票市场交易量历史趋势

资料来源：Wind 资讯数据库。

占到全市场 80% 以上，但是相应的流通市值则仅占约 83%。中小板市场和创业板市场的流通市值占比远超其流通股数量占比。表明在总体上中小板和创业板市场估值要高于主板市场。有的研究人员将此归结于市场投资者对中小上市公司的炒作，但这种现象已经持续了相当长一段时间，我们将在后文说明。总体而言，中小板和创业板上市公司质量要优于主板上市公司，因此这两个板块的上市公司估值高于主板上市公司，是市场投资者理性决策的结果（见图 9-3 和图 9-4）。

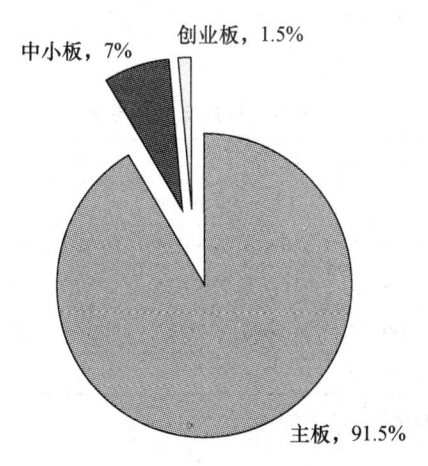

图 9-3 各板块市场流通股占比

资料来源：Wind 资讯数据库。

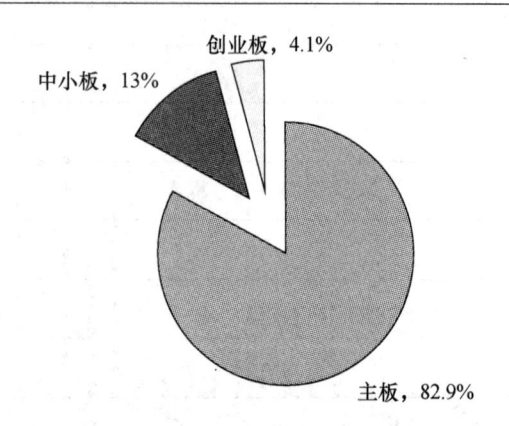

图 9-4　各板块市场流通市值占比

　　主板、中小板和创业板市场采用了统一的交易机制，即以电脑自动撮合交易为主、协议交易为辅的交易机制。主板和中小板市场对于投资者资格没有特别限制，创业板市场则要求投资者应当是成熟投资者，具有一定的风险承受能力，并且需要通过主办券商的测试。因此相较于主板和中小企业板投资者而言，创业板市场投资者数量略少，账户数量约为 2300 万户[①]。近年来，主板市场总成交量和成交金额稳居各板块市场首位，中小板和创业板的交易规模也在迅速放大。从换手率情况看，中小板和创业板股票换手率远远超过主板（见表 9-1），其中创业板在 2013 年的换手率超过 900%，中小板接近 500%。不仅超过了主板市场，而且在世界范围内也是不多见的。高换手率一方面反映了投资者的短期持股倾向，另一方面也说明中小板和创业板市场在现有交易机制下，可以实现较好的流动性。

表 9-1　　　　　　　　各板块市场历史交易数据

年份	成交量（亿股）			成交金额（亿元）			换手率（整体法,%）		
	主板	中小板	创业板	主板	中小板	创业板	主板	中小板	创业板
2010	36649.5	4043.1	399.1	433498.6	85592.3	15675.2	251.2	769.9	1754.4
2011	28661.4	3708.7	753.5	325469.8	68675.0	18720.0	151.1	410.5	728.9
2012	25553.9	5039.0	1464.5	224106.6	61464.9	23117.0	121.3	398.5	753.6
2013	36074.7	8175.4	2998.3	310393.3	99313.6	50665.4	148.5	479.0	905.5

资料来源：大智慧数据库。

---

①　资料来源：中国证券登记结算公司。

除交易所市场外，全国中小企业股份转让系统自2013年1月起正式开市交易。该系统主要接纳高新技术企业和"两网"公司及交易所市场退市公司的股票挂牌交易，被称为"三板"市场。据万得咨询统计，截至2013年年末有超过1112家企业股票在此系统内挂牌上市，总流通股本接近40亿股，流通市值200亿元。这些企业主要是来自各地高新技术产业园区的科技型中小企业。其中采取协议转让方式的有1068家，做市转让方式的有44家。股份转让系统对于投资者要求较高，其中机构投资者的注册资本需在500万元以上，个人投资者需拥有超过500万元的证券资产，并且证券投资经验超过2年。上述标准远超交易所市场，这使得股份转让系统成为以机构和少数富裕群体为主要投资者的场外市场。这一市场中的交易以协议转让为主，因此它实质上还是一个报价系统。国际经验表明，在投资者数量较少的报价市场上，除非以大宗交易为主，或者有积极的做市商参与，否则市场活跃度将会受到限制。这一经验在股份转让系统得到印证。2013年该市场以协议转让方式成交1.54亿股，交易额5.6亿元；以做市转让方式成交仅2600万股，交易额1.3亿元。2014年前8个月，这一市场的交易活跃度有所提高，但整体而言仍然同交易所市场有较大差距。

全国各地的股权交易中心构成了中国多层次股票市场的基础层级，也被称为"四板"市场。这些区域性股权市场的特点是由地方政府组织运营和监管，分布相对分散；挂牌企业以本地企业为主，同时也吸收外地企业参加。据万得咨询统计，到2013年年末有超过12000家企业股权在17个省市的股权交易中心挂牌。其中运营比较成功的上海、深圳前海和山西股权交易中心，已有超过1000家企业挂牌。浙江、重庆等股权交易中心还根据企业发展的不同阶段，细分出"成长板"、"创新版"等子市场。

综上所述，中国股票市场实行一个交易规则，即A股交易规则。从交易所内部市场角度，可以分为主板、中小板和创业板市场三个板块；从全国股票市场角度又可以分为交易所市场、全国性中小企业股份转让系统和区域性股权交易市场三个层面的市场。这些市场形成了中国的股票市场体系，共同为各类型企业和投资者提供股票发行和交易服务。

多层次市场是发达国家股票市场发展的一般趋势。比较典型的如美国纳斯达克市场、东京证券交易所和伦敦股票交易所等。对于股票交易所的组织者而言，为投资者提供低成本的交易机会，是其核心运营目标，因此，具有独立经营权的交易所往往会在市场内通过建立不同的交易规则来设立多个交易系统，为具有不同流动性特征的股票提供有针对性的报价和交易服务，以提高市场整体运营效率。一般来讲，业绩稳定、公司治理规范、信息披露质量较高的大盘股票，通常会具有较好的流动性，这一类股票的一般交易通过电脑自动撮合系统就可以完成；业绩波动较大、公司治理不完善和信息披露质量不高的中小型企业股票，由于投资者独立估值存在困难，因此，交易不如大盘股活跃，需要借助做市商或者协议交易机制来完成交易。当然，流动性较好的股票如果需要进行大宗交易，也可能需要做市商或者协议交易机制的辅助。

我们将沪深交易所2013年的交易数据与主要国际交易所进行比较，发现尽管两个交易所的市场规模同发达市场相比仍有一定差距，但其换手率则远高于多数发达市场（见表9-2和表9-3），表明沪深市场现行交易机制是有效的。同多数交易所一样，沪深交易所主要依靠电脑撮合交易系统完成交易，协议交易数量和金额都比较小。在这一点上，美国市场有所不同，其中纳斯达克市场有54.8%的交易，纽约股票交易所有15.7%的交易是通过协议方式完成的。其原因可能是美国股票市场有更强的包容性和国际性，因此，部分低流动性股票也被纳入其中，但针对这些股票的交易和部分大宗交易则需要通过协议方式来完成。在观察各国股市协议交易时还可以发现，中国股市协议交易的单笔金额最大，深交所单笔协议交易金额达到360万

表9-2　　　　　　　　　　2013年世界主要交易所交易状况

市场类别	成交额（百万美元）			总市值	市场换手率
	电脑撮合交易	协议交易	合计		
纳斯达克市场	9584742.2	17058912.0	26643654.2	6084969.7	437.9%
纽约交易所	13700450.5	1608273.2	15308723.6	17949883.8	85.3%
东京交易所	6304927.5	648581.1	6953508.6	4543169.1	153.1%
香港交易所	1323373.3	0.0	1323373.3	3100777.2	42.7%
上海证券交易所	3731128.9	14883.8	3746012.7	2496989.9	150.0%
深圳证券交易所	3858509.0	27391.4	3885900.5	1452153.6	267.6%
新加坡交易所	280926.0	0.0	280926.0	744413.2	37.7%
台湾证券交易集团	623950.4	9590.2	633540.6	822707.4	77.0%
德意志交易所	1334544.9	42322.8	1376867.7	1936106.3	71.1%
欧洲交易所	1661878.3	54498.9	1716377.2	3583899.7	47.9%

资料来源：世界交易所联合会（WFE）。

美元，表明协议交易机制在中国股市主要用于处理大宗交易。而纳斯达克市场和纽约交易所的每笔协议交易金额仅为 1.3 万美元和 7200 美元，说明美国股市普通投资者采用协议交易机制的情况比较普遍，协议交易的主要功能是提高市场整体流动性，而不仅仅是处理大宗交易。

表 9-3　　　　　　　　2013 年世界主要交易所交易状况（续）

市场类别	电脑撮合交易		协议交易	
	交易笔数	平均每笔交易额（美元）	交易笔数	平均每笔交易额（美元）
纳斯达克市场	1151817991	8321.4	1363750063	12508.8
纽约交易所	1187799850	11534.3	222011970	7244.1
东京交易所	179451202	35134.5	—	—
香港交易所	599091480	2209.0	—	—
上海证券交易所	1153367000	3235.0	—	—
深圳证券交易所	1289434940	2992.4	7590.0	3608885.9
台湾证券交易集团	171672405	3634.5	5016	1911925.5
德意志交易所	104079614	12822.3	205899	205551.3
欧洲交易所	168811399	9844.6	159879	340876.0

资料来源：世界交易所联合会（WFE）。

综合前文分析，中国股票市场上市公司数量逐年增加，市场规模不断扩大，投资者数量众多，交易保持活跃。主板、中小板和创业板市场具有良好流动性，统一的股票交易机制可以较好地满足市场交易需求。同世界其他股票市场相比，中国股市具有明显的流动性优势；与美国市场相比，协议交易机制的重要性较小。

第二节　中国股票市场优势的根源
——上市公司视角

数量众多的投资者，良好的流动性，体现出中国交易所股票市场相对于其他国家市场的优势。中国市场优势的根本原因是什么？本部分将从各板块市场上市公司的视角，研究市场优势存在的基础，以及进一步的改革方向。

多层次股票市场的形成基础是各层次市场分别为不同的上市公司和投资者服务。根据欧美成熟市场经验，市场分层的主要依据是上市公司特征差异。以公认比较成功的美国纳斯达克市场为例，其细分市场的第一层级纳斯达克全球精选市场、第二层级纳斯达克全球市场和第三层级纳斯达克资本市场，分别为公司规模和交易活跃度依次递减的企业提供上市服务。各层次市场对于上市公司在股东权益、公众持股数量、股票市值、最低股价、经营业绩和股东人数等方面，均提出了要求。但是除少量必须达到的标准外，纳斯达克市场还根据企业发展不同阶段的特点，提供了可选择要求。比如对于在纳斯达克全球精选上市的企业，要求其最近三年累积现金流不少于2750万美元，且各年现金流均为正，最近一年营业收入不少于1.1亿美元，最近12个月平均市值不少于5.5亿美元。但如果企业达不到上述要求，还可以看看是否符合另两组要求：即最近12个月平均市值不少于8500万美元，且最近一年营业收入不少于9000万美元；或者，最近12个月市值不低于1.6亿美元，总资产不少于8000万美元，股东权益不少于5500万美元（见表9-4）。上述三组指标形成相互替代的关系，事实上放宽了企业上市标准。而且为了提高市场交易量，纳斯达克市场在原有做市商制度的基础上，近年来还引入了电脑撮合交易，用以处理大部分交易。尽管如此，到2013年年末在纳斯达克市场挂牌的股票也仅有2800只，做市商112家，平均每只证券有18家做市商。但是这一市场在2013年实现了26万亿美元的交易额，股票换手率接近440%，是世界上最活跃的股票市场。可见一个股票市场的成功与否并不能仅用上市公司的数量来衡量，交易的活跃程度更能体现市场的效率。

由一个市场组织者设立多个层次股票市场（如纳斯达克市场）的成功实例在世界上并不多见，而失败的例子则比比皆是。历史上法国、英国和德国都经历过创业板市场的失败。究其原因，还在于新层次股票市场的建立能否尊重股票市场发展的一般性规律，上市公司应当满足公众投资者对于其经营稳定性、公司治理和信息披露的最低要求。市场组织者如果不顾及投资者要求，为吸引企业上市而过分降低标准，将会造成市场上市企业素质参差不齐，投资者估值、买卖双方因分歧过大难以成交。没有交易的市场将很快会由于高昂的运营成本而不得不关门。

表 9-4　　　　　　　　美国纳斯达克各层次市场股票上市标准

	全球精选市场	全球市场	资本市场
最低股价	4 美元	4 美元	4 美元（满足条件可放宽）
公众持股数量	125 万股	110 万股	100 万股
做市商数量	3	3	3
所有权要求	至少有 550 名股东且过去 12 个月每月交易量不少于 110 万股；或者至少 2200 名股东；或者至少 450 名合格持股人	400	300
市值要求	市值不低于 1.1 亿美元；或者股东权益不少于 1.1 亿美元		
财务要求	最低三年税前利润累计不少于 1100 万美元，且各年税前利润均为正；最近两年每年税前利润不少于 220 万美元		
选择性要求	1. 最近三年累积现金流不少于 2750 万美元，且各年现金流均为正；最近一年营业收入不少于 1.1 亿美元，最近 12 个月平均市值不少于 5.5 亿元	1. 最近一年税前利润不少于 100 万美元或者最近三年中的两年税前利润之和不少于 100 万美元，公众持股市值不少于 800 万美元，股东权益不少于 1500 万美元，至少 3 家做市商	1. 股东权益不少于 500 万美元，公众持股市值不少于 1500 万美元，两年持续经营记录
	2. 最近 12 月平均市值不少于 8500 万美元，且最近一年或业收入不少于 9000 万美元	2. 股东权益不少于 3000 万美元，两年连续经营记录，公众持股市值不少于 1800 万美元，至少 3 家做市商	2. 挂牌证券市值不少于 5000 万美元，股东权益不少于 400 万美元，公众持股市值不少于 1500 万美元

续表

	全球精选市场	全球市场	资本市场
选择性要求	3. 最近12个月市值不低于1.6亿美元，总资产不少于8000万美元，股东权益不少于5500万美元	3. 挂牌证券市值7500万美元以上，公众持股市值2000万美元以上，至少4家做市商 4. 最近一年年末或者最近三年中的两年年末总资产在7500万美元以上，最近一年营业收入或者最近三年中的两年营业收入之和在7500万美元以上 5. 公众持股市值不少于2000万美元，至少4家做市商	3. 最近一年持续经营利润或最近三年中的两年持续经营利润之和不少于75万美元，股东权益不少于400万美元，公众持股市值不少于500万美元

资料来源：www.nasdaqtrader.com。

  中国的主板、中小板和创业板市场在形式上共同构成了交易所多板块股票市场的主体。在上市标准方面，主板和中小板市场采用了相同的上市标准。如果依据四部委2011年颁布的中小企业划型标准，则中小板市场对上市公司"最近三个会计年度营业收入累计超过人民币3亿元"的要求，已经将该市场的服务对象锁定为中型以上企业，小微企业不太可能在此市场上市。创业板市场的上市标准比照主板市场有所降低（见表9-5），但如果用这些标准衡量创业型高科技企业，则多数企业也不属于中型企业范畴。以四部委中小企业划型标准中对于信息传输、软件及信息服务业等行业的划型标准为例，这些行业中的企业如果从业人员在100人以上且年营业收入在1000万元以上即为中型企业，但是创业板市场的企业上市标准对于公司业绩的要求则为最近两年净利润累计不少于1000万元（扣除非经常性损益），或者最近一年盈利且营业收入不少于5000万元。显然，创业板市场的服务对象应当是高科技行业中的大中型企业，而不是初创阶段的中小微企业。值得注意的是，无论主板、中小板还是创业板，制定的上市标准基本是唯一标准，不存在类似于纳斯达克市场的选择性标准，这使得大量仅部分满足上市标准的企业实际上没有上市的可能。这反映出市场规则设计者较强的排他意愿。

表 9-5　　　　　　　　中国股票交易所多板块上市标准

项目	主板与中小板	创业板
盈利能力	最近三个会计年度净利润均为正数且累计超过人民币 3000 万元，净利润以扣除非经常性损益前后较低者为计算依据	最近两年连续盈利，最近两年净利润累计不少于 1000 万元净利润以扣除非经常性损益前后孰低者为计算依据
经营规模	最近三个会计年度经营活动产生的现金流量净额累计超过人民币 5000 万元；或者最近三个会计年度营业收入累计超过人民币 3 亿元	最近一年盈利，最近一年营业收入不少于 5000 万元（本条与上条可相互替代）
净资产	最近一期末无形资产（扣除土地使用权、水面养殖权和采矿权等后）占净资产的比例不高于 20%	最近一期末净资产不少于 2000 万元，且不存在未弥补亏损
总股本	发行前股本总额不少于人民币 3000 万元	发行后股本总额不少于 3000 万元

资料来源：根据中国证监会有关规定整理。

中国股票市场中的主板市场、中小板市场和创业板市场分别制定和执行了较高的企业上市标准。但是根据多层次市场为不同发展阶段的上市公司服务的原则，各市场的交易规则和上市公司的总体质量应当是有区别的，主板市场上市公司应优于中小板上市公司，创业板上市公司质量最低。为验证这一假设，我们本着公司价值最大化原则，从价值创造能力、价值管理能力和价值分配能力三个维度九个方面共 51 项指标，考察了各市场上市公司质量[①]。评价体系结构如图 9-5 所示：

---

① 详见张跃文、王力主编《中国上市公司质量评价报告蓝皮书 2014—2015》，社会科学文献出版社 2014 年版。

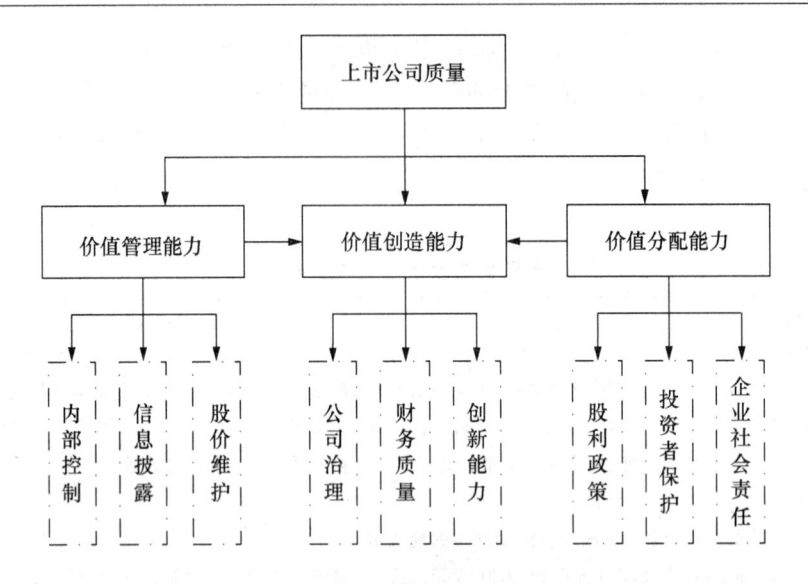

图 9-5 上市公司质量评价体系结构图

我们共评价了 2422 家 A 股市场非金融类上市公司的质量,其中主板上市公司 1369 家,中小板上市公司 698 家,创业板上市公司 355 家。在总体质量上,创业板上市公司平均分最高(62.82 分);中小板上市公司次之(61.51);主板上市公司 56.36 分(满分为 100 分)。

在价值创造能力上,创业板上市公司优势较明显,平均得分为 61.87 分,中小板上市公司平均得分为 55.77 分,主板上市公司平均得分为 51.07 分。(1)在公司治理方面,创业板上市公司平均分最高,为 60.87 分;中小板次之,为 54.68 分;主板最低,为 46.23 分。我们的评价结果与一般认为主板上市公司的公司治理较好的观点不太一致。其中,创业板和中小板上市公司股东对股东大会参与程度明显高于主板,主板上市公司的董事长与总经理的兼任情况少于中小板和创业板,这与主板上市公司资本规模大、股权分散,而中小板和创业板资本规模相对较小、股权较为集中有关。从以持股方式激励高管人员勤勉尽职来看,创业板和中小板上市公司的董事和监事持股明显高于主板,且其股权激励计划多于主板。(2)在财务质量方面,中小板上市公司平均分最高,为 61.29 分;创业板次之,为 59.84 分;主板最低,为 57.89 分。其中,创业板和中小板上市公司的盈利能力、偿债能力和成长能力略好于主板,主板和中小板的营运能力好于创业板。(3)在创新能力方面,创业板上市公司平均分最高,为 64.89 分;中小板次之,为57.34分;主板最低,为49.09分。原因是创业板和中小板上市公司在创新方面的投入明显多于主板,且产出也较多。由此可以看出,在盈利能力和创新方面确实体现了中小板和创业板设立的初衷,但是与主板相比,中小板上市公司的盈利能力和创新能力并不十分突出。

在价值管理能力上,主板上市公司平均分最高,为77.06分,中小板上市公司平均分为76.86分,创业板上市公司平均分为76.64分,三个板块得分比较接近。(1)在内部控制方面,中小板上市公司平均分最高,为86.86分;主板次之,为86.44分;创业板最低,为85.90分。其中在内部控制评价方面,创业板和中小板上市公司在内部控制评价报告的披露、内部控制的质量,以及整改方面,明显好于主板上市公司。但是,在内部控制审计方面,主板上市公司好于中小板和创业板。在合规性方面,主板上市公司也好于中小板和创业板。(2)在信息披露方面,创业板上市公司平均分最高,为91.91;主板次之,为91.85;中小板最低,为90.92分。其中对于信息披露的及时性,主板、创业板和中小板上市公司的季度报告、中报和年报披露都很及时,达到了满分100分。对于信息披露的真实性,创业板和中小板上市公司略好于主板。对于信息披露的准确性,主板和创业板上市公司好于中小板。但是,这三个板块上市公司在会计师事务所对上年(2012年)年报出具了审计意见之后,又进行了财务报告重述的公司占到了一半左右。从这个情况来看,很难说三个板块上市公司的信息披露做到完全真实和准确。(3)在股价维护方面,主板上市公司平均分最高,为52.90分;中小板次之,为52.79分;创业板最低,为52.11分。其中,主板上市公司大股东增持多于中小板和创业板,中小板上市公司高管增持多于主板和创业板。中小板上市公司的回购也多于创业板和主板。

在价值分配能力上,主板上市公司平均得分为44.23分,中小板上市公司平均得分为53.64分,创业板上市公司平均得分为50.89分,主板上市公司的价值分配能力明显低于中小板和创业板。(1)在股利政策方面,中小板上市公司平均分最高,为64.08分;创业板次之,为62.76分,主板最低,为51.66分。其中,创业板和中小板上市公司以现金股利方式回报股东情况要好于主板,但是三个板块的整体分红得分并不高,并且这三个板块的公司章程中对股东回报做出明确规定的少。这说明在没有分红制度保证下,上市公司分红必然不多。不过,由于创业板和中小板上市公司的价值创造能力较强,其分红比率高于主板。(2)在投资者保护方面,中小板上市公司平均分最高，为 88.27 分；创业板次之，为 85.34 分；主板最低，为 79.73 分。相对于主板，中小板和创业板上市公司在投资者知情权和参与权方面的制度建设更完善，在控制权管制方面也优于主板。(3) 在社会责任方面，中小板上市公司平均分最高，为 8.56 分；主板次之，为 7.30 分；创业板最低，为 4.58 分。三个板块的上市公司披露了社会责任的公司都不多，都在 10% 以下，说明三个板块对社会责任的重视程度都不高。不过，相比较而言，中小板对社会责任的重视程度高于主板和创业板（见表 9-6）。

表 9-6　　　　　　　　各板块上市公司质量平均分比较表

项目	主板	中小板	创业板
公司总评分	56.36	61.51	62.82
价值创造能力	51.07	57.77	61.87
公司治理	46.23	54.68	60.87
财务质量	57.89	61.29	59.84
创新能力	49.09	57.34	64.89
价值管理能力	77.06	76.86	76.64
内部控制	86.44	86.86	85.90
信息披露	91.85	90.92	91.91
股价维护	52.90	52.79	52.11
价值分配能力	46.23	53.64	50.89
股利政策	51.66	64.08	62.76
投资者保护	79.73	88.27	85.34
企业社会责任	7.30	8.56	4.58

根据各市场上市公司质量的评价结果，可以初步形成一个结论，即无论是企业经营业绩，还是公司治理、股利政策和投资者保护等非财务特征，创业板上市公司和中小板上市公司总体上都要强于主板上市公司。特别是一般认为中小板上市公司和创业板上市公司的经营业绩要弱于主板上市公司的观点，没有得到我们的评价结果支持。以上分析表明，各市场上市公司无论是在经营业绩还是整体质量上，都没有体现出明显的层次性特征，或者说并没有体现出市场参与者所期望的层次性特征。上市公司的层次性差异并不明显，导致参与各层次市场的企业和投资者类型趋同。对于国内

多数企业而言，由于难以满足要求而无缘上市融资渠道；对于投资者而言，也难以建立风险收益结构多元化的股票投资组合。

第三节　中国多层次股票市场的改革方向

股票市场对于实体经济增长的促进作用，在多年以前就已经得到了理论界的验证（如 Levine，1991；Leving & Zervos，1998；Allen & Gale，2000；Beck & Levine，2004 等），根据已有的理论和实证研究成果，股票市场发展能够为企业融资提供便利，鼓励技术创新，协助投资者分散风险，实现低成本股票交易和对上市公司进行外部监督。这些措施有利于提高上市公司的融资能力，降低融资成本，提升其生产效率和投资者回报，进而提高实体经济的生产效率和扩大资本积累，实现经济增长目标。但是最近的研究也发现，在经济发展的不同阶段，股票市场对于实体经济的作用可能是不同的。Acemoglu（2006）等将发展中国家和发达国家的经济增长路径概括为"投资驱动式增长"和"创新驱动式增长"两种类型。在投资驱动式增长阶段，实体经济需要持续增加的资本积累，但同时法律体系不健全，投资者保护缺位，在这一阶段金融中介如商业银行的作用更加明显（La Porta 等，1997；Stulz，2000）。但在以创新驱动式增长阶段，股票市场对于创新及相关投资机会更强的鉴别能力和包容性，使其更适合于培养和扶持创新型企业，微软、谷歌和苹果等国际级高新技术企业就是这样成长起来的。Rioja 和 Valev（2014）对此进行了实证检验，他们发现股票市场对于发达国家的生产率提高和资本增值产生了明显的促进作用。

中国目前已是世界第二大经济体，根据国际经合组织的一份报告，中国可能在 2016 年取代美国成为世界第一大经济体。根据党的十八大报告所提出的两个"一百年"目标，中国正在积极调整经济发展方式，实施创新驱动战略，经济增长阶段从投资驱动阶段向创新驱动阶段转变。结合已有的理论研究成果和中国现实可以得出结论，股票市场发展水平正在成为促进或阻碍中国经济转型与增长的日益重要的因素。同传统市场经济国家有所不同，中国股票市场所走的主要不是内生式发展道路，或者说这种内生式发展道路在 20 世纪 90 年代初就已被政府主导的外生发展道路所代替。这已经不是股票市场的独有特征，而是中国正式金融体系各组成部分的共性特征（王国刚，2013）。股票市场外生发展模式的主要特点是：第一，股票市场组织形式、上市公司标准、交易清算机制和监管规则等，主要由中央政府指定的证券监管机构负责规划、实施和维护；第二，交易所和证券经营机构的主要负责人由监管机构任命或者参与任命，其运营活动需要接受监管机构指导；第三，未经监管机构认可的企业和个人不得从事证券经营活动、证券融资活动和证券交易活动；第四，未经监管机构认可的证券交易场所不得运营，证券产品不得发行和交易。基于以上特征，监管机构对股票市场发展拥有较强的决策权和干预权，使得市场发展水平特别是制度变化，主要取决于监管机构对于实体经济需求和改革时机的主观判断，其中还会掺杂对于自身利益得失的考量。而单方决策的有限性，使得决策者难以获取和分析决策所需要的全部信息，难以摆脱既得利益群体的干扰，难以抵御自身利益的诱惑，其结果就是市场制度变革方向更加有利于既得利益者和决策者，其他重要利益群体如市场买卖双方即企业和投资者的利益没能得到充分关照，"融资难"与"投资难"并存的现象，恰恰说明了股票市场目前还难以根据实体经济发展的内在要求，自发地做出调整。股票市场的制度僵化甚至限制了实体经济增长潜力的释放。综合以上分析，我们认为中国多层次股票市场下一步的改革方向，应是根据实体经济发展需要，实现股票市场发展模式由外生向内生转变。其应实现的目标主要集中在以下几个方面：

1. 交易所市场层次性的明晰与调整

发达股票市场的层次性，是为了满足不同发展阶段企业和不同风险偏好投资者需要而内生发展起来的。多层次的市场明确了不同类型公司股票的交易规则（其中包括上市标准、信息披露要求、退市规则等），有利于证券产品结构的简单化和风险可识别性，从而降低交易成本，促进投融资双方尽快成交。由于中国股票市场的交易规则是在参考国外经验的基础上人为设定的，市场设计者尽管在名义上强调层次性特征，但出于多重考虑和能力及职权所限，并没有在具体制度设计和现实效果上更多地体现市场分层目标。首先，交易所内各板块市场的上市标准雷同或者相似，交易机制相同，交易费用相同，市场运行机制在本质上没有区别，导致场内市场层次不清（见表9-5和表9-7）。其次，各层次市场缺乏上市公司转板机制，虽然都在交易所市场内，但上市公司的跨市场流动却不易出现。随着中小板和创业板上市公司的持续发展壮大，这一现象将日益突出，并且威胁两个市场的最初定位。这对主板市场形成了对上市公司进行结构调整的倒逼机制，如果主板市场退市制度改革在短期内无法完成，不能腾出市场容量吸纳已成长起来的中小板和创业板公司，这些公司将继续留在原市场内，从而进一步恶化各板块市场之间的实质性定位冲突，导致交易所市场层次性继续弱化甚至消失。

2. 全国各层次股票市场间的断层与竞争

同交易所市场内部各板块市场层次不清的问题相比，交易所市场同全国中小企业股份转让系统和区域性股权市场之间的市场断层问题更突显出。三个市场在上市标准和交易成本方面差异过大，市场间缺乏有效联动机制。交易所市场在上市公司资源、投资者数量、交易成本和监管力量等方面占有明显优势，其产生的市场资源虹吸效应不利于各层次市场的均衡发展，也使风险更多地集中于交易所市场。以交易成本为例，全国股转系统征收的转让经手费为0.5‰，相当于交易所市场的7倍多（见表9-7）。虽然低交易量市场需要投资者分担更多成本，但是作为交易所市场的同一组织者，监管机构显然没有制定出更能吸引投资者的交易机制和费率标准，这对于一个新市场而言是最严峻的挑战。目前股转系统的交易量还非常小，并且其中80%的成交量是以协议转让的方式完成的，实际上系统主要功能是显示报价及代理交易，可以活跃市场交易的做市商制度远没有充分发挥作用。

内生的多层次股票市场是在各层级市场彼此竞争并且持续探索分工的过程中，逐步形成的。监管机构确定股转系统的最初功能是承接"两网"公司和交易所退市公司股票的交易，其定位类似于美国纳斯达克粉单市场的低质量股票交易系统。尽管改革后的股转系统新增了高新技术园区企业股票挂牌交易，但其低端市场定位并没有改变，其与交易所市场短期内不太可能形成竞争关系，从表9-7所示的两个市场的企业挂牌收费标准，可以看出两个市场所服务的企业在规模上有明显差异。加之股转系统对投资者资格的限制性规定，设计者让两个市场并行发展的意图十分明显。各区域性股权交易市场的地位同股转系统相似，市场功能也没有充分发挥。尽管区域性股权市场的管理者是地方政府，但现行的证券法律法规并没有赋予地方政府设立、组织和监管地方股票市场的权力。地方市场发展缺乏应有的法律和政策基础。与此同时，新型场外交易市场的建立仍有诸多限制，以"众筹"等名义开展的网络融资和股票交易活动，继续受到管制。总之，现有的多层次股票市场，各层次之间缺乏有效竞争机制和联动机制。市场机制在推动各层次股票市场发展的过程中没能真正发挥作用。"政府办市场"的思路阻碍了内生性多层次市场的建立和良性互动，市场对于实体经济需求的响应严重滞后。

表 9-7　　　　　　　　交易所与股转系统交易成本比较

缴费对象	收费项目	交易所市场	全国中小企业股份转让系统
投资者	转让经手费	成交金额的 0.0696‰，双边收取	按股票转让成交金额的 0.5‰，双边收取
企业	挂牌初费	总股本 2 亿元以下的 30 万元； 2 亿—4 亿元的 45 万元； 4 亿—6 亿元的 55 万元； 6 亿—8 亿元的 60 万元； 8 亿元以上的 65 万元	总股本 2000 万股及以下，3 万元； 总股本 2000 万—5000 万股，5 万元； 总股本 5000 万—1 亿股，8 万元； 总股本 1 亿股以上，10 万元
	挂牌年费	总股本 2 亿元以下的 5 万元/年； 2 亿—4 亿元的 8 万元/年； 4 亿—6 亿元的 10 万元/年； 6 亿—8 亿元的 12 万元/年； 8 亿元以上的 15 万元/年	总股本 2000 万股及以下，2 万元/年； 总股本 2000 万—5000 万股，3 万元/年； 总股本 5000 万—1 亿股，4 万元/年； 总股本 1 亿股以上，5 万元/年

资料来源：沪深交易所、全国中小企业股份转让系统。

3. 互联网交易机制的引入

电脑自动撮合交易和做市商系统是各国股票市场的主要交易方式。目前世界上主要交易所市场的大部分交易是通过电脑自动撮合交易自动完成的。即便是纳斯达克市场传统做市商交易，目前也可以通过电子交易平台自动进行，而不必买卖双方面对面地谈判（除非是大额交易）。Jain（2005）对世界上 120 个国家的交易所研究表明，电脑撮合交易比做市商系统更能够提高股票市场流动性和改善信息不均衡状况。目前美国绝大部分交易是由电子市场完成的，主要的电子市场包括纳斯达克市场中心、ArcaEx/Direct Edge/BATS 和 LavaFlow（博迪等，2011，第 49 页）。而且随着电子交易网络的不断扩展，在拥有足够买卖双方的电子交易平台上，做市商地位趋于下降。

中国沪深交易所自建立之初就采用了以电脑自动撮合交易为主的交易机制。近年来，为了适应大宗交易需要，交易所市场又建立了大宗交易电子平台，但绝大多数交易仍然是通过电脑自动撮合交易系统完成的，其中甚至包括了被拆分的大宗交易。自动撮合交易取得成功的基本条件是交易系统内有足够多的买方和卖方指令供电脑自动匹配选择，而指令数量又是与投资者数量直接相关的。在正常市场条件下，活跃投资者数量越多，股票买卖指令的数量也会越多，电脑撮合成交的概率就越高。中国交易所市场投资者以个人为主，个人投资者数量是世界各国股票市场中最多的。这构成了电脑撮合交易系统成功的基础。目前中国交易所股票市场是世界上流动性最好的市场之一。

同交易所市场形成鲜明对照，场外股票市场（包括全国股份转让系统和区域股权交易市场）尽管拥有众多上市公司，但由于投资者资格限制以及最小交易数额限制，导致投资者交易指令偏少，不便于电脑撮合成交，因此只能采取买卖双方协议交易或者做市商交易的方式。但在长期保持低流动性市场中，做市商为规避风险可能会拉大买卖报价的价差，或者报价积极性下降，从而增加市场交易成本，影响做市效果。

互联网金融的发展为场外市场的网络化带来契机。近年来各类网络借贷平台和众筹融资平台的快速发展，为发展场外股票交易网络积累了经验。网络的优势在于可以将不同类型的投资者以低成本方式组织在一起进行股票交易。当然，以中国目前的证券监管要求和投资者风险意识及投资经验，放任场外股票交易网络发展是不现实的。仍然需要在证券监管机构的统一组织协调下，依靠证券行业力量进行探索。根据美国证券业与金融市场协会（SIFMA）的最新数据，2010年美国证券业赚取的468亿美元证券交易佣金中，有约10%来自场外市场股票经纪业务，但场外市场股票做市业务却净损失70万美元。对于尚处于发展初级阶段的中国证券业而言，利用网络机制优先开拓场外市场股票经纪业务，似乎是更稳妥的选择。无论采取什么方式，将互联网机制引入股票交易的目的，是活跃场外市场交易，完善多层次股票市场体系。

4. 证券经营机构实力增强

证券经营机构是多层次股票市场的运营主体，拥有强大的运营主体才有可能不断壮大和活跃股票市场。根据国内外证券业经验，股票市场运营主体应至少拥有以下三项核心能力：第一，市场设计和建设能力，通过吸引和整合上市公司资源、投资者资源、中介机构资源，争取监管机构支持，设计和建立股票市场运营框架，并担任首要运营主体；第二，市场运行保障能力，拥有市场稳定运行所必需的人力资源、物资储备、资金和技术，建立促进交易双方快速、低成本达成交易的市场交易清算机制；第三，风险处置能力，有能力对市场运行过程中可能产生的各类风险做出快速反应，及时稳定市场秩序，控制风险传递范围，有效防范系统性风险产生。

中国证券业当前的业务范围和收入结构，表明证券经营机构总体上仍然不能满足上述三项能力的要求。2013年中国证券业实现营业收入1600亿元，其中近一半的收入来自交易所市场的证券经纪业务，由于交易所市场比较活跃，客户主要使用远程交易方式发送指令，而且交易主要依赖电脑自动撮合系统完成，券商实际承担的经纪业务风险和成本有限。与此同时，监管机构又限制券商进行交易费率竞争，使得证券业这部分佣金收入得以保持稳定。从券商经纪业务比重及其稳定性来看，不改变现行行业自律规则，继续扩大券商经纪业务规模及其风险性是不太现实的。有必要进一步提高证券经纪业务的竞争水平，调动券商建设和参与股票场外市场运营、增加经纪业务收入的积极性。此外，在场外市场运营初期，投资者数量较少可能导致市场流动性偏低，需要券商以做市方式为市场注入流动性，这对券商资本实力和资产风险管控能力提出更高要求。所以也有必要考虑允许券商通过增资扩股和提高财务杠杆等方式，增加可动用资金规模，同时增加做市业务所必需的人员、物资和技术投入，提升做市水平。

5. 监管机构的重新定位

"政府办市场"是中国股票市场发展史上的一大特色。监管机构除承担证券发行和交易的监督管理工作之外，对促进市场稳定运行和证券行业发展也承担了一定责任。监管机构将相当一部分精力集中在交易所市场的建设和完善上。现行的诸多证券交易监管规则和政策，对交易所市场开立细分市场及新交易平台的支持，乃至对场外股票交易的限制，都反映出监管机构对交易所市场的呵护。应该说在过去20余年中交易所市场的发展成就有目共睹，无论从上市公司数量、市值规模还是流动性来看，沪深交易所都称得上是国际范围内的重要股票交易市场。当然，交易所市场在市场层次性、开放度和国际化等方面，同发达市场仍有一定差距，这些问题将在中国深化改革开放的大环境下，逐步得以解决。

另外，随着互联网电子商务和金融服务的兴起，股票场外市场交易遇到了难得的发展机遇。继续人为地保持股票场内与场外市场的非平衡性，限制场外市场开拓已经不合时宜。监管机构需要进一步调整在多层次股票市场体系中的定位，切断同交易所和其他市场运营主体的行政隶属关系，将企业与投资者准入、交易机制、新市场创设等事宜交由市场主体自主决策。市场建设与运营由商业机构或者行业组织独立完成，减少直至杜绝行政干预。监管机构的主要职责是监督处置股票发行与交易过程中危害市场公平和侵害投资者利益的违法违规行为。

第四节 建立多层次股票市场的总体构想

党的十八届三中全会通过的《中共中央关于全面深化改革若干重大问题的决定》对于提高直接融资比重，健全多层次资本市场体系提出了明确要求。多层次股票市场是资本市场体系的重要组成部分，其发展方向和路径对于中国资本市场总体走向会产生深远影响。结合前文对中国股票市场运行状况的比较，以及对股票市场改革方向的分析，我们形成了完善中国多层次股票市场的总体构想。

1. 总体目标

深化股票市场体系改革的总体目标是，建立和完善独立运作、层次清晰、协调互动和交易活跃的多层次股票市场体系。其中，"独立运作"是指各层次股票市场改变同政府或监管机构的行政隶属关系，经营决策上不受行政干预，市场运营主体依据商业化原则自主经营。逐步放开股票交易场所设立限制，降低资质门槛，鼓励证券经营机构独立或参与创设各级各类股票交易市场，促进市场间的良性竞争。"层次清晰"是指各层次股票市场的交易规则不同且明确，在此基础上，明确各层次股票市场的功能定位、服务群体（包括上市公司、投资者、中介机构等）的差别。交易所市场现有的各层次市场，应遵循市场发展的内在规律，充分发挥经纪人的核心作用，重新拟定差别化的交易规则，按照市场竞争的要求，贯彻优胜劣汰原则，提高服务质量。"协调互动"是指通过市场机制的作用（而非行政命令方式），促进各层次市场间的差异化竞争，保持较高市场开放度，建立行之有效的"转板"制度，为企业提供适宜其不同发展阶段的、持续的证券发行和交易服务。"交易活跃"是指各层次股票市场结合所服务的市场主体特征，建立多样化交易机制，引进新型证券产品、投资工具和交易手段，促进买卖双方迅速、低成本成交，强化市场服务功能。同时也需要适当抑制交易所市场的投机炒作气氛，促进信息共享，引导理性投资，降低过高的证券换手率。

2. 中国股市的改革重点

第一，破除交易所市场行政性垄断地位。实现多层次市场均衡发展，需要打破交易所市场借助行政力量获得的垄断地位，并防止其滥用垄断地位谋取不当商业利益。应取消监管机构同交易所和其他证券经营主体间的行政隶属关系，推动交易所独立运作，同时打破交易所牌照限制，促进不同主体创办的股票交易场所（电子交易平台）平等竞争，促进企业、投资者、证券经营机构等市场资源优化配置。

第二，充分发挥证券经纪人作用。以证券经纪人作为驱动股票场外市场交易的核心力量。在允许企业跨市场挂牌，投资者跨市场投资的基础上，鼓励证券经纪人跨市场开展经纪业务，以投资者为核心服务对象，提供高效便捷的经纪服务和做市服务，积极活跃市场交易，保护投资者利益。

第三，引入互联网机制，增强场外市场服务功能。鼓励证券经营机构和其他合格主体创办独立现有股票交易场所之外的新型股票交易场所和电子平台。积极引入互联网机制，实现场外市场的规模化运作，降低市场运行和交易成本，扩大参与主体范围。

第四，调整投资者适当性制度。投资者适当性制度应主要针对投资者风险承受能力进行判断，而不是人为制造不同市场中的投资者区隔。因此监管机构对于投资者净资产值的设定应能够实事求是地反映投资者风险承受力，不应过低也不应过高。过高的投资者进入门槛可能脱离中国实际，减少投资者数量，限制投资者自主决策权利，影响市场交易活跃度。根据国际经验，对于股票债券类基础资产和非信用交易方式，不必设置过高的进入门槛。而且资格限制可以很容易地通过集合式投资工具或交易渠道进行规避，除增加交易成本外，并不能够非常有效地限制投资者活动。

第五，积极发展区域性股票市场。中小型本地企业具有经营、投资、融资、就业和信息等要素的本地化特征。因此对这些企业而言，初期比较理想的股票发行和交易场所应是区域性股票交易市场。目前中国的区域性股权市场，普遍存在市场基础设施不完善，监管体系不健全，交易机制受限和市场活跃度低等不足。政策性限制在其中起到很大作用。可以探索以地方政府为市场监管主体，扩大证券经营机构独立或者参与创办区域股票市场的自主权，发挥经纪人功能，从活跃现场交易入手，逐步开发互联网交易平台，促进本地企业同本地投资者的对接和交易。

第六，强化证券交易监管。强化监管机构、行业组织和市场运营主体对证券发行、交易清算的事中和事后监管，配齐监管资源，严格执行证券交易法规，严厉惩处证券违法违规行为，保持股票场内和场外市场的良好秩序。

第七，有效防范系统性风险。改变以监管机构行政力量为主要推动力的防风险机制，建立股票市场参与主体群防群治的网络化风险防范机制。在既有监管规则和风险防控预案指导下，以市场运营主体和证券经营机构的自身风险管理机制为控制风险源的基础力量，以市场动态监控和熔断机制以及行政监管力量为阻断风险传递的可靠保障，以法律法规和行政措施为风险处置的最后手段。

3. 时间表安排

2015—2016年，启动交易所市场改革，区分主板、中小板和创业板的上市标准与交易机制，简化和明确各市场退市制度，建立转板制度，突出市场层次性特征，增强证券经纪人在活跃市场交易方面的作用；赋予全国股转系统与区域股权交易中心更多自主权，利用市场机制鼓励场外股票市场发展。

2017—2018年，实现监管机构同交易所行政脱钩，启动以提高市场化程度为目标的交易所体制改革；探索建立基于网络的、以证券经纪人为核心的新型股票电子交易平台。

2019—2020年，鼓励全国股转系统、区域股权交易中心和其他股票交易场所及电子平台实现互联互通；在防止市场垄断的前提下，促进上市公司股票和投资者在各股票市场间流动；放开股票衍生产品的创设和交易，降低集合投资工具管理人进入门槛，实现股票市场与相关衍生品市场协调发展。

4. 中国股市改革成功的衡量标准

中国股市改革成功与否可考虑从五个方面进行衡量判别：

第一，股票市场容量扩大。交易所市场可容纳的上市公司数量、市值和公司类型明显增加，上市公司群体对实体经济发展的代表性和影响力明显增强。全国股票转让系统、区域性股权交易中心和其他新型股票市场、网络交易平台的挂牌公司数量和交易量大幅度增加。

第二，上市（挂牌）公司质量显著提高。上市公司和场外市场挂牌企业总体质量有较大幅度提高，特别是在公司治理、信息披露、内部控制、投资者保护和履行企业社会责任等方面，有明显改善。新上市（挂牌）企业需要接受持续的质量督导，确立企业运营的股东最大化原则。

第三，各层次市场实现低成本联通。符合条件的上市（挂牌）企业可以在不同层次的场内和场外股票市场转换，也可以同时在多个股票交易场所或电子交易平台挂牌交易。场外市场的投资者进入门槛降低，允许投资者进行跨市场投资活动。

第四，市场交易成本明显下降。上市公司证券发行成本和投资者交易成本明显降低，场外市场流动性提高，股票买卖价差收缩。不同市场间的交易费用差距明显缩小，跨市场交易成本降低到合理水平。

第五，改革过程中保持市场稳定。改革和完善多层次股票市场的过程中，不出现由此产生的大的市场波动和系统性风险。监管机构、交易所和证券经营机构能够各司其职，在保持正常市场运行秩序的前提下，开展各项改革和调整工作。对由于门槛降低而新进入的市场主体，如新型市场运营主体和投资者，以及大批接触新经纪业务的证券经纪人，监管机构需组织系统培训，防止由于业务操作不当产生风险隐患。

第十章

多渠道推动股权融资

党的十八届三中全会通过的《中共中央关于全面深化改革若干重大问题的决定》(以下简称《决定》)明确指出:"多渠道推动股权融资。"长期以来,中国的企业运作资金主要来源于银行借贷,形成了高负债状况愈演愈烈的趋势。资本性资金是企业承担债务性资金的基础,资本性资金的缺乏不仅为企业的经营运作留下了严重的风险隐患,而且给国民经济发展留下了一系列严重的不确定性问题。中国金融结构由来已久的问题是直接融资比重偏低,这样的金融结构必然导致企业的重债务融资而资本补充渠道严重不畅,使企业的负债率不断增加,容易引发系统性金融风险。多渠道推动股权融资是提高企业经营资本、降低负债水平、保障经济运行稳定性和提高经济发展质量的基础性工作,也是深化金融改革的主要内容。

改革开放以来,中国经济经过了几次大的扩张,每次经济扩张都导致企业负债率的大幅度攀升,并引发商业银行不良资产的快速增加,最后都是由政府通过行政的手段将这些不良资产从商业银行剥离。20世纪80年代初,国有企业负债率普遍不到20%,但经过10多年累积,到90年代中后期升至80%左右,其中国有工业企业接近90%,以至于相当一批国有和民营企业陷入资不抵债、资金链断裂的危机之中。国家不得不采取破产核销呆坏账、债转股等"外科手术",以及通过上市公司增资扩股,将企业负债率降到了50%左右。之后10多年,由于缺乏企业股本市场化补充机制,中国企业又进入新一轮负债扩张期,微观层面表现为企业负债率一路攀高,宏观层面则是间接融资占比居高不下、商业银行信贷融资一业独大。

党的十七大提出"多渠道提高直接融资比重",本来已为解决这个问题指明了方向。但之后几年，国际金融危机不期而至，2008年之后，为了应对全球金融危机，中国政府采取了积极的财政政策和适度宽松的货币政策，货币信贷经历了新一轮的快速扩张，企业债务已经不堪重负。截至2013年年底，中国政府负债规模大体占GDP的40%—50%，但企业负债总额已达70多万亿元，占GDP的比重达130%，处于亚太经合组织国家最高区间，也高于OECD国家90%的阈值水平。据标准普尔测算，中国经济今后五年若保持7%—8%的增长率，债务融资需求将达到18万亿美元，全社会非金融类企业的平均资产负债率将达80%以上。长此以往，势必造成社会资金在债务链中逐利循环，不仅加剧金融系统性风险，还给实体经济发展造成严重障碍。

企业适度负债本来是符合市场经济法则的，但过度负债会增加企业财务成本，降低企业信用，危及金融安全和经济持续健康发展。《决定》提出发展多层次资本市场、推行股票注册制、多渠道股权融资和规范债券市场，这些系统措施贯彻落实到位，将全面形成企业股本市场化补充机制，使企业负债降到合理水平，进而形成企业发展的内生动力，使中国经济拥有源源不断的源头活水。

根据当前中国的实际情况，并借鉴国外的经验，我们认为，可以通过以下途径发展和完善中国的股权融资：私募股权投资、政府引导基金、保险资金、社保资金等。

第一节 借鉴海外经验 促进中国私募股权投资

从广义上说，私募股权投资（private equity）是指对未上市公司所进行的股权投资。私募股权投资基金的基本运作程序是：基金管理人向特定的投资者定向募集初始资金，购买具有较高成长性的未上市公司的股权，并参与被投资公司的管理运作，待所持股份增值后，私募股权投资基金通过转让股权、管理层收购、IPO等方式退出投资，获取较高收益。在众多的股权投资方式中，私募股权投资的市场化程度最高，是股权投资的主要渠道。

私募股权投资基金作为一种新的经济现象，在发达国家已经成为其国民经济增长的重要组成部分。通过对美国、欧盟、英国、法国的私募股权投资基金行业的有关数据所进行的分析，发现私募股权投资基金对国民经济、资本市场和被投资企业都有着非常大的积极影响。据不完全统计，在欧美发达国家，私募股权投资基金每年投资额已经达到了 GDP 的 4%—5%，成为仅次于银行贷款和 IPO 的重要融资手段。

私募股权投资基金在符合市场规律的前提下，通过市场化实现社会资金资源的优化配置。私募股权投资基金管理者完全是以企业的成长潜力和效率作为投资选择原则，将私募股权投资基金投给社会最需要发展的产业，投给行业中最有效率的企业，因此，发展和壮大私募股权投资可以引导社会资金的流向，促进产业结构的调整和升级，提高社会生产率。

1. 国外发展私募股权投资的经验

美国和以色列的私募股权投资行业发展最成功。

(1) 美国 PE 产业的发展路径。1946 年美国在波士顿成立 ARD，这是第一个严格意义上的 PE 组织。20 世纪 60 年代逐渐形成 PE 投资惯例，但一直到 60 年代中期，美国的私募股权投资业并没有得到大的发展，影响该行业发展的最主要障碍是退出渠道不畅。因为企业在纽约股票交易市场上市比较困难，而柜台交易市场对投资人和经纪商缺乏吸引力，退出渠道的不流畅逐渐成为 PE 产业的发展阻碍。直到 20 世纪 70 年代美国推出了 NASDAQ 电子报价系统之后，美国的私募股权投资才逐渐兴盛起来。NASDAQ 的上市要求低于纽约证券交易所，更适合小企业的需求，受到了小企业和投资者的欢迎。

到了 20 世纪 80 年代，有限合伙制 PE 组织成为主流模式，养老金年金和机构成为有限合伙制的主要投资人。20 世纪 80 年代中期，以 VC 融资的企业通过 NASDAQ 上市的退出机制更加标准化。NASDAQ、VC 和高科技企业之间的相互联系越来越多，形成了一种自我加强机制，从而进入增长的良性循环。

美国对 PE 产业的监管形成行业自律模式，对 PE 产业的发展不再制定具体的支持政策。发展至今，美国 PE 产业无论是其声誉还是其投资规模和投资回报率，在国际上都处于领先地位。

(2) 以色列 PE 产业的发展路径。以色列的 PE 产业则是在吸收美国经验教训的基础上发展起来的。1970—1989 年，以色列 VC 产业的发展植根于逐步兴起的高科技行业，并在这一时期积累了相当强的创新能力。在这一阶段，以色列的技术革命兴起，研发能力提升，资本市场自由化，美国高科技跨国企业进入以色列。

政府明确给研发活动提供补贴，鼓励加强和美国 PE 产业以及市场的联系。政府在1992年推出了英巴尔（INBAL）计划，调整税收和修订《公司法》，继续为PE产业提供研发补贴并与美国建立知识链接。值得一提的是，INBAL计划的主要目的是通过政府保险公司英巴尔提供资金，支持成立公开上市的风险投资基金。1993—2002年，在这一时期，以色列小企业可以在NASDAQ市场IPO；软件、信息网络等行业出现新机会；有限合伙制成为VC组织的主流模式。

以色列风险投资协会（IVA）在1996年成立。在这一时期，以色列政府针对PE产业继续推行了一系列政策，比如研发补贴、技术孵化和磁铁计划等。与美国类似，以色列政府推出了Yozma计划，该计划于1993年开始实施。与内向型INBAL计划不同，Yozma计划着重创造一个竞争性的行业。Yozma是规模达1亿美元的政府基金，拥有两项职能。一是作为基金的基金，将8000万美元分别投入到10个私人VC基金，比如给每只基金投入800万美元，但是这800万美元必须配有1200万美元的私人资金。这10只基金必须吸引外国知名风险投资基金或外国金融机构。二是政府用2000万美元成立政府所有的风险投资基金，直接投资于创业企业的早期阶段。在Yozma计划中，政府用1亿美元的基金撬动了1.5亿美元的外部基金。

2000年，以色列PE产业发展遇到危机，股票市场泡沫破灭，世界资本市场和高科技产业陷入危机，PE产业缺乏IPO或兼并的退出渠道。为了应对这一危机，以色列政府主要采取了以下措施：免除外国投资者的税负、鼓励本土养老金基金进入PE产业、政府发起设立PE种子基金、针对生物技术和纳米技术给予政策扶持。与此同时，以色列政府开始着手战略调整。随着成功投资案例的增加，以色列逐渐树立了创业企业利润高的声誉，吸引了国内外投资者。以色列的风险投资家和国外知名投资伙伴之间的联系带来了与其他国家的产品市场和股票市场尤其是NASDAQ的联系，这对投资企业的发展都是至关重要的。

从上述两国PE产业的发展路径可以看出，两国的发展模式存在一些共同点，主要表现在以下几个方面：一是发展背景相似。两国PE产业都是在本国具备一定的科学技术和研发能力的基础上产生的。二是将研发机构与产业发展相结合，促进高科技的发展。三是两国政府给予了明确的政策支持。

除了共同点以外，两国PE产业的发展模式也存在差异。一是资金来源。美国的PE产业在很大程度上属于自我供给式，以美国国内资金为主，而以色列的 PE 产业发展在很大程度上依赖于全球市场。二是政府的作用。美国的 PE 产业是市场主导型的，政府通过改善外部环境推动 PE 产业的发展，主要表现为对研究机构研发活动的支持。与其相比，以色列的 PE 产业是政策主导型的，其成功主要依靠政策的推动。

2. 中国私募股权投资的现状和问题

从中国私募股权投资的发展过程看，自 1984 年中国首次引进风险投资概念到现在，中国私募股权投资已度过了 30 年，2009 年深圳创业板市场成功设立，私募股权投资基金成为一种重要的投融资方式，迈开了在中国飞速发展的步伐。在国际私募股权投资以很快的速度进入中国市场的今天，中国的私募股权投资基金也在快速的发展。

基金募资方面，2013 年，宏观经济、资本市场均持续低迷，中国企业 IPO 长时间的暂停也导致 VC/PE 投资收益水平大幅下滑。在此背景下，LP 投资者普遍谨慎，投资配置趋于保守，因此过去一年间中国基金募资普遍面临困境，整体募资形势低迷。根据有关资料统计，2013 年全年共披露 199 只基金成立并开始募集，总计目标规模为 461.35 亿美元。同比 2012 年全年（新成立基金数量为 226 只，目标规模为 475.55 亿美元）披露新成立基金数量及目标规模均有所下降。相比新基金成立情况而言，2013 年全年基金募集完成情况也不尽如人意，根据有关统计资料，2013 年全年共披露募资完成基金 245 只，募资完成规模 256.23 亿美元，同比 2012 年全年（完成基金 283 只，募资规模 334.28 亿美元）基金募集数量上和规模上都有所下降（见表 10 - 1）。

表 10 - 1 2008—2013 年中国创业投资及私募股权投资市场募资完成基金规模

年份	2008	2009	2010	2011	2012	2013
募资完成数量（只）	267	316	455	503	283	245
募资完成规模（亿美元）	285.13	179.38	384.02	494.06	334.28	256.23

资料来源：投中集团《2014 年中国 GP 调查研究报告》。

从 2013 年完成募资基金的类型来看，成长型（Growth）基金仍然占据主流，披露基金数量 143 只，占比达 58.37%，募资完成规模 162.81 亿美元，占比 63.54%；创投（Venture）基金披露基金数量 98 只，募资完成规模 59.3 亿美元，分别占比 40% 和 23.14%；并购（Buyout）基金披露基金数量 4 只，募资完成规模 34.12 亿美元，分别占比 1.63% 和 13.32%（见表 10 - 2）。

表 10-2　　　　　　2013 年中国私募股权基金完成募资情况

基金类型	募资完成数量（只）	完成规模（亿美元）
创业投资	98	59.30
成长型基金	143	162.81
并购基金	4	34.12

资料来源：投中集团《2014 年中国 GP 调查研究报告》。

2013 年中国创投市场仍以发展期投资案例数量居多，达到 420 起，占比达 61.49%；扩张期企业融资案例 41 起，占比 6%；早期企业融资案例 222 起，占比 32.5%。早期企业占比同比大幅增长，反映出 2013 年以来早期投资逐渐兴起的趋势。不过，在 2013 年市场行情中，投资者仍普遍持谨慎投资态度，对于早期投资的布局仍较保守，因此数据所显示的早期投资占比并未如预期般出现大幅增长。

3. 中国私募股权投资存在的问题

中国私募股权投资中存在着一系列有待解决的问题，主要表现在：

第一，相关法律政策不完善。中国私募股权基金现阶段存在的最大问题就是缺少一部明确调整私募股权基金关系的法律。尽管中国的《公司法》《证券法》《信托法》《创业投资企业管理暂行办法》和《关于促进股权投资企业规范发展的通知》等法律法规都与私募股权基金相关，但这些规定缺乏实质性内容，没有对诸如私募股权基金的含义、主体、治理结构、运作模式、退出机制及监管模式等重要问题作出界定。2013 年新修订的《中华人民共和国证券投资基金法》将证券私募基金纳入监管体系，但没有提及私募股权基金。2014 年 3 月开始对私募机构发放牌照，将私募机构纳入基金业协会监管，2014 年 8 月发布的《私募投资基金监督管理暂行办法》提及了私募股权基金，但是并没有针对私募股权投资活动的细则，有些法规界限还是比较模糊。

第二，股权退出渠道不畅。目前中国的股市与国外相比缺乏层次性，如美国具有纽约和纳斯达克交易所（主流市场）、地方性和柜台交易市场（中小企业）以及场外交易市场。相比之下中国还主要是以沪深两个证券交易所为中心，无论是主板市场还是中小板、创业板市场，由于存在上市审批制度，上市的数量和节奏受到严格的控制。公司上市审批手续复杂，时间跨度较长。此外中国虽然于 2006 年设立了新三板并于 2012 年将新三板扩容,2008 年开始先后在天津、重庆、上海设立了 OTC 市场(场外交易市场),然而由于 OTC 市场尚未形成气候,因此仍难以满足多样化的需求。种种原因造成了国内股权流通的阻力较大,问题多多。中国的私募股权投资企业大多选择在海外上市,比较多的是选择纳斯达克、新加坡联合交易所以及香港联合交易所。

第三,"对赌协议"的合法性问题待解。私募股权基金在进行股权投资过程中,经常使用"对赌协议"。若协议约定条件(通常为业绩增长要求)得以实现,则投资方需向融资方转让部分股权或其他权益,以弥补融资方因企业估值过低而承受的损失;若目标企业并未达到协议约定的条件,则融资方需向投资方做出相应的补偿以弥补因企业估值过高而导致投资方支付的额外投资成本。中国对"对赌协议"缺乏明确的成文法规范,投融资双方只能简单套用西方资本市场成熟的操作方式。"对赌协议"在国内存在一定争议,尤其是对"对赌协议"是否公平争议颇大,"对赌协议"第一案——海富投资案一审、二审完全否认了对"对赌协议"效力的认定,一审、二审法院将投资判定为联营或借贷,这引发了 PE 界的恐慌,也引发了对"对赌协议"效力界定的思考。

第四,国内筹资环节薄弱,资本结构单一。目前,国内 PE 的资金来源可分为国有资本和私有资本。投资于 PE 的国有资本主要包括社保基金、保险公司、银行和国有企业等。私募股权投资是一个相对来说收益率比较高的产业,但风险也比较大,对于投资者的专业水平要求比较高。所以在私募股权投资过程中选择一个能力较强的基金管理者(GP)也就变得更为重要。由于至今还未对 PE 基金管理公司的成立推行统一的规范标准,PE 管理人存在良莠不齐的状况,国内至今还未培育出国际化的品牌机构。巨大的国有资本没有注入 PE 市场,制约了 PE 在中国的发展。

4. 完善中国私募股权投资的对策建议

推进中国私募股权投资的健康发展,需要解决一系列问题,其中至少包括:

第一,完善相关法律政策。长远来看,为了规范中国 PE 市场的发展,一套健全的 PE 法规必不可少。中国有关部门应该完善现有的《商业银行法》《公司法》和《保险法》等相关法律,使它们能切实满足行业的发展,与此同时,也应尽快制定中国关于 PE 专门的管理法规,对投资运作细节进行约束。

第二，完善市场体系，实现股权退出方式的多元化。想要 PE 健康发展进入良性循环，就必须有多元化的退出方式，应尽快建立一个多层次资本市场。一是要积极推动股票发行的注册制改革，减少上市的行政审批环节，使符合条件的公司都能快速上市，为 PE 退出搭建一个良好平台；二是要完善产权交易市场，构建包括主板市场、二板市场、场外交易市场和一般产权交易市场的中国产权交易市场体系，使得不同规模、质量、风险度的企业都能选择适合自身发展的方式实现产权流通，为 PE 建立起一个有序的退出通道。

第三，明确产业政策的目标。PE 产业的成功需要政府的战略规划。从美国和以色列的发展路径可以看出，私募股权基金发展的过程中政府起到了不可替代的作用，比如维持稳定的政策、法律规则、知识产权保护，提供教育培训、优惠的税收政策和补偿制度等。政府和 PE 产业的共同发展对于一国的经济增长起到了不可估量的作用。因此，政府制定适宜的产业政策尤为重要。

第二节　用政府引导基金撬动民间投资

通过设立政府引导基金可以有效带动社会资本进行股权投资。2008 年由国家发改委、财政部和商务部联合发布的《关于创业投资引导基金规范设立与运作的指导意见》（以下简称《指导意见》）中指出："创业投资引导基金（以下简称'引导基金'）是指由政府设立并按市场化方式运作的政策性基金，主要通过扶持创业投资企业发展，引导社会资金进入创业投资领域。引导基金本身不直接从事创业投资业务。"

1. 政府引导基金的独特作用

处于早期阶段（包括种子期和初创期）的企业在此阶段的信息不对称问题最为严重、失败率最高、商业风险最大，大多数创业投资机构通常要等到创业企业进入扩张期才愿意进行投资。因而身处种子期和创建期的创业企业需要得到其他方面的资金支持，政策性引导基金本身的非营利性和指导性便可以很好地发挥作用，在带动社会资本积聚、集中、转化和形成创业资本上发挥其示范作用。而且政策性引导基金主要通过对创业企业提供前期的部分资金支持，从而引导非政府的外部资本进一步投资于该企业，起到一个杠杆作用，并且通过多轮放大，对民间资本向创业资本转化起到加速、放大的作用。

创业企业在发展的初期不仅缺乏资金，更加稀缺的是信用，如果政策性引导基金给予某个创业企业资金支持，那么这就等于政府无形中增加了创业企业的信用，从而降低了创业企业在银行获得信贷的难度。政府能够充分发挥宏观指导与调控职能，保障创业投资良好的外部环境，为创业投资提供政策、法律上的支持，克服"市场失灵"问题，防止"挤出效应"的发生。

政策性引导基金可以通过直接的投资手段来执行国家政策目标。根据国家长远发展角度主导国家基础设施、基础产业，扶持幼稚产业的成长。主要体现在支持政府参与发展规划的重点行业，通过政策性引导基金的作用，保证产业的发展能够符合政府规划目标。作为创业投资领域的重要主体之一，政府对于一国的经济发展和产业推动起到非常重要的作用。

2. 政府引导基金运作的国际经验

（1）美国 SBCI 计划。1957 年，美国联邦储备系统的报告中指出，风险性资金的缺乏是创新企业发展的主要绊脚石。因此，美国国会于 1958 年通过并颁布《小企业投资法》，批准成立小企业投资公司（SBIC）计划，由美国小企业管理局（SBA）负责监督管理。最初，经小企业管理局认可的 SBIC 可以获得三倍于其自有资本的杠杆融资，利率低于市场利率，并且，SBIC 还可以享受一些税收优惠。这些极具吸引力的条件刺激了市场对小企业的投资。在 SBIC 达到鼎盛时期的 1964 年，SBIC 所管理的风险资本大约占到全美风险资本的 3/4。一大批技术创新企业得到了 SBIC 的投资，包括著名的美国在线、英特尔、康柏电脑、苹果电脑等。

此后，SBIC 开始出现一些问题。由于 SBIC 的杠杆融资由政府提供担保，因而许多 SBIC 绕过政府关于 SBIC 禁止投资于房地产业的限制，以种种方式将风险投资投资于房地产业，最终导致了许多 SBIC 的破产。此外，在最初的设计中，SBIC 获得的贷款需要每半年还本付息，而对小企业的投资则主要是股权投资，需要相当长的时期才能得到回报，这种期限结构的不匹配导致许多 SBIC 为了能还清政府的低息贷款，也以贷款形式进行投资，结果小企业投资公司的数量逐渐减少，仅 1966 年一年就有 232 家 SBIC 宣布破产。1967 年，全美只有约 250 家 SBIC。到 1988 年，SBIC 只占全部风险投资机构的 7%。

美国国会于 1992 年通过了《小企业股权投资促进法》，对 SBIC 计划进行了改革，改革的核心内容主要包括两个方面，一是以政府为 SBIC 到资本市场发行长期债券提供担保，替代原先的政府直接提供短期贷款方式；二是在资本额度、股权结构、管理人资质等方面提高了小企业投资公司的门槛。新的"小企业投资公司计划"于 1994 年 4 月 25 日正式实施。此后，新设立的小企业投资公司的数量即迅速增长。截至 1998 年 7 月，在 4 年多的时间里，仅新设立的小企业投资公司就达 138 家，初始注册资本达 18 亿元，超过了过去 35 年的总和。与此同时，SBIC 投资的结构也发生了变化。与一般创业投资机构主要投资于扩张期及以后的创业企业不同，SBIC 主要投资于种子期及初创期的创业企业，与一般创业投资机构形成了有益的补充与衔接。

（2）以色列 Yozma 计划。由于国内资本市场不发达，为促进本国创业投资的发展，以色列政府于 1992 年出资 1 亿美元启动了 Yozma 计划。Yozma 计划的主要运作方式是与国际知名的创业投资机构合资在以色列发起创业投资基金，或合作在以色列进行创业投资。在合资成立的子基金中，以色列政府资金最高占 40%，私人资本则占 60% 以上，这样政府的 1 亿美元资金就可以带动 1.5 亿美元以上的私人资本。所有子基金均为有限合伙制基金，政府担任有限合伙人，不参与子基金的日常投资决策。Yozma 计划要求子基金必须主要投资于较早阶段的技术创新企业，作为补偿，政府给予私人投资者一项期权，私人投资者可以在子基金成立 5 年内以事先确定好的较低价格购买政府在子基金中的份额。该计划启动后，由于运作特别成功，以色列政府在 5 年后就决定提前结束该计划，通过将 Yozma 进行私有化而退出了创业投资市场。

Yozma 计划极大地刺激了以色列的创业投资业。在第一期 Yozma 计划中，共成立了 10 家子基金，吸引了美国 Advent 基金、法国 GAN 基金、德国 Daimler – Benz 基金等一批世界知名的创业投资基金参与，直至今天，这 10 家基金仍然在以色列创业投资市场上占据重要地位。Yozma 计划的示范效应也吸引了大量私人投资者进入创业投资市场，使得以色列一跃成为创业投资额占 GDP 比重最高的国家和全球最活跃的创业投资市场之一。在 Yozma 计划的推动下，以色列的高科技产业得到了迅速发展。目前，以色列有 69 家公司在美国纳斯达克上市，占全部在纳斯达克上市外国公司的 21%，为美国以外在纳斯达克上市公司数最多的国家。

对比美国 SBIC 计划、以色列 Yozma 计划以及中国台湾地区的种子基金计划，我们可以得到以下认识：政府设立引导基金的目的，是放大政府资金的作用，营造有利于本国创业投资发展的良好环境，推动创业投资业的发展，最终目的是促进本国或本地区的科技产业发展。

为了达到上述目的，创业投资引导基金往往以参股创投企业、贷款、担保、共同投资等方式进行运作，但股权投资是重中之重。美国的融资担保支持在其运作初期，很多小投资公司因为还本付息的压力而纷纷倒闭。因此在资本市场欠发达的环境下，政府为引导基金作发债融资担保不太可行，但通过贴息补偿、注资提升骨干创业风险投资机构的债权融资能力，可以切实保证引导基金的成功运作。以色列、中国台湾地区的引导基金采取的是由政府直接参股支持而后让利退出的方式，在创业风险投资发展的初级阶段更能起到关键性的支持作用。

运作过程中，引导基金一般不参与其所支持的创业投资机构的具体投资决策，也不直接与创业企业在利益分配环节发生联系，引导基金一般会对民间资本让出部分利益，以此吸引民间资本的积极性。在一国或地区创业投资发展的初期阶段，政府投资设立的引导基金往往会在让利于民的同时承担较多的投资风险；而随着市场的逐步发展和成熟，引导基金会趋向于追求自身的可持续发展，在让利于民的同时也承担相应较低的投资风险。

3. 中国的政府引导基金运作的现状

中国国内引导基金起步较晚。2005 年，由国家发改委、财政部等十部委发布的《创业投资企业管理暂行办法》明确规定，国家和地方政府可以设立创业投资引导基金，引导民间资金进入创投业。此后，北京、山西、江苏、上海等地区分别设立了政府引导基金。最早的是北京市中关村创业投资引导资金，其后有苏州创业投资引导基金，天津滨海创业风险投资引导基金，浦东创业投资引导基金等。截至 2013 年 12 月份，目前中国政府共成立 189 家引导基金，累计可投资规模接近 1000 亿元（以基金首期出资规模为准），参股子基金数量超过 270 只。根据投中研究院统计，目前成立的多数引导基金规模均在 10 亿元以下，其中首期出资额在 2 亿元以下的引导基金超过 50 只。

从地区分布来看，浙江省设立引导基金数量最多，包括县区级引导基金在内共有 35 只，其次是江苏省，共设立引导基金 22 只，上述两省均是民间资本比较活跃的区域，由此可以看出，当地资本活跃度也是设立引导基金的重要基础。北京、上海、广东作为中国 VC/PE 投资最为活跃的三个区域，政府部门也积极担当引导角色，三地已披露设立引导基金数量分别为10只、11只和12只。目前，除港澳台之外的31个行政区中，有29个省（市、自治区）已设立引导基金，既有省级引导基金，也有由地市或县区级政府主导的引导基金。除此之外，江西、海南、甘肃3个省份尚未有政府引导基金披露。

各地区的引导基金资金规模平均约为10亿元（分几年投入），出资人主要分为两类：一是由政府财政出资（占绝大多数），主要资金来源有企业专项扶持资金、政府财政年度预算安排、引导基金的收益等；二是由地方国有投资公司利用自身资金和银行贷款出资，如苏州工业园区引导基金，由中新苏州工业园区创业投资有限公司与国家开发银行共同出资组建，滨海新区引导基金中国家开发银行出资10亿元。

基金管理模式。目前，引导基金采用的基金组织形式只有公司制和契约制两种，绝大多数为公司制。采用公司制时，可以成立专门的基金公司，也可以将引导基金逐年投入到现有公司内，以现有公司的资本金形式存续。在基金的管理过程中，引导基金管理委员会作为引导基金的监管机构和最高权力机关，主要负责有关引导基金重大事项的决策和协调，包括资金筹措、合资合作方选择、管理制度、运行方式、绩效奖惩等，委员会通常由财政局、国资委、审计局等部门的负责人及其他出资人代表组成；引导基金理事会负责对项目投资及退出、监管处理等提出决策建议，对基金操作主体提交的投资方案进行审核，对基金操作主体的工作进行监督，一般由政府部门有关人员、风险投资管理专家及法律、会计等专业人士组成；引导基金操作主体作为基金的出资人代表，负责基金的日常管理工作，包括项目受理、尽职调查、预评审、监管、投资退出等，操作主体可能是引导基金公司本身，也可能是专门成立的管理公司，还有一些操作主体是政府部门；此外，为保证引导基金安全运行，基金管委会往往会选择一家商业银行，作为引导基金的第三方资金托管银行。

根据2007年7月财政部、科技部发布的《科技型中小企业创业投资引导基金管理暂行办法》规定，引导基金的方式包括阶段参股、跟进投资、风险补助和投资保障四大类。其中，阶段参股即以股权投资方式参股创业投资机构，或与社会资本共同出资设立新的创业投资机构，引导基金出资比例不超过25%，且不成为第一大股东；跟进投资即由创业投资机构选定被投企业，引导基金按创业投资机构实际投资额的一定比例提供配套资金，以同等条件对企业进行股权投资;风险补助即对投资于初创期科技型中小企业的创业投资机构进行补助,用于弥补创业投资损失;投资保障是指创业投资机构将正在进行高新技术研发、有投资潜力的初创期科技型中小企业确定为"辅导企业"后,引导基金对"辅导企业"给予资助。

4. 中国政府引导基金运作中存在的问题

中国政府引导基金运作中存在着诸多问题,其中主要的有:

第一,定位存在一定偏差。"引导基金"设立的主要目的是发挥政府的引导作用,吸引更多社会闲置资本参与到创业投资领域中,扶持面临融资困境的中小企业的发展,填补它们在种子期、成长期的不足。引导基金主要用于市场失灵领域,而不是市场上已存在充分竞争的领域。但有些地方政府虽然设立"引导基金",却未能对其准确定位,只是把它当成地方财政的政府投资公司。有些地方由于过度追求利益,为了规避风险,并未将重点放在支持中小企业早期创业投资项目上,而是致力于支持处于成熟期的项目,这就使"引导基金"失去了存在的意义,不仅无法解决市场失灵问题,反而会使投资方向发生偏离,背离"引导基金"设立的初衷,影响政策目标的实现。且易与管理团队、民间资本追逐短期经济效益产生矛盾,由于政府目标与私人目标的冲突,社会资本将面临更大的风险。

第二,投资限制具有明显的行政色彩。各地政府引导基金在其管理办法中都不同程度地在投资对象、投资领域、投资比例等方面作出规定,具有极为明显的政治性、地域性和导向性,政府资金的引导作用受到严重制约。在很多地方,表面上引导基金由操作主体管理,但实质上仍然由政府控制,政府在管理引导基金时,依然沿用传统的国有资产管理方式,投资决策过程中发挥主导作用,对具体业务干预和控制。决策权的行政化,很可能导致效率低下或受政府官员个人主观影响。

而一般来说,民间创业投资机构和社会资本的根本目的是利润最大化,当受到政府引导基金支持后,投资地域和对象都会受到限制,这些投资限制不仅影响了创业投资基金规模的扩大,降低了投资管理机构参与的积极性,同时也降低了政府资金的使用效率。

第三,缺乏有效考评监督机制。各地政府创业引导基金市场化程度低,多由政府设立或直接选定管理机构,在缺乏有效考核评价的情况下,可能引发政府引导基金管理与投资中的寻租行为,也不能及时纠正政府创业投资引导基金在运作中出现的偏差。

5. 完善中国政府引导基金的政策建议

充分发挥政府引导基金的功能，推进中国股权投资的健康发展，需要通过体制机制改革，解决一系列问题，其中包括：

第一，建立经济效益与社会效益相结合的考核体系。政府引导基金在投资过程中不仅要注重经济效益，同时还要体现其社会效益，这是与社会资本的本质区别。由于政府引导基金运作过程中的多重目标，建议制定按照经营性项目和政策性项目分别考核的办法。一方面，经营性项目立足于经济效益考核和市场机制运作，投资决策时以经济效益为主，适当降低政府政策目标的要求；另一方面，政策性项目主要是支持高科技、高风险的项目以及具有自主知识产权项目。通过将经营性项目和政策性项目相结合，最终实现经营中的保本微利，并同时实现政府的政策目标。

第二，协调目标差异，提供风险保障。引导基金的运作中，政府资本必须对社会资本进行补偿，坚持让利于民，调动民间资本的积极性，避免政策产生挤出效应。一方面，在资本安全性的前提下，只收取少量的固定回报，当创投企业发展成熟，政府资金应及时退出，将其权益以优惠的方式转让给其他专业的创业投资机构；另一方面，提供风险保障机制，对投资种子期、起步期的创业企业发生亏损的给予定额风险补助。

第三，加强监督管理，预防委托—代理风险。在政府引导基金监督管理过程中，要避免政府既当"运动员"又当"裁判员"。对于企业投资、管理与咨询等增值服务领域及企业委托—代理问题可通过市场机制解决，政府只要通过相应政策制定规则来保证市场行为有序进行即可。在具体操作过程中，政府对创业企业的支持可通过一个规范运作的引导基金加以实现，政府不宜参与子基金的运作管理，不干预创业投资企业的运作，而是以参股及让利的方式来吸引社会资金甚至是外资的进入，创业投资项目由创业投资家来选择，政府所要做的是吸引更多的资金投入到创业投资事业中去，同时引导创业投资资金的投资方向。

第四，建立公开透明的信息披露制度。为降低创业投资各参与方的成本，提高引导基金的效率，同时保证出资人和资金使用人的信息对称，政府应建立公开透明的引导基金信息披露制度，及时公开政府对引导基金的出资数额、引导基金的运作方式、投资流程、投资方向，以及已投资的创业投资公司的投资额和经营情况等信息。为避免道德风险，防范寻租行为，引导基金应委托给专业的管理公司来进行运营，投资资金则让银行进行托管。政府制定引导基金管理办法和章程，对所吸引的社会资本事先约定好投资方向。对违反事先约定投资方向的投资行为，采取"一票否决制"，坚决保证引导基金的财政引导作用。政府的财政部门应做好监管工作，定期检查引导基金资金使用情况，并将检查情况及时公布。

第三节　保险资金进行股权投资的国际经验

在发达国家中，保险资金是股权投资资金的一个重要来源，但在中国，这方面欠缺甚多。发展多渠道的股权投资，不应忽视保险资金的功能。

1. 保险资金为什么要进行股权投资

从国外保险行业的经营状况看，大多数国家的保险公司的保险业务本身都是亏损经营的，它们都是通过预期投资收益来弥补直接承保业务的损失，这是保险行业竞争的结果。也就是说，一家保险公司经营的好坏，不仅取决于它的直接承保业务，更重要的是取决于该公司的投资管理水平的高低。股权投资（包括股票二级市场）是保险公司投资的最重要场所之一。

如表10-3所示，1994—1999年，美国财产保险行业直接业务综合赔付率分别达到108.4%、106.4%、105.8%、101.6%、105.6%、107.9%，承保损失分别为222亿美元、177亿美元、167亿美元、58亿美元、168亿美元、234亿美元。但由于投资收益分别达到337亿美元、368亿美元、380亿美元、415亿美元、399亿美元、386亿美元，最终经营收益还分别达到116亿美元、195亿美元、208亿美元、355亿美元、234亿美元、139亿美元。

保险资金的投资收益在满足资金保障需求后的盈余，直接形成了保险公司的收益，从而提高其经济效益。随着保险行业的发展成熟，行业竞争日趋激烈，保险业的承保利润呈不断下降的趋势，通过保险资金运用，提高投资收益，则可以弥补承保利润下降的缺口，保证公司的经济效益。

在所有的投资渠道中，股票市场的平均投资回报最高。我们以OECD国家（包括澳大利亚、加拿大、荷兰、法国、德国、意大利、日本、新西兰、瑞典、瑞士、英国、美国等国）资产平均真实收益率（剔除通货膨胀的因素）为例，在过去的近30年的时间里（1970—2000年），国内股市的投资回报率为8.0%，国外的股票投资的回报率也达到7.1%，贷款的回报率只有股票的一半，公司债券和政府债券的回报率比股票的投资回报率差距更大，政府债券的回报率只有股票投资回报率的 1/5（见表 10-4）。

表 10-3　　　　　　　美国财产保险行业的财务报告　　　单位：10 亿美元；%

项目	年份					
	1999	1998	1997	1996	1995	1994
承保保费	287.0	281.6	276.6	268.7	259.8	250.7
已赚保费	282.9	277.7	271.5	263.4	254.2	244.3
已发生损失	184.5	175.3	163.8	172.3	166.9	166.4
损失理算费用	37.7	36.5	34.0	34.1	33.6	31.7
其他承保费用	80.8	77.9	74.9	70.7	67.9	65.2
保单持有人红利	3.3	4.7	4.7	2.9	3.4	3.2
承保盈利（损失）	(23.4)	(16.8)	(5.8)	(16.7)	(17.7)	(22.2)
投资收益	38.6	39.9	41.5	38.0	36.8	33.7
经营收益（损失）	13.9	23.4	35.5	20.8	19.5	11.6
已实现资本收益	13.7	18.0	10.8	9.2	6.0	1.7
联邦所得税	5.4	10.6	9.5	5.6	4.9	2.4
税后净收入	22.2	30.8	36.8	24.4	20.6	10.9
赔付率	78.5	76.3	72.8	78.4	78.9	81.1
费用率	28.1	27.7	27.1	26.3	26.1	26.0
综合赔付率	107.9	105.6	101.6	105.8	106.4	108.4

注：①已发生的损失包括已支付的损失和预计将要支付的损失；
　　②损失率包括理算费用；
　　③因杂项的采用或省略，数字可能不平衡。
资料来源：保险服务局：《1999 年保险人财务报告》。

在这些国家中，美国过去 20 年货币市场的年平均收益率为 3.7%，债券市场为 5%，股票为 10.3%；德国过去 30 年货币市场收益率为 3.5%，债券市场为 7.9%，股票市场为 14.4%。同发达国家一样，新兴市场国家的资产收益率中，股票市场也是最高的，新兴市场国家的债券市场平均收益率为 8.7%，股票市场平均收益率为 15.5%。

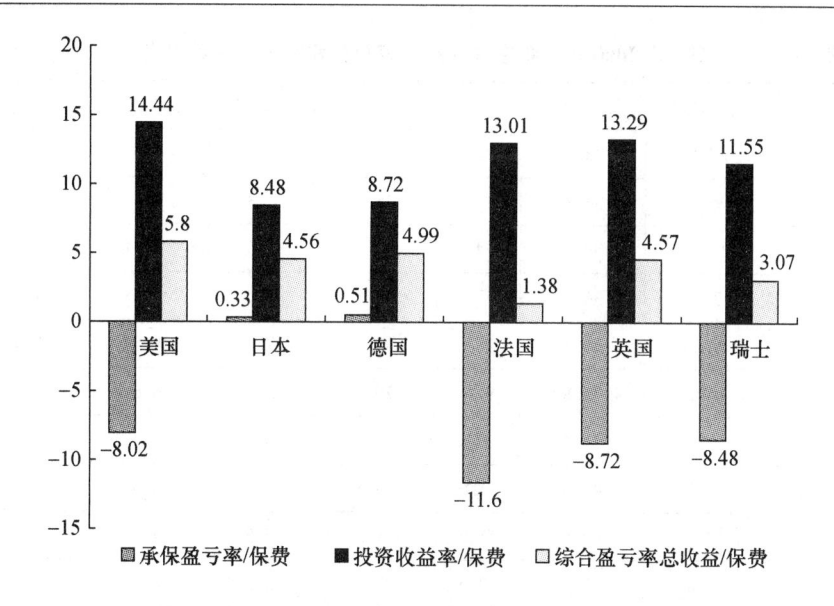

图 10 – 1　1975—2000 年六国保险业收益状况

资料来源：Davis E. P. , Steil B. (2000), *International Investors*, MIT Press, forthcoming.

表 10 – 4　OECD 国家资产平均真实收益率和风险（1970—2000 年）

项目	贷款	公司债券	股票	政府债券	抵押贷款	房地产	国外股票	国外债券	短期资产
实际收益率	4.1	2.7	8.0	1.7	4.1	6.5	7.1	3.9	1.8
标准差	3.6	15.9	22.5	16.89	3.2	15.4	19.0	15.4	3.4
收益—风险比	1.14	0.17	0.36	0.1	1.28	0.42	0.37	0.25	0.53

资料来源：Davis E. P. , Steil B. (2000), *International Investors*, MIT Press, forthcoming.

2. 世界主要发达国家和地区的保险资金投资比较

在西方国家的保险公司重视股权投资的原因中，既有股票市场投资高回报率的诱导，也有这一投资的高风险问题，但股票投资收益的标准差在所有投资渠道中是最高的，因此，各国和地区根据自己的实际情况制定了不同的保险资金投资管理制度，使各国保险资金的投资分布不完全一样。通过对美国、英国、德国、意大利以及中国台湾地区的统计资料分析，将得到更多有益的启示。

表 10-5　　　1940—2000 年 500 家美国最大寿险公司资产分布状况表　　　单位:%

年度	政府公债	公司债券	股票	抵押贷款	不动产	保单贷款	其他
1940	27.5	28.1	2	19.4	6.7	10	6.3
1950	25.2	36.3	3.3	25.1	2.3	3.8	4.4
1955	13.1	39.7	4	32.6	2.9	3.6	4.1
1965	7.5	36.7	5.7	37.8	2.9	4.8	4.6
1975	5.2	36.6	9.7	30.8	3.3	8.5	5.9
1985	15.1	36.8	9.4	20.8	3.5	6.6	8.7
1990	15	41.4	9.1	19.2	3.1	4.4	7.8
1992	19.2	40.3	11.6	14.8	3	4.3	6.8
1995	19.1	40.5	17.3	9.9	2.5	4.5	6.2
1996	17.6	41.3	19.5	9.1	2.2	4.4	5.9
2000	15.2	41.1	23.2	8.1	1.8	4.1	6.5

资料来源:《Life Insurance Book》,2001.

表 10-6　　　　　　美国产险公司投资资产结构明细表　　　　　　单位:%

投资类别	1984 年	1989 年	1994 年
债券	73.38	76.67	77.98
美国政府债券	18.01	19.96	22.45
其他政府债券	0.79	0.88	1.08
州、市债券	12.01	11.89	12.69
特殊收入债券	30.05	25.99	23.30
铁路债券	0.28	0.20	—
公共事业债券	3.38	2.65	2.72
其他	7.71	14.94	14.48
总公司、子公司及分支机构债券	0.26	0.16	0.26
普通股票	19.67	17.98	17.70
铁路	0.11	0.09	—
公共事业	1.65	1.47	0.79

续表

投资类别	1984 年	1989 年	1994 年
银行和保险公司	1.47	1.48	1.67
其他	10.30	9.73	9.94
母公司、子公司和分支机构	6.14	5.21	5.30
优先股	4.71	2.70	2.07
铁路	0.06	0.01	—
公共事业	2.91	1.01	0.71
银行和保险公司	0.40	0.25	0.47
其他	1.23	1.17	0.73
母公司、子公司和分支机构	0.11	0.27	0.16
其他	2.25	2.65	2.26
抵押贷款	1.36	1.59	0.67
担保贷款	0.05	0.06	0.02
其他种类	0.84	0.00	1.57

资料来源：美国保险信息研究所编：《美国产险市场报告（1996）》，袁力译，中国金融出版社，1998 年版。

表 10–7　　　　　　英国保险公司资产分布情况　　　　　　单位:%

资产类型	1993 年	1994 年	1995 年	1996 年
国内：债券	17.43	17.02	17.02	17.06
股票	43.71	43.65	44.44	43.52
国外：债券	2.90	2.59	2.70	2.67
股票	10.89	11.22	11.38	10.52
共同基金	7.73	6.48	6.81	6.78
其他投资	9.98	11.09	8.68	7.96
总投资	92.65	92.05	91.02	88.51
现金	3.83	3.93	4.33	5.03
其他短期资产	0.95	1.29	1.42	1.71
其他资产	2.57	2.73	3.23	4.74
总资产	100.00	100.00	100.00	100.00

资料来源：英国保险统计年鉴（1987—1997）。

表 10-8　　　　　　　　日本寿险公司投资结构表　　　　　　　单位:%

年份	银行存款与现金	贷款	公债及公司债	不动产	国外有价证券	股票	其他
1980	3	60	11	6	3	17	1
1985	12	45	12	6	9	15	2
1986	12	39	12	6	12	17	2
1987	12	36	12	6	12	20	2
1988	11	34	12	6	14	20	2
1989	10	35	10	6	15	22	2
1990	10	38	10	6	13	22	2
1991	9	39	10	6	12	22	2
1992	10	39	13	6	11	20	2
1993	13	38	14	5	8	20	1
1994	11	38	19	5	7	19	2
1995	10	36	23	5	7	17	2
1996	4	35	25	5	7	18	6

资料来源:王祝平译:《日本的人身保险》;1994年以后的数据根据日本生命保险协会资料整理。

表 10-9　　　中国台湾地区产险业各项投资占总资产的比重　　　单位:%

年份	1991	1992	1993	1994	1995	1996	1997
银行存款	57.58	58.43	59.72	61.52	59.06	51.96	54.04
有价证券	17.36	20.94	21.26	23.38	23.99	31.19	31.74
其中:公债券	6.61	8.25	8.08	7.06	9.14	8.16	6.11
国库券	1.72	6.43	4.12	4.15	3.22	5.7	3.34
公司债券	2.03	0.5	1.42	1.72	1.64	3.43	2.84
股票	7	5.75	7.65	10.45	9.98	13.89	19.45
不动产	21.11	18.48	14.19	11.51	11.96	13.16	11.22
抵押贷款	3.96	2.15	4.83	3.59	5	3.69	3

资料来源:马明哲:《挑战竞争》,商务印书馆1999年版。

表 10-10　　中国台湾地区寿险业各项投资占总资产的比重　　单位:%

年份	1986	1988	1990	1992	1994	1996
银行存款	23.77	23.48	20.56	24.77	28.49	30.43
有价证券	17.76	25.03	19.01	22.85	19.69	22.72
其中：公债券及国库券	6.85	8.15	5.49	7.44	7.26	6.37
股票	9.27	9.16	10.42	8.93	7.06	6.29
公司债券	1.63	0.93	0.61	0.65	0.81	1.22
受益凭证		0.04	0.1	0.48	0.76	1.35
短期投资		6.75	2.41	5.35	3.8	7.49
不动产（包括自用）	27.19	26.15	23.56	15.68	11.5	9.08
贷款	31.29	25.33	35.57	34.38	36.11	32.87
国外投资			1.3	2.33	2.17	2.22
专案运用及公共投资					1.95	2.67
合计	100	100	100	100	100	100

资料来源：马明哲：《挑战竞争》，商务印书馆1999年版。

从上述统计资料中，我们可以看出，美、英、日等发达国家在保险投资实践中出现较大差异并形成不同保险投资模式。英美两国保险公司主要投资于有价证券，因为这两个国家是市场主导型的金融结构，资本市场在整个金融结构中有举足轻重的作用。但二者也有很大的差异，美国证券市场以债券为主，而英国证券市场以股票为主，表现到保险投资结构上就是美国保险投资结构以债券为主，而英国保险投资结构以股票为主。在美国，不管是寿险公司还是产险公司，投资债券的比重一直在70%左右，而英国的保险公司投资股市的比重一直在50%左右，债券投资只占20%左右。日本是以间接融资为主的国家，资本市场相对不发达，因此保险公司投资于银行和信贷领域的比重较英美相对要高，日本的保险公司投资股票的比重一直在20%上下，债券投资比重也是20%。

如果要找一个和我们当前情况非常类似的案例，台湾地区的经验也许最有参考价值。台湾地区的保险公司的投资分布既不同于英美，也不同于日本，最大的特点是银行存款占的比重非常大，一直在50%左右，股票投资只占10%左右。另外，台湾地区的保险公司投资不动产的比重明显高于其他国家和地区，特别是在1990年前后，投资房地产的资金占保险资金的比重达到30%，这和当时台湾地区的房地产业发展有很大关系。1992年以后，不动产的投资比重迅速降到10%左右。

总之，保险资金从事股权投资是保险公司获取投资收益的重要途径，但各国由于市场与制度上的差异，保险资金进行股权投资的情况又有所不同。

3. 中国保险资金进行股权投资的现状及存在的问题

根据保监会发布的数据，2013年保险资金运用余额为76873.41亿元，其中10.23%是投资于权益类资产，远低于目前30%的上限，表明权益投资的意愿不强。

中国保险资金进行股权投资的比例偏低，但主要原因不是政策问题，因为保险监管部门不断放宽对保险资金投资权益类产品的限制。2014年4月4日保监会发布了《关于修改〈保险资金运用管理暂行办法〉的决定》，对旧法《保险资金运用管理暂行办法》进行了修订，新办法自2014年5月1日起施行。保监会于2015年2月19日发布《关于加强和改进保险资金运用比例监管的通知》（下称《通知》），系统整合了现行监管比例政策，其中规定投资权益类资产、不动产类资产、其他金融资产、境外投资的账面余额占保险公司上季度末总资产的监管比例分别不高于30%、30%、25%、15%。这是继保险资金获准投资创业板上市公司股票、历史存量保单可投资蓝筹股后，险资入市再获松绑。将保险资金投资股票等权益类资产的比例上限由25%提高到30%。

中国保险资金股权投资业务起步较早。20世纪八九十年代，就有保险公司自发投资了一些企业股权，但由于监管体系还不健全，成功的案例不多。2006年，中国保监会发布了投资商业银行股权政策，保险机构稳步开展试点工作，积累了不少有益经验。2010年9月初保监会发布《保险资金投资股权暂行办法》（下称《办法》），保险资金投资股权投资基金正式开闸。开闸近两年后，保监会又发布了《关于保险资金投资股权和不动产有关问题的通知》，进一步为保险资金股权投资松绑。截至2012年年底，保险资金的运用余额总计6.85万亿元，长期股权投资仅占3.4%（2151亿元），其中多为直接投资未上市企业。此前规定保险公司投资于未上市公司股权及股权投资基金合计不高于本公司上季末总资产的5%，《通知》则将这一比例调整为10%。根据保监会最新公布的保险总资产数据，目前保险资金已有超过 7000 亿元的规模可配置股权投资，中国平安、中国人寿、中国太保、中国太平、泰康人寿、新华保险等多家保险公司已获得保险资金 PE 牌照。随着各项股权投资政策陆续发布，保险机构的股权投资业务进入了规范化和常态化发展阶段。

原因是，一方面，中国的股票市场虽经多年发展但仍不规范。制度有待完善，监管能力有限，市场交易不规范，投机交易气氛浓厚，市场大幅波动，财务造假行为时有发生。中国目前不规范的股票市场难以满足保险投资业务健康、快速发展的客观需要，保险投资与股票市场之间很难形成良性的互动。另一方面，保险投资行为短期化、期限匹配问题突出。从中国保险资金运用情况来看，由于缺乏具有稳定回报率的中长期投资项目，致使不论其资金来源如何、期限长短与否，基本都用于短期投资。这种资金来源和运用的不匹配，严重地影响了保险资金的良性循环和资金使用效果。

4. 政策建议

改善保险资金的投资功能，需要多方面深化改革，其中，至少需要解决好如下两方面问题：

第一，改善投资结构，提高资金运用效率。随着中国保险资金投资渠道限制的拓宽，资金的投资配比结构就显得越发重要。如果资金不能得到良好的投资配比，资金的运用效率低，投资收益也就低。合理的资金投资结构不仅能给保险公司带来较高的收益率，同时也促进保险行业的发展。国际上，欧美、日本等保险业发展较成熟的国家的保费收入基本接近饱和状态，保险的深度和密度增长趋于平缓，有的甚至出现了负增长，但保险业依然获得了丰厚的利润回报。这说明，从长期看，保险公司的投资收益才是保险业的主要利润来源。国外私募股权投资资金来源主体较为丰富，其中保险资金作为私募股权投资资金的重要来源，大约占到了 10% 的比例，而这个资金量不到保险资金总量的 3%。虽然保险资金开展私募股权投资的资金比例很低，但其为保险资产贡献的利润比例却可能很高。而同时，由于保险资金开展私募股权投资的资金比例较低，所以对于保险资金来说所要承担的投资风险也较低，基本不会影响到保险资金整体的安全性与流动性。

第二，完善资本市场，创造良好的投资环境。只有建立起一个门类齐全、品种多样、交易组织健全、法律法规完善、监督管理有效、市场信用发达的资本市场，中国的保险投资才能得到健康的发展。根据目前的资本市场可以从提供产品种类齐全的不同期限、收益率、风险度和流动性特征的金融投资工具、活跃交易市场以及完善法律规范等方面完善保险投资环境。目前来看，大力规范、整顿与发展中国的股票市场，从而增加中国保险资金的配置比例，已成为推动中国保险投资业务发展以及稳定证券市场的重要任务。

第四节　社保资金参与股权投资

社会保险基金通常包括养老保险基金、医疗保险基金、生育保险基金、失业保险基金、工伤保险基金等。社保资金的特点决定了其投资过程中必须确保安全第一，但如果过于保守，则社保资金可能会面临贬值的压力，因此，应该在保证资产安全性、流动性的前提下，适度放宽社保资金参与股权投资的限制，可以增加社保资金的收益。

1. 社保资金投资管理的国际经验

由于社保基金存在明显的特殊性，各国对其投资管理都较为谨慎，强调应在确保社保资金安全性、流动性的基础上实现其收益性。社会保险基金管理方式和机构因不同国家的社保模式选择、制度安排和运行机制上的差异性，而形成几种类型的管理方式。从世界范围来看，将社保基金投入资本市场，通过市场化运作实现保值增值是各国普遍采用的投资管理举措。概括来说，当前国际上主要有三种典型的社保基金投资管理模式，即以美国为代表的欧美模式、以智利为代表的拉美模式以及以新加坡为代表的新加坡模式。这三种模式在投资主体、投资组合模式以及监管模式等方面各有千秋，并都取得了不错的投资收益，值得各国借鉴。

（1）美国模式。美国的养老金体系由三部分构成，第一部分是全国统筹的社会养老保险（OASDI）计划；第二部分是雇主发起设立的私人养老金，它包括以401（K）为代表的DC计划，还有传统的DB计划；第三部分是家庭个人开设的个人退休账户（IRA）或购买的商业人寿保险，以及用于养老的住房、储蓄或投资等计划。其中，第二和第三部分在美国人养老保障中超过60%。而全国统筹的社会养老保险则主要承担最低保障的作用。

美国社会养老保险基金自创设以来一直坚持不入市，并规定当年收支结余只能投资财政部特别发行的国债。以401（K）为代表的美国私人养老金则可以入市投资，而且重点投资共同基金，其中股票型基金投资占比高达50%左右，但股票投资一般不超过20%。

（2）拉美模式。为各种投资设立最高限额。智利是世界上第一个用完全积累制替代传统现收现付养老金制度的国家。1981年的养老金私有化改革引入了DC型的个人账户，其主要特点为：为每个雇员建立养老金个人账户，雇员10%的缴费全部存入个人账户；专门成立单一经营目标的养老金管理公司（AFPs），负责账户管理与基金投资运营；雇员自由选择AFP公司，退休时养老金给付由账户积累资产转化为年金或按计划领取；成立养老基金监管局（SAFP），负责对AFPs的监管，并且由政府对最低养老金进行担保。

起初，养老金只允许投资固定收益类工具。从1985年开始，养老基金被允许投资于股票，1990年允许养老基金投资国外证券。目前政策允许的股票投资比重达30%以上，国外证券投资达到40%。另外规定了养老保险基金投资项目及限额，如政府债券最高限额为50%；抵押债券最高限额为80%；由金融机构担保的存款与证券，最高限额为30%—50%；私营及公共公司发行的债券，最高限额为50%；公司股票、房地产、生产性资产、外国债券，最高限额10%等。

（3）新加坡模式。新加坡的社会保障基金又称为"中央公积金"，实行中央公积金的强制储蓄制度。公积金的存款利率由政府设定，公积金法令保证公积金成员获得的公积金利率不低于2.5%。其主要投资政策的主要特点是：

第一，允许进行公共住房和其他住宅投资。这项政策使得新加坡人拥有较高的住房自给率。目前新加坡有86%的人口能够居住在公房中，并且他们中的90%拥有所住房屋的所有权。

第二，允许购买公用事业的部分股票；也允许购买新加坡电讯公司的股票，即实行了一项把与政府有关联的公司和法定的管理局私有化的计划，使公众有机会向盈利的企业投资，目前有超过148万名中央公积金成员认购了新加坡电讯公司打过折扣的股票。

第三，允许投资于经批准的其他投资品种。新加坡允许中央公积金的投资范围进一步扩大，允许成员投资于批准购买的股票、信用债券、单位信托基金和黄金。后来再度放宽，允许投资于SESDAQ（二板市场），也允许购买储蓄保单、存入共同基金账户和购买政府债务。但对这些投资品种、投资限额作出了具体限制，如定期存款、定期人寿保险单和投资相联系的保险产品、法定机构债券、单位信托基金、基金管理账户等投资限额（占可投资额的百分比）为100%；股票、公司债券和贷款证券的投资最高限额为50%；黄金的投资最高限额为10%。

新加坡中央公积金运作投资回报较好。首先，它为成员的公积金存款提供了最低的存款利息保证。根据中央公积金法的规定，中央公积金局在市场年利息低于2.5%的情况下，必须向计划成员支付2.5%的年利息。特殊账户和退休账户的年利息为普通账户和医疗账户的利息加上1.5%。其次，根据中央公积金投资计划，中央公积金计划成员可在低风险与高风险投资方式中任选进行投资，以期获得比中央公积金利息更高的回报。最后，由于成员利用公积金购买住房，因此住房的升值，使得中央公积金的投资回报率处于较高水平。

国际上三种常见的社保资金投资管理模式各具特色，但亦有规律可循。在投资主体方面，欧美模式和新加坡模式都是集中垄断运营模式。具体表现为，社保基金管理高度集中并由中央政府或专门的机构统一管理，其优点在于政府可以有效地控制投资风险且公开透明，但缺陷在于可能衍生新的官僚系统并影响效率。相反，拉美模式则是分散竞争式运营的代表。社保基金的投资管理由账户持有人自行决策，其优点是效率至上、具有较强的竞争性，但缺点是政府与个人均无法控制风险，并因私人机构对利润的追逐以及运行的隐蔽性而埋下隐患。

在投资组合模式方面，三种典型模式都没有将社保基金的投资范围局限于银行存款、债券等低风险、低收益产品，而是给予了一定的投资空间。比如，欧美模式中社保基金可投资于股票或者委托银行放贷；在新加坡模式中，社保基金可广泛投资于公路、港口、机场等基础设施的建设；而在拉美模式中，社保基金除了可以进行股票、债券、基建等方面的投资，甚至放宽到了海外市场进行投资。

在监管模式方面，欧美模式中由于中介市场较为发达，政府很少干预社保基金的正常投资活动，而主要依靠中介组织和审计事务所等进行监督。相比而言，在拉美模式和新加坡模式中，政府对社保基金投资活动都进行了较为严密的监控，对社保基金的投资品种和比例都制定了相应的法律法规，旨在减少社保基金的投资风险。

2. 中国社保资金投资管理的现状

从2012年年底社保基金分项结余的结构分布来看，基本养老保险基金的结余额高达近2.4万亿元，占结余总额的66.87%。显然，养老保险基金已成为社保基金中最重要的构成部分。此外,基本医疗和失业保险分别占社保基金结余总额的 21.35% 和 8.18%。国家审计署 2012 年 8 月发布的《全国社会保障资金审计结果》显示,中国社保基金结余从形态分布来看,活期存款、定期存款和其他形式(基本上是国债)分别占 38.44%、58.01% 和 3.55%。

按目前的法律规定,中国社保基金结余的部分只能用于银行存款或购买国债,禁止其他任何形式的投资。在各类社会保障资金中,允许进入资本市场的只有全国社会保障基金,该基金由全国社会保障基金理事会负责投资管理。2013 报告,基金权益投资收益额 685.87 亿元,其中,已实现收益额 592.71 亿元(已实现收益率 5.54%),交易类资产公允价值变动额 93.16 亿元。投资收益率为 6.20%。基金自成立以来的累计投资收益额为 4187.38 亿元,年均投资收益率 8.13%。在国内,中国的一些地区也在积极尝试提高社会保险基金的收益水平。2012 年开始,国务院就批准广东省委托全国社保基金会投资运营 1000 亿元企业职工养老保险基金结余资金。2012 年、2013 年该 1000 亿元养老金投资年化收益率分别为 6.73% 和 6%,高于同期银行存款利率和国债收益率,分别增值 34.09 亿元和 60 亿元。

3. 中国社保基金投资管理中存在的问题

中国社保基金投资管理中存在着一系列问题,主要包括:

第一,法律限制过于严格,导致投资渠道单一。从 1991 年设立社保基金以来,中国先后颁布了近 10 项相关法规,这些法规高度重视收缴、支付,但对于结存运营、保值增值方面的规定却十分保守。虽然近年来中国社保基金投资管理立法工作加速推进,曾经公布实施了《全国社会保障基金投资管理暂行办法》和《全国社会保障基金境外投资管理暂行办法》,解决了全国社保基金投资运营的法律依据问题。但是更为庞大的地方社保基金投资运营立法工作进展缓慢,没有专门的地方社保基金投资运营的法规。1997 年 7 月颁布的《国务院关于建立统一的企业职工基本养老保险制度的决定》第七条就规定,"基本养老保险基金结余额,除预留相当于 2 个月的支付费用外,应全部购买国家债券和存入专户,严格禁止投入其他金融和经营性事业"。此外,2012 年 3 月财政部发布《关于加强和规范社会保障基金财政专户管理有关问题的通知》再次强调,"财政国库部门要按照国家规定制定具体转存定期存款、购买国家债券的操作方案,并按规定的程序实施。地方财政部门不得动用基金结余进行任何其他形式的直接或间接投资"。这些严格的规定导致社保基金投资渠道过于狭窄，难以构建有效的投资组合，仅能获得很低的投资收益率。这虽然使社保基金的安全性得到了保障，但投资渠道过于单一，牺牲了市场效率。在银行存款利率与 CPI 倒挂的情况下，社保基金实际上处于贬值状态，而且社保基金结余越多贬值风险就越大。

第二，统筹层次过低，难以统筹投资。中国社保管理体系的一个明显的缺陷就在于统筹层次较低，这使得社保基金的管理主体过于分散。在五项社会保险中，真正实行省级统筹管理的只有基本养老保险，其他四项保险基金绝大部分仍由县市级的地方社保基金经办管理机构分别管理。而即便是基本养老保险，尽管中国决定在 2009 年年底前执行省级统筹管理，但迄今也尚未完全实现。根据 2012 年《全国社会保障资金审计结果》，截至 2011 年年底，全国仍有 17 个省份尚未完全达到基本养老保险省级统筹的"六统一"标准。正因为统筹层次不高，这使得中国目前数万亿元的社保基金被分散在 2000 多个省、市、县级统筹单位。而且，由于不同险种基金的管理还实行独立核算，因而，每个统筹单位又衍生出数个基金行政管理机构。换言之，中国社保基金事实上是由成千上万个各级社保单位分散管理，呈现出"碎片化"管理的状态。

社保基金的"碎片化"管理，使得基金的投资运营难以形成合力，大大增加了基金管理的难度。同时，由于各项社保基金的平均管理规模小，各方责、权、利不清，缺乏有效的风险分担和制约机制，这进一步加剧了投资的风险成本。上述种种问题导致中国社保基金缺乏进行市场化投资的基础，阻碍了社保基金投资的多样化以及资产的优化配置，只能采取诸如银行存款和购买国债的被动投资策略。

第三，监管体系不健全。由于立法滞后，中国对于社保基金的监管力度比较有限，事实上形成了"松监管、严管制"的局面。一方面，从立法层面来看，1998 年以来，中国先后颁布了《企业职工基本养老保险基金实行收支两条线管理暂行规定》、《社会保险基金财务制度》、《社会保障基金财政专户管理暂行办法》、《全国社会保障基金投资管理暂行办法》、《企业年金试行办法》等社保基金管理法规和部门规章，初步构建了社保基金的财务会计制度。2010 年 10 月出台了《社会保险法》，搭建了中国社会保障制度的"支架"。但遗憾的是，中国对社保基金的收缴、管理、运营和支付等各个环节的监管依然无章可循，缺乏配套的具体条例、办法和政策来指导实际操作。中国目前社保基金的监管体系还不健全,基金的投资运营管理也不够规范,现实中暴露出诸多问题。比如,社保基金被挤占、挪用的问题也频频发生。一些地方政府部门违规干预社会保险基金的支出,将社保基金用于市政建设、弥补财政赤字、支持地方企业等,甚至大建楼堂宿舍等。此外,甚至有少数管理人员贪污社保基金。加强中国社保资金的投资运营监管已势在必行。

第四,投资管理能力有待提高。政府对于基金的投资采取集中管理模式,对投资有着比较严格的限制和管理,导致中国社会保障基金投资管理的泛行政化,使社保基金管理中心很难建立起有效的监督管理机制、明确的会计、规范的审计、管理信息披露制度和基金风险防范机制。这就容易导致基金监管的失效,会计审计不规范、信息披露不及时,基金投资风险较大等情况,加之社保基金投资管理人员法制、政策观念不强,缺乏风险防范意识,在面临风险的情况下很难做出快速应对投资风险的反应,这就加大了社保基金投资运营的风险。

4. 若干政策建议

针对社保基金投资管理中存在的问题,在体制机制改革过程中,应着力有的放矢地予以解决。从政策面来看,尤其需要处理好如下几方面问题:

第一,适度放松社保基金的投资限制,推进基金投资的多元化。从国际经验来看,社保基金的投资管理必须同时兼顾资产的安全性、收益性和流动性。在国外随着社保管理制度的发展和健全,社保基金的投资限制可以逐步放宽。受限于法律规定,中国社保基金投资渠道狭窄、投资品种单一,过于强调资金的安全性而忽视了其收益性。未来适度放宽社保基金投资的法律限制,按照多元化的原则进行社保基金运作,以实现其保值增值将是大势所趋。要在基金的投资的过程中,根据市场的系统风险,定量化地处理好投资组合中各资产的投资比例。

社会保险基金的主要投资还是以银行存款等稳健投资为主,保证投资的安全性。但是为保证基金的保值增值,还应增加高收益投资的比例,但要保证投资的合理性。(1)社保基金可以选择进入风险较小的一级股票市场,成为上市公司的稳健持股者,或者投资于那些业绩好、流通性好以及发展前景好的蓝筹股,获得长期回报。(2)中国社保基金积累了大量资金,完全可以满足大型基础建设项目投资周期长、规模大的需要。可以积极参与对中央企业控股公司、地方优质国有企业和重大基础设施的直接股权投资，扩大对股权投资基金的投资。

第二，提高社保基金统筹层次。中国社保基金目前"碎片化"管理的现状使社保基金运营缺乏效率，同时也面临监管乏力的局面。从基金投资管理和监管的角度来看，社保基金亟须提升统筹层次。相比而言，以美国为代表的欧美模式即政府集中管理的模式可能是更佳的选择。现有的社保基金投资几乎以县市级管理部门为主，不仅缺乏完善的投资治理结构、投资机构及专业人才，也难以发挥投资的规模效应。对社保基金进行集中管理无疑可以在一定程度上解决上述问题。社保基金集中管理还减少了管理层级，有助于监管机构更好地监督基金运行的各个环节，提高监管效率。因此，尽快实现各类社保基金省级乃至全国的统筹管理，是消除社保基金市场化投资障碍的一个关键环节。在社保基金省级统筹的基础上，在各省建立统一的社会保障管理机构，实现投资体制的市场化与资产配置的多元化，最终提高社保基金的收益率以抵御通货膨胀导致的风险。

第三，培育市场化的独立基金管理机构。要通过入市实现社保基金的保值增值，社保理事会基金提供了非常好的先例，培育基金市场的机构投资者，包括完全独立的基金法人，专业化的证券公司和信托等投资机构，他们受托承办养老保险基金的投资管理，并以其经营业绩获得收入与利润；可以通过竞争机制来参与养老保险基金的投资管理。

第四，建立统一规范的社保基金投资运营监管体制，确保基金投资的安全稳定。为了确保社保基金投资的安全与有效，防止社保基金的挪用，防止可能的金融风险与危机，需要建立与完善社保基金运作的监管体系，通过监管体系中监管制度法规的建设与相应的监管机构的建设，确保政府机构对多元化投资的监督与管理，调控基金资产的结构与比例，形成一个多元、分散而又规范有效的社保基金投资运营体制，以此来推进社保投资体系的完善。

第十一章

建设多元化财富管理体系

随着中国经济进一步快速发展,财富管理(即金融业的"阿拉伯骆驼")势必会在上至国家金融安全和稳定、下至普罗大众的投融资需求中占有一席之地。目前,财富管理在推动国内金融体系改革尤其是商业银行的转型发展和政府、企业、居民的投融资需求方面起到了显著作用。未来,在泛资产管理的新时代下如何迎接财富管理市场的新挑战?我们首先厘清财富管理的定义,在此基础上梳理国内财富管理市场的差异、特点与功能定位,最后给出建设多元化财富管理体系的政策建议。

第一节 财富管理的内涵和特点

关于资产管理和财富管理的定义,目前有两个有代表性的说法,理论方面,任丁秋等(1999年)认为"资产组合管理,简称资产管理,它经常与以 Markowitz(1952)为代表的现代资产组合理论联系在一起。当代银行业的资产组合管理,通常是指私人银行业的客户资产组合管理。资产组合管理的对象主要是容易交易的投资,例如现金、存款、证券、贵金属等,以符合客户要求的最大利益为原则,进行积极监控和专业决策"。实务方面,中国对外经济贸易信托定义资产管理表示以产品为中心,对资产进行管理和运用,以达到保值增值的目的;财富管理则意为以客户为核心,通过分析客户财务状况和风险偏好发掘其财富管理需求,制定财富管理目标和计划,平衡资产和负债,以实现财富的积累、保值、增值和转移(见表11-1)。

表 11-1　　　　　　　　　财富管理和资产管理的区别

分类	核心	方式	标的	目的
资产管理	资产	对资产进行管理和运用	目前的资产（多为金融资产）	资产保值增值
财富管理	客户	分析客户需求制定目标和计划提供个性化服务	目前和未来的资产和负债（实物/无形/金融）	财富积累、保值、增值和转移

资料来源：中国对外经济贸易信托有限公司，中国社会科学院金融研究所财富管理研究中心。

从学理基础和实践发展的角度看，上述任丁秋（1999）的定义是狭义上的财富管理，即定量化的资产管理，以个人、家庭和企业的金融资产为对象，以定量的资产组合管理理论为手段，以追求高收益或规避高风险[①]为主要目标，构建个人、家庭和企业的金融财富增值[②]等单目标解决方案。广义财富管理则是结构化的资产管理，即以个人、家庭和企业的金融或非金融资产（即"财富"）为对象，以定量资产管理和定性财富安排为手段，以财富增值、财富传承、财富节税、财富避债和财富避险为目标，构建个人、家庭和企业财富的多目标综合解决方案。其中以财富增值为目标的广义财富管理即可看成狭义财富管理。显见，财富管理的分类定义如图 11-1 所示：

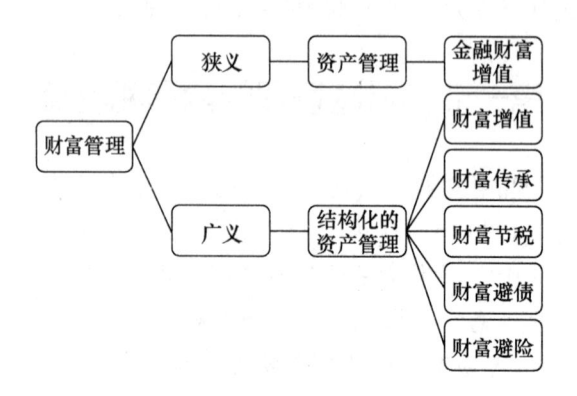

图 11-1　财富管理的定义示意图

---

① 案例如私人银行等财富管理部门开展的全权委托业务一样，不同风险承受能力的客户投资目标不同，有的风险最小为目标，有的以收益最大为目标，等等。

② 时评或文献中常见财富保值增值的说法，但保值和增值的确切含义并未明确，本章及以下我们用增值代替保值增值，如果说保值是保持原有价值、增值是高于原有价值的话，那么保值就可以看成零增值，即保值高于原有价值幅度为零的增值。

第十一章　建设多元化财富管理体系　241

我们以均值—方差投资组合理论为基础，分析在相同市场环境下，不同狭义财富管理目标下的投资组合差异。假定市场中有三种允许卖空的独立资产，一种无风险资产的收益为 r_0，两种风险资产的收益分别为 r_1 和 r_2，无风险资产和两种风险资产的投资组合权重顺次为 ω_0、ω_1 和 ω_2，满足 $\omega_0 + \omega_1 + \omega_2 = 1$，记它们的投资组合收益率为 r_p，即

$$r_p = \omega_0 r_0 + \omega_1 r_1 + \omega_2 r_2$$

以风险最小为目标的狭义财富管理优化目标为：

$$\min \mathrm{Var}[r_p]$$
$$\text{s. t. } E[r_p] = \bar{\mu}$$

即：

$$\min [\omega_1^2 \sigma_1^2 + \omega_2^2 \sigma_2^2]$$
$$\text{s. t. } \omega_1 \hat{\mu}_1 + \omega_2 \hat{\mu}_2 = \hat{\mu}$$

其中，$\hat{\mu}_i = \mu_i - r_0 = E[r_i] - r_0$，$i = 1, 2$，$\hat{\mu} = \bar{\mu} - r_0$。上式的一阶条件为：

$$\begin{cases} 2\omega_1 \sigma_1^2 - \lambda \hat{\mu}_1 = 0 \\ 2\omega_2 \sigma_2^2 - \lambda \hat{\mu}_2 = 0 \\ \omega_1 \hat{\mu}_1 + \omega_2 \hat{\mu}_2 - \hat{\mu} = 0 \end{cases}$$

解之得最优解投资组合为：

$$\begin{cases} \omega_1^v = \dfrac{\hat{\mu}_1 \sigma_2^2}{\hat{\mu}_1^2 \sigma_2^2 + \hat{\mu}_2^2 \sigma_1^2} \\ \omega_2^v = \dfrac{\hat{\mu}_2 \sigma_1^2}{\hat{\mu}_1^2 \sigma_2^2 + \hat{\mu}_2^2 \sigma_1^2} \end{cases} \qquad (11.1)$$

同理，以收益最大为目标的狭义财富管理优化目标为：

$$\max E[r_p]$$
$$\text{s. t. } \mathrm{Var}[r_p] = \bar{\sigma}^2$$

解之得稳定点为：

$$\begin{cases} \omega_1 = \pm \dfrac{\sigma_2 \bar{\sigma} \sigma_1}{\sigma_1 \sqrt{\bar{\sigma}_1^2 \sigma_2^2 + \bar{\sigma}_2^2 \sigma_1^2}} \\ \omega_2 = \pm \dfrac{\sigma_1 \bar{\sigma} \sigma_2}{\sigma_2 \sqrt{\bar{\sigma}_1^2 \sigma_2^2 + \bar{\sigma}_2^2 \sigma_1^2}} \end{cases}$$

进一步验证其最优解为：

$$\begin{cases} \omega_1^r = \dfrac{\sigma_2 \bar{\sigma} \bar{\mu}_1}{\sigma_1 \sqrt{\bar{\sigma}_1^2 \sigma_2^2 + \bar{\sigma}_2^2 \sigma_1^2}} \\ \omega_2^r = \dfrac{\sigma_1 \bar{\sigma} \bar{\mu}_2}{\sigma_2 \sqrt{\bar{\sigma}_1^2 \sigma_2^2 + \bar{\sigma}_2^2 \sigma_1^2}} \end{cases} \quad (11.2)$$

由不同目标下狭义财富管理的最优投资组合及其简化形式得知，$\bar{\mu}_1$ 和 $\bar{\mu}_2$ 取值的正负对 E［r_p］和 Var［r_p］的计算结果并无实质影响。因此，我们只需比较不同目标下资产管理投资组合头寸的差异，静态分析结果见表 11-2。结果表明，在任何目标下，狭义财富管理的做空和做多方向相同，即同时做多超额收益为正的资产，做空超额收益为负的资产。

表 11-2　狭义财富管理不同目标下投资组合头寸的比较静态分析

区间	$\bar{\sigma}_2 > 0$	$\bar{\sigma}_2 < 0$
$\bar{\sigma}_1 > 0$	$\omega_1^v > 0, \omega_2^v > 0, \omega_1^r > 0, \omega_2^r > 0$	$\omega_1^v > 0, \omega_2^v < 0, \omega_1^r > 0, \omega_2^r < 0$
$\bar{\sigma}_1 < 0$	$\omega_1^v < 0, \omega_2^v > 0, \omega_1^r < 0, \omega_2^r > 0$	$\omega_1^v < 0, \omega_2^v < 0, \omega_1^r < 0, \omega_2^r < 0$

以财富传承为目标的广义财富管理优化问题为例，在上述相同市场环境下，相当于在原有的三种投资工具增加了第四种投资工具——财富传承工具，即：

$r_p^w = \omega_0^w r_0 + \omega_1^w r_1 + \omega_2^w r_2 + \omega_3^w r_3$，

其中 $1 = \omega_0^w + \omega_1^w + \omega_2^w + \omega_3^w$，$\omega_3^w$ 和 r_3 为财富传承投资工具的投资比例和投资收益。特别地，记：

$$\omega_0 = \frac{\omega_0^w}{1 - \omega_3^w}, \quad \omega_1 = \frac{\omega_1^w}{1 - \omega_3^w}, \quad \omega_2 = \frac{\omega_1^w}{1 - \omega_3^w}, \quad r_p = \frac{r_p^w - \omega_3^w r_3}{1 - \omega_3^w} \quad (11.3)$$

则上述以财富传承为目标的广义财富管理问题立即转化为狭义的财富管理问题。

为与理论推导中的假设条件相融，除定期存款（假定其利率为 3%）外，我们选择证券投资基金、黄金现货和保险产品等作为狭义财富管理的金融类可投资资产，其中前两者年度数据表现见表 11-3。

由式（11.1）或式（11.2）计算出不同风险收益目标下的投资组合权重（见表 11-4），在相同的市场环境下，以市场平均收益 20.43% 和平均风险 30.84% 为目标的狭义财富管理投资组合方向相同且均存在负债投资现

表 11 - 3　　　　　上证基金指数和黄金现货价格指数

时间	上证基金指数 收盘价	上证基金指数 收益率	上证基金指数 滚动标准差	黄金现货价格 收盘价	黄金现货价格 收益率	黄金现货价格 滚动标准差
2000 年	1121.71	—	—	272.65	—	—
2001 年	1183.13	5.48%	—	276.50	1.41%	—
2002 年	942.33	-20.35%	18.26%	342.75	23.96%	15.94%
2003 年	1016.96	7.92%	15.66%	416.25	21.44%	12.36%
2004 年	872.01	-14.25%	14.11%	435.60	4.65%	11.48%
2005 年	840.19	-3.65%	12.25%	513.00	17.77%	10.18%
2006 年	2090.52	148.82%	63.73%	635.70	23.92%	9.99%
2007 年	5070.79	142.56%	74.21%	836.50	31.59%	10.96%
2008 年	2512.49	-50.45%	75.50%	865.00	3.41%	11.35%
2009 年	4765.75	89.68%	73.65%	1104.00	27.63%	11.30%
2010 年	4557.66	-4.37%	70.49%	1410.25	27.74%	11.15%
2011 年	3592.26	-21.18%	68.64%	1574.50	11.65%	10.77%
2012 年	3921.09	9.15%	65.61%	1664.00	5.68%	10.85%
平均值	—	24.11%	50.19%	—	16.74%	11.49%

资料来源：Wind，中国社会科学院金融研究所财富管理研究中心。

表 11 - 4　　　　　不同风险收益目标下的投资组合权重

收益水平	上证指数投资权重	黄金现货投资权重	定期存款投资权重	风险水平	投资效率
5.00%	1.04%	12.95%	86.00%	1.58%	1.27
10.00%	3.65%	45.34%	51.01%	5.52%	1.27
15.00%	6.26%	77.72%	16.02%	9.47%	1.27
20.43%	9.09%	112.89%	-21.98%	13.75%	1.27
42.09%	20.39%	253.20%	-173.59%	30.84%	1.27

象，但收益最大目标下的负债投资额远高于风险最小目标下的负债投资额，也可理解为收益导向的狭义财富管理投资风格远比风险导向下的狭义财富管理投资风格更为激进，与直觉完全吻合。

进一步，假定某客户目前有 100 万元现金资产，其首要目标是财富传承，即将 100 万元传给后代，次要目标是财富增值，显见，客户需求是以财富传承为目标的广义财富管理。选取人寿保险作为财富传承工具，投保 100 万元所需的保费为 10 万元，即 $\omega_3^w = 10\%$，$r_3 = 0$，由式（11.3）知，当狭义财富管理的目标收益率 $r_p = 5\%$ 时，广义财富管理的目标收益为：

$$r_p^w = (1 - \omega_3^w) r_p + \omega_3^w r_3 = 4.5\%$$

其投资组合权重顺次为：

$$\omega_0^w = (1 - \omega_3^w) \omega_0 = 77.4\%$$
$$\omega_1^w = (1 - \omega_3^w) \omega_1 = 0.94\%$$
$$\omega_2^w = (1 - \omega_3^w) \omega_2 = 10.62\%$$

显见，在以财富传承为目标的广义财富管理问题中，当客户对收益水平要求适中时，如目标收益率不高于 14.5%，客户无须负债进行投资。同理，当广义财富管理的目标为节税、避债和避险时，只需将对应的金融工具、产品或服务量化为狭义财富管理中的一种或多种资产时即可，存在收益波动风险的资产归为风险资产，否则归为无风险资产。下文中的财富管理均指广义财富管理。

第二节 财富管理市场发展

给出财富管理的定义、分类、理论与实证后，下面我们从市场角度总结国内财富管理市场的发展特点，限定范围是可以满足财富管理目标的银行理财产品、证券公司资产管理计划、保险公司的人身保险产品、信托公司的集合资金信托计划和财产信托计划以及基金公司的证券投资基金等。

1. 差异特点：机构、产品与功能

截至 2014 年 6 月末，共有 498 家商业银行发售银行理财产品，机构数量最小的信托公司也有 68 家参与主体（表 11-5）。从规模上来看，商业银行的总资产规模为 167.2 万亿元，逾非银行金融机构总资产 5.5 倍，财富管理市场机构集中度可见一斑。分业监管下，金融机构实施混业服务的主要途径有二：一是设立或参股其他类型机构，以商业银行为例，截至 2013 年年末，16 家 A 股上市银行中，设立或投资 12 家基金管理公司、6 家证券、10 家金融租赁公司、7 家保险公司、3 家信托公司、3 家设立消费金融公司；二是成立具备其他机构功能的子公司，如以具备信托公司功能的基金公司子公司为例，自 2012 年 10 月允许设立子公司到 2013 年年末，共有 62 家基金公司获准成立子公司，总注册资本为 29.35 亿元，平均注册资本约为

4734万元。

其中规模最大的是嘉实资本管理有限公司，注册资本为3亿元，注册资本为1亿元以上（含1亿元）的子公司有7家，剩余55家子公司注册资本全在6000万元以下（含6000万元），其中，注册资本为2000万元的公司为29家，占比达46.77%。显见，具备信托功能的子公司中只有一家满足信托公司的最低注册资本要求（见表11-5），这是机构差异的主要特点之一。机构差异的主要特点之二在于除信托公司外，其他类型金融机构均可设立分支机构，一方面，信托公司通过"自救"设立财富管理中心的形式构建专属的销售渠道，截至2013年年末，共有51家信托公司设立财富管理中心；另一方面，信托公司通过"外援"代销信托产品，如商业银行等（见表11-6）。

表11-5　　　　　　　　　　财富管理市场机构情况

类别	商业银行	证券公司	保险公司	信托公司	基金公司
总资产	167.2	2.45	9.37	12.48	—
机构数量	498	117	140	68	93
最低注册资本	0.5，1，10	5	2或5	3	1
分支机构	有	有	有	无	有

注：总资产和最低注册资本的单位为万亿元人民币，机构数量的单位为家。

资料来源：中国银监会、中国证监会和中国保监会及其下辖的中国银行业协会、中国证券业协会、中国保险业协会、中国信托业协会和中国证券投资基金协会网站（以下简称"三会八网"），中国社会科学院金融所财富管理研究中心。

表11-6　　　　　　　　　　财富管理市场产品销售渠道

产品类型	销售渠道
银行理财产品	商业银行、证券公司
集合资金信托计划	商业银行、第三方销售、信托公司、保险公司、证券公司
券商集合资管计划	商业银行、证券公司
人身保险产品	商业银行、保险、互联网电商平台
证券投资基金	商业银行、券商、基金直销、互联网电商平台、保险公司、期货公司

资料来源：作者整理。

从表11-7可见，财富管理产品在监管主体、法理基础、准入门槛、人数限制、是否均等、转让方式和资本约束等维度的比较存在明显差异,但其财富管理的本质功能并无实质区别。譬如,基金子公司的资产管理计划、商业银行的债权直接融资工具以及保险公司的基础设施债权投资计划都具有信托计划性质,但无一以信托法作为其法理基础,即便《证券投资基金法》的上位法律是《信托法》,但由于基金财产的"非信托性质"以及基金子公司受限于《公司法》的短板,基金子公司的资产管理计划依然难以实现信托制度的避税避债优势。

表 11-7　　　　　　　　财富管理产品多维度异同比较

类别\项目	银行理财	资金信托		券商资管集合			基金资管计划		保险产品
		单一	集合	单一	小集合	大集合	单一	集合	人身保险
监管主体	银监会	银监会		证监会			证监会		保监会
法律基础	委代	信托					信托		
准入门槛	5	100		100	200	5/10	3000	100	无
人数限制	无	—	50 内	—	200 内	超 2 人	—	200 内	个人/团体
是否均等	否	—	否	—	是	是	—	是	否
核准方式	备案	备案		审批	备案		备案		备案
转让方式	无	协议、拍卖		—	协议、拍卖		—	交易所	未明确
资本约束	有/无	有		有			无		有

注:准入门槛的单位为万元人民币。
资料来源:作者整理。

从满足财富管理需求的个性化功能视角来看,商业银行系、证券公司系、保险公司、信托公司系和基金公司系的短期理财产品、现金增值类产品、高现金价值产品、集合资金信托计划和短期理财基金及部分挂钩货币市场基金的"宝宝类"产品等均可以给个人、企业和家庭提供财富增值功能,期限长短是此类产品的本质差异所在。家族信托如平安信托的"鸿承世家完全系列"具备财富传承功能。再者,《信托法》和《证券投资基金法》都明确规定管理财产与公司财产以及委托人的其他财产管理独立,这就是二者具备避债功能的主要理由。

保险系产品全功能的主要理由如下:第一,对个人、家庭和企业的潜在风险予以合理规避和现有资产进行保全本身就是保险的基本手段之一。

第二，如前所述，高现金价值类产品具备短期理财产品的几乎所有功能，尤其在质押融资方面，这是保险系产品具备财富增值功能的主要表现。第三，保险产品的基本要素含投保人、被保险人和受益人，受益人的利他性及人寿保险的节税避债性完全满足个人、家庭和企业的财富传承需求。第四，2002年重新修订颁布的《保险法》第88条规定，"经营有人寿保险业务的保险公司被依法撤销的或者被依法宣告破产的，其持有的人寿保险合同及准备金，必须转移给其他经营有人寿保险业务的保险公司；不能同其他保险公司达成转让协议的，由保险监督管理机构指定经营有人寿保险业务的保险公司接受"，正所谓破产隔离或避债功能。第五，《中华人民共和国税法》明确规定"保险赔款免征个人所得税"，《中华人民共和国遗产税法暂行条例》明确"被继承人投保人寿保险所得的保险金免征遗产税"，显见人寿保险的节税功能（见表11-8）。

表11-8　　　　　　　　　财富管理产品功能特点

功能	商业银行	证券公司	保险公司	信托公司	基金公司
增值	√	√	√	√	√
传承	×	×	√	√	×
节税	×	×	√	×	×
避债	×	×	√	√	√
避险	×	×	√	×	×

资料来源：作者整理。

2. 增长特点：规模增，缺口大

截至2013年年末，国内以产品为导向的财富管理市场总体规模达到41.93万亿元，与同期GDP之比的深化程度高达74%，较2007年的25%增长了两倍之多，而同期的财富管理市场总体规模则增长了五倍多（见表11-9）。除前述监管套利之外，财富管理市场对信贷融资的有益补充是其发展迅猛的主要原因之二。以银监会下辖的银行理财产品、信托产品和私人银行资产管理规模为例，2007—2013年三者占财富管理产品比重的均值为48.74%，近两年的均值竟高达60%，这表明财富管理在银行体系的集中度非常高。事实上，如剔除财富管理市场中的保险资金运用规模，以

2013年的数据为例，银监会下辖财富管理产品规模占财富管理市场总规模近80%，市场垄断格局可见一斑。

表11-9　　　　　　　　　国内财富管理市场规模数据　　　　单位：万亿元，%

年份	银行理财	券商资管	保险资金运用	信托产品	证券投资基金	私人银行	总计	GDP	深化程度
2007	0.9	0.08	2.67	0.71	2.23	—	6.59	26.58	25
2008	1.4	0.09	3.05	1.20	2.57	0.29	8.60	31.4	27
2009	1.7	0.14	3.74	1.98	2.45	0.63	10.64	34.09	31
2010	2.8	0.18	4.60	3.04	2.42	0.82	13.86	40.15	35
2011	4.6	0.28	5.52	4.81	2.64	1.83	19.68	47.31	42
2012	7.1	1.89	6.85	7.47	3.62	2.09	29.02	51.94	56
2013	10.2	5.20	8.28	10.9	4.22	3.13	41.93	56.88	74

注：深化程度＝汇总/GDP×100%。

资料来源：各类公司年报，Wind，中国社会科学院金融所财富管理研究中心。

以前述五类产品和国家外汇储备等数据可得的国家、企业和居民可投资资产分别作为财富管理市场供给与需求的统计基准，显见二者之间的缺口高达46.58万亿元，由供需缺口引致的财富管理需求增长潜力不容小觑（见表11-10）。与财富管理市场供需缺口对应的是财富管理市场的人才缺口，据国际金融理财标准委员会（中国）网站数据显示，至2014年6月30日，由国际金融理财标准委员会认证的中国大陆CFP系列持证人总人数为162614人，其中金融理财师AFP持证人总人数为137674人，国际金融理财师CFP持证人总人数达到19995人，金融理财管理师EFP持证人达到4174人，认证私人银行家CPB持证人为771人。而同期全球的国际金融理财师CFP持证人数达153376人（见图11-2），国内相应持证人数占此比例为13%。此外，据国家统计局数据显示，2013年的全国总人口为13.6亿人，可见每万人拥有1.2万个中国大陆CFP持证人服务。如果我们限定农村地区尤其是偏远山区的财富管理服务，其财富管理市场供需缺口和人才缺口将会更大。

表 11-10　　　　　　　　财富管理市场供需　　　　　　　单位：万亿元

供给		需求	
类别	规模	类别	规模
银行理财	12.65	国家外汇储备	3.8
券商资管	6.82	主权基金	3.5
保险资金运用	8.59	社保基金	1.11
信托产品	12.48	住房公积金	3.9
证券投资基金	5.12	国库现金管理	3
私人银行资产管理	3.13	居民可投资资产	80①
汇总	48.73		95.31

资料来源："三会八网"及其相关机构的门户网站，中国社会科学院金融所财富管理研究中心。

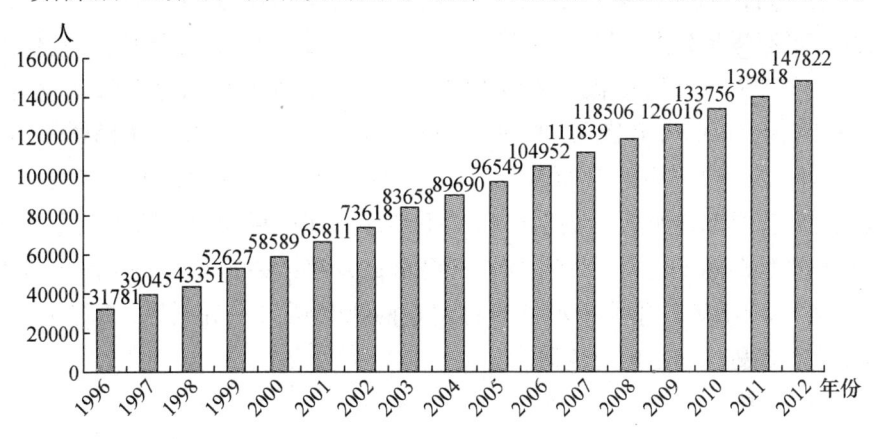

图 11-2　全球 CFP 持证人数

资料来源：国际金融理财标准委员会（中国）网站，中国社会科学院金融所财富管理研究中心。

3. 争议辨析：影子、成本与风险

随着金融危机对国内影响的隐忧不断增加，国内有关金融危机成因之一的影子银行研究也日益增多，大致可分为三个阶段：第一阶段是 2009 年前后的"找"影子，对比国外影子银行的定义，诸多学者分析国内金融市场、机构和产品中的"影子"成分，并试图给出国内影子银行的定义。第二阶段是 2012 年前后的"辩"影子，时任中国银行行长肖钢 2012 年 10 月发文指出"银行理财产品市场是庞氏骗局"，进而引发银行理财产品、信托

---

① 《中国私人财富报告 2013》，招商银行、贝恩公司。

产品等是否为影子银行的大讨论。第三阶段是 2013 年至今的"忧"影子，鉴于部分信托产品尤其是 2014 年年初中诚信的信托产品出现违约隐忧，国内对影子银行将引发区域性、系统性风险的担忧情绪上升，即重在影子银行风险的讨论。

有关影子银行的争议止于 2013 年 12 月 10 日国务院下发《关于加强影子银行业务若干问题的通知》明确界定影子银行为"传统银行体系之外的信用中介结构和业务"。事实上，财富管理市场/产品/业务并非国际上的影子银行（见表 11-11）：首先，国内财富管理市场不采用杠杆操作手段，而国际上的影子银行杠杆比例非常高；其次，国际上的影子银行以"证券化"为主要模式，而国内证券化市场目下的总规模不足 2500 亿元且非金融机构参与度不高；再次，国际上的影子银行以机构投资者为主，而国内的财富管理市场以零售为主，以 2014 年 6 月末 12.65 万亿元的银行理财产品规模为例，个人专属、私人银行专属和机构专属产品的余额分别为 7.52 万亿元、0.72 万亿元和 3.89 万亿元，前两者均属个人零售范畴，占比逾 65%[①]；最后，国际影子银行中的对冲基金、私募股权基金、证券化、表外工具、结构化融资工具和各类金融创新产品几乎都落脚在避税天堂，即大型金融机构在离岸群岛的子公司。1994 年，开曼群岛发售第一笔 CDO，金融危机爆发初期的 2007 年，开曼 CDO 占全球总量的 80% 强（辛乔利等，2012）。国内财富管理机构均在国内注册。

表 11-11　　　　　　　　财富管理与影子银行的差异

项目＼类别	国际影子银行机构	国内财富管理机构
发行主体	非银行机构	商业银行
主要业务	证券化	信贷投放
杠杆比率	高	低甚至零
投资主体	金融机构	普通大众
注册地点	离岸为主，在岸为辅	在岸注册
产生动因	风险转移	投融资需求

资料来源：作者整理。

---

① 《银行理财市场报告》，中央国债登记结算公司授权《债市观察》发布，2014 年 8 月 15 日。

基于机构差异和产品差异,尤其是监管差异如资本约束和投资方向不同等,商业银行为规避信贷规模约束而与非银行金融机构合作的方式变相进行放贷,如银信、银基和银证合作等,即所谓的通道业务。以银证合作为例,共有四种主要业务模式(见图 11-3):

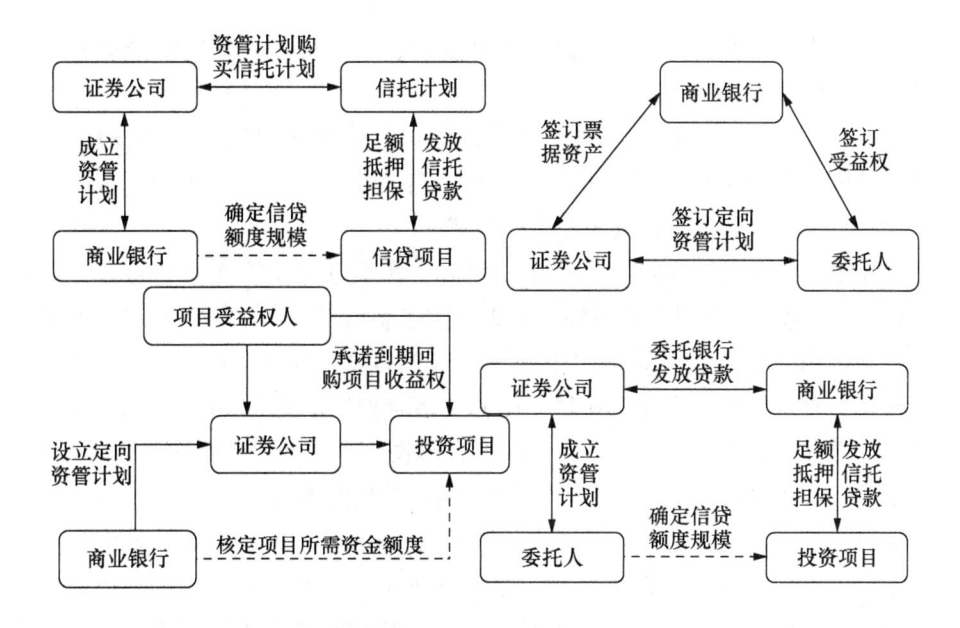

图 11-3 商业银行与证券公司合作的四种主要类型通道业务流程图

注:从上到下、从左到右顺次为 SOT 类定向资产管理业务、票据类定向资产管理业务、特定收益权类定向资产管理业务和委托贷款类定向资产管理业务流程图。

第一,SOT 类(结构化信托计划)定向资产管理业务,接受委托人(自有资金、理财资金)的委托,投资于固定收益类信托产品或信托计划,信托计划投资于特定信贷项目,并在信贷资产到期后,将相关收益分配给委托人的券商定向资产管理业务。

第二,票据类定向资产管理业务,接受委托人(自有资金、理财资金)的委托,投资于票据资产,在票据资产到期并由委托银行托收后,将相关收益分配给委托人的定向资产管理业务。

第三,特定资产收益权类定向资产管理业务,接受出资方的委托,投资于特定项目收益权,项目收益权人到期回购特定项目收益权后,证券公司将回购价款分配给委托人的定向资产管理业务。

第四，委托贷款类定向资产管理业务，接受出资方的委托，作为定向资产管理业务的受托人进行委托贷款业务。在委托贷款业务中，证券公司作为受托人，运用定向资产管理计划的资金，委托商业银行向特定借款人发放贷款。贷款到期后，借款人向定向资产管理还款，证券公司将相关收益分配给委托人。

简言之，通道业务是商业银行表外放贷、表内资产转向表外或委托贷款等变相信贷投放的机制与工具。事实上，将模式一中的证券公司去掉、模式二、三、四中的证券公司换成信托公司，就是典型的银信合作模式；将四种模式中的证券公司换成基金公司，模式一即是典型的银信、银基合作模式，模式二到模式四为银基合作模式。

通道业务在增加风险传染隐患的同时，实质性地推高了融资成本。以2013年1月到2014年7月发售的8.2万款产品为例，其中银行与单一非银行金融机构合作产品（简称"单合作"）2783款，银行与两个或两个以上非银行金融机构合作产品110款（简称"多合作"），由图11-4（a）可以看出，总体收益率、单合作收益率和多合作收益率水平顺次提升，对应的溢价水平也随之提高。如以产品能否质押作为流动性的衡量水平，图11-4（b）显示可质押产品的收益率水平低于总体收益率水平，单合作流动性溢价高于无合作流动性溢价。表面上看，融资链条越长，融资成本越高，因为其支付的收益水平更高；流动性水平越高，产品的收益率水平越低，因为可质押产品的变现能力强。本质上看，融资难融资贵的根子在风险溢价，以银行与基金子公司合作的资管产品来看，其融资主体基本都是信托公司的"飞单"，也就是不满足信托融资条件的融资主体。

如前所述，国内目前处于"忧"影子阶段，且将国际上的影子银行混同为国内的财富管理。鉴于历经多次整顿的信托产品市场违约频发，有关信托产品引爆财富管理市场引发区域性、系统性风险的说法屡见不鲜。我们认为财富管理不会引发区域性、系统性风险，至多会引发诸如产品违约、行业亏损甚至机构倒闭的行业性或局部性风险，做出上述断定的理由有三（以信托产品市场为例）：

第一，信托公司只承担集合信托一类产品风险。单一信托属于通道类业务，归属于被动管理型业务范畴，此类信托风险是由单一委托人承担的，信托公司作为业务通道仅在交易结构起到事务性管理作用，在信托合同条款中已明确了交易双方的权利义务关系，并在项目《风险申明书》明示该

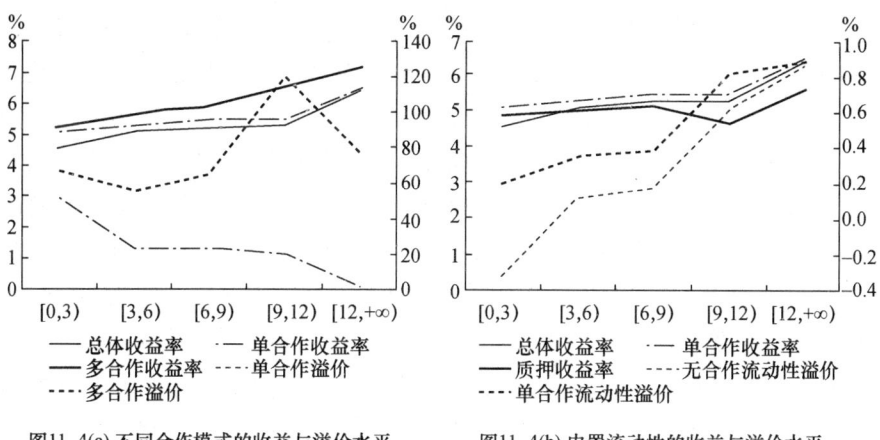

图11-4(a) 不同合作模式的收益与溢价水平　　图11-4(b) 内置流动性的收益与溢价水平

图 11 - 4　通道业务下的收益率水平比较图

注：单（多）合作溢价 = 单（多）合作收益率 - 总体收益率，无（单）合作流动性溢价 = 总体收益率（单合作收益率）- 质押收益率，两图中溢价指标均在右轴。

数据来源：中国社会科学院金融所财富管理研究中心。

类项目的投资风险与信托公司无关，信托公司对这类业务发生风险是无须履行"刚性兑付"责任的，一切按合同条款要求履行代为管理职责即可。由表 11 - 12 可以看出，自 2010 年以来，集合资金信托占信托余额的比重从未超过 30%，2013 年的规模为 2.72 万亿元，占比为 24.95%。

表 11 - 12　集合信托计划和信托赔偿金等相关指标

时间	集合资金信托	信托总额	集合信托占比	违约规模	违约率	信托赔偿金余额
2010	0.63	3.04	20.72%	5.9	0.09%	28.6
2011	1.35	4.81	28.07%	14.43	0.11%	42.79
2012	1.88	7.47	25.17%	61.315	0.33%	61.88
2013	2.72	10.9	24.95%	23.475	0.09%	90.59

注：集合资金信托、信托综合的单位为万亿元，违约规模和信托赔偿金余额单位为亿元，其中违约规模 = 附表中以到期日为统计口径的募集资金的二分之一①。

资料来源：信托业协会、中国社会科学院金融所财富管理研究中心。

---

① 信托产品平均期限两年左右且多以分年支付本息为主，为此，我们以募集资金规模的 1/2 为违约规模的计算基准。

第二，信托赔偿准备金和自有资产构成信托风险的双层隔离带。由表 11-12 可以看出，2013 年之前，信托赔偿金基本可以覆盖当年的违约集合资金信托计划。按规定，信托赔偿金的上限是注册资本的 20%，截至 2013 年年末，68 家信托公司的注册资本总额为 1114.49 亿元，这表明信托赔偿金的上限为 222.90 亿元，目前的缺口为 128.31 亿元。不仅如此，随着资产规模的不断膨胀和风险资产的大幅增加，信托公司竞相增资扩股，据统计，2014 年有 11 家信托公司变更注册资本，其中中融信托增资 44 亿元，为行业之最。另据统计，当下 68 家信托公司的自有资产规模约为 2871 亿元，这表明信托赔偿金上限和自有资产可以覆盖集合资金信托的损失率分别为 0.82% 和 10.56%，前者已超过历年信托产品违约概率的最大值，且二者覆盖的总违约率逾 11%。2014 年 4 月 23 日，中国银监会发布的《关于信托公司风险监管的指导意见》征求意见稿中强调了股东责任，要义之一是要求当信托公司出现流动性风险时，股东需要提供流动性支持。即便如此，信托公司的信托赔偿金和自有资金也可抵御 2.84% 的信托产品违约率。

第三，地方政府、财政资金和央企国企的三种股东背景将承担最后贷款人角色，即有政府的隐性担保措施。分析 68 家信托公司的控股股东背景，除隐性控股股东外，68 家信托公司中由地方政府下属的国资委或城投公司控股的信托公司有 11 家，如北京信托和甘肃信托等；由财政资金控股的信托公司有 3 家，如东莞信托和西藏信托等；由金融机构控股的公司有 14 家，如兴业信托，由国企央企控股的信托公司则有 17 家（见图 11-5）。最后，《信托公司管理办法》中第 55 条规定：信托公司已经或可能发生信用危机，严重影响受益人合法权益的，中国银监会可依法对该公司实行接管或督促机构重组。

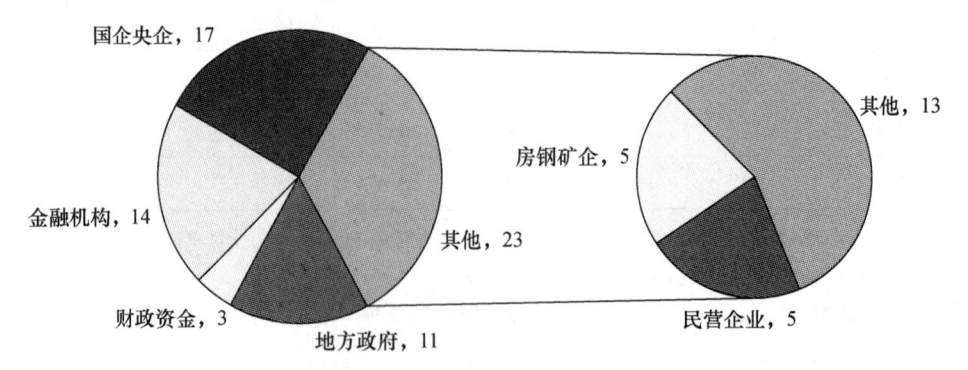

图 11-5 信托公司股东背景情况

资料来源：各信托公司年报，中国社会科学院金融所财富管理研究中心。

总之，在承担一类信托产品风险、拥有双层风险隔离措施和三种最后贷款人角色的信托市场中，至多出现部分集合信托计划违约、由单一信托计划违约引发的行业性风险以及由此带来的机构破产和行业整顿而已，最坏情况如同20世纪末的信托机构破产、倒闭或重组等。以房地产市场为例，据信托业协会数据显示，2010年至今明确以房地产为投资方向的资金信托占比基本维持在10%左右，这表明即便房地产信托出现问题，也不至于引发房地产行业风险。但如果将与土地（土地出让收入、土地税收和土地质押等）相关的信托全部纳入考察范围，简单统计可以看出，2010年以来融资类信托的占比均值为51.77%，资金信托中基础产业、房地产、工商企业、金融机构和其他的占比均值为79.88%，特色信托中银信合作、信政合作和基金化房地产三者的占比均值为42.71%，上述三组数据依次是与土地相关信托规模的中等、最大和最小占比统计口径，显见其上下限约为80%和40%。鉴于此，如果我们以2014年第二季度末的信托资产规模12.48万亿元为基准，分40%、60%和80%三种情形估算"土地"信托的规模分别为4.99万亿、7.48万亿和9.93万亿元。这表明如果"土地"信托出现风险暴露，将有可能引发房地产市场行业风险。当然，"土地"信托风险与房地产市场行业风险孰先孰后，及二者之间的传导路径如何将是后续的理论研究问题之一。

第三节 财富管理的功能

作为新兴的金融业务，财富管理在满足国民投融资需求、践行金融体系改革尤其是商业银行转型发展方面的作用明显。

1. 政府：投资需求与融资需求同等重要

鉴于信托制度的"实体投资"优势，商业银行等金融机构和地方政府等融资主体多以信托产品为纽带实现资金盈余方和资金供给方的对接。2013年12月30日，审计署公布的地方政府性债务余额的资金来源中信托融资占"三类"债务（政府负有偿还责任的债务、政府负有担保责任的债务和政府可能承担一定救助责任）的比重顺次为7.00%、9.48%和9.46%，而证券、保险和其他金融机构占其资金来源的比重最高不超3%，但二者之和占非信贷资金来源的比重均超过20%，其中这一指标占政府负有担保责任债务中非信贷融资规模的比重高达37.48%强（见表11-13）。此外，自2010年9

月以来信政合作余额占信托余额的比例基本维持在 8% 左右（见表 11-16）。以江苏省的县级市政府新沂市为例（见表 11-14），2012—2014 年间，以城投公司和交通投资公司为融资主体，委托长安信托、中融信托、方正信托和爱建信托等机构发售 5 款信托产品，共募集资金规模 11.72 亿元，分别占 2013 年新沂财政收入 39.62 亿元和 GDP 规模 412 亿元的 29.58% 和 2.84%。

表 11-13　2013 年 6 月地方政府性债务余额的资金来源规模与比例

单位：亿元

债权人类别	政府负有偿还责任的债务 规模	比例	政府负有担保责任的债务 规模	比例	政府可能承担一定救助责任的 规模	比例
银行贷款	55252.45	50.76%	19085.18	71.60%	26849.76	61.87%
建设—移交	12146.30	11.16%	465.05	1.74%	2152.16	4.96%
发行债券	11658.67	10.71%	1673.58	6.28%	5124.66	11.81%
应付未付款项	7781.90	7.15%	90.98	0.34%	222.64	0.51%
信托融资	7620.33	7.00%	2527.33	9.48%	4104.67	9.46%
其他单位和个人借款	6679.41	6.14%	552.79	2.07%	1159.39	2.67%
垫资施工、延期付款	3269.61	3.00%	12.71	0.05%	476.67	1.10%
证券、保险和其他金融机构融资	2000.29	1.84%	309.93	1.16%	1055.91	2.43%
国债、外债等财政转贷	1326.61	1.22%	1707.52	6.41%	0.00	0.00
融资租赁	751.17	0.69%	193.05	0.72%	1374.72	3.17%
集资	373.23	0.34%	37.65	0.14%	393.89	0.91%
合计	108859.17	100%	26655.77	100%	43393.72	100%

资料来源：《全国政府性债务审计结果》，中国社会科学院金融所财富管理研究中心。

表 11－14　　　　　　　新沂市政府的信托融资情况　　　　　单位：亿元

发行主体	产品名称	融资主体	融资规模	起息日	到期日	收益率
长安信托	长安新沂城投应收账款专项资管计划	新沂市城市投资发展有限公司	2.20	2013/7/1	2015/7/1	9.20%
中融信托	中融—新沂城投财产权信托集合资金计划	新沂市城市投资发展有限公司	3.00	2012/10/29	2014/10/29	9.00%
方正东亚	方兴64号新沂城投集合资金信托计划	新沂市城市投资发展有限公司	1.02	2014/6/10	2016/6/10	9.20%
爱建信托	新沂城投应收款信托（第一期）	新沂市城市投资发展有限公司	3.00	2013/6/1	2015/6/1	8.80%
方正信托	方正东亚方兴26号新沂交投债权投资集合资金信托产品	新沂市交通投资有限公司	2.50	2013/1/17	2015/1/17	9.00%

资料来源：网站公开资料，中国社会科学院金融所财富管理研究中心。

如表 11－10 所示，国家/政府有投资需求的总资产规模至少为 15.31 亿元，投资收益低和投资范围窄是目前国家财富管理面临的主要问题，如主权基金在 2008 年和 2011 年的收益率分别为 －2.1% 和 －4.3%。通过财富管理产品配置可以部分解决上述问题，如在以社保基金和企业年金为投资主体的非公募基金市场中（见表 11－15），自 2013 年 1 月以来的余额和占证券投资基金期末余额的比重呈逐月上升态势，2013 年占比达 28.91%。

表 11－15　　　　　　　证券投资基金市场情况　　　　　单位：万亿元

时间	公募余额	非公募余额	期末余额	非公募余额/期末余额
2013 年 1 月	2.79	0.82	3.61	22.71%
2013 年 3 月	2.80	0.83	3.63	22.87%
2013 年 6 月	2.51	0.97	3.48	27.87%
2013 年 9 月	2.81	1.05	3.86	27.20%
2013 年 12 月	3.00	1.22	4.22	28.91%

资料来源：基金业协会，中国社会科学院金融所财富管理研究中心。

2. 金融体系：改革、发展和转型需要财富管理

事实上，银行理财产品早已实现混业化服务。据金融所财富管理研究

中心统计，2013年8月至2013年11月，商业银行理财产品市场共发售与非银行金融机构合作的产品数量387款，逾同期产品发售总量的10%，募集资金规模达2243亿元人民币。分类来看，银信合作类产品占比最大，为66.5%强，如果将银信、银证与银信、银基的多合作模式统计在内，与信托公司相关合作的银行理财产品数量占比达86%（见图11-6）。剖析银行与非银行金融机构的合作可以发现其本质是商业银行在从事非银行金融机构的业务，即通过合作实现分业经营下的混业服务。

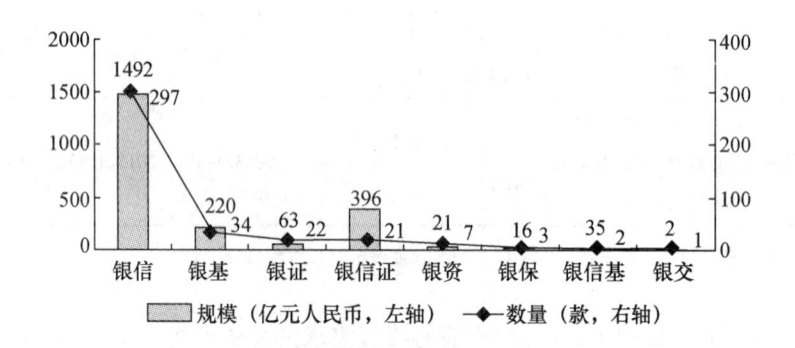

图11-6 不同类型合作模式产品的分类表现

资料来源：中国社会科学院金融所财富管理研究中心。

进一步，即便屡遭禁令，银行合作产品规模基本维持在信托产品规模的20%左右（见表11-16）。此外，商业银行试点资产管理计划和债权直接融资工具是商业银行由间接金融向直接金融转变的重要标志。财政部2014年6月6日下发的《关于进一步明确国有金融企业直接股权投资有关资产管理问题的通知》将有可能进一步推动商业银行从事直接金融投资。这都是商业银行转型发展和从事混业经营的典型例证。

表11-16　　　　　信托产品中银信、信政产品情况　　　　　单位：万亿元

时间	银信	信政	余额	银信/余额	信政/余额
2010年9月	1.89	0.38	2.96	63.85%	12.84%
2010年12月	1.66	0.36	3.04	54.61%	11.84%
2011年3月	1.53	0.32	3.27	46.79%	9.79%
2011年6月	1.61	0.29	3.74	43.05%	7.75%

续表

时间	银信	信政	余额	银信/余额	信政/余额
2011年9月	1.67	0.28	3.94	42.39%	7.11%
2011年12月	1.67	0.25	4.81	34.72%	5.20%
2012年3月	1.79	0.25	5.3	33.77%	4.72%
2012年6月	1.76	0.33	5.54	31.77%	5.96%
2012年9月	1.84	0.39	6.32	29.11%	6.17%
2012年12月	2.03	0.5	7.47	27.18%	6.69%
2013年3月	2.11	0.65	8.73	24.17%	7.45%
2013年6月	2.08	0.8	9.45	22.01%	8.47%
2013年9月	2.17	0.82	10.13	21.42%	8.09%
2013年12月	2.18	0.96	10.9	20.00%	8.81%
2014年3月	2.47	1.08	11.72	21.08%	9.22%

资料来源：信托业协会，中国社会科学院金融所财富管理研究中心。

2004—2007年，新兴的银行理财产品市场以外汇挂钩、股票挂钩或商品挂钩的结构性产品为主，之后受经济刺激计划影响，多以变相信贷投放的信用类产品为主，如信托贷款类产品、贷款对倒类产品、资产组合类产品、资金池类理财产品以及银行与非银行机构合作的银信、银证和银信证产品等。募集资金规模方面，银行理财产品市场对存款市场的影响主要表现为"14710"行情，即季末的下一个月都会出现巨额的存款负增长现象，也可以理解为银行理财产品在季末充当了调整存贷比监管指标的角色。此外，银行理财对贷款的替代效应明显，如2012年10月至2013年9月间人民币理财产品募集资金规模24.65万亿元，同比增长21.5%，理财规模与社会融资总量及理财规模与贷款规模的比值平均同比增加10%和52%，原因在于融资类产品的大幅增加（见图11-7和图11-8）。

银行理财产品收益率锚定的基准利率分三个阶段（见图11-9）：第一，2008年之前的1年期定存利率，当时银行理财的平均期限约在1年且居民的投资意愿是跑赢存款即可；第二，2008—2010年期间，随着CPI的快速飙升，居民投资目标不仅是要超过定存利率，更要高于CPI，为此，多数产品预期收益以同期的CPI为基准，更有部分产品收益挂钩CPI的未来表现；第三，2010年以来银行理财产品基本以3M-Shibor为锚定利率，一则在于

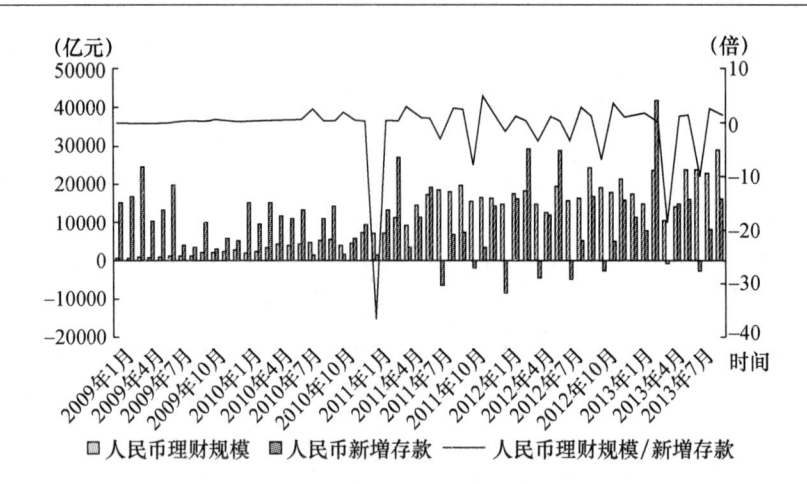

图 11-7　人民币理财规模与人民新增存款规模对比分析

资料来源：中国社会科学院金融所财富管理研究中心。

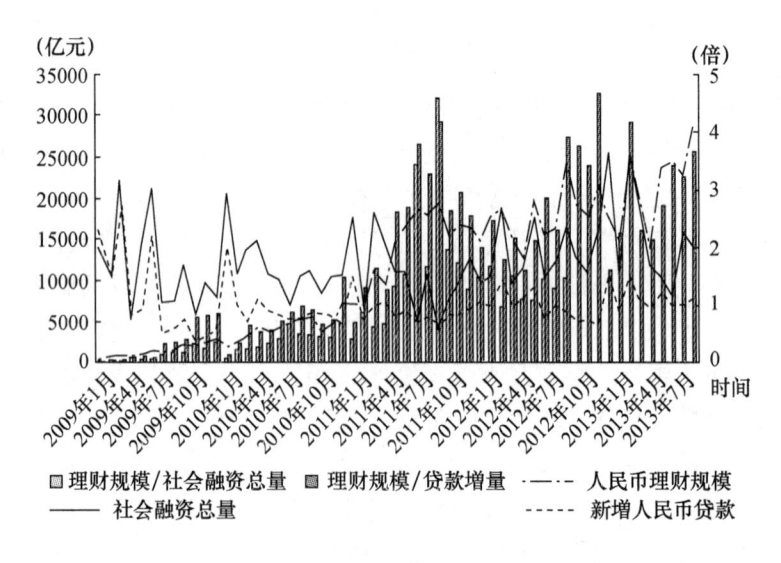

图 11-8　人民币理财规模与人民新增贷款规模、社会融资总量对比分析

资料来源：中国社会科学院金融所财富管理研究中心。

理财产品平均期限约为3个月，二则在于银行理财产品预期收益率定价的市场化程度日益提高，如2012年10月至2013年9月，二者比值的波动区间下限和上限分别为0.96和1.07，这是论点"银行理财产品是利率市场化的试验田"的重要论据。

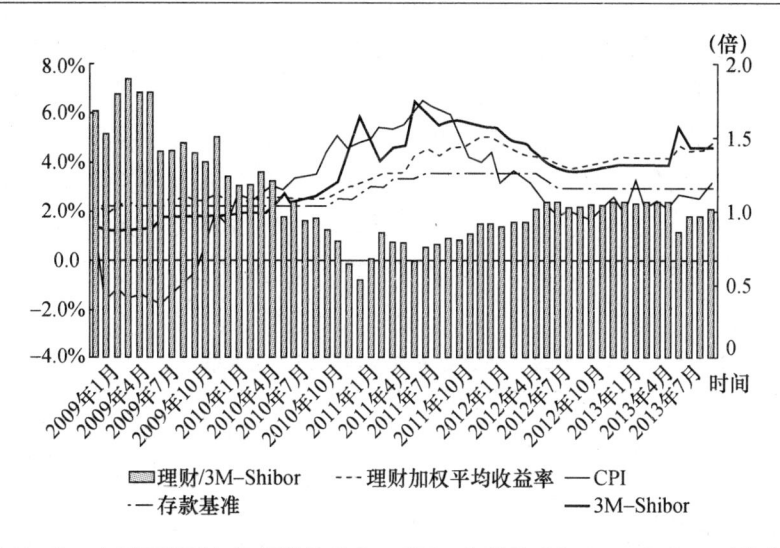

图 11-9　人民币理财加权平均收益率、CPI、存款基准和 3M – Shibor 对比分析

资料来源：中国社会科学院金融所财富管理研究中心。

据外汇管理相关条例规定，香港特区居民向境内同名人民币汇款每天汇入最高限额 8 万元，澳门特区居民最高限额则为 5 万元，个人人民币现钞每次兑换限额 2 万元人民币。随着人民币离岸业务快速发展，港澳居民在人民币跨境业务上面临的障碍凸显，为此，招商银行与其香港分行通过购买银行理财产品方式实现资本项目管制突破，操作流程是客户先去招商银行香港分行开立一卡通储蓄户口，然后用存入的港币去深圳的招行网点用 POS 终端机刷卡直接选购银行理财产品即可。

对香港客户而言，该项业务一方面突破了 8 万元的外汇管制，另一方面也可以让香港客户分享内地的高理财收益率，如香港 3—6 个月港元定存利息不到 1.3%，而内地不少商业银行推出的人民币保本理财产品收益率在 5% 左右。事实上，早在 2008 年，招商银行曾在香港推广"两地一卡通"业务，即香港居民在香港开户后即可拥有港元账户和内地人民币账户，当时客户通过该业务兑换人民币金额每年累计不能超过等值 5 万美元，但对汇入内地账户的人民币金额及提现刷卡无任何限制。鉴于该项业务涉及境外资本涌入变相突破个人限额制度管理，整改后"两地一卡通"变成"一卡换两卡"，即两张卡分别对应原"两地一卡通"之香港账户和内地账户。由此可见，上述通过购买理财产品突破外汇管理的业务也许将面临整改，但其资本项目开放的实践作用功不可没。

商业银行为转型发展的要义之一即是降低利差收入、提高中间业务收入。以代表性的工商银行和招商银行为例（见表11-17和表11-18），工行通过银行理财产品市场获得中间业务收入占工商银行手续费及佣金收入的比重基本维持在25%以上，其中对公理财业务收入规模与其销售规模明显增长有关，而此与公司客户的理财需求大幅增加不无关系。招商银行通过参与银行理财产品市场，代销财富管理产品中的证券投资基金、保险产

表11-17　　　　工商银行理财业务收入与非利息收入情况　　　　单位：亿元

年份	个人理财及私人银行收入	对公理财收入	手续费及佣金收入	理财收入/手续费及佣金收入
2007	154.53	8.19	383.59	42.42%
2008	101.93	19.9	440.02	27.69%
2009	120.12	35.66	551.47	28.25%
2010	147.68	59.98	728.4	28.51%
2011	212.02	85.01	1015.5	29.25%
2012	168.15	91.4	1060.64	24.47%
2013	182.31	126.11	1223.26	25.21%

注：理财收入=个人理财及私人银行收入+手续费及佣金收入。
资料来源：工行各年年报，中国社会科学院金融所财富管理研究中心。

表11-18　　　　招商银行理财业务收入和非利息收入情况　　　　单位：亿元

年份	受托理财收入	基金代销收入	保险代销收入	信托代销收入	净手续费及佣金收入	理财收入/净手续费及佣金收入
2007年12月	3.27				64.39	5.08%
2008年12月	10.08	6.74	3.54		77.44	26.29%
2009年12月	6.05	11.14	5.53		79.93	28.42%
2010年12月	4.95	11.85	8.73	1.94	113.3	24.25%
2011年12月	7.88	11.8	10.32	8.46	156.28	24.61%
2012年12月	9.63	11.41	14.21	17.97	197.39	26.96%
2013年12月	13.87	16.68	18.21	22.33	291.84	24.36%

注：理财收入=受托理财收入+基金代销收入+保险代销收入+信托代销收入。
资料来源：招行各年年报，中国社会科学院金融所财富管理研究中心。

品和信托产品,总计获取的中间业务收入占净手续费及佣金收入的比重也基本维持在25%上下小幅波动。不难看出,财富管理对金融机构尤其是商业银行转型发展推动作用明显。

3. 企业和居民:以财富管理产品为主要配置资产

对公司客户、机构客户和居民而言,满足其多样化的投资需求是国内财富管理产品快速发展的主要动因之一。因为,投资境外金融产品或金融衍生品,我们曾遭遇巨额亏损,如"株治事件"、"中航油事件"和"国储铜事件"等,其中"中航油事件"的浮亏额曾超过250亿元人民币。2012年8月,上海证券交易所发布《沪市上市公司2011年委托理财和委托贷款》,其中的数据显示上市公司委托理财以购买银行理财产品为主,其2011年的存量和流量分别为107.65亿元和1019.71亿元,占委托理财的比重为62.88%和86.37%。事实上,由商业银行年报中的对公理财销售规模同样可见一斑,以代表性的工商银行、农业银行、北京银行和招商银行为例(见表11-19),其2007年的对公理财规模不足2000亿元,到2013年年末接近5万亿元,6年间增长了近24倍。

表11-19　　　　　　部分商业银行的对公理财规模　　　　　单位:亿元

年份	工商银行	农业银行	北京银行	招商银行	汇总
2007	1152.00	—	196.00	540.00	1888.00
2008	7873.00	5756.15	340.00	3455.00	17424.15
2009	17951.00	847.80	327.00	4579.33	23705.13
2010	21655.00	1305.34	484.00	4508.00	27952.34
2011	19861.00	17800.00	1648.96	8690.53	48000.49
2012	21533.00	14011.57	2813.91	12366.54	50725.02
2013	14037.00	15341.00	4801.88	12992.00	47171.88

资料来源:中国社会科学院金融所财富管理研究中心。

居民方面,据招商银行和贝恩公司联合发布的《中国私人财富报告2013》数据显示,国内居民可投资资产的规模约为80万亿元,可投资资产在千万以上的高净值人群超过70万人,高净值客户的财富保障和财富传承需求进一步凸显。另据调研了解到,居民财富管理的需求呈两极化发展,一是中低收入阶层除要求保值和增值外,更希望其财富升值,即财富购买力的增加;二是高收入阶层尤其是超高净值客户的主要目标是财富保全,即如何将财富安全地传给下一代。

第四节 财富管理的改革方向及政策建议

在泛资产管理的新常态下迎接财富管理的新挑战,要树立金融和非金融资产财富的新观念,紧扣增值、传承、节税、避债和避险的新目标,服务个人、家庭和企业的新需求,拓展财富管理制度基础的新思路,把握定量资产管理与定性财富规划的新手法,完善财富管理参与机构的新分类,建设财富管理市场的新体系,规划财富管理市场监管的新视角,给出财富管理政策评价的新方向。

第一,完善制度基础。横向比较现有《物权法》、《个人/企业所得税法》、《商业银行法》、《证券法》、《保险法》、《信托法》和《证券投资基金法》中在服务财富管理新目标下的差异,尤其是国内现有法律体系中的不足之处,在此轮修法中予以完善,以更好地迎接财富管理市场的新挑战。

第二,统一法律基础。厘清银行理财委托—代理、信托产品信托关系和证券投资基金及证券公司资产管理服务的法律基础,在优化现有信托制度的基础上尽可能将上述诸多关系统一到信托制度上来,以满足客户财富管理的多目标需求。此外,优化完善现有的移民制度,嵌入自贸区未来的发展战略,以吸引更多的国际高净值客户和机构,争做亚洲财富管理中心。

第三,践行功能监管。在财富管理服务方面,打破现有的分业监管体系,重新明确不同机构的财富管理定位,在满足差异化经营需求的同时对相同业务要实现"同业务、同法理、同投向、同范围、同渠道、同归口"下的"同监管",即"功能监管理念"。中国台湾地区在2005年同时颁布的《银行/证券商/人身保险开展财富管理业务注意事项》功能监管理念值得借鉴。

第四,建设二级市场。目前,除证券系的证券投资基金和证券公司资管计划等少量产品可在交易所交易外,银监会下辖的银行理财产品和信托产品以及保监会所属的保险产品均无常态交易机制和交易场所,为通过提高流动性溢价的方式降低企业的融资成本(见图11-4),应在优化财富管理产品量化定价和评级体系的基础上构建财富管理市场的科学交易机制和交易平台。

第五,统一监测体系。证券系财富管理产品和信托产品通过下属的行业协会定期发布相应的财富管理产品,商业银行以中债登开发的理财登记系统为依托发布相关信息,保险系财富管理产品尚无明确的财富管理产品发布渠道。为此,应在尽可能统一和规范的指标体系下统一定期发布财富管理市场信息,在信息透明的基础上健全统计监测体系,防范由财富管理市场引发的区域性、系统性风险。

第六,完善网络结构。财富管理市场上的完备网络结构意指通过部门/机构间的流动性拆借机制或机构倒闭等极端手段应对单一机构出现的流动性危机而不会传染到其他部门/机构,进而防范跨部门/跨行业的风险传染。鉴于危机前两年的大中机构非信贷融资比例过高,对区域性或全国性的"系统重要性企业、地方政府"应设置非信贷融资红线并予以动态监测预警,防范通过财富管理市场进行非信贷融资引发的系统性宏观经济金融风险。

第七,优化服务环境。强化从业人员的传统文化建设以提高其道德水平,进而提升财富管理行业的诚信水平。强化从业业务的文化知识建设以提高其专业素养,进而提高财富管理行业的服务能力和国际竞争力,满足客户日益增长的财富管理服务需求。强化投资者教育,维护消费者权益,践行普惠金融。

第十二章

推进中国普惠金融的发展

党的十八届三中全会通过的《中共中央关于全面深化改革若干重大问题的决定》首次正式将"发展普惠金融"作为完善中国金融市场体系的重要内容，发展普惠金融将作为提高中国金融资源配置效率和公平性的重要抓手。普惠金融体系究竟涵盖哪些内容？中国普惠金融体系发展现状如何？与发达国家相比存在什么样的差异？如何构建具有中国特色的普惠金融体系？这些问题是理论界和实务界需要关注的重要课题。本章将在对普惠金融的相关概念进行界定基础上，基于世界银行全球金融普惠数据库（Global Financial Inclusion Database），对中国普惠金融发展现状及其与发达国家的差距进行分析，并就中国发展普惠金融提出若干政策建议。

第一节 普惠金融的内涵和测度

"普惠金融体系"（Inclusive Finance System）作为一个明确的概念由联合国于2005年宣传小额信贷年时率先提出①。其基本含义是建立能够有效地、全方位地为社会所有阶层和群体，尤其是那些被传统金融体系排斥在外的农村地区、城乡贫困群体和小微企业提供服务的金融体系（李扬，2014）。建立普惠金融体系的目标是任何个人和组织在有金融需求时都能够以合适的价格及时获得便捷高效的金融服务。换句话说，建立普惠金融体

---

① 与 Inclusive Finance System 类似的表述还包括 inclusive finance、financial inclusion 等。由于这些概念所指的内容基本相似，本章在分析中不加以区分，统称为"普惠金融"。

系是要让那些被排除在传统金融体系之外的个人或组织拥有公平的机会，能够获得有效的金融产品和金融服务。普惠金融体系与传统金融体系相比的核心差别主要体现在其服务对象上。普惠金融主要针对的是弱势群体（包括农民和城市低收入人群、小微企业）、弱势产业（包括农林牧渔业）和弱势地区（包括交通不畅便和不适宜人类生活的偏远地区），具有广泛的包容性；而传统金融体系以追逐利润为目的，通常将那些无法产生高额盈利的弱势群体排除在外。

普惠金融体系内容十分丰富。杜晓山（2006）将其分为客户、微观、中观和宏观等多个层次。从客户层面来看，贫困和低收入客户是普惠金融体系的中心，普惠金融的最终目的就是要满足此类客户的金融需求；从微观层面来看，普惠金融体系的主要供给方是零售金融服务的提供者，直接向穷人和低收入者提供服务，包括民间借贷、商业银行以及其他各种类型的金融机构；从中观层面来看，普惠金融体系包括金融基础设施和一系列能使微观金融服务提供者实现降低交易成本、扩大服务规模和深度、提高技能、促进透明的目标的措施，包括审计师、评级机构、专业业务网络、行业协会、征信机构、结算支付系统、信息技术、技术咨询服务、培训等；从宏观层面来看，普惠金融体系包括与普惠金融有关的法律法规和政策框架。Stein 等（2011）认为可以从三个维度定义普惠金融。一是产品维度，包括支付（ATM 机/借记卡、政府支付、汇款、电子支付等）、储蓄（储蓄账户、支票/流动性账户、养老金、青年储蓄、计划储蓄等）、保险（寿险、健康险、财产险、小额保险、农业保险等）、信贷（个人信贷、消费者信贷、信用卡、教育信贷、抵押贷款、住房改造贷款、小微企业贷款等）等；二是特征维度，包括可负担性（成本、最低要求、费用）、可获得性和便利性（完成交易所需天数、文本要求、物理距离）、质量（消费者保护，包括价格透明、披露完善、责任、风险管理和评估）；三是渠道维度，包括网点（银行分支机构）、金融基础设施（支付和清算系统、信用报告、担保物登记）、机构（银行/非银行、保险公司、养老基金、信用合作社、小微金融机构）、客户（涵盖每一个对金融服务有需求的人，包括那些被排斥在金融体系之外的人以及金融需求未被完全满足的穷人）。

需要说明的是，尽管普惠金融的最初和最基本的形态是小额信贷（Micro-credit）和微型金融（Microfinance），但发展到今天，普惠金融几乎包含了所有金融机构的所有金融业务，至少包括储蓄、支付、保险、理财和信贷等所有金融服务（李扬，2014），已经远远超过小额信贷和微型金融范畴。与"小额信贷"相比，普惠金融不仅包含贷款，还包含储蓄、保险和支付结算等金融服务；与"微型金融"相比，普惠金融不仅包含小额信贷公司、农村信用合作社和乡村银行等微型金融机构，还包含大型商业银行等传统意义上的正规金融部门。

如何科学测度普惠金融的发展情况是理论界和实务界普遍关心的一个问题，国外的研究中包括 Sarma（2010）、Arora（2010）等。这些研究基本类似，通过选取不同指标（包括拥有银行账户的人口比例、银行营业点数或 ATM 机数等）以反映获取金融服务的便利性高低。目前被广泛接受的普惠金融测度指标主要包括三种。一是世界银行（World Bank，WB）的全球普惠金融指数核心指标（Global Findex Core Indicators）；二是全球普惠金融合作伙伴组织（Global Partnership of Financial Inclusion，GPFI）的普惠金融核心指标，该指标由全球普惠金融合作伙伴组织数据与评估工作组提出，在 2012 年 6 月举行的二十国集团峰会上向二十国集团领导人提供；三是金融包容联盟（Alliance for Financial Inclusion，AFI）的普惠金融核心指标。这一指标由金融包容联盟成立的金融包容数据工作小组（FIDWG）设计。上述三个指标具体内容分别如表 12-1 至表 12-3 所示。

表 12-1　世界银行（WB）全球普惠金融指数核心指标

维度	指标[①]
银行账户及使用	包括成年人账户拥有情况、存取款频率、账户用途、存取款方式、银行网点、ATM 机数量等 200 多项指标
支付	包括支票支付、信用卡、借记卡、电子支付、移动支付等 70 多项指标
借款	包括贷款行为、贷款渠道、未偿付贷款等 120 多项指标
储蓄	包括储蓄行为、储蓄目的、储蓄渠道等 50 多项指标
保险	包括健康保险、农业保险等 20 多项指标

资料来源：World Bank.

说明：每项指标都针对不同性别、不同收入、不同年龄段、不同教育程度、城市和农村进行了区分，因此子指标数量较多。

表 12–2　全球普惠金融合作伙伴组织（GPFI）普惠金融核心指标

分类	指标	维度
1. 享有正规银行服务的成年人	（1）在正规金融机构拥有账户的成年人占比； （2）每千名成年人在商业银行存款的人数或拥有的存款账户数量	使用情况
2. 在正规金融机构发生信贷业务的成年人	（1）在正规金融机构中至少发生 1 笔未偿贷款的成年人占比； （2）每千名成年人中借款人数量或者拥有的未偿贷款笔数	使用情况
3. 拥有保险的成年人	（1）每千名成年人中持有的保单数量； （2）寿险和非寿险业务的分离	使用情况
4. 非现金交易	人均零售非现金交易数量	使用情况
5. 移动交易的使用	使用移动设备进行支付的成年人占比	使用情况
6. 高频率账户使用	高频率使用正规账户的成年人占比	使用情况
7. 储蓄倾向	过去 1 年中在金融机构中发生储蓄行为	使用情况
8. 汇款行为	接收国内外汇款的成年人占比	使用情况
9. 与银行发生正式业务的企业	（1）在正规银行中拥有 1 个账户的中小企业占比； （2）拥有存款账户的中小企业数量/存款账户数量；或者小企业存款人数量/存款人数量	使用情况
10. 在正规机构中拥有未偿贷款或信用额度的企业	（1）拥有未偿贷款或信用额度的中小企业占比； （2）拥有未偿贷款的中小企业数量/未偿贷款的总数量；或者发放给中小企业的未偿贷款数量/未偿贷款的总数量	使用情况
11. 服务网点	（1）每 10 万名成年人拥有的分支机构数量； （2）每 10 万名成年人拥有的 ATM 机数量或每 1000 平方公里内 ATM 机数量； （3）每 10 万居民拥有的 POS 终端数量	可得性
12. 电子货币账户	用于移动支付的电子货币账户数量	可得性
13. 服务网点的互通性	ATM 机的互通性以及 POS 终端的互通性	可得性
14. 金融知识	金融知识评分	质量
15. 金融行为	应急资金来源	质量
16. 披露要求	信息披露指数 + 是否存在一套信息披露要求	质量
17. 争端解决	反映内部解决争端内外部机制的指数	质量

续表

分类	指标	维度
18. 使用成本	(1) 开立一个基本往来账户的平均成本； (2) 使用一个基本银行往来账户的平均成本（年费）； (3) 信用转账的平均成本	质量
19. 信用障碍	(1) 在上一次贷款中被要求提供担保的中小企业占比； (2) 信用获取：距获取信用门槛的距离	质量

资料来源：Global Partnership of Financial Inclusion.

表 12-3　金融包容联盟（AFI）的普惠金融核心指标

维度	指标	核心指标	替代指标	备注
可获得性	使用正规金融服务的能力，即开立和使用账户的最小障碍： (1) 地理距离； (2) 可承担性	1. 全国或者行政区范围内，每万名成年人拥有的网点数量 2.1 至少拥有 1 个网点的行政区占比 2.2 至少拥有 1 个网点的行政区的人口在总人口中占比		正规网点中可以进行现金存取交易
使用情况	金融服务/产品的实际使用情况：(1) 正规性；(2) 频率；(3) 使用时间	3.1 至少拥有 1 个存款账户的成年人占比 3.2 至少拥有 1 个贷款账户的成年人占比	3.a 每万名成年人拥有存款账户数量 3.b 每万名成年人拥有贷款账户数量	成年人是指 15 岁以上，或由各个国家进行规定

资料来源：Alliance for Financial Inclusion, "Measuring Financial Inclusion Core Set of Financial Inclusion Indicators".

总体上看，各个指标都是从金融服务可得性、使用情况等不同维度对普惠金融发展情况进行了刻画。相比较而言，金融包容联盟（AFI）的指标最为简略，而世界银行（WB）和全球普惠金融合作伙伴组织（GPFI）的指标则要复杂得多。特别是世界银行（WB）的指标涉及的子指标多达 500 余项，每项大类指标都对针对不同性别、不同收入、不同年龄段、不同教育程度、城市和农村等群体进行了区分并设计了相应的子指标，从而可以全面了解不同群体获取金融服务的情况。值得一提的是，在上述 3 个指标中，全球普惠金融合作伙伴组织（GPFI）的指标是唯一把针对企业的金融服务加以考虑的，而其他两个指标都仅仅涉及针对个人的金融服务。另一个值得注意的特点是，与其他两个指标相比，全球普惠金融合作伙伴组织（GPFI）的指标把金融知识、信息披露、争端解决、信用障碍等因素考虑进来，涉及的维度因此更为广泛，但其潜在的问题在于这些指标通常很难准确刻画。

从普惠金融的发展历史来看，其萌芽可以追溯到15世纪的欧洲。15世纪，意大利天主教堂建立典当行抵制高利贷，服务社区穷人。随后，这些典当行在欧洲城市地区广泛发展。这种旨在推进金融服务均等化的行为与普惠金融在理念上是一致的。18世纪初，在爱尔兰诞生了"贷款基金"，利用捐赠得到的财物，向贫困农户提供无抵押的零息小额贷款。19世纪欧洲出现了更大规模、更正规的储蓄贷款机构，致力于向乡村和城市贫困人口提供金融服务。在这一时期，以互助为主要目的、以小额信贷为主要载体的普惠金融已经开始萌芽。

从20世纪70年代初开始，现代小额信贷在孟加拉、巴西及其他一些国家开始出现，代表性机构包括孟加拉乡村银行、拉美的行动国际和印度的自我就业妇女协会银行等。小额信贷最初实行小组贷款模式，小组成员之间负有连带担保责任。这些机构的成功运营促使其他国家和组织争相效仿。20世纪80年代，全世界小额信贷项目在方法论上不断创新，在一些国家获得了全新的发展空间，小额信贷的全球化实践真正开始。

随着时间的发展，许多金融机构逐渐意识到，除了贷款以外，贫困人群还需要储蓄、保险和支付结算等基础金融服务。从20世纪90年代初起，当代意义上的普惠金融服务进入真正多样化金融服务探索时期，普惠金融逐步从"小额贷款"过渡到"微型金融"，其服务内容也从单一的资金借贷扩展到了保险、汇款、信托等金融范畴。

进入21世纪以来，"普惠金融"逐步取代"微型金融"，金融服务外延和内涵都进一步扩大，更加重视金融服务的广度和深度。"普惠金融"不再拘泥于"小微"方面，而是主张通过业务创新和技术创新扩大金融市场的服务边界，向消费者提供多样化的金融服务，提高其获得金融服务的便利性。特别是，互联网技术的进步极大地促进了普惠金融体系的发展，基于互联网技术的金融模式极大地提高了消费者获取金融服务的便利性，降低了获取金融服务的交易成本。

第二节 中国普惠金融发展现状及国际比较

结合数据可得性情况,这一部分中我们将基于世界银行2012年公布的全球金融普惠数据库(Global Financial Inclusion Database),对中国普惠金融发展现状及存在的问题进行分析。这一数据库涵盖148个经济体(涉及的国家或地区为164个),数据通过对每个经济体随机选取至少1000名成年人进行调查得到。下文中,我们选取美国、日本、韩国、德国、澳大利亚、中国香港和台湾地区等作为发达国家或地区代表,选取巴西、俄罗斯、印度和南非等金砖国家作为新兴经济体代表,将中国情况与之进行对比,以准确反映中国普惠金融发展情况。需要说明的是,由于该数据库没有包含企业特别是小微企业获取金融服务的情况,因此,下文的分析也仅限于个人获取金融服务相关情况。

1. 总体情况及国际比较

2011年中国普惠金融发展情况及国际比较具体情况见表12-4。

表12-4从不同维度展示了中国与部分国家或地区普惠金融发展状况。从银行账户的拥有和使用情况来看,2011年中国拥有银行账户的15岁以上公民中,每月发生0次存款行为的比重为23.5%,在164个国家或地区中排名第9位,说明中国拥有银行账户的成年人中有很大比重没有发生存款行为。与之相比,美国、日本、韩国、德国和澳大利亚等发达国家这一比重分别为4.1%、11.7%、12.0%、9.5%和2.4%,都远低于中国。香港地区和台湾地区的这一比重分别为10.2%和21.8%,也要低于中国。上述结果说明,与发达国家或地区相比,中国居民中没有使用存款金融服务的比重相对较高。此外,同属新兴经济体的巴西、俄罗斯、印度和南非等金砖国家这一比例分别为8.2%、8.4%、12.6%和3.0%,也要远低于中国。这说明,即使与金砖国家相比,中国居民中没有使用存款金融服务的比重也非常高。其他反映居民存款和取款行为的指标得到的结果是类似的。综合居民存款和取款行为数据可以看到,中国成年居民中使用存款或取款服务的频率相对较低,大多数居民每月存款或取款的频率维持在1—2次,而主要发达国家或地区以及金砖国家居民存款或取款行为则更加频繁。

表12-4　中国普惠金融发展现状（2011年）

单位：%

指标	中国	排名[①]	美国	日本	韩国	德国	澳大利亚	中国香港地区	中国台湾地区	巴西	俄罗斯	印度	南非
一个月中发生0次存款行为的拥有银行账户的15岁以上公民占比	23.5	9/164	4.1	11.7	12.0	9.5	2.4	10.2	21.8	8.2	8.4	12.6	3.0
一个月中发生0次存款或取款行为的拥有银行账户的15岁以上公民占比	16.4	8/164	1.2	4.4	4.1	1.6	0.2	4.3	7.8	4.5	4.8	7.0	2.2
一个月中发生0次取款行为的拥有银行账户的15岁以上公民占比	23.8	12/164	2.6	7.0	7.2	3.2	0.7	7.5	13.2	6.8	8.2	14.9	4.3
一个月中发生1—2次存款行为的拥有银行账户的15岁以上公民占比	61.0	131/164	39.2	65.4	45.2	53.4	36.7	59.8	58.6	70.9	78.1	72.3	79.2
一个月中发生1—2次取款行为的拥有银行账户的15岁以上公民占比	52.7	84/164	7.0	41.5	26.6	8.0	9.8	24.9	36.4	59.1	60.8	68.5	65.6
一个月中发生3次以上存款行为的拥有银行账户的15岁以上公民占比	7.2	136/164	55.2	20.6	40.5	34.5	58.3	28.6	12.0	17.0	3.0	11.4	17.8
一个月中发生3次以上取款行为的拥有银行账户的15岁以上公民占比	13.5	133/164	86.8	48.4	63.6	81.1	86.7	65.0	43.7	30.7	19.1	12.2	30.1
在正规金融机构拥有账户的15岁以上公民占比	63.8	54/164	88.0	96.4	93.0	98.1	99.1	88.7	87.3	55.9	48.2	35.2	53.6
拥有用于商业用途账户的15岁以上公民占比	2.6	137/164	33.9	9.2	19.0	36.9	36.1	9.7	10.3	7.9	3.3	4.1	6.2

续表

指标	中国	排名①	美国	日本	韩国	德国	澳大利亚	中国香港地区	中国台湾地区	巴西	俄罗斯	印度	南非
拥有用于接收政府支付用途账户的15岁以上公民占比	7.0	83/164	44.3	47.7	25.2	62.0	59.3	18.2	24.5	19.7	8.5	4.0	20.1
拥有用于接收汇款用途账户的15岁以上公民占比	9.1	50/164	12.2	7.4	39.9	17.0	17.5	15.0	12.3	4.7	2.1	1.9	18.3
拥有用于接收工资用途账户的15岁以上公民占比	18.7	76/164	50.8	52.4	49.4	45.9	68.2	48.7	41.8	28.9	30.1	8.3	23.3
拥有用于发送汇款用途账户的15岁以上公民占比	7.6	53/163	19.8	13.8	50.9	24.8	25.9	16.5	17.2	3.3	2.4	1.8	10.0
将ATM机作为主要存款方式的拥有账户的15岁以上公民占比	15.4	47/164	16.2	73.6	60.7	15.4	4.0	45.7	13.3	36.3	18.3	1.6	13.8
将ATM机作为主要取款方式的拥有账户的15岁以上公民占比	33.4	122/164	55.0	83.2	77.0	79.2	68.5	76.4	67.8	57.5	65.2	18.4	88.9
将银行代理作为主要存款方式的拥有账户的15岁以上公民占比	1.3	104/164	5.5	0.6	0.5	1.5	7.7	4.5	9.0	1.4	1.8	3.1	0.2
将银行代理作为主要取款方式的拥有账户的15岁以上公民占比	0.8	91/164	0.7	0.4	0.5	1.3	1.0	1.8	2.2	1.3	0.5	3.2	0.2
将银行出纳作为主要存款方式的拥有账户的15岁以上公民占比	77.1	56/164	67.9	16.3	32.6	58.9	69.4	45.1	65.5	41.4	25.6	89.3	71.4

续表

指标	中国	排名①	美国	日本	韩国	德国	澳大利亚	中国香港地区	中国台湾地区	巴西	俄罗斯	印度	南非
将银行出纳作为主要取款方式的拥有账户的15岁以上公民占比	62.9	33/164	33.7	12.2	19.7	17.3	9.5	19.0	23.3	32.3	24.7	69.7	7.9
将零售商店作为主要存款方式的拥有账户的15岁以上公民占比	0.1	122/164	0.8	0.6	0.1	0.2	1.8	0.1	0.4	1.5	0.0	2.4	1.0
将零售商店作为主要取款方式的拥有账户的15岁以上公民占比	0.2	118/164	8.6	0.7	0.2	0.3	19.1	1.0	0.9	5.6	0.0	2.0	1.8
使用支票进行支付的15岁以上公民占比	1.8	113/164	65.5	1.4	29.0	7.2	36.6	31.8	6.4	6.7	5.2	6.7	2.9
采用电子方式进行支付的15岁以上公民占比	6.9	74/164	64.3	44.8	64.8	64.2	79.2	51.2	29.2	16.6	7.7	2.0	13.1
拥有信用卡的15岁以上公民占比	8.2	85/164	61.9	64.4	56.4	35.7	64.2	58.1	45.9	29.2	9.7	1.8	7.8
拥有借记卡的15岁以上公民占比	41.0	53/164	71.8	13.0	57.9	88.0	79.1	75.8	37.0	41.2	37.0	8.4	45.3
过去1年中从金融机构中获取贷款的15岁以上公民占比	29.4	113/164	44.6	17.7	32.5	25.3	44.5	27.7	24.0	23.8	31.9	30.6	44.1
过去1年中从私人获取贷款的15岁以上公民占比	7.3	109/164	20.1	6.1	16.6	12.5	17.0	7.9	9.6	6.3	7.7	7.7	8.9
过去1年中从私人贷款人获取贷款的15岁以上公民占比	1.1	136/164	4.9	0.5	0.6	0.9	1.1	2.1	1.7	1.0	1.5	6.6	6.8
过去1年中从雇主获取贷款的15岁以上公民占比	1.5	120/164	2.9	0.0	1.1	0.7	2.6	0.9	1.6	1.1	2.9	5.4	2.9

续表

指标	中国	排名①	美国	日本	韩国	德国	澳大利亚	中国香港地区	中国台湾地区	巴西	俄罗斯	印度	南非
过去1年中从家庭成员或朋友获取贷款的15岁以上公民占比	25.0	71/164	17.2	5.1	17.0	8.6	12.6	12.1	6.9	15.6	23.5	19.7	34.3
过去1年中通过商店信用卡(store credit)获取贷款的15岁以上公民占比	2.1	145/164	16.9	10.0	12.7	11.5	23.7	15.0	13.4	3.6	4.8	6.6	10.8
购买房屋贷款尚未清偿的15岁以上公民占比	5.0	64/164	31.2	16.0	20.2	20.8	37.2	11.2	20.6	1.3	1.4	2.3	4.3
过去1年中发生储蓄行为的15岁以上公民占比	38.4	58/164	66.8	63.3	64.5	67.3	68.3	59.0	58.1	21.1	22.7	22.4	31.5
过去1年在金融机构中发生储蓄行为的15岁以上公民占比	32.1	33/164	50.4	51.3	46.9	55.9	61.9	42.8	45.7	10.3	10.9	11.6	22.1
过去1年中为应急需要而进行储蓄的15岁以上公民占比	26.9	61/164	54.7	50.8	42.0	47.1	50.0	50.8	49.9	16.0	15.9	18.0	24.8
过去1年中未来消费而进行储蓄的15岁以上公民占比	26.8	49/164	43.5	42.6	44.6	44.8	43.2	48.2	48.6	8.3	12.5	16.7	18.3
过去1年中通过储蓄俱乐部进行储蓄的15岁以上公民占比	2.4	123/164	6.4	6.7	10.8	3.9	6.5	3.0	4.9	2.1	0.5	3.2	13.5
法律权利强度指数②	6	6/10	9	7	8	7	9	10	5	3	3	8	10

资料来源：World Bank。

说明：①排名"x/y"是指在有统计数据的y个国家或地区中，中国按数值取值从高到低排序排在第x位，下同。

②法律权利强度指数取值范围为0到10。

从账户可得性来看，中国在正规金融机构拥有账户的 15 岁以上公民占比达到 63.8%，说明大多数成年公民都已经拥有了自己的账户，在 164 个国家或地区中排名第 54 位，排名相对靠前。这一比例要大大低于美国等主要发达国家或地区，但要高于巴西等金砖国家。

从账户用途来看，拥有用于商业用途、接受政府支付用途、接受汇款用途、接受工资用途、发送汇款用途账户分别占比 2.6%、7.0%、9.1%、18.7% 和 7.6%，分别排名第 137 位、第 83 位、第 50 位、第 76 位、第 53 位和第 47 位，与美国等发达国家或地区相比明显偏低，与其他金砖国家相比比较接近。以上数据表明，尽管中国大多数成年居民都在正规金融机构拥有账户，但很多居民开立账户并没有实际用途，特别是用于商业用途的比重非常低，仅为 2.6%，大多数居民拥有账号并非用于经营性目的。

从存取款方式来看，将 ATM 机作为主要存款和取款方式的分别占比 15.4% 和 33.4%，分别排名第 47 位和第 122 位；将银行代理作为主要存款方式和取款方式的分别占比 1.3% 和 0.6%，分别排名第 104 位和第 91 位；将银行出纳作为主要存款方式和取款方式的分别占比 77.1% 和 62.9%，分别排名第 56 位和第 33 位。另外，通过零售商店作为存款和取款主要方式的比重也非常低。一个有意思的现象是，与发达国家和其他金砖国家相比，中国居民更多地通过银行柜员方式进行取款，较少地通过 ATM 机进行取款。

在支付方式上，中国 15 岁以上公民使用支票进行支付的比重仅为 1.8%，在 164 个国家或地区中排名第 113 位，低于主要发达国家与其他金砖国家，说明通过支票方式进行支付在中国并不常见。与之相比，中国采取电子方式进行支付的成年公民比重要高得多，2011 年这一比例为 6.9%，排名第 74 位。尽管仍然低于主要发达国家或地区与金砖国家，但其普及程度要大大超过支票支付方式。之所以出现这种情况，可能与中国最近蓬勃发展的基于互联网技术的电子支付方式有关，互联网技术的发展为居民支付带来了极大的便利，并因此得到迅速普及。在信用卡的使用上，中国 15 岁以上公民拥有信用卡的比重为 8.2%[①]，排名第 85 位，这一比例要远远落后于美国等发达国家或地区。不过，在金砖国家中，仅有巴西超过中国。

---

① 中国人民银行最新数据显示，截至 2013 年年底，中国信用卡累计发卡已达 3.91 亿张，人均拥有信用卡 0.29 张。

相比较来说，借记卡在中国的普及程度要超过信用卡。表12-4的数据显示，中国15岁以上公民拥有借记卡的比重为41.0%，排名第53位。这一比例仍然大幅落后于美国等发达国家和地区，在金砖国家中落后于巴西和南非。

在获取贷款上，中国15岁以上公民过去1年中获取贷款的比例为29.4%，在164个国家或地区中排名第113位，低于大多数发达国家或地区以及金砖国家。进一步，从获取贷款的途径来看，从金融机构、私人贷款人、雇主、家庭成员或朋友、商店信用卡（store credit）[①] 等渠道获取贷款的比例分别为7.3%、1.1%、1.5%、25.0%和2.1%。在各种方式中，通过家庭成员或朋友获取贷款在中国最为普遍，在164个国家中排名第71位。这一比例高于主要发达国家或地区，在金砖国家中仅低于南非，而其他方式均要远远落后于其他国家。这说明，基于血缘、亲情和友情的关系型贷款仍然是中国居民获取贷款的主要来源，反映了中国独特的信贷文化。从贷款清偿情况来看，中国15岁以上公民中，购买房屋贷款尚未清偿的比重为5.0%，低于美国等主要发达国家或地区，但要高于其他金砖国家，说明中国居民对住房贷款的使用程度与发达国家相比仍比较低。

从储蓄情况来看，中国15岁以上公民过去1年中发生储蓄行为的比重为38.4%，其中，在金融机构中发生储蓄行为的占比为32.1%。从储蓄的目的来看，为应急而进行储蓄和为未来消费而进行储蓄的比重分别为26.9%和26.8%。以上比例均低于主要发达国家或地区，但要高于其他金砖国家。

2. 不同群体情况分析

世界银行全球金融普惠数据库（Global Financial Inclusion Database）除提供各个国家普惠金融总体发展情况外，还对不同群体获取金融服务情况的差异进行了分析，包括性别、收入、年龄、受教育程度、城市和农村等。

表12-5展示了中国不同群体在获取金融服务上存在的差异。

[①] 一般来说，如果顾客对购买的产品不满意，零售商店会允许其退货。在这种情况下，零售商店或者向顾客返还现金或将款项返还至其信用卡上，或者仍然保留顾客的款项但向顾客提供商店信用卡（store credit）。通过商店信用卡，商店为顾客开立余额为正的账户，顾客可以使用这一金额支付购买其他商品的成本。

表 12-5　中国不同群体普惠金融发展现状①（2011 年）

单位：%

指标	不同年龄 15 岁以上	15—24 岁	25 岁以上	性别 女性	男性	收入② 低收入	高收入	教育 初等教育	中等教育	农村与城市 农村	城市
一个月中发生 0 次存款行为的拥有银行账户的公民占比	23.5	20.4	24.1	22.6	24.3	34.7	18.6	28.5	14.8	27.2	15.2
一个月中发生 0 次存款或取款行为的拥有银行账户的公民占比	16.4	12.8	17.2	15.7	16.9	25.9	12.2	21.1	7.9	20.3	7.5
一个月中发生 0 次取款行为的拥有银行账户的公民占比	23.8	20.8	24.6	24.8	22.8	31.0	20.6	29.4	13.9	27.7	14.9
一个月中发生 1—2 次存款行为的拥有银行账户的公民占比	61.0	63.6	60.7	63.0	59.3	52.2	64.8	57.6	67.6	58.9	65.8
一个月中发生 1—2 次取款行为的拥有银行账户的公民占比	52.7	55.0	52.5	53.1	52.4	54.7	51.9	53.3	52.8	53.0	52.2
一个月中发生 3 次以上存款行为的拥有银行账户的公民占比	7.2	4.4	7.6	6.3	7.9	3.7	8.6	6.1	8.7	5.5	10.9
一个月中发生 3 次以上取款行为的拥有银行账户的公民占比	13.5	15.9	12.7	12.6	14.2	3.9	17.6	7.7	23.3	9.2	23.0
在正规金融机构拥有账户的公民占比	63.8	65.3	63.3	60.0	67.6	47.1	75.4	56.7	81.9	58.0	82.1
拥有用于商业用途账户的公民占比	2.6	1.7	2.8	1.9	3.3	0.6	4.0	1.4	5.7	1.2	7.1

续表

指标	不同年龄 15 岁以上	15—24 岁	25 岁以上	性别 女性	男性	收入② 低收入	高收入	教育 初等教育	中等教育	农村与城市 农村	城市
拥有用于接受政府支付用途账户的公民占比	7.0	1.6	8.0	5.8	8.3	7.1	7.0	6.7	8.1	5.6	11.7
拥有用于接受汇款用途账户的公民占比	9.1	12.4	8.5	9.3	8.8	7.5	10.2	8.0	12.1	9.1	8.9
拥有用于接受工资用途账户的公民占比	18.7	19.7	18.2	17.9	19.4	7.5	26.4	10.8	38.9	12.1	39.5
拥有用于发送汇款用途账户的公民占比	7.6	9.5	7.1	6.6	8.5	4.3	9.9	5.8	12.0	6.3	11.6
将 ATM 机作为主要存款方式的拥有账户的公民占比	15.4	32.5	12.2	15.7	15.1	6.6	19.2	9.6	26.1	10.9	25.3
将 ATM 机作为主要取款方式的拥有账户的公民占比	33.4	58.8	28.3	32.4	34.3	16.1	40.9	20.7	55.9	24.6	53.0
将银行代理作为主要存款方式的拥有账户的公民占比	1.3	1.4	1.2	1.4	1.2	0.9	1.5	1.4	1.2	1.5	0.8
将银行代理作为主要取款方式的拥有账户的公民占比	0.8	0.0	0.8	0.7	0.9	0.5	0.9	0.9	0.5	1.0	0.2
将银行出纳作为主要存款方式的拥有账户的公民占比	77.1	58.1	80.8	77.5	76.8	83.9	74.1	82.7	67.2	81.0	68.5
将银行出纳作为主要取款方式的拥有账户的公民占比	62.9	38.7	67.9	64.3	61.6	78.4	56.1	75.0	41.8	71.1	44.6
将零售商店作为主要存款方式的拥有账户的公民占比	0.1	0.5	0.0	0.2	0.0	0.0	0.2	0.0	0.3	0.0	0.3
将零售商店作为主要取款方式的拥有账户的公民占比	0.2	0.6	0.1	0.2	0.1	0.0	0.2	0.0	0.4	0.0	0.5
使用支票进行支付的公民占比	1.8	1.1	1.9	2.1	1.6	0.6	2.7	1.0	3.9	0.9	4.7
拥有信用卡的公民占比	8.2	7.2	8.2	7.1	9.4	2.4	12.3	3.5	20.0	4.3	20.8
拥有借记卡的公民占比	41.0	51.1	38.9	38.4	43.7	22.4	53.9	32.0	64.0	35.5	58.5
采用电子方式进行支付的公民占比	6.9	13.6	5.4	6.2	7.6	1.5	10.6	2.3	18.2	3.3	18.2
过去 1 年中获取贷款的公民占比	29.4	27.3	29.5	27.4	31.3	32.4	27.3	30.3	27.2	29.6	28.7
过去 1 年中从金融机构中获取贷款的公民占比	7.3	3.5	7.9	6.1	8.4	7.7	7.0	7.1	7.7	6.9	8.3

续表

指标	不同年龄 15岁以上	不同年龄 15—24岁	不同年龄 25岁以上	性别 女性	性别 男性	收入② 低收入	收入② 高收入	教育 初等教育	教育 中等教育	农村与城市 农村	农村与城市 城市
过去1年中从私人贷款人获取贷款的公民占比	1.1	1.7	1.0	1.3	0.8	0.6	1.4	1.0	1.1	0.8	1.8
过去1年中从雇主获取贷款的公民占比	1.5	2.0	1.4	0.9	2.0	1.2	1.7	1.6	1.1	1.3	2.0
过去1年中从家庭成员或朋友获取贷款的公民占比	25.0	24.5	24.8	23.8	26.1	27.5	23.2	26.0	22.6	25.5	23.4
过去1年中通过商店信用卡(store credit)获取贷款的公民占比	2.1	1.4	2.2	2.0	2.2	2.8	1.6	2.2	1.8	2.2	1.8
购买房屋贷款尚未清偿的公民占比	5.0	1.9	5.4	5.0	5.0	3.0	6.4	3.7	7.9	3.6	9.4
过去1年中发生储蓄行为的公民占比	38.4	31.9	39.7	38.0	38.8	23.3	48.9	32.3	54.0	32.8	56.1
过去1年中在金融机构中发生储蓄行为的公民占比	32.1	24.5	33.6	32.1	32.1	18.3	41.7	26.7	46.1	27.0	48.1
过去1年中为应急而进行储蓄的公民占比	26.9	20.8	28.1	26.9	27.0	15.7	34.7	23.1	37.3	23.1	39.1
过去1年中为未来消费而进行储蓄的公民占比	26.8	20.8	28.0	27.5	26.2	15.0	35.0	22.1	38.7	22.6	40.3
过去1年中通过储蓄俱乐部进行储蓄的公民占比	2.4	2.4	2.4	2.5	2.3	1.0	3.4	1.8	4.1	1.9	4.2

说明：①除按"不同年龄"分组考虑其他年龄段以外，其他数据均以15岁以上公民为基准；
②低收入是指收入水平位于底部40%，高收入是指收入水平位于顶部60%。

考虑到年龄因素可能会对居民获取金融服务产生影响，世界银行数据对25岁以上居民和15—24岁的居民进行了区分。从表5可以看到，不同年龄阶段的居民在获取金融服务的方式上存在一定差异。相比较而言，15—24岁居民更多地选择ATM机进行存款或取款，而25岁以上居民更多地选择银行柜员进行存款或取款；此外，与处于15—24岁年龄阶段的人相比，25岁以上居民储蓄意愿更为强烈：25岁以上居民中过去1年中发生储蓄行为的比重为39.7%，高于15—24岁居民的31.9%。说明居民的储蓄意愿会随着年龄的增大而增大。除此之外，中国不同年龄段居民在获取金融服务的方式上差别并不明显。

尽管在一些国家女性在获取金融服务方面与男性相比受到一定的歧视，但从表12-5的数据来看，中国女性和男性居民在获取金融服务方面并没有明显差异，不存在明显的歧视行为。这是中国居民在获取金融服务上不同于其他一些国家的一个特点。

从表12-5还可以看到，收入水平、受教育程度和城乡差别对中国居民获取金融服务的方式产生了巨大影响，且这三种因素的影响基本类似。具体来看，与收入水平较低、受教育程度较低、位于农村的居民相比，收入水平较高、受教育程度较高、位于城市的居民进行存款或取款的频率更高，账户可得性更高且账户更可能作经营性用途，拥有信用卡和借记卡的比重相对更高，更愿意通过ATM机方式进行存款或取款，具有更高的储蓄意愿等。除此之外，收入水平、受教育程度和城乡差别不同人群在获取贷款方面并没有明显差异。

3. 简要小结

通过以上分析，对于中国普惠金融发展可以得到以下几方面结论：

第一，中国普惠金融的发展与发达国家或地区相比仍有较大差距，但与其他金砖国家相比则较为接近。这意味着，一个国家的普惠金融体系建设基本上与其经济发展水平相适应，脱离经济发展实际建立超前水平的普惠金融体系可能是不现实的。

第二，从具体指标来看，中国普惠金融体系在账户可得性方面与发达国家或地区的差距要大大小于在交易频率、贷款行为、账户用途等方面的差异。换言之，与发达国家或地区相比，中国普惠金融体系建设在质量和效率上的差异要大于在覆盖面上的差异。部分居民尽管能够获取金融服务，但获取金融服务的质量和效率非常低。这意味着，中国未来普惠金融体系建设要着眼于提高金融服务的广度（覆盖面），更要着眼于提高金融服务的深度（质量和效率）。

第三，中国普惠金融体系建设应当符合本国特色。例如，与主要发达国家或地区相比，中国居民在获取贷款过程中更加依赖亲友关系，这一特点是由中国特殊的文化环境决定的。这意味着，中国普惠金融体系建设应当考虑到这种差异，打造具有中国特色的普惠金融体系。

第四，从不同群体情况来看，收入水平、受教育程度和城乡差别对居民获取金融服务产生巨大影响。与之相比，年龄、性别等因素对居民获取金融服务的影响并不明显。这意味着，中国未来发展普惠金融应当特别重视提高收入低、受教育水平低、位于农村的弱势群体的金融服务水平，唯有如此，才能够真正实现普惠的目标。

第三节 完善中国普惠金融体系的政策建议

完善中国普惠金融体系可以从多方面着手，其中至少包括如下内容：

1. 以商业可持续为导向

尽管普惠金融强调的是满足弱势群体、弱势产业和弱势地区的金融需求，具有广泛的包容性，但是普惠并不等同于扶贫。普惠金融在强调包容性的同时还需要满足商业可持续，这也是普惠金融区别于财政转移支付及公益资助等的重要属性。所谓商业可持续，是指普惠金融机构本身提供的金融服务所产生的收入能够覆盖其运营操作成本和资金成本，以保证其收入大于支出，在不需要外部提供特别资助的条件下实现自我生存和发展的能力，真正发挥市场在资源配置中的"决定性作用"。

商业可持续是普惠金融体系实现可持续发展的前提，也是保持普惠金融体系运行效率的基本条件。其原因是多方面的。从供给方来看，包括商业性金融机构在内的金融服务提供方广泛深度参与是普惠性金融存在的基础。如果无法实现商业可持续，很难想象有足够多的金融机构愿意提供普惠金融服务。即使部分机构出于公益目的愿意提供普惠金融服务，但这种服务能够覆盖多大范围以及是否能够持续下去都存在很大疑问。如果无法做到商业可持续，金融机构便失去了提供普惠金融服务的根本动力。从需求方看，有盈利前景但融资难的经济主体应当成为普惠金融的主要惠及对象，普惠金融能有效满足这些经济主体的融资需求，而反过来这些主体自身的商业价值也是普惠金融得以持续生存的基础。对于那些既没有盈利前景又无法获得融资的经济主体来说，通过其他途径而非金融的方式改善生活水平可能更为合适。从政府主管部门角度看，如果普惠金融无法实现商业可持续，意味着政府需要不断地进行投入或补贴。其实质是以政府来替代市场，这与政府的财政转移支付以及公益资助并没有本质区别，而且在这一过程中，也很难保证政府投入的效率。这种做法与党的十八届三中全会提出的"使市场在资源配置中起决定性作用"，无疑是背道而驰的。从国际经验来看，那些运行有效的普惠金融体系基本上都能够实现商业可持续，比如孟加拉乡村银行、玻利维亚的小额信贷体系等；相反，那些无法实现商业可持续的普惠金融体系通常很难持续下去，最终也必然会背离实现金融普惠的初衷。

当然，普惠金融体系所追求的商业可持续与一般商业金融机构追求高盈利存在本质上的不同。普惠金融强调的是商业可持续，而非以营利为目的。普惠金融机构的收益既可以来自业务本身，也可以来自政府的优惠政策扶持等其他方面。与之相比，一般的商业金融机构具有天然的逐利性，追求高盈利是其内在发展需求，其收益也主要来自金融业务本身。

2. 以顶层设计为统领

尽管党的十八届三中全会通过的《中共中央关于全面深化改革若干重大问题的决定》首次正式将"发展普惠金融"作为完善金融市场体系的重要内容，但目前中国还缺乏国家层面的普惠金融发展战略和规划。相关政策和工作零散地分布于不同部门或机构，并未形成一个统一的整体。特别是，现阶段对于普惠金融的内涵和外延并没有一个明确的界定，普惠金融发展究竟包含哪些内容并不清晰。考虑到发展普惠金融在完善中国金融体系中的重要性，我们认为，为统筹中国普惠金融体系建设，迫切需要在国家层面制定普惠金融发展战略，加强顶层设计。通过制定国家层面的普惠金融发展战略，统领政府部门、金融机构、普惠金融需求方以及其他利益相关者的行动，改变当前各自为政的局面。

从国际经验看，各国政府制定和推动普惠金融战略的方式有所不同，主要模式可以归结为四种。第一种模式是直接制定国家层面的普惠金融战略。比如，印度尼西亚政府从金融教育、金融身份认证、政策与法规支持、培育中介机构、推广与传播五个方面制定普惠金融战略。第二种模式是将普惠金融纳入国家金融发展战略。比如，肯尼亚政府制定了《金融部门全面改革和发展战略》,将完善《小微金融法案》、促进信用信息共享机制、简化金融机构服务程序等普惠金融措施纳入其中。第三种模式是将普惠金融纳入政府(中央银行)的基本职能和战略目标。比如,巴西中央银行将普惠金融作为其战略目标,并将普惠金融视为金融长期稳定的前提,承诺将普惠金融作为履行机构使命的主要方式。第四种模式是重点推进普惠金融某一维度的子战略。比如,墨西哥政府成立金融教育委员会,专门制定了国家金融教育战略规划,致力于将墨西哥打造成为金融知识强国。

我们认为,可以综合借鉴其他国家的做法,由国务院或其指定部门牵头,综合学术界和实务界专家的意见,在充分达成共识的基础上制定中国普惠金融发展战略规划。战略规划应当是分阶段的,在不同阶段设立不同的目标;战略规划也应当是分层次的,要在国家层面的总体战略框架下,形成金融服务和产品创新、金融消费者保护、金融教育等不同方面的子战略,并就各个战略制定清晰、合理、有效的行动路线图。

另外,顶层设计的一个重要内容就是建立具有中国特色的普惠金融监测评估体系,对普惠金融的发展进行有效的监测和评估。从国际经验看,一般将普惠金融指标分为可获得性、使用情况、服务质量等多个维度,中国应该充分吸收和借鉴这些国际实践成果。在构建中国的普惠金融监测评估体系过程中,需要特别注意以下三点:一是要考虑到普惠金融发展的阶段性,在不同阶段要重点突出金融发展的优先性指标。前文的分析表明,与发达国家相比,中国普惠金融体系在账户可得性方面的差距要大大小于在交易频率、贷款行为、账户用途等方面的差异。因此,现阶段中国应当把提高普惠金融服务的效率和质量作为发展重点,在指标设计方面也应当有所考虑。二是将企业纳入监测评估指标体系。以世界银行为代表的国际组织在建立普惠金融指标体系时主要强调个人获取金融服务的可得性和质量,而较少地关注企业获取金融服务情况。如前文所述,普惠金融主要针对的是弱势群体、弱势产业和弱势地区,不仅包括个人,还包括企业。因此,在建立中国的普惠金融监测评估体系时,需要把企业因素考虑进来,如何有效地满足在金融市场上处于弱势地位的小微企业的金融需求同样是发展中国普惠金融事业需要关注的重点。三是把一些国际上较为通用的但暂时不符合中国实际的指标作为参考性指标,包括性别因素、年龄因素等;而对于那些可能对金融服务产生重要影响的收入水平、受教育程度、城乡差别等因素则应当予以重点关注。

3. 完善政策支持体系

发展普惠金融需要有全方位的扶持政策作为支撑。

在财税政策上，要通过财政贴息、税收优惠等多种手段，引导金融资源流向弱势产业、落后地区和弱势群体。第一，对金融机构发放低利率小额贷款进行补贴。要把风险补偿基金及贴息列为各级财政的固定支出科目，对金融机构发放的符合条件的小额低利率贷款进行补偿，改变目前小额贷款利率上浮的做法，切实降低资金需求方的融资成本。第二，实施税收优惠政策。对于金融机构提供的符合条件的普惠金融服务，适当减免营业税等税收，增加金融机构提供普惠金融服务的积极性。

在货币政策上，对于开展普惠金融业务的金融机构，在存款准备金率、再贷款等方面给予一定优惠。可以设立低于其他金融机构的存款准备金率，以提高其可持续经营能力。另外，应当稳步提高支农再贷款额度和使用面，确定合理的再贷款利率，延长再贷款使用期限。

在监管政策上，可以考虑对开展普惠金融业务的金融机构制定差别化的监管标准。在资本充足率、流动性比率、贷存比、合意贷款规模、不良贷款率等监管指标方面出台有差别的政策，鼓励金融机构开展普惠金融业务。特别是，考虑到普惠金融的服务对象以弱势群体为主，信用风险较高，因此，对金融机构开展普惠金融业务适当提高其风险容忍度非常必要。

4. 优化金融生态环境

第一，加强金融基础设施建设。进一步增设金融机构网点，优化现有机构和网点布局，切实消除金融服务空白地区。积极探索流动网点、简易网点、社区银行、金融便利店等新型网点形式，引导金融机构网点向下延伸；开展基于信息技术的无分支银行金融服务；利用社区型合作金融组织、基于专业社合作社开展内部信用合作，甚至通过非金融的组织作为中介或桥梁，让正规金融机构向那些缺少网点的偏远地区延伸金融服务；积极发挥中小金融机构在提供普惠金融服务方面的先天优势，在中小金融机构增设网点方面给予适当政策倾斜。需要说明的是，增加金融基础设施建设需要综合考虑所在地区的经济密度、人口密度及相关指标等，新增网点应当满足商业可持续原则。

第二，完善全社会共享的信用体系建设。信用体系建设滞后是制约普惠金融发展的症结之一。在信用体系不完善的情况下，很多普惠金融机构无法分享人民银行征信系统的信息资源，无法及时获得金融服务所需要的信用信息,违约记录无法记入征信系统。运行良好的信用体系能够大大降低信息不对称程度,将潜在的普惠金融需求转化为有效的普惠金融需求,实现普惠金融供给和需求的有效对接。

第三,加大普惠金融消费者保护力度。发展普惠金融的主要目的就是有效满足各类金融消费者特别是弱势群体的金融需求,不断增加消费者福利。加强金融消费权益保护,积极开展金融知识普及活动是实现这一目的的必要手段。一是要不断完善金融消费权益保护机制,对于损害消费者金融权益的行为要给予坚决有效的查处;二是要有针对性地开展金融知识普及活动,不断提高金融消费者金融素养。

5. 发挥金融机构的作用

以银行为代表的金融机构仍然是现阶段中国金融体系的主体,发展普惠金融需要充分发挥金融机构的作用。

第一,发挥商业银行的主力作用。充分发挥商业银行在资金、网络、技术等方面的独特优势,从多方面入手促进普惠金融发展。一是提高商业银行发放小额信贷的能力。鼓励具备条件的银行创新信贷技术,采取科学的信用评价方法有效评估融资主体风险,增加小额贷款发放。政府主管部门对于商业银行发放小额贷款要在政策上给予一定的倾斜。二是着力提升商业银行综合化普惠金融服务水平。随着社会的发展,普惠金融需求已经大大超过传统的信贷范畴,除信贷需求外,还包括支付结算、理财、财务顾问、保险等多种金融需求。针对普惠金融需求的这种变化,商业银行应当利用自身的资金、技术和渠道优势,通过产品和服务创新,提高综合化服务能力。三是加强商业银行与村镇银行、小额贷款公司等新型金融机构以及部分经营管理良好的非政府组织合作,为其提供批发资金支持。在这一过程中,要在政策上明确规定小额信贷机构可以从大型商业银行获得批发资金;同时,要在利率制定上给予银行更多的自主权,提高商业银行开展批发贷款的积极性,使"批发+零售"模式的"双赢"作用得到充分发挥。

第二,规范和促进小额贷款公司发展。尽管小额贷款公司在增加融资主体特别是那些被排斥在传统金融体系之外的融资主体的融资便利性方面起到了一定作用,但现阶段小额贷款公司的贷款几乎成为"高利贷"的代名词。因此,在发展普惠金融过程中,更好地发挥小额贷款公司作用的关键在于,如何有效降低小额贷款公司的资金发放成本。一是要拓宽资金来源渠道。根据中国银行业监督管理委员会和中国人民银行 2008 年联合发布的《关于小额贷款公司试点的指导意见》,"小额贷款公司的主要资金来源为股东缴纳的资本金、捐赠资金,以及来自不超过两个银行业金融机构的融入资金",且"小额贷款公司从银行业金融机构获得融入资金的余额,不得超过资本净额的 50%"。这些规定极大地限制了小额贷款公司获取资金的渠道。建议适当放松上述规定,将小额贷款公司的融资金额与其经营状况相挂钩,逐步放开"两个银行业金融机构"以及"不得超过资本净额的 50%"的限制。制定政策引导商业银行为小额贷款公司提供批发贷款。也考虑由国家政策性银行提供低利率贷款,专用于小额贷款公司融资需要。二是对小额贷款公司的税收政策参照金融机构标准。尽管小额贷款公司从事的是金融业务,但却是按一般公司标准进行征税,从而加大了小额贷款公司的税务负担。《关于小额贷款公司试点的指导意见》将小额贷款公司规定为"企业法人",只能按一般服务企业来进行税收缴纳。而财政部、国家税务总局 2010 年发布的《关于农村金融有关税收政策的通知》对于农村金融给予了一定的税收优惠,由于小额贷款公司作为一般性服务企业,不能享受同等的税收优惠政策。例如,银行业的所得税是按存贷利率之差来征收的,而对小额贷款公司却是对贷款的全部利息收税。小额贷款公司贷款三个月就周转一次,与一般金融机构相比,营业税税负也相对要高。建议对小额贷款公司与银行业金融机构享受同等税收优惠政策。三是将小额贷款公司纳入征信系统,降低信息不对称程度。目前中国人民银行的征信系统对小额贷款公司并不开放。其结果是,一方面,小额贷款公司所掌握的大量的企业与个人的信息也不能加入征信系统;另一方面,小额贷款公司在发放贷款时无法利用征信系统中的信息,从而大大地加大了小额贷款公司的信贷风险。建议将小额贷款公司纳入征信系统,为小额贷款公司开展业务提供信息。

第三,进一步深化农信社改革。作为中国农村金融市场金融供给的主力军,深化农信社改革对于发展普惠金融具有重要意义。当前农信社改革的首要任务是根据中国银监会《关于加快推进农村合作金融机构股权改造的指导意见》等相关制度,把现有农村信用社改组成为股份制的农村商业银行,优化产权结构,完善公司治理,不断提升农信社服务"三农"的能力。

6. 以直接金融为突破口

直接金融是指由资金盈余部门直接购入资金短缺部门的有价证券而实

现资金融通的金融行为，发行公司债券是一种典型的直接金融方式。现阶段，中国金融体系仍以间接金融为主体。在这种情况下，大力发展以公司债券为代表的直接金融市场、建立资金供需双方的直接通道对于中国发展普惠金融具有重要意义。第一，丰富了居民资金投资渠道，提高了资金供给者的投资收益。现阶段，存款仍然是广大居民最主要的资金投资渠道。在存款利率管制的情况下，居民通过存款获取的收益非常低。与存款相比，由于债券将资金供需双方直接对接，省去了金融中介环节以及由此产生的高额中介费用。资金使用者付出的融资成本将会在很大程度上直接转换为资金提供者的投资收益，从而能够大大提高资金提供者的收益水平。扩大资金提供者的资金运用渠道、获取更高财产性收益是普惠金融的重要内容之一。第二，扩大了资金使用方的融资渠道，降低了融资成本。大力发展债券市场将为资金使用者筹集资金提供新的选择，改变传统上主要依赖银行贷款的情况。比如，中国于2007年推出的中小企业集合债就是通过发行债券方式缓解中小企业融资难的一种有益尝试。尽管目前这一融资方式仍然存在门槛过高、规模较小等问题，但其对于创新中小企业融资方式仍具有重要意义。另外，如前文所述，由于债券将资金供需双方直接对接，省去了金融中介环节以及由此产生的中介费用，因此可以在很大程度上降低资金使用方的融资成本。第三，降低了资金使用方获取贷款资金的难度。发展债券市场一定程度上可以间接降低包括中小企业在内的弱势群体获取银行贷款的难度。这是因为，与银行贷款相比，发行债券的融资成本相对较低，这将促使相当多的符合条件的大中型企业通过发行债券方式筹集资金。在这种情况下，银行将会有更多的资金投向中小企业等弱势群体（王国刚，2013）。

因此，对于发展普惠金融而言，大力发展以公司债券为代表的直接金融有助于突破现行以间接金融为主导的金融体系形成的体制性障碍，为发展普惠金融打开新的空间。从现阶段具体情况来看，通过发展债券市场促进普惠金融发展需要注意以下几点。第一，建立全国统一的公司债券发行和交易制度，直接面向城乡居民和实体企业发行公司债券；第二，切实降低债券发行准入门槛，使更多的中小企业等弱势群体能够通过发行债券方式进行融资；第三，充分发挥资信评级机构的作用，建立有效的信用风险评价体系；第四，落实公司破产制度，化解融资主体到期未能还本付息产生的风险，维护投资者权益。

7. 加大金融创新力度

这方面的内容至少包括：

第一，创新抵押品替代机制和信贷管理技术。缺乏有效的抵押品是制约广大弱势群体获取金融服务的症结之一。创新抵押品替代机制，能够相对缓解弱势群体由于抵押品缺乏而导致的与正规金融部门交易成本过高和信息不对称问题。一是要扩大抵押品范围，鼓励融资主体利用林权、水域滩涂使用权等作为抵押申请贷款。二是要利用弱势群体之间具有的人缘、地缘等社会资源和组织资源，推进社会资源和组织资源的"资本化"，作为抵押品替代的组织基础，包括联保贷款、农民合作社、村级基金、资金互助社、信用担保协会等。组织信用资源起到了实物抵押品的作用，将组织资源和社会资源资本化能够从供给和需求两个方面降低交易成本，缓解因信息不对称问题导致的逆向选择和道德风险。三是要培育和利用一些风险控制机制（如捆绑交易、信贷保险等）作为抵押品替代的适用工具。通过信贷、保险的一体化策略，实现金融信息共享、效能互补；通过农产品交易、生产资料交易和信贷交易的互联，控制信贷违约率。四是要鼓励金融机构创新信用评价技术，有效识别和控制风险，逐步降低对抵押品的依赖，在缺乏抵押品以及合格担保人的情况下发展信用贷款业务。

第二，促进互联网金融与传统金融的有机融合。互联网金融利用新的技术条件完善了传统金融体系的功能，展示出与旧有模式不同的高效率。在发展普惠金融的进程中，尤其应注重将互联网金融与传统金融的发展有机融合起来，逐步建立一个贴近各类客户需求、灵活多样的金融服务体系。一是构建全国统一的互联网普惠金融服务平台。将各家互联网金融网与各家金融机构金融服务业务或实体金融交易整合为一个统一的金融服务平台。将符合条件的传统线下业务逐步转变为线上业务，以电脑终端和手机终端等互联网交易方式逐步或部分取代传统的柜台交易，大大降低交易成本。二是构建全国统一的金融信用体系。通过互联网技术完善信用征信评估咨询平台，将个人或者企业的信用记录建立起来，形成可随时按法定程序查询、评估的大数据库，为普惠金融服务平台提供全面的征信服务。三是构建统一的互联网金融安全保障体系。要在切实防范金融风险，守住不发生系统和区域金融风险的底线的基础上，逐步建立多层次、全覆盖、高效率的以行业自律、社会监督、市场抉择为主的金融风险预警机制。

第十三章

中国政策性金融发展与机构改革研究

从经济理论和实践经验看，发展政策性金融体系都具有长期的必然性。从国际经验来看，政策性金融机构不仅广泛存在于发展中国家，也存在于金融体制完善的发达国家，成为市场机制有益的必要补充。尤其是在本轮金融危机后，欧美等国政府纷纷出台了各种超常规的刺激性政策与救市措施，包括政府增持金融机构股份或提供信用支持，直接注入流动性，出资救助金融机构和企业等。在此过程中，政策性金融作为应对危机冲击的制度性安排，在恢复市场信心、稳定金融体系等方面发挥了重要作用。从中国实际情况看，发展政策性金融不仅具有必要性，更具有战略意义。当前，在加快经济结构转型、加速金融市场化改革、推进新型城镇化建设、解决政府债务难题、破解财政收支困境的背景下，推进中国政策性金融体系的重构更具有紧迫性。因此，政策性金融不仅不应被弱化，而应该进一步加以发展、完善并寻求创新。在党的十八届三中全会通过的《全面深化改革若干重大问题的决定》中，更是将"推进政策性金融机构改革"直接列为完善金融市场体系的重要举措之一。

第一节 政策性金融的特点与功能

在国内外理论界，对政策性金融（Policy Finance）还没有一个统一的定义，不同学者根据不同的理论及实践对其有不同理解。按照中国权威的金融辞书《中华金融辞库》的解释，政策性金融是指"在一国政府的支持和鼓励下，以国家信用为基础，严格按照国家规定的范围和对象，以优惠的存贷款利率或条件,直接或间接为贯彻、配合国家特定经济和社会发展政策而进行的一种特殊性资金融通行为"。

与一般商业性金融相比,政策性金融具有以下几个特征:

第一,政府属性。政策性金融一般由政府直接创立,根据规定的范围和对象,以优惠存贷利率或其他优惠条件,为贯彻、配合国家或区域特定经济和社会发展政策而进行资金融通。政府为政策性金融机构提供运作条件,政策性金融机构的资本金由政府拨付。政策性金融机构筹资由政府提供担保,筹资成本和贷款利差由政府补贴,坏账损失最终也由财政补贴。可见政策性金融是政府职能的一部分,政策性金融机构本质上是政府机构的一个特殊组成部分。政策性金融的政府属性决定了政策性银行必须依据政府宏观决策和法规行事,为政府出台实施的产业政策、经济政策服务,实施政府意图。

第二,政策属性。政策性金融作为政府宏观经济管理职能的延伸,主要以贯彻国家产业政策和区域发展政策为主要职能和任务。政策性金融机构是贯彻政府政策的一种工具,不以盈利为目标,通常以优惠的利率水平、贷款期限和融资条件支持国家产业政策和区域发展政策,服务整体社会经济的发展。从政策性金融机构的经营目标来看,政策性金融机构不以盈利为主要目的,而是响应政府宏观经济政策、产业政策和区域发展政策,推动政府政策意图在这些领域的实施,实现政府经济发展的目标。

第三,金融属性。政策性金融虽然是一种特殊的资金融通行为,带有一定程度的财政投融资性质,但在本质上属于有偿借贷的金融行为,与无偿拨付的财政行为有着根本的区别。无论它被赋予的政策性使命有多大,都必须遵循金融机构的经营规律,按照金融机构的机制、方式和手段行事。因此,政策性金融区别于国家财政税收和政府投资的运行机制,体现出明显的金融属性。

第四,非营利属性。政策性金融机构通常以比商业性金融更优惠的利率、期限、担保要求等条件提供贷款或保证提供贷款,体现了政策性金融机构贯彻经济与社会政策的特殊职能,政府一般对贷款给予补贴或担保。政策性金融在行为特征上必须依据政府宏观决策和特殊的法规行事,不能自主地参与市场竞争和以追逐利润为目标。

政策性金融是金融体系的重要组成部分之一。既然属于金融范畴,政策性金融就一定具有金融中介的一般功能。但政策性金融又因其体现政府政策意图的特点而具有特殊功能。

第一，金融中介的一般功能。政策性金融具有金融中介的一般功能，主要包括：

其一，资金配置融通功能。同商业性金融一样，政策性金融也具有资金配置和融通功能，这其实也是金融机构最基本的职能。政策性金融机构通过发行债券或接受国家注资吸收资金，再通过政策性贷款等业务将资金投向有资金需求的领域。政策性金融通过资金的吸收和投放，改变了资金在空间和时间上的分配，从而使得全社会的货币资金能够得到充分有效的配置和利用。

其二，分散资本风险功能。与商业性金融类似，政策性金融通过将社会资本汇聚起来，形成一定规模，从而可以投向单个中小资本无法涉及的领域，并且可以使单个资本实现跨区域、跨行业投资，拓展了资本投向的范围和选择，这在本质上起到分散资本风险的作用。此外，政策性金融依靠国家政府信用开展业务，实质上是让国家资本承担了一部分社会资本面临的风险，从而起到分散和降低社会资本风险的作用。

其三，降低资金成本功能。一般商业性金融通过市场对资金的角逐与竞争使得资金能够在最有效率的领域得到运用，而竞争的结果就是以利率为代表的资金成本的降低，并由此可以得到经济效益最大化的效果。而政策性金融则通过对市场失灵的特定领域采取优惠性贷款等手段人为降低资金成本，这种资金成本的降低从表面看来缺乏经济效益，但其着眼的是社会效益的最大化。

第二，政策性金融的特殊功能。政策性金融作为政府实现特定政策意图的制度工具，又有其特殊功能，主要表现在：

其一，产业促进功能。农业、能源、交通、水利等关系国民经济命脉的基础性产业，由于投资规模、盈利能力、技术要求等限制，私人资本难以或不愿介入，一般性商业金融也往往较为谨慎，支持不够充分。但这些基础性产业的发展对社会经济的发展稳定起着重要和关键作用，是政府政策重点支持的领域。因此，政策性金融往往通过优惠贷款、政策性担保、政策性产业基金等形式给予支持，为产业发展提供足够的资金，从而促进基础产业的持续快速健康发展。

其二，经济和社会扶持功能。由于资源禀赋、发展基础、人才素质等方面存在一定差异，不同产业、区域和群体的发展呈现出一定的不平衡，存在所谓的"强位弱势群体"。"强位"是指符合政府特定的社会经济政策或政治意图,关系到国计民生而需要政策性金融扶植的产业、领域和群体,在世界各国或地区经济和社会发展中具有特殊战略性的重要地位;"弱势"是指金融需求主体或融资对象由于自身的、历史的和自然的等特殊原因,造成其在一定的经济环境条件下、在激烈的市场竞争中始终处于融资、参保方面的劣势或特别弱势的状态。① 因此,政策性金融对这些"强位弱势群体"的介入,可以在一定程度上满足这些领域对金融资源的需求,对其起到扶持作用。具体来说,这种经济和社会扶持功能表现在对农业发展的支持、对老少边穷地区的基础设施和产业发展支持、对贫困人群就业、入学等方面的支持等。

其三,引导和示范功能。政策性金融体现了国家政府政策意图,其参与的领域代表了政府所希望推进和发展的领域和方向,政策性金融的率先参与,可以为商业性金融和其他社会资本提供必需的基础设施和可供参考的业务模式,从而起到引导和示范功能。例如,政策性金融往往参与科技园区的前期土地征迁和基础设施建设,为园区后期的招商引资铺平道路,引导社会资本进入园区经营。而这种园区开发的经营模式,也可为其他商业性金融参与园区开发提供借鉴。

其四,补充性功能。政策性金融机构主要承担商业性金融机构无力或不愿承担的长期资金信贷业务,对商业性金融机构的功能起到补充作用,从而使得整个金融体系更加完善。这表现在两方面:一方面,对技术、市场风险较高的领域进行引导补充性投资,对投资回收期过长的项目及低收益的基础设施补充投资;另一方面,直接对风险企业、低收益企业、低资信企业融资,间接地对企业信用形成担保,以引导商业性金融机构对其融资。

第二节 政策性金融机构发展与改革的国际经验与启示

20世纪七八十年代以来,经济环境发生了很大变化,由经济全球化引起的金融全球化,使得国际金融市场竞争更为激烈,这种趋势在90年代得

---

① 白钦先、王伟:《科学认识政策性金融制度》,《财贸经济》2010年第8期。

到了强化。进入 21 世纪后，特别是金融危机以来，经受住金融危机考验的金融机构纷纷进行金融改革，对内进行战略的重新定位和机构组织的重构，对外拓展新市场和开展并购重组。一方面，商业银行的经营活动大大增强，开发各种金融创新产品，试图进入以大额长期贷款为主的基建和区域开发领域以及风险较大的出口信贷、中小企业等传统政策性金融领域，一向在政府庇护之下的政策性金融机构不得不面临挑战。另一方面，政策性金融机构直接依靠财政融资的机制，受自由化的市场经济理论思潮排斥，融资更为依赖全球金融市场，同时，政府在主导经济发展过程中，更为注重发挥市场机制作用，使得国际政策性金融机构开展的纯粹政策性金融业务比例在缩小，政策性、营利性兼顾的业务比例不断扩大，国际政策性金融机构也面临一定的发展机遇。

1. 美国"两房"公司的私有化改革

"两房"是美国最大的两家住房抵押贷款机构——联邦国民抵押协会（简称房利美，Fannie Mae）和联邦住房贷款抵押公司（简称房地美，Freddie Mac）的简称。由美国国会立法设立的政府支助机构，目的在于为住房抵押贷款市场提供稳定而连续的支持，提高住房抵押贷款的可获得性。

房地美的成立源于美国政府为解决 1929 年经济危机后造成的住房问题。1933 年任职的美国总统富兰克林·罗斯福将"居者有其屋"计划纳入新政中。为保证这一计划的顺利进行，在 1938 年，美国总统签署特许经营法案，出资 1000 万美元成立房利美，发行财政担保债券，收购、持有和出售联邦住房管理局担保的住房抵押贷款。在《公共住宅法案》中，房利美的属性被明确定为联邦政府托管企业，即成为所谓的"国有企业"。在房利美的有效运作下，住房保障政策得以推行。

1954 年，联邦政府对特许经营法案进行修改，新法案允许房利美向财政部发行无投票权的优先股，向私营机构发行普通股，由此房利美开始由政策性金融机构向私人股份制公司转型。1968 年，顺应时代发展和金融体系的变化，联邦政府再次修改特许经营法案，将房利美分成两家公司，一家是私营股份制公司保留了房利美的名称，另一家是政府全资公司称为吉利美。

1970 年，为了防止房利美垄断住房抵押贷款市场，紧急住房融资法案获得通过，决定成立房地美，授权房地美为普通住房抵押贷款创造一个二级市场，房利美和房地美共同收购商业银行和金融机构的住房贷款，并且将这些贷款打包证券化,在二级市场出售,帮助商业银行和金融机构回流资金,确保贷款人以较低的利率获得资金。此后,随着20世纪末美国经济的强劲增长及21世纪初低利率政策导致的房地产市场繁荣,住房抵押贷款支持证券(MBS)开始大行其道,再加上美国金融业创新导致在MBS基础上的各种衍生产品纷纷出现,房利美和房地美逐渐发展成为MBS及其衍生品最大的发行商和承销商。1995—2005年十年间"两房"所持有的贷款保持着每年20%的增速,房利美利润增长连续17年达到两位数。

由次级抵押贷款问题直接引起的2008年金融危机使MBS等创新金融产品掩盖下的房地产市场泡沫彻底破灭。作为住房抵押贷款的最大持有者,"两房"遭受的损失巨大而且迅速。截至2008年,"两房"因次贷问题造成的损失在500亿美元以上,股价大幅下挫,跌掉9成左右的市值。由于"两房"的特殊身份,美国政府不得不出面收拾残局。2008年9月7日,美国政府正式出面宣布接管"两房"。美国财政部和美联储通过购买"两房"股票和债券、开放贴现窗口、给予财政资金救助等手段为"两房"提供援助。危机期间,美国财政部和美联储累计购买了超过1.6万亿美元的"两房"资产,约占"两房"拥有或担保资产总量的29%。可以看出,经历20世纪70年代的私有化改革之后,在金融危机这个特殊经济金融环境影响的冲击下,"两房"再次回归国有化。这次国有化回归成效总体来说是显著的,2011年"两房"实现减亏,2012年"两房"实现扭亏为盈。2014年6月2日,《财富》杂志发布了最新的美国500强排行榜,房利美和房地美分别以839.6亿美元和486.7亿美元的年度盈利,成为美国500强中最赚钱的两家公司。①

但对"两房"的改革并未结束,当"两房"逐渐走出困境、重新在住房市场发挥其作用时,美国政府在自由化的市场经济思想影响下,再次提出政府退出对住房抵押贷款市场直接干预的政策。2011年2月11日,美国财政部及住房和城市发展部公布了一份改革美国住房融资体系的白皮书——《改革美国住房金融市场》,计划在几年内逐步削减美国政府在抵押贷款市场中的支持力度,并让"两房"逐步从市场上淡出。

2. 德国复兴信贷银行的集团式转型

德国复兴信贷银行(KFW)依据《德国复兴信贷银行法》于1948年成

---

① 《"两房"复苏启示》,《中国经济信息》2014年第12期。

立，是战后欧洲复兴计划（马歇尔计划）的直接产物，是德国实行"社会市场经济"理论的重要体现和要求。最初被定位于对"联邦政府有特殊政治或经济利益的项目"，如电力、钢铁、煤炭等基础工业部门提供长期资金支持，重建战后的德国经济，后为德国企业提供长期投资贷款。

1970年以后，德国经济进入了相对成熟的阶段，政府的经济政策调整为保持经济活力、优化经济结构、促进就业。德国复兴信贷银行业务重点随之发生了根本性转变，从过去的主要支持基础产业转向中小企业融资，重点服务于本国的中小企业、走出去业务、住房等民生业务、政府合作业务。

在金融全球化加速和国内经济金融形势变化的条件下，21世纪初，KFW开始了转型的尝试。KFW转型的思路是：以建立母子公司的方式，将政策性业务和商业性业务分离开来。注重借鉴商业银行之长，将与商业银行直接竞争的部分局部商业化，同时又在中小企业贷款、农村金融、出口信贷等领域发挥政策性银行不可取代的作用。

转型具体做法是将其已与商业银行产生竞争的出口信贷和项目融资业务等独立出来，纳入到新建的全资子公司复兴信贷伊佩克斯银行（KFW-IPEX Bank）。复兴信贷伊佩克斯银行是专门从事进出口贸易和项目融资的商业银行，它在2004年年初至2007年年底前作为行中行进行独立前的试运行，从2008年初起正式作为标准的商业银行运作，不再享受国家优惠待遇。通过这样的改革，既可以避免德国复兴信贷银行利用国家优惠政策与商业银行进行不公平竞争，同时也能使德国复兴信贷银行通过较长时间建立起来并已具备了一定竞争优势的市场业务得以保留。[1]

以商业性业务独立为契机，德国复兴信贷银行对组织结构进行了重组，进一步推进了集团化的改革与转型。目前的德国复兴信贷银行由KFW中小企业银行（KFW Mittelstandsbank）、KFW促进银行（KFW Forderbank）、KFW开发银行（KFW Entwicklungsbank）、德国投资与开发有限公司（DEG）和复兴信贷伊佩克斯银行组成。各子公司的业务均有所侧重，德国和欧洲的投资信贷由KFW中小企业银行和促进银行来承担。两家银行在业务上各有侧重，中小企业银行主要面向中小企业、创业者和新建企业，而

---

[1] 宋清华、夏韬：《国外政策性银行商业化改革的经验及其借鉴》，《当代经济》2010年第3期。

促进银行主要是促进住房业、环境和气候保护、教育、基础设施和社会设施的发展。财政合作业务主要由 KFW 开发银行和其下属的德国投资与开发有限公司承担，主要是为促进德国和发展中国家以及经济转型国家的合作。复兴信贷伊佩克斯银行（KFW IPEX – Bank）从事出口信贷、项目融资、投资及公司贷款业务，这也是集团公司商业化运营的板块。

3. 法国德夏银行的渐进式转型之路

法国德夏银行（Dexia CLF）成立于 1996 年，最初是一家在全球范围内从事公用事业融资和项目融资的专业银行，现在已发展成为一家可以提供各种金融服务的全能银行。它的前身是地方政府投融资局（CAECL），并由 CAECL 过渡为法国地方信贷银行（CLF），最终转型为德夏银行。

为了代表法国政府履行有关金融代理机构和控股公司的职能，1816 年，作为公共部门实体的法国信托局（CDC）成立。1996 年，CAECL 成立，它是一家具有自主经营性质的国有机构，并由法国信托局代管。CAECL 主要从事政策性业务，如向法国次主权部门提供贷款、为地方政府发债提供担保等。在此期间，以 1981 年《分权法》的产生为标志，法国逐渐开始了中央政府与地方政府分权的过程，以国家政府为主集中式经营模式逐渐转变为分权式经营模式。1984 年法国新银行法及新银行监管条例的产生使得银行业的竞争逐步开放，任何机构均可以在资本市场上借贷，这使得 CAECL 逐渐面临商业性银行的竞争。2003 年，法国地方政府获得了金融自主权，这为 CAECL 发展成为为地方政府和地方企业提供项目融资和公用事业融资为主的银行创造了良好的环境。在威胁与机会并存的背景下，CAECL 逐渐向商业性金融机构转型。

1987 年，CAECL 的资产负债转入了新成立的法国地方信贷银行（CLF），CAECL 开始由政策性金融机构向商业性金融机构转型。在 1987—1996 年的十年间，法国政府以渐进式撤资的方式逐渐减少对 CLF 的控股，并于 1996 年完成了 CLF 的全部私有化。1996 年法国地方信贷银行与比利时地方信用银行（CCB）合并，德夏银行正式成立。此次合并是欧洲第一批跨国银行合并之一，德夏银行在成立当年即进入欧洲银行机构前 20 位。2000 年德夏银行进一步整合其两家控股实体和管理层，同时 CLF 正式更名为法国德夏银行股份有限公司。目前，德夏银已经发展成了一家致力于为公共部门投资服务的私有银行，它架起了公共投融资决策者和私有资金合作的桥梁，成为既参与公共部门客户投融资政策制定，又活跃于全球金融市场的经营者。

4. 日本政策投资银行的私有化转型

日本政策投资银行（DBJ）是依据《日本政策投资银行法》由日本开发银行与北海道东北开发金融公库于1999年合并成立。该银行由日本政府全资出资，并控制及监督其运营。其经营目标为促进日本经济的可持续发展、人民生活水平提高。为实现这一目标，DBJ向合格的项目提供长期融资及相关服务。

在DBJ成立以前，日本政策性金融体系分工很细，具体来说主要由"两行十库"组成："两行"指日本开发银行和日本输出入银行；"十库"指国民金融公库、商工组合中央金库、住宅金融公库、农林渔业金融公库、中小企业金融公库、北海道东北开发公库、冲绳振兴开发金融公库、公营企业金融公库、中小企业信用保险公库、环境卫生公库。

1997年亚洲金融危机爆发之后，政策性银行在稳定日本金融体系恢复日本经济的过程中发挥了极其重要的作用，政策性银行贷款余额与GDP的比例达到20%左右。但日本政策性银行规模过大，政策性金融机构过于庞杂，也导致金融市场上资源配置的扭曲。1999年，日本对政策金融机构进行全面整合重组，其中的措施之一即是将日本开发银行与北海道东北开发公库合并，设立日本政策投资银行。

2001年，日本颁布专门公共机构改革法（Special Public Institutions Reform Laws），开始推行政策性银行的改革。2005年11月，小泉内阁提出了日本政策性银行改革的三个基本方针：第一，限定政策性银行职能，只行使三项职能——支持中小企业发展和个人业务的开展；确保国家海外资源的供应；在国际项目中进行日元贷款。第二，坚持"高效率小政府"、"民间能做的事情就交给民间"、政策性金融机构"由官转民"，实现政策金融规模减半目标。到2008年，实现政策性银行贷款余额与GDP的比率从18%下降到10%左右，与国际平均水平同步。财政部不再向政策性银行补充资本金，也不会冲销亏损。第三，努力实现政策金融机构的高效率经营。通过部分担保、证券化、间接融资等手段补充完善民间金融机构，杜绝政府官员退职退休后"下凡"到政策性金融机构任职的现象，对于合并后新设立的政策性金融机构进行组织简化，提高运营效率。

在上述基本方针指导下，2007年6月6日，日本国会参议院通过《新日本开发银行法》规定，DBJ在2008年10月设立股份公司，由日本政府全额出资,以后,根据市场走向,在以后的5—7年时间里,政府将逐步减持并最终全部抛售持有的股份,实现彻底私有化。

但此时正值全球金融危机爆发,DBJ向受到金融危机冲击导致现金流恶化的大中型企业提供低息贷款和商业票据收购业务,为日本企业克服金融危机的影响以及经济复苏做出了重要贡献。2009年4月,日本政府决定的新一轮经济刺激计划中,将DBJ购买企业债券、低利放贷的资金从222亿美元扩大到1108亿美元,进一步加大DBJ对企业融资的援助力度。为了提高DBJ的抗风险能力,日本政府决定向DBJ追加188亿美元的资金投入,抵御因企业经营不善破产所造成的损失。鉴于DBJ在危机期间所起的关键性作用,2009年6月,日本国会通过《日本政策投资银行法(修订案)》,将其全面私有化时间延后4年,即从"2008年10月起5—7年"延迟到"2012年4月起5—7年"。

2011年3月日本大地震引发了严重的地质灾害和核电危机,为进一步发挥政策性金融机构在灾后重建和帮助企业渡过生产难关中的积极作用,日本国会和参议院在2011年5月审议通过了《关于为处理东日本大地震的特别财政援助及辅助的法律》,并依照该法对《日本政策投资银行法》和《商工组合中央金库法》进行了修订,再次推迟私有化进程,由原来的"2012年4月起"推迟为"2015年4月",缓冲期仍设定为5—7年。同时对启动私有化改革设置了前提条件,即必须保证机构财务基础牢固,业务运营保持完整性,并保持政府控股。

5. 韩国产业银行的私有化改革

韩国产业银行(KDB)于1954年依据《韩国产业银行法》成立,该法明确KDB以促进产业和国民经济发展、提供和管理重要的产业资金为宗旨,政府对KDB的持续经营负责。KDB在韩国经济及金融产业的发展起着先导作用,为企业提供资金支持、资金中介、金融咨询和商业分析等综合性金融服务。

自成立以来,KDB在金融业所扮演的角色随着韩国宏观经济形势和发展重点的变化不断调整,大致经历了以下几个阶段:从20世纪五六十年代的发展银行,演变成为七八十年代以长期融资为主的金融机构。进入90年代,KDB将经营核心转向投资服务和企业金融服务。在亚洲金融风暴后,KDB更加积极地帮助企业完成重组,稳定国家金融市场。本轮全球金融危机以来,KDB在支持创新型中小企业及风险投资、促进国家均衡发展方面发挥了不可替代的重要作用。在支持韩国经济及金融产业发展过程中，KDB自身也获得了长足发展，成为韩国最大的企业金融专业银行及信用等级最高的政策性银行。

2008年年初，韩国新一届政府高举创造"企业亲和性经济政策"的旗帜，以提高金融业竞争力、推动金融机构国际化为目标，推出对国内主要银行的私有化改革计划，并将工作重点放在KDB的改革上，其长期目标是将KDB打造成为CIB（Corporate & Investment Bank）型国际化投资银行，使其形成向客户提供银行、证券、金融租赁、资产运营等金融一站式服务的能力，增强国际竞争力。

2009年4月29日，韩国国会通过了以KDB商业化为主要内容的《产业银行法》修订案，决定在2009年9月底之前将KDB分拆成从事商业银行、投资银行业务的KDB控股公司和负责政策金融业务的韩国政策金融公司（KPBC）。

KDB控股公司将代替其3家金融子公司（大宇证券、KDB资产运营公司、KDB金融公司），与KDB企业金融部门组成新的子公司，负责开展投资银行业务，并逐步实现私有化。KDB控股公司的目标是以创新和高效值的方法为国内外顾客筹集资金，发挥提高国内投资银行核心竞争力的"催化剂"作用。

KPBC将作为政府的政策性金融部门，承担政策融资角色，提供对中小企业等项目的扶持。开始阶段将委托KDB经营，以便KPBC的政策融资能够运作顺畅，当KDB完全私有化之后，KPBC将作为一个独立实体执行政策职能。

为促进KDB分拆和商业化平稳推进，韩国政府在2008年12月到2009年1月期间通过政府注资进一步增强了其资本结构，并特地做出以下规定：一是KDB控股公司具有发行产业金融债券的专有权利，政府可对KDB发行的在公司股本和法定准备之和30倍以内的产业金融债券提供担保，具体担保金额须经国会批准。二是KDB控股公司股票首次发售（IPO）时已经存在的中长期外币债券，政府将对其本金和利息偿付进行担保，具体的担保金额须经国会批准。三是在KDB控股公司股票首次发售之后并在政府（包括政府法人，即政府持股超过50%的法人）对KDB控股公司持股比例低于50%之前，政府将为KDB发行的符合总统敕令要求的中长期外币债券提供担保。四是为确保政策性金融部门的顺利运作，在KDB完全私有化之前，

KPBC 委托由政府委托 KDB 经营。当 KDB 完全私有化之后，KPBC 将作为一个独立实体执行政策职能。

鉴于只要韩国政府拥有 KDB 的控股权，政府补贴损失的《韩国产业银行法》第 44 条就仍然有效，政府将提供担保或者其他手段保证 KDB 现有债务得到偿还。同时，如果由于市场不利变化导致 KDB 海外融资活动急剧减少，政府也将采取手段保证其能够融到资金。基于以上政府实质性支持情况，KDB 目前还保持国家主权信用评级。

但受金融危机影响，2009 年 5 月 13 日 KDB 在公布的一份声明中表示，商业化改革进程将在 2014 年之后完成，迟于原计划的 2012 年。目前 KDB 已按计划进行了分拆，KDB 控股公司正积极引进战略投资者和为公开发行上市做准备；KPBC 成立了政府多部门参与的指导委员会，商议 KPBC 改革以及管理决策有关事务。

6. 新加坡星展银行的商业化转型

星展银行（DBS Bank Limited）原名新加坡发展银行（Development Bank of Singapore）。新加坡发展银行成立于 1968 年，由政府和民间共同投资创建，最初是政策性银行，其设立的目的是积极引导国内外资金支援新加坡基础设施建设重点产业和支柱产业的开发，为制造加工业提供长期金融服务。

在新加坡现代化初期，基础设施建设投资规模非常大，因而需要新加坡发展银行这样的政策性金融机构为全国的基础设施建设提供长期、大额的资金。但新加坡是一个城市国家，地域极为有限，当现代化迅速推进后，基础设施已经较为完善，短期内基础设施和固定资产更新投资规模不大。因此，随着新加坡的现代化发展，开发性政策性金融业务逐步缩小或萎缩。

在这种情况下，新加坡发展银行要继续生存与发展，就很自然地开始扩展商业性业务。新加坡发展银行早期在为工业提供长期融资过程中获得了项目评估和风险评估、项目贷款和项目融资方面的经验，帮助其他银行拓展了业务领域，共同促进了新加坡的经济发展。与此同时，新加坡发展银行积极拓宽自身的业务领域，增加商业性业务和投资业务，开始由政策性银行向商业银行逐渐过渡。20 世纪 80 年代中期开始，新加坡发展银行已经演变为商业银行，完全按照商业银行的方式进行运作，被亚洲开发银行认为是运行得比较成功的开发银行。

新加坡发展银行商业化改革的过程主要分两步完成：第一步是完成银

行性质的转变。通过成立股份公司,通过 IPO 等方式募集资金并完成银行改制,将开发性政策银行转变为营利性的商业银行。第二步是利用资金优势展开兼并和收购。通过兼并和收购,新加坡发展银行在短时间内扩大了业务规模,吸收了更多商业银行的资产和管理经验,尽快促进其向着成熟的商业银行转变。1998 年,新加坡发展银行与新加坡邮政储蓄银行(POS Bank)合并。同年,新加坡发展银行进军香港,先后收购了广安银行以及道亨银行集团,于 2003 年进行了合并并重组,成为香港地区第三大银行集团。2003 年 5 月,新加坡发展集团宣布其下属新加坡发展银行中文名变更为星展银行,英文名由 The Development Bank of Singapore Ltd. 改为 DBS Bank Ltd.,以更好地体现其泛亚洲(Pan-Asia)的志向。

星展银行现已成为一家提供全面金融服务的全能银行。星展银行可以提供一套完善的个人及企业银行和财务金融服务,活跃于企业零售和投资银行领域,是新加坡企业中长期融资的主要来源。同时,它也积极从事包括贸易融资和流动资金融资在内的短期银行信贷服务。此外,它还提供投资银行服务、投资组合管理服务和托管服务。星展银行在新加坡拥有最大的分行网络,同时也积极向海外拓展分行网络,其分行网络已广泛分布于香港地区、中国内地、日本等亚洲地区。

从上述对欧美和亚洲政策性银行转型的典型案例的分析来看,虽然各国政策性金融机构面临不同的制度约束和市场环境,但各政策性银行转型的过程仍具有一些共同的特点与趋势。把握这些转型特点与趋势可以为中国政策性金融机构改革提供一定的启示和可资借鉴的经验。

第一,合理把握政策性金融机构改革的进程与节奏。虽然政策性金融机构向商业化转型是一个总体趋势,但这种转型是一个动态调整过程。当政府意识到政策性金融机构在特定经济形势下仍然扮演重要角色,并且需要政策性金融机构继续发挥其政策性导向和扶持作用时,政府便会减缓转型改革的节奏,推迟转型改革的进程。这一点在金融危机爆发后更加明显。例如日本政府在遭受金融危机的冲击以及大地震的破坏之后,屡次推迟对 DBJ 全面私有化的起始时间,体现出日本政府在政策性金融改革上的灵活性。与此相反,当经济趋于稳定、市场机制可以正常发挥作用时,政府又倾向于大力推进政策性金融机构改革。例如,美国政府在渡过金融危机难关、经济逐渐开始恢复之时,再次将"两房"的私有化提上议程。由此可见,政府对政策性金融机构的改革应该根据经济和社会环境的变化来进行,合理掌控改革的进程与节奏，把握改革的时机。

第二，明确的法律保障和立法体系。欧美发达地区及亚洲先进地区的金融体系往往有较为完善的法律体系保障其运行。政策性金融机构作为金融体系的重要组成部分，一般也会有相应的法律体系和明确的法律条文为其提供保障。政策性金融机构从成立、发展到转型的整个阶段，这些地区的政府都会以立法为前提，以法律为依据，按法律来执行。例如，DBJ 是日本政府依据《日本政策投资银行法》成立，而依据日本政府颁布的专门公共机构改革法，包括 DBJ 在内的政策性金融改革开始启动。在随后的改革进程中，DBJ 私有化改革进程受金融危机和日本大地震的影响一再推迟，但每次推迟日本政府都是先对《日本政策投资银行法》进行修订后再予以实施，做到了立法为先，照法执行。美国政府对"两房"的改革中，往往也是以各种法案确立"两房"在市场中的地位，明确未来"两房"的改革方向，并进而按照法律规定推动"两房"的改革。

第三，政府大力支持改革并进行适度干预。在欧美发达地区及亚洲先进地区，政策性金融机构的市场化改革是大势所趋，得到了当地政府的大力支持。为保证改革平稳顺利的推进，各国政府都采取一定措施保证改革过程中政策性金融机构的债信，让市场接受其转型并保持对其信心。同时，各国政府也保持对政策性金融机构改革的适度干预，掌控改革进程和时机，使改革不至于对经济社会发展造成冲击。例如，韩国政府在推进 KDB 改革时，通过对 KDB 控股公司发行的产业金融债券提供担保、对 KDB 控股公司 IPO 时已经存在的中长期外币债券提供担保等措施保障 KDB 控股公司顺利进行商业化转型。同时，韩国政府鉴于金融危机造成的影响推迟了 KDB 改革的进程，体现了韩国政府对改革的适度干预，有效地把控改革的节奏与力度。

第四，坚持市场化运作，提高可持续发展能力。由于市场化是政策性金融改革的大方向，因此在改革过程中坚持市场化运作便是改革的必然选择。这种市场化可以体现在以下几个方面：一是股权和治理结构的市场化，即以股份制改革为前提，将政府持股转变为民营持股；二是业务定位的市场化，即在保持原政策性业务开展的基础上，将商业性经营业务独立出来，与其他商业性金融机构展开竞争；三是经营机制的市场化，即政策性金融机构也需对项目风险收益进行评估，进行成本收益核算，采取市场化的经营机制。例如，德国政府在主导 KFW 改革过程中，一是使商业性业务与政策性业务分离,设立专门从事出口信贷和项目融资的子公司复兴信贷伊佩克斯银行,将完全商业化运作的业务独立出来,从而做到了业务定位的市场化;二是使银行的风险管理遵循巴塞尔协议,对项目进行商业风险评估和现金流预测,从而做到运营机制的市场化;三是在内部治理结构上,充分发挥董事会的权力和职能,实行行长负责制,从而在治理机构上也实现了市场化。

第五,不断开展业务创新,适应市场化发展要求。由政策性业务向商业性业务的转型,对一直处于国家主权债信保护下的政策性金融机构来说是一种挑战。转型后的政策性金融机构将面临更为激烈的市场竞争,按商业性金融机构的收益成本核算原则来开展业务,从而在业务范围、业务模式、内部治理等各个方面均将面临新的局面。因此,政策性金融机构在转型过程中必须发挥自身优势,充分利用以往开展政策性业务过程中积累的客户资源、销售渠道、人才储备等优势,并在此基础上进行业务创新,以适应市场化发展要求。例如,法国德夏银行在转型过程中利用自身禀赋发展商业性业务,将主要业务定位于公共部门的"一站店",充分发挥自身优势,从而长期持续拥有40%—50%的法国公用事业融资市场份额。

第六,建立子公司,分离政策性业务和商业性业务。在国外政策性金融改革过程中,许多政策性金融机构都选择了建立子公司的方式启动改革。通过建立专门从事商业性业务的子公司,将政策性业务和商业性业务相分离,可以使政策性业务和商业性业务各司其职,从而有利于政策性金融机构的商业化和市场化转型。例如,韩国政府采取子公司重组的方式,将韩国产业银行(KDB)分拆成从事商业银行、投资银行业务的KDB控股公司和负责政策金融业务的韩国政策金融公司(KPBC);又如德国复兴信贷银行将其商业性业务独立出来,成立了专门从事进出口贸易和项目融资的复兴信贷伊佩克斯银行。

第七,差别化的监管体系和要求。在政策性金融和商业性金融相分离的基础上,政策性金融机构分别从事政策性金融业务和商业性金融业务的子公司实质上面临着不同内部治理结构和外部经营环境,从而具有不同的风险特征。因此,政府对处于转型过程中的政策性金融机构的监管也就不宜只采用针对政策性金融业务的监管规定,而应针对其不同性质的子公司采用差别化的监管体系和要求,使政策性金融机构的商业性业务从运营到监管真正具有商业性特征,从而实现商业化转型。例如,德国复兴信贷银行分离出商业性业务后，德国政府对其从事商业性业务的复兴信贷伊佩克斯银行照商业银行的要求进行监管，要求其风险管理遵循巴塞尔协议，按照巴塞尔银行监管委员会《新资本协议》对银行提出的风险管理要求来执行，满足8%的资本金率。

第三节　中国政策性金融体系的发展现状和问题

从广义上来说，中国的政策性金融体系可以包括政策性银行、政策性保险机构、政策性担保机构、政策性基金等政策性金融机构，也可以包括城投债融资、政府基础设施建设特许权融资（BT、BOT等）等政策性融资手段。而从机构改革的研究对象出发，本章将重点放在对政策性金融机构的考察与研究上。

1. 机构组成

从中国目前的政策性金融机构的组成来看，政策性银行建立时间较早，在金融市场上的影响较大，且均由中央政府财政出资。其中国家开发银行已转型为商业银行，但基于其历史发展及业务开展的现状，仍将其纳入政策性银行分析。政策性保险公司主要是指中国出口信用保险公司。政策性担保机构和政策性基金大规模出现和发展起步较晚，且机构数量较多，多数是由地方政府出资，在当地起到推动中小企业发展和地方重点产业发展的作用。

（1）政策性银行。国家开发银行成立于1994年3月，主要任务是按照国家的法律、法规和方针、政策，筹集和引导社会资金，支持国家基础设施、基础产业和支柱产业大中型基本建设以及技术改造等政策性项目及其配套工程的建设，从资金来源上对固定资产投资的总量进行控制和调节，优化投资结构，提高投资效益，促进中国国民经济持续、快速、健康的发展。国家开发银行建立之初主要以政策性金融业务为主，业务主要集中于集中资金支持基础设施、基础产业和支柱产业大中型基本建设（"两基一支"），通过对在建项目资金总量和投向的限制贯彻国家的宏观调控政策。1998年以后，国家开发银行开始从政策性金融向开发性金融转型，贷款对象的选择和经营机制开始注重追求市场业绩与完善各项制度建设。根据2007年中央金融工作会议的要求，国家开发银行以商业性为方向实行改造，作为市场主体参与经济运行和市场竞争，同时侧重于长期投资。但在世界金融危机爆发的背景下，国家开发银行实际上仍承担了带有强烈国家战略和国家意志色彩的"走出去"、扶持中小企业等融资支持业务。

中国进出口银行成立于1994年7月，作为贯彻国家外贸政策的政策性银行，为扩大中国机电产品、成套设备和高新技术产品进出口，推动有比较优势的企业开展对外承包工程和境外投资，促进对外关系发展和国际经贸合作，提供政策性金融支持。成立之初，中国进出口银行的两大主要任务是为扩大出口和引进外资提供政策性金融支持。1999年后，在中国加入WTO前夕过渡到加入之后的背景下，中国进出口银行着眼于国际国内两个市场，坚持"引进来"和"走出去"相结合的对外开放战略，支持国内企业走出去，参与国际合作与竞争，扩大与发展中国家的经贸往来与双边技术合作，积极配合国家的外交方针政策。2005年以后，中国进入由贸易大国向经济贸易强国转变的新时期，中国进出口银行开始战略转型，加快了向国际经济合作银行迈进。2005年，中国进出口银行要求按照现代银行制度对总行机构进行改革和调整，历时一年半，完成了总行机构改革。2007年，中国进出口银行确立了实现经营理念转变、发展模式转变、业务重点转变和经营管理机制转变的发展目标，由单纯经营政策性业务向兼营政策性业务和自营业务转变。

农业发展银行是根据国务院1994年4月19日发出的《关于组建中国农业发展银行的通知》成立的国有农业政策性银行，主要承担国家粮棉油储备和农副产品合同收购、农业开发等业务中的政策性贷款、代理财政支农资金的拨付及监督使用。成立之初，农业发展银行的主要任务是：按照国家法律、法规和方针、政策，以国家信用为基础，办理农业政策性金融业务，代理财政支农资金的拨付，为农业和农村经济发展服务。1998年开始，为适应粮食流通体制改革需要，国务院决定将农业发展银行承担的农业综合开发、扶贫，以及粮棉油加工企业和副营业务贷款等职能划拨给中国农业银行，农业发展银行的主要业务为对粮、棉、油等主要农产品收购资金实行封闭管理。2005年以后，中国农业发展银行除了继续执行党和国家关于"三农"和金融工作的各项方针政策，加大信贷支农力度，并且还积极拓展新业务。从2004年下半年开始，获准开办农业产业化龙头企业贷款、粮食加工企业贷款等商业化贷款。2005年，经银监会批准，中国农业发展银行增加了国家和地方化肥储备、地方糖储备、地方肉储备新业务。此外，中国农业发展银行的中间业务也迅速发展，其保险代理业务险种范围进一步扩大，已经涵盖财产保险和人身保险全部险种。

（2）政策性保险机构。目前，明确定位为政策性保险机构的公司主要是中国出口信用保险公司。中国出口信用保险公司是由国家出资设立、支持中国对外经济贸易发展与合作、具有独立法人地位的国有政策性保险公司，于2001年12月18日成立，目前已形成覆盖全国的服务网络。中国信保的主要任务是：通过为对外贸易和对外投资合作提供保险等服务，促进对外经济贸易发展，重点支持货物、技术和服务等出口，特别是高科技、附加值大的机电产品等资本性货物出口，促进经济增长、就业与国际收支平衡。

中国信保成立以来，在支持和促进对外经贸发展方面起到明显作用，特别是国际金融危机期间，出口信用保险充分发挥了稳定外需、促进出口成交的杠杆作用，帮助广大外经贸企业破解了"有单不敢接"、"有单无力接"的难题，在"抢订单、保市场"方面发挥了重要作用。2012年12月，中国信保改革实施总体方案和章程正式获得国务院批准，公司政策性职能定位得到进一步明确和强化，明确提出了"政策性保险公司"的定位；业务范围得到进一步明确和完善，业务种类更为系统和齐全，政策性业务更加突出；资本实力得到进一步增强，获得中央汇金公司200亿元的资本金注入。

（3）政策性担保机构。1993年11月中国第一家全国性专业信用担保机构——中国经济技术投资担保有限公司的诞生标志着中国担保业起步和探索的开始。1995年前后，国内一些地区开始陆续建立专门的信用担保机构。比较早的一种形式是在国家科委的支持推动下，深圳、西安等城市的科技部门或高新技术开发区建立的主要服务于高新技术成果转化的投资担保机构，以及主要为出资企业提供贷款担保服务的信用担保互助基金。此后陆续出现了一些由当地政府出资成立的主要为当地经济建设提供融资服务的担保机构和由工商联等方面牵线设立的小企业互助担保机构。

从1998年开始，江苏镇江、山东济南、安徽铜陵等地市探索采取设立担保资金和组建独立担保机构的方式，帮助中小企业解决融资难特别是贷款难的问题，并开始试点。以此为契机，中国的政策性担保行业迅速发展。1998年7月中国经济技术投资担保有限公司向国务院等有关部门提交了《关于深化投融资体制改革，建立信用担保体系的思考》，提出建立信用担保体系的议题。同年10月，全国推动中小企业发展工作领导小组确定将解决中小企业"融资难、担保难"问题作为推动中小企业发展工作的突破口。同年12月，全国经贸工作会议决定着手组织开展全国中小企业信用担保体系建设试点，随后试点在镇江、济南、北京等地陆续展开，标志着中小企业担保探索的开始。1999年4月，原国家经贸委在广泛调研的基础上，向国务院提交了"关于当前中小企业信用担保体系试点情况报告"，之后，相关部委陆续颁布了一系列法律和政策法规，使得中小企业信用担保体系建设有了初步的法律依据和政策指导支持，由试点探索进入了依法规范的新阶段。

21世纪以来，由于政府资金的有限性和政策性担保体系资金补充机制和运作机制的不完善，使得原有从事政策性担保业务的部分担保机构缺少稳定的资金来源，迫使他们为了自身的生存发展而逐步涉及商业性担保业务领域、开发新的担保品种。同时随着担保业和国外同行交流的增多，中国担保行业自身也在不断学习和进步，引进了一些新的业务品种和业务技术，如工程担保、住房置业担保、个人信用担保、下岗职工小额担保等。

（4）政策性基金。政策性基金主要是指政府引导基金（或称为"母基金"），是由政府（中央政府或地方政府）出资，并吸引有关金融机构、专业投资机构等社会资本，以股权或债权等方式投资于创业风险投资机构、投资项目或新设创业风险投资基金（或称为"子基金"），以支持符合当地鼓励发展条件的企业开展项目研发、建设和投资的政策性工具。由于这些政府引导基金多是支持有较好发展前景，但尚处在项目前期创业阶段的企业或项目，政府引导基金多以创业投资引导基金的形式出现。

创业投资引导基金在中国的起步比较晚，2002年中国才开始尝试运用其引导扶持创业投资企业发展。经过10多年的不断实践和完善，创业投资引导基金在中国的发展渐渐步入了规范设立与运作的轨道。2002年1月，北京中关村科技园区管委会借鉴以色列的成功经验，在全国率先尝试设立"中关村创业投资引导资金"，随后，北京、江苏和上海等经济发达的地区开始探索通过创业投资引导基金的设立来创新对创业投资企业的扶持方式，进而推动本地区的整体经济的快速发展。在此期间，苏州工业园区创业投资引导基金、上海浦东新区创业风险投资引导基金和无锡新区创业投资引导基金等陆续成立，成为国内最早成立的一批创业投资引导基金。自2007年开始，中国创业投资进入高速发展期，尤其是科技型中小企业创业投资在科技部的支持下迅猛发展。在此背景下，创业投资引导基金相应地也得到了快速发展。科技部和各级地方政府陆续开始或筹划设立创业投资引导基金。2008年10月，商务部发布了《关于创业投资引导基金规范设立与运作的指导意见》，明确了引导基金的性质和宗旨，明确了许多引导基金的具体操作问题，将引导基金逐步纳入了规范发展的轨道。随着政策的不断完善、国内资本市场的逐渐复苏、中小板和创业板的持续发展，全国各地各级政府纷纷设立创业投资引导基金。截至2012年7月，全国共设立创业投资引导基金89只，首期出资总规模超过450亿元，引导参股子基金就高达200多只。

2. 业务发展

自中国政策性金融体系建立以来，随着市场环境的不断变化，各政策性金融机构在经营规模、业务范围、发展定位等各个方面均有一定的发展。

（1）政策性银行业务发展概况。从1994年成立之初到2005年年末，国家开发银行88.9%的贷款用于支持电力、公路、铁路、石油石化、煤炭、邮电通信、农林水电和公共基础设施等行业。2005年以后，国家开发银行除了支持"两基一支"项目，还着力促进区域经济协调发展，进一步加大对民生领域的支持力度，继续支持县域经济发展，推进社会主义新农村建设，积极推动国际合作。此外，国家开发银行还积极开展中间业务，主要有财务顾问、债券承销、证券化、高科技风险投资和基金管理等。在资金来源方面，国家开发银行2002年全部实现了市场化发债，债券发行量于2003年首次超过国债。国家开发银行的市场化发债，是对国家信用证券化的一个尝试。经过十几年探索，在债券发行方面不断推陈出新进行债券品种创新，不仅改善了国家开发银行的资产负债匹配状况，而且丰富了债券市场的投资品种。风险管理方面，国家开发银行总结了建立之初缺乏风险控制意识导致的不良贷款额和不良贷款率逐年累积的教训，开始特别注重防范金融风险，先后进行了以防范和化解风险为核心的三次信贷改革，不良贷款率由1998年年底的32.63%，下降到2013年年底的0.48%。经营管理方面，国家开发银行在国内率先引进国际通用的贷款风险评价技术，建立贷款项目资产负债风险评价体系，制定和实施内部评价体系。此外，还参与了巴塞尔委员会组织的新巴塞尔资本协议第三次定量影响测算工作，建立了独立的信息调查系统。截至2013年年末，国家开发银行总资产8.19万亿元，贷款余额7.15万亿元，不良贷款率0.48%，连续35个季度控制在1%以内，资本充足率11.28%。

中国进出口银行也经历了业务范围的转变，从支持机电产品和高新技术产品出口延伸到农产品、文化产品及旅游等服务贸易领域，支持链条从产品出口、境外投资、对外承包工程延伸到境外经济合作区建设，支持客户延伸到中小企业、港澳台资企业。业务品种也由成立之初的单纯的出口信贷，逐步发展到出口信贷、对外优惠贷款、外国政府贷款转贷三大业务品种。同时在国际结算、结售汇、贸易融资和对外担保等中间业务方面也颇有建树。开办了进口代付、进口项下汇出汇款融资、进出口押汇、应收账款票据融资等贸易融资品种，同时推出了境外投资企业融资性对外担保业务，形成了全方位、多层次的政策性金融业务体系。经营管理方面，中国进出口银行深化内部改革，完善经营机制，优化业务流程。在经营理念方面，将企业效益放在重要位置，逐步拓展中间业务，加强资金管理，建立比较全面的风险评价体系，盈利能力大幅提升。风险管理方面，中国进出口银行明确和规范了有关业务操作和管理，为风险控制提供了制度保证；对内控制度和重点环节进行全面审查，制定内部控制指引、评价方法等制度，加大对内控制度的监督检查；成立信贷风险管理委员会，建立国别信贷信息报告制度，追踪贷款项目资金使用、还贷情况；提高贷款审查能力，规范评级、授信和贷款评审相结合的审批制度。努力化解不良贷款风险，增强贷款回收和追回。截至2013年年末，中国进出口银行总资产1.88万亿元，贷款余额1.50万亿元，不良贷款率0.69%。

根据国务院粮食市场化改革的意见，农业发展银行将传统贷款业务的支持对象由国有粮棉油购销企业扩大到各种所有制的粮棉油购销企业。2004年9月，银监会批准农发行开办粮棉油产业化龙头企业和加工企业贷款业务。2005年，银监会批准农发行增加了国家和地方化肥储备、地方糖储备、地方肉储备新业务。2006年7月，银监会批准农发行扩大产业化龙头企业贷款业务范围和开办农业科技贷款业务。2007年1月，银监会批准农发行开办农村基础设施建设贷款、农业综合开发贷款和农业生产资料贷款业务。此外，农业发展银行的中间业务发展迅速，其保险代理业务险种范围进一步扩大，已经涵盖财产保险和人身保险全部险种。风险管理方面，农发行通过完善风险管理手段、加强信贷管理、加强资产保全工作等措施防范和化解金融风险带来的压力和困难。农发行建立了风险预警机制，注重业务经营和风险防范相统一，严格做好企业客户授信管理和运营监测工作，强化资产抵押担保工作，加大对企业不合理占用贷款的清收力度，进一步提高信贷资产质量。截至2013年年末，农业发展银行总资产2.62万亿元，贷款余额2.50万亿元，不良贷款率0.71%。

（2）政策性保险机构业务发展概况。中国出口信用保险公司业务范围包括：中长期出口信用保险业务；海外投资保险业务；短期出口信用保险业务；国内信用保险业务；与出口信用保险相关的信用担保业务和再保险业务；应收账款管理等出口信用保险服务及信息咨询业务；进口信用保险业务；保险资金运用业务等。中国信保还向市场推出了具有多重服务功能的"信保通"电子商务平台和中小微企业投保平台，拓展网络保险服务业务。

治理结构方面，根据2012年公司体制改革方案，中国信保按照现代企业制度的要求，建立健全符合政策性保险公司特征的公司治理结构和严明的内部权责制度，形成有效的约束机制和良好的内部风险防范机制。中国信保建立了董事会并强化其职能，原外派监事会转变为内设监事会。改革后，公司形成了由董事会、监事会和经营管理层组成的更加合理完善的治理结构。

风险管理方面，中国信保坚持整体风险控制的观念，依靠长期的风险管理经验积累，全面提高各种风险控制环节的技术水平，加强业务结构的整合力度及前后台的全力合作，通过风险整合、再保险的整体风险兜底，提高了风险控制能力。此外，中国信保对世界各国保持持续的风险跟踪和综合分析评价，每两年出版一期《国家风险分析报告》，为从事进出口业务的企业提供了权威的国家风险信息参考。

截至2013年年末，公司承保金额达到3970亿美元，资产总额达到708.2亿元，累计支持的国内外贸易和投资的规模近1.5万亿美元，为数万家出口企业提供了出口信用保险服务，为数百个中长期项目提供了保险支持，包括高科技出口项目、大型机电产品和成套设备出口项目、大型对外工程承包项目等，累计向企业支付赔款56.4亿美元。同时，中国信保还累计带动190家银行为出口企业融资超过1.8万亿元人民币。

（3）政策性担保机构业务发展概况。除一些中央财政直接或间接控股的担保公司（如中国经济技术投资担保有限公司）以及大型综合性金融集团和企业集团成立的担保公司外，中国政策性担保机构一般由地方政府或政府投资平台公司全资所有或控股。这些政策性担保机构因扶持中小企业发展而具有一定政策性，不以营利为目的；业务较为稳健，在银担合作中获得银行认可度较高；资本实力较强，能获得政府持续的资本补充支持的可能性很大。同时，随着资本实力较强的大型国有担保公司越来越多地从事资本市场担保业务，其担保实力和可持续经营能力对于资本市场的健康和稳定日益重要，政府为防范系统性风险进行干预或支持的可能性也会相应增大。

从政策性业务的角度来讲，政策性担保机构为企业融资进行担保首先要了解申请担保企业经营的项目、生产的产品是否符合国家产业政策和属于当地政府重点支持、鼓励发展的方向。对国家明确表示限制、压缩、调控的行业和地方政府近期不支持、不鼓励发展的项目一般不予介入。但是，由于地方政府对政策性担保公司业务范围并未明确限制只能从事政策性担保业务，各地政策性担保机构实质上也会经营一般商业性担保业务，有的甚至以一般商业性担保业务为主。例如中国第一家政策性担保公司——中国经济技术投资担保有限公司，其经营业务就既包括政策性担保业务，又包括商业性担保业务。其政策性担保业务主要包括上海小企业贷款担保、世行节能贷款担保、再担保。商业性担保业务包括贸易工程类融资担保、金融产品类担保、财产保全担保、工程保证、贸易类履约担保、国际代理类担保等。

根据银监会公布的数据，截至2012年年末，中国融资性担保法人机构共计8590家，同比增加188家，增长2.2%，增幅同比减少37个百分点，其中国有控股1907家，占比22.2%；民营及外资控股6683家，占比77.8%。行业实收资本共计8282亿元，同比增长12.3%；行业担保准备金合计701亿元，同比增长25.2%。期末在保余额合计21704亿元，同比增长13.5%。

（4）政策性基金业务发展概况。政府引导基金发展比较快的地方主要在北京、上海、天津、深圳这些发达地区，这些地区的政府引导基金成立比较早，特别是高新区的引导基金比较领先。例如，北京海淀中关村的政府引导基金成立较早，政府的支持力度也较大。但是在其他一些经济不发达又存在许多需要支持的中小企业的地区，还没有发展政府引导基金，或者发展的规模比较小。

政策性基金的主要运作模式包括参股支持模式、融资担保模式和跟进投资模式，此外还有风险补助、投资保障等辅助模式。所谓参股是指创业投资引导基金通过股权投资的方式向创业投资企业注入企业运作资金，主要目标是吸引优秀投资管理人和社会资金发起设立新的创业投资企业，依照市场商业化运作加强对处于起步期缺乏资金发展的中小创业投资企业的股权投资。融资担保是指引导基金支持创业投资企业通过商业性的债权融资手段来成立子基金。这种运作模式下，引导基金既可以通过信用担保引导债权性投资资金以较低的投资风险进入创业投资领域，又可以通过只需支付债权融资的固定利息而获得较高的投资收益。跟进投资是指引导基金与创业投资机构共同针对选定的创业投资企业按同等条件对投资项目进行投资跟进，以引导创业投资企业的投资方向。风险补助是指引导基金按照实际投资额的一定比例对投资于起步期的中小企业的创业投资机构给予特定的补助，弥补创业投资损失。投资保障是指引导基金对创业投资机构所支持的创业投资企业给予资助，包括在投资前资助和投资后资助两种方式。从中国近年来政策性基金运作模式运用的实际情况来看，中国创业投资引导基金所采用的主要运作模式是参股模式和跟进投资模式，其次是投资保障和风险补偿模式，很少用融资担保模式。

截至2010年年底，据不完全统计，全国已设立的各类政府引导基金近50家，引导基金的总规模大约达40亿元人民币以上。

3. 监管体制

（1）政策性银行监管。按照1994年出台的《中国农业发展银行章程》、《中国进出口银行章程》、《国家开发银行章程》的各自表述：三家银行都是直属国务院领导的政策性金融机构，农业发展银行在业务上接受中国人民银行的指导和监督；中国进出口银行在业务上接受财政部、对外贸易经济合作部、中国人民银行的指导和监督；国家开发银行在金融业务上接受中国人民银行的指导和监督。

1994年，中国三家政策性银行成立之后，财政部和中国人民银行联合颁布了《关于加强政策性银行监管工作的通知》，对政策性银行的监督与管理工作进行了粗线条的描述，主要内容可以概括为：第一，政策性银行的经营原则是在财政给予一定的利差补贴或财政贴息之后实现保本经营；第二，政策性银行设立分支机构、债券融资、资本金管理以及财务收支等事宜都需要中国人民银行和财政部审查同意，并且要定期向财政部和中国人民银行报送业务报表。

1997年，财政部出台了《国家政策性银行财务管理规定》，对政策性银行的资本金和资金筹集、资金运用、财务计划的申报与审批、重要事项的申报与审批、财务收支的核算及管理、利差补贴、利润及分配等方面做了详细规定，以加强对国家政策性银行的财务监管。从该规定的内容来看，政策性银行的上述大部分事项都是由财政部负责审批、管理和监督。

此后，在实践中，对政策性银行的监督逐步形成了业务上接受人民银行的监管、财务与资本金事项由财政部监管的模式，在2003年银监会成立之后，政策性银行在业务上就转变成受银监会监管，另外，审计署对政策性银行执行国家政策、资金运用等进行定期或不定期审计，人民银行负责政策性银行的改革规划、贷款规模管理。概括而言，中国政策性银行的业务活动呈现多头监督的特点。

在具体监督规则方面，银监会对政策性银行所制定的规则基本上借鉴商业性金融机构的监管规则，比如对市场准入及分支机构的监管、高级管理人员任职审查、业务经营的合规性检查、资本充足率监管以及业务报表指标分析等。

（2）政策性保险机构监管。明确被确定为政策性保险机构的只有中国出口信用保险公司。目前，对政策性保险公司的监管尚无专门性的法规政策。因此对政策性保险机构的监管一般都是参照商业性保险公司的监管要求执行。

政策性保险机构经营行为的监管由中国保监会具体负责，监管内容包括市场准入监管、公司股权变更监管、公司治理监管、内部控制监管、资产负债监管、资本充足性及偿付能力监管、保险交易行为监管、网络保险监管、再保险监管、金融衍生工具监管等。在上述监管内容范围内的事项，政策性保险机构在日常经营中须符合保监会对保险机构成立与运营的程序、指标、运作方式等方面的具体监管规定。如发生按监管要求需要上报保监会的事项，须得到保监会的批复方可执行。

此外，作为以出口信用保险为主营业务的政策性保险公司，中国出口信用保险公司的财务与资本金事项由财政部监管，具体业务经营上还要接受外交部及对外贸易与经济合作部的指导。

《中国保险业发展"十二五"规划纲要》中明确指出要"加快推动中国出口信用保险公司改革，研究建立与其发展相配套的相关制度，充分发挥政策性保险机构作用"。未来，对政策性保险机构的监管将逐步完善。

（3）其他政策性金融机构监管。由于大多数政策性担保机构不仅从事政策性担保业务，也从事商业性担保业务，监管机构很难将政策性担保业务监管和商业性担保业务监管相区分。所以对政策性担保机构的监管一般是参照商业性担保机构的监管规定执行。而且由于担保机构数量众多，且主要是在担保公司所在地开展业务，因此除国家层面的监管外，担保机构还需要接受地方政府相关部门的监管。

由于担保业务涉及中小企业融资性贷款担保、直接融资担保、工程履约担保、司法担保、保本基金担保和住房置业担保等多个品种，历年来多个政府职能部门承担着对该行业的监管，如发改委负责中小企业信用担保体系建设，建设部负责管理住房置业担保，农业部负责农业担保，劳动部负责农村小额信贷担保等。为解决政出多门、不易协调的问题，2009年2月，国务院办公厅发文要求建立融资性担保业务监管部际联席会议，实施统一监管。2010年3月，中国银监会牵头的七部委监管部际联席会议成立，并发布《融资性担保公司管理暂行办法》，初步确立了由七部委监管部际联席会议负责协调相关部门，共同解决融资性担保业务监管中的重大问题，同时实行省（区、市）人民政府属地管理的担保监管体系。

由此，中国担保机构监管形成了国家和地方的双层监管体系，即在国家层面监管由中国银监会牵头，发改委、工信部、财政部、商务部、人民银行、工商总局、国务院法制办参加的融资性担保业务监管部际联席会议负责。地方层面监管由省、自治区、直辖市人民政府确定的监管部门，具体负责本辖区融资性担保机构的准入、退出、日常监管和风险处置，并向部际联席会议报告工作。

（4）政策性基金监管。对政策性基金的监管缺乏专门的法律规章，多是以发布行政文件的方式进行。

2005年，中央十部委发布《创业投资企业管理暂行办法》，规定国家和地方政府可以设立创业投资引导基金，通过参股和提供融资担保等方式扶持创业投资企业的设立与发展。

2007年，科技部和财政部发布《科技型中小企业创业投资引导基金管理暂行办法》，规定引导基金通过引导创业投资行为，支持初创期科技型中小企业的创业和技术创新。该办法规定，财政部、科技部聘请专家组成引导基金评审委员会，对引导基金支持的项目进行评审；委托科技部科技型中小企业技术创新基金管理中心负责引导基金的日常管理。

2008年，国家发改委、财政部和商务部联合发布《关于创业投资引导基金规范设立与运作的指导意见》，从七大方面明确了引导基金设立的性质和宗旨、资金的来源、运作原则和方式、基金管理以及对其的监管，确立了政府引导基金组织和设立的法律基础。该意见明确了引导基金的性质，确定引导基金是由政府设立并按市场化方式运作的政策性基金，主要通过扶持创业投资企业发展，引导社会资金进入创业投资领域。引导基金本身不直接从事创业投资业务。该意见规定，财政部门和负责推进创业投资发展的有关部门对所设立引导基金实施监管与指导，按照公共性原则，对引导基金建立有效的绩效考核制度，定期对引导基金政策目标、政策效果及其资产情况进行评估。

4. 中国政策性金融体系存在的问题

虽然中国已经建立起了以政策性银行为主、包括政策性保险和担保等多种类型政策性金融机构组成的政策性金融体系，在20余年的实践中，各政策性金融机构在各自领域也取得了较为显著的成就，但在新的市场环境下，目前的政策性金融体系也存在较多的问题。

第一，立法缺乏依据，监管缺乏协调。在立法方面，国外政策性金融机构从成立、运营到转型或退出都有专门的法律依据。而中国自1994年三家政策性银行成立后，相关立法却一直没有出台。对政策性金融机构经营范围、运行规则、监管处罚等方面的规定，一直是以政策性金融机构内部章程和规章制度以及政府行政文件的形式体现，而没有明确的立法。这导致社会对政策性金融机构的法律性质、功能定位、职责使命缺乏了解，对司法系统在对政策性金融机构法人的法律适用上造成困难，政策性金融机构在运营和转型中也因无明确的立法依据而显得随意和容易偏离目标。

在监管方面，目前对政策性金融机构的监管规定没有专门的立法依据，基本是参照甚至完全按照商业性金融机构的监管法律进行监管，这使得监管规定与政策性金融机构的经营特点和财务表现不相适应，促使政策性金融机构不得不向商业性金融机构的经营原则和经营方式靠拢，削弱了政策性金融机构的政策性功能的发挥。此外，目前对政策性金融机构的监管呈现多头多线的局面，监管机构包括中国人民银行、银监会、证监会、保监会、财政部等，此外国家发改委、商务部、外经贸部等部门对政策性金融机构也具有业务指导作用。这种多头多线的监管局面使得政策性金融机构监管缺乏统一标准，各监管部门缺乏协调，容易形成监管规定上的矛盾，使政策性金融机构无所适从。

第二，资金渠道狭窄，资本金不足。从资金来源看，政策性金融机构筹资渠道狭窄,除财政拨付资本金外,向商业银行发行金融债券和向中央银行借款是其主要资金来源。比如,国家开发银行严重依赖于发行金融债券,进出口银行的资金主要来自发行金融债券和财政拨款,农业发展银行更多地依赖于向中央银行再贷款。过于狭窄的筹资渠道使中国政策性金融机构的经营发展和转型改革容易受到制约。例如,国开行在向商业性银行转型过程中,如其发行的金融债券继续保持国家主权评级,则容易形成对其他商业性银行的不公平竞争。但如果不再保持国家主权评级,则其他金融机构在购买国开债时将受到风险资产权重的监管限制,减少对国开债的需求,使国家开发银行面临筹资难题。因此,为保证国开行的平稳过渡转型,监管部门一再发文明确国开债继续保持零风险权重,但这种依靠行政部门干预市场进行的转型又偏离其市场化转型的本意。

在资本金方面,财政部对政策性银行的资金支持职能弱化。政策性金融机构作为财政投融资的重要组成部分,其定位是为国家经济发展和社会发展战略目标提供政策性金融服务和资金支持的责任,其业务经营具有很强的外部性,财政部应当担当资金支持职能。但是,在实际运营过程中,政策性银行的资金来源主要依靠向中央银行再贷款和发行金融债券,随着资产业务规模的扩大,财政部并没有及时向政策性银行追加资本金以提高资本充足率。

第三,缺乏清晰定位,评价标准缺失。在政策性金融机构转型过程中,由于缺乏对自身性质和宗旨及业务开展的类型和范围等方面的清晰定位,使得各政策性金融机构突破原有业务范围界限,开始逐渐向商业银行的业务范围渗透,利润成为主要经营目标,淡化了政策性目标。政策性银行和商业银行分工本来就不是很明确,存在互相交叉的地方。在向商业化转型之后,一方面,政策性金融机构原有的人员素质和业务能力难以满足商业化运作的要求来把握贷款项目的风险,加大了资金运营的风险;另一方面,致使原有应得到的弱势群体、落后行业得不到应有的关注和支持,农村金融供给不足、企业"走出去"困难等问题更加突出。

由于对政策性机构的定位不清晰,在政策性银行的经营业绩、社会功能、系统重要性等方面缺乏科学的、与实践相符的评价标准。评价标准的缺失,不利于政策性银行建立良好的公众形象,取得社会公众的理解与认可,也不利于政策性金融机构监管标准的制定与实施。在评价标准的设立问题上,政策性银行在保持政策性业务的情况下不能完全向商业银行看齐,完全以经营利润为中心建立考核指标体系。

第四，政策性业务与商业性业务形成竞争。随着政策性金融机构向市场化转型，政策性金融机构的业务范围将超过政策性业务范围，逐渐向商业化业务转型。这样，一方面政策性金融机构的业务互有交叉（如国家开发银行介入出口信贷业务），而且政策性银行与商业银行的业务也形成交叉竞争（如国家开发银行发放的电力、公路、铁路、石油化工、城建和邮电通信等信贷都是商业化特色渐强的贷款业务）。

政策性银行成立的目的应是弥补市场缺陷，主要业务范围应该是投资回收周期长、市场主体不愿投入的领域，但是在现实经济运行中政策性银行和商业性银行的业务交叉，表现为政策性银行与商业性银行相互争利，政策性银行从事了一些可以由商业性银行完成的业务。而且政策性银行拥有政策优惠、资金低成本的优势，商业银行在这种竞争中处于劣势。

第五，经营面临一定风险，管理体制有待完善。虽然政策性金融机构所从事的业务受国家政策鼓励支持，政策性银行本身也得到国家在债信政策、资本金注入、财政补贴等方面的大力支持，但政策性业务并非没有风险。大多数政策性业务都是期限长、利润薄甚至在财务上看来是亏损的项目，使得政策性金融机构面临一定的经营风险。除此之外，政策性金融机构还可能面临区域或产业集中风险、国际政治风险、汇率波动风险等难以预测和规避的风险，因此，如果政策性金融机构自身缺乏对风险的识别、控制和规避能力，将会出现经营风险。对于一些资产规模较大、具有系统重要性的金融机构，经营风险甚至会演变为系统性风险。

目前，中国政策性金融机构虽然单位性质是企业，但是内部行政色彩仍然存在，与国际标准的现代企业制度尚有一定差距，管理体制和治理结构需要进一步完善。

第四节 构建中国政策性金融体系的总体框架

构建中国政策性金融体系的指导思想是以科学发展观为指导，全面贯彻党的十八届三中全会决议及中央经济工作会议有关金融体系建设和金融体制改革的精神和决定，结合政策性金融机构主要职责、发展目标及发展现状，坚持政策性金融的使命和实践，以市场化为总体改革方向，推动政策性金融体系的建设、改革与发展。

在上述指导思想的指引下，结合中国政策性金融体系的实践，构建中国政策性金融体系需要坚持以下原则：

第一，社会公正原则。政策性金融是政府在融资领域体现和促进社会公正的制度安排之一，即通过政策性金融的运作，使那些在市场机制配置社会资金的过程中难以得到资金的企业、区域和领域能够获得相应的资金支持，得到相应的发展。因此，政策性金融体系也必须体现社会公正的原则。通过政策性金融体系的构建和完善，能够提高弱势群体的获取资金和自我发展的能力，有助于增强反贫困中的"造血机能"，提高特定领域人群的收入。

第二，持续渐进原则。中国正处于经济转型发展期，制约行业和区域发展的"瓶颈"较多，资金需求量较大。而中国政策性金融体系普遍面临资本金不足、资金来源狭窄的问题。因此，政策性金融体系能够支持的行业和区域有限，必须将有限的资金优先用于经济和社会效益最大的领域，促使其优先发展，待其发展成熟、完全能吸引市场竞争主体参与后，再逐步退出，将政策性资金转移到其他需要发展的领域。也就是说，在构建政策性金融体系的过程中必须贯彻持续渐进的原则。

第三，风险共担原则。作为资金的直接使用者，政策性资金的需求方要承担或至少部分承担投资失败的责任，同时在投资顺利时要承担按照贷款条件及时还款的责任。政策性金融机构承担的是贷款损失或者是贷款延期的一般性责任，这种一般性责任应该不会超过商业性金融机构在商业性业务中的责任。而政府的责任可大可小，最基本的责任是要将政策性金融业务大于商业性金融业务的风险承担起来，有时候还要承担起部分贷款损失、投资失败的责任，但这部分责任的界定方式需要事先明确，否则政策性金融机构可能会将其经营不善带来的贷款损失也转嫁为政策性业务亏损交由政府承担。

第四，多元化原则。政策性金融体系应该是一个包含银行、保险、担保、基金等多种类型政策性金融机构的系统。不同类型政策性金融机构其资产规模、经营方式、风险特征、资金渠道均有所不同，其发挥的功能有所差别，但均能具有实现政府政策意图的政策性功能，整体上也能起到一定功能互补的作用。因此，构建政策性金融体系应该坚持多元化原则。

第五，财务可持续原则。财务可持续原则要求政策性金融机构的运作要按照市场化的方式进行，建立规范化、科学化的政策性资金运作机制，不断采取措施降低运作费用，防止出现因为政策性金融机构管理混乱，内部费用居高不下、资金回收困难的现象。但是，政策性金融的财务可持续并不是说在财政拨付资本金之后，其后期运作就只能依靠自身经营实现财务持续，由于政策性的特点，其起步资金可能会发生合理的漏损，因此，政策性金融的财务可持续应该是在建立了财政合理补充政策性金融机构资本金的持续机制下的财务可持续。否则，会导致最终难以实现财务和经营的可持续。

第六，法律保障原则。构建有效的政策性金融体系必须逐步建立和完善相关法律法规，通过法律法规形式确定政策性金融的地位，分别对各类政策性金融机构的设立目的、业务原则、业务范围、服务手段、资金使用与补充方式、监督管理机构及方式等进行明确规定，从而建立和完善政策性金融机构的基本运作框架，提升政策性金融机构管理运作的规范程度。

中国政策性金融体系改革的方向与出发点，可以用"服务国家战略、具有政府信用、尊重市场规则"予以概括，具体内容如下：

第一，服务国家战略。服务国家战略指的是政策性金融活动和金融机构不应像商业性金融机构那样完全以股东利益为出发点，而应首先以政府设定的着眼于全社会的结构调整、和谐发展、社会安定和金融安全的目标为出发点，以追求社会利益最大化为目标，在保证国家战略能够得以顺利实施的前提下，加强风险控制、提高经营效率，实现财务上的可持续。

第二，具有政府信用。具有政府信用指的是政策性金融活动和政策性金融机构的信用地位是从政府公共服务的职能自然衍生而来，应让政策性金融机构依凭政府信用去获取低成本的资金，必要时政府应给予一定财政资金支持。政策性金融机构只有依靠政府信用才能在资本市场上建立投资者对政策性金融机构的信心，保证资金的正常供应，也只有依靠政府信用，才能使得政策性金融机构能够以较低的资金获取成本以应对政策性金融业务较高的风险敞口，做到可持续经营。

第三，尊重市场规则。尊重市场规则指的是政策性金融机构的管理应当完全脱离政府行政管理的轨道，像一般商业性金融机构那样，建立完善的内部治理结构和管理制度，并按照市场经济规律去开展各类业务。政策性金融不是纯粹的财政，而是带有市场化资金融通性质的活动，其资金的获取主要还是依靠市场，因此其资金的投向也不能完全脱离市场规则，必须尊重市场规则开展经营。

在上述改革方向的指引下。中国政策性金融改革应立足于以下几个基本出发点：

第一，应符合中国国情和现阶段发展任务。任何改革都不能脱离一国国情和实践，政策性金融机构改革也不例外。中国是建立社会主义市场经济的发展中国家，目前又正处于经济结构转型升级和大规模城镇化的特殊阶段，政治经济体制和经济发展现状均有自身的特色。因此，政策性金融机构的改革也应围绕国情和现阶段的发展任务，服务于社会主义市场经济建设、经济结构转型和城镇化发展，实现政府的战略意图。

第二，符合金融发展一般规律和原理。政策性金融机构既然属于金融机构，就一定要符合金融发展的一般规律和原理，否则将蜕化为纯粹的财政资金投入。大多数政策性金融业务并不是公益性、救助性业务，而是通过对弱势群体的扶持起到推动弱势群体发展、鼓励引导市场资金参与的作用。资金的供求机制、经济的激励机制、资源的配置机制等经济和金融规律仍要起到重大作用。如果不按一般规律开展经营，不仅无法实现政府的政策意图，自身还将面临资金、管理等一系列困难，无法可持续经营。

第三，借鉴国际经验教训，尊重现有政策性金融机构的实践，充分总结实践成果。一方面，要充分借鉴国际政策性金融机构改革发展的经验教训，在政策性金融机构的立法、改革方向、改革进程把控、改革手段等方面学习国外先进理念和做法；另一方面，也要结合政策性金融机构现有的阶段性改革发展成果，把握方向、循序渐进地推动进一步的改革发展。

在把握以上改革方向和出发点的前提下，可以回答"怎么改"、"改成什么样"的问题，具体来说可以提出以下几点政策性金融体系构建的实施建议：

第一，要加强政策性金融的立法。发达国家政策性金融机构的经验表明，政策性金融机构必须在法律的框架内运行，为政策性金融机构专门立法是确保其自主决策、规范运作、可持续经营的有力保障。考虑到中国政策性金融制度建设还必须经历一段渐进探索、开拓、创新的过程，可采取由粗到细、先易后难的方式，从制度、章程的较粗线条的全覆盖到渐进细化、升级的法规全覆盖的立法技术路线，最终形成较完备的相关法律体系。

第二，要寻求政策性目标与市场性目标的均衡方案与机制。具体要点包括：一是明确政策性金融的政策性目标及其与商业性金融业务的边界，划分政策性金融的业务领域和范围，确定"双轨运行"格局中政策性金融与其他商业性金融的边界。二是积极以市场性目标解决政策性金融机构的经营机制问题，包括建立市场导向的组织架构体系，建立市场化的业务评审机制，形成和追求市场性的业绩目标。三是构建风险共担机制和完善利益补偿机制，支持市场性目标的实现。四是合理构建绩效评价体系，客观评价政策性金融机构的目标实现程度、经营管理水平和专业人员的资金运作水平等，以保障政策性目标的实现。

第三，要多途径、分类推进政策性金融体系的改革与完善。一是探索部分政策性金融机构的商业化改革，继续深化国家开发银行业已启动的转型。二是深化改革仍需要保留的政策性金融机构。实现这些政策性机构经营机制的转换，建立现代银行制度，在设定的政策性业务领域内，给予其自主经营的权力，以资本充足率等风险管理目标控制政策性银行的行为，控制政策性银行业务的风险，实现财务上的可持续。三是考虑新建必要的政策性金融机构。根据量力而行的原则，在最需要的领域新建一些政策性金融机构，比如可以考虑筹建支持小企业发展的政策性金融机构等。

第四，政策性金融机构采用分账管理制度。实行政策性与商业性业务分离的管理制度，通过设立特别账户或信托基金，实行专项管理。在政策性业务方面力求预算平衡，在商业性业务方面着力向市场化靠拢，追求利润的最大化。国家开发银行设立国家账户和银行账户，在两类业务之间建立严格的防火墙。其中，国家账户主要负责支持新型城镇化基础设施、保障性安居工程、产业结构调整和国际合作等服务于国家战略的项目。中国农业发展银行传统的粮棉收购和储备贷款、扶贫贷款等业务与农业产业化、集体土地流转金融支持等新的业务分账经营，通过防火墙隔离，前者继续实行资金完全封闭运行的模式，后者探索财政部分贴息下的市场化运营和补偿模式。中国进出口银行除坚持传统地向机电产品、成套设备、高新技术以及船舶等资本性货物出口贷款外，可考虑向国家科技开发银行转型，支持风险投资（VC）、中小科技类企业贷款、科技创新研发融资等。

第五，要完善法人治理结构，提高政策性金融机构运作机制的专业化、市场化水平。建立以利益相关者为基础的法人治理结构，建立市场导向的政策性金融机构的组织架构体系，内部管理方式要摆脱行政管理模式以适应市场运行方式和市场竞争环境的需要。政策性金融业务开展需要遵循商业性金融机构的做法，在信贷类政策性金融机构中，要对贷款对象、项目发展前景、贷款风险等进行评估以决定贷款的发放；要增强风险控制意识，依照市场化原则搭建政策性金融机构的风险控制体系；此外，还应建立专业化队伍，并且建立相应的考核机制与激励约束机制，增强内部竞争，提高工作效率。

　　第六，要建立健全政策性金融监管体系。一是建立差别化的监管体系与要求，针对各种不同类型政策性银行的特点，采取一行一策的办法，确定科学性的监管标准与要求，在防范风险的基础上更大地发挥政策性金融的作用。二是强化政策性目标考核。一方面要考核政策性金融机构政策性目标的完成情况，另一方面要考核政策性金融机构对于弥补社会资金配置的市场失灵所发挥的作用，以及对经济金融体系的稳定作用。三是构建相应指标体系，遵循全面风险管理的要求。如对于政策性银行，需要建立健全政策性贷款业务评审机制，建立健全信贷资产的风险分级和管理能力，建立风险资产拨备覆盖率制度。四是要强化对政策性金融机构经营风险管理能力和道德风险的监管。

第十四章

保险业改革的总体思路研究

党的十八届三中全会通过的《中共中央关于全面深化改革若干重大问题的决定》强调,要"紧紧围绕使市场在资源配置中起决定性作用深化经济体制改革",应当发挥金融市场在配置金融资源方面的决定性作用,而保险是金融体系的重要组成部分,是完善金融体系的支柱力量。随着现代保险业的快速发展,保险业在现代金融体系中的作用越来越大。2006年颁布的《国务院关于保险业改革发展的若干意见》中提出"保险是金融体系的重要组成部分";而2014年颁布的《国务院关于加快发展现代保险服务业的若干意见》中则提出"使现代保险服务业成为完善金融体系的支柱力量",这意味着保险在中国金融体系中地位得到明显提升,保险在金融体系中将发挥更大的作用。

保险业在中国金融体系中可以发挥融通资金、优化结构、提升信用和效率、促进金融功能发挥、控制风险、维护稳定等诸多作用。保险可为金融服务提供保障服务;可以通过风险管理和保障成为居民将储蓄转化为投资的一种财务管理方式,并为金融市场提供长期和短期资金,优化金融资产负债结构。保险资金尤其是寿险资金,具有来源稳定和期限长等特点,可以为国民经济建设提供长期、大量和稳定的资金支持,有利于金融资源的优化配置,促进金融市场稳定和控制风险。目前保险公司持有的国债、金融债、企业债、证券投资基金的比例逐年提高,保险公司已经成为促进金融市场稳定发展的重要机构投资者。保险业作为经营风险的行业,具有完善的风险管理机制和较高水平的风险管理能力,能够促进金融体系功能的充分发挥。保险业可以通过信用保险和保证保险有效转移和降低融资过程中的风险,提高中小企业或个人的信用,提升金融体系的投融资效率。

第一节 保险业改革的意义、总体目标及主要标准

《国务院关于加快发展现代保险服务业的若干意见》指出,保险是现代经济的重要产业和风险管理的基本手段,是社会文明水平、经济发达程度、社会治理能力的重要标志。改革开放以来,中国保险业快速发展,服务领域不断拓宽,为促进经济社会发展和保障人民群众生产生活作出了重要贡献。

深化保险业改革,是贯彻落实党和国家相关政策的必然要求,是促进经济转型和新型城镇化的必然要求,是完善金融体系建设的必然要求,是完善国家治理体系、国家风险管理体系以及社会保障体系的必然选择,是解决当前与今后保险业发展面临突出问题和矛盾的必要选择。加快中国保险业发展和改革,对完善现代金融体系、带动扩大社会就业、促进经济提质增效升级、创新社会治理方式、保障社会稳定运行、提升社会安全感、提高人民群众生活质量具有重要意义。

1. 保险业改革的总体要求

2014年8月出台的《国务院关于加快发展现代保险服务业的若干意见》指出,要"以邓小平理论、'三个代表'重要思想、科学发展观为指导,立足于服务国家治理体系和治理能力现代化,把发展现代保险服务业放在经济社会工作整体布局中统筹考虑,以满足社会日益增长的多元化保险服务需求为出发点,以完善保险经济补偿机制、强化风险管理核心功能和提高保险资金配置效率为方向,改革创新、扩大开放、健全市场、优化环境、完善政策,建设有市场竞争力、富有创造力和充满活力的现代保险服务业,使现代保险服务业成为完善金融体系的支柱力量、改善民生保障的有力支撑、创新社会管理的有效机制、促进经济提质增效升级的高效引擎和转变政府职能的重要抓手"。提出的基本原则有三:一是坚持市场主导、政策引导。对商业化运作的保险业务,营造公平竞争的市场环境,使市场在资源配置中起决定性作用;对具有社会公益性、关系国计民生的保险业务,创造低成本的政策环境,给予必要的扶持;对服务经济提质增效升级具有积极作用但目前基础薄弱的保险业务,更好地发挥政府的引导作用。二是坚持改革创新、扩大开放。三是坚持完善监管、防范风险。

保险业改革和发展，要以风险管理和保障作为中国保险业发展的核心理念，使市场在保险资源配置中起决定性作用，强化保险业在中国金融体系中的融通资金、优化结构、提升信用、控制风险和维护稳定的重要功能，提高保险业在经济治理、社会治理和政府治理方面的重要作用。

2. 保险业改革的衡量指标

2014年8月出台的《国务院关于加快发展现代保险服务业的若干意见》提出的保险业发展目标是，"到2020年，基本建成保障全面、功能完善、安全稳健、诚信规范，具有较强服务能力、创新能力和国际竞争力，与中国经济社会发展需求相适应的现代保险服务业，努力由保险大国向保险强国转变。保险成为政府、企业、居民风险管理和财富管理的基本手段，成为提高保障水平和保障质量的重要渠道，成为政府改进公共服务、加强社会管理的有效工具。保险深度（保费收入/国内生产总值）达到5%，保险密度（保费收入/总人口）达到3500元/人。保险的社会'稳定器'和经济'助推器'作用得到有效发挥"。根据这一目标以及党的十八届三中全会的精神和《国务院关于加快发展现代保险服务业的若干意见》对保险业的要求，我们提出保险业改革和发展的总体标准和具体目标如下。

第一，总体标准：到2020年，形成市场化的保险产品定价机制和保险资金运用机制，以保障性业务为主体的保险产品结构和专业高效的保险监管体系。

第二，具体指标如下：

①保险深度（保费收入/国内生产总值）达到5%；

②保险密度（保费收入/总人口）达到3500元/人；

③保费规模达到5万亿元左右；

根据《国务院关于加快发展现代保险服务业的若干意见》中提出"2020年保险密度达到3500元/人"以及国务院《人口发展"十一五"和2020年规划》中提出"到2020年，人口总量将达到14.5亿人"估算，到2020年保费收入规模将达到5万亿元左右。

④保费增长速度达15%左右；

根据《国务院关于加快发展现代保险服务业的若干意见》中提出的目标，2020年保险深度达到5%，若中国GDP年增长率保持在7%—8%，则保费增长速度也应达到15%—16%。

⑤世界保费排名第二位；

2013 年中国保费收入世界排名第四位，尽管目前日本、英国保费收入高于中国，但日本近年来保费增长率不超过 2%，英国保费增长率不超过 3%，中国保费收入有望在 2020 年超越日本及英国，排名第二位[①]。

⑥普通型寿险产品保费收入占寿险公司总保费收入的 50% 以上；

⑦适度提高农业保险、责任保险、信用保险在财产险中的市场比重；

⑧提高保险赔付占灾害损失的比重。

第二节　保险业的发展总体概况及改革的主要内容

根据 2014 年瑞士再保险公布的《World Insurance in 2013：Steering Towards Recovery》报告，2013 年中国保险业保费收入约 2779.65 亿美元，占世界保险市场份额的 5.99%，与 2012 年一样居世界第 4 位，排名位于美国、日本及英国之后。2013 年中国保险密度为 201 美元，世界平均保险密度为 652 美元，在世界排名中居第 60 位，比 2012 年的第 61 位有所上升。2013 年的中国保险深度为 3.0%，世界平均保险深度为 6.3%，在世界排名中居第 49 位，比 2012 年的第 46 位有所下降（见表 14-2）。

1. 保险业整体发展水平不断提升

2013 年，中国保险业原保险保费收入 17222 亿元，同比增长 11%，明显高于 2012 年 8% 的同期增长率；财产险原保险保费收入 6213 亿元，同比增长 17%，略高于 2012 年 15% 的同期增长率；人身险原保险保费收入 11001 亿元，同比增长 8%，差不多是 2012 年 4% 的两倍；表明原保费收入的大幅度增长主要源于人身险的增长，这与 2013 年 8 月普通型人身保险费率市场化改革关系密切。2013 年人身险中寿险业务原保险保费收入 9425 亿元，同比增长 6%，是 2012 年增速的三倍；健康险业务原保险保费收入 1123 亿元，同比增长 30%，比 2012 年增速提高了 5 个百分点；意外险业务原保险保费收入 461 亿元，同比增长 20%，稍高于 2012 年 16% 的增速，寿险业务的快速增长以及健康险和意外险的持续增长对人身险发展的企稳回升具有明显的促进作用。同时 2013 年健康险的市场比重上升至 10.2%。普通型寿险产品的吸引力提高，市场比重达到 11.17%，比上年增加 1.44 个百分点（见图 14-1 和表 14-1）。

---

① 根据瑞士再保险《Sigma》中 2010—2014 年世界保险业发展数据计算所得。

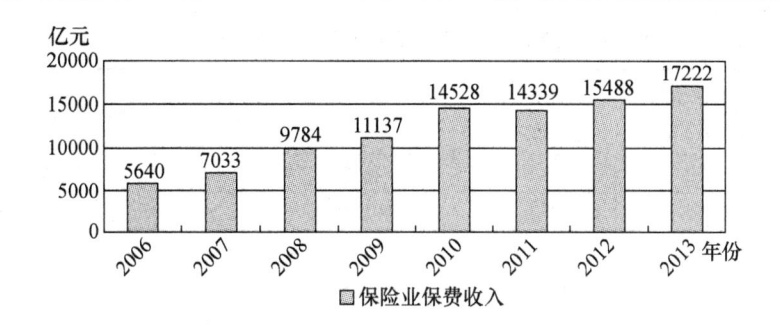

图 14-1 2006—2013 年中国保险业保费收入

资料来源:《中国保险业发展报告 2013》, 中国保监会网站。

表 14-1　　　　　　　中国保险业的保费收入增长率　　　　　单位:%

类别＼年份	2006	2007	2008	2009	2010	2011	2012	2013
原保费收入增长率	14	14	25	14	30	-1	8	11
财产险保费收入增长率	23	32	17	23	35	19	15	17
人身险保费收入增长率	12	22	48	11	29	-9	4	8
寿险保费收入增长率	11	24	49	12	30	-10	2	6
健康险保费收入增长率	21	1	53	-2	18	2	25	30
意外险保费收入增长率	16	17	7	13	20	21	16	20

资料来源:《中国保险年鉴 2012》、《中国保险业发展报告 2014》, 中国保监会网站。

近年来, 中国保险业发展迅猛, 保险密度快速提升, 从 2006 年的 429.2 元/人增加到 2013 年的 1266.1 元/人, 差不多提高了三倍, 显示出中国保险产品的普及程度越来越高。但与 2013 年世界平均保险密度 652 美元/人相比, 却相差较远, 不到 1/3, 则反映出中国未来保险市场存在较大的发展空间。世界平均保险深度 2006 年以来持续下降, 仅 2009 年稍有回升, 中国保险深度则较为稳定, 在 3.00% 上下浮动, 但是中国较低的保险深度也反映出中国保险市场的发展落后于国民经济的整体发展水平, 保险业发展水平仍有待提高。

财产险中, 车险市场比重仍为 75%, 一险独大的结构仍未有明显改善。农业保险的增速较 2012 年同期 38.25% 明显下降, 2013 年保费增速仅为 27.43%, 但市场比重略微上升, 为 4.94%, 这与农业保险连续多年快速发

表 14-2　　2006—2013 年中国及世界平均保险密度和保险深度

类别 年份	保险密度 （元/人）	保险密度 （美元/人）	世界平均保险密度 （美元/人）	保险深度	世界平均保险深度
2006	429.2	53.5	548.5	2.67%	7.34%
2007	532.5	69.6	601.8	2.74%	7.22%
2008	736.7	105.3	608.8	3.25%	6.76%
2009	834.5	121.2	600.3	3.27%	7.01%
2010	1083.6	158.4	627.3	3.60%	6.90%
2011	1064.2	163.0	661.0	3.00%	6.60%
2012	1143.8	178.9	655.7	2.96%	6.50%
2013	1266.1	201.0	652.0	3.00%	6.30%

资料来源：《中国保险业发展报告 2014》、《Sigma》。

表 14-3　　2011—2013 年人身保险市场各险种的保费比重　　单位：%

险种 \ 年份	2011	2012	2013
寿险	89.45	87.7	85.61
健康险	7.12	8.49	10.2
人身意外险	3.44	3.80	4.19

资料来源：《中国保险年鉴 2012》、《中国保险业发展报告 2014》，中国保监会网站。

表 14-4　　2011—2013 年财产保险市场各险种的市场比重　　单位：%

险种 \ 年份	2011	2012	2013
机动车辆保险	75.89	75.13	75.99
企业财产保险	7.14	6.76	6.10
农业保险	3.77	4.51	4.94
责任保险	3.21	3.45	3.49
信用保险	2.50	3.01	2.50
货运险	2.12	1.91	1.94
工程保险	1.60	1.75	1.66
保证保险	1.22	1.17	1.27
船舶保险	1.21	1.04	0.86
特殊风险保险	0.77	0.69	0.63

续表

险种 \ 年份	2011	2012	2013
家庭财产保险	0.51	0.53	0.61
其他	0.07	0.04	0.03

资料来源:《中国保险年鉴2012》、《中国保险业发展报告2014》,中国保监会网站。

展导致某些不规范经营问题暴露有一定关系。此外,信用保险的增速从2012年的39.07%急速下降到2013年的负增长,保证保险增速也从2012年的65.39%降到28.79%,责任保险增速稍有下降,2013年仅为17.88%。整体而言,尽管国内财产险市场保费收入有所提升,但是产品结构依然不合理,其中2013年信用保险、保证保险、农业保险以及责任保险的保费增速都有明显下降,财产险产品结构与经济社会发展状况不相适应(见表14-3和表14-4)。

2. 保险资产规模持续增长,保险资金运用收益率有所提高

2013年,中国保险业资产保持稳定增长,资产总额达82887亿元。截至2013年年底,资金运用余额76060亿元,虽总量有所增加,但增速仅为1.3%,与2009—2012年相比增速下降明显。2012年以来,随着多项保险资金投资新政以及国务院办公厅《关于金融支持经济结构调整和转型升级的指导意见》的出台,在一系列政策的作用下,资金运用结构有较大调整,银行存款占比为29.7%,较2012年略有下降,但其中其他投资类大幅增加,配置比例达17%,远高于2011年的8.83%、2012年的9.41%(见表14-5)。由于资本市场持续动荡,2013年股票和证券投资基金的占比继续小幅下降。而保险资金运用政策的重大变化,促使保险资金的运用趋向多元化,另类投资增长迅猛,加之资本市场的局部回暖,保险资金的运用收益率在2013年出现明显回升,达到5.02%,是2010年后的首次反弹(见图14-2)。

表14-5   中国保险资金运用结构   单位:%

类别 \ 年份	2011	2012	2013
银行存款	31.97	34.21	29.7
债券	47.09	44.59	43.6

续表

年份 类别	2011	2012	2013
股票和证券投资基金	12.11	11.79	9.7
其他投资	8.83	9.41	17

资料来源：《中国保险年鉴 2012》、《中国保险业发展报告 2014》，中国保监会网站。

3. 保险业服务经济社会的能力持续提高，保险功能作用提升

2013 年，保险赔款和给付支出 6213 亿元，比上年增长 31.7%，高于保费增速 20.5 个百分点。财产险业务赔款 3439 亿元，同比增长 22.1%；寿险业务给付 2253 亿元，同比增长 49.7%；健康险业务赔款和给付 411 亿元，同比增长 37.9%；意外险业务赔款 110 亿元，同比增长 13.1%，积极发挥了补偿和保障作用。财产险中农业保险赔款 194.94 亿元，较好地促进了"三农"的发展，如在黑龙江洪灾中保险业支付 27.2 亿元赔款。此外财产险业还在"菲特"台风灾害中支付 52.8 亿元赔款，较好地履行了保险赔付责任。

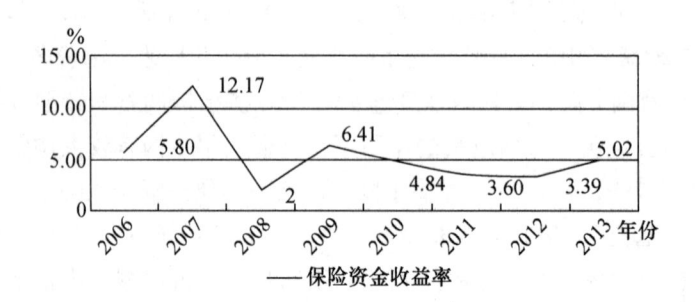

图 14-2　2006—2013 年保险资金收益率

资料来源：《中国保险业发展报告 2014》，中国保监会网站。

4. 保险业的重大改革——偿付能力为核心的监管体系逐步完善

偿付能力监管是现代监管的核心。狭义的偿付能力监管仅对保险资产负债进行财务评估；广义的偿付能力监管则是以偿付能力监管为核心，对保险公司的偿付能力、市场行为以及保险公司的治理结构与能力进行综合监管，促使保险公司通过实施理性的经营理念、合规的市场行为、有效的内控机制，确保保险公司有较强市场竞争力，进而促进保险业的持续健康

发展。实行偿付能力监管也是推进保险费率市场化改革的重要保障。从美国、英国等保险费率市场化的过程来看，保险监管的核心就是对偿付能力进行重点监管。

1995年《中华人民共和国保险法》首次提出偿付能力的概念；1998年中国保险保监会成立后，提出了市场行为监管和偿付能力监管并重的监管理念；2003年保监会发布偿付能力监管的具体指标规定，表明偿付能力监管迈出实质性步伐；2006年保监会出台指导意见，正式引入公司治理监管，初步建立以偿付能力、市场行为、公司治理为三大支柱的监管框架；2012年保监会启动第二代偿付能力监管体系建设，强化偿付能力监管的核心地位；2013年保监会正式出台《中国第二代偿付能力监管制度体系整体框架》；2014年保监会陆续公布第二代偿付能力监管的各项具体技术标准征求意见稿并同时开展定量测试工作。

《中国第二代偿付能力监管制度体系整体框架》是第二代偿付能力监管制度体系建设的顶层设计，也是指导其建设的基础性文件，明确了偿二代的总体目标，"三支柱"框架体系以及建设的若干基本技术原则，并提出统一监管、新兴市场、风险导向兼顾价值的中国特色制度特征。"三支柱"的监管体系中的第一支柱是定量资本要求，主要防范能够量化的风险，通过科学地识别和量化各类风险，要求保险公司具备与其风险相适应的资本，主要包括五部分内容：量化资本要求、实际资本评估标准、资本分级、动态偿付能力测试和第一支柱监管措施；第二支柱是定性监管要求，是在第一支柱的基础上，进一步防范难以量化的风险，主要包括四部分内容：风险综合评级、保险公司风险管理要求与评估、监管检查和分析，以及第二支柱监管措施；第三支柱是市场约束机制，是引导、促进和发挥市场相关利益人的力量，通过对外信息披露等手段，借助市场的约束力，加强对保险公司偿付能力的监管。一是通过对外信息披露手段，充分利用除监管部门之外的市场力量，对保险公司进行约束；二是监管部门通过多种手段，完善市场约束机制，优化市场环境，促进市场力量更好地发挥对保险公司风险管理和价值评估的约束作用。

下面我们分别从完善经济补偿机制发挥保险风险管理功能、推进保险费率市场化促进市场价格机制形成、尽快建立巨灾保险制度提高灾害救助能力、完善保险资金运用机制提高资产配置效率等方面分析中国保险业改革的几个重要领域。

第三节　完善经济补偿机制，发挥保险风险管理功能

2014年7月9日，国务院第54次常务会议审议通过了《国务院关于加快发展现代保险服务业的若干意见》（以下简称《若干意见》）（2014年8月13日公布），这是中国保险业发展历史上的一件大事，对保险业提出了更加明确和具体的目标和要求，是引领保险业发展的重要指针。同时也说明，随着经济社会的发展以及风险意识的提高，保险在中国经济社会中的作用也越来越重要，有关保险功能与作用的认识逐步加深和完善。

保险本质、功能与作用的认识问题一直是保险理论以及保险发展的核心议题。一般来说，保险功能反映了保险本质，保险作用则体现了保险功能所带来的社会与经济效应。保险功能是保险本质的客观要求，不存在大小之分，保险作用则可能因为功能发挥的方式与手段、外部环境等因素产生较大差异。清晰地认识保险的本质、功能与作用是准确定位保险的重要前提，也是制定保险行业发展政策、促进保险行业发展乃至经济发展的核心理论基础。

1. 保险功能的理论分析和历史视角

从理论上来看，认识保险必须从认识风险开始。风险是损失发生不确定性，需要通过管理以减少损失发生的频率和损失的强度。风险是客观存在的，是不以人的意志为转移的，时时处处威胁着人的生命和财产的安全。风险的发生直接影响社会生产过程的持续健康运行和家庭正常生活。因而产生了人们对风险管理的需要。风险管理的程序和过程包括风险的识别、风险的测算和评估、选择风险管理的技术和方法、对风险管理措施及其效果的评价等。而风险管理的方法包括风险回避、风险控制（包括风险预防和抑制）、风险自留、风险转移（包括保险和非保险）。对不同的风险需要不同的风险管理技术，保险是其中风险转移的重要手段。保险所承保的风险必须是纯粹风险即只有损失而无获利可能性的风险。风险只有满足一定的条件（即可保风险的条件）才能成为保险经营的对象。

因此，从理论上来说，保险不是唯一的处置风险的办法，更不是所有的风险都是可保风险。一般意义上的风险管理所管理的风险要比保险的范围广泛得多。同时，无风险就无保险，风险与保险之间存在着内在的必然联系，风险的客观存在是保险产生和发展的自然基础，风险的存在是保

得以产生、存在和发展的客观原因与条件,并成为保险经营的对象。保险是基于风险管理的一种财务安排,它着眼于可保风险事故发生前的防预、发生中的控制和发生后的经济补偿等综合治理。

随着现代科学技术的进步和保险技术的发展,原来不可保的风险也逐步变为可保风险,保险所经营管理的风险的范围不断扩大,保险利用其专业化的优势也逐步参与到风险管理过程中风险的识别和评估过程,并综合运用预防、控制、经济补偿等手段管理风险,保险业的作用也越来越大,从而在现代经济社会体系中发挥着风险管理的核心作用,成为现代经济社会风险管理的基本手段。

从保险的起源分析,保险是最古老的风险管理方法之一。保险最初的功能只有经济补偿,并没有参与风险管理的全过程。商业保险发源于14世纪后半叶的意大利海上保险,由于未引进精算技术,保险仅是一种简单的风险分散机制,将事先集中起来的保费用于补偿因保险事故而遭受经济损失的被保险人,主要强调损失的补偿和风险转移。17世纪后半叶,保险精算学产生促进了人寿保险的新发展。随着业务范围的拓展和保险经营技术的提高,社会对保险的经济补偿功能有了充分认识,从而保险的经济补偿功能也逐步得到充分发挥。经济补偿是保险的基本功能,是保险本质的重要体现。

现代保险业已经参与到风险管理的全过程,经济补偿只是风险管理的重要环节。例如,从财产险来看,机动车保险业务不仅仅是事故发生后的经济补偿,保险机构还参与到事前的防范、事中的风险控制以及事故后的救助,利用数据分析为机动车安全隐患及道路安全提供解决方案和建议,参与机动车安全标准的制定等;从健康保险来看,保险机构不仅仅为被保险人提供疾病发生后的经济补偿,还为患者提供健康管理服务,协助医疗机构制定诊疗标准;从宏观层面来看,保险业通过参与灾害风险管理中的灾害防范体系、灾害救助体系、灾后经济补偿,以及通过责任保险缓解社会矛盾,在国家风险管理体系中发挥重要作用。保险的这些功能和作用已经远远超出了经济补偿的范畴。

随着现代保险业的快速发展,保险业在现代金融体系中的作用越来越大,保险业的资金融通功能越来越强大。保险的资金融通功能是在风险管理和保障功能基础上发展起来的,是保险金融属性的具体体现。资金融通,是指资金的积聚、流通和分配过程,保险的资金融通功能主要指保险资金的积聚和运用功能。首先,保险机构主要通过销售保险产品等渠道,吸引、积聚大量资金。其次，为了确保未来偿付能力的充足性和保证经营的稳定性，保险机构需要进行资金运用以提高保险资金的收益率，通过资金运用投向资本市场，从而保险机构成为资本市场的重要机构投资者。正是由于具有资金融通功能，才使保险业成为国际资本市场的重要资产管理者。另外，保险的资金融通功能还表现为为了方便被保险人，保单质押和保单贷款功能也有所发展等。

保险的资金融通功能只是保险金融功能的一个方面。另外，保险机构还开发许多新型产品，使得保险产品与其他金融产品越来越接近，例如投资连结保险、分红险等。此外，近年来，保险业也逐步深入到其他业务，例如，在2008年全球金融危机的形成机制和利益关系链条中，国际保险业扮演了多重角色，保险公司不仅充当了次级债券的重要投资者，成为次贷市场资金的重要来源之一；而且通过其提供的按揭贷款保险、单一风险保险和信用违约掉期等产品，大大增强了市场和投资者的信心，成为金融危机形成机制中的重要一环。

需要说明的是，保险业在全球资产管理中发挥了重要作用，在全球机构投资者中，保险业管理的资产平均达到1/3。但是，由于各个国家金融结构的差异、金融体系的不同，保险业在不同的国家有不同的表现。在一些金融市场发达的国家中，如美国，由于共同基金和养老金发达，保险业管理的资产比重较低，但是在日本、德国的保险业管理的资产比重较高。但是，从人寿保险占家庭金融资产的比重来看，2002年美国人寿保险的比重为7.1%，而股票、共同基金比重为33.1%、12.9%、9.9%；2002年欧洲人寿保险的比重为17.2%，而股票、共同基金的比重为21.3%、9.5%、1.3%；2002年日本人寿保险的比重为17.7%，而股票、共同基金的比重为8.3%、2.4%、41.4%。人寿保险的比重都不是最高的。从发达国家的情况来看，还不能充分证明保险是政府、企业、居民财富管理的基本手段。

保险业作为一种新型服务业，具有特殊的社会管理功能。保险的社会管理功能是保险业发展到一定程度并深入到社会生活的诸多层面之后产生的一项重要功能。社会管理功能是保险的又一衍生功能，随着保险业在社会发展中的地位不断增强，该功能日益凸显。例如：保险参与社会风险管理，积极主动地参与、配合社会防灾防损部门开展防灾防损工作，能够有效承担风险管理的社会责任，通过积累大量的损失统计资料，为社会防灾防损部门进行风险管理提供可靠的依据，尽可能地减少社会财富的灭失；

责任保险减少社会成员之间的经济纠纷，如机动车辆第三者责任保险能使受害人得到及时救治和经济补偿，减少致害人与受害人之间的经济纠纷，从而起到安定社会的作用等。

2. 中国对保险功能与作用的认识正逐步加深

在 2006 年《国务院关于保险业改革发展的若干意见》正式出台前，国内关于保险功能与作用的论述甚多，如只具有损失补偿的单一功能论；具有分散危险和经济补偿的基本功能论；除了分散危险和经济补偿之外，还具有资本融通、防灾防损、储蓄等的多元功能论；具有经济补偿和给付保险金的二元功能论，以及在分散危险和经济补偿两种基本功能基础上衍生发展派生功能等观点。而随着 2006 年《国务院关于保险业改革发展的若干意见》的正式出台，国内保险界对保险功能与作用的认识逐步达成一致：保险具有经济补偿、资金融通和社会管理功能，是市场经济条件下风险管理的基本手段，是金融体系和社会保障体系的重要组成部分，在社会主义和谐社会建设中具有重要作用。2011 年 3 月 5 日党的十一届人大四次会议《政府工作报告》提出要发挥商业保险在完善社会保障体系中的作用；2014 年 6 月 14 日，中国保监会主席项俊波在"2014 中国保险业发展年会"上对保险进行新定位，提出保险是现代经济的重要产业、市场经济的基础性制度和风险管理的基本手段，可以在服务国家治理体系和治理能力现代化的进程中大有作为。2014 年 7 月 9 日，国务院第 54 次常务会议审议通过了《国务院关于加快发展现代保险服务业的若干意见》（以下简称《若干意见》），明确了现代保险服务业在经济社会发展全局中的定位。保险是现代经济的重要产业和风险管理的基本手段，是社会文明进步、经济发达程度、社会治理能力的重要标志。在中国产业结构升级、发挥市场配置资源决定性作用的大背景下，保险业的定位具有鲜明的时代特征；明确了现代保险服务业发展的宏伟目标。《若干意见》明确，到 2020 年，基本建立保障全面、功能完善、安全稳健、诚信规范，具有较强服务能力、创新能力和国际竞争力，与中国经济社会发展需求相适应的现代保险服务业，努力由保险大国向保险强国转变。保险成为政府、企业、居民风险管理和财富管理的基本手段，成为提高保障水平和质量的重要渠道，成为政府改进公共服务、加强社会管理的有效工具。由此可见，随着经济社会的发展以及风险意识的提高，保险在中国经济社会中的作用也越来越重要，有关保险功能与作用的认识正逐步加深和完善。

《若干意见》明确了现代保险服务业在经济社会发展全局中的定位，保险是现代经济的重要产业和风险管理的基本手段，这是中国保险业认识和定位的又一重大进步。由于之前对保险业功能的认识不完整，使保险行业的发展出现了一定的偏差，尤其寿险行业产品结构出现扭曲，近年来保障水平较高的普通型寿险产品比重不断下降，而保障水平很低的分红险等新型寿险产品比重很高，致使寿险业偏离了风险管理的轨道，也使目前寿险业走出困境的步伐极为艰难。

　　无论从理论上，还是从实践上，风险管理和保障都是保险最基本、最核心的功能，保险是风险管理最重要和最基本的手段。如果偏离这一定位，保险业的发展就会出现偏差。

　　从保险的起源分析，保险最初只有经济补偿作用，体现其保障功能；随着经济社会和保险业的迅猛发展，保险的保障范围从传统意义上的纯粹风险扩展到更为广泛的风险领域，风险与风险管理发生了深刻变化，从而推动了保险功能作用的不断发展和演化，资金融通、社会管理、提升生活质量以及促进经济发展等功能作用逐渐得到实现，但是这些功能作用都是根植于保险业风险管理和保障的基础之上。

　　保险功能的发挥主要通过保险业提供的不同保险产品和服务予以实现。农业险、信用险、责任险是保险业参与社会管理、服务和谐社会建设的重要环节。保险业通过发展农村小额信贷保险，为贷款农户和金融机构提供了风险保障，提升金融服务"三农"的能力，促进农村金融的发展；责任险既有利于风险主体转移责任风险，避免企业出现重大经营危机抑或破产，同时避免个人或组织机构正常生活和工作的中断，也有利于责任风险受害者及时有效得到伤害赔偿，维护社会稳定，亦有利于节约政府参与责任风险事故处理的时间、人力、物力以及财力成本，避免"纳税人埋单"结果出现，促进政府职能转变；出口信用险则可以化解企业跨国投资风险，支持国内企业扩大出口和开拓国际市场；健康险可以弥补基本医疗保障水平的不足，满足多层次的医疗保障需求，等等。

　　保险是根植于风险管理和保障的行业，保障是保险本质的最重要体现，也是保险的最基本功能。而理财是随着保险业与经济社会的发展，逐渐发展起来的一种功能作用，是保险资金融通功能的具体方式。保障功能是保险的基本功能，理财只是其衍生功能和附加功能。现代保险是基于风险管理和保障的财富管理规划和财务安排，而不是简单的财富管理。过分强调保险产品的理财功能，就会失去保险的真正意义，脱离保险的本质。

"保险成为政府、企业、居民风险管理的基本手段"只是强调了微观层面的定位，保险也是宏观层面风险管理和国家风险管理的基本手段，如巨灾风险管理、农业风险管理、社会风险管理等。

3. 中国保险产品结构及分析

从 2008—2013 年数据来看，财产险中，机动车辆保险（以下简称车险）、企业财产保险、农业保险和责任保险一直是财产险中市场比重的前四位，2009 年信用保险超越货物运输保险成为第五大险种，2013 年保证保险超越货物运输保险成为第六大险种。机动车辆保险的市场比重仍在 70% 以上，2013 年达到 75.99%，一险独大的结构未有改善，甚至有所加强；而企业财产保险虽是第二大险种，但近年来市场比重却持续下降，只有 2011 年略有回升；货物运输保险市场比重的下降趋势较为明显，但保证保险的市场比重呈逐年上升趋势；此外诸如工程保险、船舶保险、特殊风险保险、家庭财产保险及其他险种的总和市场比重也呈逐年下降趋势。尽管国内财产险市场保费收入有所提升，但是产品结构依然不合理，与经济社会发展状况不相适应（见表 14-6）。

表 14-6　　　　2008—2013 年财产保险市场各险种的市场比重　　　　单位：%

险种＼年份	2008	2009	2010	2011	2012	2013
机动车辆保险	72.86	74.96	77.12	75.89	75.13	75.99
企业财产保险	8.97	7.70	6.97	7.14	6.76	6.10
农业保险	4.74	4.66	3.49	3.77	4.51	4.94
责任保险	3.5	3.21	2.97	3.21	3.45	3.49
信用保险	1.57	2.44	2.46	2.50	3.01	2.50
保证保险	0.27	0.28	0.59	1.22	1.75	1.94
货物运输保险	3.04	2.13	2.02	2.12	1.91	1.66
工程保险	5.05	4.62	4.38	1.60	1.17	1.27
船舶保险				1.21	1.04	0.86
特殊风险保险				0.77	0.69	0.63
家庭财产保险				0.51	0.53	0.61
其他				0.07	0.04	0.03

资料来源：《中国保险年鉴 2009—2011》、《中国保险业发展报告 2014》。

人身险市场中，从2011年开始寿险占比持续下降，但2013年仍高达85.61%。健康险比重近年来呈逐步上升趋势，从2008年的7.86%提高到了2013年的10.2%，主要源于带储蓄性质和投资性质的重大疾病保险和长期健康保险的快速发展。虽然健康险占比有所提升，但整体来看比重仍然很低，2013年才10%左右。意外险所占比重略有增加，2013年达到4.19%（见表14-7）。

表14-7　　　　2008—2013年人身保险市场各险种的保费比重　　　　单位:%

年份 险种	2008	2009	2010	2011	2012	2013
寿险	89.41	90.27	91.04	89.45	87.7	85.61
健康险	7.86	6.95	6.37	7.12	8.49	10.2
意外险	2.73	2.78	2.59	3.44	3.80	4.19

资料来源：《中国保险年鉴2009—2011》、《中国保险业发展报告2014》。

从寿险产品来看，普通型寿险所占比重从2000年的83.21%下降到2010年的9%。尽管2011年开始有所提高，2013年也只有11.17%，逐步淡出了主导地位；分红险则与之相反，所占比重从2000年的0.88%快速增加到2011年的80.18%，2012年开始虽略有下降，2013年占比仍有75.72%，一险独大的情况极其明显；2005—2008年期间，由于股票市场高涨，投资连结保险比重提高明显，2008年达到17.68%。此后，由于政策调整以及统计口径的改变，投资连结险所占比重开始下降，2013年仅为0.04%；万能险的情况类似，2011—2013年所占比重基本维持在0.8%左右（见表14-8）。

表14-8　　　2000—2013年寿险产品占寿险公司总业务收入的比重　　　单位:%

类别 年份	普通型寿险	分红险	投资连结保险	万能险
2000	83.21	0.88	0.54	1.69
2001	61.00	19.15	2.82	7.49
2002	37.27	49.31	1.50	3.05

续表

类别 年份	普通型寿险	分红险	投资连结保险	万能险
2003	30.10	55.84	0.56	2.12
2004	30.70	54.39	1.20	1.64
2005	25.97	54.65	5.93	1.24
2006	24.21	51.65	9.61	1.45
2007	19.90	44.09	16.79	7.82
2008	20.29	46.29	17.68	5.18
2009	10.48	66.94	12.59	1.44
2010	9.00	71.00	1.50	10.70
2011	9.94	80.18	0.04	0.81
2012	9.74	78.88	0.04	0.80
2013	11.17	75.72	0.04	0.81

资料来源：2000—2009 年数据引自《寿险业结构研究》；2010 年数据引自《中国保险市场年报 2010—2011》；2011—2013 年数据引自《中国保险业发展报告 2012—2014》。

中国财产险市场业务过分集中在机动车辆保险和企业财产保险两大险种上，农业保险、责任保险、信用保险等其他险种所占市场比重很小。其原因主要在于财产险公司创新能力不强，产品开发滞后且差异性小、缺乏相关部门支持和相应政策法规的配合。这样的产品结构极其不利于财产险发展和保险功能作用的发挥：一方面因为过于依赖机动车辆保险，降低了行业整体抵御市场风险的能力；另一方面财产险险种单一，也就无法满足社会的多样化保险需求，自然也无法充分发挥保险在经济补偿、社会管理、服务经济等方面的作用。

人身险中，普通型寿险、健康险以及意外险能较大程度地体现人身险的保障功能，属于纯保障类型的产品。普通型寿险业务的发展变化情况显示了中国寿险业经营理念的变迁。2000 年以前寿险业务以普通型寿险为主，体现了风险管理和保障的基本功能；2000—2010 年，寿险公司为了追求保费规模和持有巨量现金流，寿险业经营的理念发生转变，风险管理和保障的功能弱化，投资与理财等金融职能迅速强化，致使万能险、投资连结保险和分红险快速增长，分红险在 2011 年占比高达 80.18%；而 2010 后由于股票市场持续低迷、回归风险管理和保障本质的政策引导以及人身险预定利率的放开，普通型寿险业务的比重有所回升，2013年达到11.17%，但仍然处于很低的水平。美国寿险业务中，尽管近年来定期寿险和终身寿险此类传统保障型产品所占比重下降明显，但2010年后都维持在50%左右。此外，虽然2011年以来中国寿险业务在人身险业务的占比开始下降，但依然在85%以上，表明健康险和意外险的发展空间比较大，2013年健康险比重仅为10.2%，这与美国健康险平均25%的占比相去甚远。

表14-9　　　　美国寿险业主要险种结构（1980—2013年）　　　　单位：%

年份\险种	定期寿险	终身寿险	万能寿险	变额（万能）寿险
1980	18	82	0	0
1985	11	47	38	4
1990	13	54	26	7
1995	15	46	24	15
2000	23	23	18	36
2005	23	24	39	14
2010	24	30	40	6
2011	22	31	39	8
2012	21	32	40	7
2013	22	35	38	5

资料来源：《Life Insurance Fact Book 2013》，https：//www.acli.com。

表14-10　　　　　　　美国寿险业各险种保费收入比重

年份\险种	2002	2004	2006	2008	2010	2011	2012
寿险	26	26	25	23	18	20	21
健康险	21	23	24	26	30	27	26
年金	53	51	51	51	52	53	53

资料来源：《Life Insurance Fact Book 2013》，https：//www.acli.com。

总体而言，近年来，无论是人身险市场还是财产险市场，都进一步调整了保险产品结构，但是产品结构仍然严重失衡，甚至扭曲，一险独大的现象依然突出。风险管理和保障,是保险的本质,也是保险业建立独特竞争优势的基础,这就需要保险业继续加大力度调整保险产品结构:财产险在保持机动车辆保险业务比重稳中有降的前提下,逐步提高农业保险、信用保险、责任保险的市场比重;人身险则是要大幅度提高普通型寿险、健康险和意外险的业务比重,逐步降低分红险的比重。

4. 具体措施

2014年8月公布的《国务院关于加快发展现代保险服务业的若干意见》提出"构筑保险民生保障网,完善多层次社会保障体"、"发挥保险风险管理功能,完善社会治理体系"、"完善保险经济补偿机制,提高灾害救助参与度"、"大力发展'三农'保险,创新支农惠农方式"、"拓展保险服务功能,促进经济提质增效升级"等,这些论述为保险风险管理功能作用的发挥提供了理论依据和政策指导。

第一,加大保险产品创新力度。引导保险公司形成以社会需求为导向、以消费者需求为前提的产品开发体系,大力发展与目前和今后国家宏观经济政策和产业政策调整相关的农业险、责任险、信用险等险种以及养老险、医疗险、长期护理保险等长期险种,为完善社会保障体系、促进经济转型与发展提供配套服务。

第二,积极推进健康险发展。引导保险业加大对健康保险的投入,促使健康险公司创新健康保险管理技术和提供综合健康管理服务,在鼓励健康险公司走专业化道路的同时支持健康险公司参与政府医疗保障项目;并联合财税部门研究相关税收优惠政策,支持长期健康险的发展。

第三,积极争取税收等支持政策。争取将保险业纳入营业税改增值税试点。促进加大对农业保险、出口信用保险税收优惠力度,争取对巨灾保险、信用保证保险、强制性保险等政策性、非营利性保险业务的税收优惠。推动保险企业准备金税前扣除的制度化和常规化。完善保险企业所得税扣除规则,实现各类保险企业之间税负公平。积极争取消费者购买养老保险、老年护理保险、医疗保险产品的税收优惠和税收递延政策。

第四节 推进保险费率市场化

保险费率是保险人计算保险费的依据,是保险人按单位保险金额,向投保人收取保险费的标准,通常都用百分率或千分率来表示,是保险产品价格的反映。保险费率具有费率的厘定在成本发生之前、其合理性较其他商品价格低、费率厘定受到严格监管、价格弹性小等特点，其厘定一般遵循保险保障、公平合理、稳定灵活、促进防损等原则。寿险的保险费率一般包括纯费率和附加费率，预定死亡率和预定利率是影响纯费率的主要因素，而附加费率主要取决于寿险公司正常经营和提供必要服务的费用，包括新单费用、保单维持费用、保费收取费用以及正常利润等。因此寿险的保险费率主要受预定死亡率、预定利率以及预定费用率的影响，而影响金融产品定价的主要因素是利率和费用率。

保险费率市场化，即保险费率由市场竞争决定，它是健全保险市场机制的核心。保险产品的市场价格形成机制是保险市场机制的核心，又是配置资源、协调各方利益的重要手段。因而保险费率市场化是形成保险市场价格机制的关键要素。保险费率市场化，有助于维护保险消费者的利益，它可以提供形式更为灵活、价格更为公平和服务更有特色的保险产品；有助于提升保险公司的治理水平和服务水平，它可以迫使保险公司为了有效地防范经营风险和提高市场竞争力，加强公司治理和服务创新；有助于加强保险产品创新，它可以促使保险公司开发多样化、个性化的产品来满足不同的保险需求；有助于提高保险监管实效，它可以促使保险监管较快向偿付能力监管转变，节省监管资源。

此外保险费率市场化是一个动态的发展过程，会受到诸如利率市场化等外部因素的影响。利率市场化会通过多种机制影响保险费率，如市场利率波动会对寿险产品定价假设中的预定利率产生影响，也可能通过影响投资收益率、现金流、资产负债匹配等中间因素来干预保险产品定价。此外，某些保险产品带有金融投资的属性，当利率波动造成保险产品收益率较低时，会降低保险产品的需求与吸引力。英国利率市场化一方面促进了金融混业经营，加剧保险业竞争；另一方面相关税收优惠政策也促进了养老基金以及人寿保险公司资产的快速增长；而美国的利率市场化进一步发展了直接融资，促使更多的居民投资转向金融市场，尽管保险公司也从中受益，但也面对更多的市场竞争。

1. 寿险费率市场化的国际经验[①]

(1) 英国寿险费率市场化。英国是目前市场化程度较高的国家之一，

---

① 祝向军：《寿险费率市场化的国际经验》，《中国金融》2014 年第 9 期。

利率也曾经历过从管制到全面放开的过程，并对保险业产生重要影响，但是其保险费率却一直由市场自主确定。第一次世界大战之后出现了基于中央银行的再贴现率的银行间利率协定，直到1971年5月英格兰银行公布《竞争与信用管制》报告提议"一步到位"的利率市场化改革，随后十年金融业经历了以金融服务自由化为核心的全面改革，到1981年英格兰银行取消最低贷款利率时，英国完全实现了利率的自由化。

英国的保险费率一直由市场自主形成，主要源于英国的保险监管思想。英国的金融监管机构对保险业的监管以偿付能力监管为重心，通过分析保险公司以特定形式提供的业务报表和年度报告，评价其偿付能力，并不审批保险条款和保险费率，只有这些内容违反法律和社会标准，才会否决同时要求保险公司予以纠正。如此，只要保险公司的偿付能力达标，保险费率并不会受到监管机构的监管和控制，可以完全由市场自主确定。

（2）美国寿险费率市场化。美国的寿险业早期受到各州监管，20世纪初期是美国寿险业发展的鼎盛时期，但在阿姆斯特朗调查之后对于寿险业的限制和规范有所加强，"大萧条"之后保险市场开始实行严格监管，非寿险费率监管主要集中在"机动车保险、健康保险、员工补偿保险、医疗事故保险和房屋所有者保险"；寿险费率按要求申报，并不直接控制。美国保险监管也以偿付能力监管为核心，间接监管个人人寿和年金保险的最低费率，其最高费率完全由市场竞争决定；但须披露关于"利率调整成本的比较和其他资讯"。

美国利率市场化改革同英国一样未影响寿险费率政策，但是利率市场化改革同样加剧了保险公司竞争，促进保险业积极创新、加强服务以提高竞争力。尽管英美等发达国家寿险费率主要由市场竞争决定，但是监管机构仍通过偿付能力、信息披露等监管手段确保寿险费率的适当性。

（3）日本寿险费率市场化。从第二次世界大战之后至20世纪90年代中期，日本一直采取与英美保险监管模式不同的严格监管模式，主要集中于保险条款、保险费率及资金运用等市场行为层面监管，致使寿险公司原则上采用统一费率。而随着利率市场化改革，日本寿险公司通过过度销售高预定利率保单和以获取资金运用收益为目的的变额保险产品获取竞争优势，促进了日本保险业的高速发展。但是随后的经济危机使得日本进入长时期的低利率时代，大量的高预定利率保单带来了严重的利差损。1996年4月日本新保险法放松了对寿险业的费率管制来促进竞争和提高效率，导致寿险公司价格竞争激烈，造成大批坏账和呆账，致使多家公司在1997年亚洲金融危机中破产。此后日本转向以偿付能力为重点的新的监管方式与措施来促进日本保险业的可持续发展，保险公司也更多地通过创新产品、健全机制、提高资金运用水平等方式降低经营风险。

2. 中国保险费率市场化进程及特点

（1）寿险费率市场化进程。中国在寿险业起步之初，保险费率由寿险公司根据市场与自身状况自行设定。20世纪90年代前期，银行的存款利率居高不下，1996年一度达到9.18%，寿险的预定利率也相对较高，最高达8%以上；加之当时保险公司普遍实行以追求保费规模为中心的粗放型经营方式，盲目追求保费规模扩大，致使高预定利率保单发展迅猛。然而1996年以后，中央银行为了控制风险连续调低利息，但由于保单的长期性特征以及保险公司仍继续销售高预定利率保单以求扩大保费规模，致使由于降息引发的利差损问题越来越严重，甚至影响保险公司的偿付能力，最终有可能导致保险公司破产与兼并，抑或引起整个保险业的混乱。鉴于当时保险市场蕴含的巨大利差损风险，1998年才成立的中国保监会于1999年公布了《关于调整寿险保单预定利率的紧急通知》，规定寿险产品预定利率不能高于2.5%。自此，中国的保险费率进入严格监管时代，随后的14年中国的寿险保单预定利率基本维持在2.5%左右。尽管这些措施在一定程度上有效缓解了利差损问题，但是也降低了保险产品的吸引力，一些年份寿险保单预定利率甚至低于1年期的银行存款利率。1999年之后中国市场利率相对回升，1年期的银行存款利率在多数年份超过2.5%，2007年12月至2008年9月高达4.14%，2008年和2009年由于金融危机影响有所降低，2010年12月开始高于2.5%，直到2014年仍稳定在3.00%（见表14-11）。

普通型寿险产品的低性价比迫使寿险公司开发保障程度不高，但理财效应明显的新型寿险产品，如万能险、投资连结险等。但是2008年全球金融危机以后，中国资本市场动荡并持续低迷，导致寿险业的发展不尽如人意。同时随着金融监管环境的放松，其他金融行业大力发展理财和资产管理业务，加剧了保险业的竞争。尽管中国保监会近年来密集出台投资新政，拓宽保险资金的运用范围，意在提高投资收益率，但是受限制的预定利率始终是提升保险产品的竞争力和吸引力的关键阻碍因素，并在很大程度上压制了保险需求，甚至使保险业发展偏离保险本质。2013年8月中国保监会正式发布了《关于普通型人身保险费率政策改革有关事项的通知》：普通型人身保险预定利率不再受限于 2.5% 的上限规定,而由保险公司根据审慎原则自行决定,但是法定责任准备金的评估利率不得高于保单预定利率和 3.5% 的小者。寿险的费率市场化自此迈出了坚实的一步。此外,2014 年 8 月公布的《国务院关于保险业改革发展的若干意见》中也提出"全面深化寿险费率市场化改革",再次显示了寿险费率市场化改革的决心与方向。

表 14 -11　　　　　1999—2014 年 1 年期银行存款利率　　　　　单位:%

时间	存款利率	时间	存款利率
1999 年 12 月	2.25	2008 年 10 月	3.60
2000 年 12 月	2.25	2008 年 11 月	2.52
2001 年 12 月	2.25	2008 年 12 月	2.25
2002 年 2 月	1.98	2009 年 12 月	2.25
2002 年 12 月	1.98	2010 年 10 月	2.50
2003 年 12 月	1.98	2010 年 12 月	2.75
2004 年 10 月	2.25	2011 年 2 月	3.00
2005 年 12 月	2.25	2011 年 4 月	3.25
2006 年 12 月	2.25	2011 年 7 月	3.50
2007 年 3 月	2.79	2012 年 6 月	3.25
2007 年 5 月	3.06	2012 年 7 月	3.00
2007 年 7 月	3.33	2012 年 12 月	3.00
2007 年 8 月	3.60	2013 年 12 月	3.00
2007 年 9 月	3.87	2014 年 2 月	3.00
2007 年 12 月	4.14	2014 年 3 月	3.00

资料来源:Wind 资讯。

(2) 财产险费率市场化进程。中国财产险的费率市场化主要体现为机动车辆保险费率的市场化。1995 年颁布的《中华人民共和国保险法》规定商业保险的主要险种费率由金融监管部门制定,自此财产险费率受到管制;2000 年公布的《财产保险条款费率管理暂行办法》更是重申"未经中国保监会批准,任何保险机构不得变更主要险种的基本条款和费率"。随着中国加入世界贸易组织以及财产险市场化进程的加快,2001 年 10 月中国保监会在广东实行车险费率市场化改革试点,2003 年 1 月在全国范围内全面实施,保险公司可自行制定车险费率。然而自从机动车辆保险费率放开，各保险公司竞相降价争夺市场，出现恶性竞争，致使车险市场陷入混乱。2005年12月颁布的《财产保险公司保险条款和保险费率办法》提出机动车辆保险的保险条款和保险费率应报保监会审批，至此车险费率再次受到管制，也标志着财产险费率市场化进程受挫。2006年中国保险行业协会制定A、B、C三款基本车险条款，并厘定相应的费率，各公司选择其一执行；与此同时，中国保监会规定车险保单最低折扣不能低于七折，进一步加强了车险费率的统一性。2010年6月中国保监会再次在深圳开展商业车险定价机制改革的试点；2012年3月发布《关于加强机动车辆商业保险条款费率管理的通知》明确提出"逐步建立市场化导向的、符合中国保险业实际的条款费率形成机制"；2014年8月公布的《国务院关于保险业改革发展的若干意见》中也提出"稳步开展商业车险费率市场化改革"，明确了车险费率市场化改革的步调、决心与方向。

（3）中国保险费率市场化分析。从寿险和财产险的费率市场化进程分析可知，中国的保险费率市场化过程并不顺利，充满反复，无论是寿险还是财产险都在"放松—管制—再放松—再管制—再放松"中徘徊，难以定位。尽管中国费率市场化多有波折，但是也得到了不少经验与教训。中国保险费率市场化不可能一次成功，过程中有反复是正常的，美国和日本的寿险费率市场化进程同样如此。费率市场化要求考虑政策的长期影响效应，并根据市场情况变化及时予以调整；费率市场化要求保险公司具有较高的公司治理能力，即费率市场化运作时，保险公司若不具备较好的竞争实力、较强的创新能力以及较高的内控水平，易出现不规范经营的市场行为，严重时可能导致偿付能力低下，进而引发破产造成行业混乱；费率市场化要求考虑外部环境影响，如利率市场化情况等；费率市场化还要求监管及时有效，当费率完全由市场竞争决定时，保险监管应利用偿付能力、信息披露等手段保证寿险费率的适当性，一定程度上纠正"市场失灵"。总而言之，中国保险费率市场化是一个相当复杂且漫长的过程，但它是保险业长期稳定健康发展的保障，也是中国保险业发展的必然趋势，有助于中国保险业做大做强目标的实现。

3. 改革的具体措施

2014年8月公布的《国务院关于加快发展现代保险服务业的若干意见》指出"全面深化寿险费率市场化改革，稳步开展商业车险费率市场化改革",明确了中国保险费率市场化改革的决心与方向。

第一,继续推进市场化改革,促进价格机制形成。进一步放开普通型寿险产品的预定费率限制,尽快取消寿险产品的审批制度;加快车险费率制度改革,促进车险费率的市场化机制形成;建立保险机构市场化准入退出机制。

第二,转变保险业发展模式,提高公司竞争力。作为现代经济的重要产业,保险业需适应全面深化改革和经济社会发展的需要,积极转变以追求保费规模为核心的粗放经营模式,建立质量与效益并存的理性发展理念,通过创新产品、提高服务和资金运用能力、加强内部管理和控制等手段提高公司抗风险能力和竞争力。

第三,强化偿付能力监管,提升风险防范能力。随着利率市场化进程的快速推进以及保险费率市场化逐步放开,风险更易在金融业机构中传递,同时利率市场化会对中国保险业发展产生巨大影响,监管难度增大。因此监管部门应强化偿付能力监管,惩治不适当行为,促进保险公司在提升风险防范能力的同时保持公司经营的稳定性,避免再次出现车险费率化进程中的恶性竞争以及寿险费率化进程中难以有效处理的"利差损"问题。

第四,加强精算体系建设,建立数据共享平台。保险费率市场化要求保险公司自行制定产品费率,而费率的厘定是一个科学的精算工程。目前中国的精算体系较为薄弱,可通过制定和完善精算法规和制度,大力培养和引进高质量的精算人才,加强精算研究等方式逐步建立完备的精算体系,从而确保保险产品费率厘定的科学性。此外,保险行业协会或监管部门也可以制定保险产品的参考费率和条款,供保险公司特别是中小型保险公司使用。与此同时,费率的厘定需要大量的经验数据作为基础,应加快建立全行业数据信息平台和各类风险数据库,使得费率厘定更具合理性和科学性,服务于费率市场化的需要。

第五节 完善保险资金运作机制

随着现代保险业的快速发展,保险业在现代金融体系中的作用越来越大,保险业的资金融通功能越来越强大。保险的资金融通功能是在风险管理和保障功能基础上发展起来的,是保险金融属性的具体体现,主要指保险资金的积聚和运用功能。保险机构主要通过销售保险产品等渠道积聚大量资金，为了确保未来偿付能力的充足性和保证经营的稳定性，保险机构需要对积聚的资金进行运用获得较高的投资收益率。保险资金具有长期投资的独特优势，可以为资本市场提供稳定的长期资本，是资本市场的重要机构投资者。保险资金运用是保险市场联系资本市场和货币市场的重要环节，也是保险业发挥资金融通功能、完善金融体系、支持国家经济建设、促进经济提质增效升级的有效途径。此外增强资金运用能力也是费率市场化的必然要求。

1. 保险资金运用的国际比较

（1）美国寿险业资金运用。美国是以市场为主导的金融市场，保险资金运用中债券投资比例最高，稳定在50%左右。其中又以服务实体经济的企业债投资为主，2012年投资企业债的比例为32.8%，投资美国政府债券的比例为6.5%，投资MBS的比例为10.1%，投资外国政府债券的比例为1.4%。而从债券资产期限结构看，保险资金运用以长期债券投资为主，这与寿险的长期负债特性较为匹配，1年期以下的品种占比在10%左右，5年期以上的品种占比合计超过60%。2008—2012年，5年期以上债券资产占比分别为60%、60.7%、62.5%、63.8%、63.5%。此外投资比例排在第二位的是股票，由于金融危机的影响，2008年的股票投资比例下降到24.44%，其他年份均在30%上下波动（见表14-12）。

表14-12　　　　2006—2012年美国寿险业资金运用状况　　　　单位：%

年份\指标	债券	股票	抵押贷款	不动产	保单贷款	其他资产
2006	51.04	31.74	6.51	0.69	2.34	7.69
2007	50.51	32.81	6.60	0.69	2.29	7.11
2008	52.26	24.44	7.59	0.70	2.64	12.38
2009	52.06	27.95	6.78	0.56	2.49	10.16
2010	51.68	29.56	6.16	0.52	2.39	9.69
2011	52.39	28.15	6.24	0.53	2.35	10.34
2012	50.81	29.86	6.13	0.53	2.26	10.40

资料来源：《Life Insurance Fact Book 2013》，https://www.acli.com。

（2）德国保险业资金运用。德国是全能银行为主导的金融体系，且实体经济发展良好，制造业相当发达，加之保险资产运用要求保持安全性与稳健性要求，因此在德国保险业资金运用中，债券及贷款类投资比例配置相当高，近年来仍在缓慢提升，2012 年债券及贷款类投资比例达 80.9%。参与收益类投资居第二位，2013 年为 10.6%，而股票、房地产和其他投资的占比较小，三者之和占比不到 1/10。总体而言，德国保险业资金运用结构是以债券及贷款类等固定收益投资为主，体现了极其稳健的投资风格（见表 14-13）。

表 14-13　　　　　2008—2012 年德国保险资金运用结构　　　　　单位：%

年份 项目	2008	2008	2010	2011	2012
债券及贷款类	76.4	78.7	78.8	80.5	80.9
股票	4.5	3.7	3.3	2.9	2.9
参与收益类	11.7	10.5	10.8	11.1	10.6
房地产	2.9	2.9	2.9	3.1	3.1
其他投资	4.5	4.2	4.2	2.5	2.5
总额（十亿欧元）	1194.1	1213.3	1256.4	1285.5	1354.7

资料来源：The German Insurance Association（GDV），《德国保险统计数据 2013》。

（3）英国保险业资金运用状况。英国拥有相当发达的资本市场，且金融监管相对宽松，从而保险资金的运用范围较为广泛，保险资金运用结构与德国、美国存在明显的差别。股票、变动收益证券和单位信托等权益资产的配置比例相当高，2010—2012 年股票、变动收益证券和单位信托等权益资产占比都在 65% 以上，远超其他投资类型。而这种现象的产生主要源于两个方面：一是英国保险产品中投资连结型产品的比重较高；二是英国的保险监管模式有利于保险资产从事高风险、高收益的权益类投资（见表 14-14）。

从美国和德国保险资金运用情况分析，无论是银行主导型的金融体系还是市场主导型的金融体系，保险资金运用结构中债券及贷款等固定收益类投资的比例都占优势，德国的配置比例达 80% 以上，美国债券与贷款的占比也在 60% 左右，而债券主要是为实体经济服务。这种资产运用结构一方面体现了保险资金运用的稳健性，另一方面也体现了保险资金支持实体经济的发展。这三个国家的保险资金运用结构中，银行存款类投资比例都特别小，2013 年美国不到 2%，2013 年英国信用机构存款仅为 4.5%，同样德国的比例也不高。

表 14-14　　　　　　　英国 2010—2012 年保险投资组合

指标＼年份	2010	2011	2012
土地及建筑类	3.97	3.05	3.40
参与收益类			
股票、变动收益证券和单位信托	69.89	68.16	65.60
债券及其他固定收益证券	17.68	19.85	17.40
贷款包括住房抵押贷款	1.54	2.63	2.00
信用机构存款	5.60	4.57	4.50
其他投资	1.32	1.75	7.20

资料来源：http：//www.insuranceeurope.eu.

2. 中国保险资金运用历程、状况和特点

自 1980 年恢复国内保险业务以来，中国保险资金运用历程大致可划分为以下几个阶段：

1980—1987 年的起步阶段，保险资金运用形式基本为银行存款。

1987—1995 年的全面放开阶段，当时中国正处于经济体制转型期，经济波动较大且相关法律规范约束较小，保险资金运用形式多样化，形成大量不良资产。

1995—2004 年的规范监管阶段。1995 年颁布实施的《中华人民共和国保险法》、《保险业管理暂行规定》等法律法规，规范了保险资金运用的管理，随后保险资金的投资范围有所拓宽。1998 年国债市场放开。1999 年高等级企业债券市场、银行国债回购市场放开。1999 年证券投资市场放开。2001 年企业债市场放开。2003 年中央银行票据市场放开，同时保险资金运用的监督力度和资金运用工作管理力度不断加强。

2004—2011 年的强化监管阶段。2004 年允许投资银行次级定期债务、银行次级债券、可转换公司债、股市及保险外汇资金境外使用。2006 年允许间接投资基础设施建设项目。2009 年新《保险法》允许投资不动产。2010 年开始允许投资无担保债、未上市股权等新投资领域。

2012 年至今的完善监管阶段。2012 年允许投资境内依法发行的商业银行理财产品、银行业金融机构信贷资产支持证券、信托公司集合资金信托计划、证券公司专项资产管理计划、保险资产管理公司基础设施投资计划、不动产投资计划和项目资产支持计划等金融产品,但对各金融产品的基础资产、发行主体的资质有明确的限制和要求。2013年允许保险资产管理公司发行"一对一"定向产品和"一对多"集合产品,并将基础设施债权计划和不动产投资比例由20%提升到30%。2014年允许设立夹层基金、并购基金、不动产基金等私募基金,同时允许涉足风险创业投资,并鼓励探索资产证券化产品。

从2001年到2013年,伴随着中国保费收入和保险总资产规模的增长,保险资金运用额度大幅提升。中国保费收入从2001年年末的2112.3亿元增加到2013年年末的17222亿元;保险总资产规模从2001年年末的4591亿元增加到2013年年末的82887亿元;保险资金运用余额从2001年年末的3702.8亿元增加到2013年年末的76060亿元。但2013年保险资金运用余额增速出现明显回落,是2006年以来的最低增速,仅为12.3%(见表14-15)。

表14-15   中国保费收入、保险总资产、资金运用余额及增速   单位:亿元

年份	2006	2007	2008	2009	2010	2011	2012	2013
保费收入	5643	7036	9784.1	11100	14500	14339	15488	17222
总资产	19731	29000	33400	41000	50500	60138	73545	82887
资金运用余额	17785	27000	30552.8	37000	46000	55470	68500	76060
资金运用余额增速	26.2%	49.8%	14.7%	22.5%	23.1%	19.9%	22.7%	12.3%

资料来源:《中国保险年鉴2007—2012》、《中国保险业发展报告2014》,中国保监会网站。

有别于国外保险资金运用渠道广泛、结构复杂、有价证券占比高、涉及投资领域多等特点,中国保险资金运用具有投资结构相对不合理、银行存款和债券占比高、政策影响大等特性。随着相关政策的颁布实施以及市场环境的改变,保险资金运用的投资策略时有调整,投资结构也随之变化,结构合理度也略有改善。2007年保险公司扩大了股票投资比重,资金运用收益大幅提高。2008年,面对国际金融危机的不利影响,各保险公司根据形势变化,适时调整投资策略,银行存款、债券等流动性较强、收益率相对稳定的资产所占的比例有所上升。2010年,低利率、高通胀导致的负利率对以保险资金为代表的稳健型投资者构成严峻挑战,债券、股票、证券

投资基金份额分别同比下降,但仍然是股票市场重要的机构投资者。2011年,保险资金管理困难较多,运作风险较大,但增加了新发基础设施债权、不动产投资计划等另类资产的投资,以增强投资的稳定性和可持续性。2012年资本市场继续低迷,尽管年初开始协议存款利率回落,但银行存款占比仍有小幅提高,达到34.16%。债券投资占比有所下降,其中国债投资与金融债占比下降,而企业债占比由于信用债发行量的增加以及《保险资金投资债券暂行办法》的实施有所提高。由于保险资金运用渠道的大幅放开,2013年保险公司加大了其他投资类产品的投资力度,占比明显提高到17%,而银行存款占比却小幅下降,仅为29.7%(见表14-16)。

表14-16　　　　2006—2013年中国保险资金运用状况

年份	2006	2007	2008	2009	2010	2011	2012	2013
运用余额(亿元)	17785.4	27000	30552.8	37000	47000	55470	68500	76060
债券占比	53.14%	43.98%	57.88%	50.96%	49.86%	47.09%	44.67%	43.6%
银行存款占比	33.67%	24.39%	26.47%	28.11%	30.21%	31.97%	34.16%	29.7%
投资基金占比	5.13%	9.47%	13.30%	7.37%	5.67%	5.26%	11.8%	9.7%
股票(权)	5.22%	17.65%		11.22%	11.12%	6.85%		
其他投资	2.84%	4.51%	2%	2.34%	3.04%	9.1%	9.37%	17%
投资收益率	5.80%	12.17%	1.89%	6.41%	4.84%	3.60%	3.39%	5.02%

资料来源:《中国保险年鉴2007—2012》、《中国保险业发展报告2014》,中国保监会网站。

2013年由于保险资金运用政策的重大放开,促使保险资金运用的多元化趋势明显。投资收益较高的另类投资增长迅猛,加之资本市场的局部回暖,股票和基金的投资收益率从2012年的负值提升到3.61%和5.06%,致使保险资金的运用收益率在2013年出现明显回升,达到5.02%,是2010年后的首次反弹。银行存款和债券的投资收益率都不高,这与中国银行存款利率低以及债券投资集中于政府债券有密切关系。由于中国资本市场发展不完善,股票与证券投资基金的投资收益率受市场波动的影响较大,近年来才陆续放开的另类资产,如间接投资基础设施计划、长期股权投资、投资性房地产等投资收益率都高于平均投资收益率,对整体保险资金投资收益率的提高产生了重要作用(见表14-17和图14-2)。

表 14-17　2012—2013 年保险资金运用投资收益率　　　　　单位:%

类别\年份	2012	2013
银行存款	4.64	4.59
债券	4.69	4.64
证券投资基金	-8.64	5.06
股票	-7.88	3.61
间接投资基础设施计划	4.83	5.31
其他贷款	5.47	5.73
长期股权投资	7.48	7.65
投资性房地产	8.51	26.86
保险资产管理公司产品	3.28	4.01
其他	10.28	10.35
合计	3.39	5.02

资料来源:孙祁祥等著:《中国保险业发展报告 2014》,北京大学出版社 2014 年版。

3. 改革的具体措施

2014 年 8 月公布的《国务院关于加快发展现代保险服务业的若干意见》提出"'充分发挥保险资金长期投资的独特优势','促进保险市场与货币市场、资本市场协调发展'",为完善保险资金运用机制、提高资产配置效率提供了重要的政策指导。

第一,强化保险资金匹配管理的原则和要求,引导建立与现代商业保险相适应的资金运用机制。尽量减少保险资金运用的行政审批,逐步将投资选择权完全交还给市场主体,增强市场活力。

第二,拓宽保险资金运用渠道。进一步放开保险资金的投资范围,提高保险资金在长期股权、长期资产、另类资产等的投资比例。多维度参与债券市场发展,既大幅提高对债券市场的投资比重,又寻找发展机遇、在债券市场发挥专业风险管理职能;在提足拨备准备金的前提下,增加直接投资,包括股权、基础设施和其他投资,强化跨期配置长期资金的优势。

第三,引导保险资金进入保障经济、服务民生的领域,重点投资医疗服务建设、养老服务、生物制药、医疗设备、保障性住房等与人民生活密切相关的方面,特别是支持养老服务行业、健康医疗和中医药行业发展以及相关基础性和创新性的课题研究。

第四,创新保险资金运用组织机构模式,提高保险资金的专业运用能力,确保保险资金高安全性和较高投资报酬率的要求。

第六节 加快建立巨灾保险制度

巨灾通常是指由难以预测或难以控制的自然灾害或人为事故引致巨大财产损失或人员伤亡的事件。它是一个随社会经济发展而变化的概念,可以根据不同的衡量标准如损失影响程度、风险类别等,形成不同的定义。1994年联合国减灾委员会的灾情报告提出巨灾的判断标准:"财产损失超过该国当时国民收入的1%,受灾人口超过该国总人口的1%,死亡人口超过100人的灾害事件。"慕尼黑再保险则认为"巨灾是受灾害损失区域难以依靠自身力量应对,需要借助外部力量来处置的事件"。美国联邦保险局则将巨灾定义为"直接承保财产损失超过2500万美元,且影响相当数目的保险人和被保险人的事件"。瑞士再保险根据不同灾害类别分别设定判断标准并及时变动(见表14-18)。

表14-18　　　　　2013年瑞士再保险的界定标准(最低)

保险损失(理赔额)	船运损失	1930万美元
	航空损失	3860万美元
	其他损失	4800万美元
损失总额		9600万美元
伤亡人数	死亡或失踪	20人
	受伤	50人
	无家可归	2000人

资料来源:Swiss Re,《Simga》,2014.

巨灾风险则是巨灾事件导致的损失结果不确定性,通常是指财产损失的不确定性。相对于普通风险,巨灾风险存在以下特点:一是发生频率低,可预测性差,巨灾风险发生频率较低,通常几年、几十年或上百年一遇,但是由于环境恶化以及地球处于地质运动活跃期,有些自然灾害所致的巨灾事件发生频率有所提高，同时这些风险依然难以预测。二是损失程度巨大，影响范围广，巨灾风险一般会造成大量的财产损失和人员伤亡，影响大量的保险标的。三是风险分散困难，难以通过传统商业保险承保，巨灾风险不符合大数定律，无法有效分散风险。

巨灾保险制度，简言之，是通过保险形式分散巨灾风险的制度安排，主要目的是增强社会防灾减灾能力，保障民众生活，促进社会和谐稳定。巨灾保险是巨灾风险管理中的重要经济手段，但它存在社会正外部性、定价困难、承保标的集中度高、可保风险界定难度大、逆向选择和道德风险较大等特点。巨灾保险制度是一个非常复杂的制度，大体包括运行机制、保险产品、法律法规等多个组成部分，其中运行机制含有承办模式、核心机构、风险分担机制以及融资体系等。从实施方式上分类，巨灾保险制度包括强制性巨灾保险制度和自愿性巨灾保险制度；从组织模式上分类，大致可分为完全市场化运作的巨灾保险制度、"政府主导"的巨灾保险制度以及"公私合作"的巨灾保险制度；从承保范围来分类，包括单项巨灾保险制度和综合性巨灾保险制度，单项巨灾保险制度承保某种特定的巨灾风险，如美国的全国洪水保险计划（NFIP）和日本的地震保险制度，综合性巨灾保险制度则承保多种巨灾风险，如法国的巨灾保险制度和西班牙的巨灾保险制度等。

1. 巨灾保险制度的国际经验

（1）美国洪水保险制度。1956年美国制定并通过《联邦洪水保险法》，开始推行洪水保险；1973年通过《洪水灾害防御法》，将洪水保险变为强制性保险，并扩大保险的责任范围。1994年颁布《国家洪水保险改革法案》，重申强制性保险，并进一步修正洪水保险计划。美国的洪水保险计划（National Flood Insurance Program，NFIP）是一种最早的巨灾保险，主要由联邦保险管理局和商业保险公司参与，但联邦保险管理局是核心机构，监督和管理整个计划的运行。而商业保险公司由于具有营业网点多、覆盖范围广的优势，在与联邦保险管理局签署"Write Your Owner"计划后成为代理机构，代售洪水保险保单，并不承担相应保险责任。洪水保险计划的赔偿资金主要来自美国洪水保险基金和国家财政，在出现保险赔付时，相应资金会首先转移给代理该业务的商业保险公司，再由其进行赔偿，一旦出现保险赔付，该部分资金将会转移给代办该业务的商业保险公司，由商保险公司赔偿投保人的损失，当保险资金不足时，再由国家财政赔偿其余部分。

（2）法国自然灾害保险制度。法国在1982年7月颁布《自然灾害保险补偿制度》，并开始实行巨灾保险制度。法国的巨灾保险制度主要承保商业保险机构无法承担的自然灾害风险，是一种半强制性的综合巨灾保险，承保范围包括洪水、地震、泥石流、下沉、干旱、潮汐、雪崩等风险，是商业保险中财产保险的必需附加险。投保人首先向商业保险公司投保，商业保险公司可选择是向国营中央再保险公司（Caisse Centralede Reassurance，CCR）进行分保，或是其他途径进行再保险分保。如果商业保险公司决定向CCR分保，那么CCR必须无条件接受所分保的保险责任。当约定灾害事件发生时，CCR将按照分保合同要求进行相应赔付，若CCR资金耗尽，将由法国政府承担无限赔偿责任。

（3）日本地震保险制度。1966年6月1日，日本《地震保险法》正式实施。日本地震保险制度包括企业地震保险与家庭地震保险两种：企业地震保险完全商业化运作，在承保限额内由商业保险公司单独承担赔偿责任；家庭地震保险则是政府机构与商业保险公司合作的运作方式，在规定限额内由商业保险公司和政府共同承担赔偿责任。在家庭地震保险制度中，日本再保险株式会社（Japan Earthquake Reinsurance Company，JER）起着关键作用，虽然不参与巨灾保险的运营，但会对商业保险公司、再保险公司的资质进行审核，并监督运营过程。家庭向商业保险公司投保，商业保险公司向JER进行全额的再保险安排，随后JER将收取的部分保费再与原商业保险公司进行再保险分保，其他剩余保费形成巨灾保险基金。日本家庭地震保险采用的是超额再保险方式：当保险赔付发生时，低于750亿日元的损失，完全由保险机构和JER承担；750亿日元至10774亿日元之间的损失，保险机构和JER承担50%，日本政府承担50%；而10774亿日元以上的损失，95%由政府承担，5%由JER承担。日本地震保险采用差别费率，不仅较好地体现了保险公平原则和拓展业务范围，而且在一定程度上降低了集中赔付的风险。此外，日本政府、JER和保险公司之间分工合理且运行良好，能够有效地开展相关工作，应对地震风险。

从美、日、法三国经验可知，在推行巨灾保险之初就出台了相应的法律制度，并明确规定了保障对象、融资渠道、运作机制、偿付方式、承保责任等多方面内容，这是推行巨灾保险的前提。无论采取何种发展模式，政府都是巨灾保险制度中不可或缺的主体，不仅在立法、制度设计以及融资方面发挥重要作用，而且承担"最终承保人"职责，但是政府、保险公司及再保险机构如何分工与合作是巨灾保险制度成功运行的关键。而巨灾保险的市场化运作有利于巨灾保险作用的充分发挥，并推进巨灾保险的顺利实施。此外，多级的风险分散机制是主要模式，再保险是巨灾风险分散机制中的重要选择。

2. 中国灾害情况及巨灾保险发展状况

中国地处全球环太平洋及北纬中带两大灾害带的交叉位置，是世界上灾害频繁而严重的少数国家之一。同时随着自然环境和气候条件的恶化，近年来各种灾害事件频发，造成了严重的财产损失和人员伤亡，极大地阻碍了中国经济社会的快速发展。中国每年因各种灾害事件造成的直接经济损失相当巨大。2007—2013 年短短 6 年，因自然灾害造成的平均直接经济损失高达 35069 亿元，因地震灾害导致的平均直接经济损失超过 10559 亿元，除此之外，还有地质灾害及其他人为事故灾害造成的损失。2007—2013 年中国因自然灾害死亡人口（含失踪）达 105565 人，其中地震灾害死亡人数达 72406 人，仅 2008 年汶川大地震就造成了 69283 人死亡。近年来中国地震灾害频发，年年都发生六级以上的地震，青海、新疆、四川和云南是大地震发生最为频繁的省份，2014 年 8 月 3 日云南鲁甸 6.5 级地震死亡人数就超过 600 人。目前中国实行以政府主导的灾害救助制度，但每年中央政府救灾资金仅占灾害直接经济损失的极小部分，如 2013 年自然灾害造成的直接损失达 5808.4 亿元，而中央救灾资金仅 102.7 亿元，占比只有 1.7%。中国至今未建立正式巨灾保险制度，致使保险赔付也较小，其占灾害损失的比重还不到 5%（见表 14-19 至表 14-21）。

表 14-19　　　　　　　　2007—2013 年中国自然灾害情况

指标	2007 年	2008 年	2009 年	2010 年	2011 年	2012 年	2013 年
农作物受灾面积（千公顷）	48992.5	39990	47213.7	37425.9	32470.5	24962	31350
自然灾害死亡人口（含踪）（人次）	2325	88928	1528	7844	1126	1530	2284
自然灾害直接经济损失（亿元）	2363	11752.4	2523.7	5339.9	3096.4	4185.5	5808.4
中央救灾资金（亿元）	79.8	—	174.5	113.44	86.4	112.7	102.7

资料来源：《中国统计年鉴》(2008—2013)，中国统计局网站。

表 14-20　　　　　　　2007—2013 年中国地震灾害情况

指标	2013 年	2012 年	2011 年	2010 年	2009 年	2008 年	2007 年
地震灾害次数（次）	14	12	18	12	8	17	3
5.0—5.9 级地震灾害次数（次）	10	8	11	4	5	6	1
6.0—6.9 级地震灾害次数（次）	3	3	2	—	2	4	1
7.0 级以上地震灾害次数（次）	1	—	1	1	—	2	—
地震灾害死亡人数（人）	294	86	32	2705	3	69283	3
地震灾害直接经济损失（亿元）	995.36	82.86	602.09	236.11	27.38	8594.96	20.2

资料来源：《中国统计年鉴》（2008—2013），中国统计局网站。

表 14-21　　　　　保险业参与重大自然灾害救助与补偿情况

年份	事件	报案数（万件）	赔款额（亿元）
2008	南方低温雨雪冰冻灾害	85.1	10.4
2008	四川汶川地震	12.4	6.1
2011	青海玉树地震	0.0086	0.0327
2012	北京"7·21"特大暴雨	4.4	12
2013	四川雅安地震	0.7941	0.4528
2013	浙江"菲特"台风	19.8	49.7

资料来源：中国保险监督管理委员会：《中国保险业社会责任白皮书》（2014）。

2006 年颁布的《国务院关于保险业改革发展的若干意见》提出"充分发挥保险在防损减灾和灾害事故处置中的重要作用，将保险纳入灾害事故防范救助体系，建立国家财政支持的巨灾风险保险体系，鼓励国内保险公司多为社会提供巨灾风险保障"；2007 年通过的《中华人民共和国突发事件应对法》第 35 条规定"国家发展保险事业，建立国家财政支持的巨灾风险保险体系，并鼓励单位和公民参加保险"；2013 年通过的《中共中央关于全面深化改革若干重大问题的决定》则指出"完善保险经济补偿机制，建立巨灾保险制度"；2014 年公布的《国务院关于加快发展现代保险服务业的若干意见》再次明确提出"建立巨灾保险制度"，并对巨灾保险制度的关键问题提出了指导性意见。

尽管中国较早提出巨灾保险的相关政策，但是巨灾保险发展相当缓慢。2013 年 9 月中国保监会批准云南地震巨灾保险和深圳综合性巨灾保险的试点，2014年7月深圳才开始正式实施。洪水巨灾保险仍未启动。而农业巨灾保险仅以政策性保险形式展开，远未发挥巨灾保险的作用。中国巨灾保险制度至今未正式制定和实施的原因有多方面，包括商业保险机构、政府及其他职能机构、再保险机构未形成合理的合作机制，相关权责问题未清晰；中国民众风险意识不高，并在灾害时发生时习惯于政府救助等，这些都在很大程度上阻碍了巨灾保险的推行。除此之外还包括相关巨灾法律建设滞后、资本市场与保险市场发展不完善、风险分担机制不全面等因素。

3. 改革的具体措施

2014年8月公布的《国务院关于加快发展现代保险服务业的若干意见》提出"建立巨灾保险制度。围绕更好地保障和改善民生，以制度建设为基础，以商业保险为平台，以多层次风险分担为保障，建立巨灾保险制度。研究建立巨灾保险基金、巨灾再保险等制度，逐步形成财政支持下的多层次巨灾风险分散机制。鼓励各地根据风险特点，探索对台风、地震、滑坡、泥石流、洪水、森林火灾等灾害的有效保障模式。制定巨灾保险法规。建立核保险巨灾责任准备金制度。建立巨灾风险管理数据库"。对巨灾保险制度的关键问题提出了指导性意见。

第一，推进巨灾保险立法制度的建设。立法是保证国家政策有效实施的关键，巨灾保险对相关法律制度依赖程度较高。巨灾保险制度发展较好的国家和地区都有较为完善的法律法规进行支持，如日本的《地震保险法》、英国的《洪水保险供给准则》、美国的《全国洪水保险法》以及我国台湾地区的"住宅地震保险共保及危险承担机制实施办法"。中国2012年出台的《农业保险条例》极大地促进了政策性农业保险的发展。应该积极推动洪水、地震等立法，加快制定诸如《地震保险条例》、《洪水保险条例》等相关法律法规。

第二，明确巨灾保险的核心机构与承办模式。由于中国保险市场发展不完善，行业承保能力有限，加之目前政府主导的灾害管理体制使得市场机制发展不充分，民众的灾害防范意识较弱。而巨灾保险具有准公共品的特点，同时巨灾保险涉及多个政府职能部门以及保险机构，须确定一核心机构（对核心机构应该赋予更多的权利）进行协调与推进。

第三，建立可行的风险分散机制。保险巨灾资金是推行巨灾保险制度的核心问题，巨灾赔付仅靠商业保险公司和政府支撑是无法长久运行的。从国际经验分析，风险分担途径除了再保险安排之外，还包括利用资本市场来分担损失，如巨灾风险期货、期权、债权和债券等。此外也可以设立巨灾保障基金，并进行专业化资金管理确保保值增值。

第四，加强巨灾风险管理意识。巨灾保险制度除了提供巨灾事件后的经济补偿，更重要的是事前风险预防和事中风险控制。尽管巨灾风险的可预测性差，但是事前在巨灾风险较有可能发生的区域加强风险管理意识的培养，有利于民众在风险事故发生时及时自救，减少不必要的伤亡与财产损失，同时也有助于巨灾保险制度的顺利推进。

第十五章

建立存款保险制度

党的十八届三中全会《中共中央关于深化改革若干重大问题的决定》明确指出：在推进金融体系改革、完善金融监管过程中，应"建立存款保险制度，完善金融机构市场化退出机制"。从国际经验来看，金融市场化进程（利率市场化、市场准入放松等）不可避免地会引致一定程度的风险，及时建立与之相适应的金融安全网，是确保市场化平稳推进的重要前提条件。作为现代金融安全网的重要组成部分，显性存款保险制度自然成为中国加快金融市场化改革中一个无法回避的话题。

应该说，显性存款保险制度已经有不短的发展历史，特别是在20世纪七八十年代以后，在金融危机频发的背景下，越来越多的国家（或地区）开始接受这一制度，并在实践中取得了较好的效果。不过，由于不同国家（或地区）在发展历程以及外部环境方面存在差异，现实中的显性存款保险制度也千差万别、形神各异。此外，2008年金融危机爆发以来，一些国家为应对冲击，对其存保制度还做了一些最新的调整。为加深对相关问题的了解，我们以金融稳定委员会[①]（Financial Stability Board，FSB，2012）的调查为基础（见表15-1），对全球主要经济体显性存款保险制度的实施情况和最新变化做一个简单的比较和总结，以期对中国即将开始的相关改革提供一些参考和借鉴。

[①] FSB成立于2009年，由G20峰会发起成立，成员国包括G20国家以及西班牙、荷兰、瑞士、中国香港和新加坡等国家和地区，总共24个成员，涵盖了世界主要经济体。考虑到中国经济规模较大，小型经济体的经验不足为镜鉴，本章主要以FSB的调查作为主要参考对象，并辅之以世界银行的全球调查数据。

表 15-1　　　　　　　　　主要国家存款保险制度比较

国家（地区）	授权模式	保险限额（美元）	投保存款占比（%）	定价模式
阿根廷	付款箱	7545	29	风险定价
澳大利亚	付款箱	1016300	61	—
巴西	付款箱	42000	22	单一保费
加拿大	成本最小	100000	35	风险定价
法国	成本最小	136920	67	风险定价
德国	付款箱	136920	—	风险定价
中国香港	付款箱	64000	20	风险定价
印度	付款箱	2240	33	单一保费
印度尼西亚	成本最小	235294	61	单一保费
意大利	成本最小	136920	31	—
日本	成本最小	122775	71	单一保费
韩国	风险最小	43902	27	单一保费
墨西哥	成本最小	146606	58	单一保费
荷兰	付款箱	136920	48	—
俄罗斯	成本最小	23064	32	单一保费
新加坡	付款箱	38835	19	风险定价
西班牙	成本最小	136920	47	风险定价
瑞士	付款箱	96830	24	单一保费
土耳其	成本最小	32541	25	风险定价
英国	付款箱	133068	—	—
美国	风险最小	250000	79	风险定价

资料来源：FSB（2012），Thematic Review on Deposit Insurance System：Peer Review Report.

第一节　存款保险制度的国际实践

1. 存保制度的目标与管理架构

从理论上而言，建立显性存款保险制度的主要目的在于保护存款人，但在实践中，也有部分国家将其扩展到维护金融稳定的层面。21 个建立了显性存保制度的 FSB 成员国，都以法律或法规的形式对存保制度的目标进行了明确表述，其中，有 9 个国家将其界定为存款人保护，另外 12 个国家

(地区) 则在此之外，还提到了促进金融稳定。

当然，需要指出的是，尽管越来越多的国家在存保制度的目标表述中提到金融稳定，但这不意味着其主要功能发生了转移和变化。事实上，存保制度对于金融稳定的意义，正在于通过更有效的存款人，进而稳定公众对银行体系的信心。正如巴塞尔银行监管委员会（BCBS）和国际存款保险机构协会（IADI）在联合发布的《有效存款保险制度核心原则》（2009）中指出的，"设立存款保险制度，并非是以处理系统中大银行倒闭或系统性危机为目的。……此外，处理系统性危机所产生的成本，亦不应由存保制度独自承担，而应有其他来源支持，如政府资金"。

由于发展路径不同，各国存款保险制度在组织管理上差异很大，对其独立性和效率也产生了重要的影响。总体来说，大概分为独立法人、从属于金融监管机构、从属于中央银行、从属于其他金融监管机构四种形式。此外，也有存款保险机构本身是独立法人，但由央行或金融监管机构托管的情况。在产权设置上，显性存保制度有私营、国有以及混合所有制等多种形式。根据世界银行的调查，大部分显性存款保险机构都是独立法人，只有14%的存款保险机构从属于中央银行、监管机构或金融管理部门。在产权设置上，66%的国家的存款保险机构是国家所有，在低收入国家，这个比率更是占到了82%。而在高收入国家，44%的存款保险机构由国家全资持有，21%的存款保险机构是私人持股，另外35%的国家则采用了混合所有制。[①]

另外，有许多国家同时存在多个存款保险制度。以FSB成员国为例，就有6个国家有一个以上的显性存保制度，对应着不同类型的银行业机构，比如，美国（2个）、巴西（4个）分别针对商业银行和信用社，德国（6个）分别针对商业银行（4个）和信用社及储蓄银行（2个），意大利（2个）分别针对股份制（合作）银行和互助银行，日本（2个）分别针对银行（包括信用合作社）和农业、渔业金库，加拿大则分别针对联邦注册机构和省注册的机构。

2. 存保制度的职权范围

由于目标不同，各国存保制度在实践中的职权范围也有着很大的差异，

[①] Asli Demirgüç‐Kunt, Edward Kane, Luc Laeven, "Deposit Insurance Database", *World Bank Working Paper*, June 2014.

根据现有的划分标准，大致可以分为三种主要的模式，即"付款箱模式"（Paybox）、"成本最小模式"（Loss minimiser）和"风险最小模式"（Risk minimiser）。

"付款箱"是最基本的一种存款保险制度，在这种模式下，存保机构的主要职责是在银行被关闭或破产时对存款人进行赔付，不具有审慎监管职责或干预银行机构的权力。当然，在实践中，在一些国家的付款箱模式下，存款保险机构仍然具备一些额外权力，以便为机构重组和存款赔付提供便利。简单概括起来，付款箱模式具有以下一些基本的特征：一是仅在银行关闭或破产后才发挥作用，之前除收取保费和管理保险基金外，没有其他权力；二是直接运行成本较低，管理模式也相对简单；三是与金融安全网其他制度（如银行监管部门和中央银行）之间的协调成本较低，这反过来也会降低银行的成本。在FSB的成员中，目前采取"付款箱"模式的国家（地区）包括德国、澳大利亚、印度、中国香港、阿根廷、巴西、荷兰、新加坡、瑞士和英国等。

"成本最小模式"的主要职责是在提供存款赔付的同时，尽可能减少存保基金或存保机构面临的风险和损失。与"付款箱"模式相比，成本最小制度在资产处置方面会具有一定的权力，往往有权介入破产机构资产、负债的处置，并在机构破产和存款人得到赔付之后的债权回收方面具有一定的优先权。总体上讲，成本最小模式的主要权力仍限于银行关闭或破产之后的风险管理和处置，不具有事前的审慎监管功能，是付款箱制度基础之上的一种扩展。在FSB的成员中，目前采取成本最小模式的国家包括日本、法国、俄罗斯、加拿大、意大利、墨西哥、西班牙、土耳其和印度尼西亚等。

"风险最小模式"的主要职责不仅包括对存保基金或存保机构所面临的风险与（已形成的）损失进行管理，而且还包括对健全机构及其风险形成过程进行监督管理，以实现预先防范风险和及时化解风险的目标。在这种模式下，存保制度拥有相当宽泛的功能与权力，类似于一个新的银行监管主体。在实践中，采用风险最小模式的国家较少，FSB成员中只有美国和韩国属于此类。

3. 存保机构的资金来源

在发达国家建立存款保险机构时，初始资金往往是由财政部门、中央银行或银行业协会提供；在建立存款保险制度初期，多数国家的中央政府和中央银行都会提供初始启动资金。如日本存款保险机构的初始资本金为4.5亿日元,其中,日本政府、中央银行以及私人金融机构各出资1/3。

全球77%的存款保险计划是通过私人金融机构融资的,而只有2%是由政府完全出资,其余21%是共同出资。这一比例在各个国家之间也有很大差别,在高收入国家,91%的存款保险计划的资金来自私人金融机构。

成立以后,保险费是存款保险机构的最主要的资金来源。当系统性危机爆发时,为了补充资金,存款保险机构还有可能向参保银行追收特殊保费。

此外,在面临大规模的银行危机时,存款保险机构往往会出现资金不足的情况,这时候存款保险机构也可以进行外部融资,比如向中央银行借款、向金融机构或其他机构借款、发行债券以及投资收入等。中央政府也会提供救助资金,并为存款保险机构的融资实行担保,这种情况并不是由政府直接向问题银行注资,而是通过存款保险机构来间接加以实施,以防止救助资金被滥用所导致的腐败行为和道德风险问题。

在日常征收保费方面又有事前融资和事后融资两种方式。绝大多数的国家都是事前融资,有1/4的高收入国家采用了事后保险,但在低收入和中低收入国家几乎没有事后融资。

典型事后融资的国家有奥地利、智利、意大利、荷兰、瑞士和英国。英国金融服务补偿计划公司(FSCS),其资金来源主要包括从成员银行收取保费、从问题银行回收资产、基金的投资回报、为履行职能而借入的资金,以及其他法律规定的资金来源。每家参保银行均须向英国金融服务补偿计划公司(FSCS)缴纳三种资金:初期资金、继增基金和特别出资。

在事后保险的方案中,往往最主要的资金来源于政府。因为政府有征税发债的能力,因此政府在银行破产时可以更及时地提供救助,但是在面临较大的银行危机时,政府就会感受到来自纳税人的较大的压力。如果资金来自私人金融机构,在遇到系统性风险时,可能会遇到资金短缺的问题。

4. 存保制度的覆盖范围

从存款类别上来说,本国银行一般都在存款保险计划内。因此,各个国家的存款保险的覆盖范围的差别在于是否包含外国银行在当地的子公司、外资银行在国内的分支机构、外币存款以及同业存款等方面。

随着金融全球化的深入,内资银行和外资银行在同一个国家内的覆盖范围差异已变得越来越重要。例如,在冰岛危机期间,根据欧盟指令,冰岛银行海外机构里的存款（金额在 20000 欧元以上）均被冰岛的存款保险体系覆盖。

此外，在是否覆盖外币存款方面，各国也存在差异。一些国家覆盖所有外币存款，而另一些国家只覆盖有限的外币存款。比如说，欧盟国家的存款保险基本上覆盖了任何欧盟国家货币的本币和外币存款，但是并不覆盖非欧盟国家货币的外币存款。

相对于零售存款来说，金融机构能够较好地控制同业存款的风险，因此银行间同业存款一般来说不在存款保险的覆盖范围内。但是在金融市场面临较大压力时，为了保证银行间资金市场的流动性，部分国家将同业存款也纳入存款保险的覆盖范围内。

存款保险覆盖范围也各有不同，无论是绝对水平还是相对人均收入，尤其当政府担保也计算在内时。一些国家为不同类型的金融机构设置了多重存款保险计划，因此，在有些情况下，存款保险的实际覆盖面往往超过了政府原先的计划。

受经济发展水平和其他因素的影响，各国存款保障的限额也相去甚远。在 FSB 成员国中，保障限额最高的为澳大利亚，为 100 万澳元，最低的是印度，为 2240 美元，21 个国家平均为 14.5 万美元；用保障限额与人均 GDP 之比来衡量，印度尼西亚最高，为 8000%，阿根廷最低，为 80%；从受保障的存款金额占全部存款的比重来看，美国最高，达到 79%，新加坡最低，为 19%，21 个国家平均为 41%；在受保障的存款账户占全部账户数量方面，巴西最高，为 98.9%，意大利最低，为 55%，21 个国家平均为 84%。

5. 存保的保费定价

保费定价是存保制度的核心内容，目前在实践中主要有单一费率和差别费率两种。在单一费率下，所有参保银行均基于统一的标准费率来缴纳保费。代表国家为日本。日本从 1971 年实行存款保险制度以来，共调整过 8 次存款保险费率，曾在 1996 年和 2001 年的两次调整中征收特别保费（但在 2002 年取消），并在 2001 年将存款分为特定存款和其他存款征收不同的保费，2003 年将存款分为支付结算存款和一般存款征收不同的保费，但从未对不同银行实行差别化费率。目前，日本对支付结算存款的费率为 0.11%，一般存款费率为 0.08%。

在这种看似公平的制度安排下，如果监管部门监管不力，就会出现由稳健经营的银行向高风险银行提供"保费补贴"的不公平现象，并由此产生较高的道德风险。并且，在单一费率制下，费率过低会导致存款保险机构资金不足，不足以覆盖问题银行的处置成本；而费率过高又会加重商业银行的财务负担，尤其是中小银行的负担，最终阻碍银行业乃至实体经济的发展。

于是不少国家根据银行各自的情况征收差别化的保费。在风险差别费率下，保费的征收会考虑银行的财务状况、风险的暴露状况，以及银行的负担能力等因素，根据不同银行或银行的不同类型来设定差异化的费率水平。比如美国、意大利、加拿大等。意大利根据四种衡量银行风险和表现的指标，将银行分为六类，对应六种不同的风险溢价。加拿大对于金融机构风险的判断是从质和量两个方面综合打分（见表15-2）。质的标准主要依据 CAMEL 的评级要求，量的测定主要考虑资本充足性、盈利能力、资产质量和资产集中度等。根据所得分数，将存款性金融机构的风险级别划分为4个档次，分别为50分以下、50分以上65分以下、65分以上80分以下和80分以上。分数越高风险越小。

表15-2　　　　　　　加拿大存款保险制度的差别费率

得分	保费分类	费率（bp）			
		2009 年	2010 年	2011—2013 年	2014 年
≥80	1	1.852	2.315	2.778	3.5
80≤但≥65	2	3.704	4.63	5.556	7
≤65但≥50	3	7.408	9.259	11.111	14
≤50	4	14.815	18.519	22.222	28

资料来源：CDIC.

在保费计算的基数上，各国实践中共有三种做法（见表15-3）：一是以全部存款作为基数来征收保费，其理由主要是考虑到存款保险机构所承保的主体是存款，且在管理上和统计上都比较简单；二是以符合保险资格的存款作为基数来收取保费，这主要是考虑到对不符合保险资格的存款征收保费是不公平的；相比第一种方式，这种方式的基数水平会有所下降；[1] 三是根据实际参保的存款为基数收取保费，该方式所确定的基数水平相比

---

[1] 魏加宁：《存款保险制度与金融安全网研究》，中国经济出版社2014年版。

前两种则会进一步收窄。此外,也有国家根据银行全部负债(包括存款和非存款性负债)为基数收取存款。

表 15-3　　　　　部分国家(地区)的保费基数确定

	澳大利亚	巴西	加拿大	德国	中国香港	印度	意大利	日本	俄罗斯	英国	美国
全部存款		1				1					
符合保险资格的存款				1						1	
实际参保的存款			1		1			1			
负债总额	1						1				1

注：1 表示"是"。
资料来源："Deposit Insurance Database", *World Bank Working Paper*, June 2014.

第二节　美国金融危机以来的存款保险制度变化

2008 年金融危机对许多国家存款保险体系及其保护银行储蓄的能力提出了较大的挑战。为了遏制金融危机的蔓延,很多国家拓宽了金融安全网,政府和金融监管机构通过扩大存款保险的覆盖范围或者采用存款保险制度对危机的特殊情况做出了反映(具体见表 15-4)。其中包括：

1. 存款保险的覆盖范围扩大

许多国家在金融危机期间大幅提高了存款保险的覆盖率,防止资金从银行体系外流。由于政策需要在各成员国之间达成衔接和一致,欧盟各国大幅度提高了存款保险覆盖范围,有些国家甚至将外币存款和同业存款也包括在内。而在美国,为防止金融危机对银行体系的冲击,联邦存款保险公司(FDIC)在 2008 年将赔付限额从 10 万美元大幅提高到了 25 万美元,存款保险所的资金覆盖率达到 80% 左右,已接近全额保险。

第十五章　建立存款保险制度

表 15－4　危机后部分国家（地区）存保制度的变化

项目	澳大利亚	巴西	加拿大	法国	德国	希腊	中国香港	冰岛	印度	爱尔兰	意大利	日本	墨西哥	俄罗斯	新加坡	瑞士	英国	美国
2008年以来存款保险制度的变化																		
引入DIS	1																	
DIS覆盖面的增加		1		1	1	1	1	1			1			1		1	1	1
政府对存款的担保	1			1	1	1	1	1		1	1			1				1
废除共同保险					1				1									
自从2008年以来政府对银行存款的担保																		
有限额	1				1					1					1			1
从何时起	2008						2008			2008					2008			
何时终止	2010						2010			2013					2010			
2008年以来政府对非银行存款负债的担保	1		1		1	1				1	1						1	1
2008年以来政府对银行资产的担保				1		1				1						1	1	1
2008年以来银行国有化					1	1		1		1							1	1

注：1表示"是"。

资料来源："Deposit Insurance Database"，*World Bank Working Paper*，June 2014.

总体上看，金融危机期间，各国存保制度的覆盖率显著上升，之后虽有下降，但总体仍高于危机前的水平。2013年年底，高收入国家平均的资金覆盖额达到了人均收入的5.3倍，中高收入国家6.3倍，中低收入国家11.3倍，低收入国家5倍。①

2. 废除共同保险

共同保险在危机前已经开始普及，在该制度下，存款人只有预先规定的部分存款受到保险，超过部分则不被保险。例如，一个国家的共同保险比率是20%，存款保险所覆盖的存款最高限额是100美元，那么低于125美元的存款中，只有80%会受到保险，如果存款超过了125美元，受保险金额也只有100美元。但是在危机中，这种存款保险制度难以维持，在2003—2010年间，有16个国家设置有共同保险条款，但现在只剩下了三个国家还维持这种制度。

3. 引入政府对存款（部分或全部）的担保

危机期间，为了维持公众对银行体系的信任，许多国家扩大了存款保险的覆盖面，并且引入了政府担保。但在2012年之后普遍又取消了政府对存款的无限额担保。这些措施短期内起到了一定的效果，但是却要求政府承担更多的义务。例如，在欧盟内部，各国存款保险制度名义上都覆盖了欧盟层面确定的最低保障限额。随着欧洲主权债务危机的爆发，部分国家的银行存款不确定性增大，导致存款都流向了基本面较好的国家，比如德国。

4. 政府对非存款性负债或银行资产的担保

为了扩大存款保险的覆盖范围，金融危机后不少国家都遭遇了系统性风险的冲击，这促使很多国家开始对金融机构的非存款性负债提供保险。对于一些国家来说，担保仅限于少数大型机构（如爱尔兰），有些国家保证特定债务类别，或仅新增债务（如韩国、美国），还有些国家提供无限担保（如澳大利亚）。除了银行负债，有些国家将银行资产端的部分资产也纳入担保范围。比如，荷兰和瑞士政府对ING和UBS的资产中一些难以估值的资产进行政府担保。

5. 更多国家采用存款保险制度

根据世界银行的统计，截至2013年年底，全球已有112个国家建立了

---

① Asli Demirgüç-Kunt, Edward Kane, Luc Laeven, "Deposit Insurance Database", *World Bank Working Paper*, June 2014.

显性存款保险制度，与 2003 年年底的 84 个国家相比，有明显的增加。其中，2008 年的全球金融危机强化了这个趋势，仅在 2008 年当年就有 5 个国家推出了存款保险制度。澳大利亚作为隐性担保的长期支持者，也在 2008 年建立起了显性存款保险制度。除危机外，另一个促进存保制度发展的原因是，欧洲一体化进程推动了中东欧国家陆续引入该制度。

相比较而言，高收入国家采用存款保险制度的比率更高。截至 2013 年年底，大约 84% 的高收入国家建立了存款保险制度。而在低收入国家中，这个比例只有 32%。此外，欧洲几乎所有的国家（以色列和圣马力诺除外）都建立有显性存款保险制度，但在其他各大洲，存款保险的应用范围则远没有这么广泛，非洲国家中只有 24% 拥有显性存保制度。

总体来讲，在金融危机之后，存款保险的应用范围明显扩大。一是更多的国家采取了显性存保制度；二是在采取了显性存保制度的国家中，保险的覆盖范围明显扩大。32% 拥有存款保险制度的国家引入了政府对存款的担保并且经历了危机。38% 的国家采用了全额担保。72% 的国家拓宽了对银行负债的担保范围，尤其在经历了危机的国家。36% 的国家开始对部分银行资产实行政府担保。64% 的国家经历了危机并且拥有存保制度的国家进行了银行国有化。[1] 所有这些，在防止金融危机的扩大和升级方面，发挥了重要的作用。

第三节　建立适合中国国情的存款保险制度

在中国，有关显性存保制度的探讨由来已久，但相关的实践却迟迟没有启动。近年来，随着利率市场化的不断推进，银行体系的潜在风险开始不断增大，完善金融安全网以及市场化的金融机构退出机制，显得尤其迫切。其中，显性存保机制正是最重要的组成部分之一。也正因为此，党的十八届三中全会通过的《中共中央关于深化改革若干重大问题的决定》指出，要"建立存款保险制度，完善金融机构市场化退出机制"，由此成为新时期中国金融改革的重要内容，并开始进入实质操作的阶段。不过，面对国际实践所体现出来的多样性和动态变化，中国的显性存保制度应采取怎

---

[1] Asli Demirgüç-Kunt, Edward Kane, Luc Laeven, "Deposit Insurance Database", *World Bank Working Paper*, June 2014.

样的模式，或许还不是个很好回答的问题。但不管怎样，有以下一些问题，需要在方案设计和今后的实践中加以注意。

第一，应因地制宜，实际符合中国国情的显性存保制度。从国际经验看，各国存保制度差异巨大，很难简单以其中某个国家作为模板进行仿效，否则，由于内外部环境的不同，实际效果或可能南辕北辙。为此，建议在设计制度细节和推进时，应充分考虑中国的实际情况，包括经济发展水平、银行业发展路径、银行业结构以及公众的认知与接受程度等，不宜片面行事。

第二，应弱化存款保险的审慎监管权力。从国际经验看，仅有少数国家（以美国为代表）的存保机构负有较强的监管职能，溯其根源，是因为其成立时间较早，而当时银行监管相对粗糙，存保机构的介入不失为一个有益的补充。而在绝大多数国家引入存保制度时，特别是20世纪80年代末以来，在巴塞尔委员会的推动下，对银行业的监管已达到相当专业和复杂的程度，在这种背景下，引入一个新的机构来填补监管真空的意义不大，反倒可能引发严重的监管扭曲。具体而言，在存保机构具有一定现场检查权的情况下，其检查内容、整改及处罚所能涉及的范围，与现有银行监管机构如何分工和协调，是一个很有意思的问题。如果二者的标准和导向不统一，银行应该如何处置？这到底是会降低银行风险，还是加大银行风险？恐怕都不是很好回答的问题。从这个角度看，如何建立存保机构与银行监管部门的沟通、协调机制，在很大程度上决定着这个制度的实践效果。

第三，在存款保险的覆盖范围上。从国外实践看，在那些之前存在隐性担保或全额保险的国家，存款保险制度的引入在短期内可能对中小银行产生负面冲击（及公众将中小银行的存款转移到大银行，以规避风险），反倒会对金融稳定造成威胁。因此，建议在确定存款保险的覆盖范围（受保险账户的类型及最高受保限额）时，可参考人均收入、人均存款等因素，尽量保证赔偿限额能够覆盖绝大多数储户和绝大多数账户。此外，在实施进程上也可考虑从全额保险逐步过渡到限额保险，以避免对中小银行的不利影响。

第四，在保费定价上，虽然基于风险的差异化定价能产生较好的激励效果，并在长期内降低存款保险基金的损失，但风险定价同样有内在缺陷，一是会提高问题银行的资金成本，加大其风险暴露；二是由于风险评估本身存在顺周期性（即经济上升期风险较小，经济下行期风险较大），差异化定价可能会放大银行的周期性风险。具体到中国，由于外部环境和自身管理方面的原因，广大中小银行机构（尤其是农村机构）的平均风险远高于国有大型银行和股份制商业银行，差异化费率或许意味着应该缴纳较高比例的保费。这些中小银行机构在与大银行的竞争中本已处于劣势，缴纳更高的保费，会加剧其在竞争中的劣势。如果考虑到许多中小银行的客户以小微企业和农户为主，这甚至还可能影响到这些客户的融资成本和资金可得性，与更高层面的国家政策不相契合。有鉴于此，可考虑采纳一些专家的建议，在存款保险制度实施初期，根据银行的类型（而不是风险）来实施差别费率，即将银行分为国有银行、股份制银行、城商行和信用社等类别，各类别分别适用不同的费率区间。在这个阶段中，原则上，风险更大的中小机构所适用的费率区间应更低。而在同一类型内部，可再根据各机构风险大小的不同，进行差异化定价。等到未来制度更为成熟、相关基础条件更为完善之后，再考虑向更科学的风险费率方式调整。

第十六章

完善人民币汇率市场化形成机制

完善人民币汇率市场化形成机制是开放条件下优化资源配置问题。伴随汇率形成的市场基础逐步扩大，市场供求在汇率决定中的作用得以充分发挥，人民币汇率趋向合理均衡水平。完善人民币汇率市场化形成机制，宏观上旨在提升要素价格市场化和合理化，促进汇率杠杆高效分配社会资源机制的形成，充分利用国内外"两种资源"和"两个市场"；政策上旨在促进国际收支趋向基本平衡，增强货币政策独立性，以提高开放经济宏观金融调控的前瞻性、针对性和协同性，为经济转型提供必要时间和稳定的涉外金融环境；微观上落足于更好地满足企业和居民的需求，提高市场微观主体对汇率风险的防范和管理能力，使其资产负债结构更趋健康合理，增强实体经济应对外部冲击的弹性，化解跨境投融资人民币业务发展中可能遇到的风险，夯实人民币国际化币值稳定微观基础，服务实体经济发展，提升对外开放水平。

第一节 人民币汇率形成机制的历史演变

人民币汇率作为最重要的要素价格之一，其"以市场供求为基础"的汇率形成机制目标自1994年外汇管理体制改革后得以逐步建立，自2005年汇改以来，有管理的浮动汇率制的框架和内涵得以不断完善。

人民币从诞生的第一天起就未与黄金建立联系（没有规定含金量）。1949年1月19日在天津一度对美元挂牌，以中国大宗商品进出口商品与美国同类商品的物价值之比作为主要依据，并随两国物价的变化进行调整。①

在计划经济时期，中国经济处于封闭状态（基本上不存在外部平衡问题），人民币汇率体制经历了从单一盯住英镑、盯住"一篮子货币"再到单一盯住美元的演变，并经历了以下三个阶段：

第一，单一浮动汇率制（1949—1952）：人民币汇率"先抑后扬"，主要根据当时国内外相对物价水平来制定，并随着国内外相对物价的变动不断调整。

第二，单一固定汇率制（1953—1972）：布雷顿森林体系下人民币汇率盯住英镑并保持 1 美元 = 2.46 元人民币水平稳定，官方汇率仅用于非贸易外汇的结算，对进口不起调节作用。

第三，以"一篮子货币"计算的单一浮动汇率制（1973—1980）：布雷顿森林体系解体后，人民币汇率频繁调整，当时美元走软，人民币汇率升值，1980 年达到 1 美元 = 1.5 元人民币。

改革开放后特别是 20 世纪 80 年代以后，随着中国对外开放的日益扩大，外部平衡问题也开始产生，并经历了以下两个双重汇率时期：

第一，内部双轨固定汇率制（1981—1984）：官方汇率（1 美元 = 1.5 元人民币）用于非贸易外汇结算，与贸易内部结算价（1 美元 = 2.8 元人民币）并存；官方汇率沿用原来"一篮子货币"计算调整，内部结算汇率根据出口换汇成本来制定。

第二，爬行盯住加自由浮动双轨汇率制（1985—1993）：官方汇率盯住美元，与外汇调剂价格自由浮动并存；官方汇率主要是按全国的出口换汇成本来制定，人民币与其他货币汇率根据人民币对美元汇率折算而成，同时产生了由市场供求决定的调剂市场汇率。

具体而言，在汇率改革方面：

其一，1979 年，国务院决定改革汇率制度，除了人民币汇率官方牌价外，还实行贸易内部结算价，双重汇率体制正式形成。同年，中国实行了外汇留成制，即外汇由国家集中管理、统一平衡、保证重点使用的同时，可以给创汇单位一定比例的外汇额度，创汇单位对留成外汇的使用有一定

---

① 陈彪如等：《人民币汇率研究》，华东师范大学出版社 1992 年版。

的自主权,并可参与"调剂"。①

其二,1980年,国务院批准中国银行开办外汇调剂业务,1985年,各地先后设立外汇调剂中心设立,市场化机制逐步引入汇率形成过程,成为人民币汇率形成机制重要变革之一。

其三,1985年,外汇调剂市场成交量快速增加,贸易内部结算价取消,人民币对美元汇率统一为1美元=2.8元人民币,后贬值至3.2元人民币并固定。

其四,1991年,对官方汇率调整由以前大幅度、一次性调整转变为逐步微调的方式,即开始向有管理浮动汇率转变。

伴随外汇调剂市场建立,外汇调剂价格形成,人民币汇率形成的市场化机制重要性开始加强,汇率的调节功能逐渐恢复。截至1993年年底,中国有121个外汇调剂中心,其中18个为公开调剂市场,允许持有留成外汇的单位把多余的外汇额度转让给缺汇单位,汇率由买卖双方根据外汇供求状况议定,中国人民银行适度进行市场干预。到1994年汇率并轨前,外汇调剂市场规模是官方市场的4倍。②

1994年1月1日,人民币汇率并轨,之后经历了重大调整和进一步完善:

第一,以市场供求为基础的、单一的、有管理的汇率制(1994—2005):1994年汇率并轨时1美元=8.7元人民币,1997年亚洲金融危机后事实上盯住美元1美元=8.28元人民币,累计升值4.8%。1996年12月实现人民币经常项目基本可兑换,但实施强制结汇、有条件售汇的外汇管制。1997年至2005年7月,人民币事实上盯住美元并在较窄的范围内较为稳定。

如图16-1所示,具体而言,在汇率改革方面:

其一,1993年11月,党的十四届三中全会通过的《中共中央关于建立社会主义市场经济体制若干问题的决定》明确了汇率改革的基本要求,"改革外汇体制,建立以市场供求为基础的、有管理的浮动汇率制度和统一规范的外汇市场,逐步使人民币成为可兑换货币"。

---

① 所谓"调剂",就是可以将留给创汇单位的外汇额度,通过协商转让给急需外汇的其他单位。

② 谢平、邹传伟:《中国金融改革思路:2013—2020》,中国金融出版社2013年版。

其二,1994年1月1日,人民币官方汇率与外汇调剂价格正式并轨,基本奠定了中国外汇市场的格局。同时,在全国建立统一的银行间外汇市场,标志着人民币汇率形成机制开始转向以市场供求为基础的新阶段。

其三,汇率形成机制基本框架初步形成:企业和个人按规定向银行买卖外汇,银行进入银行间外汇市场进行交易,形成市场汇率。中央银行设定一定的汇率浮动范围,并通过调控市场保持人民币汇率稳定。自此,尽管后续改革有一些技术上的调整,但私人部门持汇限制和外汇交易限制两大核心特征始终未变。

其四,2003年10月,党的十六届三中全会确定了人民币汇率改革的总体目标,即建立健全以市场供求为基础的、有管理的浮动汇率体制,保持人民币汇率在合理、均衡水平上的基本稳定。在有效防范风险的前提下,有选择、分步骤地放宽对跨境资本交易的限制,逐步实现人民币资本项目可兑换。同时,还对汇率改革与其他金融改革的顺序大致达成了共识,即汇率改革之前应先完成以下三项准备工作:①商业银行改革;②减少一些不必要的外汇管制(包括部分资本账户管制);③改进和完善国内外汇市场。

第二,以市场供求为基础、参考"一篮子货币"进行调节、有管理浮动汇率制(2005年至今):2005年7月,人民币汇率形成机制改革后,汇率形成机制灵活性不断提高,人民币汇率弹性不断增强,外汇市场也不断发展。2007年8月,中国开始实行意愿结售汇制。2005年汇改至国际金融危机的3年间,人民币对美元累计升值21%,危机期间人民币重新与美元挂钩。

具体而言,在汇率改革方面:

其一,2005年7月21日起,人民币对美元升值2%(从之前的1美元=8.28元人民币调整为1美元=8.11元人民币),人民币汇率不再单一盯住美元,而是按照我国对外经贸发展的实际情况,选择若干主要货币,赋予相应权重,组成货币篮子,以市场供求为基础,参考"一篮子货币"计算人民币有效汇率的变化。从而对人民币汇率(人民币对美元名义汇率)进行管理和调节,维护人民币汇率在合理均衡水平上的基本稳定。并且市场供求成为有管理浮动汇率形成的重要依据,参考"一篮子货币"而非盯住"一篮子货币"。从2005年7月至2008年6月底,人民币对美元汇率升值20.6%。

其二,2006年1月3日,中国人民银行发布实施《关于进一步完善银行间即期外汇市场的公告》，宣布自 2006 年 1 月 4 日起，在银行间即期外汇市场上引入询价交易（OTC）方式，并保留撮合方式。在银行间外汇市场引入做市商制度，为市场提供流动性。①规定每日银行间即期外汇市场美元对人民币交易价在中国外汇交易中心公布的美元交易中间价上下 0.3% 的幅度内浮动，欧元、日元、港币等非美元货币对人民币交易价在中国外汇交易中心公布的非美元货币交易中间价上下 3% 的幅度内浮动。中国人民银行授权中国外汇交易中心于每个工作日上午 9 时 15 分对外公布当日人民币对美元、欧元、日元和港币等汇率中间价，作为当日银行间即期外汇市场（含 OTC 方式和撮合方式）以及银行柜台交易汇率的中间价。

其三，2007 年 5 月 18 日，中国人民银行公告发布《中国人民银行关于扩大银行间即期外汇市场人民币兑美元交易价浮动幅度的公告》，宣布自 2007 年 5 月 21 日起将银行间即期外汇市场人民币兑美元交易价日浮动幅度由 0.3% 扩大至 0.5%。②

其四，2008 年国际金融危机影响扩大后，人民币汇率自 2008 年 7 月起开始实际盯住美元，人民币汇率再度收窄了浮动区间，在 6.81—6.86 元人民币/美元的小幅范围内波动。

其五，2010 年 6 月 19 日，中国人民银行宣布进一步推进人民币汇率形成机制改革，增强人民币汇率弹性，实现汇率波动正常化，退出阶段性盯住美元政策。坚持以市场供求为基础，参考"一篮子货币"进行调节，继续按照已公布的外汇市场汇率浮动区间，对人民币汇率进行动态管理和调节。

其六，2012 年，增强双向浮动弹性成为人民币汇率体制改革的重点。自 2012 年 4 月 14 日起，银行间即期外汇市场人民币兑美元交易价浮动幅度由 0.5% 扩大至 1%。粗略计算，若一年中有 200 个外汇交易工作日，当每天汇率连续单方向地变动 0.5%，一年积累汇率变动幅度理可高达 2.7 倍；若日波动幅度扩大到 1%，一年累计汇率变动幅度则可高达 7.3 倍。显然，扩大人民币汇率日波动幅度有利于人民币汇率弹性的提升。

在中国从计划经济向市场经济转轨过程中，1994 年汇率并轨改革至关重要，并得到广泛认可。自 1994 年年初汇率并轨以来，中国确定实行以市

---

① 中国人民银行网站货币政策司，http://www.pbc.gov.cn/publish/zhengcehuobisi/361/1376/13765/13765_.html。

② 中国人民银行网站货币政策司，http://www.pbc.gov.cn/publish/zhengcehuobisi/361/1377/13770/13770_.html。

场供求为基础的、有管理的浮动汇率制度。自2005年后，市场在汇率形成中作用逐步增大，人民币汇率弹性波动逐步提升，市场供求逐渐成为决定汇率的主要依据，中国人民银行主要通过经济手段进行汇率的宏观调控。

第一，形成基准汇率的外汇市场不断发展。如前所述，外汇调剂市场的建立，外汇调剂价格的形成，曾是人民币汇率形成的市场化机制的重要开始，涵盖80%的贸易账户涉及的外汇供求通过分散在全国的若干调剂中心进行交易。但自1994年起外汇调剂市场也已不合时宜并开始逐步消失，外汇指定银行成为外汇交易的主体。1994年4月，中国建立起全国统一的、规范的、银行间的中国外汇交易中心（暨全国银行间同业拆借中心），在该市场所形成的汇率成为央行所公布的人民币基准汇率。在此过程中，完成了从1994年之前的官方和调剂市场双重汇率定价到银行间外汇市场询价交易和做市商制度的过渡。

第二，形成汇率中间价的市场主体作用不断增强。目前，人民币汇率中间价是由外汇市场做市商参考银行间市场汇率和国际主要货币汇率变化情况在早市开盘时报价形成的。对此，外汇市场的做市商制度通过改进市场服务，增强市场功能，通过理顺央行、市场和银行三者之间的关系，为完善人民币汇率形成机制提供了配套措施，也提高了机构对市场快速变化及不断开放的应对能力。以建立做市商制度为代表的外汇市场建设发展，推动了汇率与市场的互动，增强了两者之间的有效联系，并且有助于人民币汇率弹性不断提升和人民币汇率市场化形成。①

第三，市场汇率弹性不断增强。2005年新的有管理浮动汇率制下，人民币汇率弹性波动区间管理成为汇率市场化形成机制改革的重要内容。市场供求力量更大作用的发挥，是与人民币汇率弹性波动区间的扩大相伴而生的。而市场汇率弹性增强，对于人民币汇率中间价等弹性的增强有一定的带动作用。进而央行逐步退出日常外汇市场干预，更多是在市场汇率波动超量时才进行干预。

第四，市场供求关系格局日益多元化。伴随中国国际收支经常项目1996年实现可兑换，资本项目2001年以来直接投资、证券投资、跨境融资等资本流动渠道逐步拓宽，外汇供求关系逐步理顺，对外贸易投资和个人

---

① 王春英：《夯实做市商制度建设　协力推进外汇市场发展》，《中国货币市场》2014年第7期。

持有和使用外汇更加便利,对外贸易和投资格局日益多元化,外汇供求关系逐步在市场中得以充分体现。①

第五,参考"一篮子货币"的汇率安排。人民币汇率从单一盯住美元到参考"一篮子货币"的过渡,是与外汇市场供求关系格局度多元化相适应。对比过去曾实施过的盯住"一篮子货币"汇率安排,由于币种选择和权重的客观依据不足,汇价合理性和汇率水平的可靠性缺乏保证,由此制定的汇率其变动不能真实反映外汇市场供求(而实际上还是央行被动干预的结果),并且导致了人民币汇率的高估,从而后续的汇率体制改革势在必行。②而现行的参考"一篮子货币"的汇率安排意味央行并非根据一篮子货币的给定计算公式来确定人民币对美元和其他货币的汇率水平,从而人民币对美元汇率波动和市场化空间更为充分。

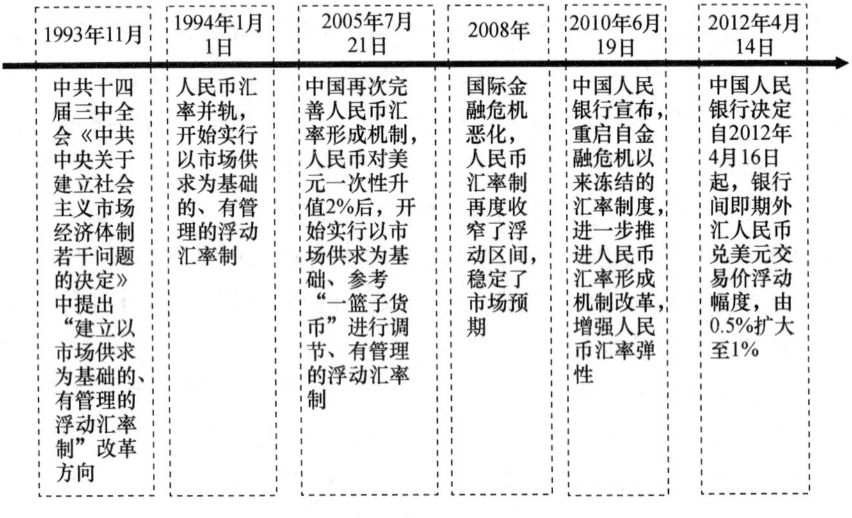

1993年11月	1994年1月1日	2005年7月21日	2008年	2010年6月19日	2012年4月14日
中共十四届三中全会《中共中央关于建立社会主义市场经济体制若干问题的决定》中提出"建立以市场供求为基础的、有管理的浮动汇率制"改革方向	人民币汇率并轨,开始实行以市场供求为基础的、有管理的浮动汇率制	中国再次完善人民币汇率形成机制,人民币对美元一次性升值2%后,开始实行以市场供求为基础、参考"一篮子货币"进行调节、有管理的浮动汇率制	国际金融危机恶化,人民币汇率制再度收窄了浮动区间,稳定了市场预期	中国人民银行宣布,重启自金融危机以来冻结的汇率制度,进一步推进人民币汇率形成机制改革,增强人民币汇率弹性	中国人民银行决定自2012年4月16日起,银行间即期外汇人民币兑美元交易价浮动幅度,由0.5%扩大至1%

图 16-1 近十年来人民币汇率形成机制改革进程③

---

① 胡晓炼:《实行有管理的浮动汇率制度是我国的既定政策》,中国人民银行官方网站,2010年。
② 黄志刚等:《人民币汇率波动弹性空间研究》,科学出版社 2013 年版。
③ 由曦:《金改进入深水区》,《财经》2013 年第 36 期。

第二节　当前人民币汇率形成机制的内容与特点

现行人民币汇率形成微观机制建立在银行结售汇制度和银行间市场交易基础上，结售汇和银行间市场的制度安排决定了人民币汇率生成的过程和市场化程度。官方确定并调整汇率、银行间市场交易汇率和中央银行拍卖汇率是汇率形成的不同方式。结合中国外汇市场的发展实际，针对现行人民币汇率形成机制的基本框架，即企业、个人和金融机构参与银行柜台和银行间两个层次的外汇市场交易，由供求关系在国家规定的中间价波动幅度内决定市场汇率，中国人民银行对中间价的形成方式和市场汇率的波动幅度实施管理和调控。①此外，通过引入做市商，做市商的供需（能够反映整个市场的供需）成为影响人民币汇率的主要因素，中国人民银行通过对外汇市场进行干预，以实现其政策目标。

1. 目前人民币汇率中间价形成方式及市场汇率生成过程

中国外汇交易中心于每日银行间市场开盘前向所有银行间外汇市场做市商询价，并将全部做市商报价作为人民币对美元汇率中间价的计算样本，去掉最高和最低报价后，将剩余做市商报价加权平均，得到当日人民币对美元汇率中间价，权重由中国外汇交易中心根据报价方在银行间外汇市场的交易量及报价情况等指标综合确定（见图16-2）。现实证明，中国外汇

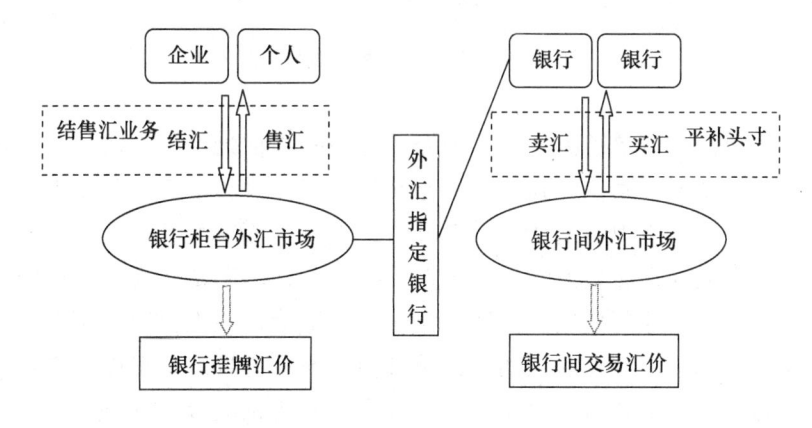

图16-2　人民币汇率形成机制②

---

① 参见国家外汇管理局官网（http：//www.safe.gov.cn），《外汇管理概览》。
② 同上。

交易方式,市场更适合场外询价因为在银行间外汇市场上场外询价方式比撮合方式提供的交易价格更有利,信用资质高的市场参与者倾向于场外询价,而信用资质不高的由于不好找到合适的交易对手而倾向于撮合方式。①

目前,人民币市场汇率生成的大致过程是:(1)外汇指定银行办理结售汇业务形成结售汇差额;(2)银行到银行间外汇市场平补结售汇头寸;(3)中央银行授权中国外汇交易中心,根据做市商报价加权平均得到人民币对美元汇率中间价并套算其他外汇中间价,作为当日基准汇率对外公布;(4)银行参照基准汇率和国际市场汇率在规定的浮动区间内制定当日挂牌汇率;(5)银行按挂牌汇率对客户办理结售汇业务;(6)银行形成新的结售汇差额再进入银行间市场买卖(见图16-3)。

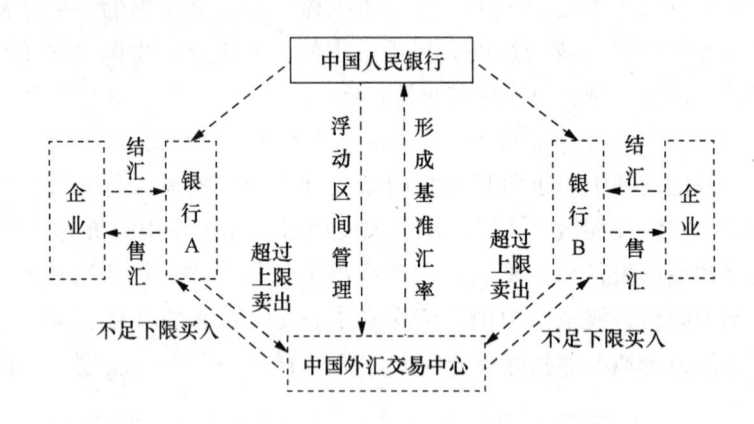

图16-3 市场汇率生成过程示意

人民币汇率体制经历了从计划经济时期的高估配给汇率制,到转轨经济时期的双重汇率制,再到单一的浮动汇率制,再从事实上盯住美元汇率到参考"一篮子货币"有管理浮动。② 在2010年新一轮汇改重启后,人民币汇率双向波动性明显增强,对于人民币对美元汇率单边大幅升值的市场预期起到一定的抑制作用。值得注意的是,尽管预期人民币汇率会出现双向波动,但如果市场普遍预期人民币升值,即便每日波动可能呈现双向波动,也难以改变市场对人民币汇率长期向单一方向变动的预期。对此,中

---

① 谢平、邹传伟:《中国金融改革思路:2013—2020》,中国金融出版社2013年版。
② 易纲:《改革开放三十年来人民币汇率体制的演变》,载《中国金融改革思考录》,商务印书馆2009年版。

国人民银行适时、逐渐放宽汇率波动幅度的限制，以增强汇率的弹性，使汇率上下波动更为频繁，让汇率水平在更大程度上由市场决定，最终形成市场化波动机制，从而减弱人民币汇率单边升值预期。中国人民银行强调增强人民币汇率弹性，未来波幅的提升会使得汇率的不确定性加强，同时，由于波动是双向的，人民币对美元汇率将会出现升值或贬值的可能性，从而使得交易者无法认定汇率是否会仅朝升值方向变动。

2. 近期人民币汇率形成机制的最新改革动态

按照让市场在汇率形成中发挥越来越大作用的既定改革方向，自2014年3月17日起，人民币对美元汇率交易价日浮动区间由1%扩大至2%，这是贯彻落实党的十八届三中全会精神，发挥市场在资源配置中起决定性作用的重大举措。① 2014年4月，中国人民银行行长周小川在博鳌论坛上表示，人民币汇率将要逐步退出常态式外汇干预，波幅还会朝着扩大发展。

第一，银行间外汇市场即期人民币对美元浮动幅度进一步扩大至2%。2014年3月，中国人民银行发布公告，称决定扩大外汇市场人民币对美元汇率浮动幅度。自2014年3月17日起，银行间即期外汇市场人民币对美元交易价浮动幅度由1%扩大至2%，即每日银行间即期外汇市场人民币对美元的交易价可在中国外汇交易中心对外公布的当日人民币对美元中间价上下2%的幅度内浮动。②伴随人民币汇率市场化形成机制改革的进一步推进，人民币将与主要国际货币一样，更为充分弹性的双向波动将成为人民币汇率动态的新常态。

第二，进一步完善银行结售汇业务监管制度。为保障外汇市场平稳运行，中国人民银行对《外汇指定银行办理结汇、售汇业务管理暂行办法》进行了修订，于2014年6月22日发布了《银行办理结售汇业务管理办法》，自2014年8月1日起施行，并体现了简政放权、构建合理监管体系的改革思路。主要修订内容包括：一是将结售汇业务区分为即期结售汇业务和人民币与外汇衍生产品业务，分别制定管理规范；二是降低银行结售汇业务市场准入条件，简化市场准入管理；三是转变银行结售汇头寸管理方式，赋予银行更大的自主权，以充分发挥市场主体在外汇业务发展中的主观能

---

① 管涛：《大国汇率政策选择：超越汇率形成机制改革的深度思考》，载《新金融评论》2014年第3期。

② 结合国际外汇市场的运行实践，以及对于国际化程度还较低、交易主要限定在中国境内的人民币而言，2%的波动幅度已经够用。

动性；四是取消部分行政许可和资格要求，实现以事前审批为重向以事后监管为重的转变；五是根据外汇实践发展，修订部分罚则内容。

第三，常态式干预的逐步退出。根据中国人民银行公布的数据，2014年1—3月的金融机构月均新增外汇占款规模约为2516.03亿人民币，并且月均新增规模大幅回落。从最新数据来看，央行公布的2014年7月新增外汇占款（由负转正）和外管局公布的2014年7月结售汇顺差（大幅下降）的数据，表明中国人民银行外汇占款不再快速增长，进而意味着金融机构外汇占款失去了继续高速扩张的动力。目前，中国人民银行正在逐步退出外汇市场的日常干预。

第四，实现与多种非美货币的直接兑换。目前，银行间外汇市场开展人民币对日元、澳元、新西兰元、英镑等直接交易，降低了人民币汇兑成本。以人民币对英镑汇率中间价为例，2014年6月19日起银行间外汇市场开展人民币对英镑直接交易，人民币对英镑汇率中间价形成方式予以改进，由此前根据当日人民币对美元汇率中间价以及美元对英镑汇率套算形成改为根据直接交易做市商报价形成，即中国外汇交易中心于每日银行间外汇市场开盘前向银行间外汇市场人民币对英镑直接交易做市商询价，将直接交易做市商报价平均，得到当日人民币对英镑汇率中间价。此外，中国外汇交易中心还发布了人民币对84种未挂牌交易货币参考汇率，使用人民币计价结算更加方便。上海清算所集中清算代理人民币利率互换（IRS）业务，构建利率与汇率的市场联动机制，使人民币汇率形成机制逐步完善。

3. 当前人民币汇率形成机制的主要特点

伴随中国外汇市场正在由封闭的、以银行间市场为中心，逐步走向以放松外汇管制、完善中央银行外汇干预机制、促进各银行业公平竞争等措施为主的市场化革新，人民币汇率形成机制更趋市场化，人民币汇率的价格杠杆功能日益凸显。特别是2014年，银行间外汇市场即期人民币对美元汇率浮动幅度扩大至2%，市场在资源配置中的决定性作用进一步增强。

第一，中间价管理。与大规模的成熟市场经济体相比，当前人民币汇率形成机制的最大特点是，货币当局通过买卖外汇以通过中间价管理等方式，确定人民币汇率价格。为保持人民币对美元汇率相对稳定，中国外汇占款和外汇储备不断累积。

第二，银行间市场供求在中间价波幅内决定市场汇率。银行间外汇市场主要体现银行等金融机构与外汇指定银行的市场供求（并形成银行间交易汇价）。当前每日银行间即期外汇市场人民币对美元汇率中间价上下2%幅度内浮动。

第三，柜台市场供求银行自主定价。银行柜台外汇市场主要体现企业、个人与外汇指定银行的市场供求（并形成银行挂牌汇价）。银行可基于市场需求和定价能力对客户自主挂牌人民币对各种货币汇价根据市场供求自主定价。

第四，双向浮动弹性增强成为一种新常态。随着人民币汇率波动加大，现行汇率水平逐渐为境内外市场广泛接受和认可。未来，跨境资本流动下人民币汇率双向波动将成为一种新常态。从国际收支、外汇储备变动等对外指标看，人民币汇率似乎仍然低估；但从国内产能过剩、经济下行等对内指标看，人民币汇率则似乎又有所高估。[①]

第五，央行适度干预。当前央行外汇市场干预主要参考因素是：均衡汇率、"一篮子货币"和上一个交易日的汇率，分别对应于：其一，趋进均衡汇率促进外汇市场供求平衡；其二，稳定"一篮子货币"汇率促进出口稳定；其三，保持人民币对美元汇率基本稳定以降低汇率风险。[②]

但是，限于市场主体缺乏和买卖双方实力悬殊，外汇市场供求双方交易意愿和真实交易成本难以直接体现，带来了人民币与美元之间合理汇价形成的困扰。[③]如何做好准备，进一步明确合理的汇率水平和汇率双向浮动弹性波幅的确定及依据[④]，尽快形成趋向汇率合理区间并促进经济内涵式发展的汇率市场化形成机制，仍需进一步明确。

第三节 当前人民币汇率形成机制的市场情况、问题和难点

伴随人民币对其他非美货币的直接交易不断拓展，人民币对各主要货币的交易量较过去有显著提升。与此同时，第一，外汇市场交易主体也在不断扩展。截至2013年年末，共有即期市场会员405家，银行间外汇市场有31家即期做市商和27家远期掉期做市商，2013年银行间外汇市场即期

[①] 管涛：《多重均衡模式与近期人民币汇率波动》，《中国货币市场》2014年第6期。
[②] 张斌：《加快实现既定的人民币汇率形成机制改革目标》，载《新金融评论》2014年第3期。
[③] 王国刚：《实现金融交易可兑换时机尚未成熟》，《中国证券报》2014年2月24日。
[④] 李波、邢毓静、郑红等：《国际汇率监督——规则的嬗变》，中国金融出版社2012年版。

交易量中做市商交易占比为81.4%，做市商已经成为国内外汇市场最重要的市场参与者。相关市场情况如表16-1所示。第二，对于市场中的微观主体，当市场对人民币汇率的预期由升值转向贬值时，国内企业等市场主体的财务运作方式相应由"资产本币化、负债外币化"向"资产外币化、负债去美元化"转变。汇率双向浮动弹性增大情况下，企业对其资产负债配置灵活调整，表明国内市场主体在汇率机制改革背景下对汇率变动敏感度的增强。①第三，从离岸人民币市场发展来看，伴随人民币产品不断丰富，市场规模稳步扩大，离岸人民币市场的交易活跃度稳步提升。人民币离岸金融市场的全球布局有序推进，"内外互动"战略日益清晰。

表16-1　　　　　　　　人民币在岸、离岸相关市场概览

市场	内容	监管机构	外汇机制	参与者	市场自由度
CNY	在岸人民币	中国人民银行，外管局	CFETS，每天定盘、中国人民银行干预	在岸（居民），允许的投资者（FDI、QFII、QDII）	监管严格
CNH	离岸可交割人民币	香港金管局与央行合作	OTC，市场清算	离岸	大部分自由化
NDF	离岸无本金交割人民币	无	OTC，每天CNY中间价定盘	离岸	无管制，定盘除外
CNT*	离岸可交割人民币	台湾"央行"与中国人民银行合作	OTC，市场清算	离岸	大部分自由化

1. 人民币汇率中间价、即期汇价、无本金交割远期价市场情况

中国外汇交易中心于每日银行间外汇市场开盘前向所有银行间外汇市场做市商询价，然后根据样本数据及设定的权重，计算出当日美元兑人民币汇率中间价。从价格形成上来看：

(1) 中间价会体现市场行情，但是官方色彩仍然较浓，存在轻微金融抑制。

(2) 即期汇率是在中间价基础上产生的，由当场交货时货币的供求关

---

① 王春英：《夯实做市商制度建设　协力推进外汇市场发展》，《中国货币市场》2014年第7期。

系情况决定。

(3) 即期汇率由中间价锚定,但是由于市场化程度更高,容易与中间价产生偏离,且波动率也更大。

(4) 根据两种汇率的形成机制,即期汇率与中间价的汇差主要反映为市场供求关系受到抑制的那部分。具体而言,由于即期价对市场供求反映更充分,当人民币升值时,美元兑人民币即期汇率会低于中间价,当人民币贬值时,即期汇率会高于中间价。

(5) 在一整段的升值或者贬值周期,一般体现为这种稳定的汇差方向,而当人民币币值处于转折点时,两种汇价就容易产生背离。具体表现为:当人民币由升值转入贬值时,美元兑人民币即期汇率上涨幅度更大、速度更快,即期价将上穿中间价,形成正汇差;而当人民币由贬值再次转入升值时,即期汇率又快速向中间价靠拢,正汇差持续收窄并变为负值。这样,最终形成人民币即期汇率围绕中间价波动的运行轨迹。

如图16-4所示,在所示人民币短期贬值强烈预期下,2012年6—8月,人民币对美元即期汇率与中间价的汇差由负转正。此后,2013年即期汇率贴近汇率浮动的上边界。而对于中间价,以2013年为例,在银行间即期外汇市场全年238个交易日中,人民币对美元汇率中间价有126个交易升

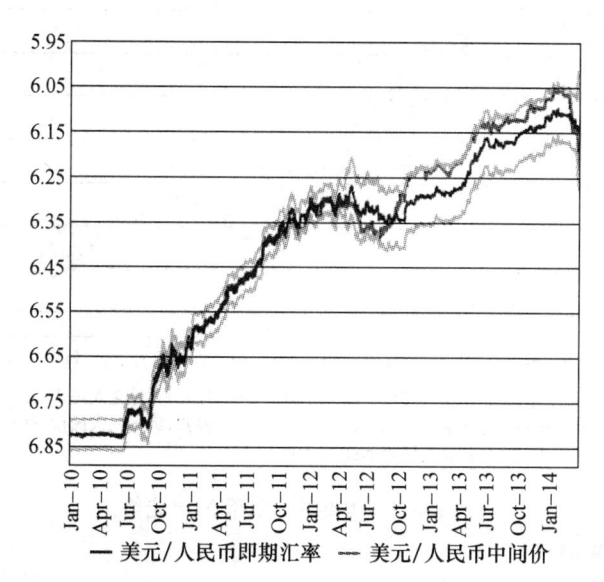

图16-4 人民币对美元即期汇率、中间价走势与汇率浮动幅度

资料来源:美国财政部2014年4月,《国际经济与汇率政策半年报》。

值，112个交易日贬值；日均隔日波幅约为33个基点，比上年全年日均波幅缩小11个基点，人民币汇率双向浮动特征较为明显。①进入2014年7月以来，人民币对美元汇率即期价走势明显弱于中间价，二者之间的汇差也由4月末的逾千基点，收窄至7月以来的400基点左右。此外，结合2014年5月中国人民银行公布的金融机构新增外汇占款为386.65亿元，较2014年4月的1169.21亿元新增数量亦大幅收窄。中国人民银行新增外汇占款大幅减少，尤其是比金融口径新增量要低很多，在一方面表明中国人民银行5月对汇市干预得很少，汇率走势更趋市场化。

最后，从人民币各期限的NDF走势来看（见图16-5），2014年以前人民币汇率升值预期表现强劲，海外人民币升值预期较为强烈，香港的各期限人民币NDF整体进入下行通道，表现出明显的升值。但是，进入2014年，香港的各期限人民币NDF相收敛，并呈现贬值态势。这表明海外人民币汇率预期反转，人民币汇率单边升值预期已被打破，但也需提防对人民币汇率的做空压力。

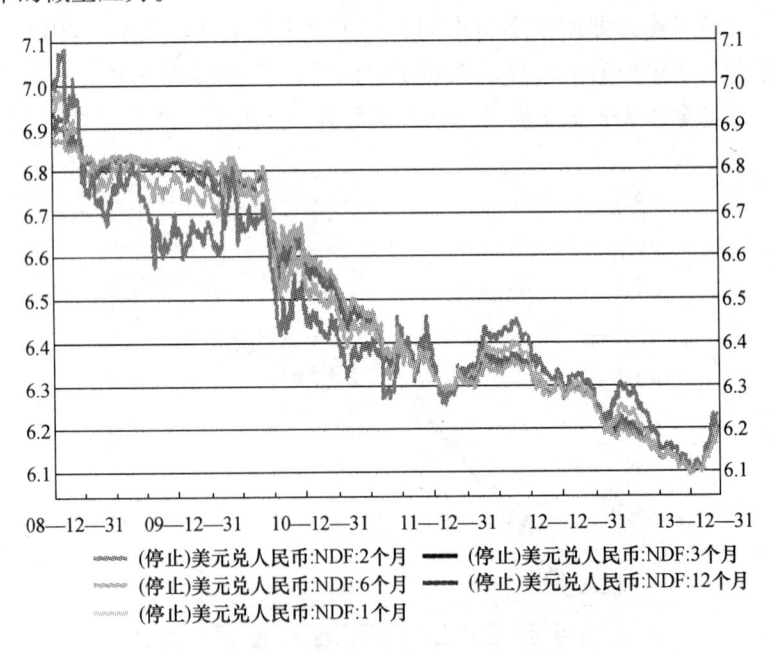

图16-5 香港的人民币NDF走势

资料来源：Wind咨询。

---

① 参见中国人民银行官方网站（http://www.pbc.gov.cn/），《中国人民银行年报2013》。

2. 人民币汇率改革的时空条件与政策诉求

进入后金融危机时代,全球经济金融格局调整不断,包括局部冲突和战争频发,使中国的外部环境存在诸多挑战。这些影响因素,又会反馈到国内经济层面,从而增加中国经济转型以及应对短期经济调控的难度。从中国现在的情况来看,对于国际收支、外汇储备变动等指标而言,人民币汇率似乎仍需要升值;但在经济增长速度换档期、结构调整阵痛期、前期刺激政策消化期"三期"叠加背景下,对于国内产能过剩、经济下行等对内指标,人民币汇率似乎又需要贬值。①

(1) 开放经济货币政策调控面临较大压力。表现为:第一,中央银行资产负债表资产外化程度较高(外汇储备占比过多,存在"美元陷阱"问题);第二,冲销干预"被动发钞"外汇政策成本巨大并且不可持续;第三,利率、汇率和资本回报率的三因素作用下,货币政策易陷入"自我循环",有效性受到制约。

(2) 境外套利投机资金通过贸易、商业信用等渠道进入境内现象普遍存在且屡禁难止。伴随短期跨境资本波动上升,境外市场的人民币需求难以调控,对国内流动性影响上升。国内金融市场缺乏广度、深度和弹性,以及市场化进程中的利率汇率双轨制导致套利空间存在,反过来又倒逼国内汇率利率市场化改革。进入2014年以后,国内经济增长稳中趋缓、外贸进出口比较低迷、信用违约事件开始暴露以及美联储QE加速退出等内外部因素,触发了汇率预期分化,推动资本流动波动。特别是当人民币汇率波动加大以后,对前期看涨人民币单边升值的套利交易形成"挤出效应",并释放出平仓购汇的需求,反过来进一步推动汇率波动、推升资金流出的压力。②

(3) 面临"三元冲突"的协调问题。要实现中国经济持续增长和兼顾就业的目标约束,需要相对稳定的汇率机制来保持外需拉动;但是,汇率稳定机制在国际汇率和短期资本流动不稳定性日益加强的背景下,又需要外汇管制和央行介入外汇市场来维持;而外汇管制的存在,则意味着人民币还不能成为真正意义上的国际化货币。随着人民币加快实现资本项目可

---

① 管涛:《大国汇率政策选择:超越汇率形成机制改革的深度思考》,《新金融评论》2014年第3期。

② 管涛:《多重均衡模式与近期人民币汇率波动》,《中国货币市场》2014年第6期。

兑换,上述"三元冲突"的协调问题将更加突出。伴随境内外金融机构获取人民币的途径被拓宽以及金融项下的跨境人民币使用的不断拓展,中国人民银行继续以货币供应量作为货币政策中介目标的有效性将会受到影响。中国需要加快货币政策调控由数量型向价格型转变。

3. 人民币汇率市场化形成机制存在的问题

从人民币汇率的市场化形成机制看,要展开金融交易可兑换,在具体操作中,对任何的非居民都必然涉及以何种汇价兑换人民币(或将人民币兑换为所需外汇),由此,汇率形成机制也就成为各方关心的一个关键问题。迄今,中国境内的人民币汇价反映的是国家外汇交易中心的行情,而这一行情在形成中存在以下问题。①

(1) 在人民币与美元比值趋于升值的背景下,这一外汇市场有着众多的美元卖家,但缺乏足够的买家。由于买卖双方的实力严重不对称,很难形成合理的于人民币与美元之间的汇价,所以,人民银行实际上成为这一外汇交易市场的最主要买家。由于身份不同,在购汇目的、购汇数额、汇价精算、购汇用途和时间成本计算等方面,人民银行与一般企业有着诸多的差别,这决定了国家外汇交易市场的行情是一个并未充分按照市场机制形成的价格。

(2) 在实行意愿结汇以后,虽然一些企业在账户上留存了一部分外汇(2005年以后,"企业存款"从694.77亿美元增加到2013年10月的3501.77亿美元),但受运用外汇进行境外投资依然需要经过审批的限制,企业用汇和购汇的非交易成本(即行政审批程序中的成本)在外汇交易之外发生,使得在获得外汇中,企业实际耗费的成本明显高于交易成本,而这些成本很难在外汇交易价格中直接反映,由此,国家外汇交易市场的交易价格难以反映外汇需求者(企业)的真实交易成本。

(3) 国家外汇交易中心的外汇交易价格是在境外汇市投资者难以直接且自由进出的条件下形成的,它集中反映的境内符合条件的金融机构等的交易意向,与国际汇市的交易价格并不充分接轨。对于具有批发性质的银行间外汇市场,在逐步放开实需原则下,只有将出于不同交易目的的交易者都纳入进来,市场的流动性才会进一步改善,市场上的预期才会分化和分散,人民币汇率弹性才会进一步提高,从而外汇市场的价格发现功能得

---

① 王国刚:《实现金融交易可兑换时机尚未成熟》,《中国证券报》2014年2月24日。

以挖掘和实现。

（4）尽管在2003—2013年间，中国外汇信贷收支数额快速增长，外汇交易数额不断扩大，但与中国的经济体量和金融体量相比依然显得过小。2013年10月，从"来源方项目"看，仅为4461.05亿美元（以人民币与美元的汇价计算大约为2.7万亿元人民币），但同期《金融机构人民币信贷收支表》中的"各项存款"数额为102.69万亿元；从"运用方项目"看仅为7665.74亿美元（大约为4.68万亿元人民币），但同期《金融机构人民币信贷收支表》中的"各项贷款"数额为70.79万亿元。二者相比不难看出，外汇交易量对中国境内经济金融活动的影响力甚小。另外，中国每年有着3万多亿美元的进出口贸易，"外汇买卖"项目中所反映的数额到2013年10月也仅有3364.92亿美元，二者明显不对称。这些不对称反映了外汇交易市场融入中国境内经济金融活动的程度太低。

（5）一国外汇资产本应由政府外汇资产、企业外汇资产和居民个人外汇资产构成，与此对应，一国外汇资产应分别配置在政府、企业和居民手中。但在中国的外汇管理方面，有关部门依然贯彻着30多年来所形成的"宽进严出"思路，在政府持有外汇储备已达3.8万亿美元的条件下，继续将巨额外汇控制在政府行政部门手中，缺乏国家外汇资产的管理理念，以各种理由限制外汇出境，这不免引致外汇交易市场中的买方难以反映真实需求。如果这种外汇管理体制机制不改革，则外汇市场价格难以充分贯彻市场机制的决定性作用，金融交易可兑换也就难免受到制约。

（6）我国现行的人民币对外币做市商与发达市场普遍存在的做市商不同，国内市场做市商是根据会员自身意愿及其能力，通过双向选择认定及制度确定的，不是纯粹由市场表现自然形成的，因此可能会与大家常识中普遍认可的标准存在差异，这是由我国外汇市场做市商制度所处的阶段决定的。在调整波幅的过程中，允许做市商根据自身头寸状况、预期汇率水平等因素，按照更宽的汇率区间，确定双边报价空间，满足其风险控制和成本管理需要，并且对银行结售汇综合头寸实行正负区间管理。尽管头寸正负区间管理目前还受到银行自身外汇贷存比的制约，但就制度而言已作出了进一步的完善。[①]

---

① 王春英：《夯实做市商制度建设 协力推进外汇市场发展》，《中国货币市场》2014年第7期。

第四节　完善人民币汇率市场化形成机制改革含义与功能再诠释

目前，中国经济增速放缓。IMF最新研究表明，在落实全面深化改革条件下，中国GDP增长潜力到2020年才有可能提高2个以上的百分点。如何能成功跨越中等收入陷阱，真正步入高收入国家行列？可持续增长的根源和动力，比单纯的保增长更为重要！开放型市场经济，技术创新是根本，市场完善是基础，国内外资本配置是关键，本外币资金价格是核心。开放经济金融大棋局中，利率是"车"、汇率是"马"，对内需、外需的控制协调涉及国民财富的重大损益，须审慎对待，应充分发挥利率、汇率等价格杠杆作用，顺应市场，实现政策有效微调。

1. 汇率改革的内涵

党的十八届三中全会明确提出要"完善人民币汇率市场化形成机制"，其含义是进一步完善以市场供求为基础，有管理浮动汇率制度，发挥市场供求在汇率形成中的决定性作用，提高国内外两种资源配置效率，以实现国际收支大体平衡或动态平衡。完善汇率市场化形成机制的操作原则是：主动性、可控性和渐进性。进一步而言：

（1）以市场供求为基础，就是要实现国际收支基本平衡（或动态平衡）。

第一，国际收支基本平衡，特别是经常项目的可持续是分析均衡汇率的重要基础。

第二，人民币均衡汇率主要取决于反映市场供求的国际收支基本平衡，而非很难测准的购买力平价。

第三，人民币汇率的升值预期源头是持续的国际收支双顺差格局。

（2）以市场供求为基础，对应着人民币均衡汇率。

第一，参考"一篮子货币"进行调节，对应于"一篮子货币"汇率（NEER）。

第二，保持汇率在合理均衡水平上基本稳定，对应于人民币对美元名义汇率。

第三，可尝试以贸易量为主要依据，确定各货币在"一篮子货币"中的权重，计算人民币对"一篮子货币"进而保持实际有效汇率（REER）稳定所要求的人民币对美元汇率作为目标汇率。经济过热情况下，可对目标汇率爬行升值，爬行速度与若干宏观变量相挂钩。

（3）涉及的主要问题是：

第一，完善外汇市场的发展。中国外汇市场建设是人民币汇率形成机制改革的基础，需要进一步扩展外汇市场的广度和深度，真正形成开放性、非单调的外汇市场。

第二，提高汇率的灵活性。进一步增强人民币双向波动弹性，有序扩大人民币汇率浮动区间，真正实现人民币汇率中间价的有管理浮动。

第三，保持汇率在合理均衡水平上的基本稳定。明确确定合理的汇率水平的准确依据，以市场供求为基础，就是实现国际收支的大体平衡或动态平衡，均衡汇率对应于引入市场供求关系的汇率市场化形成过程。

第四，中国人民银行基本退出常态式外汇干预。进一步发挥市场供求在汇率形成中的决定性作用，对汇率异动进行预警和监测，对可能造成重大冲击的汇率异常波动进行必要干预。

2. 汇率改革方向与价值取向

党的十八届三中全会明确提出"加快实现人民币资本项目可兑换"，其与完善人民币汇率市场化形成机制的关系是：

（1）资本项目可兑换将影响利率和汇率水平，缓解供求扭曲，促进正常市场价格的形成。目前，中国资本项下开放主要是本币开放，但对外币仍然保持不可兑换。今后，两者将逐渐靠拢。届时外资没有人民币，可用美元购买，进而在买卖关系中人民币汇率更为市场化。同理，境外人民币调用到境内，市场化利率将会影响国内利率，利率市场化将进一步提升。

（2）货币自由兑换是汇率政策一部分，与汇率均衡相辅相成。过去，资本项目管制放松主要体现在从境外向境内流入的自由化，下一步的方向将是放松对资本流出的管制，这将会削弱人民币汇率单向升值的基础，促进在双向波动中趋向合理均衡。

（3）实现资本项目开放意味货币政策所受到的外部影响以及内外互动机制更为复杂，完善开放经济货币政策调控体系的重要性进一步凸显。在完善人民币汇率市场化形成机制，加快利率市场化改革的同时，还应进一步加强本外币政策协调，进而促进金融开放和经济可持续发展。

完善人民币汇率市场化形成机制，是货币政策与汇率政策相互协调，保障开放大国经济平稳运行的重要"滤波器"和"稳定器"，也是影响开放经济货币政策调控执行效力的关键所在，有利于：第一，化解人民币国际化进程中可能产生的风险，为经济转型提供必要的时间和稳定的金融环境；第二，增强货币政策的独立性，提高宏观金融调控的前瞻性、针对性和协同性；第三，提升要素价格的市场化和合理化，促进金融高效分配社会资源机制的形成；第四，打通金融血脉，保持币值稳定，降低企业成本，服务实体经济发展。

3. 汇率改革的主要标准

人民币汇率市场化形成机制改革是否成功的主要衡量标准包括：

（1）能否建设成真正意义上的银行间外汇市场，具有一定数量的交易主体、形成多层次的市场结构，具有相当的交易规模。其中包括：第一，能否改变现有严格的市场准入，实现外汇市场由封闭性向开放性转变；第二，能否改变现有交易品种稀少和交易方式单调，进一步扩大银行间外汇市场交易量，提升外汇交易数额占比中国境内金融体量进一步提升；第三，实现外汇交易价格反映境内符合条件的金融机构等的交易意向，逐步实现与国际汇市的交易价格接轨。

（2）能否实现汇率中间价为更多挂牌汇率中间价均实行做市商直接报价的形成机制。其中包括：第一，能否改变现有汇率中间价报价隐含以人民币对美元汇率为中心的汇率形成机制，进一步减少人民币汇率对美元的依赖；第二，能否实现人民币对主要核心货币及对非主要国际储备货币直接挂牌直接交易；第三，能否突破人民币汇率中间价在外汇市场询价方式下加权平均而形成所导致的中间价波动受限，扩大汇率中间价形成机制中的市场作用，增大人民币汇率中间价弹性波动，实现中间价对汇率的牵引作用。

（3）能否实现保持汇率在合理均衡水平上的基本稳定。其中包括：第一，能否实现人民币有效汇率作为人民币汇率水平的参照系和调控的参考；第二，能否实现以国际收支平衡，特别是经常项目平衡作为均衡汇率的重要分析基础，实现人民币均衡汇率主要取决于国际收支大体平衡（而非难以测准的购买力平价）；第三，能否实现汇率形成机制改革"中间目标"的相互权衡，分别是"以市场供求为基础"对应"合理区间"，"参考'一篮子货币'调节"对应"一篮子汇率"（即人民币名义有效汇率 NEER），"保持汇率在合理均衡水平上基本稳定"对应"中心汇率"（即人民币实际有效汇率 REER）。

(4) 能否实现人民币汇率由市场供求决定，中国人民银行基本退出常态式外汇干预。其中包括：第一，能否降低中国人民银行在外汇市场中事实上垄断地位，在市场经济的新发展阶段，能否实现由绝对控制向有效引导的转变；第二，在冲销干预的利弊权衡下，能否动员其他资源，逐步把大手购汇的外汇占款替代下来；第三，能否审时度势，对可能对国内金融市场、金融体系和国民经济带来重大冲击的人民币汇率异常波动及早预警，并进行及时必要的干预。

(5) 能否实现国内外资源优化配置，促进国际收支大体平衡或动态平衡。其中包括：第一，微观上，能否实现人民币汇率逐步趋于均衡下，企业技术水平和核心竞争力提升，能否增强实体经济应对外部冲击的弹性；第二，宏观上，能否对国际收;支趋向平衡发挥相应作用，是否对应于符合自身国民利益的参与全球资源配置的理想状态；第三，在汇率动态变化路径上，能否以人民币汇率为杠杆实现"升值强国"下的"中等收入陷阱"的超越。

4. 汇率改革中尚待进一步研究破解的问题

完善人民币汇率市场化形成机制改革中还有一系列问题需要进一步研究，其中包括：

(1) 如何把握改革的次序和逻辑？第一，人民币汇率改革应遵循一定次序，应渐次推进"商业银行金融机构改革"、"外汇管制解除"、"外汇市场建设"、"有管理浮动汇率回归"、"人民币资本项目可兑换"；第二，当前的重点在于进一步切实夯实中国外汇市场建设，以适时回归有管理浮动汇率制；第三，加快人民币资本项目可兑换，旨在提振信心。在当前人民币在资本项目下已实现开放，但在资本项下人民币与外币还不可兑换情况下，应继续实施与自身相适应的特别的金融账户自由化措施。一旦人民币对篮子货币汇率可以在区间内浮动，相关限制金融自由化的措施在减轻汇率压力方面发挥的作用就不那么大了。但目前而言，资本项目可兑换的有关限制措施还应作为中国金融开放的最后一道"防火墙"，在此之前，更需要实现的是中国外汇市场的进一步发展，人民币汇率市场供求下有管理浮动以及国内金融市场稳健运行。

(2) 如何理解和判断汇率均衡？第一，从理论和实践的长期、中期和短期来看，长期均衡汇率基于购买力平价，汇率升值路径与其拓展的"巴拉萨—萨缪尔森效应"有关；中期均衡基于国际收支大体平衡，"合理区间"与经常项目是否顺差，对外资产（外汇储备）是否持续增加有关；而短期均衡基于利率平价，与国际短期资本流动和汇率预期有关。第二，真正的均衡汇率只有在真正的市场中产生，有广度和深度的外汇市场是形成合理、均衡汇率水平的前提。理论与实践中最有说服力的均衡汇率应对应于国际收支大体平衡或动态平衡。第三，将以上不同机制统一在国际收支、外汇市场为中心的分析框架下，对现实汇率附加相关约束条件，可通过市场供求均衡分析，拟合"潜含"于"真正市场"中所要求的市场均衡汇率，并以此对比汇率失调，实现有管理浮动。

（3）如何实现汇率的有管理浮动？第一，以贸易量为主要依据确定各种货币在"篮子汇率"（NEER）中的权重，在此基础上，求解保持"中心汇率"（REER）基本稳定并且兼顾中短期市场供求所要求的"目标汇率（人民币对美元双边汇率的基值）"。第二，基于经常项目差额对GDP的合理均衡占比［CA/GDP］（如控制在2%—3%的区间内）以及人民币实际有效汇率REER对［CA/GDP］的影响弹性，确定"中心汇率（REER）"波动的"合理区间"。第三，综合人民币对美元汇率相对于"目标汇率"的失调，以及"篮子汇率"（NEER）相对于"合理区间"的边界突破，通过引导人民币对美元汇率中间价，在必要时吸纳市场超额供给或填补超额需求，从而将"篮子汇率"（NEER）引导到"合理区间"内，以实现人民币汇率动态目标区管理。

5. 货币政策调控机制中人民币汇率市场化形成机制的地位作用

随着中国经济进入新的发展阶段和新常态，开放条件下货币政策的经济金融约束条件已发生变化，特别是在全球经济失衡和金融危机下人民币汇率形成机制改革和人民币国际化稳步启动，汇率政策在人民币参考"一篮子货币"有管理浮动中已从过去的从属状态逐渐独立出来，人民币汇率市场化形成机制在货币政策调控机制中的地位和作用问题也就自然产生。而在人民币汇率升值预期及结售汇管理下，微观行为主体资产选择持有本币，外汇集中到中国人民银行，进而中国人民银行资产配置的外化程度升高。2001年，中国人民银行总资产中"国外资产"占比41.01%，到2010年该比重已上升到83.09%。[①]与此同时，人民币币值面临"被动"超发的挑战，本外币政策协调压力也越来越大。如何协调好汇率目标与货币目标，

[①] 王国刚：《中国货币政策调控工具的操作机理：2001—2010》，《中国社会科学》2012年第4期。

从而"管好货币、稳定币值",成为影响货币政策调控执行效力的关键所在。

（1）汇率可作为货币政策的中介目标、操作目标或操作工具,中国人民银行通过引导实际有效汇率与利率、信贷等工具的有效协调,实现本国货币条件的相关稳定。例如,当通胀较高时,中国人民银行可将实际有效汇率的升值幅度控制在国内外通胀差的水平上,同时配合利率等其他货币政策工具,抑制国内通胀。而当汇率较大波动时,其他货币政策工具或目标也需要对汇率较大波动作出反应。[①]

（2）保持人民币汇率在合理均衡水平上的基本稳定,是中国货币政策长期以来所一直强调的重要内容。汇率的合理均衡水平之所以重要,因为它不但是各方评判汇率高估或低估的基础,也是中国人民银行制定汇率政策以及实现本外币政策协调的参考。在人民币汇率市场化进程中,外汇市场代表性行为主体基于其所认可的货币汇率合理价位形成对未来人民币汇率走势的预期,进而完成其本外币资产选择过程,并且在中国人民银行参与下形成外汇供求的相互作用。在此过程中,现实中的汇率在市场主体的货币汇兑中得以体现,其相对于合理均衡水平的波动与偏离（即汇率失调）反映了市场和政策之间的相互平衡,而微观层面市场代表性行为主体的本外币资产选择又会影响宏观层面中国人民银行的本外币资产持有。

（3）人民币国际化趋势与人民币汇率动态,前者首先是一个动态过程,并且成为后者及中国未来货币战略的重要的大背景。因此,在不同阶段其目标与表现形式会发生动态改变,就其中的核心变量"汇率"而言,人民币国际化需要汇率在短期内基中有升,中长期内实现均衡复归进而完全浮动。对应于此,在中长期,货币政策立足于内部平衡的实现,汇率市场化形成机制引导均衡汇率复归并靠拢到货币政策所要求的合意区间。在短期内,通过恰当的货币调控与政策协调机制,实现合意汇率水平的基本稳定,进而为将来的汇率制度转换创造更为有利的空间。

（4）汇率升降变动只要是与市场基本趋势相吻合,只要在短期内不过于剧烈,那就是可接受的,中国人民银行也因此可以减少对人民币外汇市场的日常性干预操作,更加集中精力关注国内货币政策操作,提高货币政

[①] 胡乃武、郑红:《汇率在货币政策中的作用:理论研究与国际经验》,中国人民大学出版社2013年版。

策操作的灵活性和有效性。当然，放松实需交易原则并不等于放任市场、完全不管。货币当局可以通过制定交易规则、监测交易、分析交易信息等对市场实施监管，在特殊时期也可以直接入市买卖（所谓的入市干预），维持汇率的相对稳定和防止汇率大起大落。此外，参考"一篮子货币"进行调节的有管理浮动汇率制在给予中国人民银行更多决定汇率水平灵活性的同时，汇率的灵活性是否增加取决于中国人民银行在维持有效汇率稳定和人民币对美元汇率稳定两个目标中的偏好。[①]

总之，作为大国开放经济，汇率应作为货币政策工具而非目标。中国需要优先考虑的是内部平衡问题，对于人民币汇率市场化形成机制改革，应将其作为经济运行的结果。一方面，要发挥市场配置资源的决定性作用，加快外汇市场发展和资本项目可兑换，进一步完善人民币汇率市场化形成机制；另一方面，建立健全宏观审慎框架下的外债和资本流动管理体系，中国人民银行适时适度干预，以熨平外汇市场发挥其逆周期调节功能。[②]

第五节 完善人民币汇率市场化形成机制的对策建议

人民币汇率机制之所以重要，因为这是我国诸多经济难题的源头问题，人民币国际化也受其制约。目前，现行人民币汇率形成机制的内容及特点是：（1）按照我国对外经济发展的实际情况，选择若干主要货币，赋予相应权重，组成货币篮子；（2）根据国内外金融形势，以市场供求为基础，参考"一篮子货币"多边汇率指数的变化，对人民币汇率进行管理和调节；（3）维护人民币汇率在合理均衡水平上的基本稳定。在此基础上，人民币汇率机制平衡转轨，重在进一步完善人民币汇率市场化形成机制，包括人民币基准汇率形成及中国人民银行对外汇市场的常态式干预减少，开放条件下中国人民银行货币政策调控优化，以及外汇市场建设与发展。

1. 减少中国人民银行常态式干预

（1）坚持和优化汇率政策目标，保持人民币汇率在合理均衡水平上的基本稳定。保持人民币汇率稳中有升，促进人民币汇率趋向合理均衡后再

[①] 余永定：《见证失衡：双顺差、人民币汇率和美元陷阱》，生活·读书·新知三联书店 2010 年版。

[②] 管涛：《大国汇率政策选择：超越汇率形成机制改革的深度思考》，载《新金融评论》2014 年第 3 期，社会科学文献出版社 2014 年版。

转向浮动有助于实现人民币资产需求的跟进与提升。为了经济可持续发展，国家仍需要维持竞争性的汇率，即加强国际竞争力、强化增长潜力仍然是汇率政策的核心所在。因此，应采取渐进推进策略，避免跨境短期资本大规模进出对金融体系形成较大冲击，创造一定的时间条件使得国内微观经济主体适应汇率波动并消化汇率变动的压力。

（2）加快建立人民币汇率目标区，实现人民币汇率制度动态转换。在现有人民币汇率形成机制改革基础上，需要进一步明确均衡实际汇率（中心汇率平价）的合理方式，在确定中心平价基础上尝试对实际汇率进行具有一定浮动区间的目标区管理，实现有管理浮动汇率安排下人民币实际汇率在合理均衡区间内的动态稳定。中国人民银行对此汇率目标区进行调控，当汇率偏离中心幅度较大时再进行干预。在此过程中，实现汇率向中心汇率靠拢，逐步减少中国人民银行常态式干预，使得汇率在自身预期和央行干预下在目标区内动态波动。

（3）进一步加大人民币汇率合理的弹性波动区间。伴随资本项目自由化，人民币汇率风险溢价灵活伸缩，人民币对美元名义汇率将更正确地反映经济基本面走向，并且呈现汇率区间内上下双向波动的自由浮动态势。将扩大汇率波幅作为增强汇率弹性的重要制度改进，根据市场供求状况引导人民币汇率双向波动。通过增强汇率弹性有效抑制短期资本持续大规模的流动，消除对人民币汇率波动的单边预期。结合跨境资本流动状况，进一步增强人民币汇率弹性。

（4）完善人民币汇率形成机制改革，核心在于人民币汇率中间价的形成。进一步加强人民币汇率中间价基于多方询价、协商的基础，突出价格指标参与主体是多元组合，进一步加快去美元化进程，降低单一盯住美元，进而更好地体现出多币种各交易品种的权重差异。通过中国人民银行对事前汇率变化的前瞻性预测和事后的汇率评估把握汇率变动趋势，促进市场一致预期的形成，兼顾货币供应量增长的连续性来稳定经济主体的预期，为在货币市场与外汇市场的后续调控创造政策空间。

2. 健全货币政策调控机制

（1）明确目标。形成以促内需的货币政策为主导，与促外需的汇率政策为辅助，实现货币政策汇率政策相互协调下利率市场化与汇率市场化良性互动。针对内外需协调，理性的目标应是寻求可持续的内部均衡，允许短期内国际收支失衡为"减震器"并在"中期"趋向平衡。通胀压力较大时，适时维持一个较强势的汇率，以辅助抑制通胀；经济下行压力较大时，对市场力量走弱，顺势而为，适时维持较低的利率和汇率，以支持实体经济发展。

（2）注重工具协调。利率和汇率作为更具有弹性的货币政策工具，应在货币政策中充当主要调控工具并密切配合，以保持物价稳定。以增大汇率弹性为抓手，建立外部冲击与国内经济间缓冲带，实现汇率的动态稳定，加快汇率机制平衡转轨。完善货币供应量中期控制基础上的货币政策，逐步实现人民币基础货币开放式循环向封闭式循环的转变。转变规范基础货币的发行机制，进一步完善人民币境内循环的回流机制，尝试转向政府依据本国信用发行国债，中国人民银行通过买卖国债在公开市场上调节货币量和利率，使人民币基础货币在封闭式循环中运行。围绕此目标，展开汇率市场化、利率市场化及人民币资本项目开放的稳步推进。

（3）加快货币政策数量型工具调控向价格型工具调控转变。中国人民银行应增强信誉，强化预期引导。中国人民银行应结合人民币币值预期自我实现与自强化特点，积极发挥汇率与利率的经济杠杆调控功能，结合人民币汇率形成机制改革，在发达经济体量化宽松境外低利率背景下，在国内外投资收益率和融资成本存在较大息差的情况下，面对跨境套利机会的增多，在跨境人民币输出和回流过程中，加强国内资本流动的控制和监管。采取不对称地放开外部资本账户控制，控制资本流入，控制资本流出，防止对人民币汇率的单向投机导致热钱冲击。在此过程中，应注重国内相对于美国、欧盟和日本的生产率变化以及货币结构变化差异，特别是控制好国内准货币（属于资产性货币）与狭义货币（属于交易性货币）之比，结合汇率形成机制改革对微观经济层面特别是企业的影响的动态情景分析，对汇率浮动过程遵循渐进、适度、自主原则进行动态调整。

3. 优化外汇市场建设与发展

（1）从中国外汇市场组织的经济效率出发，应大力拓展市场参与者的层次结构。提升更多有实力的商业银行在外汇市场中的地位，逐步吸收非银行金融机构释放的本币和外汇风险敞口头寸，实现外汇市场扩容。促进企业居民自主地决定外汇供需，在此基础上促进合理的市场汇率的形成。应进一步优化中国外汇交易中心的资源配置功能，大力发展银行间人民币远期、掉期市场，促进外汇市场定价效率的提升，促进人民币汇率理性回归。伴随交易品种不断增加，交易主体逐渐成熟，自主定价能力增强，微观主体能够承受更大的汇率波动弹性，从而进一步发挥市场机制在汇率形成中更大的决定性作用。

（2）切实拓宽市场深度和广度。在金融市场深度上，应加大人民币债券市场和外汇市场的发展力度，扩大金融市场整体规模，提高市场流动性。在金融市场广度上，应进一步加快金融市场创新，提供多样化的人民币产品，进而增强人民币金融资产的吸引力。通过加强和进一步完善债券市场，为回流人民币提供安全稳定的资产池。在风险可控的条件下，为国内外投资者提供更丰富的人民币产品和投资选择。未来还需要进一步扩大汇率的波动幅度，来刺激企业避险的需求，从而刺激避险企业的发展伴随外汇市场基础设施趋于完善。

（3）采取人民币汇率市场化、利率市场化和资本项目审慎开放交叉推进方式，促进人民币国际化可持续发展。我国货币金融经济与实体经济相互匹配的关键在于调整内外经济关系失衡，其中的人民币汇率问题是纲领性问题。鉴于我国的货币政策实际上主要是负债管理，即在外汇资产发生变化时，中国人民银行负债方结构被动调整，从而人民币汇率市场化也是解决我国货币发行机制问题的关键所在。综合考虑国内外货币经济条件因素，人民币汇率市场化亟待进一步推进。这不仅是我国涉外金融的重要任务，也是扩大跨境人民币使用、促进人民币成为国际货币的基础性制度要求。因此，当务之急是在人民币成为区域化和国际化货币初级阶段，加快汇率市场化以降低外部不平衡，解决我国基础货币发行机制问题；加快利率市场化，促进货币政策逐渐由数量调控向价格调控转变并实现本外币政策协调，协同推进汇率市场化、利率市场化及人民币资本项目审慎开放，为最终实现人民币资本项目可兑换做好准备。

第十七章

加快人民币资本项目可兑换

货币可兑换通常指本国货币可以兑换为外国货币。根据交易性质，货币的可兑换状况可以划分为经常项目可兑换、资本项目可兑换，以及包括经常项目与资本项目可兑换在内的完全可兑换。资本项目反映了国际资金流动的主要渠道，因此资本项目下的货币可兑换对促进国内金融开放、便利金融交易、提高资金配置效率具有重要的意义。

第一节 资本项目可兑换的含义

资本项目可兑换针对的是国际收支中的资本项目交易。在概念上，广义的资本项目指的是国际收支平衡表下的狭义"资本项目"（移民转移与债务减免）与金融项目（直接、证券投资和其他投资）。不过在操作层面上，对于资本项目可兑换程度的衡量更多的是基于经济合作与发展组织（OECD）关于资本项目交易的分类框架进行，这也是国际货币基金组织《各国汇率安排与汇兑限制》年报（*Annual Report on Exchange Arrangements and Exchange Restrictions*）中对资本项目交易管制进行描述的基本方法，它包括以下类别：

第一，资本和货币市场工具在一级市场公开出售或私募或在二级市场上市买卖。它包括对资本市场证券交易（即有参股性质的股票或其他证券，以及原始期限不超过一年的债券或其他证券）、货币市场工具交易（即原始期限为一年或一年以下的证券，包括存款单和汇票等短期工具，还包括国库券及其他短期政府票据、银行承兑汇票、商业票据、同业存款和回购协议）和集体投资类证券交易（即股权证和登记证明或者投资者在某机构如共同基金、单位和投资信托等有集体投资利益的其他证明）。

第二，衍生工具和其他交易工具的发行和买卖。这些工具包括各种权利的操作、担保、金融期权和期货、其他金融债权的二级市场操作（如主权贷款、抵押贷款、商业信贷以及源于贷款、应收款和贴现贸易票据产生的可转让工具）、远期交易（包括外汇远期交易）、债券和其他债务证券掉期、信贷和贷款，以及其他掉期。

第三，信贷业务。它包括商业信贷（直接与国际货物贸易或服务贸易相关的操作）、金融信贷（指居民提供的商业信贷以外的信贷），以及担保、保证和备用融资工具的交易。

第四，直接投资。这是指为建立长期经济关系目的，由居民在国外或非居民在国内进行的投资。它包括建立和扩建全资企业、附属公司或分支机构，以及获得新企业或已有企业的全部或部分所有权并对企业活动具有有效影响。

第五，直接投资的清盘。它是指直接投资本金转移的管理，包括以上定义的直接投资的初始资本和资本利得。

第六，不动产交易。它是指对获得与直接投资无关的不动产，包括纯金融性质的不动产投资或为个人所用的不动产。

第七，个人资本流动。它是指由个人进行的、为给他人带来好处的转移。包括涉及财产的交易，即带有给财产所有人带来利息收益的承诺（贷款、移民清偿其在原始国的债务），或对受益人的免费转移（如礼品和捐款、贷款、遗赠和遗产以及移民财产）。

按照这种分类方法，IMF将资本项目细分为7大类43项，如表17-1所示：

表17-1　　　　　　　　资本项目交易项目名称

1. 资本和货币市场工具
1.1　对资本市场证券交易的管制
1.1.1　买卖股票或有参股性质的其他证券
1.1.1.1　非居民在境内购买
1.1.1.2　非居民在境内出售和发行
1.1.1.3　居民在境外购买
1.1.1.4　居民在境外出售或发行

续表

1.1.2	债券和其他债务行证券
1.1.2.1	非居民境内购买
1.1.2.2	非居民境内出售合发行
1.1.2.3	居民境外购买
1.1.2.4	居民境外出售和发行
1.2	对货币市场工具的管制
1.2.1	非居民在境内购买
1.2.2	非居民在境内出售或发行
1.2.3	居民在境外购买
1.2.4	居民在境外出售或发行
1.3	对集体投资类证券的管制
1.3.1	非居民在境内购买
1.3.2	非居民在境内出售和发行
1.3.3	居民在境外购买
1.3.4	居民在境外出售和发行
2.	衍生工具和其他工具
2.1	非居民在境内购买
2.2	非居民在境内出售和发行
2.3	居民在境外购买
2.4	居民在境外出售和发行
3.	信贷业务
3.1	商业信贷
3.1.1	居民向非居民提供
3.1.2	非居民向居民提供
3.2	金融信贷
3.2.1	居民向非居民提供
3.2.2	非居民向居民提供
3.3	担保、保证和备用融资便利
3.3.1	居民向非居民提供
3.3.2	非居民向居民提供
4.	直接投资
4.1	对外直接投资
4.1.1	创建或拓展完全由自己拥有的企业、子公司，或全额收购现有企业
4.1.2	对新建或现有企业的入股
4.2	对内直接投资

续表

4.2.1	创建或拓展完全由自己拥有的企业、子公司，或全额收购现有企业
4.2.2	对新建或现有企业的入股
5. 直接投资清盘	
6. 不动产交易	
6.1	居民在境外购买
6.2	非居民在境内购买
6.3	非居民在境内出售
7. 个人资本流动	
7.1	贷款
7.1.1	居民向非居民提供
7.1.2	非居民向居民提供
7.2	礼品、捐赠、遗赠和遗产
7.2.1	居民向非居民提供
7.2.2	非居民向居民提供
7.3	外国移民在境外的债务结算
7.4	资产的转移
7.4.1	移民向国外的转移
7.4.2	移民向国内的转移
7.5	博彩和中奖收入的转移
7.6	非居民员工的储蓄

资料来源：国家外汇管理局：《各国汇兑安排与汇兑限制》，中国金融出版社2000年版。

对上述资本交易实施管制的主要形式包括直接管制和间接管制措施。直接管制是指通过完全禁止、明显的数量限制或批准程序来限制资本交易及与之相关的资金支付和转移，包括数量限制和汇兑限制；间接管制是指采取多重货币做法、歧视性税收、无息存款准备金要求或当局征收罚息等建立在价格基础上的措施，来影响资本交易及与之相关的资金支付和转移。[1] 与此相对应，资本项目可兑换可以定义为，取消对国际资本流动的直接或间接限制，使得跨国界的资本交易及与之相关的支付和转移能够正常进行。

---

[1] 管涛：《资本项目可兑换的定义》，《经济社会体制比较》2001年第1期。

第二节　人民币资本项目可兑换进程与现状评估

我国推进人民币可兑换工作，是从1993年党的十四届三中全会首次提出要"实现人民币可兑换"开始的。[①] 当年中共十四届三中全会通过了《中共中央关于建立社会主义市场经济体制若干问题的决定》，其中有两项内容涉及人民币可兑换：第19项"加快金融体制改革"中提出，"逐步使人民币成为可兑换的货币"；第36项提出，"发展开放型经济，使国内经济与国际经济实现互接互补"。同年12月，国务院颁布《关于进一步改革外汇管理体制的通知》，实施人民币汇率形成机制改革，取消外汇留成，实行结售汇制度，建立全国统一的外汇交易市场。

与经常项目可兑换相比，我国资本项目开放相对要滞后一些，这是多方面因素共同导致的结果。首先，由于在计划经济时期和改革开放初期资本项目下交易额非常小，长期以来人们对它的重视不够。实际上，从1996年人民币实现经常项目下可自由兑换之后，对资本项目的管理才被明确提出，对资本项目的管理在1998年才真正独立出来。其次，由于国家金融体系对于资本项目的开放更为敏感，因此人们对于资本项目外汇管理体制改革的目标与路径存在很大争议。最后，正因为资本项目开放的复杂性，它对于外部环境和制度准备的要求也更高。需要强调的是，尽管实行经常项目可兑换是国际基金组织成员国（或地区）的一项基本义务，同时国际基金组织也会对成员国的资本交易干预状况进行评估，但是资本项目可兑换并非其成员国的义务。并且到目前为止，我国加入的国际组织中也没有任何相关义务。因此，我国的资本项目可兑换进程基本上是按照自己的意愿推进的，它可以按照时间线索划分为三个阶段：1993—1996年的起步阶段、1997—2002年的调整阶段和2003年至今的积极推进阶段。

在1993—1996年的起步阶段，与当时改革开放的形势与需要相适应，我国资本项目外汇管理体制改革的重点主要在外商投资企业外汇管理、外债管理和企业境外投资管理三个方面。总体上看，在外汇资源有限的背景下，这一时期的企业获得了一定的用汇和境外融资自主权，但外汇业务受到较严格的管制，外商投资企业与中资企业被区别对待，前者具有更大的

[①] 周小川：《人民币资本项目可兑换的前景和路径》，《金融研究》2012年第1期。

自由度。在 1997—2002 年的调整阶段，亚洲金融危机使我国面临资本外逃的巨大压力，因此资本项目外汇管理的重心放在了维护金融安全与汇率稳定方面，中国人民银行和国家外汇管理局针对一些企业和中资外汇指定银行海外分支机构违反相关规定的外汇业务进行了整顿。不过在金融形势改善之后，相关部门也逐渐放松和解除了上述管制措施。2003 年 10 月，中共十六届三中全会正式重新提出资本项目可兑换问题，《中共中央关于完善社会主义市场经济体制若干问题的决定》明确提出，"在有效防范风险前提下，有选择、分步骤地放宽对跨境资本交易活动的限制，逐步实现资本项目可兑换"。2005 年，中共十六届五中全会将"逐步实现人民币资本项目可兑换"纳入"十一五"规划。在此之后，有关部门发布了一系列法规，其范围涉及外国直接投资、证券投资、境外直接投资、外债等各个领域，全方位地推进了资本项目的开放。

从改革的路径来看，总体上我国资本项目开放是按照"先流入、后流出；先长期，后短期；先金融机构，后居民"的顺序推进。这种路径不仅是着眼于国内经济改革与发展的需要，也是出于金融体系安全的考虑。例如，在相当长的一段时间内，我国的资本项目开放是围绕着外商直接投资进行的，外资企业在外汇留成与调剂方面也享有比国内企业更高的自由度，这主要是为了缓解改革初期的资金短缺与技术、管理水平上的落后状况，并且具有实际生产项目背景，尤其是"绿地投资"性质的国际直接投资也更具有长期性和稳定性，不会造成跨境资金的大进大出，对金融体系造成冲击。而我国资本项目下资金对外流动的开放，则很大程度上是高额外汇储备压力和产业结构调整中对外转移生产能力的需要所共同促成的，它仍然是基于实体经济发展和金融稳定的考虑。到目前为止，我国资本项目可兑换状态的一个重要特点仍然是在"直接投资"和"证券投资"保持着"宽进严出"的倾向，大型企业，尤其是央企和国企，在境外投资上享有更多便利。

经过多年的改革，目前我国的资本项目开放已经取得了相当的成果。截至 2013 年年底，在按照国际货币基金组织划分的资本项目 7 大类 40 项当中，我国基本可兑换或者限制很小的为 14 项，主要是信贷、直接投资等大类；部分可兑换或者有较大限制的有 22 项，主要集中在资本市场的股票和债券市场，不动产和个人资本交易；不可兑换的有 4 项，主要是金融衍生品交易、货币市场和基金信托市场等方面。同时有观点认为，国际货币基金组织的上述标准低估了我国的资本账户开放程度，如果考虑到国民原则和居民原则的差异以及实际金融业务中对相关限制的规避方法，我国资本项目开放程度还会更高（见表 17-2）。①

表 17-2　　　　　　　　人民币资本项目可兑换程度评估

		项目	有关机构评估	实际状况	差异说明
一、资本和货币市场工具	股票或有参股性质的其他证券	1. 非居民在境内买卖	部分可兑换	部分可兑换	
		2. 非居民在境内发行	不可兑换	部分可兑换	居民原则和国民原则
		3. 居民在境外买卖	基本可兑换	基本可兑换	
		4. 居民在境外发行	基本可兑换	基本可兑换	
	债券和其他债务性证券	5. 非居民在境内买卖	部分可兑换	基本可兑换	审慎性监管
		6. 非居民在境内发行	部分可兑换	基本可兑换	居民原则和国民原则
		7. 居民在境外买卖	部分可兑换	可兑换	审慎性监管，离岸市场发展，规避管制
		8. 居民在境外发行	部分可兑换	基本可兑换	离岸市场发展
	货币市场工具	9. 非居民在境内买卖	部分可兑换	部分可兑换	
		10. 非居民在境内发行	不可兑换	部分可兑换	居民原则和国民原则
		11. 居民在境外买卖	基本可兑换	基本可兑换	
		12. 居民在境外发行	部分可兑换	基本可兑换	离岸市场发展
	集体投资类证券	13. 非居民在境内买卖	部分可兑换	基本可兑换	居民原则和国民原则
		14. 非居民在境内发行	部分可兑换	基本可兑换	审慎性监管，规避管制
		15. 居民在境外买卖	基本可兑换	可兑换	审慎性监管
		16. 居民在境外发行	部分可兑换	基本可兑换	离岸市场发展
二、衍生工具和其他工具		17. 非居民在境内买卖	部分可兑换	部分可兑换	
		18. 非居民在境内发行	不可兑换	部分可兑换	居民原则和国民原则，规避管制
		19. 居民在境外买卖	部分可兑换	基本可兑换	居民原则和国民原则，规避管制，离岸市场发展
		20. 居民在境外发行	不可兑换	部分可兑换	居民原则和国民原则，离岸市场发展

① 郭树清：《中国资本市场开放和人民币资本项目可兑换》，《金融监管研究》2012 年第 6 期。

续表

		项目	有关机构评估	实际状况	差异说明
三 信贷业务	商业信贷	21. 居民向非居民提供	基本可兑换	可兑换	审慎性监管
		22. 非居民向居民提供	基本可兑换	可兑换	审慎性监管，外债管理
	金融信贷	23. 居民向非居民提供	基本可兑换	可兑换	审慎性监管
		24. 非居民向居民提供	部分可兑换	可兑换	审慎性监管
	担保、保证和备用融资便利	25. 居民向非居民提供	基本可兑换	可兑换	审慎性监管
		26. 非居民向居民提供	基本可兑换	可兑换	审慎性监管
四 直接投资		27. 对外直接投资	部分可兑换	基本可兑换	行业部门仍有限制
		28. 对内直接投资	基本可兑换	可兑换	地区和环境政策差异
五 直接投资清盘		29. 直接投资清盘	基本可兑换	可兑换	地区政策差异
六 不动产交易		30. 居民在境外购买	部分可兑换	基本可兑换	规避管制
		31. 非居民在境内购买	部分可兑换	可兑换	最近提出自用要求
		32. 非居民在境内出售	基本可兑换	可兑换	一直无限制
七 个人资本交易	个人贷款	33. 居民向非居民提供	部分可兑换	基本可兑换	规避管制，离岸市场发展
		34. 非居民向居民提供	部分可兑换	基本可兑换	规避管制，离岸市场发展
	个人礼品、捐赠、遗赠和遗产	35. 居民向非居民提供	部分可兑换	可兑换	过去汇兑不便利
		36. 非居民向居民提供	部分可兑换	可兑换	过去汇兑不便利
	外国移民在境外的债务结算	37. 外国移民境外债务的结算	基本可兑换	可兑换	一直无限制
	个人资产的转移	38. 移民向国外的转移	部分可兑换	基本可兑换	规避管制
		39. 移民向国内的转移	基本可兑换	可兑换	一直无限制
	博彩和中奖收入的转移	40. 博彩和中奖收入的转移	部分可兑换	基本可兑换	无明确限制

资料来源：郭树清：《中国资本市场开放和人民币资本项目可兑换》，《金融监管研究》2012 年第 6 期。

不过，尽管从表 17-2 的估计来看，我国 85% 的资本项目已经实现了可兑换或基本可兑换，但是资本项目管制的存在仍然是不争的事实。从外资机构参与我国金融市场的份额、国内与国际金融市场关联度、虚假贸易与货币走私等反映资本管制状况的"实效"型指标来看，资本项目管制对于经济运行有着实质性的影响。概括而言，我国资本管制的主要模式是以计划审批、数量控制为主的直接管理，而不是建立在价格基础上的间接管理。同时，对不同交易主体和交易形式在管理的力度上存在差异，如对外商投资企业的限制宽于中资企业，对金融机构的限制宽于境内工商企业，对资本流入的限制宽于对流出的限制，对中长期资本流入的限制宽于对短期资本流入的限制，对境内居民的资本控制严于对非居民的控制，等等。从管制形式看，我国资本项目管理主要采取两种形式：一种是对跨境资本交易行为本身进行管制，主要由国家计划部门（如计委）和行业主管部门（如人民银行、证监会、外经贸部）负责实施。另一种是在汇兑环节对跨境资本交易进行管制，即对资本项目交易相关的跨境资金汇入、汇出以及外汇和人民币的兑换进行管制，这由国家外汇管理局负责实施。如限制购汇提前还贷，限制中资企业国际商业贷款结汇成人民币使用，要求境外资本项目外汇收入必须及时调回境内，等等。当然，资本项目管制的存在本身并不包含价值判断，真正的问题在于资本项目可兑换的程度是否符合当前经济发展的需求，或者说是否正确利弊权衡后的政策选择，这也是确定下一步改革方向的关键。

第三节　人民币资本项目可兑换的必要性

在对资本项目可兑换政策进行利弊分析时，有两种相反的视角：一种是从资本项目管制的视角出发，考虑其原因及成本；另一种则是从资本项目开放的角度出发，讨论其收益和风险。在理论上看，这两种视角似乎是完全等价的，但在实际的政策讨论中却并非如此，因为不同的视角常常有着不同的初始条件假设和参照系。例如，主张资本项目管制的研究经常以资本项目开放和经济增长的不相关性来否定其作用；反之，赞成资本项目开放的研究则通过否定资本项目管制与金融稳定之间的正相关性来支持自己的观点。但这两类研究都经常忽视了其作为基准点的现行制度的运行成本。同时，众所周知，现实世界中很少有完全自由的资本流动或无漏洞的资本项目管制，大部分的资本项目政策都是在两个极端之间取其折中。因此，要对资本项目可兑换的相关政策做出严谨的判断，需要尽可能全面地分析相关的利弊因素，然后在此基础上做出综合的比较。

对于人民币资本项目可兑换，通常被列出的潜在收益包括以下几个方面：

第一，促进国内与国际资金的优化配置。资本项目开放将会使得资金的跨境流动进一步便利化，为国内金融市场带来充足的资金，引导国际投资者参与国内的风险投资和技术创新，也有助于加快国内企业"走出去"的步伐，使之能够在国际金融市场中进行投融资，在这一过程中促进资金与项目的优化匹配。

第二，为居民提供更多投资渠道，提高其资产收入和稳定性。目前，我国居民的投资渠道还相当有限，金融资产结构单一，很难根据自己的投资和风险偏好进行投资组合的优化配置。这种情况不仅阻碍了居民财产性收入的提高，也在某种程度上导致了国内金融投资的"跟风"现象，推动了"资产泡沫"的形成，加剧了金融风险。资本项目开放可以为居民投资提供更为广阔的渠道，使其得以优化投资组合，分散风险，获得更高收益。

第三，提高国内金融市场的效率。资本项目可兑换不仅会扩展国内金融机构的业务范围与产品种类，还有利于引入外国金融机构及其先进的金融技术和管理经验，产生学习效应和竞争压力，推动国内金融机构的运营效率提高。金融市场的国际化还有助于推动金融产品与制度创新，促进监管者提高监管技术，提供更好的法律和制度环境。

第四，推动国内金融市场与国际金融中心的建设。对于金融市场的建设而言，开放的金融环境是一个重要的支持条件，尤其对于上海自贸区的国际金融中心建设，便捷的跨境资金流动更是其中的关键。由于资金的高度流动性质，试图通过与大陆市场隔离的离岸金融市场来为上海自贸区提供开放的国际金融环境面临着很高的成本与不确定性，而实现资本项目可兑换则是更为根本和彻底的保证措施。

第五，为汇率体制改革创造条件，促进国际收支平衡。我国经常项目与资本项目的长期"双顺差"状态导致了外汇储备的迅速积累，给国内经济造成了巨大的通胀压力与资产泡沫风险。解决上述问题，汇率体制改革与资本项目开放是必要的手段。同时值得注意的是，资本项目可兑换也是汇率体制改革的重要前提，只有在开放的国际资本流动环境下，才能更好地了解人民币汇率是否处于合理的区间内，并发挥其对国内经济与国际收支的调节作用。

但是，尽管人民币资本项目可兑换存在多种理论上的潜在收益，关于其能否在改革后得以真正实现却存在很大的争议。这种争议有一部分是来自国际经验上的不确定性。自20世纪90年代以来，国际经济学界对于发展中国家资本项目开放与经济绩效之间的关系做了大量经验研究，而其结论并不一致。有的研究肯定了资本项目开放对于经济发展的积极促进作用[1]，但另一些研究结论对此则是否定的。[2] 这种状况也导致了一些国内和国际学者对于我国资本项目开放的必要性持怀疑态度。不过如果更为细致地对上述研究结论进行梳理，我们会发现资本项目开放与经济增长的关系在很大程度上取决于相关国家的具体经济与社会条件，尤其是其金融发展水平。对于那些有着良好经济制度环境并具备一定金融发展水平的国家，资本项目的开放能够与经济发展相互促进，这一点正越来越成为相关领域学者的基本共识。[3]

对于人民币资本项目可兑换潜在收益的怀疑态度还有一个重要的来源，就是由于特殊经济与社会发展背景而对于金融功能产生的误解和偏见。根据默顿与博迪的总结[4]，金融体系具有6项基本功能：(1) 提供支付结算方式以便利交易；(2) 提供集中资源和投资分散化的机制；(3) 提供跨时间、国界和产业的经济资源转移方式；(4) 提供风险管理方法；(5) 提供价格信息以帮助协调经济各部门的分散化决策；(6) 当交易各方之间存在信息不对称问题时提供解决激励问题的方法。但长期以来，我国学界、政府与社会对于金融功能的理解更多地集中在其资金动员与配置功能上，而忽视了其他重要功能。这种现象有两个主要原因。其一，在理论上，由于特殊的历史环境，我国学界对于金融学的研究存在不足，金融学教科书长期为"货币银行学"所代表就是其中的一个例子。在这种陈旧的理论体系中，金融被看作为经济活动输送资金的"血脉"，却漠视了它作为市场制度有机组

---

[1] Fischer, Stanley, "Capital Account Liberalization and the Role of the IMF", In *Should the IMF Pursue Capital - Account Convertibility?* 1 - 10, Princeton, NJ: Princeton University, 1998.

[2] Stiglitz, Joseph, "Capital Market Liberalization, Economic Growth, and Instability", *World Development*, 28, 1075 - 1086, 2000.

[3] Prasad, Eswar and Raghuram Rajan, "A Pragmatic Approach to Capital Account Liberalization", *Journal of Economic Perspectives*, 22, 149 - 72, 2008.

[4] Merton R. and Bodie Z., "A Conceptual Framework for Analyzing the Financial Environment", in Crane D. et al. (ed.), *The Global Financial System, A Functional Perspective*, Harvard Business School Press, Cambridge, 1995.

成部分的角色。其二,在实践中,高速经济增长对于资金的渴求和银行主导的金融体系也使得人们产生了金融的功能就是筹集和配置资金的观念,而对于金融的其他重要功能视而不见。

上述关于金融功能的误解不仅导致了我国金融体系建设中的诸多问题,如金融市场的长期发育不良,也在人民币资本项目可兑换的政策讨论中得到了反映。例如,有些学者简单地将跨境资本流动划分为"长期资本流动"和"短期资本流动",并认为前者是与实体经济结合的有益金融活动,后者则是导致金融不稳定的"热钱"。这种简单的思维方式也导致了"我们已经开放了外商直接投资,为什么还需要短期资本流动?"这样的问题,并且在实际上阻碍了关于资本项目可兑换讨论的深入。很多人没有认识到,便捷的资本流动是金融体系实现其诸多重要功能的必备条件,而随着我国的经济与金融发展,这些在简单资金筹集和配置之外的金融功能正变得越来越重要,并且与我国经济发展范式的转型密切相关。正如在人民币国际化问题上,许多人只强调伴随经常项目的资本输出,却没有想到一个高度发达的国内金融市场不仅能够为人民币国际化提供强大的助力,并且也是实现人民币国际化潜在收益的重要条件。因此,在人民币资本项目可兑换的政策讨论上,抛弃那种陈旧狭隘的金融功能观,代之以对现代金融体系更为全面和深刻的认识,是客观分析资本项目开放收益的一个前提。

与人民币资本项目可兑换潜在收益相对应的,是可能存在的成本或风险。除了在宏观经济政策上的挑战之外,人们高度关注的是资本项目开放可能给金融体系造成的冲击,包括"热钱"导致的资产价格波动和金融产业在国外竞争压力下的衰退。客观而言,上述危险确实存在,但是另一方面,它也在很大程度上由于对国际经济环境和自身条件的误解而被扭曲或夸大了。自改革开放以来,我国尚未直接遭受过境外资金的冲击,因此关于金融与货币危机的概念很大程度上源于国际经验,尤其是拉美国家的货币危机和亚洲金融危机。对于国际经验的借鉴无疑是非常重要的,但也应该看到,我国与这些经济体,尤其是拉美国家,存在相当大的差异。除了经济总量之外,我国强有力的中央政府、更具组织性的社会结构、庞大的外汇储备规模等都是独特的优势。回溯 2000 年之前关于加入 WTO 对于我国产业,包括金融业冲击的研究,我们会发现其中许多结论现在看起来都过于悲观。事实证明,我国的经济环境与经济主体远比当初所预想的要更为健康和富有活力。同时需要强调的是,国际资本冲击与金融危机毕竟不是国际经济运行的常态，在资本项目的管理上可以针对危机状况设置特殊应对措施，但是不应该将其与资本项目运行的常态相混淆。这种因噎废食的做法是以金融体系的效率损失为代价的。

以上关于人民币资本项目可兑换利弊的分析并不表明我们认为实行资本项目开放已经具备了充分的理由和到了适当的时机，后者还需要具体的政策部门再加以更为详细的论证，但在初步的政策讨论中，抛弃现有的错误观念则是必要的前提。

第四节　人民币资本项目可兑换与金融市场化改革的关系

如同前面所论证的，在人民币资本项目可兑换问题上，政策分析的出发点应该是现代金融体系在经济运行与发展中的重要功能。从这个角度来看，资本项目开放并非孤立的政策领域，而是我国金融体系改革与发展战略的有机组成部分，它必须与其他相关的金融改革相协调，后者包括人民币汇率改革、利率市场化、金融市场开放等。

人民币汇率市场化与资本项目可兑换之间有着密不可分的联系，也正因如此，在汇率市场化与资本项目开放之间的顺序问题上一直有很大的争议。从现实情况来看，非常清楚的一点是，在资本项目受到较严格管制的条件下，要真正以市场化的方式来形成合理汇率存在较大的困难。首先，资本项目管制与巨大的外汇储备使得中国人民银行在外汇市场中拥有绝对优势的地位，这不仅会使人们对于人民币汇率是否真正反映了市场供求情况产生疑问，也使央行不对人民币汇率加以特殊干预的承诺缺乏可信度，后者又会反过来影响相关主体对于外汇市场的参与热情与交易方式，导致汇率运动的扭曲。其次，由于对于资本项目下外汇交易的管制，企业对外汇的购买和使用经常要承担由于行政审批程序等所导致的额外时间与货币成本，这使汇率难以反映外汇需求者的真实用汇成本。再次，由于资本项目管制，在国内外汇市场参与交易的主体类型与数量非常有限，它反映的主要是境内符合条件的金融机构的交易意向，难以与国际外汇市场的交易价格接轨。最后，由于类似的原因，我国外汇市场的规模受到较大限制，与我国经济和金融规模更是不成比例，这直接影响了其形成的人民币汇率的代表性和影响力。①

　　类似地，人民币汇率的形成机制也直接关系到资本项目开放的可行性。如果中国人民银行需要保持对人民币汇率的干预，资本项目管制就是必要的辅助条件。国际经济学的基本原理说明，固定汇率、国际资本自由流动和自主货币政策不可能同时得以实现，也即所谓"三元悖论"。在我国，即使在对资本项目进行控制的情况下，人民币的单边升值压力仍然导致了外汇储备的迅速上升，造成了巨大的流动性冲销压力。因此，除非在人民币汇率形成机制上做出重大改革，否则人民币资本项目可兑换可能会使国内的宏观金融环境与政策都面临很大冲击。

　　事实上，除了金融体系，我国许多领域的改革之间都存在密切的相关性，甚至可以说互为因果。而我国的改革开放之所以能够取得今天的成就，其中一个很重要的因素就是这些领域的渐进式改革之间的良性互动。一般而言，即使对于一个范围相对较小的经济领域，其改革也很难毕其功于一役。然而即使是不完全的改革，它也能够对这一领域和相关部门产生积极的影响，促进后者改革的进行，资本项目管理体制改革也是如此。企图界限分明地在人民币汇率改革与资本项目开放之间划定行动顺序在很大程度上是不现实的，但只要我们坚持根据外部环境与内部条件稳健地推进这两项改革，它们最终就会收敛到一个理想的均衡状态。

　　同样的逻辑也适用于资本账户开放与利率市场化之间的关系。利率对于金融市场资源配置的意义不言而喻，同时它也是跨境资金流动的重要驱动力量。如果缺乏一个富有弹性的利率体系，那么不仅不利于资本项目开放之后流入资金的优化配置，也不利于金融体系的稳定。长期以来，我国金融市场利率，尤其是存贷款利率，都处于管制状态下。这种利率管制已经给金融市场的发育带来了不利影响，只是由于我国的金融体系由大型银行主导，并且长期以来有着较为丰富的资金来源，因此才没有给金融运行带来太大的抑制效应。但随着我国经济增速的放缓和发展模式的转变，金融体系的功能也由原来的资金筹集和配给向市场支持方向转换，这些金融活动对于利率更为敏感，其效率也更依赖于富有弹性的市场化利率体系。在这种情况下，利率市场化已经势在必行。

　　2013年中国人民银行出台《关于进一步推进利率市场化改革的通知》，

---

①　王国刚：《简论金融交易可兑换的市场条件》，《中国外汇》2014年第1期。

放开对金融机构贷款利率的下限管制,使我国的利率市场化又向前迈进了一大步。但即便如此,我国的市场化利率体系建设仍有相当路程要走,尤其是形成被市场认可的基准利率,如国债收益率曲线,更有赖于金融市场的进一步发展和开放。从这一点上看,人民币资本项目可兑换的实现将能够对我国利率市场化起到积极的推动作用。同时值得注意的是,国际经验表明,利率市场化过程通常会提高银行的资金成本,收窄利差,降低其利润空间,导致其转向高风险的经营项目甚至出现破产等危机。避免这种问题的一条重要途径就是通过金融市场建设来实现银行业务的多样化,尤其是大力发展中间业务,同时扩大市场的资金来源,引入外资参与银行业的重组和改造,资本项目开放在这些方面也能够发挥重要作用。

在与人民币资本项目可兑换密切相连的金融市场化改革中,金融市场的开放是一个核心。正如前面所分析的,一个开放而富有活力的国内金融市场是最大限度发挥资本项目开放积极作用的基础条件。通过更为丰富的金融产品和多样化的金融机构,金融体系的市场支持功能会得到更有效的发挥,为经济发展和增长方式转型提供更多的助力。从这一角度来看,人民币资本项目可兑换本身就是金融市场开放的内在要求和有机组成部分。

我国一直对于金融市场的开放持非常谨慎的态度,其中有着多方面的考虑。除了担心金融市场交易所导致的大量跨境资金流动给金融体系造成冲击之外,也是为了保护国内的金融机构免受竞争,防范境外资金涌入推动"资产泡沫"的扩张,以及国际投机资金通过金融市场炒作来实现对国内财富的掠夺。不过随着国内金融环境和投资者的逐渐成熟,上述威胁大大下降,同时通过综合性的市场监管,我们也可以将相关的金融风险控制在可接受的范围之内。在这一点上,许多已经实现资本项目可兑换的国家都提供了借鉴。

到目前为止,我国金融市场的对外开放主要是通过合格境外机构投资者(QFII)机制展开的,截至2014年8月底,其累计批准额度为596.74亿美元。除了受限于额度规模之外,这种投资机制着眼于境外资金的引入,却无助于国外先进金融技术与金融创新的引入,也难以创造国内外金融机构的良性竞争,因此与金融市场开放的真正要旨有着相当的距离。值得注意的是,尽管QFII的规模非常有限,其实际利用率却并不高,以至于有境外投资机构放弃QFII资格。这种现象反映了我国金融市场发展与单纯着眼于资金的开放方式之间的潜在冲突,即由于可交易的金融产品种类不足,使得外部资金缺乏投资对象。① 在以粗放型经济为服务对象的银行主导金融体系中，这样的特征很常见，也不会暴露出太大的问题，但在经济发展方式转变之后，更为精细化的集约生产方式也要求更为多样化的金融服务来加以配合，同时金融市场也需要以更为丰富的金融产品来吸引投资者，这时我国金融市场的发育不足就可能成为一个现实"瓶颈"。

在实现人民币资本项目可兑换的同时，积极促进金融市场的开放，引入更多类型的金融主体，推动金融创新，是解决上述问题的一条有效路径。在这一过程中，一个重点环节就是改变银行主导的市场结构和信贷主导的产品结构，而境外金融机构、金融消费者和资金的进入无疑可以在其中起到推动作用。在这一意义上，资本账户开放也是金融市场开放的催化剂，它能够大大加速后者的进程。反过来，国内金融市场的发展则能够为国内外的投资者和企业提供更好的服务和环境，使资本项目开放的潜在收益得到更大程度的实现，形成良性循环。

第五节　人民币资本项目可兑换的政策配合

人民币资本项目可兑换的实施需要一系列政策予以配合，其中至少包括：

1. 宏观审慎政策框架

宏观审慎是此次全球金融危机之后兴起的金融监管理念。相对于微观审慎监管，宏观审慎政策中的"宏观"体现在两个层面上：第一，管理效应的宏观性，即宏观审慎政策更注重金融体系整体的风险状况以及相应的监管政策对于金融体系乃至经济整体的影响；第二，干预机制的宏观性，即在宏观审慎管理的过程中，需要通过宏观经济指标或者宏观经济政策与微观监管措施的配合来达成目的。因此，相对于传统的微观审慎监管，宏观审慎政策更强调金融风险的内生性，注重金融系统整体稳定，而不仅仅局限于单个机构的风险状况。在总体目标上，宏观审慎政策旨在防止系统范围的金融危机的发生，以限制其在宏观经济中的成本；在监管工具上，宏观审慎政策强调货币政策、财政政策与微观审慎监管的协调配合；在监管重点上，宏观审慎政策关注具有系统重要性的机构、市场和工具和金融

---

① 王国刚：《简论金融交易可兑换的市场条件》，《中国外汇》2014年第1期。

体系结构对于系统风险传染的影响。

宏观审慎政策在近年来它所受到的特殊重视则来自经济、金融及其相互关系的新趋势与新变化。这些趋势与变化进一步加剧了经济与金融体系的复杂性，从而也更加凸显了宏观审慎管理的必要性。在实现人民币资本项目可兑换之后，我国的金融与经济体系将更趋复杂化，它至少表现在以下四个方面：（1）资金流动模式的复杂化，在开放资本项目之后，境内外资金的流向和流动方式将更加复杂多样；（2）金融市场主体的多元化，除了境外金融机构与企业之外，由于资本项目开放而推动的金融市场发展也会培育许多新的金融服务提供者与消费者，使得金融市场主体的数量和类型都大大扩展；（3）金融产品与业务的复杂化，随着境外金融机构的进入与金融市场的发展，金融创新将会更为活跃，催生出更为多样化和特异性的金融产品与金融业务；（4）金融与经济关系的紧密化，正如前面所分析的，资本项目开放将会促进金融体系的市场辅助功能，使其与实体经济之间的关系更为密切。上述趋势意味着我国金融体系的结构将更为复杂，不同经济与金融因素的有着更多相互作用的方式与渠道，金融风险和冲击也有更多的传导渠道，因此，我们必须基于宏观审慎的视角，更加深刻而全面地认识我国金融稳定在未来的新特征与新趋势。

采纳宏观审慎的视角，在某种程度上也是对传统资本项目监管方式的扬弃。传统的资本项目监管采用的是相对简单直接的思路，即直接关闭那些可能威胁金融体系稳定的跨境资金交易渠道。一旦我们决定开放资本项目之后，尽管在实际操作上仍然可以保持对某些特定项目的管制或采取某些特殊监管措施，但上述思路在总体上已经不可行。这时我们需要采用较为迂回的间接监管方式。在这种监管思路的转换中，一个关键点在于，我们应该明确监管的最终目标是整个金融与经济体系的稳定，而不是跨境资本流动本身，这也恰恰是宏观审慎政策框架的实质所在。例如，在开放资本项目之后，虽然对于大部分项目下的交易不再进行日常管理，相关部门仍然会对各项目下的资金流动进行监控，并且保留在特定情况下加以干预的权利。而这种监控及干预的前提是，特定时间与形式的跨境资本流动与当时的国内金融体系形成了不利的"共振"，从而可能威胁到整个金融体系的稳定性。因此，新形势下的监管举措并不依赖于跨境资本流动本身的规模与形式，而是针对特定情境加以综合判断的结果。当然，这种监管方式也有其不利的一面，就是可能由于监管标准的模糊性而赋予监管当局过大的自由裁量权，并因此给相关的金融市场主体造成不确定性。这也是后面我们将继续探讨的一个问题。

宏观审慎政策框架的一个重要特点是强调微观监管手段与宏观经济政策的协调配合，这对实现人民币资本项目可兑换之后的金融市场也是极为关键的。正如前面所分析的，资本项目开放和利率市场化、汇率形成机制改革、金融市场开放乃至货币政策都有着紧密的联系，这也就意味着相关的监管部门必须进行密切配合与协调，争取这些改革进程能够相互促进，发挥出最大的综合效果，并且防范由于协调失灵而导致的"政策错配"。值得注意的是，这种政策协调不仅要求相关部门的积极参与，而且是在统一的规划下进行的。也就是说，需要有部门对总体的金融状况进行判断，并据此对相关部门的行动进行分工和绩效评估。哪个部门的技术能力与政策权限能够担负起这样的职责，还需要进一步的考察。

2. 负面清单监管模式

"负面清单"是在对外经济开放规则制定中常用的一种方式，即将限制外资从事的领域以清单的形式公开列明，除此之外的领域和经济活动则都给予许可。负面清单在自由贸易区协定等法律文件中得到了较为广泛的应用，我国上海自由贸易试验区的外商投资准入管理也采取了这种模式。在金融市场监管中实行负面清单模式，不仅仅是监管手段的变化，而且是一种监管理念与监管制度的转变。而上述转变的关键实质，则在于监管当局的自由裁量权。

从形式上看，"负面清单"与"正面清单"是对称互补的。如果所有经济领域与活动都是完备的，那么"法无禁止即可为"的负面清单监管模式仅仅是正面清单变换了一下表现形式，实质并未差别。但负面清单的特殊意义恰恰在于上述假设的不成立，即不可能存在一份完全无误的经济活动清单。现实中，从社会公益的视角出发，在那些清楚明白的"有利"或"不利"的经济活动之间，还有着大量的灰色地带，其中的经济活动或者由于机制过于复杂，人们对其利弊暂时难以作出判断，或者是尚未出现，因此人们也无从猜测其福利效应。"正面清单"与"负面清单"两种监管模式的区别正在于，对于这些灰色地带中的经济活动，是否允许其存在，或者决定其是否应该进行的权力在谁手中。因此，从制度经济学的视角出发，"正面清单"与"负面清单"就是两种形式的不完全契约，而其差异则在于剩余控制权的归属：在正面清单监管模式下，剩余控制权掌握在监管当局手中；而在负面清单监管模式下，剩余控制权则掌握在金融机构或者说金融市场的手里。

机制设计理论告诉我们，剩余控制权的配置对于经济效率具有非常关键的影响。在正面清单模式下，金融市场主体可以从事的活动清晰明确，这对于监管当局维护金融稳定非常有利，但代价则是金融创新的缺失。反过来，负面清单监管模式直接划定了监管当局的权力范围，从而给予了市场主体金融创新的自由，但是也带来了金融风险上的隐忧。因此，这两种金融监管方式实际上反映了监管当局在效率与稳定之间的不同权衡。如果像前面所说的，金融创新和一个极富活力的金融市场对于金融体系开展其职能非常重要，那么在金融稳定方面的某些风险就是可承受的，这时"负面清单"也就是更好的监管模式。

在这一意义上，对上海自贸区外商投资准入负面清单进行评估的关键点并不在大众所关心的其覆盖范围与《外商投资产业指导目录》（2011年修订）的差异上，而在于它是否真正将剩余控制权交到了市场手中。但从实践来看，监管部门从"正面清单"到"负面清单"的理念转换还远未完成。例如，在上海自贸区外商投资准入负面清单中，在L722"法律服务"项下规定，"外国律师事务所只能以设立代表处的形式提供法律服务"，这在本质上显然是"正面清单"而非"负面清单"模式。这也是在金融监管中实施负面清单模式所面临的最大问题，即在监管部门的理念没有发生真正转变的情况下，很容易将原有的正面清单管理模式换为负面清单的形式而沿袭下来。要真正接受金融市场开放和自由化的成本（如更大的市场波动、无益于社会福利的金融创新与套利行为、"不公平"的利益分配）并承认其合理性并不容易，也需要很长的时间。

与此同时，负面清单监管模式要求严格的法制作为其基础条件。只有将监管机构的行为置于法律法规的约束之下，才能够保证负面清单的有效性，从而给市场主体以可行的承诺。正如监管当局的理念转换一样，相关法律制度的建设和相关市场主体的理解适应同样需要时间，但是这种制度建设不仅对于资本项目开放，而且对于中国金融市场的长期发展，都至关重要。

3. 外汇储备管理制度

外汇储备制度的初衷是应对潜在的国际收支波动，包括经常项目赤字与资本项目逆差。传统的外汇储备功能是与固定汇率制度相适应的。其明显的特点，就是十分强调外汇储备的"务实"功能，即一旦经济受到不利冲击，货币当局就需要动用外汇储备去满足进口、支付债务和干预汇率的需要。但在浮动汇率制下，满足上述三项需要的功能则大大弱化了。如今，外汇储备管理的核心在于"保持信心"，在很大程度上带有"务虚"的特点。概括起来，在现代经济体中，外汇储备的功能主要包括以下几个方面：支持公众对本国货币政策与汇率管理政策的信心；通过吸收货币危机冲击以及缓和外部融资渠道阻塞，来克服本国经济的外部脆弱性；提供一国能够偿还外债的市场信心；支持公众和外部投资者对本国货币稳定的信心；支持政府偿还外部债务与使用外汇的需要；应付灾难和突发事件。同时在现代外汇储备管理体系中，其作为一国财富的功能得到强化。换言之，追求国家财富的增长，成为外汇储备管理的重要目标。

自进入21世纪以来，在经常项目、资本与金融项目持续保持"双顺差"的背景下，我国外汇储备开始快速增长，到2006年4月底，中国外汇储备已跃居世界首位。截至2014年6月，我国的外汇储备规模已达到39932亿美元。与传统外汇储备来源不同的是，我国所持有的巨额外汇储备是中国人民银行"被动"积累的，因而也成为国际金融政策中的一个重要问题。对于我国外汇储备的担心主要有两个方面：第一，外汇储备的收益率不足以弥补持有其的机会成本，导致社会财富的损失；第二，外汇储备形成过程中向国内经济体系注入的货币导致了巨大的通货膨胀压力和高昂的冲销成本。为此，人们对于外汇储备管理体制提出了各种改革建议，而其精神实质也是高度一致的：第一，在保证部分外汇储备流动性与安全性的前提下，扩大其余外汇储备的投资范围与形式以获取更高收益；第二，通过适当的机构或程序来处理外汇储备，隔断外汇交易与货币供应之间的直接联系。

虽然在直觉上，人民币资本项目可兑换会增加资本项目下国际收支的波动性，从而增加对外汇储备的需求，但鉴于我国现有外汇储备的庞大规模已经远远超出了大部分人所估计的合理值，因此在资本项目开放问题上，人们更为关心的是它从供给方对于外汇储备规模的影响，后者则可以划分为几个因素：

第一，资本项目开放会便利企图通过人民币升值而获利的资金流入，它对于外汇储备规模的效应是正向的；

第二，资本项目开放会促进国内居民的境外投资，它对于外汇储备规模的效应是负向的；

第三，资本项目开放会降低国内居民为了应对外汇交易需求而进行的"预防性"持有，它对于外汇储备规模的效应是正向的；

第四，资本项目开放会促进国内金融市场的发展，吸引更多境外资金的进入，它对于外汇储备规模的效应是正向的；

第五，资本项目开放会推动人民币国际化，增加人民币的境外持有量，它对于外汇储备规模的效应是负向的。

综合上述因素，我们很难对实现人民币资本项目可兑换之后外汇储备规模的变动方向做出准确的判断。很显然，资本项目开放对于外汇储备规模的影响高度依赖于在汇率形成机制、金融市场开放等领域的配套改革措施。如果我们仍然维持出口导向型的经济增长方式和人民币汇率上的升值压力，那么实现人民币资本项目可兑换就很难对外汇储备规模及其趋势产生实质性的影响，外汇储备管理体系给经济与金融运行所带来的问题也不会有根本性的改变，前述改革措施最多只能做到有限的改善。要从根本上解决外汇储备积累所带来的问题，不能只着眼于资本项目开放本身，而有赖于它所属的更大范围的金融体系改革措施。

4. 汇率形成机制与货币政策导向

正如前面所提及的，国际经济学原理告诉我们，汇率稳定、跨境资本自由流动与自主货币政策不可能同时并存。因此，在实现人民币资本项目可兑换之后，我们就必须要在汇率稳定与自主货币政策之间做出选择。

在理论上，固定汇率并非与资本项目开放不相容。固定汇率本身对于经济发展有着诸多助益，如通过降低汇率风险和不确定来促进贸易与投资，但是另一方面，它也蕴含着巨大的成本：除了失去浮动汇率这一传递价格信息调整资源配置的重要渠道之外，固定汇率还让政府将本该由市场主体分散承担的风险集中到了自己身上，因此很容易招致金融动荡甚至货币危机。诸多实证研究显示，同时维持固定汇率制和资本项目开放会大大增加发展中国家的国际收支危机风险。与此同时，在资本项目开放条件下维持固定汇率就意味着货币政策实际上是为稳定汇率服务的，这就使它丧失了用于调节其他宏观经济变量，如经济增长与通货膨胀的可能性。

对于中国而言，在权衡不同汇率体制利弊的时候，一个不可忽略的因素是我们的经济规模。在本质上，固定汇率对应的是"小国模型"，它隐含的假设是存在一个稳定的货币锚可以用于盯住。但是随着中国经济规模的迅速扩张，这种相对稳定的货币锚将越来越不可得。美国自利的货币政策已经使许多盯住美元的经济体深受其害，盯住"一篮子货币"不仅增加了技术上的困难，而且也导致了经济效应上的不确定性。最为重要的是，作为一个"大国"，我们自身的经济政策调整就会对国际金融体系产生重大影响，从而使得原来选定的汇率基准点失去意义。从这个角度来看，固定汇率体制在长期上是不可维系的。

如果在实现人民币资本项目可兑换的同时，我们能够坚持人民币汇率形成机制改革，使之具有更大的弹性，那么就可以将货币政策从盯住汇率的负担中解脱出来，从而更好地服务于其他经济目标，并且外汇储备问题也会迎刃而解。当然，这种专注于国内经济的货币政策也仍然可能面对短期的跨境资本流动冲击，而汇率波动也会给贸易部门带来额外的成本。不过，如果我们能够拥有一个发达的国内金融市场，使之能够迅速实现国际经济环境与国内价格和汇率的传导，并且为实体部门提供有效的风险分散和转移手段，那么长期来看，经济运行的效率将远高于政策保护下的僵化经济与金融体系。

第十八章

建立金融监管的负面清单

党的十八大以后，在全面深化改革背景下，"负面清单"一词开始在党和政府文件与文献中被广泛使用。在国务院于2013年9月18日批准的《中国（上海）自由贸易试验区总体方案》中提出"探索建立负面清单管理模式。借鉴国际通行规则，对外商投资试行准入前国民待遇，研究制订试验区外商投资与国民待遇等不符的负面清单，改革外商投资管理模式"。此后，十八届三中全会通过的《中共中央关于全面深化改革若干重大问题的决定》明确指出，"建立公平开放透明的市场规则。实行统一的市场准入制度，在制定负面清单基础上，各类市场主体可依法平等进入清单之外领域"。

随后，相关政府部门相继在经济、社会管理等领域提出或推行"负面清单"管理模式。例如，针对外资准入，上海自贸区于2013年和2014年推出《中国（上海）自由贸易试验区外商投资准入特别管理措施（负面清单）》。在环保领域，深圳罗湖区对散见于各个法律法规的环保准入禁止性规定进行集中梳理汇编，结合罗湖的主要产业作出分类指引，形成了《罗湖区建设项目环保审批准入特别管理措施（负面清单）》。[①] 安徽省宿州市下发《关于在农业财政专项资金管理领域建立违信违规负面清单制度的通知》，对农业财政专项资金管理实行负面清单管理。被纳入违信违规清单管理的单位和个人，在相关部门依法依规处理的基础上，区分不同责任主体，

[①] 《环保审批请看"负面清单"》，《中国环境报》2014年8月19日。

采取相关惩戒措施。① 在金融领域,中国证监会也拟在在证券公司资产证券化基础资产问题上推行负面清单管理,即只要基础资产不属于负面清单之列,均可以通过备案发行,而不再需要经过繁杂的审批过程。②

在全面深化改革,发挥"市场在资源配置中起决定性作用"的背景下,金融领域是否可以引入"负面清单"思维方式,是否可以,以及如果可以,如何通过构建金融监管"负面清单"厘清市场与金融监管的边界,都是值得深入思考的问题。本章拟在清晰阐释金融监管负面清单含义的基础上,分析金融监管负面清单的内容以及建立负面清单的效应,最后对我国应当如何建立负面清单管理制度提出建议。

第一节 金融监管负面清单的含义

要把握金融监管的负面清单,首先需要弄清负面清单的来龙去脉,鉴此,我们由此入手研讨金融监管的负面清单。

1. 负面清单的概念及历史沿革

"负面清单"一词是英文 Negative Listings 的直译,一般在国际贸易和投资领域使用。它是指在国际投资协定中,缔约方在承担若干义务的同时,以列表形式将与这些义务不符的特定措施列入其中,从而可以维持这些不符措施,或者以列表形式列出某些行业,保留在将来采取不符措施的权力。③

在国际法上,是否允许外国资本进入以及如何进入属于东道国主权范围内的事项。对于东道国来说,外国资本的进入可以增加本国就业税收,促进本国经济增长,所以为了吸引外国资本,东道国会给予其国民待遇。但是,外国资本进入东道国后不仅同本国资本展开竞争、与本国资本争利,而且还有可能损害东道国公共秩序。为了避免外国资本对本国公共秩序的冲击,东道国通常在赋予外国资本国民待遇的同时,还会对其活动的范围通过正面清单形式加以限制以趋利避害。对于资本母国来说,保护本国投资者在外国的合法权益是其义务。东道国和母国对外国资本的不同态度需

---

① 《宿州市农业财政专项资金实行信用负面清单制度》,《农民日报》2014 年 8 月 28 日。
② 《资产证券化实行"负面清单"管理》,《云南信息报》2014 年 8 月 11 日。
③ 任青:《负面清单:国际投资规则新趋势》,《中国中小企业》2013 年第 12 期。

要通过国际投资协定来协调。在很长一段时间内，乃至当今的大部分国际投资协定基本上关注的是外国资本进入东道国后的国民待遇问题，即外国资本进入东道国后能否享有本国资本同等待遇问题。

近 30 多年来，随着经济全球化进程的加快，资本全球化和投资自由化快速发展。投资自由化对国民待遇原则提出了更高要求，资本不再满足于进入东道国以后才能获得国民待遇，从而要求在进入前即享有国民待遇，即准入前国民待遇。在吸引投资的国际竞争加剧的背景下，也开始有越来越多国家愿意给予外国资本准入前国民待遇。

然而，东道国市场向外国资本的全面彻底开放也会给东道国带来问题，比如国防安全问题、幼稚产业保护问题等。因此，在国际双边或多边投资协定中，允许东道国对特定行业、特定事项等进行保留，并允许对外国资本施加同国民待遇原则不符的特别措施。这些特别措施以列表的形式表现出来，即"负面清单"。这种管理模式，一方面限制了东道国政府在主权在外资管理上的任意性，增加了政府透明度；另一方面赋予了外国资本在东道国市场准入上的更大自由，扩大了其市场空间，从而更有利于市场竞争。

虽然迄今难以弄清"负面清单"作为术语是在何种文献中首先出现的，但作为一种投资管理模式，负面清单制度的历史并不短。1834 年普鲁士在同其他 17 个德意志邦国建立的德意志关税同盟，就采用了负面清单模式。①德意志关税同盟的贸易条约同意在同盟范围内开放所有进口市场、取消所有进口限制，除非列明不开放和不取消的。

第二次世界大战后，负面清单制度的应用同美国的推动有着直接关系。1953 年美国与日本签订的友好通商航海条约中列举了造船、公用事业等行业不适用国民待遇，即为国民待遇原则的"负面清单"。② 1994 年美国主导的《北美自由贸易协定》全面采用了负面清单模式。该协定对这一模式在全球范围内的推广起着重要的示范作用。此后，以美国为代表的发达国家在《服务贸易总协定》等国际贸易和投资谈判过程中都提出适用负面清单制度的主张。

目前，世界上至少有 77 个国家采用了这一模式，更重要的是，在美国

---

① 参见陆振华《"负面清单"简史》，《21 世纪经济报道》2014 年 1 月 1 日。
② 李亚：《上海自贸区"负面清单"投资管理模式国际经验的借鉴》，《嘉兴学院学报》2014 年第 2 期。

主导推动的"跨太平洋战略经济伙伴协定（TPP）"、"跨大西洋贸易和投资伙伴协议（TTIP）"等新自由贸易协定下，以"准入前国民待遇＋负面清单管理"为核心的第三代国际投资规范正在重塑世界投资和贸易格局。①

2. 金融监管负面清单的概念及意义

负面清单作为术语一般在国际贸易投资领域使用，实质在于通过限制东道国主权任意性的方式，厘清政府外资准入管理权力与外资市场准入权利之间的关系。同建立在主权自由裁量权基础上的正面清单模式相比，负面清单模式扩大了外资市场准入自由和权利，即政府无权对不在负面清单上的行业采取市场准入禁止或限制措施，也无权采取负面清单列明措施之外其他有违国民待遇原则的特别措施。换言之，在外资市场准入问题上，负面清单制度即为采取"法无禁止则允许"原则。

从各国金融监管制度上看，在金融市场准入问题上，很少见到金融法律或金融监管规则直接以"负面清单"为名或以列表形式划定主体、业务或产品与服务金融市场准入范围②，即在形式上，通常不存在类似于国际投资协定中以列表形式明确的负面清单。但是，金融监管中形式上负面清单的不多见，并不意味着在金融领域不存在负面清单制度的适用空间。在金融领域，始终存在法律或监管权力是否允许某个市场主体、某项金融业务或者某种金融产品或服务进入金融市场的问题。法律或监管权力允许的方式可以采用正面清单模式——未经明确许可的不得准入，也可以采用负面清单模式——未明确禁止或限制的即可准入。本书把后一种模式称为金融监管负面清单制度，把实质上而非形式上存在的禁止或限制市场准入清单为金融监管负面清单。

借鉴国际贸易投资领域负面清单的概念，本书把金融监管负面清单定义为：金融法律、法规或金融监管当局部门规章明确规定的金融市场主体、金融业务或金融产品与服务的市场准入条件。符合上述准入条件的主体、业务或产品与服务有权进入金融市场而无须获得监管部门事先审批。

与国际投资协定中的负面清单相比，金融监管负面清单具有以下特征：

---

① 连平等：《负面清单管理：国际经验与对策》，《上海证券报》2013年10月30日。
② 瑞士联邦金融市场监管局（FINMA）列出了从事未获监管部门许可金融业务的公司或个人名单，提醒投资者注意，FINMA将该名单称为负面清单。在文献可及范围内，这是不多见存在形式负面清单的国家或地区。参见 http：//www.finma.ch/e/sanktionen/unbewilligte － institute/Pages/default.aspx。

(1) 从适用对象上看，金融监管负面清单一般适用于本国主体。国际投资协定中的负面清单适用对象是外国资本，即使一国主动推行的负面清单制度，比如上海自由贸易试验区推行的负面清单其适用对象也是外资。本书所定义的金融监管负面清单适用对象一般是本国主体的金融市场准入，不包括外国资本的金融市场准入。①

(2) 从约束对象上看，金融监管负面清单约束的是本国金融监管权力的任意性。国际投资协定中负面清单约束的是东道国经济主权②，属于国际法范畴。金融监管负面清单针对的约束对象是本国金融监管权，属于国内法范畴。

(3) 从表现形式上看，金融监管负面清单更多是实质清单而非形式清单。国际投资协定中的负面清单通常以列表形式出现。金融监管负面清单则更多体现在金融法律法规条文中。

(4) 从约束方式上看，金融监管负面清单具有层次性。国际投资协定中的负面清单具有单一性，即国际投资协定会对负面清单作出详细规定，不会再授权相关国际组织或政府部门再做规定。由于金融市场的复杂性、灵活性以及法律的不完备性③，金融法律往往无法对金融市场准入条件作出无遗漏、全覆盖的详细规定，而不得不在某些准入条件上授权金融监管部门制定细则，比如美国 2010 年颁布的《多德—弗兰克法案》中授权相关金融监管部门制定 243 项规则，以适应金融机构、金融产品、金融业务和金融市场的发展。④ 因此，金融监管负面清单就有了层次之分，包括金融法律规定的负面清单和被授权部门制定的负面清单。

如同政府与市场是一对矛盾统一体一样，金融监管权力与金融市场权利也是一对矛盾统一体。由金融监管权力，还是由金融市场权利主导金融市场发展，对金融市场发展有着不同影响。

当金融市场发展由金融监管权力主导时，通常会采用正面清单模式。在这种模式下，市场主体、金融业务和金融产品与服务只能在金融监管权

---

① 事实上，即使在采用负面清单制度的现行国际双边或多边投资协定中，金融市场外资准入也属于东道国保留事项。

② 东道国主动采取的负面清单管理模式，比如上海自贸区所推行的负面清单，也是对本国经济主权的自我限制。

③ 卡塔琳娜·皮斯托、许成钢：《不完备法律——一种概念性分析框架及其在金融市场监管发展中的应用》，《比较》第 3 辑、第 4 辑。

④ 李扬：《适应金融发展需要 重塑监管框架》，《金融评论》2010 年第 6 期。

力明确许可范围内发展，超出正面清单允许范围的市场主体或金融业务、产品创新则存在合法性问题。因此，由金融市场权利主导的金融创新在这种模式中受到抑制。

当采用金融监管负面清单时，金融市场发展由金融市场权利主导，金融监管部门对金融市场的监管权限受到法律严格限制。金融市场主体根据自身情况以及金融市场需求状况，不仅可以自主决定负面清单保留事项之外的市场准入，而且可以在符合负面清单列明条件时自主决定是否进入清单保留市场。因此，建立金融监管负面清单的核心意义在于一方面为基于市场需求的金融创新打开空间，另一方面为市场主体平等进入金融市场奠定制度基础。

第二节　金融监管负面清单的内容

所谓金融监管负面清单的内容，是指金融法律法规或金融监管部门规章所设定的金融市场准入条件。由于这些准入条件通常需要金融监管部门负责事先审查或事中事后监督，因此，金融监管负面清单的内容也表现为金融监管部门在市场准入中的权力。

不同国家在不同历史阶段对金融监管部门在金融市场准入中权限的规定有所不同。总结在市场准入问题上国际金融组织相关指引和金融发达国家相关法律规定，金融监管负面清单主要有以下内容：

1. 金融市场主体准入

金融市场主体，是指进入金融市场、参与市场交易的自然人或企业，包括金融机构、作为融资者的企业或自然人、作为投资者的自然人或机构等。

第一，金融机构。金融机构，尤其是存款类金融机构，是金融监管负面清单的主要限制对象。对金融机构市场准入的限制主要包括：

准入资本金要求。对银行、证券公司等传统金融机构，各国都有明确的资本金要求。例如，英国对银行的最低资本金要求为500万欧元；美国按照《国民银行法》规定设立国民银行的最低资本金要求为10万美元，并且允许随地理位置和社区人口差异而浮动。在实践中，美国货币监理署对最低注册资本额的要求为 100 万美元。① 《有效银行监管核心原则》中对银行最低资本要求也有相似规定。美国对证券公司的最低资本额要求的规定与对银行的要求不同,其通过规定净资本与对外负债的比率而非最低绝对额来实现。

资本金来源和缴付形式。美国对金融机构的资本金来源要求较为宽松,允许金融机构股东借入资金缴付出资。在资本缴付形式上,有的仅允许以现金出资,有的允许以高流动性金融资产如政府债券进行出资。

金融机构所有权结构限制。金融机构所有权结构限制包括单一股东持股限制、关联股东持股限制、非金融机构持股限制等。以英美为代表的金融发达国家,除美国对非金融机构对银行持股有要求,以避免产业资本过分控制银行导致垄断和不公平竞争外。总体来说,对金融机构所有权结构限制并不严格。

内部组织结构和内部控制要求。《有效银行监管核心原则》将银行的经营计划、内部组织结构和内部控制要求作为向银行颁发牌照许可的条件。

高级管理人员准入要求。金融机构的经营在很大程度上依赖高级管理人员的管理能力,因此,金融发达国家通常对银行、证券公司等金融机构的高级管理人员的适当与适合性、董事国籍等作出一定要求。

第二,融资者。融资者是指向贷款类金融机构借款的自然人或企业,在金融市场发行债券或股票等金融产品的企业。金融发达国家对融资者的金融市场准入通常不作限制。无论何种类型的企业或自然人都有获得融资的权利,至于是否能获得融资则是另外一回事。

第三,投资者。投资者是金融市场中的资金提供者。金融发达国家对机构投资者在金融市场中购买金融产品进行投资基本无限制性规定。② 对个人投资者则根据其风险承受能力,建立起金融产品合格投资者制度,金融产品风险越高对投资者风险承受能力要求越高。

2. 金融业务准入

金融业务准入包括三类:一是金融机构进入其他金融业务领域,如银行进入证券、保险业务领域;二是非金融机构或金融机构未经允许从事需要获得许可的金融业务;三是非金融机构或金融机构从事法律或监管规则

---

① 辛子波、张鹏:《美国的银行业市场准入监管制度介析》,《金融经济》2006 年第 10 期。
② 基于审慎性原则对银行等金融机构投资的限制性规定除外。

未作出规定的新金融业务。

第一种情形,在德国全能银行体制下一般不会受到限制,在美国则一般需要附属子公司形式来实现。第二种情形,通常会受到法律和监管部门的严格制约,而且可能还会受到监管部门处罚。但在有些国家,这种行为并不意味着违法,比如瑞士。[1] 第三种情形,在金融监管部门权力受到严格限制的负面清单体制下,属于市场主体的权利。但政府有权通过制定法律或规则对其进行规范和限制。

3. 金融产品和服务准入

金融产品和服务包括两类:非标准化产品和标准化证券产品及其衍生品。非标准化产品包括未证券化的存款和贷款产品。标准化证券产品及其衍生品则包括股票、债券、基金、资产证券化产品及其衍生品等。

从金融发达国家金融产品和服务准入规定来看,对非标准化产品的市场准入限制主要目的在于保护金融消费者利益,使其避免受到掠夺性信贷及其他掠夺性金融服务的侵害。[2] 对标准化证券产品及其衍生品的市场准入限制则主要体现在证券发行及交易的注册登记和信息公开披露上。在负面清单管理体制下,发行证券是证券发行人的权利。只要履行了注册登记和信息披露义务,任何市场主体都可以按照证券法规定发行证券及其衍生品。

对于中国来说,发达国家金融监管负面清单的具体规定固然对我们具有借鉴意义,但更具有借鉴意义的是其将金融监管权力严格限制和约束的理念。

第三节　中国金融监管权力的现状、特征及问题

中国现代金融市场体系的发展始于改革开放。自1978年以来,在改革开放背景下,通过政府放权,金融机构逐步成长为参与市场竞争的独立私法主体。[3] 30多年来,中国金融市场的发育过程,不仅是各类金融机构,逐

---

[1] Unauthorised institutions (negative list), http://www.finma.ch/e/sanktionen/unbewilligte-institute/Pages/default.aspx.

[2] 按照《多德—弗兰克法案》规定,美国金融消费者保护局有权监管抵押贷款、信用卡以及地产租赁、代理租赁、金融咨询服务等。

[3] 胡滨、全先银:《法治视野下的中国金融发展——中国金融法治化进程、问题与展望》,《财贸经济》2009年第5期。

步由作为政府部门一部分或者政府部门工具转变为具有相对经营自主权现代企业的过程，以及企业逐步参与金融市场的过程，而且是中国金融监管权力依据日趋完善的金融法律体系实现对正规金融体系全面控制的过程。

1. 金融监管权力对正规金融体系的全面控制

30多年来，随着中国金融法治化进程的逐步深入，借助于金融法律法规对金融监管部门的赋权，实现了金融监管权力对正规金融体系的全面控制。

中国已经初步形成了以银行三法、证券、保险、信托基本法为核心，行政法规和部门规章为主体金融法律体系。[①] 具体来说，中国目前的金融法律体系包括以下几个方面：

全国人大及其常委会通过金融法律。主要有《中国人民银行法》、《银行业监督管理法》、《商业银行法》、《证券法》、《保险法》、《票据法》、《信托法》、《证券投资基金法》等。国务院制定的涉及金融业的行政法规。主要有《中华人民共和国人民币管理条例》、《中国人民银行货币政策委员会条例》、《外汇管理条例》、《证券公司监督管理条例》、《国有重点金融机构监事会暂行条例》、《金融资产管理公司条例》、《外资金融机构管理条例》、《外资保险公司管理条例》、《外资银行管理条例》、《期货交易管理暂行条例》、《非法金融机构和非法金融业务活动取缔办法》、《机动车交通事故责任强制保险条例》、《金融机构撤销条例》、《金融违法行为处罚办法》等。中国人民银行、中国银监会、中国证监会、中国保监会和国务院相关部委依据法律、行政法规，制定有大量的关于金融领域的规章和其他规范性文件。

上述法律法规和部门规章的主要内容是帮助金融监管权力实现对正规金融体系——银行、证券、保险、基金、信托等金融部门的监管和控制。按照上述金融法律体系的规定，无论是金融主体的市场准入，还是金融业务和金融产品与服务的市场准入都依赖于金融监管部门的审核和批准。

2. 金融监管权力对非正规金融的漠视

与金融监管权力对正规金融体系全面控制相对应的是金融监管权力对非正规金融的漠视。由于对金融市场准入的严格全面控制，一方面使得大

[①] 参见胡滨《金融法治环境》，载李扬、王国刚、刘煜辉主编《中国城市金融生态环境评价》，人民出版社2005年版。

量有志于设立或并购金融机构的民间资金无法进入正轨金融体系,而不得不以参与民间融资或者设立存在巨大法律风险的民间金融机构的形式实现金融梦想;另一方面又使得大量具有融资需求的中小企业因为难以符合取得审批许可无法从正规金融体系中获得融资,而不得不求助于利率较高的民间融资。

3. 中国金融监管的特征

30多年来,中国金融体系在发展中形成了一整套金融监管体制机制。这个金融监管体制机制,具有如下特征:

第一,金融监管权力金融市场发展过程中起主导作用。从金融市场发展主导因素上看,在世界范围内,目前大体可以分为两种模式:一是市场主导的市场化;二是金融监管权力主导的市场化。所谓市场主导的市场化,是指金融市场先于金融监管权力而存在。在市场主导的金融市场化中,金融法律规则在很大程度上是金融市场自身自然演进的结果,金融监管权力对金融市场的干预是在金融市场自身出现问题且自身无法解决的时候才出现的。西方金融发达国家的金融市场化大体属于这种模式;所谓金融监管权力主导的市场化,是指金融监管权力先于金融市场而存在,金融市场依靠金融监管权力制定的规则来得到培育和发展,金融法律规则在很大程度上并非基于金融市场的现实需要而是基于金融监管权力对市场规则的设计而存在。毫无疑问,中国的金融市场化属于这种模式。具体来说,金融监管权力在中国金融市场化进程中起主导作用表现为以下几方面:

首先,金融监管权力主导了金融市场法律规则设计。回顾30多年来的中国金融改革,其基本历程表现为由计划金融体制向市场金融体制的转变。在计划金融体制下不存在金融交易和金融市场,因而也不存在金融市场法律规则。改革开放以后,在向市场化转型过程中,由于此前并不存在金融市场,因而金融监管权力承担着培育市场的重任。由于市场系金融监管权力一手培育而成,因此也就没有通过市场自发演进而形成的市场法律规则,这些规则基本上全部由金融监管权力主导设计完成。

其次,金融监管权力掌控了金融市场中的"剩余权利"。所谓剩余权利,是指金融法律规则没有规定也没有禁止的权利。在市场主导市场化的国家,剩余权利通常属于金融市场主体,尤其是金融机构享有,以便于其实现金融创新。中国则与其相反,通常情况下属于金融监管权力掌控:当遇到法律没有禁止,也没有允许的情况下,金融机构并不能认为就是当事人具备可以自由选择权利,而是要通过行政系统打报告"请示上级主管部门"批准。①

最后,金融监管权力主动或被动地承担了金融市场的纠纷解决职能。中国金融市场的纠纷,大多发生在金融机构、上市公司同投资者、金融消费者之间。在纠纷中,投资者、消费者通常处于弱势地位而导致经常利益受损。此类纠纷从性质上看属于平等民事主体之间的民事争议,应当通过仲裁或法院解决。但是,由于种种原因,投资者、消费者不愿或难以通过上述途径解决,而只能求助于金融监管权力。

第二,金融监管权力仅受到弱制衡。如前所述,在金融市场中,金融监管权力和金融市场权利是一对矛盾。金融监管权力通过法律实现对金融市场权利的限制。当金融监管权力对金融市场权利限制不当时,则会被金融市场权利通过行政诉讼等方式挑战。通过限制与反限制实现了金融监管权力与金融市场权利的平衡。

在中国,由于金融监管权力依据金融法律体系对金融市场实现了全面控制,使得金融市场主体只有依附于金融监管权力才能获得发展所需资源。这就削弱了金融市场主体权利对金融监管权力的制衡能力。

4. 金融监管的问题

中国金融监管尽管取得了一系列成就,但也存在诸多需要进一步从体制机制方面深化改革的问题,主要表现在:

第一,严格市场准入控制导致市场竞争扭曲。在金融监管权力通过审批制严格控制金融市场准入背景下,金融市场竞争被扭曲。这种扭曲表现在以下几个方面:

在股票发行市场中,金融监管部门对股票发行节奏的控制导致难以形成股票发行市场难以形成均衡价格,从而为股票二级交易市场炒作新股留下巨大空间。

在贷款市场中,由于国有银行体系占据垄断地位,加上银行对国有大中型企业的偏好,使得银行体系低成本资金主要流向可以有更多融资选择的国有企业,使得融资渠道较少的中小企业难以从银行获得融资而不得不转向利率更高的民间融资。

在债券市场中,由于市场的封闭性,使得广大居民无法直接参与债券市场交易,从而不得不将储蓄作为存款存入银行中或者在银行购买作为存

---

① 吴志攀著:《金融全球化与中国金融法》,广州出版社2000年版,第210页。

款替代品的理财产品。居民将储蓄存入银行或购买作为存款替代品的理财产品，一方面由于利率不高不利于增加居民财产性收入，另一方面又因为居民储蓄通过银行进入债券市场，银行在这方面的利润推高了债券市场利率，给债券发行企业增加了利息负担。

在金融创新问题上，一方面由于金融监管部门掌握了金融创新主导权，使金融创新与金融市场需求存在脱节的可能性；另一方面由于金融监管部门对金融风险的厌恶，使金融机构只能在金融监管部门许可的有限范围内进行创新，从而加剧了金融机构的同质化竞争。

第二，金融投资者和消费者利益保护不足。金融机构是金融市场的中介机构，其运营的资金大多来自投资者和金融消费者，而且由于信息不对称和投资者、金融消费者所限，导致了金融机构比其他机构存在更大的代理问题，投资者、金融消费者对金融机构如何运作他们的资金无法予以有效的监督、约束，所以，金融法律体系承担起保护客户利益的责任就成为必要。英国《2001年金融服务与市场法》明确规定监管机构的监管目的之一是保护投资者、金融消费者的利益；国际证券监管委员会组织在其发布的《证券监管目的和原则》中阐明了保护投资人作为证券监管目的之意义和措施；国际保险监管机构协会的《保险核心原则》要求保险机构提高保护报单持有人的能力。虽然中国的相关立法也有类似的规定，《商业银行法》、《银行监督管理法》、《证券法》、《保险法》、《证券投资基金法》等都将保护投资者、金融消费者的利益作为立法目的，但是在实践中，由于各种原因导致投资者、金融消费者利益并没有得到很好的保护，金融合同中各种各样的"霸王条款"层出不穷，极大地损害了投资者、金融消费者的利益。

第四节 中国金融监管负面清单的内容

在中国金融发展过程中，建立以负面清单为基础的金融监管体系，需要着力解决好如下几方面问题：

1. 着眼于市场主导型金融体系的中国金融监管负面清单需要注意以下两个方面

从内容范围上看，中国金融监管负面清单的范围同金融发达国家负面清单的范围相比没有本质性区别，也包括金融市场主体准入限制、金融业务准入限制和金融产品和服务准入限制三个方面。从内容细节上看，中国目前金融法律体系所构建金融市场准入细节也已同国际实践接轨。因此，中国金融监管负面清单构建的关键并不在于重新划定并厘清负面清单的内容范围和细节。要想构建着眼于市场主导型金融体系的金融监管负面清单需要注意以下两个方面：

首先，树立负面清单思维是重中之重。所谓负面清单思维，是指在金融市场准入问题上，如果没有法律禁止或限制准入，那么金融市场主体就可以准入，即对金融市场主体来说是"法无禁止即自由"，对于金融监管权力来说是"法无授权即禁止"。如前所述，目前中国金融市场准入权限基本掌握在金融监管部门手中，实行的是正面清单思维方式。金融监管正面清单的基本含义是，只有法律和相关制度规定准许做的事才是合法的，否则，均为不合法。① 这种正面清单思维方式能否转变为负面清单思维方式直接关系到金融领域使"市场发挥资源配置决定性作用"改革的成败。

其次，着眼于市场主导型金融体系的负面清单制度，需要更加关注企业、居民等实体经济部门的金融权利，而不是仅仅局限于金融机构尤其是商业银行的权利。众多金融创新的内在机理不来自金融部门，而来自实体经济部门，因此，必须改变"金融是金融机构专利"的理念，改变只有金融机构方才能够从事金融活动的监管意识，将票据发行、债券发行、股票发行等"金融权"归还给实体经济部门。② 在金融主体市场准入方面，努力取消对企业、居民等实体经济部门的不合理限制，方便实体经济部门进入金融市场，从而更好实现金融为实体经济服务的目标。

2. 金融监管负面清单的制度体系

从法律角度看，对金融主体市场准入的禁止或限制实质上设定行政许可。按照《行政许可法》规定，只有法律可以设定行政许可。尚未制定法律的，行政法规可以设定行政许可。必要时，国务院可以采用发布决定的方式设定行政许可。实施后，除临时性行政许可事项外，国务院应当及时提请全国人民代表大会及其常务委员会制定法律，或者自行制定行政法规。尚未制定法律、行政法规的，地方性法规可以设定行政许可；尚未制定法律、行政法规和地方性法规的，因行政管理的需要，确需立即实施行政许可的，省、自治区、直辖市人民政府规章可以设定临时性的行政许可。临

---

① 《实行负面清单基础上的金融监管》，《中国证券报》2014 年 2 月 24 日。
② 王国刚：《将一些金融权归还实体经济》，《上海证券报》2013 年 9 月 17 日。

时性的行政许可实施满一年需要继续实施的,应当提请本级人民代表大会及其常务委员会制定地方性法规。行政法规可以在法律设定的行政许可事项范围内,对实施该行政许可作出具体规定。①

地方性法规可以在法律、行政法规设定的行政许可事项范围内,对实施该行政许可作出具体规定。部门规章可以在上位法设定的行政许可事项范围内,对实施该行政许可作出具体规定。法规、规章对实施上位法设定的行政许可作出的具体规定,不得增设行政许可;对行政许可条件作出的具体规定,不得增设违反上位法的其他条件。②

按照上述法律规定,中国金融监管负面清单的制度体系包括以下三个部分:一是金融法律中的负面清单;二是行政法规中的负面清单,包括尚未制定法律由行政法规确定的负面清单和在法律授权范围对负面清单的具体规定;三是部门规章中的负面清单,是指在上位法许可范围内,金融监管部门对负面清单作出的具体规定。

3. 重视建立金融监管负面清单的效应

建立金融监管负面清单,有其积极效应。主要表现在:

第一,金融体系自主发展有利于推进金融深化和效率提高。在正面清单管理模式下,只有金融法律法规和部门规章明确授权时,金融主体才能进入金融市场。金融法律法规和部门规章未作规定领域,金融市场就不能进入或者必须经过金融监管部门许可才能进入。金融监管部门对市场准入的审批,即使能获得批准也增加了金融市场主体的时间成本。在负面清单管理模式下,由金融市场主体自主决定市场准入,有助于市场主体根据金融市场信号灵活作出反应增加或减少市场供应,从而提高了金融市场效率。同时,金融业务和产品种类和数量的增多,也深化了金融市场。

第二,发挥了市场的决定性作用,明确金融市场与金融监管的边界。在正面清单管理模式下,"清单内事项金融市场可以相对自主决定,清单外事项由金融监管权力决定"。在这种模式下,金融市场实际上由监管权力主导。在负面清单模式下,"清单内有限事项由金融监管权力决定,清单外广阔空间由金融市场决定"。金融监管权力在市场准入问题上同金融市场权利各就各位,不再有直接冲突,从而起到厘清金融市场与金融监管边界的

---

① 《中华人民共和国行政许可法》第14、15条。
② 《中华人民共和国行政许可法》第16条。

作用。

第三，提高了金融监管的透明度和公开性，压缩了金融监管权力的寻租空间。在正面清单管理模式，对于金融法律体系没有规定领域，即正面清单范围之外属于金融监管权力自由裁量的空间。由于没有明确金融法律依据，在正面清单模式下，金融监管权力的自由裁量不可避免会出现"暗箱操作"现象，从而为权力寻租留下空间。在负面清单模式下，需要金融监管部门审批的领域仅限于金融法律明确列举的事项。对于负面清单未禁止或限制的领域，金融市场主体享有经济活动的自由。金融监管部门如果要在这些领域设置市场准入的限制条件，则必须有明确的法律依据，并且需要对相关限制条件的设置进行合理的说明。这就有利于推动金融监管行为的公开化、透明化。[①]

但建立金融监管负面清单也有其负面效应。以负面清单形式对金融市场准入进行监管并非仅有好处而无弊端。金融监管由正面清单向负面清单模式的转变会给金融稳定、金融法律适应性及金融监管能力带来挑战，也会给金融消费者保护带来负面效应。

第一，金融监管负面清单外事项的自主发展给金融稳定带来挑战。金融市场主体负面清单外事项的自主决定的实质是金融自由化。金融自由化带来金融深化的同时，也给金融体系稳定性带来挑战。以美国2008年次贷危机为例，导致次贷危机爆发的一个重要原因就是监管真空，即金融创新导致出现了不在负面清单范围内的金融产品和金融机构。监管真空在金融产品方面突出表现为以信用衍生品为主的场外衍生品上，在金融机构方面突出表现在没有建立起监控对冲基金的监管体制。当不受准入监管限制信用衍生品和对冲基金快速膨胀然后"泡沫"破灭后就会给金融稳定带来威胁。

第二，建立金融监管负面清单给金融消费者保护带来的负面效应。金融消费者利益保护是金融监管的两大核心目标之一。金融监管负面清单外金融市场主体、金融业务和产品的自主发展，尤其是金融创新的自主发展，使得监管部门在短时间内无法对创新性机构、产品和业务对消费者的利弊作出判断并采取监管措施，从而无法有效保护金融消费者利益。分析2008年美国次贷危机可以发现，严重侵害消费者利益的次贷产品都是在金融创

[①] 王利明：《负面清单管理模式的优越性》，《光明日报》2014年5月5日。

新名义下创造出来的。

第三，建立金融监管负面清单给金融法律适应性及金融监管能力带来的挑战。金融监管负面清单建立后，对于清单外事项，由于缺乏法律依据，监管部门不能就市场准入进行限制或禁止。然而，由于不受限制或禁止的市场准入并非不存在风险，这就需要加强对金融市场主体、业务和产品市场准入后的事中和事后监管。在依法治国原则下，事中和事后监管也需要法律明确授权，因此，金融法律能否快速适应准入后事中和事后监管要求就显得至关重要。与此同时，准入性监管撤销后需要金融监管部门在事中事后监管中及时发现风险并采取措施，这也给金融监管能力带来挑战。

第五节　建立金融监管负面清单制度的路径

1. 中国建立金融监管负面清单制度的步骤

所谓建立金融监管负面清单制度的步骤，是指由正面清单管理模式向负面清单管理模式转变的过程。这一过程有以下四个要点：

第一，确立理念。如前所述，在市场准入监管内容的范围和细节上，中国与金融发达法治国家的差异并不大。两者关键差异在于对金融市场准入的认识上，即市场准入是"法无禁止则自由"，还是"法无授权即禁止"。中国金融市场准入管理模式的转变需要明确树立前一种理念。在改革过程中，政府部门和相关金融监管部门要广泛宣传并执行这一理念。

第二，内部变革。同国际投资协定采用形式清单模式相比，金融监管负面清单通常并不存在形式上的负面清单。关于金融监管负面清单的内容散见于各种金融法律法规和部门规章中。在通过修改立法取消或放宽金融市场准入限制之前，金融监管部门应当按照负面清单管理理念将金融市场准入条件向金融市场主体进行公示，并自承诺遵守公示的清单。

第三，外部制约。这包括：一方面，立法权对金融监管权力的约束。确立负面清单管理理念后，对于法律规定的某些不合时宜的金融市场准入禁止或限制措施需要通过立法或修法予以取消或放宽条件。同时，明确规定金融监管部门违反法律肆意限制或禁止金融市场准入应当承担的法律责任。另一方面，司法权对金融监管权力的制衡。当金融监管部门在金融市场准入问题上违反法律规定侵害金融市场主体利益的，金融市场主体有权向法院寻求司法救济。

第四,加强准入后监管。对于负面清单外事项市场准入后,法律应当授权并要求金融监管部门加强事中和事后监管以防范金融风险保护金融消费者利益。

2. 中国建立金融监管负面清单制度的难点

在深化金融改革过程中,建立金融监管的负面清单制度存在诸多难点,其中至少包括:

第一,由正面清单向负面清单转型过程中的金融不稳定。由正面清单向负面清单转型是金融监管理念和模式的变革。在这一转型过程中,由于金融市场主体自主决定市场准入后,有可能对进入领域的金融风险不能清晰认知而导致过度冒险引发金融不稳定,也有可能由于金融监管部门能力不足而未能对金融风险扩散和蔓延采取正确监管措施,导致金融不稳定。较大规模金融不稳定会给转型带来变数并导致转型不成功。

第二,金融监管权力的自利性和自我扩张性。金融监管权力作为行政权力的一种,具有行政权力先天所具有的自利性和自我扩张性。金融监管权力的上述特性可能会使其在金融法律体系之外任意设置市场准入条件,限制或禁止金融市场准入,侵害金融市场主体利益。

对于这些难点可考虑的应对之策包括:

第一,加强金融监管部门市场准入后监管。从国际经验来看,金融不稳定同市场准入限制或禁止措施取消后的金融监管不到位有密切联系,因此对金融市场强化准入后监管是避免转型过程中金融不稳定的有效措施。

第二,强化金融市场主体公司治理和内部控制。金融市场主体在转型过程中或转型后过度承担风险的行为,大多同公司治理不完善,内部控制不严格或者对相关主体的不恰当激励有关。因此,在转型过程中和过程后还要强化对金融市场主体的公司治理和内部控制。

第三,通过诉讼制度实现金融监管权力与市场权利之间以及市场权利间的平衡。

通过行政诉讼制度以避免金融监管权力恶意扩张,保护金融市场主体的合法权益。建立集团诉讼、代表诉讼等诉讼制度保护金融投资者和金融消费者合法利益,实现金融市场主体间权利义务的平衡。

第十九章

深化金融监管体制机制改革

　　金融监管是金融体系不可或缺的构成部分，与此对应，金融监管体制机制的改革也是金融体系改革中不可或缺的内容。有什么样的金融监管体制机制就有什么样的金融体系，从这个意义上说，金融监管体制机制改革在金融体系改革中占据举足轻重的地位。党的十八届三中全会通过的《中共中央关于全面深化改革若干重大问题的决定》（以下简称《决定》）强调，要充分发挥市场机制在配置资源方面的决定性作用。对金融体系来说，要充分发挥金融市场机制在配置金融资源方面的决定性作用，就要深化金融监管体制机制的改革，使之适应市场经济发展的内在要求。

第一节　监管的概念与理论发展

　　在现代社会生活中，无论是吃、穿、用，还是住、行、学，我们看到监管已是无处不在。所谓"监管"，从语义上分析，它是一个复合词，"监"含有监视、督察之义，旧时以此为官名或官署名，如国子监等；"管"在古时指钥匙，引申为枢要、管束、管辖、管理之义，或者说管制、管治的意思。因此，"监管"可以直接理解为监督管理，对应的英文词汇是"supervision"、"regulation"，是由法律授权监管主体为了实现监管目标而利用各种监管方法、手段对监管对象（被监管者）所采取的一种有意识的干预、引导和控制活动。在国家社会层面，监管一般是指通过法律设立专门的行政机构，行使和运用由法律赋予的行政权力的活动。

　　我们看到，不仅是在银行业、证券业、保险业，还有交通、食品、药品、卫生、教育等各种职业领域，都有政府性机构在实施监管。在崇尚自由竞争的西方市场经济国家，这种状况是为了因应现代工业化社会的各种需要，在制度上做出的必然反应，即通过有效的制度化来建构一种更高水平的工业社会秩序。在工业化社会之前，国家社会事务和相应的统治或治理模式都比较简单。在现代工业化社会中，各种专业分工在不断创新和深化，各种事务联系在地域范围上极大拓展，所涉及的参与主体越来越多，利益关系纵横交错，经济社会生活变得越来越复杂，许多公共政策的主题都深深地陷入各种复杂的专业事实之中，传统上几乎完全依赖法庭的治理模式已经无法适应，于是客观上提出了探索建立新的国家社会治理模式的要求，正是这种时代背景催生了各种专业性的行政监管。

尽管政府监管是具有时代特色的重要发展，然而，在建立各种专业化政府监管的治理模式之初并非一帆风顺，而且许多争论延续至今。一般认为，公共部门的扩张是美国20世纪经济史中最为显著的一个特征（布朗利，2008）。这一特征史实的构造始于19世纪末期对垄断的反对，经过20世纪初20余年的进步运动洗礼，特别是后来20世纪30年代大萧条带来的残酷压力，政府主要采取了专业化的管制模式，逐渐确立和发展对经济活动的干预。身处这种历史性变化过程中的社会精英人物，例如哈佛大学法学教授弗兰克福特（深刻影响罗斯福新政思想的一位核心人物），虽然在当时明确地认识到，现代工业的到来必然带来两个根本性变化，即政府部门的增加和传统法庭作为私人权利基本仲裁人的角色作用淡化。但是，这种调整的进程在当时并非自觉的，而是无意识的、非科学的（塞里格曼，2009）。在政治学者看来，因为弗兰克林·罗斯福总统最先引入了一系列监管机构，所以当然被视为现代联邦政府发展中的关键人物。的确，在20世纪美国的国家治理中，非常明显的事实就是出现了许多行政监管机构，尤其是在金融领域，这是根本的历史性变化。这种变化并非仅仅表现为在政府机构的系列中添加若干名称而已，更为重要的是这些专业化监管对经济社会结构的型塑和深刻影响。

在英美国家，无论是思想观念、法律还是政治实践的历史传统，经济社会对于政府过多的管制活动有着很强的抵抗。除了进步运动和大萧条这种重大历史事件的冲击影响之外，在经济理论上，对政府管制的加强也必须要有相应的支撑和解释。为了更好地厘清政府在市场经济中所应发挥作用的问题，在此，我们有必要先反思一下政府监管的治理模式为什么会成为制度变革的必然选择？

有关政府监管或管制问题的经济理论分析，最早出现的是公共利益论（Public interest），这一理论观点可以溯源到英国经济学家庇古。长期以来，公共利益论已被经济学家所普遍接受，发展成为现代公共经济学的理论基石，作为指导监管政策的重要理论基础，而且也是西方左派政治人物和社会主义者所奉持的基本信条（Shleifer，2012）。公共利益论从市场失灵的原因和表现阐述了监管的必要性、可能范围和总体目标。该理论依赖于两个基本假设：一是由于垄断和外部性问题导致自由市场失灵；二是政府是仁慈的，并且有能力采取管制来纠正市场失灵。它认为市场失灵形成了对监管的需求，通过监管可以矫正市场失灵，从而解决市场机制在资源配置中的效率损失问题。因此，公共利益论主张加强政府干预，这种干预是合理和必要的，如果政府不实施监管，市场机制本身的缺陷会导致社会资源配置的低效，以及收入分配的不公平甚至经济的不稳定，而政府管制则可以纠正这些问题，从而提高社会资源的配置效率，改进整体社会福利。

受到公共利益论支持的政府监管模式在 20 世纪得到了普遍性发展，这自然也引起了不少严肃的批评之声，其中最为突出的是以科斯、斯蒂格勒等为代表的芝加哥学派提出的一些理论观点。首先，他们认为公共利益论不仅夸大了市场失灵的程度与范围，更严重的是没有认识到通过竞争和私人协商也能够解决所谓的问题。例如，邻里之间的矛盾可以相互协商解决，不需要通过法庭诉讼或者政府干预来解决，因为彼此要长期相处，低头不见抬头见（Ellickson，1991）。一些协会组织也完全可以通过成员的自律安排来清除"害群之马"。当然，这种批评并没有从根本上动摇公共利益论，其所显示的问题只是对公共利益的界定可能过泛，政府监管的范围可能过宽。其次，主要根据科斯（1960）的研究，即使在市场不能有效发挥功能的少数场合，通过私人诉讼能够解决可能存在的任何利益争端。科斯的逻辑表明，只要有运转良好的法庭来实施产权与合约，那么即使政府干预是"帮助之手"（helping hand）性质的，所要实施管制的范围也将是微不足道的。尽管这种论点很可能是长期形成的信赖法庭模式的基础心理作用，但是，延续科斯的逻辑路径，斯蒂格勒围绕公共利益论的第二个假设提出了严厉的质疑。即使市场和法庭不能有效解决问题，政府监管者也同样无能为力，不仅如此，而且政府监管还会产生腐败问题，即监管者可能成为被监管者的俘虏，从而把事情搞得更糟糕。这就是著名的斯蒂格勒"捕获论"

（Stigler，1971）。我们观察到，实践中监管的政治过程不出所料会受到被监管对象的操控捕获（Peltzman，1989）。例如，反垄断的价格管制不仅是无效的，而且结果常常变成通过政府干预来维持垄断价格。既然政府管制是无效的、危险的，那么政府可能干预和管制的范围就应该尽可能最小化。

公共利益论和以芝加哥学派为代表的批评观点在学术界都得到了广泛的认可。实际上，芝加哥学派并没有完全否定公共利益论的第一个假设，即现实中可能存在外部性和市场扭曲的问题，对此他们提出了不需要采取政府管制的其他替代性解决机制，例如通过私人协商和法庭诉讼来处理。他们对第二个假设的质疑，也得到了公共选择理论的支持，即政府监管者也有自身的利益，严格地讲，监管者对公共利益的界定就值得怀疑。有鉴于此，如果抽掉第二个假设，就可以避免在公共利益论中根据该假设而实际上预设了把政府监管作为解决外部性与扭曲问题的最佳机制。这样一来，政府监管、法庭诉讼以及私人协商等都成为可供选择的解决机制，理论上并不必然地分出轩轾。然而，西方工业国家社会实践发展的典型事实是，政府监管治理模式在20世纪开始兴起并普遍化，对此，除了公共利益论的解释之外，还有其他的合理解释吗？

显然，这可能并不是因为人们在心理上更加信任法官还是更加喜欢监管者的问题，从经济角度上看，我们撇开福利经济学所倡导的公共利益最大化标准，转向解决机制所支付的成本或效率比较，即选择何种解决机制，标准应该是其在解决外部性和扭曲的问题上更有效率（Shavell，1984；Shleifer，2012）。如果按照这一标准，我们可以说，在现代工业化社会中政府监管的大量增加，主要原因可能就在于，面对各种复杂变化的事务，政府监管可能比法庭诉讼有更高的效率。Posner（2003）的研究表明，由于法庭诉讼的成本高昂，因而政府监管就成为可供选择的解决机制。就法官与监管者之间的比较来看，监管者在所面对的事务领域内可能比法官具有更加专业化的色彩，而即使专业性的法庭可能也很难达到监管者这种专业化的程度。按照曾任美国证交会第二任主席Landis（1938）的理解，在一些特别复杂的领域，例如金融和环境保护方面，监管者的这种专业化是导致监管机制更具效率的核心。因为这种专业化能够大大降低监管者对事实的理解成本以及采取更加适当规则的成本。尽管监管者甚至也会常常面临比法官更为棘手的难题，但是，并没有证据表明法庭诉讼机制具有优先性。

实际上，政府监管与法庭诉讼两种机制并非只有相互替代的关系，还存在互补性。监管所具有的权威性可以减少法庭诉讼的成本，市场中私人达成交易合同往往也是以监管信息为基础的，这很容易让法庭和诉讼当事人都能够更加准确地理解和认识到应该承担哪些责任。虽然工业社会的技术进步可能有助于改善法庭运行的效率，但另一方面，越来越复杂的事实更可能会导致法庭运行成本的增加。即使法庭诉讼的治理效率没有因此而发生变化，当政府监管明显有助于降低法庭的运行成本时，就此补充效应而言，增加政府监管也是合理的。

按照效率标准来看，政府监管在适当的领域能够比法庭诉讼机制更好地应对和解决外部性与扭曲问题，或者在一定程度上有助于改善法庭治理模式，但政府监管本身的确并非十全十美，那些同样得到广泛认可的经典理论，比如"部门利益论"和"捕获论"等，已经从不同的视角明确地指出了政府监管可能存在的严重问题。当然，如何克服这些问题应该是完善政府监管必须予以重视的方面，在现代市场经济中，我们无法因为可能存在这些问题而完全拒绝政府监管的治理机制。

上述不同的理论观点主要是基于行政、立法和司法三权分立的背景下对政府行政权力扩张现象的不同解读，尽管我国的制度与这种权力分立体制有着根本性的差别，但这些理论观点对政府监管问题本身的分析是有借鉴价值的。按照十八届三中全会的决定，推进经济体制改革要发挥市场在配置资源中起决定性作用，同时更好地发挥政府作用。在当前和今后一个时期，我们要根据这一根本原则来推动全面深化市场经济改革，就需要更好地去厘清政府监管可能适用的范围和应该具有的目标价值。金融领域作为整体经济制度的重要组成部分，我们完全有必要从广义的政府干预与管制的视角来研究金融监管问题，才可能达成市场和政府之间恰当的关系。例如，在金融监管方面尝试建立负面清单制度和权力清单制度，就应该基于监管理论的指导来朝着改革方向做出努力。

第二节　金融监管体制的含义

金融监管本质上是政府行政权力依法在金融领域实施管制的行政行为，表现为法律授权政府特定机构（如中央银行或特定金融监管当局）对金融交易行为主体和活动进行的某种限制或规定。从词义上讲，金融监管包括金融监督和金融管理。一般来说，金融监督是指金融监管当局对金融机构实施的全面性、经常性的检查和督促，并以此促进金融机构依法稳健地经营和发展；金融管理是指金融监管当局依法对金融机构及其经营活动实施领导、组织、协调和控制等一系列的活动。在广义上，金融监管除上述含义之外，还包括了金融机构的内部控制和稽核、同业自律性组织的监管、社会中介组织的监督等更多的内容。

按照前述监管理论，实施金融监管的主要根据是金融体系中存在由外部性、市场力量以及信息问题等所引发的市场失灵。在我国向市场转轨的过程中，金融监管还一直作为培育、规划和主导金融体系建设发展的关键力量，但随着市场经济体制的逐步完善和经济金融全球化的深入发展，我国的金融监管在自身功能与目标定位上也应该更加符合现代市场经济的根本要求。因此，我们可以说，国内外在金融监管的主要目标上是基本一致的，那就是为了维护金融体系健康、稳定运行的秩序，保持金融体系的活力，有效发挥金融体系的功能，切实保障金融消费者（投资者）的利益。无论是市场基础力量主导的金融体系，还是我国当前仍然具有较浓的监管主导色彩的金融体系，金融监管都已经成为保障金融体系顺利有效运行的重要基础，不可或缺。

从金融监管的概念来看，金融监管体制应该包括作为金融监管基础的法律法规与施行金融监管行为的组织架构两个方面。金融监管法律法规包括立法授予监管权的基础性法律和监管机构依据法律授权所建设的规章规则体系，解决监管要"做什么"的问题，这是金融监管的内涵和实质内容，如《多德—弗兰克华尔街改革与消费者保护法案》、《中国人民银行法》、《证券法》、《商业银行保理业务管理暂行办法》等；施行金融监管行为的组织架构主要是指金融监管主体的设置、体系构成及各组成部分之间的权力分配、职责分工、目标安排和协调运作的状态或模式，其要解决的是"由谁做"的问题，即由谁来对金融机构、金融市场和金融业务活动进行监管、按照何种方式进行监管以及对监管效果负责和如何负责等问题。因此，金融监管体制改革也就必然涉及上述两个方面，包括金融监管法律法规的改变和金融监管组织架构的调整变化，通常直接表现为金融监管法律、法规的颁布、修订和废除以及金融监管主体的设立、撤销及合并调整等。

由于历史发展、政治经济体制、法律与民族文化等各方面的差异，各国金融监管体制在形式上也表现出不同的特点。如果单从监管的组织架构方面来看，可以根据监管集权程度、机构设置和监管理论等多种不同标准进行分类。例如，按照目前金融监管的理论研究，我们可以把金融监管体制分为机构型监管体制、功能型监管体制和目标型监管体制，但在实践中功能型监管难以落实。更为常见的是，我们按照监管的集权程度把金融监管体制分为：统一监管体制、分业监管体制、不完全集中的双峰监管体制。统一监管体制是只设一个统一的金融监管机构，对金融机构、金融市场以及金融业务活动进行全面的监管。英国在本次危机之前是最为典型的代表性国家，另外还有日本、韩国等。分业监管体制是由多个金融监管机构按照银行、证券、保险业务机构分别承担监管责任，即分机构进行监管，各监管主体既分工负责，又需要协调配合，共同组成一个国家的金融监管组织体制，例如美国和我国的金融监管模式等。不完全集中监管体制主要是指"双峰式"，这种体制是依据金融监管目标设置双头监管主体，一类专门对金融机构和金融市场进行审慎监管，以控制金融业的系统风险；另一类专门负责市场行为监管，即对金融机构与活动进行合规性管理以及保护消费者利益。不完全集中的体制还可以是在分业体制基础上构建"牵头式"的监管体制，即在分业监管机构之上设置一个牵头的监管机构，负责不同监管机构之间的协调工作，但是由于协调机制往往难以真正落实，这种牵头式的体制实质上还是分业监管的体制。

第三节 金融监管体制的比较选择与国际金融危机以来的调整

20世纪80年代以来，许多国家的金融体系经历了金融监管和金融结构上的巨大变化。总体上看，一是放松了原来对金融较多的管制，如美国在1980年开始取消了管制存款利率的Q条例，到后来在1999年通过了《金融服务现代化法案》，取消了大萧条以来对金融业的限制，其他一些国家也相继消除或放宽市场准入和对金融多样化的限制等；二是不断强调审慎监管以及其他监管的重要性，而且越来越多地认为它是支持金融系统有效运行的重要基础。例如，巴塞尔委员会在1988年第一次发布了关于银行资本充足率标准的监管协议，很快成为全球银行业监管的基本共识。

金融自由化的竞争发展趋势对监管体制也提出了挑战，几乎各国都面临如何调整金融监管体制来实现金融系统更加高效、稳健发展的问题。一些国家很快对原来的监管架构做出了改革调整，挪威、丹麦和瑞典分别在

1986年、1988年和1991年改革了本国的金融监管组织架构，走上了统一监管的道路，这些国家的中央银行则不再行使金融监管职能。英国在1986年撒切尔政府实施"金融大爆炸"改革，放开金融综合化经营，到1997年在监管方面合并了原有各类金融监管机构的职能，成立金融服务局（FSA），英格兰银行也将监管银行业的职能移交给金融服务局，该局成为英国唯一的金融监管机构，统一行使对金融行业和金融机构的监管权。2000年颁布《金融服务和市场法》（FSMA）进一步强化了FSA的职能，突出了其作为"超级监管者"的地位。随后德国、日本、韩国、澳大利亚、加拿大等发达国家也都通过完全或者部分统一自己的金融监管组织架构，来适应金融业综合化经营的发展趋势。然而，我们看到，英国率先建立的监管权与中央银行彻底分离的这种体制，虽然一度受到推崇和追随，但在本次国际金融危机中还是暴露出严重的系统性风险问题，迫使英国在金融危机冲击下对金融监管体制再次进行改革。

美国在20世纪70年代以来金融自由化发展迅速，金融创新层出不穷。1999年通过《金融服务现代化法》，彻底废除施行了60多年的《格拉斯·斯蒂格尔法》，取消了综合化经营禁令。但是，在金融监管组织架构上并没有做出多少改变，仍然维持了原来分业监管机构的框架体系。在经过一场关于监管方式改革的大辩论后，否定了监管合并，而是针对综合化经营中的实际问题，采取相互协调的"功能监管"（functional regulation）方法，即根据某项金融活动功能，确定由某个监管主体对其实施监管，而不论这项金融活动是由什么金融机构做的。具体来讲，对于拥有银行、证券和保险子公司的金融控股公司，由银行的联邦监管机构（联邦货币监理署、联邦存款保险公司）、证券监管机构（证券交易委员会）和州保险监管机构分别对其相应的业务功能进行监管，包括制定各自的监管规章、进行现场和非现场检查、行使各自的裁决权等；同时，由联邦储备理事会担任"牵头监管者"（lead regulator），采取所谓"伞形监管"（umbrella regulation）模式对金融控股公司进行总体监管。联邦储备理事会通常负责控股公司层面的监管，在必要时，可以对其银行、证券或保险子公司进行有限制的监管。如果各业务监管机构认为联邦储备理事会的有限制监管存在不适当，分业监管机构可以在各自业务功能范围内优先行使自己的裁决权，这在实际上削弱了功能监管的效果。因此，在分业监管架构下，采取功能监管的实际效果非常有限。

根据实践观察与研究,统一监管和分业监管两种不同体制各有其优势,也各有其缺陷。面对金融综合化经营的发展,统一监管模式的合理性在于:(1)综合化经营带来金融集团的发展,也大大增加了评估金融集团风险的困难,如果继续实行多头监管,将会导致监管职责支离破碎,很可能无法对其整体安全和稳健状况作出恰当评估(Llewellyn,1999)。(2)金融创新的蓬勃发展使得新型金融产品层出不穷,尤其是一些具有综合化性质的跨界联结产品,很难严格归入原来任何单一功能业务种类,分业监管模式难免会造成要么重复监管、要么监管真空,或者两者兼而有之的问题。(3)在分业监管之下,由于监管机构的不同,不同业务类别的金融机构在提供类似金融服务时,适用的监管标准和规则可能不同,从而有违公平原则,而且还可能激励金融机构采取所谓的"监管套利"(regulatory arbitrage)行为。(4)从监管资源使用和监管运作成本来看,统一监管可以整合监管资源,形成规模经济和范围经济,降低监管者和被监管者的成本(Abrams Richard, Michael Taylor,2000)。对此,反对的意见则认为,统一监管可能由于规模过大和权力集中,容易产生腐败和权力垄断,而且可能会导致跨金融部门的风险和恐慌传染。当任何一个金融部门出现监管失败或丑闻时,公众会认为其他金融部门同样没有得到有效监管,从而导致信心危机。并且,由于国家之间的经济与金融发展的差异,它也并不适用于所有国家。更为重要的教训是,这次国际金融危机就暴露出了英国统一金融监管权与中央银行分离的模式并不利于防范系统性风险。

支持美式以分业为基础的功能协调监管模式的主要理由是:(1)多个监管机构可以根据金融行业之间的固有差异和不同的风险性质,采用不同的监管方法,获得更多有价值的监管信息,从而能够更好地制定具有针对性的监管目标。而统一监管可能难以清晰界定监管目标,甚至出现相互冲突的目标,影响监管负责性,乃至造成运转失灵。(2)分业监管有监管竞争优势。每个监管机构之间尽管监管对象不同,但相互之间也存在竞争压力(Briault C.,1999),从而有利于提高监管效率和专业化水平。(3)统一监管机构内部往往仍然依照传统的功能类别进行部门设置,这种形式主义的统一监管能否形成规模效应和提高监管效率,仍然值得怀疑。然而,分业监管模式广受诟病之处主要是各监管机构之间的协调性差,信息沟通不畅,彼此之间难免会产生摩擦,甚至出现推诿扯皮,功能监管也很难落实,容易出现监管真空和重复监管,乃至容易造成监管套利的问题。而且,从整体上看，分业监管的规模更加庞大，监管成本也可能更高。

实践中采取双峰监管模式的只有少数几个国家，在具体操作上也有较大差别。如果监管权与中央银行分离，也就是把统一的监管机构一分为二，分别负责审慎监管和商业行为监管。如果中央银行仍然负责审慎性监管，则需要另外单独设立负责商业行为监管的机构，这种模式是英国在危机冲击下做出的调整安排，也称为准双峰监管模式。与多头分业监管相比，双峰监管可以降低监管机构之间相互协调的成本和难度，同时，在审慎监管和行为监管两个层面内部，可以避免监管真空或交叉、重复的问题，并且在各自领域保证了监管规则的一致性；与统一监管相比，它在一定程度上保留了监管机构之间的竞争和制约关系。然而，由于没有实现完全统一的监管组织架构，可能仍然会存在信息沟通方面的障碍，在一定程度上也可能存在监管套利的问题（Michael Taylor，1995、1996、1999）。

尽管上述比较主要是从定性的角度进行分析，还缺乏定量的比较，其论述结果还有待商榷，但由于制度的交易成本和绩效实际上很难准确计量，因此，从理论分析来判断，统一监管模式和多头分业监管模式各有长短，两种体制本身应该没有什么绝对的孰优孰劣之别，而双峰监管模式则可能兼采前两者之长，也可能存在其他的不足。随着金融实践进一步发展变化，监管体制总会继续做出必要的调整。各国在决定金融监管体制改革时，应该结合本国的经济、金融、法律和监管环境，进行细致综合的分析和论证，以选择适合本国金融业发展实情的监管体制。

美国 2007 年次贷危机爆发很快恶化为国际金融危机，这次大危机深刻地暴露出金融监管方面存在的严重问题。美国金融业自律监管组织首先做出了反应，2007 年 7 月全美证券交易商协会和纽约证券交易所的会员监管、执行和仲裁职能合二为一，成立美国金融行业监管局，作为负责监管美国证券经纪人和交易商的单一机构，集中权力以消除重复工作、降低成本，增强美国证券市场竞争力。更重要的是在危机恶化后，经过相当深刻全面检讨，2010 年 7 月通过了《多德—弗兰克华尔街改革与消费者保护法案》（以下简称《法案》），这部法案对美国的金融监管体制做出了重大调整。整部法案内容非常庞杂，对包括银行、证券、保险、对冲基金、信用评级机构、交易商、投资咨询机构、会计制度、上市公司等在内的金融体系运行规则和监管组织架构进行了相当全面的修订和改革。就监管体制改革来看，核心精神在于加强金融监管协调和提高透明度，防范系统性风险，以维护和促进金融稳定。在监管协调方面，成立了金融稳定监督委员会，由联邦金融监管者和独立的非选举成员组成，职能是负责识别威胁美国金融稳定的系统性风险，对其做出反应并进行监管协调。凡是被委员会认定为系统重要性的金融机构，都被纳入联邦储备理事会的监管之下，实施统一、综合监管。这一变化可能是美国金融监管体制的一个里程碑式的进展，表明其对原来分业监管组织架构存在的缺陷达成了共识，因此需要更加重视金融监管协调机制，以防范系统性风险。另外按照公平性监管标准，《法案》成立了消费者金融保护局（该局目前设在美联储内部，但具有独立性，其人事由总统提名经国会任命），并对抵押贷款、资产证券化和信用评级等方面的法律进行修订，以保护处在相对弱势的金融消费者。

2009年后，英国也加强了对系统性金融风险的监管，决定重新赋予英格兰银行更多的宏观审慎监管职责。2010年7月英国财政部公布了《金融监管的新方法：判断、焦点及稳定性》报告，主张将宏观审慎与微观审慎监管职能合并到英格兰银行，撤销金融服务局。2011年2月又发布了《金融监管新框架：建立更强大系统》的文件。根据改革安排，金融服务局这一超级监管机构被分拆为两个部分：一是设立独立的金融市场行为监管局（FCA），主要履行债券市场、股票市场以及与金融行为相关的监管职责，包括消费者保护，处置市场滥用（market abuse）、内幕交易等。二是在英格兰银行内部设立审慎监管局（FRA），履行微观审慎监管职能，负责对存款类机构、投资银行和保险公司等金融机构进行审慎监管。还在英格兰银行下设立一个权力强大的委员会——金融政策委员会（FPC），承担宏观审慎管理职责，该委员会的职能主要是指出金融体系中出现的失衡、风险及其他问题，并采取果断行动来解决这些问题，以保护整体经济。负有对审慎监管和独立的市场行为监管的协调职责。英国的这种"准双峰式"的改革安排虽然也涉及政治上人事变动的原因[1]，但最主要的动因还在于加强审慎监管，是对监管权与中央银行彻底分离模式的重要修正。因为在金融危机爆发后，包括苏格兰皇家银行在内的一些大型银行都因深陷困境而不得不接受政府的巨额救助，这说明原来的监管模式在识别和防范系统性风险以

---

[1] 2010年5月，英国政权更迭，布朗政府下台，卡梅伦政府上台。由于FSA是由英国前首相戈登·布朗主张设立的，国际金融危机后，新的当政者将危机归咎于之前的监管机构设置，由此提出了一系列改革金融监管体制的主张。

及有效处置危机方面存在严重的缺陷。改革后，英格兰银行集货币政策制定执行、宏观审慎管理、微观审慎监管等职能于一身，使其能够及时了解金融体系的发展状况，加强防范系统性风险。

从国际上来看，金融危机也凸显了改革全球治理机制、完善金融监管体系、加强国际监管协调的必要性和紧迫性。20 国集团峰会很快达成共识，同意把成立于 1998 年的金融稳定论坛转型为金融稳定理事会，成员经济体扩大到包括 20 国集团在内的 24 个国家和地区，以及国际清算银行、国际货币基金组织、世界银行、经合组织和巴塞尔银行监管委员会等 12 个最重要的国际金融组织、国际金融监管机构及中央银行专家委员会，代表性更加广泛，影响力也显著提升。理事会的宗旨就是识别金融体系脆弱性、完善金融监管，不断推动并协调监管标准和政策的制定、执行，逐步搭建起后危机时期全球金融监管改革的整体框架。这说明，在金融综合化继续发展的趋势下，不仅是某个国家的金融监管体制需要对此做出反应，国际金融的监管组织架构也需适应这一趋势带来的深刻变化，特别是要有更加合适的机制来加强金融监管标准与政策的协调，以防范全球金融体系的系统性风险。

除了上述金融监管组织架构与协调机制方面的改革调整，在监管的实质性内容方面，欧美也表现出了比较一致的改革方向，这突出体现在三个实质性监管规则上，即都要求将银行金融集团的高风险业务与低风险的银行业务隔离，从而更加有助于政府主导化解大型银行金融集团出现的危机。金融危机后，美国的沃尔克（Volcker）报告、英国的维克斯（Vickers）报告和欧盟的利卡宁（Liikanen）报告，都提出了对金融体系进行"切分"管理的不同方案。美国的"沃尔克规则"要求银行将自营交易与商业银行业务分离，禁止银行利用参加联邦存款保险的存款进行自营交易、投资对冲基金或者私募基金。英国的维克斯报告要求银行必须严格区分零售银行（retail banking）和批发银行（wholesale banking），进行内部隔离（ring-fencing，即"栅栏"原则），零售银行被隔离后，成为真正独立于母银行的其他部门，不能设有非欧洲经济区的分支机构。这样一来，如果只是高风险的批发银行业务出现了问题，监管部门将比较容易进行处置，因为银行的零售业务不受影响，可以继续运转。欧盟的利卡宁（Liikanen）报告则建议，如果银行的交易资产规模超过了 1000 亿欧元，或者交易账户的规模相当于其总资产的 15%—25%，那么欧洲银行业需要将交易业务进行隔离。

上述三个基于"栅栏"原则设立的监管要求,主要是针对可能出现的危机事件,为了避免"大而不能倒"问题的掣肘,以便于监管层面能够及时应对处置,维护金融体系的基本稳定。

第四节 中国金融监管体制的现状与问题

行文至此,我们需要针对我国现行金融监管体制存在的主要问题,对涉及有关金融监管的基本理念和受此影响的一些监管内容与方式,以及实施监管的组织架构方面是否需要做出调整等问题,基于我国金融发展的实际状况和未来趋势进行讨论,进一步推进改革和完善我国的金融监管体制。

1. 金融分业监管体制的形成

我国金融监管体制的建设大致可以分为两个阶段:第一阶段是中国人民银行作为超级中央银行总揽了包括货币政策的制定,以及对银行业、证券业和保险业的监管在内的全部职责。第二阶段是从1998年开始,中国证券监督管理委员会和中国保险监督管理委员会相继成立,逐步接管了证券业和保险业的监管。到2003年3月,中国银行业监督管理委员会从中国人民银行分设出来,负责对银行业的监管,这标志着我国分业经营、分业监管体制最终形成。根据修订后的《中国人民银行法》,中国人民银行的主要职责是"在国务院的领导下,制定和执行货币政策,防范和化解金融风险,维护金融稳定"。根据《银监法》、《证券法》和《保险法》等法律法规,金融监管职责与权限的基本分工是:银监会主要负责对各类银行、信用社和信托投资基金等其他非银行金融机构的监管;证监会负责对证券、期货、基金的监管;保监会负责对保险业的监管。"一行三会"金融监管体制的基本特征是分业监管,划分基础是金融机构的主要业务形态归属,因而也是典型的机构监管模式。

总体而言,各专业监管机构从建立之初就努力探索不断提高专业化监管水平,着力强化审慎监管体系,以有效防范和控制风险。银行业大力推进以资本充足率、资产质量、损失准备金、风险集中度、关联交易、资产流动性、风险控制、内部控制等为主要内容的微观审慎监管;证券业已经基本脱离了直接调控股指与市场价格的监管路径,逐步建立以保护投资者、提高证券市场透明度和完善上市公司治理为核心的审慎证券监管框架。保险业在借鉴国际上的保险监管原则基础上,逐步建立了以偿付能力为核心,市场行为与公司治理结构并重的监管框架。时至今日,虽然银行、证券和保险三类监管机构建立的时间都不算长,但监管的质量和专业化水平在不断提高,不仅有力促进了银行等金融机构的稳健运行,也有利于改善金融体系配置资源的效率,可以说,金融监管较好地实现了维护金融稳定而又不损害其效率的主要目标,为我国金融体系成功抵御国际金融危机的冲击奠定了较为坚实的基础。

2. 探索建立有效的金融监管协调机制

在分业监管体制下,除了各监管机构努力提高专业化水平之外,几乎同样重要的就是在各家监管机构之间能够实现有效的协调。随着我国金融业改革发展和对外开放程度的不断提高,以及互联网和移动通信技术的普及深入,金融业务综合化、金融活动国际化、金融产品多样化和金融创新常态化的趋势日益明显,这对各自为政的监管提出了新问题。尤其是中国加入世界贸易组织以后,为应对日趋激烈的市场竞争,国内金融机构纷纷开始打造综合化经营平台,以实现规模经济和范围经济。这些金融机构,或者通过直接投资和参股其他金融企业,或者通过金融控股公司形式,在一定程度上形成了跨行业、跨市场和跨国界的发展。这种综合化经营趋势,尽管提高了我国金融机构的竞争能力,但也带来新的风险,尤其是由于金融机构之间关联度的增强,加大了系统性风险在金融市场和金融机构之间放大与传染的可能,对金融稳定形成了潜在的威胁。

针对金融体系的这种潜在风险,我国意识到需要强调监管机构之间的协调与合作。十六届三中全会要求,"建立健全银行、证券、保险监管机构之间以及同宏观调控部门的协调机制"。2007年全国金融工作会议再次明确提出,"健全银行、证券、保险监管机构之间以及同中央银行、财政等宏观调控部门的协调机制,增强监管透明度,提高监管效率"。在实践中,早在2000年银监会尚未成立之时,人民银行、证监会和保监会就建立了金融监管联席会议制度,各方轮流召集,一般每季度碰头共同讨论有关金融监管问题。在法条修订方面,2003年12月,已将"国务院建立金融监督管理协调机制,具体办法由国务院规定"和"中国人民银行应当和国务院银行业监督管理机构、国务院其他金融监督管理机构建立管理信息共享机制"的条文增加到《人民银行法》修正案中。在分工方面,2004年6月,银监会、证监会和保监会就签署了《在金融监管方面分工合作的备忘录》,分别从指导原则、职责分工、信息收集与交流、工作机制等方面确定了监管协调的框架。2006年,银监会、证监会和保监会达成了《金融监管分工合作备忘录》,建立监管联席会议机制,讨论和协调有关金融监管的重要事项。2008年1月,银监会和保监会签署了《关于加强银保深层次合作和跨行业监管合作谅解备忘录》,在商业银行和保险公司相互投资所涉及的准入条件、审批程序、机构数量、监管主体、风险处置与市场退出程序等方面,明确了银监会和保监会的分工与责任。2008年8月公布的人民银行"三定"方案中,明确了央行以"会同"的方式参与建立金融监管协调机制的职责以及相应的地位,但在现实操作中,"会同"难免还是沦为"会签"。2008年9月雷曼兄弟公司倒闭引爆国际金融危机后,国务院建立了"一行三会"金融工作旬会制度,并成立了应对国际金融危机小组。初步形成了由国务院分管领导牵头的协调机制,在应对本次金融危机过程中,这一协调机制得到进一步加强。到2013年8月,经国务院批准,由人民银行牵头,银监会、证监会、保监会和外汇局参加的金融监管协调部际联席会议制度正式建立。[①]十八届三中全会又进一步明确提出完善金融监管协调机制的要求。

综合以上实践探索历程,目前我国主要形成了以下几种金融监管协调机制:一是国务院建立的金融旬会制度,国务院办公厅负责组织,人民银行、银监会、证监会、保监会、外汇局、发改委以及财政部等有关部门参加。旬会主要研究金融改革、发展和稳定等重大问题,也涉及金融监管中需要协调的重大事项。二是由人民银行牵头,银监会、证监会、保监会和外汇局参加的金融监管协调部际联席会议制度。三是由人民银行牵头的反洗钱工作部际联席会议制度,主要是指导全国反洗钱工作,制定国家反洗钱的重要方针、政策,协调各部门、动员全社会开展反洗钱工作。四是由银监会召集成立的处置非法集资部际联席会议制度。五是证监会牵头成立的整治非法证券活动协调工作制度。六是各省市建立的金融稳定联席会议制度,主要分析各行业影响辖区金融稳定的重要因素及需要关注和解决的问题,研究共同应对措施,达成工作共识,形成防范金融风险的"统一战线"。上述各个层面的金融监管协调机制的建设,对加强和改进金融监管、促进宏观调控和金融监管的协调配合、维护金融稳定具有较好的积极作用。

3. 当前金融监管体制存在的若干主要问题

尽管我国现行的金融监管体制能够基本适应金融业发展的现状,对于

[①]《国务院关于同意建立金融监管协调部际联席会议制度的批复》(国函〔2013〕91号)。

防范金融风险，维护金融稳定，尤其是防范本次全球金融危机对我国金融体系的冲击起到了重要作用，但是，也仍然存在一些重要的问题。

（1）金融监管理念的科学性不够。十八届三中全会《决定》明确提出发挥市场配置资源的决定性作用，这是继续完善我国社会主义市场经济体制的重要论断，表明我们对市场经济的认识已经更加深入和全面。然而，一个重要论断的提出并不意味着相关理念的全面更新，我们在金融监管方面，是否树立了适应市场经济的内在要求的科学理念，仍然是需要大力加强研究和改进的重要课题。

一是传统的计划管理思维模式根深蒂固，一味求稳，害怕失控，表现为对所有风险都要监管，对可能监管不了的就直接禁止。在向市场经济改革转轨过程中，传统的计划管理思维模式在金融领域同样有着根深蒂固的影响，政府总是希望把一切风险都能够防好管住，不能留有任何漏洞和死角，对风险损失采取近乎零容忍的标准要求，搞"稳定压倒一切"，为了"和谐"甚至不惜扭曲金融的本质，实际上会损害金融的健康发展。例如，对有些实际处于违约的信托理财类金融产品，失于简单地要求采取刚性兑付来保障投资人利益，息事宁人，以避免引发社会群体性事件。再如，对一些即使属于市场内生型的创新业务，由于监管机构不熟悉或者把握不准，或者风险评估属于高风险类别，就对金融机构采取禁止措施。对民间资本融资活动常常也以查处非法集资等名义予以打击。对市场准入有时采取非常严格的限制，乃至造成实质上几乎无法进入。

二是未能平衡好稳定、有效和公平的监管评价标准。在实践中太偏重于追求稳定，就会在一定程度上忽视对效率和公平的损害。实际上，监管不仅不可能对大大小小的各种风险做到全覆盖，总是设想着去管住不论巨细的风险，结果不仅会事与愿违，而且还会造成更多的市场扭曲，损害金融体系内在的风险管理能力，长期来说反而不利于维护金融稳定。

三是有的监管自身定位不清，对市场主体的内部行为明显干预过多。在市场经济中，应该要注意政府伸出"有形之手"的长度和力度，要从根本上弄清楚能够做什么，采取什么方式去做，以及做到什么程度为好。然而，我们的金融监管者似乎处处都在很强势地彰显手中的监管权。例如，对金融机构的微观审慎监管有时显得大包大揽，从不良资产处置到各种业务创新，几乎样样都要经过审批。有的对市场主体应有的自主定价权严格限制。还有的监管部门以"规范"市场秩序为由，罔顾上位法的明确规定，而是依据自己的理解或制定的下位法设置审批权,严重侵害了市场主体本应依法享有的金融权利,如企业虽然符合《公司法》和《证券法》规定的发行证券的资格条件,但仍然要经过监管审批或实质性核准程序,这使得大量有法定资格的企业无法便利地通过证券市场自主融资。

四是偏向于提供"更强和更多的监管",而可能并非是"更好的监管"。"更强和更多的监管"则意味着市场主体的经营自由受到更加严格和更大范围的限制,这很可能过多地抑制金融体系的创新活力。"更好的监管"在于保持金融体系的活力,促进金融活动的不断深化发展,同时避免监管缺位可能恶化为"监管失灵"的风险问题。更好的监管就是要更好地去平衡稳定、效率和公平的评价标准,虽然在变化太快的金融实践动态中,几乎无法做到在刺激竞争和增长所需要的市场自由与防止欺诈和不稳定所需要的控制之间达成完美的平衡,但监管还是应该努力促成金融实现稳定而又不损害其效率,并且抑制欺诈等行为。所以,需要金融监管尽可能做得"更好",否则可能很难建立起强固而有效的现代金融体系。

(2)监管协调机制有待继续完善。在分业监管体制下,金融监管协调机制是完善金融监管体制的重要环节,是防范系统性金融风险的重要措施,其制度化建设直接关系到金融业整体的安全和稳定。分业监管体制一方面由于监管机构各支一摊,难以有效监控跨市场风险;另一方面对于重大的系统性风险因素,也难以依靠某个单一的监管机构来加以处置,从而导致风险积聚,最终可能会酿成大祸。本次国际金融危机在美国的爆发和蔓延,就充分证明了这一点。危机以来加强金融监管协调机制建设已成为国际共识和发展趋势。近年来,我国不断探索基本建立了金融监管协调机制,但仍面临着来自法律、制度、目标、信息、执行五个层面的现实问题。

我国目前的金融监管协调机制由于缺乏有力的法律和制度保障,多停留在原则性框架层面,未能实现协调作用最大化,尤其是在宏观审慎管理方面作用有限。在实践中,无论从法律建设还是制度安排上都存在一些问题。在法律层面,缺乏明确统一的金融监管协调法律规定,在目前现有的法律框架下,"一行三会"可以根据各自法定履行职责的需要进行沟通与协商,但四家机构同为正部级,彼此之间没有行政管辖关系,有时甚至为了"面子"问题而无法落实协调,因此,这种协调方式不具有强制约束力,使得协调机制的运行效果大打折扣。在制度标准层面,由于金融实践发展较快,金融业务交叉现象越来越多,各监管主体的职责分工也变得不够清晰,对处于监管边界的新业务和新产品因缺乏监管主体,往往处于监管空白状况,或者是监管标准不一致,监管之间相互竞争,缺乏有效、权威的争议解决机制。例如,央行与银监会关于第二套房的政策就出现过摩擦等问题。在目标层面,参与金融协调的各部门存在利益博弈问题,人民银行作为"最后贷款人"不可避免要面临货币政策和金融监管的目标协调问题,中央和地方之间的监管权责不清也影响到监管政策传导效果。在信息层面,信息共享机制不健全,分业监管模式容易造成监管信息的分割,各监管主体之间的交流渠道不畅通,各自的监管信息仍处于封闭状态。在执行层面,缺乏常规的跨部门联合执法机制,重复监管问题也比较严重,在金融消费者保护、系统重要性金融机构监管等方面都还没有明确各监管主体的权责。上述问题暴露越多,说明建设和完善监管协调机制就越紧迫和重要。

(3) 分业监管体制的固化容易导致各监管主体对被监管对象的过度保护,也可能存在被其监管对象捕获的问题,从而给金融体系带来潜在的威胁。面对金融综合化经营,分业监管体制不仅存在监管协调的难题,而且长期固化的体制很容易滋生各监管主体把其监管的对象视为自己的"势力范围",出于对自己"势力范围"的捍卫,往往可能对被监管对象保护过度。例如,在综合化经营中涉及跨市场的业务风险,往往会排斥其他监管主体的介入,或者对被监管对象的跨界违规行为处罚过轻等。再者,监管体制内部人员的激励和市场化金融机构的激励之间通常差距甚大,这在客观上促使市场化金融机构有强烈的动机去设法捕获监管人员,为一些打擦边球的高风险业务或行为开绿灯。这些情况往往会暂时掩盖金融体系的真实风险,但是一旦遭遇大的冲击,这些问题的暴露很容易对金融体系的稳定造成更大损害。

(4) 宏观审慎管理不健全,在一定程度上会威胁到金融体系的稳定。我国现行的金融业审慎监管,以确保金融机构个体的稳健运营为目标,强调的是对金融机构个体的审慎监管,即微观审慎监管。然而,本次全球金融危机的爆发和蔓延表明,单个金融机构的稳健并不能保证金融稳定的自动实现。这是因为,从微观层面看,对单个金融机构个体来说是审慎合理的行为,如果成为金融机构的一致行动,就会产生同质化的风险,形成系统共振,放大同向的冲击,这在宏观层面会对整个金融体系的稳定造成负面影响。因此,为了维护金融体系的稳定,需要有对整个金融体系的系统性风险进行监控的宏观审慎管理。本次金融危机发生以后,加强和完善宏观审慎监管也就成为全球主要国家和地区金融监管改革的一项重要内容。例如，英国对中央银行与金融监管权的分离体制进行重大改革，重新赋予英格兰银行负责审慎监管，并协调应对系统性风险。

相对于许多欧美金融机构而言，我国的金融机构具备许多优势：如流动性风险低，具体表现为银行对批发融资的依赖性相对不大，并且银行基本都有政府信用的支持；国家拥有庞大的外汇储备，有充足的美元流动性，国民储蓄率相当高。此外，我国尚处于证券化的早期阶段，金融衍生品市场还不发达。然而，这并不意味着我国不存在系统性风险问题而不需要宏观审慎管理。在目前，由于我国金融发展所处阶段和金融体系的特定结构，金融市场并非系统性风险的主要来源。不过随着综合化经营的发展和金融体系的进一步开放，民间资本也越来越多地进入银行金融业，中国金融体系的主体结构和系统性风险特征将会在一定程度上与当前发达国家趋同。我们看到，近年来，中国金融业开始出现银行、证券、保险合作的热潮，银行业与证券业、保险业之间业务交叉已很普遍，突出表现为跨市场、跨机构的业务融合。金融控股公司的大量出现，给监管带来极大挑战。在可能导致系统性风险的因素中，金融控股公司等大型综合化经营的金融机构，由于其巨大性、复杂性、高关联性，成为金融监管的重点，也是金融监管的难点所在。在反思国际金融危机过程中，欧美国家在监管层面都提出了切分性质的栅栏原则，非常有力地说明了对大规模综合性金融集团的监管困难。此外，宏观经济金融政策的不当也会对金融体系造成比较严重的系统性风险。随着我国金融体系的进一步发展和金融业改革开放的进一步深入，上述引致系统性风险的因素将会越来越明显，其他因素也会逐步出现。因此，建立和完善宏观审慎监管体制，防范系统性风险应该提上我们的议事日程。

第五节　适应中国国情的金融监管体制选择

作为现代金融体系顺利运行的重要基础，金融监管体制在确立组织架构与权责分工上应该适应金融体系发展的需要，并且能够根据金融的动态变化做出适当的调整。无论是统一监管，或是双峰监管，或是分业监管的模式，都应该在确认市场化作为现代金融业未来发展基本方向的前提下，致力于维护市场内生性发展的成果，不断提高和改善金融监管的方式、技术和质量，促进金融体系实现稳定、有效和公平的运行。因此，针对我国金融监管体制所存在的主要问题，根据金融发展的趋势和基本特点，我们需要进一步努力探索金融监管体制的改革与完善。

1. 需要考虑的主要影响因素

在对我国现行金融监管体制进行改革方案的设计时，必须从理论、历史与国际的视野进行评估考量。

（1）要在十八届三中全会《决定》所明确的改革方向前提下，来整体思考金融监管体制改革的选择。《决定》明确把市场化作为我国经济金融未来发展的基本方向，这是我们讨论所有改革问题的起点和关键基础，金融监管体制改革的任何方案都必须符合市场在资源配置中起决定性作用的标准。在现阶段，金融监管不仅应该尽力维护好市场内生性发展的基本成果，还要适当培育、引导和促进市场的发展成长，同时也要守住底线，即不发生系统性、区域性的风险，实现金融稳定，还要妥善运用结构性监管措施来促进普惠金融的发展，以及保护好金融消费者利益，加强金融体系的公平性，从而在金融领域真正发挥好政府作用。

（2）要高度重视金融监管制度变革的路径依赖性问题。制度经济学原理深刻揭示了既有的利益格局对制度变革具有强大的约束力。此外，我们还应该看到，基本理念的转换与更新的困难往往对未来的行动走向同样具有非常强大的影响力。

我们不妨用美国金融监管方面的例子来予以说明。次贷危机以来，美国对金融监管进行了重要的改革，2010年通过了内容庞大的"华尔街改革与消费者保护"立法，其核心精神在于加强监管协调和提高透明度与问责性（包括适当扩大监管权，如要求大的对冲基金和私募股权基金等在证券监管部门注册并报告信息，以及对金融衍生品交易市场的监管等），防范系统性风险，促进金融稳定。另外按照公平性标准，成立了消费者金融保护局，并对抵押贷款、资产证券化和信用评级等方面的法律进行修订，以保护处在相对弱势的金融消费者。虽然遭受这次金融大危机的冲击，而且相信美国也深刻认识到了监管协调方面存在的严重问题，但是美国仍然无法实质性地改变原有的分业监管格局，而只是在现有监管组织架构之上建立了具有明确协调职责的金融稳定监督委员会，希望能对系统性风险及时做出反应，对该委员会认定的系统重要性金融机构明确由美联储负责监管，其余的监管机构职责几乎一仍其旧。早在1999年通过《金融服务现代化法案》时，美国曾经对是否合并监管的问题进行过辩论，最终选择了放弃，只是要求各监管者之间按照业务功能进行监管协调，这次大危机仍然没有让美国人选择统一监管的模式。这可能说明，在美国金融监管体制背后的各种力量博弈极为复杂，以至于任何存量上的合并削减改革都无法通过。当然，我们认为，这和美国政治历史文化所形成的基本理念也应该有密切的关联。美国自独立建国以来，在政治文化中始终存在着一种很强烈的反对过度集权的思想观念，美国第一银行和第二银行的命运就是这方面的明显例证。到20世纪30年代大萧条的痛苦时期，虽然不得不接受联邦政府对证券业的监管，但设立美国证券交易委员会还是有点偶然。因为根据《1933年证券法》，有联邦贸易委员会负责证券监管，到制订《1934年证券交易法》时，主要出于对联邦贸易委员会过度集权的担忧，另外也不愿意美联储过多涉足证券监管事务，因此才单独设立专业的证券交易委员会。我们可以大胆预测，当美国再一次爆发金融大危机，恐怕仍然很难说服美国人接受类似于英国金融服务局这样的超级监管机构的存在。

由此观之，我国已运行有日的"一行三会"监管架构，部分还涉及国家发改委、财政部等其他政府部门，可以说，在一定程度上这些部门早已经形成了基本的利益认知，非帕累托改进式的方案恐怕都很难被认同和接受。

（3）要顺应金融综合化经营发展的总体趋势。随着居民财富的增长积累，迫切要求资产的保值增值，由此产生了多层次、多元化的金融需求，加上金融脱媒的深化和利率市场化的推进，包括商业银行在内的金融机构都面临业务发展与创新上的转型竞争。为此，监管在相当程度上也要适应金融发展的新变化，在相关政策上对市场力量驱动的金融综合化经营抱持谨慎许可。[①] 例如，允许银行、信托、券商、保险、期货、公募基金、私募基金等获得资产管理业务的牌照，这使得原来不同行业之间的分野在很大程度上被突破，金融业务产品的交叉和融合越发深化，金融综合化经营在整体上呈现出越蓬勃发展的态势。

首先是一开始就持有综合牌照的多家金融集团快速发展壮大。中信集

[①] 我国2005年正式启动商业银行设立基金公司的试点工作。2006年保险机构可以投资商业银行股权。2008年国务院原则同意银行入股保险公司。2013年保险机构可以试点投资设立基金管理公司。

团、光大集团、平安集团等大型集团已逐步发展成为金融控股公司。为处置银行剥离的不良资产而专门设立的华融等四家资产管理公司也逐渐发展成为综合化经营的金融集团。一些地方政府主导的管理地方国有金融资产的公司相继组建，如上海国际集团等，也成为具有代表性的金融控股公司。其次是传统的金融机构跨业投资步伐加快，提供的各类交叉性金融理财产品蓬勃发展。商业银行、证券公司、保险公司、信托公司等相互投资参股的现象越来越多，有的还投资设立新的金融机构，例如消费金融公司等。①2013 年银行、信托公司和证券公司发行的各类理财产品存量规模已经达到十万多亿元。再次是逆向联系形式的产融结合型集团日益增多。到目前，约有 60 家中央企业共投资、控股了约 160 家金融子公司，涉及银行、财务公司、信托、金融租赁、证券、保险等领域。约有 10 家中央企业集团内部设立了专门管理金融业务的公司。最后是网络科技快速发展促进了综合化经营。以移动互联网、大数据、云计算等为代表的信息技术在逐步重塑传统金融的经营模式，银行、证券、保险等行业的相互交叉和融合更为便捷。同时，阿里巴巴、腾讯、百度等互联网企业在支付结算、小微贷款、销售渠道等方面取得了进展，其中有的业务已经涉及银行、证券和保险领域。

　　应该说，综合化经营是市场内生发展的表现形式。从客户端的金融需求来看，综合化经营通过提供一站式金融服务，可以更便捷地满足顾客的多样化需求。对于金融机构而言，综合化经营可以获得规模经济和范围经济的优势，实现协同效应，拓展多元化收入，降低成本，提高绩效和市场竞争力。从金融全球化发展来看，综合化经营是总体趋势。自 20 世纪 70 年代以来，国际上开始放松管制促成了金融自由化的浪潮，在市场竞争中金融机构采取综合化经营的方式越来越多。虽然由于本次金融危机而受到责难，美国的《多德—弗兰克法案》虽然对商业银行的自营交易等有所限制，但为确保本国金融机构具有更强的竞争力，各国监管部门并不愿意采取严格的管制。总体上看，综合化经营的发展趋势并没有因为危机而有大的

---

① 据统计，到 2013 年年底，共有 9 家商业银行设立基金管理公司，7 家商业银行投资保险公司，11 家商业银行设立或投资金融租赁公司，3 家商业银行投资信托公司，3 家商业银行设立消费金融公司，6 家商业银行持有境外投资银行牌照，2 家商业银行持有境内投资银行牌照，4 家资产管理公司投资控股了银行业、证券业、保险业机构。有 3 家证券公司持有 3 家商业银行股权，1 家证券公司投资信托公司，44 家证券公司参控股基金公司，66 家证券公司参控股期货公司。共有 4 家保险集团投资控股了商业银行、信托公司、证券和基金管理公司等。

改变。

(4) 要促进我国金融国际化发展的方向。金融国际化是经济全球化的重要组成部分,通常主要表现为金融市场国际化、金融交易国际化、金融机构国际化和金融监管国际化,是一种双向的互动,既有境内的"走出去",也有境外的"放进来"。另外,对于我国现阶段而言,还有如何稳步推进人民币国际化战略的实施问题。自改革开放以来,我国面向全球的开放发展战略取得了举世瞩目的伟大成就,成功实践的重要经验使得我们更加坚定必须长期坚持这个基本方向。《决定》提出要构建开放型经济新体制,形成全方位开放新格局。要在加强监管的前提下,扩大金融业对内对外开放。"推动资本市场的双向开放,有序提高跨境资本和金融交易可兑换程度,建立健全宏观审慎管理框架下的外债和资本流动管理体系,加快实现人民币资本项目可兑换。"

当前,我国金融国际化发展突出表现在银行业的国际化。2008年国际金融危机以来,西方大型金融机构遭受重创,而我国银行业通过建立现代企业制度和股份制改革,综合实力明显增强,银行业金融机构抓住机遇,积极开拓国际市场,加快国际化步伐,海外业务快速发展,初步形成全球性的网络布局,不仅有力支持了国内企业"走出去"的发展战略,银行业自身在国际市场上的认可度和话语权也在不断增强。截至2012年年底,我国银行业的境外资产已达到1万亿美元,是加入世贸组织前的6倍。有16家中资银行通过自设、并购、参股等方式在境外设立了1050家分支机构,覆盖了亚洲、欧洲、美洲、非洲和大洋洲的49个国家和地区。通过全球布局,我国银行业紧紧跟随中资企业步伐,做到企业发展到哪里,银行的国际结算、贸易融资、兼并收购融资等各种服务就跟到哪里。2012年仅中国银行一家的国际结算量就达到2.78万亿美元,跨境人民币结算量为2.46万亿元,处在全球领先地位。更为重要的是,银行金融机构的国际化发展为我国新时期总体发展战略提供了有力支撑,通过不断加强与新兴市场国家金融机构合作,推动成立了上合组织银联体、中国—东盟银联体、金砖国家银行合作机制等多边金融合作机制,设立金砖国家开发银行、亚洲基础设施投资银行等区域性国际金融组织,这些政策措施得到了周边地区和新兴市场国家的广泛认同,也为我国积极参与国际经济金融新秩序的建构奠定了坚实的基础。未来包括人民币国际化的稳步推进和对外开放的继续深化,都是我国金融监管改革需要为之努力的方向。

2. 金融监管体制改革的重点选择

为了使我国的监管体制更好地适应金融业发展的需要，服务于国家发展的战略目标，根据监管的基础理论，紧密结合我国经济金融的发展实践、法律环境和金融全球化的发展趋势，通过细致分析和综合论证，推进金融监管体制的改革完善。

(1) 更新金融监管理念。理念就是一种指导思想、目标或原则，是工作要求和行动指南。如果缺乏科学的监管理念，监管就会很容易迷失方向，也很难有效达成监管目标。金融监管理念是金融监管主体对监管活动全面、深刻地认识和对监管要素的系统构想与整体安排，渗透到金融监管的各个环节，贯穿整个监管过程。无论在何种金融监管组织架构下，理念都具有根本性的影响。

要树立科学的金融监管理念，必须平衡好稳定性、有效性和公平性的标准。在全面深化市场经济改革的阶段，监管要摆脱原来计划体制思维模式的影响，特别应该注重维护市场内生的自发秩序，避免为了暂时的"非金融性稳定"而采取扭曲市场纪律的监管行为，否则经济金融都将会长期蒙受其害。要注重适应金融业的发展趋势，提供"更好的监管"，而非"更强更多的监管"。对风险的监管，应该注重依据风险暴露对金融稳定的影响程度而采取适当比例的监管，而不应该越俎代庖去过多干预市场微观主体的风险处置。对于金融创新，应该注重协调和统一监管标准，促进市场公平竞争。对于公平性目标，不仅是对可能处于弱势的金融消费者提供保护，以及采取适当的结构性监管政策来驱动普惠金融业态的发展，还有同样重要的是保障具有法定资格的市场主体享有平等的金融权利。通过监管的控制、引导与推动，建立一个健全、稳固而且富有效率的金融体系极为重要。

当前改革更为重要的是贯彻落实"市场起决定性作用"的方面，为此，在金融监管理念上，对于市场主体与业务活动，应该从传统的正面清单向负面清单的模式转变，核心在于确立"法无禁止则自由"的理念。难点在于建立金融监管负面清单的过程可能会引起金融不稳定，以及金融监管权力无法受到有效约束；对难点的应对措施包括强化准入后监管、加强金融市场主体公司治理和内部控制以及完善诉讼等法律救济制度。

(2) 是否彻底重组金融监管体制。从目前各国金融监管体制来看，经过长期的发展和改革调整，金融监管组织架构的设置主要有三种类型：统一监管模式、分业监管模式和双峰监管模式（部分统一监管）。虽然金融业的经营方式都趋于综合化，但以英、美为典型代表采取了不同的监管模式，即英国在危机之前采用统一监管，危机导致其转向了准双峰监管模式，美国则仍然采用多头的分业监管。我们在前文已经初步比较了不同监管模式的差别，各有短长，理论上很难分出绝对的孰优孰劣，在实践中都在适应金融发展而做出调整。在本次金融危机以来，英美两国对金融监管体制的立法改革动作都惹人注目，美国的重要特征在于构建和完善多头监管基础上的协调机制，并且深入检讨多头监管各自范围内可能存在的缺陷，提高透明度，以应对系统性风险。实际上，这些改革动作说明，面对无法改变的金融综合化经营趋势（美国虽然倾向采取所谓的"沃尔克规则"来改革华尔街，但已无法像1933年《银行法》那样做到比较严格的分离），分业监管体制迫切需要建构有效的协调机制来防范系统性风险，这在一定程度上表现出向统一监管模式融合的色彩。另外，作为原来采取统一监管模式典型的英国，也需要检讨和调整，以更加有效地防范国际金融危机所揭示的系统性风险问题，为此，英国采取了重新加强英格兰银行应对系统性风险的职责。

尽管我国仍然维持金融分业经营和分业监管的基本格局，但在金融综合化和国际化的蓬勃发展趋势下，而且随着网络通信科技的快速发展普及，各种金融创新不断涌现，金融体系内部跨行业、跨市场、跨机构的交叉活动越来越普遍，原来划分的金融业态边界越来越模糊，面对这种快速变化的动态，既有的"一行三会"分业监管体制必然会遇到越来越多的新问题和挑战。因此，如何改革完善我国金融监管体制的问题也就提上了越来越重要的议事日程。

鉴于本次国际金融危机暴露出来的深刻教训，特别是美国的分业监管格局已难以驾驭事实上的综合化经营，有观点认为我国金融监管体制应该朝向统一监管的模式转变，或者说从现行的机构监管模式向功能监管模式转变。顾名思义，所谓统一监管模式指由一个机构统一负责至少对银行、证券、保险三大主要金融领域的审慎监管和市场行为监管。按照这种改革设想，我国现有的"三会"需要合并成为一家类似于原来的英国金融服务局那样的超级监管主体，在合并后的监管主体内部，工作部门原则上也不再按照原来的机构监管方式来设置，而是主要按照金融业务功能设置相应的监管部门。例如，设置债券监管部，由其负责对债券的发行、交易、偿还等所有相关的事务进行监管，不论所涉及的市场主体是商业银行、证券公司、保险公司或是信托公司等。这种在统一架构下的功能导向型监管，是基于金融业务功能视角的专业化作业，虽然不同于机构监管基于机构主体的专业化作业，但可能更有利于改善监管的流程，提高监管的效率，防杜出现监管真空的问题。

相比而言，在统一监管的组织架构下，可以更好地贯彻实施这种功能导向型监管。而在分业监管架构下，实施功能监管则需要通过不同监管主体之间的协调来达成，往往矛盾较多，效率低下。尽管像美国那样曾经强调通过功能监管来缓解综合化经营与监管之间的矛盾，但实际上，某一金融机构类别的监管主体仍然很难干预其他类别金融机构的业务活动，而且，各部门、各产品的监管标准缺乏统一性。结果仍然会出现越来越多的监管"真空"，使一些风险极高的金融衍生品成为"漏网之鱼"，最终还是酿成了又一场全球性崩溃的金融大灾难。

无论是从国际上金融监管的演变态势，还是从国内金融发展的长期趋势来看，我国金融监管体制改革的基本方向至少是需要强化具有统一性特征的监管模式，无论是通过重构监管组织框架，还是在现有基础上做实具有法律约束力的监管协调机制，都应该更好地体现出有效的统一性特征。目前，现有的"一行三会"分业监管体制，还比较适应当前中国经济和金融业发展的现状，但在步入新常态的发展阶段，金融监管面临的问题将愈加突出。我们现在是否立即启动监管体制上的彻底转变，这不仅是更加详细、充分的理论分析与论证问题，更重要的可能还是既有的利益格局与思维习惯所导致的路径依赖问题。因此，即使理论上对改革方向给出了明确的证明，改革的时机也比较成熟，我们还需要有更坚强的政治领导力来推进实施。

在此还需要注意的是，一方面，尽管我们不应想当然地把具有统一特征的监管模式视为更高级的监管形态，并作为我们金融监管改革追求的唯一形式目标；另一方面，可能是更为重要的，我们也不应想当然地认为美国的多头分业监管模式就是最好的榜样。长期以来，国内经济金融领域似乎存在一种唯美国模式马首是瞻的心态与思维定式，没有对美国体制模式背后的政治、经济、法律、文化和历史等决定因素的深入分析，而只是简单地认为美国做的，我们才可以做，美国没有做的，我们就不能做，并且很可能引以为"国际惯例"来搪塞必要的改革。

（3）建立实体化、法治化的监管协调机制，为最终实现统一特征的监管模式奠定基础。在统一监管模式下，由一个统一的机构负责金融监管，自然也就不存在金融监管协调问题。在分业监管模式下，要解决监管协调的问题，就需要建立实体化、法治化的监管协调机构，负责各个监管机构之间的协调，解决监管重叠和监管真空问题，并加强对系统性风险的防范。美国在2010年的金融监管改革立法中，就是通过设立金融稳定监督委员会来负责统一监管标准、协调监管冲突、处理监管争端、鉴别系统性风险并向其他监管机构进行风险提示。

我国在现行的"一行三会"体制下，各监管部门在切实履行好分业监管职能的同时，基本能够兼顾制度标准的统一性、业务的协作性及交叉业务监管的配合性，一定程度上体现了监管合力。但随着综合化经营等进一步发展，加之监管部门之间的协调机制缺乏正式制度保障，只处在原则性框架层面，监管联席会议制度难以有效发挥作用，因此，我们仍然完全有必要进一步强化监管合作机制和金融监管的有效性，促进和提高金融运行的稳定与效率。

要建立实体化、法治化的监管协调机制，一种较好的选择就是设立专门的监管协调机构。在现有的分业监管体制下，应将协调机制法治化、实体化，即可以设立类似于美国的金融稳定监督委员会。2013年8月国务院明确设立由中国人民银行牵头的部际联席会议制度，尽管人民银行是内阁部门，但其他三会在行政级别上同样为正部级，下属部门也是如此，牵头单位实质上难以有效领导。因此，要把这种协调机制落到实体化、法治化上来，可以考虑组建由国务院分管副总理牵头、有明确法律权限、有实体组织的金融监管协调机构，监督指导金融监管工作。在这种格局下，可以适当采取功能性监管，即由该协调机构认定的某项金融业务，适当指定某个监管主体负责监管。对于缺乏整体性、重复监管、监管真空等问题，可以通过该协调机构来完善分工合作、信息共享等方式予以解决。

(4) 明确宏观审慎管理框架，有效防范系统性金融风险，维护金融体系稳定。我国现行的微观审慎监管体制可能不足以应对金融体系的系统性风险监管，因此在监管上可能存在针对系统性风险的漏洞。这种漏洞对金融体系的稳定构成威胁。为了堵塞监管漏洞，应在明确系统性风险标准的前提下，确立监管系统性风险的宏观审慎管理框架。

宏观审慎监管框架的确立，应当考虑以下几个方面的因素：要考虑宏观金融联系，考虑金融机构之间的相互联系；必须要有权力监督系统重要性金融机构、市场和清算机构；作为唯一提供无限流动性的提供者和保证经济金融体系稳定的捍卫者，必须要能够履行最终贷款人的职责。实际上，这些条件涉及中央银行应该负有什么样的金融监管职责的问题，也可以说是一种结合宏观调控的广义监管。考虑到上述因素，一些国家确定由中央银行来负责系统性风险的监管。金融危机发生后，英格兰银行被赋予了宏观审慎监管职能。美国2010年《多德—弗兰克法案》规定由金融稳定监督委员会来识别系统性风险，由该委员会认定的系统重要性金融机构，确定交由美联储负责监管。

根据我国目前的情况和可能的改革方案，可以考虑由新建立的国务院分管领导牵头的实体化、法治化的监管协调机构来负责宏观审慎管理职责，把中央银行、财政部、发改委和"三会"全部纳入该管理框架。如果2013年国务院明确的中国人民银行牵头的部际联席会议能够切实有效运行，也可以将宏观审慎职责赋予中国人民银行。通过"牵头监管"模式，并与其他监管机构密切合作，解决监管过程中可能存在的"盲区"。特别是要对金融控股公司实施有效地监管，将系统性风险发生的概率降到最低，以保证金融业健康、稳定和可持续的发展。

第二十章

建立宏观审慎监管政策框架 *

2008年国际金融危机暴露了传统金融监管的弊端，尤其是微观审慎监管对于防范系统性风险的不足。世界主要发达经济体将加强宏观审慎监管作为金融监管改革的核心理念，并且在金融监管改革实践中加以落实。以下将就宏观审慎的含义、工具体系、组织框架、国际实践以及中国的宏观审慎监管问题等方面加以阐述。

第一节 宏观审慎的含义

"宏观审慎"这个术语在国际上提出可以追溯到20世纪70年代末期，巴塞尔委员会的前身库克委员会（Cooke Committee）在1979年6月有关国际银行贷款到期转换的数据收集问题的讨论会上，正式提出"宏观审慎"这一金融监管新概念。国际清算银行经济顾问兼欧洲货币常务委员会主席Alexandre Lamfalussy在1979年的一份报告中再次提出由微观审慎转向宏观审慎监管，强调关注和防范系统性金融风险。而"宏观审慎"一词在公开的文件中出现是1986年，BIS在一份欧洲通货常务委员会（ECSC）的研究报告"国际银行业近期创新"的部分章节中提出了"宏观审慎"这一概念。在报告中这一概念被定义为"广泛的金融体系和支付机制的安全性和稳健性"。

---

* 本章部分内容已发表于《宏观审慎监管理论及实践研究》（中国社会科学出版社2013年版）。作者根据该领域的发展情况做了相应的修改。

到了 20 世纪 90 年代末期，特别是 1997 年亚洲金融危机爆发，宏观审慎重新受到关注。IMF 在 1998 年 1 月的报告《健全的金融体系框架》指出了宏观审慎监管的重要性。IMF 在 2000 年的报告中提出了建立更完善的统计指标，来度量金融系统的脆弱性，即"宏观审慎指标"（MPIs）。这套宏观审慎监管指标体系包括加总的微观审慎指标（Aggregated Prudential indicators）和宏观经济指标（Macroeconomic indicators）两个部分，其中微观审慎指标主要包括资本充足率、资产质量、管理和流动性指标等单个机构稳健的金融指标；而宏观经济指标则包括经济增长、国际收支平衡、通货膨胀率等影响金融失衡的重要指标。这被纳入到了后来的金融部门评价计划（Financial Sector Assessment Programs，FSAPs）。

另一项关于宏观审慎的重要事件是，时任国际清算银行总裁 Andrew Crockett 在 2000 年银行监管者国际会议上的演讲。演讲报告中对比了微观审慎和宏观审慎这两种监管方法，认为金融稳定可以分为微观层面的和宏观层面的，而相对应的是保证单个金融机构的稳定为目标的微观审慎监管和保证整个金融体系稳定的宏观审慎监管。在此之后的 BIS 的工作文件和出版物中，这一概念界定也多次被重复使用。

国际清算银行不断在试图对宏观审慎给出清晰的定义，认为宏观审慎指的是，为了促进金融体系整体的稳定而不是每个单独的金融机构的稳定这一明确的目的，使用审慎管理工具（Clement，2010）。国际清算银行使用了这一定义并且做出进一步的解释说明（Hannoun，2010）。此后，金融稳定委员会、国际货币基金组织和国际清算银行关于宏观审慎的定义是，它主要运用审慎管理工具减少系统性风险或者说整个系统范围的金融风险。定义中最主要的元素包括：目的，即限制系统性风险或者说整个系统范围的金融风险；分析的范畴，即金融系统整体及其与实体经济的联系；工具组合，即审慎管理工具以及特定指派给宏观审慎当局的工具（FSB，IMF，& BIS，2011）。此后，现任 BIS 总裁 Caruana（2011）也采用了这一定义，并且进一步强调：一是宏观审慎的概念界定不应过于宽泛，它并非涵盖一切影响系统性风险和金融稳定的工具；二是宏观审慎不应被视为总需求管理的工具，其与财政政策、货币政策以及竞争政策是互补而非替代的关系。宏观审慎的概念边界和金融稳定框架可以由图 20 – 1 表示。

为了获得更清晰的理解，可以通过与微观审慎监管框架的对比来说明宏观审慎监管的含义（见表 20 – 1）。

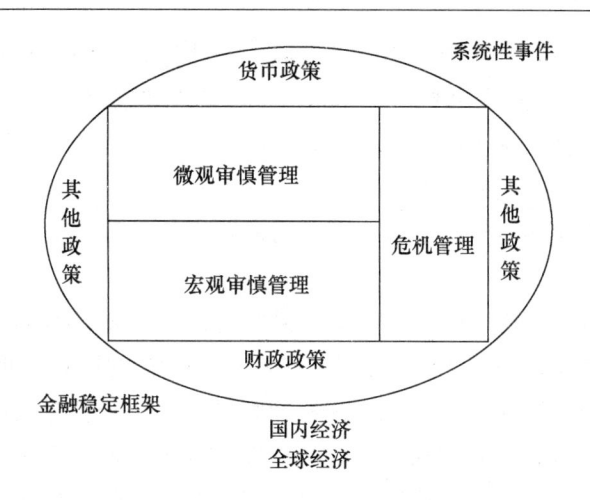

图 20 - 1　宏观审慎的概念边界和金融稳定框架

注：其他政策包括规范商业行为的政策、消费者保护措施、会计准则以及竞争政策等。

资料来源：FSB, IMF, & BIS, "Macroprudential Tools and Frameworks", Update to G20 Finance Ministers and Central Bank Governors, 2011.

表 20 - 1　　　　　　　　　　宏观审慎与微观审慎的比较

	宏观审慎	微观审慎
监管目标	避免系统性金融风险	避免单一机构的危机
最终目标	避免经济产出（GDP）成本增加	保护金融消费者利益
风险的性质	内生性	外生性
机构间共同风险暴露的相关性	重要	无关
审慎控制的实现方法	自上而下，关注系统性风险	自下而上，关注单个机构风险

资料来源：Claudio Borio, "Towards a MacroprudentialFramework for Financial Supervision and Regulation?", BIS Working Paper No. 128, 2003.

从监管目标来看，宏观审慎监管的目标是防止系统范围的金融危机的发生或者降低其概率，以限制其对经济增长产生的负面影响和由此带来的社会成本。而微观审慎监管的目标仅局限在避免机构倒闭，降低个体风险（idiosyncratic risk），而没有考虑其对于整个宏观经济的影响。

从监管的角度来看，宏观审慎监管关注的重点是金融系统整体情况，而并不仅仅局限于单个机构的风险状况。从系统性角度，宏观审慎监管关注具有系统重要性的机构、市场和工具；关注金融体系结构对系统风险产生的影响；关注金融体系中"太关联而不能倒"的机构而并不局限于银行机构；此外也会关注宏观经济特征及其结构对系统性风险的影响。如果把金融体系的每一机构或者各个组成部分比作是一项证券投资，则宏观审慎监管关注所有证券的投资组合情况，而微观审慎监管只关注某一项证券投资的收益情况。

从对待风险的态度来看，宏观审慎监管认为风险具有内生性，也就是说，由于金融体系的各个机构通过对金融资产价格的影响、交易量的影响，进而影响整个经济的发展状况，这种影响又反作用于各个机构，从而形成虚拟经济与实体经济的相互作用，系统性金融风险的累积正是在这样的相互作用之中得以发生。微观审慎恰恰忽略了金融与经济的相互作用，把风险看作外生因素，在对机构监管之中并不考虑资产价格、市场条件以及经济行为等因素的影响。

此外，宏观审慎监管关注金融体系的共同风险暴露，而非微观审慎监管下的单个机构面临的风险。共同风险因素可能是金融机构由于相似的商业模式而导致面临共同的风险暴露，也可能由于金融机构和市场的单个理性决策活动导致的集体行为的非理性，面对各个机构的微观审慎监管无法识别共同的风险暴露形成的系统性风险累积，唯有针对整体金融稳定的宏观审慎监管才能将共同风险暴露纳入监管视野。

第二节　宏观审慎工具体系

宏观审慎监管的目标主要有增强金融系统对经济衰退和其他不利冲击的抵抗力，限制积聚的金融风险等。在事实情况下，有些工具可以被应用到两种目标。宏观审慎工具的目标可以从实现相应目标的一般方法、主要特征和调整频率等方面来分析（见表20－2）。

宏观审慎工具可以从不同角度进行分类，包括定性和定量的方法，按抑制金融体系脆弱性的功能划分，按时间维度和空间维度划分等。通常，按照时间空间维度分类较为普遍。

表 20-2　　　　　　　　　宏观审慎工具的目标

项目	目标	
	加强金融系统对冲击的抵抗力	平缓金融周期
实现目标的一般方法	校准微观工具以应对系统性风险	动态使用工具应对金融周期的变化
工具主要特征	可以是宏观或微观特征（例如，特定机构的工具运用和校准）	宏观特征的：广泛的适用性，如适用于各类银行或市场
调整频率	一般来讲，频率较低或者一次性的（例如，应对金融系统结构变化），但不排除频率重新调整的可能	周期性调整以及频率更高的调整，以应对金融周期性波动

资料来源：Committee on the Global Financial System, "Macroprudential Instruments and Frameworks", CGFS Papers No. 38, 2010.

1. 时间维度的宏观审慎工具

风险通常是在信用扩张时期积累而在信用收缩时期显现。宏观审慎监管的核心是校准审慎工具以使缓冲在经济上行时期得到积累而在经济下行时期可以动用，起到"以丰补歉"的作用。影响缓冲的主要因素是金融体系的总体风险承担状况和信用状况，不因个别机构的风险状况而有所不同。这种反周期的制度安排既有利于事先限制扩张时期的风险积累，事后更好地吸收危机时期的损失，也有利于鼓励下行期的风险承担和放贷行为以支持经济活动，从而减小经济金融周期的波动幅度。具体措施有如下几个方面：

第一，逆周期资本缓冲制度。资本监管顺周期性的发生至少要满足两个条件。一方面是银行通过发行新股来筹资以达到更高的资本要求很困难，另一方面是借款人不能找到其他融资来源。但是即使这两方面条件都满足，如果银行持有大量的超额资本，顺周期效应也不会发生。因此顺周期效应问题的关键是银行实际持有多少资本，持有的超额资本是否足以抵消经济衰退时的资本需要。

在经济上行期，可以要求银行建立高于最低监管资本一定比例区间的超额资本，在经济下滑时，超额资本使得银行对经济的不利变化更富有弹性，会减轻顺周期性。

第二，前瞻性的拨备制度。同缓解资本要求监管顺周期性类似，主流观点认为可以通过跨周期的拨备计提方法，提高拨备计提的前瞻性来缓解贷款损失拨备强化的顺周期性。建立拨备缓冲机制，在经济繁荣时期风险不断积聚时期增加拨备计提，用来抵御损失；在经济下滑时期，多计提的拨备可以冲抵增加的信用损失，拨备计提无须多增，从而避免加剧经济下滑。

西班牙首创的动态拨备法在这方面做了有益探索。事实上，动态拨备法这类前瞻性的拨备计提制度最大的障碍同会计准则基本原则的冲突。这种制度可能会影响财务报表的真实性，甚至成为经理人操纵利率的手段。不过，鉴于这种制度的积极意义，目前已在研究合理的解决这一难题的会计制度。因此，需要进一步加强前瞻性拨备制度的方式，即将前瞻性损失估计同银行风险管理系统更好地整合，提高前瞻性损失估计的质量，降低顺周期性风险。

第三，流动性风险监管。纠正融资的期限错配有利于减轻时间维度系统性风险的积累和传播，可以考虑采取两种方法。一是增加流动性资本要求。针对繁荣期流动性风险定价偏低的情况，制定额外的流动性资本要求，既可以为金融体系提供流动性保险，也可以激励银行改善资产负债的期限结构。流动性资本要求可以通过乘以一个因子来实现，该因子反映资产池和资金来源的期限错配程度。流动性资本要求应该随时间变化，鼓励繁荣时期的期限匹配，而在衰退期放松这一要求，允许有适当的期限错配。二是采用按融资方式定价（mark-to-funding）的估值方式。采用按融资方式定价作为按市值定价（mark-to-market）的补充，有两种价格可供选择，即今天的市场价值和未来现金流量的折现值。有短期资金来源的金融机构适用前者，有长期资金来源的适用后者。这样做可以鼓励金融机构寻求长期稳定的资金来源，减少危机时期被迫销售带来的不易变现性。

第四，杠杆率控制。引进杠杆率主要是为了控制银行业杠杆率的积累，避免不稳定去杠杆化的过程，以及该过程对整个金融和经济体系造成危害；并且，通过建立基于总风险暴露地、简单地、非风险敏感性的支持性手段，强化以风险为本的资本监管。具体来讲，引入杠杆率主要包括以下两个方面。一是动态调整金融交易的杠杆率。这既可以作用于信贷需求，也可影响信贷供给。根据宏观经济失衡状况，动态调整最高贷款价值比率（loan-to-value，LTV）和贷款收入比率（loan-to-income，LTI），影响房地产抵押贷款需求。二是引入资本结构的杠杆率。引入毛杠杆率（资本与未调整资产的比率），对所有银行设定没有差异的上限，可以弥补新资本协议内部模型的缺陷，防止金融机构资产负债过度扩大，控制系统性风险的不断累积。此外，还可以引入动态杠杆率，克服杠杆率本身的亲周期问题。

2. 空间维度的宏观审慎工具

具有系统重要性的金融机构、市场、工具增加了金融体系的相关性，加大了空间维度的系统性风险。宏观审慎监管的核心是根据系统重要性校准审慎性监管工具，为金融机构内部化溢出成本提供额外激励。具体说来，监管者可采用自上而下的方法，度量系统范围的尾部风险，再计算单个金融机构（工具）对系统性风险的边际贡献，据此调整监管工具，实行差别化的监管标准。空间维度的难点在于如何识别系统重要性机构和如何校准附加资本。

第一，系统重要性金融机构的资本监管。对系统重要性金融机构（Systemically Important Financial Institutions，SIFIs）的资本监管主要包括以下三个方面：其一，SIFIs 的资本充足率。提高资本充足率不应只是简单地提高数量，而应该将其与金融机构的系统重要性程度关联起来，实施差异化调整。其二，SIFIs 的资本质量。SIFIs 的资本质量应该能够反映真实的资本充足率，防止资本充足率虚高。其三，SIFIs 的风险权重资产。主要包括：将以前未覆盖到的风险资产纳入风险权重资产；对各类金融资产，尤其具有系统重要性资产的风险大小进行系统评估，并以此为依据设计权重；根据金融机构的资产组合情况，对过度集中或者具有更多风险暴露的资产按风险级别赋予递增的风险权重。

第二，系统重要性金融机构关联性的监管。金融工具的创新增加了金融机构间的关联性，使金融网络更加复杂，应该对其实行更严格的监管并提出更高的资本金要求。可以根据交易量、与杠杆率的关系和相互关联性，建立一个系统性重要工具清单，对这些工具实行注册登记、交易所交易和中央结算制度，以降低这些工具的风险传播性。集中度风险也会增加金融机构间的关联度，需要对不同机构的共同暴露加强监管。

第三，系统重要性金融机构的资本保险。实施资本保险是由系统重要性金融监管根据自身风险加权资产的总量，按一定的比例购买保险，在发生财务困难时通过保单支付来增补核心资本充足率。保险费也可以起到抑制重要机构系统性风险承担动机的作用，可以分别对资本、损失和流动性购买保险。监管部门可要求银行从私人部门购买保险，以应对金融危机发生时的可能损失，届时保险公司的赔付注入政府救助基金。

第四，系统重要性金融机构的税收。向系统重要性金融机构征税的目的主要包括两方面：一是降低系统重要性金融机构在金融系统中的风险，降低道德风险；二是在危机时政府可以通过系统重要性金融机构自己缴纳的税负来，而无须动用纳税人的税收。基于系统性风险贡献征税，可以创造一个系统性基金，采用类似联邦存款保险公司（FDIC）的做法，有助于减少金融机构成为"大而不倒"的机构的激励。IMF（2010）提议向全球银行和金融机构征收"金融稳定贡献税"（Financial Stability Contribution，FSC）和"金融活动税"（Financial Activities Tax，FAT）。向系统重要性金融机构征税的方式可以采取与金融机构系统重要性相关联的差别税率，将系统重要性金融机构的评分标准主要分为规模、关联性和复杂性，每个标准可以赋予相应的具体指标，根据这些指标对系统重要性金融机构给出分值，按其高低分为三个等级，征收相应等级的税收。

3. 宏观审慎工具的运用

在宏观审慎工具的运用上，需要选择能够直接对应于某种宏观审慎工具的实施识别指标，使宏观审慎监管工具能够最大化地发挥其针对性作用（见表20-3）。选取指标基本满足：第一，与宏观审慎工具具有相关性；第二，数据的可得性；第三，操作简单。

表20-3　　　　　　　　　　宏观审慎工具和指标

政策工具	指标
1. 资本工具	
逆周期资本缓冲	对总的信贷周期的衡量
动态拨备	银行信贷增长和特定拨备（当前和历史平均）
部门资本要求	以部门为基础的不同信贷总额的价格和数量的衡量：银行之间借贷、非银行金融机构、非金融机构和家庭，机构集中度的衡量，机构之间和跨机构的借款分配，房地产价格，购租比
2. 流动性工具	
逆周期流动性要求	流动性覆盖率和净稳定融资比率，流动性资产与总资产或者短期债务，贷款和其他长期资产，贷款与存款比率，泰德利差，贷款息差

续表

政策工具	指标
金融市场抵押值和扣减	抵押和扣减，买卖价差，流动性溢价，影子银行体系杠杆率和估值，市场深度措施
3. 资产工具	
贷款价值比和债务收入比	房地产价格，购租比，抵押贷款增长，证券包销标准，家庭金融风险有关的指标，再融资兑现指标

资料来源：Committee on the Global Financial System,"Operationalising the Selection and Application of Macroprudential Instruments", CGFS Papers No. 48, 2012.

第三节 宏观审慎监管的框架构建

宏观审慎监管在实施的层面是需要依靠权力部门来推进的，因此其中的权力安排也是非常关键的问题。设计宏观审慎监管框架可以采取以下三种方式来安排管理机构：

第一种方式是宏观审慎监管政策的制定以及执行安排相应的金融监管机构来负责。而中央银行在这种模式之下则承担了监控系统性风险，并将监控的结果及监管建议反馈给微观审慎监管机构的责任，微观的审慎管理机构承担了化解系统性风险的责任。

第二种方式是宏观审慎监管政策的制定和执行由一国的中央银行负责。中央银行在这种模式下承担了监控并且制定政策来化解金融系统性风险的责任，而中央银行在具体执行时，可以在认为必要时要求微观审慎部门配合这些政策的执行。

第三种方式是成立新的机构，即由一国的央行和微观审慎监管机构组成一个新的监管委员会，这个新机构履行监管政策的制定及其实施的责任（FSA，2009）。

在各国现有的实践中，宏观审慎监管的体制模式有多种多样，为了更好地进行比较，可以根据以下五点对各国的模式进行归类（见表20－4）：

表20-4　宏观审慎监管的典型模式

模式特征	模式一	模式二	模式三	模式四	模式五	模式六	模式七	模式八
央行和其他监管机构的整合程度	完全(央行)	部分	部分	部分	无	无(部分)	无	无
宏观审慎政策的制定权	央行	与央行相关委员会	独立委员会	央行	各类监管机构	各类监管机构	各类监管机构	委员会(多边的；区域的)
财政部的作用	无(积极)	消极	积极	无	消极	积极	无(积极)	消极(欧盟委员会；经济和金融委员会)
政策制定和实施是否分离	否	在一些领域	是	在一些领域	否	否	否	是
不同机构之间政策协调	无	无	无(有)	无	有	有(实际上)	无	无
模式所在国或区域	捷克,爱尔兰,新加坡	马来西亚,罗马尼亚,泰国,英国	巴西,法国,美国	比利时,新西兰,塞尔维亚	澳大利亚	加拿大,智利,中国香港,韩国,黎巴嫩,墨西哥	冰岛,秘鲁,瑞士	欧盟(欧洲系统性风险委员会)

资料来源:Erlend W. Nier, Jacek Osiński, Luis I. Jácome, Pamela Madrid, "Towards Effective Macroprudential Policy Frameworks: An Assessment of Stylized Institutional Models", IMF Working Papers No. 250, 2011.

1. 央行与金融监管机构之间的整合程度

机构整合程度不仅影响央行与金融监管功能之间的协调程度，而且影响央行获得的信息量以及宏观审慎监管任务的分配。这种整合程度可以是全面、部分或不存在的。全面整合意味着所有的金融监管功能由央行及其附属机构履行；部分整合意味着证券监管和业务操守监管由不同主体实施，央行则负责银行审慎监管。

2. 宏观审慎监管政策的归属权

归属权意味着哪个机构应对控制系统性风险负责。宏观审慎政策归属权可归于央行或与央行有关的委员会，或者是归于一个独立的委员会或是由多个机构共担。与央行相关的委员会有别于独立委员会，前者是央行的一个法定部分且委员会主席由央行任命。

3. 财政部的作用

财政部的正式作用有以下三种可能：一是主动的，当它在政策制度或协调委员会中起主导作用时；二是被动的，当财政部参与这些委员会但没有具体职责时；三是不存在，当没有委员会时，财政部有时有直接指示的权利。

4. 政策决定与政策工具运用之间的机构分离程度

这一问题出现于政策决定与政策实施归属于不同主体或机构的情况下。当宏观审慎命令被指定给委员会或是央行只具有部分监管功能时，政策决定与政策工具控制相分离较为普遍。

5. 是否存在协调委员会帮助协调各类机构

协调委员会可以促进风险的全面理解以及不同机构间政策反应的一致性。与政策制定委员会不同的是，协调委员会主要基于《谅解备忘录》，它并不采取正式决定来影响其成员，也没有单独的问责框架。

根据上述五个维度识别出三大类共计八种宏观审慎监管政策制定的体制模式。第一大类模式（模式一）中，央行与所有的金融监管功能高度整合；第二大类模式（模式二、模式三、模式四）中，央行保留审慎监管功能，但行为监管和证券监管被分离出去；第三大类模式（模式五、模式六、模式七、模式八）中，央行既不保留审慎监管，也不负责证券市场监管（见表20-4）。

第四节 宏观审慎监管的国际实践进展

宏观审慎监管一词最初由西方发达国家提出，但在实践中，主要发达国家和国际组织根据各自的理解和实际情况，不仅在提法上存在差别，在内容上也存在差别。

1. 美国宏观审慎监管政策

金融危机以来，美国在加强宏观审慎监管方面做了很多改革。2008年3月31日，时任美国财长保尔森（HenryPaulson）向国会提交了《金融监管体系现代化蓝图》（Blueprint for a Modernized Financial Regulatory Structure），对改革美国金融监管体系提出了短期、中期和长期建议。2009年6月17日，奥巴马政府正式向国会提交了《金融监管改革——新基础：重建金融监管》（Financial Regulatory Reform: A New Foundation: Rebuilding Financial Supervision and Regulation）的金融监管改革方案。2010年1月奥巴马政府通过了经济复苏顾问委员会主席保罗·沃尔克（Paul Volcker）提出并以其命名的"沃尔克规则"（Volcker Rule）。2010年7月21日，美国政府颁布了《多德—弗兰克华尔街改革与消费者保护法案》（Dodd–Frank Wall Street Reform and Consumer Protection Act）。可以说，这是美国历史上自"大萧条"以来改革力度最大的金融监管改革法案，它将对美国乃至全球金融监管改革产生深远的影响。

2. 英国宏观审慎监管实践

金融危机后，英国积极采取措施加强系统性风险防范和宏观审慎监管。2009年2月，英国议会通过了《2009年银行法案》（Banking Act 2009）。2009年3月18日，英国金融服务局发布了《特纳报告》（The Turner Review: A Regulatory Response to the Global Banking System）。2009年7月11日，英国财政部发布了《改革金融市场》（Reforming Financial Markets）白皮书。2010年4月8日，英国议会批准了《2010年金融服务法》（Financial Services Act 2010），其主要内容来自《改革金融市场》白皮书。英国财政部2010年7月发表了《金融监管新举措：判断、焦点和稳定》（A New Approach to Financial Regulation: Judgment, Focus and Stability）的征询意见稿。根据征求的反馈意见，英国财政部在2011年2月发布了《金融监管新举措：建立更牢固的体系》（A New Approach to Financial Regulation: Building a

Stronger System)。在上述两个文件以及其反馈意见的基础上,英国财政部在2011年6月发布了《金融监管新举措:改革蓝图》(A New Approach to Financial Regulation: the Blueprint for Reform)。这个包含了法律草案的白皮书是英国金融监管改革的里程碑。最后英国撤销金融服务管理局(FSA),在英格兰银行内部设立金融政策委员会(Financial Policy Committee)负责宏观审慎管理,同时新设立两个机构:一是隶属于英格兰银行的审慎监管局(Prudential Regulation Authority)负责对商业银行、投资银行、建筑业投资协会和保险公司等机构的审慎监管;二是设立消费者保护及市场管理局(Consumer Protection and Markets Authority)负责消费者保护和市场机制建设。

3. 欧盟宏观审慎监管实践

2009年5月27日,欧盟委员会公布了加强金融监管的计划《欧洲金融监管》(European Financial Supervision),旨在维护并加强欧盟层面上的金融稳定,并提出一整套包括原则、结构、具体措施和时间表在内的泛欧金融监管改革方案。2009年6月19日,欧盟理事会通过了《欧盟金融监管体系改革》(Reform of EU's Supervisory Framework for Financial Services),并于同年9月通过了金融监管改革的立法草案。2009年9月的欧盟委员会正式提出了《关于赋予欧洲中央银行在欧洲系统风险委员会中的特定任务》(Entrusting the European Central Bank with Specific Tasks Concerning the Functioning of the European Systemic Risk Board)的提案,正式明确了欧洲中央银行在宏观审慎监管的特殊作用,从而一定程度上明确了欧洲中央银行在金融稳定中的重要作用。2010年11月,欧洲议会通过了新的金融监管法案。根据这一法案,欧盟从2011年1月起成立四个新机构,从宏观和微观两个层面加强对金融体系的监管。在2012年10月19日欧盟布鲁塞尔峰会上,欧盟27个成员国领导人就建立泛欧银行业监管框架达成初步共识,于2012年年底构建了欧元区银行业统一监管机制的法律框架,并在2013年年内逐步实施相关配套措施,将欧元区近6000家银行逐一纳入统一的监管范畴。

4. 国际清算银行宏观审慎监管实践

国际清算银行(BIS)是危机爆发以来将宏观审慎提升到理论层面加以关注最主要的倡导者,其对宏观审慎监管进行了理论研究,并为宏观审慎的理论在监管实践中的政策操作提供了指导性原则。BIS也对系统性风险的测度和系统重要性金融机构的评估进行了研究。

为应对此次金融危机中出现的问题，巴塞尔银行监管委员会（Basel Committee on Banking Supervision，BCBS）发布了涉及银行稳健性、流动性风险管理、市场风险管理、交易账户新增风险、逆周期资本缓冲建议、监管成本与收益的对比等各个方面大量的修改方案和征求意见稿。2010年12月，巴塞尔监管委员会正式公布了Basel Ⅲ，这是继2004年巴塞尔监管委员会发布Basel Ⅱ之后，对银行资本与流动性要求的全面修正。Basel Ⅲ通过提高资本充足率监管标准、扩展风险计量范围、动态调整资本要求和提出杠杆率指标等方式强化原有的资本充足率监管框架。同时，引入流动性覆盖比率（LCR）和净稳定融资比率（NSFR）两项指标对金融体系的流动性进行监控。

5. 国际货币基金组织宏观审慎监管实践

IMF对于宏观审慎监管的贡献更多体现在指标设计等研究方面。在关于系统性风险这一问题上的研究主要包括：第一，提供如何评估风险的可能产生的来源；第二，描述关于评估各种类型风险的指标、模型技术等；第三，描述各种定量工具；第四，针对各国情形给出可行的政策建议。对于流动性管理方面的问题，IMF也做了研究：一是在危机中重构央行流动性体系；二是对定期借款和银行间担保的限制要求并不能防止货币传导机制的破坏；三是资产掉期在支持货币市场功能恢复方面较为有效；四是在央行充当"最后贷款人"角色的同时，实现财政政策与货币政策的有效配合；五是加强基础设施建设，在货币回购市场建立统一清算交易对手系统（CCCP）；六是建立促进银行体系持有高质量流动性抵押资产的激励机制；七是改善跨境流动资产的供给机制；八是尽早解决有关央行流动性供给的退出机制。

6. 金融稳定委员会宏观审慎监管实践

根据G20伦敦峰会，全新的金融稳定委员会（FSB）承接了金融稳定论坛（FSF）的职能，成为G20指导下全面承担金融稳定职责的国际组织。FSB建立了由指导委员会和三个常务委员会为主体的组织体系，此外以保证对金融稳定职能的全面覆盖，FSB还成立了跨境危机管理工作组和非成员国家的专家组，以期更好地实现关于金融脆弱评估、监管合作和标准贯彻等重要职能。金融稳定委员会主要包括系统重要性金融机构的监管和影子银行体系的监管。

第五节 构建中国宏观审慎政策框架体系

根据中国国情和深化金融体系改革的需要，构建中国的宏观审慎政策框架，需要把握好如下几方面内容：

1. 中国宏观审慎监管的目标

中国宏观审慎监管的目标可以确定为：在防范系统性风险、维护金融体系稳定性的同时，适当地实现特定宏观经济目标。在这里，宏观审慎监管的外延要比主流定义更为广泛，它不仅限于金融稳定范畴，而且具有宏观经济管理的含义。这是由中国经济与金融发展的特殊阶段所决定的，同时也体现了在新的技术与经济环境下宏观经济调控新范式的尝试。

2. 中国宏观审慎监管的实践

危机爆发伊始，中国学界与政策当局便密切关注危机演化及全球金融监管改革动态，将加强宏观审慎政策作为一项重要的工作开展，并予以高度的重视。

2009年11月，中国人民银行发布的当年第三季度中国货币政策执行报告指出，下一阶段主要政策思路之一是总结国际金融危机教训，逐步建立起宏观审慎管理的制度并纳入宏观调控政策框架。在当年年末举行的2009年企业竞争力年会上，中国社会科学院副院长李扬指出，应特别注意宏观审慎监管的发展，将监管上升到宏观层面，形成宏观平衡、宏观稳定视角与审慎原则的有机组合。2010年初，中国银监会召开的工作会议认为，实现银行业科学发展和科学监管必须坚持"四个结合"，其中之一就是必须坚持微观审慎监管与宏观审慎监管有机结合。2010年10月18日，在国际货币基金组织组织召开的"宏观审慎政策：亚洲视角"高级研讨会的开幕致辞中，周小川行长表示，"国际金融危机重大教训之一是，不能只关注单个金融机构或单个行业的风险防范，还必须从系统性角度防范金融风险，而宏观审慎政策正是针对系统性风险的良药"。2011年3月16日发布的《国民经济和社会发展第十二个五年规划纲要》明确提出，"构建逆周期的金融宏观审慎管理制度框架，建立健全系统性金融风险防范预警体系、评估体系和处置机制"。宏观审慎政策的规划与实施已经成为中国进一步深化金融体制改革的一项重要内容。

根据Basel Ⅲ要求的新资本监管标准，中国银监会依据"十二五"规划纲要，借鉴国际金融监管改革成果，考虑国内银行业改革发展和监管实际，于 2011 年 4 月颁发了《中国银行业实施新监管标准的指导意见》，并根据指导意见发布《商业银行资本管理办法（征求意见稿）》，并于 2012 年获得通过。在提高银行业审慎监管标准方面，主要采取以下几方面措施：第一，对资本充足率的监管。主要内容有三：一是调整原有资本充足率的计算方法；二是提高对资本充足率的要求；三是引入对杠杆率的监管标准。第二，对流动性风险的监管，主要是建立多维度的流动性风险监管标准和监测指标体系。第三，对贷款损失准备的监管。主要内容有二：一是建立贷款拨备率和拨备覆盖率监管标准；二是建立动态调整贷款损失准备制度。

在中国的宏观审慎监管实践中，人民银行也采取了一些政策措施。比如，人民银行从 2011 年开始发布季度社会融资规模。同时，推进金融统计标准化建设，统一金融机构、金融工具和金融产品的分类标准与计量方法。完善金融稳定监测和评估框架，加强对理财产品、金融控股公司和产融结合型集团的风险监测、评估和预警，防范跨行业、跨市场、跨境金融风险。建立对非金融机构的风险监测制度。综合运用压力测试、模型分析等分析工具，考察金融机构对各类风险的承受能力以及系统性风险在金融机构间的传播方式和特点。完善差别准备金动态调整等逆周期宏观审慎监管措施。

3. 中国宏观审慎政策框架体系的构建

宏观审慎管理框架既是一个复杂的系统体系，又是一个动态发展的体系，当前国际通行的宏观审慎管理框架主要是针对发达经济体而提出的，其构建思路和具体工具不可能完全适用于新兴市场国家和中国的金融实践。因此，要构建适合中国国情的宏观审慎管理框架，必须充分考虑政策措施的适用性问题。

第一，宏观审慎政策的组织架构。宏观审慎政策的实施要依靠权力部门的推进，因此宏观审慎政策中的权力安排也是至关重要的一环。根据 FSA 相关报告，宏观审慎管理框架中的管理机构可以有三种模式：第一种模式是监管机构负责监管政策的制定及执行。在这种模式下，中央银行负责监控系统性风险，并将监管结果及建议反馈给微观审慎监管机构，由微观审慎监管机构来化解系统性风险。第二种模式是中央银行负责宏观审慎管理政策的制定。在这种模式下，中央银行负责监控系统性风险并出台政策化解系统性风险，必要时中央银行可以要求微观审慎监管机构配合其政策的实施。第三种模式是由中央银行和微观审慎监管机构共同组成委员会，由委员会负责监管政策的制定。① IMF（2009）认为在明确宏观审慎政策机构时，应该充分考虑到现行监管框架的适应性，不是必然要求对各国现存的监管框架及职能进行调整，而是要求央行和监管机构在履行现有核心职能的同时，都应强化宏观审慎意识，以此实现宏微观监管的有机结合。

对于未来中国宏观审慎政策体系的组织架构问题，目前主要有以下四种观点：其一，赋予人民银行宏观审慎政策职能。作为宏观审慎政策体系的主导部门，必须具备能够宏观把控全局、协调各部门的共同利益并及时处理单个机构或金融体系中出现的问题的能力和条件（何德旭、吴伯磊、谢晨，2010），同时，应当对宏观经济及其风险变化相当敏感，在货币信贷管理以及宏观经济判断的经验、手段、数据、人才等方面均具有优势（张晓慧，2010）。可见，宏观审慎政策在本质上具有归属于中央银行的特性，它与中央银行在职能、货币信贷政策工具、独立性等方面都具有内在一致性，却与微观审慎监管有天然冲突性（尹久，2010）。因此，应从制度上进一步明确中央银行在宏观审慎政策框架中的地位，赋予中央银行对具有系统重要性金融机构的监管权（李妍，2009）。其二，成立具有宏观审慎政策职能的新机构。鉴于中国目前"一行三会"的监管体系，还未形成能够实现宏观审慎政策职能的协调机制，同时，出于财政部和发改委在中国宏观经济调控中的作用，建议成立一个由"一行三会一部一委"共同组成的协调部门（彭刚、苗永旺，2010）。该机构承担类似欧盟系统性风险理事会、美国金融服务监督理事会以及英国金融稳定委员会的职责（张华，2010），负责汇总搜集相关数据，研究制定具体的相机抉择目标和政策指标，参与在宏观审慎政策上的国际合作等，统一向国务院决策负责（夏斌，2010）。其三，不改变现有的监管框架，而是在功能监管的思路上对现有监管职能进行重新划定和调整分工，通过赋予中央银行更多的金融监管职能，增强微观金融监管部门的宏观审慎政策视角，实现宏观审慎政策目标（王松奇，2010）。中央银行和监管机构有各自的专长和信息优势，在防范系统性风险、维护金融稳定中应从不同的角度发挥作用并承担责任。货币政策、财政政策与金融监管（包括微观审慎和宏观审慎政策）均是防范系统性风险、维护金融稳定的重要手段。中国现阶段不需要成立一个专门负责宏观审慎

---

① FSA, "The Turner Review: A Regulatory Response to the Global Banking Crisis", www.fsa.gov.uk, March 2009.

政策的机构（中国社会科学院金融研究所课题组，2009）。其四，就中国而言，在目前分业经营、分业监管的格局下，构建中国的宏观审慎政策框架可以分为两步，第一步是在现有的分业监管格局下，加强监管协调，赋予央行更多的系统性风险监测的职能，而各监管机构则运用微观审慎工具来实现宏观审慎的管理目标；第二步是根据中国混业经营的发展趋势，适当时机在"一行三会"之上成立实体性的"金融监管委员会"，负责系统性风险的识别和监测，在委员会的宏观审慎管理下，"一行三会"负责实施具体的微观审慎监管（胡滨，2011）。

显然，理论研究者和政策当局都已经认识到建立宏观审慎政策体系的必要性，并开始着手实践，但是关于这一体系的具体构架，尤其是机构安排与职权划分，却并未达成一致意见。导致上述分歧的主要原因在于，迄今为止还缺乏对中国金融体系特征和风险状况的综合性分析，导致了在宏观审慎政策理论与实践环节之间的断层。具体而言，在缺乏对宏观审慎政策的核心对象——系统性风险——规模、分布和其他特征确切认识的情况下，我们很难对宏观审慎政策的重点、定位和实施框架构造的合理性作出准确的判断。

在这一意义上，通过对中国金融体系发展阶段和结构性特征的分析来做出全面的系统性风险评估，充分考虑中国金融监管制度变迁的路径依赖、宏观审慎监管目标及中国经济体制的特殊性等要素，同时基于超脱部门利益的中立视角对宏观审慎政策实践的相关因素进行综合权衡，是给出宏观审慎政策实施架构方案的合理路径。

第二，适合中国国情的宏观审慎管理的政策工具。从目前的国外实施情况看，在宏观审慎管理工具的开发上，主要围绕宏观审慎管理的跨行业维度和跨时间维度进行设计。具体来看，着重开发那些对系统重要性金融机构的风险能够有效控制的工具（如资本金率、系统性风险税、杠杆率等）和那些对顺周期性能够有效调节的工具（如动态拨备、资本缓冲等）。但是，从宏观审慎管理的政策目标看，这些措施仍然停留在微观层面，与微观审慎监管使用的政策工具基本相同，唯一的区别可能是着眼点的侧重不同。这些以微观审慎监管框架为基础的宏观审慎管理工具并未体现出宏观审慎管理的"宏观"实质，更不能完全涵盖宏观管理的全部内涵。相对于微观审慎监管，宏观审慎管理中的"宏观"更应该体现在政策干预机制的宏观性，即在宏观审慎管理的过程中，需要通过宏观经济指标或者宏观经济政策与微观监管措施的配合来达成目的。因此，要构建中国宏观审慎管理框架的政策工具除需要积极运用微观审慎监管手段达到宏观目的外，更需要找到能够直接实现宏观目标的工具和指标体系。

第三，中国系统重要性机构的监管。IMF、BIS和FSB（2009）提出了关于定性和定量分析相结合的基本框架，用于从系统性风险的角度评估和测量单个机构、市场以及工具在金融系统中的重要性，其最重要的三个标准是规模、不可替代性和相互关联性。因此，确定中国系统重要性机构也必须充分考虑这三个标准，同时还应该根据中国特有的国情，予以综合考虑。从规模上看，在中国现有的金融体系中，银行系统特别是工、农、中、建和交理所应当的应该属于系统重要性机构，大型国有控股保险公司也应被纳入。但是，仅依靠规模进行划分存在不合理性，例如国家开发银行，其资产规模与交通银行相仿，但由于其特殊的功能定位与业务范围，是不具有系统性风险传染特征的。从关联性看，虽然中国金融机构的涉外关联还不发达，但是国内金融机构之间的联动发展很快，并形成了一些具有一定规模的金融控股集团，例如平安、中信和光大等。由于这些大型、复杂的金融机构内外部关联度较高，因此也应将其划为系统重要性机构，给予更为严格的管理要求。

第四，基于宏观层面的信息化建设。当前，对于中国系统性风险的传导机制研究尚属起步阶段，对于金融机构之间、金融体系与实体经济之间发生的联系作用机制尚不明朗，很难确定现有指标变量测度系统性风险的实际作用，对于系统性风险的监测评估体系亟待完善。应尽快建立反映宏观经济金融运行现状，统揽全局的数据统计体系，并以此为基础，设计风险监控的信息化系统平台，为宏观审慎监管框架的政策实施提供信息支持。就中国而言，推进宏观审慎信息建设主要可以从以下三个方面着手：其一，完善征信体系，在为金融机构决策提供依据的同时，有助于政策当局通过违约率了解宏观经济运行情况，为宏观审慎管理提供支持；其二，健全支付清算体系及其信息挖掘，汇集经济交易信息，以此反映交易活跃状况、经济景气程度和经济结构变化情况等宏观经济运行的重要信息，为金融稳定状况的评估提供背景；其三，加强各政策部门内部及其与各经济部门之间的信息系统整合与共享，在可能的情况下制定明确的、有时间表的金融信息资源整合方案。

第五，实现财政政策、货币政策与金融监管之间的协调顺畅。宏观审慎管理是一种综合性的政策干预，为了维护金融体系的稳定或实现特定的宏观经济目标，除了传统的金融监管政策，还需要货币政策、财政政策、汇率政策等宏观经济政策的协调与配合。货币政策的主要目标是保持一般物价水平的稳定，在宏观审慎层面，中央银行可以通过事先设定货币供应量的增长速度来实现政策目标，也可以通过相机抉择的方式提高利率来控制资产价格泡沫。汇率政策在促进金融稳定方面也能发挥重要作用，特别是在管制资本的流入流出、促进外需增长方面对于支持金融体系的稳健发展具有特殊意义。财政部门可以通过税收手段，抑制资产泡沫，降低系统性风险，同时救助金融危机的成本在很大程度上需要由国家财政买单，因此，财政政策对金融市场稳定也具有重要作用。

在复杂的宏观经济与金融环境下，金融监管已成为影响宏观经济政策有效性的一个重要因素。一方面，资本金充足率等金融监管工具能够在相当程度上影响金融机构的信用创造过程，从而具有类似货币政策工具的效应；另一方面，宏观经济状况直接影响着金融机构的资本金和流动性状况，进而影响其稳健性。因此宏观调控当局在政策制定中必须要考虑到相关政策对于金融稳定的影响，并且一旦出现金融风险，还需要考虑风险的防范和处置，采取诸如再贷款、再贴现和运用存款准备金等手段对金融机构进行支持。因此，随着现代金融与经济活动的高度交织，金融监管与宏观经济政策必须相互协调，密切配合，这也是宏观审慎政策产生的初衷之一。因此，构建逆周期的宏观审慎政策体系将有助于金融监管与货币政策、财政政策的协调配合，促进中国宏观经济稳定运行。

参考文献

[1] Accion International, Center for Financial Inclusion, "Financial Inclusion: What's the Vision?" Boston, 2009.

[2] Acemoglu D., Aghion Philippe, ZilibottiFabrizio, "Distance to Frontier, Selection, and Economic Growth", *J Eur Econ Assoc* 4 (1), 2006.

[3] Aghion, Howitt, Mayer–Foulkes, "The Effect of Financial Development on Convergence", *Quarterly Journal of Economics*, February 2005, v. 120, iss. 1.

[4] Allen F., Gale D., *Comparing Financial Systems*. MIT Press, 2000.

[5] American Council of Life Insurers, 《Life Insurance Fact Book 2013》, https://www.acli.com Insurance Europe, http://www.insuranceeurope.eu The German Insurance Association (GDV), 《德国保险统计数据2013》, http://www.en.gdv.de/.

[6] Anginer, D., A. Demirgüç–Kunt, and M. Zhu, How Does Deposit Insurance Affect Bank Risk? Evidence from the Recent Crisis, World Bank Policy Research Paper, 2014, WPS 6289.

[7] Antonio Vives and Kim B. Staking: "Policy–Based Finance: Is There a Role for Government Intervention in Financial Markets?" IFM Bulletin, Vol. 3 No. 2 – June 1997.

[8] Arora, R., "Measuring Financial Access", *Griffith University Discussion Paper in Economics*, 2010.

[9] Asli Demirgüç–Kunt, Edward Kane, Luc Laeven, Deposit Insurance Database, World Bank working paper, June 2014.

[10] Barth, J. R., Caprio, G., Levine, R., "The Regulation and Supervision: What Works Best?" *Journal of Financial Intermediation* 13, 2004.

[11] Bernard, Henri and Stefan Gerlach, "Does the Term Structure Predict Recessions? The International Evidence", *International Journal of Finance and Economics*, Vol. 3, No. 3, 1998.

[12] Bolder, David. and David. Streliski, "Yield Curve Modelling at the Bank of Canada", Technical Report No. 84, 1999.

[13] Borio, Claudio, "Towards a Macroprudential Framework for Financial Supervision and Regulation?", BIS Working Paper No. 128, 2003.

[14] Caruana, Jaime, "Basel Ⅲ: Towards a Safer Financial System", Speech at the 3rd Santander International Banking Conference, Madrid. September, 15, 2010.

[15] Caruana, Jaime, "Monetary Policy in a World with Macroprudential Policy", at the SAARCFINANCE Governors Symposium 2011, Kerala, June 10, 2011.

[16] Cassola, Nuno. And Nathan. Porter, "Understanding Chinese Bond Yields and their Role in Monetary Policy", IMF Working Paper, WP/11/225, 2011.

[17] Chen, Nai-Fu, "Financial Investment Opportunities and the Macroeconomy", *Journal of Finance*, Vol. 46, No. 2, 1991.

[18] Chernykh, Cole, "Does Deposit Insurance Improve Financial Intermediation? Evidence From the Russian experiment", *Journal of Banking & Finance*, 35 (2): 2011.

[19] Clement, Piet., "The Term Macroprudential: Origins and Evolution", *BIS Quarterly Review*, 2010.

[20] Coase, Ronald, "The Problem of Social Cost", *Journal of Law Economics* 3, 1960.

[21] Committee on the Global Financial System, "Macroprudential Instruments and Frameworks", CGFS Papers No. 38, 2010.

[22] Committee on the Global Financial System, "Operationalising the Selection and Application of Macroprudential Instruments", CGFS Papers No. 48, 2012.

[23] Culbertson, J., "The Term Structure of Interest Rates", *Quarterly Journal of Economics*, Vol. 71, No. 1, 1957.

[24] Cull, R., Demirguc-Kunt, A., and Morduch, J. "The Effect of Regulation on MFI Profitability and Outreach", *World Development*, 39, 2011.

[25] Demirguc-Kunt, A., and L. Klapper, "Measuring Financial Inclusion: The Global Findex Database", *World Bank Policy Research Paper* 6025, 2012.

[26] Demirgüç-Kunt, A., and E. Detragiache, "Does Deposit Insurance Increase Banking System Stability? An Empirical Investigation", *Journal of Monetary Economics*, Vol. 49, No. 7, 2002.

[27] Diamond, D. W., Dybvig, P. H., Bank Runs, "Deposit Insurance, and Liquidity", *The Journal of Political Economy* 91 (3), 1983.

[28] Differential Premiums By-Law Manual, CDIC, 2014.

[29] Dimitri Vittas, Akibiko Kawaura, "Policy based Finance, Financial Regulation and Financial Sector Development in Japan", the World Bank Policy Research Working Paper, WPS1443, 1995.

[30] Dotsey, Michael, "The Predictive Content of the Interest Rate Term Spread for Future Economic Growth", Federal Reserve Bank of Richmond Quarterly Review, Vol. 84, No. 3, 1998.

[31] Dueker, Michacl, "Strengthening the Case for the Yield Curve as A Predictor of U. S. Recessions", Federal Reserve Bank of the St. Louis Review, Vol. 79, No. 1, 1997.

[32] Ellickson, Robert, *Order Without Law: How Neighbors Resolve Disputes*, Cambridge, MA: Harvard University Press, 1991.

[33] Estrella, Arturo. and Gikas. Hardouvelis, "The Term Structure as A Predictor of Real Economic Activity", *Journal of Finance*, Vol. 46, No. 2, 1991.

[34] Estrella, A. and Gikas. Hardouvelis, "Possible Roles of the Yield Curve in Monetary Analysis", In Intermediate Targets and Indicators for Monetary Policy: A Critical Survey. New York: Federal Reserve Bank of New York, 1990.

[35] Estrella, Arturo. and Frederic. Mishkin, "The Predictive Power of the Term Structure of Interest Rates in Europe and the United States: Implications for the European Central Bank", *European Economic Review*, Vol. 41, No. 2, 1997.

[36] Estrella, Arturo. and Gikas. Hardouvelis , "The Term Structure as a Predictor of Real Economic Activity", Federal Reserve Bank of New York Research Paper, May, 1989.

[37] Estrella, Artuto, "The Yield Curve as a Leading Indicator: Frequently Asked Questions", Federal Reserve Bank of New York, 2005.

[38] Evans, Charles. And Darid. Marshall, "Economic Determinants of the Nominal Treasury Yield Curve", FRB Chicago Working Paper 01 – 16/, 2001.

[39] Fama, Eugene, "The Information in the Term Structure", *Journal of Financial Economics*, Vol. 13, 1984.

[40] Fischer, Stanley, "Capital Account Liberalization and the Role of the IMF", In *Should the IMF Pursue Capital – Account Convertibility?*, Princeton, NJ: Princeton University, 1998.

[41] Fisher, I. , "Appreciation and Interest", *American Economic Association*, Vol. 11, 1996.

[42] Friedman, B. , "The Future of Monetary Policy: The Central Bank as an Army with a Signal Corps?" NBER Working Paper, No. 7420, 1999.

[43] FSA, "The Turner Review: A Regulatory Response to the Global Banking Crisis", www.fsa.gov.uk, 2009.

[44] FSB, IMF, and BIS, "Macroprudential Tools and Frameworks", Update to G20 Finance Ministers and Central Bank Governors, 2011.

[45] Furlong, Frederiek, "The Yield Curve and Recessions", Federal Reserve Bank of San Francisco Weekly Letter, March 10, 1989.

[46] Gropp, R. , Vesala, J. , " Deposit Insurance, Moral Hazard, and Market Monitoring", *Review of Finance* 8, 2004.

[47] Gupte, R. , Venkataramani, B. , and Gupta, D. , "Computation of Financial Inclusion Index for India", *Social and Behavioral Sciences*, 37, 2012.

[48] Hannoun, Hervé, "Towards a Global Financial Stability Framework", Speech at the 45th SEACEN Governors Conference, Siem Reap province, Cambodia, 2010.

[49] Harvey, Campbell, "The Real Term Structure and Consumption Growth", *Journal of Financial Economics*, Vol. 22, No. 2, 1988.

[50] Heller, D., Lengwiler, Y., "Payment Obligations, Reserve Requirements, and the Demand for Central Bank Balances", *Journal of Monetary Economics* 50, 2003.

[51] Hermes, N., Lensink, R., and Meesters, A., "Outreach and Efficiency of Microfinance Institutions", *World Development*, 39, 2011.

[52] Hicks, John, "Mr. Kynes and the 'Classics': A Suggested Interpretation", *Econometrica*, Vol. 5, No. 1, 1937.

[53] Hollis, A., and Sweetman, A., "Microcredit in Prefamine Ireland", *Explorations in Economic History*, 35, 1998.

[54] IMF, "Macroprudential Indicators of Financial System Soundness", *Occasional Papers*, No. 192, 2000.

[55] Jain. Pankaj. K., "Financial Market Design and the Equity Premium: Electronic versus Floor Trading, *Journal of Finance* 60, 2005.

[56] King, Mervyn, "Challenge of Monetary Policy: New and Old", Paper prepared for the Symposium on "New Challenges for Monetary Policy" sponsored by the Federal Reserve Bank of Kansas City at Jackson Hole, Wyoming, 27 August 1999.

[57] Kynes, John Magnard, *The General Theory of Employment, Interest and Money*, Macmillan Cambridge University Press, for Royal Economic Society, 1936.

[58] La Porta, R., F. Lopez-De-Silanes, A. Schleifer, and R. Vishny, "Legal Determinants of External Finance", *Journal of Finance* 52, 1997.

[59] Laurent, Robert, "An Interest Rate-based Indicator of Monetary Policy", Federal Reserve Bank of Chicago Economic Perspectives, Vol. 12, No. 1, 1988.

[60] Laurent, Robert, "Testing the Spread", Federal Reserve Bank of Chicago Economic Perspectives, Vol. 13, 1989.

[61] Levine R. "Stock Markets, Growth, and Tax Policy", *Journal of Finance* 46, 1991.

[62] Levine R. (eds.), *Financial Structure and Economic Growth: A Cross Country Comparison of Banks, Markets, and Development*, MIT Press, Cambridge, 2001.

[63] Levine R., Zervos S., "Stock Markets, Banks, and Economic Growth", *American Economic Review* 88, 1998.

[64] Mankiw, Gregory and Jeffreg Miron, "The Changing Behavior of the Term Structure of Interest Rates", *Quarterly Journal of Economics*, Vol. 101, No. 5, 1986.

[65] Markowitz, H., "Portfolio Selection", *The Journal of Finance*, 7 (1), 1952.

[66] Merton R. and Bodie Z., "A Conceptual Framework for Analyzing the Financial Environment", in Crane D. et al. (ed.), *The Global Financial System, A Functional Perspective*, Harvard Business School Press, Cambridge, 1995.

[67] Mishkin, Frederic, "The Information in the Term Structure: Some Further Results", *Journal of Applied Econometrics*, Vol. 3, No. 4, 1988.

[68] Nelson, Charles and Andrew Siegel, "Parsimonious Modeling of Yield Curves", *Journal of Business*, Vol. 60, No. 4, 1987.

[69] Nier, Erlend W., Jacek Osiński, Luis I. Jácome, and Pamela Madrid, "Towards Effective Macroprudential Policy Frameworks: An Assessment of Stylized Institutional Models", IMF Working Papers No. 250, 2011.

[70] Peltzman, Sam, "The Economic Theory of Regulation After a Decade od Deregulation", Brookings Papers on Economic Activity Special Issue: 1 – 41, 1989.

[71] Poole, W., "Optimal Choice of Monetary Policy Instruments in a Simple Stochastic Macro Model", *Quarterly Journal of Economics*, Vol. 84, 1970.

[72] Posner, Richard A., *The Economic Analysis of Law*. 6th ed. Boston, MA: Little Brown, 2003.

[73] Prasad, Eswar and Raghuram Rajan, "A Pragmatic Approach to Capital Account Liberalization", *Journal of Economic Perspectives*, 22, 2008.

[74] Rioja Felixand Neven Valev, "Stock Markets, Banks and the Sources of Economic Growth in Low and High Income Countries", *Journal of Economics and Finance* 38, 2014.

[75] Sarma, M., "Index of Financial Inclusion", *Jawaharlal Nehru University Discussion Paper in Economics*, 2010.

[76] Shleifer, Andrei, *The Failure of Judges and the Rise of Regulators*, Cam-

bridge, MA: The MIT Press, 2012.

［77］Stein, P., B. Randhawa, and N. Bilandzic, "Toward Universal Access: Addressing the Global Challenge of Financial Inclusion", International Financial Corporation, 2011.

［78］Steinsson, J., "The Implementation of Monetary Policy in an Era of Electronic Payment Systems", Working Paper, 2002.

［79］Stigler, George, "The Theory of Economic Regulation". *Bell Journal of Economics and Management Science* 2, 1971.

［80］Stiglitz, Joseph, "Capital Market Liberalization, Economic Growth, and Instability", *World Development*, 28, 2000.

［81］Stock, James and Mark Watson, "New Indexes of Coincident and Leading Indicators", In Blanchard, O. And S. Fischer (eds.) *NBER Macroeconomic Annual*, Vol. 4, 1989.

［82］Stulz R. M., "Financial Structure, Corporate Finance, and Economic Growth", *International Review of Finance* 1, 2001.

［83］Swiss Re, "Natural Catastrophes and Man－made Disasters in 2013: Large Losses From Floods and Hail; HaiYan Hits The Philippines", 2014.

［84］Swiss Re, "World Insurance in 2013: Steering Towards Recovery", *Simga*, 2014.

［85］Woodford, M., "Monetary Policy in a World without Money", *International Finance*, v3 (2), 2000.

［86］［美］约瑟夫·斯蒂格利茨著：《经济学》（上、下册），中国人民大学出版社2000年版。

［87］［美］兹维·博迪等著：《金融学》，中国人民大学出版社2000年版。

［88］［英］克拉潘著：《现代英国经济史》（上、中、下册），商务印书馆1986年版。

［89］《访英国金融服务管理局前主席阿代尔·特纳——金融监管改革的核心要素》，《中国金融》2014年第16期。

［90］《多德—弗兰克华尔街改革与消费者保护法案》（中译本），董裕平等译，中国金融出版社2010年版。

［91］《中共中央关于全面深化改革若干重大问题的决定》。

［92］安国俊著：《债券市场发展与金融稳定研究》，经济科学出版社2013

年版。

[93] 白钦先、曲昭光：《各国政策性金融机构比较》，中国金融出版社 1993 年版。

[94] 白钦先、谭庆华：《政策性金融功能研究——兼论中国政策性金融发展》，中国金融出版社 2008 年版。

[95] 白钦先、谭庆华：《政策性金融功能再界定：功能演进视角》，《生产力研究》2006 年第 11 期。

[96] 白钦先、王伟：《各国开发性政策性金融体制比较》，中国金融出版社 2005 年版。

[97] 白钦先、王伟：《政策性金融可持续发展必须实现的"六大协调均衡"》，《金融研究》2004 年第 7 期。

[98] 白钦先、徐爱田、王小兴著：《各国农业政策性金融体制比较》，中国金融出版社 2006 年版。

[99] 白钦先、耿立新：《日本近 150 年来政策性金融的发展演变与特征》，《日本研究》2005 年第 3 期。

[100] 白钦先、谭庆华：《政策性金融立法的国际比较与借鉴》，《法制》2006 年第 6 期。

[101] 白钦先等：《各国进出口政策性金融体制比较》，中国金融出版社 2002 年版。

[102] ［美］保罗·R. 克鲁格曼、茅瑞斯·奥布斯特费尔德：《国际经济学：理论与政策》（第八版），中国人民大学出版社 2011 年版。

[103] ［美］博迪、凯恩、马库斯：《投资学》中文版（原书第 9 版），汪昌云、张永冀等译，机械工业出版社 2013 年版。

[104] ［英］布朗利：《公共部门》，载恩格尔曼、高尔曼主编《剑桥美国经济史》第 3 卷：20 世纪（中译本），高德步等译，中国人民大学出版社 2008 年版。

[105] 财政部财政科学研究所课题组：《开发性金融的历史定位与发展之路》，《财政研究》2005 年第 10 期。

[106] 陈彪如等：《人民币汇率研究》，华东师范大学出版社 1992 年版。

[107] ［美］蒂米奇·威塔斯主编：《金融规管——变化中的游戏规则》，曹国琪译，上海财经大学出版社 2000 年版。

[108] 杜晓山：《小额信贷的发展与普惠性金融体系框架》，《中国农村经

济》2006 年第 8 期。

[109] [美] 弗兰克·J. 法博齐著:《债券市场:分析与策略》,路蒙佳译,中国人民大学出版社 2011 年版。

[110] 管涛:《资本项目可兑换的定义》,《经济社会体制比较》2001 年第 1 期。

[111] 管涛:《大国汇率政策选择:超越汇率形成机制改革的深度思考》,《新金融评论》2014 年第 3 期,社会科学文献出版社 2014 年版。

[112] 管涛:《多重均衡模式与近期人民币汇率波动》,《中国货币市场》2014 年第 6 期。

[113] 郭金龙:《中日机动车辆保险市场比较研究》,经济管理出版社 2012 年版。

[114] 郭金龙、周小燕:《2013 年的中国保险业》,《中国金融发展报告 2013》,社会科学文献出版社 2013 年第 6 期。

[115] 郭金龙、周小燕:《保险资金信托化刍议》,《金融理论与实践》2013 年版。

[116] 国际货币基金组织、世界银行编著:《关于中国遵守〈证券结算系统和中央对手方建议〉详细评估报告》,中国金融出版社 2012 年版。

[117] 国家开发银行与中国人民大学联合课题组著:《开发性金融论纲》,中国人民大学出版社 2006 年版。

[118] 国家外汇管理局官网:《外汇管理概览》(http://www.safe.gov.cn)。

[119]《国务院关于加快发展现代保险服务业的若干意见》,中国政府网,2014 年 8 月 13 日。

[120] 何德旭、姚战琪:《政策性金融与西部大开发》,《金融研究》2005 年第 6 期。

[121] 何德旭、高伟凯等著:《中国债券市场:创新路径与发展策略》,中国财政经济出版社 2007 年版。

[122] 何青、郭俊杰:《中国国债收益率曲线之困》,《东方早报》12 月 3 日第 008 版。

[123] 何小伟、代宝:《强制巨灾保险制度的国际经验及其借鉴》,《金融与经济》2010 年第 1 期。

[124] 贺利娟、夏祖军:《"中债——国债收益率曲线 10 年期利率水平"的

争议与解析》，《中国财经报》4月19日第003版。

[125] 胡滨：《中国金融监管体制的特征与发展》，《中国金融》2012年第9期。

[126] 胡滨、全先银：《法治视野下的中国金融发展——中国金融法治化进程、问题与展望》，《财贸经济》2009年第5期。

[127] 胡乃武、郑红：《汇率在货币政策中的作用：理论研究与国际经验》，中国人民大学出版社2013年版。

[128] 胡晓炼：《实行有管理的浮动汇率制度是我国的既定政策》，中国人民银行官方网站，2010年。

[129] 胡学好：《中国政策性金融理论与实践》，经济科学出版社2006年版。

[130] 黄奇帆：《改革完善企业股本补充机制　促进中国经济持续健康发展》，《中国证券报》2013年11月21日。

[131] 黄绍湘著：《美国简明史》，生活·读书·新知三联书店1953年版。

[132] [英]基思·贝恩、彼得·豪厄尔斯：《货币政策理论与实务》，清华大学出版社2013年版。

[133] 贾康：《建立和发展中国政策性金融体系不容回避》，《今日中国论坛》2009年第4期。

[134] 贾康、孟艳：《政策性金融何去何从：必要性、困难与出路》，《财政研究》2009年第3期。

[135] 江生忠、邵全权等：《寿险业务结构研究》，南开大学出版社2012年版。

[136] 焦瑾璞、陈瑾：《建设中国普惠金融体系——提供全民享受现代金融服务的机会和途径》，中国金融出版社2009年版。

[137] 金中夏：《货币政策与国债收益率曲线》，《上海证券报》6月19日第A01版。

[138] [美]卡尔·瓦什：《货币理论与政策》（第三版），彭兴韵等译，格致出版社2012年版。

[139] [德]卡塔琳娜·皮斯托、许成钢：《不完备法律——一种概念性分析框架及其在金融市场监管发展中的应用》，《比较》第3辑、第4辑，中信出版社2002年版。

[140] [英]凯恩斯：《就业、利息和货币通论》，商务印书馆1999年版。

[141] 李波、邢毓静、郑红等：《国际汇率监督——规则的嬗变》，中国金

融出版社 2012 年版。

[142] 李德：《中国债券市场的改革与发展》，《金融与经济》2011 年第 3 期。

[143] 李亚：《上海自贸区"负面清单"投资管理模式国际经验的借鉴》，《嘉兴学院学报》2014 年第 2 期。

[144] 李扬：《国债规模：在财政与金融之间寻求平衡》，《财贸经济》2003 年第 1 期。

[145] 李扬：《适应金融发展需要重塑监管框架》，《多德—弗兰克华尔街改革与消费者保护法案》，中译本序言，中国金融出版社 2010 年版。

[146] 李扬：《适应金融发展需要重塑监管框架》，《金融评论》2010 年第 6 期。

[147] 李扬等：《2014 中国普惠金融实践报告》，中国社会科学院金融研究所研究报告。

[148] 李扬著：《中国金融改革 30 年》，社会科学文献出版社 2008 年版。

[149] 李扬：《国家目标、政府信用、市场运作——中国政策性金融机构改革探讨》，《经济社会体制比较》2006 年第 1 期。

[150] 李宇白：《证券市场资产存管与结算模式研究》，博士论文，西南财经大学，2009 年。

[151] 李至斌：《我国证券交易清算体制的改革设想》，《金融研究》1997 年第 11 期。

[152] 李志辉、李萌：《开发性金融：政府增信理论的开创性应用——一个新的分析框架和视角》，《财经问题研究》2007 年第 5 期。

[153] 连平等：《利率市场化：谁主沉浮？》，中国经济出版社 2014 年版。

[154] 连平：《利率市场化：谁主沉浮》，中国经济出版社 2014 年版。

[155] 连平等：《负面清单管理：国际经验与对策》，《上海证券报》2013 年 10 月 30 日。

[156] 刘克崮：《关于中国政策性金融改革发展的思考》，在中央党校进修部第 39 期省部 A 班学员论坛上的发言稿。

[157] 刘明康主编：《中国银行业改革开放三十年》，中国金融出版社 2009 年版。

[158] 刘契敫：《国外货币金融学说》，中国展望出版社 1983 年版。

[159] 刘颖、孙月秋：《中国债券市场发展回顾与展望》，《中国货币市场》

2008 年第 12 期。

[160] [德] 鲁迪格·多恩布什、[美] 斯坦利·费希尔、理查德·斯塔兹：《宏观经济学》（第十版），王志伟译，中国人民大学出版社 2010 年版。

[161] 罗学东：《国家开发银行改革与发展的方案设想》，《银行家》2005 年第 7 期。

[162] 《资本论》第 1 卷。《马列著作选编》（修订本），中共中央党校出版社 2011 年版。

[163] 马梅、朱晓明、周金黄等：《支付革命：互联网时代的第三方支付》中信出版社 2014 年版。

[164] 潘功胜：《金融业综合经营发展与监管》，《中国金融》2014 年第 1 期。

[165] 彭兴韵：《论中国货币政策框架的调整》，《经济学动态》2006 年第 9 期。

[166] 清科研究中心：《2013 年中国并购市场年度研究报告》。

[167] 任丁秋等：《私人银行业与资产管理——瑞士的范例》，经济科学出版社 1999 年版。

[168] 日本存款保险制度课题组：《日本存款保险制度》，中国金融出版社 2007 年版。

[169] 荣艺华、朱永行：《美国债券市场发展的阶段性特征及其主要作用》，《债券》2013 年第 5 期。

[170] [美] 塞里格曼：《华尔街的变迁：证券交易委员会及现代公司融资制度演进》（第三版），徐雅萍等译，中国财政经济出版社 2009 年版。

[171] 沈炳熙、曹媛媛著：《中国债券市场：30 年改革与发展》，北京大学出版社 2014 年版。

[172] 十国集团中央银行支付结算体系委员会、国际证监会组织技术委员会编写：《证券结算系统标准与方法》，中国金融出版社 2006 年版。

[173] 时光：《金融改革与基准利率——利率市场化与 Shibor 研究》，民族出版社 2013 年版。

[174] 时文朝主编：《中国债券市场发展与创新》，中国金融出版社 2011 年版。

[175] [美] 斯蒂格利茨、格林沃尔德：《通往货币经济学的新范式》，陆磊等译，中信出版社。

[176] 宋福铁、陈浪南：《国债收益率曲线坡度的货币政策含义》，《上海金融》2004 年第 5 期。

[177] 苏宁：《存款保险制度设计：国际经验与中国选择》，社会科学文献出版社 2007 年版。

[178] 孙祁祥、郑伟：《中国保险业发展报告 2012》，《中国保险业发展报告 2013》，《中国保险业发展报告 2014》，北京大学出版社 2012—2014 年版。

[179] 谭庆华、毕芳：《中国政策性金融发展的再考察》，《广东金融学院学报》2006 年 9 月。

[180] 投中集团：《2013 年政府引导基金专题研究报告》。

[181] 王碧莹、王国军：《利率市场化与寿险费率改革》，《中国金融》2014 年第 9 期。

[182] 王春英：《夯实做市商制度建设 协力推进外汇市场发展》，《中国货币市场》2014 年第 7 期。

[183] 王国刚：《建立多层次资本市场体系研究》，人民出版社 2006 年版。

[184] 王国刚：《以公司债券为抓手 推进金融回归实体经济》，《金融评论》2013 年第 4 期。

[185] 王国刚：《简论金融交易可兑换的市场条件》，《中国外汇》2014 年第 1 期。

[186] 王国刚：《货币政策与通货膨胀》，社会科学文献出版社 2013 年版。

[187] 王国刚：《利率市场化改革的三条路径》，《中国证券报》2014 年 7 月 11 日第 A04 版。

[188] 王国刚：《利率市场化改革须走"外科手术式"渐进道路》，《中国证券报》2014 年 7 月 7 日第 A18 版。

[189] 王国刚：《将一些金融权归还实体经济》，《上海证券报》2013 年 9 月 17 日。

[190] 王国刚：《实现金融交易可兑换时机尚未成熟》，《中国证券报》2014 年 2 月 24 日。

[191] 王国刚：《中国货币政策调控工具的操作机理：2001—2010》，《中国社会科学》2012 年第 4 期。

[192] 王国刚、李仁杰主编：《中国商业银行发展战略研究》，社会科学文献出版社2006年版。
[193] 王国刚：《中国资本市场热点分析》，企业管理出版社2003年版。
[194] 王国刚：《资本市场导论》，社会科学文献出版社2014年版。
[195] 王华：《国外三种政策性金融模式与中国的政策性金融》，《中央社会主义学院学报》2008年第2期。
[196] 王利明：《负面清单管理模式的优越性》，《光明日报》2014年5月5日。
[197] 王伟：《当代国外政策性银行发展战略的调整及对中国的启示》，《上海金融》2007年第6期。
[198] 王伟：《政策性金融学理论框架研究》，《金融理论与实践》2008年第2期。
[199] 王伟：《中国政策性银行改革发展的路径选择——基于国际政策性金融业变革的反思》，《经济经纬》2008年第1期。
[200] 王伟著：《中国政策性金融与商业性金融协调发展研究》，中国金融出版社2006年版。
[201] 王银成：《中国地震保险研究》，中国金融出版社2013年版。
[202] 王忠民：《私募股权投资给社保基金带来可观回报》，《上海证券报》2014年6月17日。
[203] 魏加宁：《存款保险制度与金融安全网研究》，中国经济出版社2014年版。
[204] 魏丽、齐玎：《国外巨灾保险制度分析及启示》，《全面深化改革：战略思考与路径选择——北大赛瑟（CCISSR）论坛文集·2014》，2014。
[205] 吴晓灵：《政策性银行应独立立法》，《国际金融报》2003年4月23日。
[206] 吴志攀：《金融全球化与中国金融法》，广州出版社2000年版。
[207] 夏书亮：《日本农村金融体系的运行范式及经验借鉴》，《金融发展研究》2008年第6期。
[208] 谢平、邹传伟：《中国金融改革思路：2013—2020》，中国金融出版社2013年版。
[209] 辛乔利、张潇匀：《避税天堂》，社会科学文献出版社2012年版。
[210] 辛子波、张鹏：《美国的银行业市场准入监管制度介析》，《金融经

济》2006 年第 10 期。

[211] 亚太十国支付结算体系委员会编写：《亚太十国支付结算体系》，中国金融出版社 2005 年版。

[212] 闫俊生：《利率市场化条件下中小银行经营策略研究》，中国金融出版社 2013 年版。

[213] 杨涛：《第三方支付的转型与监管》，《银行家》2014 年第 5 期。

[214] 杨涛、程炼：《中国支付清算发展报告（2013）》，社会科学文献出版社 2013 年版。

[215] 杨涛、程炼：《中国支付清算发展报告（2014）》，社会科学文献出版社 2014 年版。

[216] 杨涛、董昀、高鹏飞：《我国支付清算市场发展与完善研究》，《农村金融研究》2014 年第 6 期。

[217] 姚志勇：《最优存款保险设计——国际经验与理论分析》，《金融研究》2012 年第 7 期。

[218] 易纲：《改革开放三十年来人民币汇率体制的演变》，载《中国金融改革思考录》，商务印书馆 2009 年版。

[219] 殷剑峰：《中国金融产品与服务报告（2006）》，社会科学文献出版社 2006 年版。

[220] 殷剑峰、王增武：《影子银行与银行的影子》，社会科学文献出版社 2013 年版。

[221] 尹中立、朱俊生：《保险资金投资股票市场的国际经验及对我国的启示》，《中国金融》2004 年第 22 期。

[222] 由曦：《金改进入深水区》，《财经》2013 年第 36 期。

[223] 余卿：《人民银行支付系统风险及其控制对策探索》，硕士学位论文，西南财经大学，2008 年。

[224] [美] 约翰·G. 格利、爱德华·S. 肖：《金融理论中的货币》，生活·读书·新知三联书店 1988 年版。

[225] 臧慧萍：《美国金融监管制度的历史演进》，经济管理出版社 2007 年版。

[226] 曾刚：《外部环境与中国银行业转型》，《中国金融》2012 年 9 月。

[227] 张斌：《加快实现既定的人民币汇率形成机制改革目标》，《新金融评论》2014 年第 3 期，社会科学文献出版社 2014 年版。

[228] 张承惠：《韩国政策性金融体系运作的特点及对中国的启示》，《国际贸易》2005 年第 5 期。

[229] 张健华：《利率市场化的全球经验》，机械工业出版社 2012 年版。

[230] 张令骞：《中国政策性金融理论与实践的审视与反思》，《经济研究导刊》2008 年第 4 期。

[231] 张鹏：《金融监管体系变迁的国际比较研究——基于结构视角的分析》，博士学位论文，中央财经大学，2012 年。

[232] 张韶华、郭常民：《日本政策性金融的现状及改革趋势（出国考察报告）》，《西安金融》2006 年第 6 期。

[233] 张涛：《关于中国政策性银行改革的若干问题》，《经济学动态》2006 年第 6 期。

[234] 张天祀：《我国金融监管体制改革的目标及路径选择》，《中国金融》2009 年第 18 期。

[235] 赵放：《日本政策性金融机构改革评析》，《现代日本经济》2008 年第 5 期。

[236] 中国保险监督管理委员会：《中国保险业社会责任白皮书》，2014。

[237] 中国人民银行：《2013 年金融市场统计》，http：//www.pbc.gov.cn/publish/diaochatongjisi/4032/index.html。

[238] 《中国人民银行年报 2013》，中国人民银行官方网站（http：//www.pbc.gov.cn/）。

[239] 中国人民银行支付结算司：《中国支付体系发展报告 2007》，中国金融出版社 2008 年版。

[240] 中国人民银行支付结算司：《中国支付体系发展报告（2012）》，2012。

[241] 中国人民银行支付结算司：《2013 年支付体系运行总体情况》，2013。

[242] 中国社会科学院金融所：《中国金融发展报告（2013）》，社会科学文献出版社 2013 年版。

[243] 中国银行业协会：《中国银行业的国际化发展》，《中国银行业》2013 年特刊。

[244] 中国银行业协会：《中国银行业发展报告（2013）》，中国金融出版社 2014 年版。

[245] 中央国债登记结算有限责任公司：《2013 年度债券市场统计分析报告》2014 年 1 月 6 日。

[246] 中央国债登记结算有限责任公司债券研究会：《债券市场前沿问题研究》，中国市场出版社2007年版。

[247] 中央结算公司债券信息部：《2013年度债券市场统计分析报告》，中国债券信息网，2014。

[248] 中债资信评估有限公司：《2013年中国政府融资平台债券发行情况分析》，2014年3月4日。

[249] 周小川：《人民币资本项目可兑换的前景和路径》，《金融研究》2012年第1期。

[250] 周小川：《关于推进利率市场化改革的若干思考》，http://www.pbc.gov.cn/publish/goutongjiaoliu/524/2012/20120112160648353655534/20120112160648353655534_.html。

[251] 祝向军：《寿险费率市场化的国际经验》，《中国金融》2014年第9期。

[252] 卓贤：《利率市场化改革研究》，中国发展出版社2013年版。

[253] 邹菊方、谭庆华：《政策性金融功能的机制研究：一个分析框架》，《武汉金融》2008年第11期。